甘肃省志

·环境保护志·

(1991—2010)

甘肃省地方史志编纂委员会 编纂

中国环境出版集团·北京

图书在版编目（CIP）数据

甘肃省志·环境保护志：1990—2010 / 甘肃省地方史志编纂委员会编纂. —北京：中国环境出版集团，2020.5

ISBN 978-7-5111-4179-8

Ⅰ. ①甘… Ⅱ. ①甘… Ⅲ. ①甘肃—地方志 ②环境保护—概况—甘肃 Ⅳ. ①K294.2

中国版本图书馆 CIP 数据核字（2019）第 278340 号

出 版 人 武德凯
责任编辑 赵惠芬
责任校对 任 丽
封面设计 彭 杉

出版发行 中国环境出版集团
（100062 北京市东城区广渠门内大街 16 号）
网　　址：http://www.cesp.com.cn
电子邮箱：bjgl@cesp.com.cn
联系电话：010-67112765（编辑管理部）
　　　　　010-67175507（第六分社）
发行热线：010-67125803，010-67113405（传真）

印　　刷 北京盛通印刷股份有限公司
经　　销 各地新华书店
版　　次 2020 年 5 月第 1 版
印　　次 2020 年 5 月第 1 次印刷
开　　本 787 × 1092　1/16
印　　张 58.25
字　　数 950 千字
定　　价 380.00 元

甘肃省地方史志编纂委员会

主　　任：何　伟

副 主 任：李德新　马　森　滕继国　张永贤　石培文　张军利

委　　员：（按姓氏笔画为序）

丁巨胜　马相忠　马虎成　王　军　王世华　王正林　王奋彦　王海燕　牛纪南　石为怀　朱　涛　李秀娟　李振宇　李清凌　杨建武　杨建新　张文学　张云戟　张正龙　张安疆　张伟文　张旭晨　张智军　陈　波　陈卫中　周　伟　赵凌云　郝宗维　贾廷权　高志凌　黄泽元　崔景瑜　康　军　彭鸿嘉　潘胜强　戴　超　臧秋华

甘肃省地方史志办公室

主　　任：张军利

副 主 任：郝宗维　李振宇　张正龙

《甘肃省志》

主　　编：张军利

副 主 编：郝宗维　李振宇　张正龙　石为怀

《甘肃省志·环境保护志》编纂委员会

（2017.6—2018.4）

主　　任： 王建中

副 主 任： 张政民　周继尧　孙玉龙　白志红

徐延文　闫子江　齐永强　贾雪旗

委　　员：（按姓氏笔画排序）

卫孺鹏　马晓军　王　鑫　韦　春　牛　耘

牛学乾　尹　越　任廷峰　杜海平　李佐康

杨炳哲　连　兵　余志荣　宋伟宏　张　军

张　炜　张兴林　张志宏　张谈贵　陈静荣

赵正红　赵晓颖　胡晓明　胡煜军　相军伟

袁　艺　栾　波　郭　峰　颉喜东　曾长根

谢建平

《甘肃省志·环境保护志》编纂委员会

（2018.4—2019.2）

《甘肃省志·环境保护志》编辑人员

总 序

GAN SU SHENG ZHI HUAN JING BAO HU ZHI

修志问道，以启未来。地方志是传承中华文明、发掘历史智慧的重要载体，具有存史、资政、育人的重要价值。继21世纪初我省第一部社会主义新方志《甘肃省志》出版之后，经过多年努力，又一部全面反映甘肃改革开放伟大历程的鸿篇巨制《甘肃省志》续志陆续付梓。这是甘肃省文化建设的又一重大成果，值得庆贺！

纂修方志是中华民族所独有的优秀文化传统，两千年延绵不断，代代相续，数万卷典籍浩如烟海，熠熠生辉，忠实记载了中华民族的发展历程，为人们在继承与创新中开拓美好未来提供了重要历史借鉴。地处黄河上游的甘肃作为华夏文明的发祥地之一，历史悠久，物华天宝，地灵人杰，这里也曾诞生过数百部地方志书，记载传承着陇原各族儿女开疆拓土、改善民生、创造文化、谱写历史篇章的辉煌业绩。盛世修志。新中国成立后到20世纪后期，承平既久，海内晏清，全国上下兴起编纂社会主义新方志的热潮。1985年5月，甘肃省人民政府制订全省修志规划，启动《甘肃省志》编纂。经过全省80多个部门、数千名党政领导、专家学者和社会人士20多年的艰苦努力，基本完成全志编纂。业已完成的《甘肃省志》，是我省第一部社会主义新通志。全志上起先秦，下讫20世纪后期，凡72卷、5 000多万言、3 000多幅图片，是甘肃有史以来卷帙最为浩繁、内容最为丰富的创修通志。该志以辩证唯物主义和历史唯物主义为指导，采用新观点、新方法和新体例，统合古今，突出当代，全面记述甘肃自然地理和社会因革演变的发展历程，举凡舆地沿革、山川形胜、物产矿藏、税赋徭役、书院学校、职官人物、金石艺文、民族风俗、气候灾异等无不穷搜毕罗，堪称“甘肃之全史”和甘肃历史百科全书。《甘肃省志》的刊行，不仅为传承历史、垂鉴后世留下了宝贵的文化遗产，而且在资治教化、服务现实、促进经济社会发展中发挥着重要作用。

历史在前进，时代在发展。《甘肃省志》截稿后，甘肃又走过了改革开放40年的辉煌历程。在中国共产党的正确领导下，中共甘肃省委、甘肃省人民政府团结带领全省各族人民高举中国特色社会主义伟大旗帜，以马克思列宁主义、毛泽东思想、邓小平理论、“三个代表”重要思想、科学发展观、习近平新时代中国特色社会主义思想为指导，认真贯彻落实中央各项大政方针政策，全面落实习近平总书记视察甘肃重要讲话和“八个着力”重要指示精神，牢牢把握发展这个执政兴国的第一要务，励精图治，奋发图强，艰苦创业，全省社会面貌发生了历史性巨变，开创了经济社会持续健康发展的新局面。全省生产总值由1978年的64.7亿元增加到2017年的7 677亿元；一般公共预算收入由20.5亿元增加到815.6亿元；固定资产投资由9.3亿元增加到5 696.3亿元；粮食总产量由510.6万吨增加到1 128.3万吨；工业增加值由34.7亿元增加到1 769.7亿元；农村居民人均可支配收入和城镇居民人均可支配收入分别由101元和408元增加到8 076.1元和27 763.4元。教育、科技、文化、卫生等社会事业全面推进。经过40多年的持续发展，全省经济建设、政治建设、文化建设、社会建设和生态文明建设迈出了新步伐，呈现出政治安定、经济繁荣、文化发展、生态向好、社会进步的可喜景象。

记录伟大时代，续写壮丽史章，是历史赋予我们的光荣使命。根据国务院统一部署，2004年2月，甘肃省人民政府制订全省第二轮修志规划，启动《甘肃省志》续志编纂。《甘肃省志》续志是甘肃省历史上规划的第一部断代体省志，上限一般与《甘肃省志》各卷下限衔接，下限断于21世纪初叶。编纂工作仍由省内各有关部门、相关学术机构和社会人士承担。出于前后两志体例统一的考虑，同时遵循续志编纂的通例，《甘肃省志》续志继续采用横排门类、纵述沿革、卷类相从、以卷为志的大编目体式，在主要卷目与前志基本对应的同时，在不同层面增设了反映新的社会门类和新兴产业的卷目或篇章。全志仍由《概述》、《大事记》、各专志、《人物志》和《附录》等72卷组成。《甘肃省志》续志的编纂借鉴第一轮修志的成功经验，吸收方志理论研究的最新成果，顺应时代发展变化，既继承传统，又积极创新，多角度、全景式反映历史面貌，力求使该志成为一部全面、系统、客观、准确记述历史的具有较高学术价值、文化价值和社会价值的资料性文献。与其他史籍明置褒贬以寓惩戒的方式不同，志书向以辑录资料为第一要旨，即所谓“述而不作”，寓观点于资料之中。《甘肃省志》续志尊崇治志所重的“实录”精神，记述改革开放的当代史实，档案资料系统完备，采访资料时近迹真，加之编纂人员钩沉提要，取精用宏，注重以资料反映消长，彰明因果，体现规律，力求达到资料性与思想性、科学性的统一，使该志质量力争有新的提高。志书编纂过程中，数千名参编人员不辱使命，黾勉求之，殚精竭虑，忘我工作，为按期完成任务、保证志书质量付出了艰辛努力，他们的业绩将和这部志书一道载入史册。希望各级地方志工作部门和广大修志工作者进一步增强责任感、使命感，提高政治站位，牢固树立政治意识、大局意识、核心意识、看齐意识，坚持编纂社会主义新方志的指导思想，继续发扬爱岗敬业、艰苦奋斗、默默奉献的精神，以对党、对人民、对历史高度负责的态度，再接再厉，恪尽职守，全面完成《甘肃省志》续志编纂任务，不断推出更多、更好的优秀志书，为促进全省经济社会平稳健康发展和社会和谐进步做出新的贡献。

“欲知大道，必先为史。”孔子辑五经为世所重，汉兴收篇籍先典攸高。方志内容宏富、包罗万象，是一地一方的信息总汇和百科全书，就辅翼治道而言，其借鉴意义和参考价值为其他史籍所不及。历代前贤常常览方志而察形势，经国济世。革命先辈每每借方志而知地情，成就大业。习近平总书记2014年2月在首都博物馆考察时强调，要“高度重视修史修志”“把历史智慧告诉人们，激发我们的民族自豪感和自信心，坚定全体人民振兴中华、实现中国梦的信心和决心”。从历史经验中汲取营养，从地志史籍中察知地情，是每一个为政创业者应有的思维品格，也是各级决策者顺应历史潮流、把握时代脉搏、认准前进方向的重要途径。新的历史时期，肩负领导责任的各级干部尤其应善于从历史经验中汲取营养，重视读史用志，通过方志这一地情信息宝库深入了解当地历史，把握当地特点，发现地方优势，厘清发展思路，作出科学决策，推动当地各项事业健康发展。

地方志事业是社会主义文化建设的重要组成部分。2006年5月，国务院颁布《地方志工作条例》，以政府法规确立了地方志工作在经济社会发展全局中的地位和作用，地方志工作进入法制化、科学化发展的新阶段。2009 年 1 月，甘肃省人民政府以国务院《地方志工作条例》为依据，制定了《甘肃省地方志工作规定》，对全省地方志工作做出了进一步规范。2015 年 8 月，国务院办公厅印发《全国地方志事业发展规划纲要（2015—2020 年）》，对全国地方志事业做出了规划部署。2016 年 5 月，甘肃省政府办公厅印发《甘肃省地方志事业“十三五”发展规划》，对“十三五”期间全省地方志事业的总体目标、主要任务、保障措施、组织领导等做出了具体规划安排。各级党委、政府要充分认识地方志工作服务各项事业发展的功能和作用，认真抓好《地方志工作条例》和《甘肃省地方志工作规定》的贯彻施行，切实提高依法治志的水平。要抓紧抓好《全国地方志事业发展规划纲要（2015—2020 年）》和《甘肃省地方志事业“十三五”发展规划》的贯彻落实，认真谋划好、实施好本地方、本部门的地方志工作，全面完成全省地方志工作的各项规划任务。要加强组织领导，把地方志工作纳入经济社会发展规划及各级政府工作任务，做到认识到位、领导到位、机构到位、编制到位、经费到位、设施到位、规划到位、工作到位，为地方志工作创造良好条件。

翻开历史画卷，我们充满自豪，一代又一代陇原儿女拼搏进取，在这片热土上谱写了光辉灿烂的篇章；展望未来前景，我们满怀信心，决胜全面建成小康社会，开启全面建设社会主义现代化国家新征程，建设幸福美好新甘肃的光荣使命激励我们砥砺前行。让我们以习近平新时代中国特色社会主义思想为指导，全面贯彻落实党的十九大和党的十九届二中、三中、四中全会精神，增强“四个意识”，坚定“四个自信”，做到“两个维护”，全面贯彻落实习近平总书记视察甘肃重要讲话和指示精神，动员带领全省各级党组织、广大党员和各族人民，更加紧密地团结在以习近平同志为核心的党中央周围，不忘初心，牢记使命，高举中国特色社会主义伟大旗帜，万众一心，奋发进取，努力同全国一道全面建成小康社会，开启全面建设社会主义现代化国家新征程，用智慧和汗水创造无愧于历史、无愧于时代、无愧于人民的业绩，为加快建设经济发展、山川秀美、民族团结、社会和谐的幸福美好新甘肃而努力奋斗！

是为序。

何伟

2019年10月

序

自然是生命之母，人与自然是生命共同体，人类社会的一切生产、生活活动，无不建立在自然力的基础之上。人类善待自然，自然也会回馈人类。在推动经济社会发展的同时，如何处理好人与自然的关系，一直是人类社会面临的重大课题。

中华民族历来有尊重自然的传统，重视保护自己赖以生存的生态环境。我国古代哲学很早就形成了人与自然和谐共生的理念。《黄帝内经》最早提出了“天人合一”，指明人与自然的关系是辩证统一的，应当顺应天时、顺应自然。《孟子》中说：不违农时，谷不可胜食也；数罟不入洿池，鱼鳖不可胜食也；斧斤以时入山林，材木不可胜用也。《吕氏春秋》中说:竭泽而渔，岂不获得？而明年无鱼；焚薮而田，岂不获得？而明年无兽。这些理念都强调，不能把人与自然对立起来，不能违背自然规律，只求索取、不顾保护。

生态环境是我们赖以生存发展的根基，生态环境的破坏往往会对社会发展进程造成巨大的负面影响。古埃及、古巴比伦都曾是盛极一时的文明古国，对人类文明发展做出过重大贡献，但由于过度开发导致生态环境衰退，两大文明古国相继衰落。我国黄河流域是华夏文明的发源地之一，在古代长期是政治、文化和经济中心，但由于人口膨胀、过度开垦，自然生态遭受破坏，环境承载力下降，经济发展逐渐被长江流域超越。甘肃作为黄河上游的重要地区，历史上也曾水草丰茂、沃野千里，周王朝、秦王朝都肇始于此。河西走廊是古丝绸之路的重要通道，因为长期的生态破坏，加上战乱频仍，经济社会发展陷入停滞，逐渐成为边远贫瘠之地。

进入工业化时代后，社会生产力实现了快速跃升，但在人类大规模开发自然、改造自然的同时，生态环境问题也日益凸显。在工业化背景下，如何正确处理好保护与开发的关系，对每个国家和地区来说都是严肃课题与巨大挑战。回顾几百年来的历史，多数国家和地区走的都是先开发后保护的道路，有的甚至是只开发不保护，导致全球生态环境恶化，包括美国、英国、日本在内的许多发达国家都曾爆发过诸如洛杉矶光化学烟雾事件、伦敦烟雾事件、水俣病公害事件等重大环境污染问题。面对严峻的生态环保形势，人类开始自我反思，开启了环境保护运动。时至今日，实现绿色、低碳、可持续发展已经成为全世界的共识。

新中国成立70多年来，我国经济发展水平和社会文明程度快速提升，生态环境保护事业得以蓬勃发展，在党和国家事业发展全局中的地位和作用日益彰显。20世纪70年代以来陆续实施的全民义务植树活动和“三北”防护林体系建设、退耕还林还草等重大生态保护工程，至今仍在发挥不可替代的作用。党的十八大以来，以习近平同志为核心的党中央把生态环境保护工作提升到了前所未有的高度，开展了一系列根本性、开创性、长远性工作，提出了一系列新理念、新思想、新战略，推动我国生态环境保护事业发生历史性、转折性、全局性变化。在这一过程中，孕育形成了习近平生态文明思想，为推进生态文明建设提供了根本遵循和科学指南。

甘肃的生态战略地位十分重要，祁连山滋养了西北诸多内陆河，甘南高原是黄河的重要水源补给区，陇中、陇东地区是我国黄土高原水土保持的重点区域。但另一方面，甘肃的生态环境又极其脆弱，大部分地区干旱少雨、植被稀少，水土流失严重，土地荒漠化、盐碱化程度高，环境承载力低，生态自我修复能力弱。加强生态环境保护、改善生存发展的基本条件，是陇原儿女的共同夙愿。新中国成立后特别是改革开放以来，甘肃的生态环保事业掀开了新的篇章。在党中央、国务院的关心和支持下，以景电调水、引大入秦、引洮供水等为代表的水利工程，以天然林保护、退耕还林、退牧还草等为代表的林草建设工程，以石羊河流域重点治理、甘南黄河重要水源补给生态功能区生态保护与建设等为代表的一批重点生态工程得以付诸实施，有力助推了甘肃的生态建设与环境保护进程。全省广大干部群众在历届省委、省政府的正确领导和矢志推进下，大力发扬“人一之、我十之，人十之、我百之”的甘肃精神，“战天斗地”、攻坚克难，从植树造林、兴修水利等最基础、最薄弱的环节抓起，以“严真细实快”的作风，一步一个脚印地向前迈进，不断改变甘肃的生态环境面貌，改善群众的生产和生活条件。

党的十八大以来，随着我国生态文明制度的加快健全和落地实施，甘肃生态环境保护也进入了一个新的历史阶段。全省上下深入学习贯彻习近平生态文明思想，牢固树立“绿水青山就是金山银山”的理念，坚定不移地走绿色崛起、高质量发展之路，把构建生态产业体系作为发展的主攻方向，培育壮大节能环保、清洁能源、循环农业、中医中药等十大生态产业，努力实现经济发展和生态环保的“双赢”。坚持把生态环境保护作为底线性任务来抓，以蓝天保卫战、碧水保卫战、净土保卫战为重点全面打响污染防治攻坚战，加强核与辐射安全监管，加快“四屏一廊”建设，实施祁连山、渭河源区、“两江一水”等重点区域流域生态治理规划，统筹推进山水林田湖草系统治理，全省生态环境质量持续改善，人民群众对生态环境的幸福感、获得感、安全感不断提升。与此同时，全省生态文明制度体系不断健全，主体功能区战略和制度逐步落实，国土空间规划和用途管制日益完善，生态环境领域改革稳步推进，这些都为做好今后的生态环境保护工作提供了有力保障。

回顾过去，甘肃各地干部群众结合实际，创造性地开展工作，探索出了许多行之有效的经验和办法。在陇中、陇东，以庄浪为代表的县区大力推进小流域综合治理，走出了一条“修梯田、集雨水、兴科技、调结构”的发展路子，不仅有效地遏制了水土流失，而且从根本上改变了山区耕作条件，促进了旱作农业的推广与发展，为贫困山区脱贫致富奔小康打下了坚实基础。在河西走廊，民勤县担负起“复活”石羊河、拯救民勤绿洲的历史责任，把水资源作为刚性约束，在坚决压井关田的同时，采用“一井一表一卡”的方法，实现了对地下水资源的精细化管理和高效利用，促进了流域生态的持续好转，一度干涸的青土湖重现了生机与活力。在甘南高原，生态文明小康村建设全面推开，全域无垃圾行动广泛开展，生态文明理念深入人心，汉藏群众走上了现代化的绿色发展之路。

展望未来，筑牢国家西部生态安全屏障，甘肃责无旁贷。2013年，习近平总书记视察甘肃时明确提出了加快建设幸福美好新甘肃的奋斗目标，其中一个重要方面就是建设“山川秀美”新甘肃。2019年8月，习近平总书记再次到甘肃视察指导工作，对祁连山生态环境治理给予了“由乱到治，大见成效”的评价，首次提出推动黄河流域生态保护和高质量发展。这些重要指示和要求，充分体现了以习近平同志为核心的党中央对甘肃生态环境保护工作的高度重视以及对甘肃治理与保护好生态环境所寄予的殷切期望。我们相信，有党中央的高度重视和大力支持，有省委、省政府的坚强领导，有全省广大干部群众的共同努力，甘肃生态环境保护事业一定会迈上新的台阶，在建设美丽中国进程中发挥应有作用，为谱写加快建设幸福美好新甘肃、不断开创富民兴陇新局面的时代篇章做出新的、更大的贡献。

历史承载着前人智慧的结晶，启迪后来者接续奋斗。新《甘肃省志·环境保护志》即将刊印，全面、客观地记载了“八五”至“十一五”期间甘肃生态环境保护工作的探索与实践，具有很好的历史价值和咨政作用。希望本书的出版能发挥其应有的作用，这不仅是诸位编辑人员的良好愿望，也是甘肃生态环境保护工作者的共同期望。

是为序。

雷思维

2019年12月

环保项目

◀1993年天水麦积山景区工作人员进行空气质量监测

▼1998年天然林停采后迭部林场工作人员林木育苗

▲2005年嘉峪关市生活垃圾处理厂一期工程投入运营

▲2005年安宁污水处理厂

▲“十五”时期兰州石化公司动力厂污水处理车间

▲“十五”时期兰州石化公司石油化工厂毫秒炉装置

▲“十五”时期兰州石化公司引进日本技术建设的 ABS 树脂车间

▲ “十五”时期银光公司工作人员进行环保设备检修

▶ “十五”时期酒泉钢铁（集团）有限公司工作人员进行高炉维修

▲ 2007 年汭河水生态建设

◀ 2007 年新建成的农村规模化畜禽养殖污染治理设施

▶ 2007 年金川公司化工厂烟气净化系统

▼ 2007 年金川公司热电公司一车间煤厂降尘现场

▲2008 年甘肃省青年联合会委员、青年企业家“生态援助民勤行”活动

▲2008 年平凉市关闭取缔石灰土立窑现场

▲ 2008 年天水秦州污水处理厂建成并投入运营

▶ 2008 年民勤县参与治沙的儿童

▲2008 年民勤县治沙工程

▲2009 年平凉市建成污染监控中心

▲2009年平凉市华亭矿区生态恢复治理见成效

▲2009年平凉市宝马纸业有限责任公司废水处理设施

▲2009年刘化集团动力脱硫设施稳定运行

▲2010年兰州市汽车尾气治理（工作人员进行尾气检测）

▼2010年农村环境综合整治（崆峒区白水乡马莲村）

▲2010年平凉市污水处理厂

▲2010年酒泉市瓜州县疏勒河中下游省级自然保护区

▲2010年酒泉市退耕还林封滩育林工程

环境监测

◀ 1997 年甘肃省环科所科研人员做土壤污染监测工作

▼ “九五”时期工作人员在莫高窟进行大气监测

▲2005 年工作人员在昌马河断面取水样

▲2005 年工作人员在黄河断面取水样

▲2008 年工作人员在阿干镇青海钢厂找源工作现场

▲2008 年工作人员在辐射环境自动监测站址东侧鸿运公司监测

▲2009 年工作人员对酒泉市人民医院进行放射性监测

▲2010 年工作人员进行高压水变电线路监测

▲2010 年工作人员监测二七九尾矿库

▲2010 年监测人员进行气溶胶采样工作

▲2010 年工作人员在舟曲泥石流现场进行应急监测

▲2010 年工作人员连夜架设气碘采样装置并开展应急监测工作

环保宣传活动

◀1995 年“4·22 地球日”爱护动物科普宣传

▼1995 年甘肃省委幼儿园开展幼儿环境教育

▶ 1995 年兰州城关区纪念“六五”世界环境日《儿童与环境》文艺宣传活动

▲ 1998 年平凉市纪念“六五”世界环境日知识竞赛现场

▲ 1999 年环境保护宣传教育

▶ 1999 年列车环境保护宣传教育

▲2000 年中华环保世纪行采访团在张掖

▲2002 年西部首届绿色环保成果技术博览会新闻发布会

▲2002 年首届西部绿色环保成果技术与产品博览会

▲2002 年首届西部绿色环保成果技术与产品博览会兰州市城关区环境保护局展区

▲2002 年甘肃省开展绿色单位创建活动动员大会

▼2003 年《甘肃经济日报·环境导刊》创刊签约仪式

▲2003 年“六五”世界环境日活动现场

▼2004 年甘肃省绿色单位颁奖仪式

▲2005 年甘肃省民勤自然生态警示基地挂牌仪式

▼2005 年环保科技志愿者服务队授旗与行动计划启动仪式

▼2005 年环保科技志愿者深入厂矿企业进行生态（绿色）文明知识宣传

◀2005 年环保科技志愿者深入村镇宣传绿色农业知识

▼2005 年环保科技志愿者深入社区宣传

环境保护科研

◀ 1994 年环科所工作人员进行科研工作

▼ “九五”时期兰州大学环评中心进行现场测试

▲ 2000 年 3 月“探索沙尘暴”科研活动

培训

▲ 1993 年甘肃省环保法规学习班

▼ 2002 年甘肃省创建“绿色学校”表彰大会暨研讨培训班开班仪式

对外交流

▲2001 年甘肃省环境代表团访问美国洛杉矶污水处理厂

▼2003 年中日环保工作交流现场

视察考察

▲ 1995 年人大代表在西固兰石化进行环评工作

▼ 2009 年甘肃省政府环保目标责任书检查组检查定西市污水处理厂

▼ “十五”时期甘肃省市环保部门检查兰州炼化公司水处理厂

会议

▲1992 年甘肃省环境保护工作会议

▲1995 年甘肃省优秀妇女环保工作者表彰会议

▲1999 年甘肃省环境保护计划工作会议

▼2003 年兰州市煤改气应用技术现场会

▲2004 年甘肃省环保突出贡献先进个人表彰大会

▼2009 年国家环保产业协会专家王家廉、张建忠兰州专题报告会现场

舟曲泥石流救灾监测

▲2010 年舟曲县环保局在职工家中临时设立的办公场所

▼2010 年环保人员进行灾后白龙江水质监测

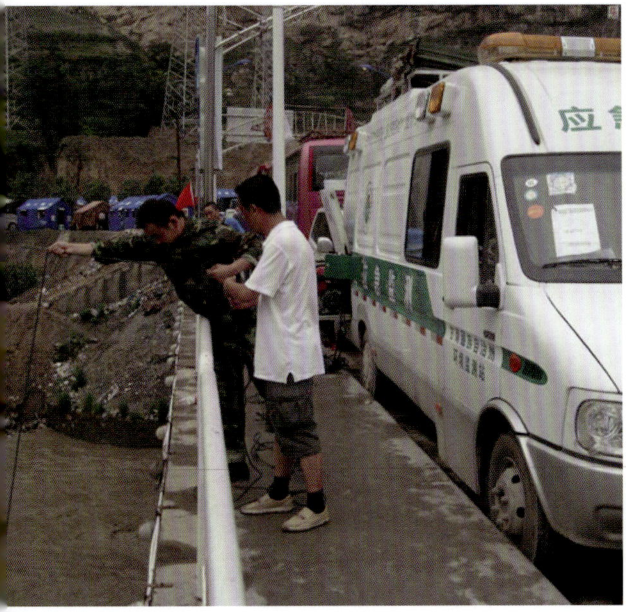

▼2010 年甘肃省环保厅第二批前方工作组与舟曲环保局工作人员现场制作挽联

自然保护区

▲安息极旱荒漠国家级自然保护区的野骆驼

▼敦煌阳关国家级自然保护区

▲ 祁连山国家级自然保护区

▼ 张掖黑河湿地国家级自然保护区

▲兴隆山国家级自然森林保护区

▼2000 年中华环保世纪行采访团在张掖

其他

▲20 世纪 90 年代白银公司选矿厂年回水量达 400 万吨的万吨水库

◀20 世纪 90 年代武威纺织厂污水处理站化验室化验人员监控污水水质情况

▲ 1993 年甘肃省环保法规学习班

▲ 1996 年白银市环境监察人员进行执法监察工作

▲2005 年黄河水污染事故应急处理

▲2008 年白银市环保系统新进人员上岗前实际操作培训

▲ 河西风电走廊

▲ 庄浪梯田

凡例

一、以马克思列宁主义、毛泽东思想、邓小平理论、“三个代表”重要思想、科学发展观、习近平新时代中国特色社会主义思想为指导，坚持辩证唯物主义与历史唯物主义的方法论，存真求实、全面系统地记述时限内甘肃省环境保护事业的发展历程。力求做到思想性、科学性、资料性相统一，突出时代特点、反映行业特点。

二、本志是首轮《甘肃省志·环境保护志》（第三十三卷）的续志，上限始于1991年，下限断至2010年，重点记述这一时期甘肃省环境保护工作的发展变化历程。

三、本志设篇、章、节、目四个层次，事以类分，类为一志，横排纵述。采用述、记、志、图、表、录等形式，以志为主，直书其事。本志设自然生态环境、环境质量、环境监测、污染防治、环境保护管理、环境监察与执法、环境科研与环保产业、环境保护宣传与对外交流8篇，共分36章、111节。

四、本志采用现代语体文，以第三人称为主，力求语言表述准确、简明、流畅。人物直书姓名，必要时在姓名之前冠以职务或职称。

五、为行文方便，志内使用简略语，如中国共产党简称中共、环境保护简称环保等。表述时间、地点、机构、职务、职称等文字较多的名称，首次出现用全称，并加注规范化简称，后多用简称。

六、本志计量单位以《中华人民共和国计量法》为准。个别内容使用行业惯用计量单位。所用地图以测绘部门公开使用的资料为准，并注明资料来源及相关内容。引用数据以环境保护及管理部门统计并正式公布的为准。

七、本志资料采自国家、省、市（州）、县（市、区）档案和正史、报刊、知情人士口碑，考证鉴别，力求无误。中华人民共和国成立以后的重大史实以档案为准；组织机构以《中国共产党甘肃省组织史资料》为准；地名以《甘肃省地名资料汇编》为准；各项数据以历年《甘肃省国民经济和社会发展统计公报》《甘肃省环境质量报告书》《甘肃年鉴》为准，未列入统计的一律采用业务部门数据。

目录

目　录

第四篇　污染防治

目　录

目 录

目　录

目录

目　录

概 述

一

1973 年，第一次全国环境保护会议后，甘肃省正式启动环境保护工作。设立机构、组建队伍、颁布条规，加大环境保护宣传力度，加强环境监测和环保执法。经过 40 多年的不懈努力和综合整治，伴随着工业化和现代化急剧凸显的环境污染问题得到有效控制，生态环境得到有效改善。

环境监测是环境保护科学决策、科学规划、科学执法的基础性工作。加强环境监测队伍建设、加大基础设施设备投入、不断提高环境监测水平，是环境监测工作的根本性任务和奋斗目标。截至 1990 年年底，甘肃省共有环境监测网成员单位 51 个，其中二级环境监测站 1 个、三级环境监测站 14 个、四级环境监测站 9 个、部队环境监测站 1 个、企业环境监测站26 个，监测队伍发展到 1 041 人。经过 20 年的发展、充实和提高，甘肃省环境监测队伍建设在专业化、科学化、现代化等方面出现了可喜变化。“十一五”期间，全省新增设县级环境监测机构 28 个、监测人员编制 338 个，实际扩充监测人员 266 人。县级环境监测站覆盖率达到 54%。截至 2010 年年底，全省隶属于环保行政主管部门的环境监测站有 63 个，其中一级站 1 个、二级站 15 个（含甘肃矿区）、三级站 47 个（含市区），监测队伍发展到 971 人。

“八五”时期，甘肃省 14 个地、州、市监测站均开展大气、地面水、噪声、污染源的监测工作，其中有 6 个监测站开展地下水监测、3 个监测站开展水生生物监测。省监测站每年向各级政府部门提供 9 个种类［大气环境例行监测报告、地面水水质监测报告、水生生物监测报告、噪声监测报告、国控网站环境质量监测报告、年度环境质量状况简述、年度（五年）环境质量报告书、环境监测年鉴、年度重点工业污染源排污状况报告］的环境监测报告20 期，为发布环境状况公报、执法检查、制定环境规划和决策及进行科研工作提供了大量准确、可靠的科学依据。

根据国家环境保护局和中国环境监测总站的要求，甘肃省环境监测中心站于 1994 年、1995 年两年编制《环境监测快报》6 期，对发生的特殊污染事故及时进行追踪，及时向上级有关部门及地方政府以快报的形式报告特殊污染事故，充分发挥了环境监测在环境管理中的技术监督、技术支持和技术服务作用，提高了监测信息为管理服务的及时性，为各级领导和有关部门提供决策依据。1995 年以后，《环境监测快报》编制工作已形成制度。

“九五”时期，在加大监测设备投入的同时，甘肃省不断加强监测质量管理，加强环境监测计量认证工作。全省各监测网络站拥有原子吸收、离子色谱、原子荧光、微电脑烟尘检测仪、烟气测定仪、红外测油仪、气相色谱仪、分光光度计等仪器 222 台（套），原价值 1 039.9 万元。1993 年，甘肃省环境监测中心站首次参加国家计量认证，取得合格证书；2000 年，通过国家计量认证复审，取得向社会提供水（含大气降水）和废水，环境空气和废气，土壤、底质、植物、生物残留体、固体废物、煤质，生物，机动车排放污染物，噪声六大类、159 项检测项目的资格。全省除甘南州监测站外，其余 13 个三级监测站均通过省级计量认证。通过强制质量认证工作，进一步建立健全全省各监测站质量保证机构，完善质量保证管理制度，根据质量认证硬件要求，强制检定各类检测仪器，确保检测数据的准确、可靠，使检测数据更具公正性和法律效力。

21 世纪以来，在国家财政的大力支持下，各级政府加大对环境监测能力建设的投入。“十一五”时期，中央财政污染减排监测能力建设和甘肃省财政环境监测能力建设共计投入近亿元，重点完成 14 个二级站、40 个三级站的监测仪器设备配套。全省监测用房总面积 30 644 平方米。甘肃省环境监测中心站实验室为新建的环保科技大厦，监测用房面积 3 500 平方米，实验室宽敞明亮、环境优美、功能先进、设施齐全。14 个市、州站的实验环境明显改善，气质联用色谱仪、液相色谱仪、气相色谱仪、离子色谱仪、原子吸收仪、红外测油仪等大型仪器基本齐备。

“十一五”时期，通过大力推进标准化建设，各级监测站的监测手段得到很大改善，监测能力得到大幅提升。陇南、临夏合作新建 6 个空气自动监测系统，使全省 14 个市、州全部实现城市环境空气自动监测。兰州具备温室气体自动监测能力，平凉建成农村空气环境自动监测站。甘肃黄河段和省界出境断面新建 3 个地表水水质自动监测站，长江水系的 2 个水质自动监测站正在筹建。省环境监测中心站基本具备城市集中式饮用水水源地 109 项全分析能力。

随着环保事业的飞速发展，甘肃省环境监测工作也步入发展的“快车道”。甘肃省环境监测坚持以“三个说得清”为总目标，紧紧围绕环保中心工作，全力开展环境质量监测、污染减排、污染源普查、土壤污染状况调查和环境事故应急监测，积极推进监测站转型，圆满完成各项任务，充分发挥了支撑决策、服务社会的职能，为促进甘肃社会经济又好又快发展做出了积极贡献，监测站自身建设和技术水平也迈上新的台阶。

以甘肃省环境监测中心站为龙头的省级监测网络体系、应急监测体系正在形成和完善，实验室分析能力、自动监测能力、综合分析能力、日报及快报能力、质量控制能力等方面都有明显提升。各级监测站坚持“三个说得清”，紧紧围绕经济建设大局和环保中心任务，积极开展环境质量监测、污染源监测、环评监测、环保验收监测等例行和服务性监测工作，圆满完成污染减排监测、全国第一次污染源普查监测、土壤污染现状调查等重大专项监测任务，出色完成陇南地震、舟曲泥石流地质灾害、徽县血铅事件等一系列应急监测，为各级政府和环保部门进行环保决策、执法管理和绩效评估、环保责任书考核等提供科学依据和技术支撑。

二

20 年间，经全省上下共同努力，伴随着工业化和西部大开发而产生的环境污染趋势虽有所减缓，部分城市、部分领域环境污染问题得到有效缓解，但是，由于工业总量和污染总量的增加，全省污染加重的基本情况尚未得到根本改善。

“八五”时期，全省污染物总量控制初见成效。1995 年与 1990 年相比，全省工业废水年排放量由 1990 年的 3.88 亿吨降至 3.84 亿吨；工业废水中的化学需氧量由 1990 年的 6.51 万吨降至 6.05 万吨；石油类的年排放量由1990 年的 1 794 吨降至 1 325 吨。全省每年未经处理而排入环境的工业固体废物由 1990 年的 177 万吨降至 67 万吨。全省历年累计堆存的工业固体废物由 1990 年的 1.35 亿吨降至 1.27 亿吨，占地面积也由 2 111 万平方米降至1 945 万平方米。全省工业粉尘的年排放量由 1990 年的 19 万吨降至12.2 万吨；工业二氧化硫的年排放量由 1990 年的 36.2 万吨降至 34.7 万吨；工业烟尘的年排放量也由 1990 年的 22.7 万吨降至 17.8 万吨。这些对比说明，“八五”时期甘肃省工业“三废”中一些主要项目的排放总量基本控制在“七五”时期的水平上，部分指标还有明显削减，体现了甘肃省污染治理和控制的成绩。然而，上述统计未包括乡镇企业和非工业污染源，而这两部分污染源的排放总量在“八五”时期均呈增长态势，因此污染物总量控制的任务仍很艰巨。

“九五”时期，全省环境污染加剧的趋势初步得到遏制，部分城市和地区环境质量有所改善，生态环境保护逐步加强。在经济建设和各项社会事业发展的同时，环境保护同样取得较大进展。但是，环境形势仍然严峻，一是全省污染物排放总量仍然较大，兰州等城市空气污染问题突出，污染程度较高；二是生态环境恶化的趋势尚未得到有效遏制，部分地区生态破坏的程度还在加剧，如水土流失、草原退化、水资源不足、沙漠化威胁加大等，特别是沙尘暴时有发生，成为危害人民健康、制约经济和社会发展的一个重要因素。

“十五”时期，甘肃省大力实施西部大开发和工业强省战略，全省国内生产总值（GDP）显著增长，工业增速不断加快，2005 年全省实现生产总值 1 540 亿元，比上年增长 11%，规模以上工业完成工业增加值 600 亿元，比上年增长 18%。

在经济保持高速发展的同时，不断加强污染防治和生态保护，确保全省环境质量的总体稳定，为经济社会的可持续发展创造条件。“十五”时期，甘肃省环保投入占全省 GDP 的比例逐年上升，2004 年投入比例（1.50%）较“九五”末的 2000 年（0.82%）提高 0.68 个百分点。2004 年，全省共完成废水治理项目 81 个，新增废水处理能力 41.2 万吨/日；工业废气中二氧化硫去除率为 58.88%，烟尘去除率为 94.66%，工业粉尘回收率为83.01%，完成大气污染治理项目 70 个，新增废气（标态）处理能力 365.31 万立方米/小时。

二氧化硫污染控制区防治工作取得新进展。完成兰州第二热电厂简易脱硫工程；金川公司建成与火法冶炼生产系统配套的年产 50 万吨硫酸和 3 万吨亚硫酸钠的生产设施以及相应的“储、运、销”系统；白银公司投资 2.48 亿元实施铜冶炼制酸系统污染治理工程等一批重点二氧化硫治理项目。2005 年列入国家二氧化硫污染控制区的 4 个城市（兰州、金昌、白银、张掖）的二氧化硫排放得到一定控制，年均值比 2004 年均有所下降。

全省烟控区建设和管理得到进一步加强。临夏市、定西市烟尘控制区建设工作取得较大进展，其中临夏市基本具备烟尘控制区建设达标条件。

兰州市大气污染防治工作取得明显成效。兰州市以推广使用天然气为重点，积极改善能源结构，加快燃煤污染整治：建成国电兰州热电厂、兰州西固热电有限责任公司及甘肃兰西热电有限责任公司烟气在线监测装置，严格控制入炉煤硫含量；对市区重点单位冬季大气污染防治工作进行检查，大气污染严重时，对企业部分生产设施实施限产、停产措施。2005 年，兰州市实施清洁能源改造“123”计划①初见成效。通过努力，兰州市大气环境质量明显改善，呈逐年好转趋势。

2001—2005 年，全省 GDP 平均每年增长 11%，空气污染指数和地表水综合污染指数明显下降。2005 年，甘肃省空气污染指数为 2.09，地表水综合污染指数为 3.68，分别比 2000 年下降 39.4%和 41.5%。

“十五”时期，甘肃省天然气的使用量逐年增加，清洁能源的使用对改善城市空气质量起到积极作用。但年度间全省工业废气排放量及主要污染物排放量均有不同程度增长。工业废气及主要污染物以工业企业比较集中的兰州市、白银市、嘉峪关市和金昌市排放量最大，这 4 个城市是工业废气排放重点治理区域。

工业废气重点污染行业是电力业、有色金属和黑色金属冶炼业、非金属

① 兰州市大气污染的首要原因是能源结构不合理。为此，2005 年兰州市启动实施了清洁能源改造“123”计划，即用 1 年的时间完成公交车辆天然气改造，用 2 年的时间完成出租车辆天然气改造，用 3 年的时间完成 1 107 台、5 337 蒸吨燃煤锅炉天然气改造。

矿采选业，重污染企业是金川有色金属公司和白银有色金属公司，这些行业和企业是工业废气污染治理的重点。

“两控区”的4个城市中，兰州市和金昌市的二氧化硫排放量有所下降，白银市和张掖市二氧化硫的排放量持续上升，污染治理任务十分艰巨。

工业废水及其主要污染物的排放得到有效控制，化学需氧量、氨氮、六价铬、铅、砷、挥发酚、石油类的排放量有所下降。工业废水中铅的排放主要来源于黄河和长江流域的白银市和陇南市，两市的排放量占总量的45%左右。内陆河化学需氧量的排放主要来源于张掖、武威、平凉三市，由于加大了执法力度，有效地控制了造纸及纸制品业的化学需氧量的排放。

甘肃金昌化工（集团）有限责任公司、甘肃稀土集团有限责任公司、白银有色金属公司、酒泉钢铁（集团）有限责任公司、中国石油兰州石化公司等企业是工业废水污染重点治理企业。

工业固体废物产生量上升的同时，综合利用量、储存量及处置量也逐年增加。工业固体废物的产生主要以金昌市和嘉峪关市为主，其次是白银市、陇南市和兰州市，相关行业中有色和黑色金属冶炼业、有色金属矿采选业、电力业的产生量最大；嘉峪关市、兰州市、白银市、金昌市的黑色金属冶炼业、电力业综合利用量最大；嘉峪关市的黑色金属冶炼业处置量最大。

危险废物的排放大幅下降。危险废物的产生以陇南市为主，相关行业中有色金属矿采选业产业量最大，占总量的52%以上；综合利用量和处置量则以兰州市和石油加工及核燃料业量最大。全省危险废物的集中处置率逐年递增。

“十一五”时期是甘肃污染治理力度最大、投入最多、污染减排效果最为明显的5年。“十一五”期间，全省经济增长速度每年都在10%以上，GDP从2006年的2 275亿元增长到2010年的4 119.46亿元。与此同时，加大污染减排和总量控制力度，全省完成并经环境保护部确认的污染减排项目179项，共计削减二氧化硫24.45万吨、化学需氧量6.99万吨。两项指标分别比“十一五”末下降1.99%和8.05%，污染减排任务全面完成，其他污染物排放总量也得到较好控制。但是还应看到，甘肃还存在不少潜在的环境风险。2006年曾出现徽县血铅事件，“十一五”期间曾发生危险废物非法转移和抛弃事件，陇南铅、锌尾矿坝和危险废物储存等还存在不少环境隐患，个别企业超标排放和偷排污染物的现象还时有发生，监管的难度不断增大。

三

党的十四大以来，随着我国综合国力的日益增强，在继续加大以深化改革为特征的经济建设的同时，国家继续加强环境保护工作、加大资金投入、加强环境执法力度、淘汰“五小”高污染企业、加大对重点污染源的技术改造。特别是党的十六大以后，中共中央提出“科学发展观”，将生态文明纳入国家整体发展战略，淘汰落后产能，调整产业结构，加大违法追究力度，强有力地推进环境保护工作，高发展、高速度、高耗能、高污染的粗放式经济发展模式得到初步改善。

甘肃省认真贯彻中共中央关于加强环境保护工作精神，下大力气整治环境污染，通过强化环保立法、设立自然保护区、严肃履行目标责任制和加快环保新技术的推广应用，20 年间，环境保护工作取得可喜成就，全省总体环境质量呈现向好发展态势。1991—2010 年，完成环保总投入 217.5 亿元，完成技术改造项目 246 项；完成限期治理项目 477 项，关停“五小”、新“十五小”企业 1 046 家；查处环境违法案件 671 件，收缴罚款 1.34 亿元；进行中的技术改造项目 136 项，总投资 43 亿元。

城市环境管理不断加强。20 年间建立污水处理厂 97 家，年处理能力 8 756 万吨，减少化学需氧量排放 124 万吨、氮硝酸盐排放 1 778 万吨、挥发酚排放 14 万吨，六价铬排放 21 万吨。城市大气环境质量持续改善，20 年间，主要控制指标总悬浮微粒物、二氧化硫、氮氧化物排放年日均值均低于 1990 年水平。其中，总悬浮微粒物排放 3 755 万吨，减少排放 1 134 万吨；二氧化硫排放 2 537 万吨，减少排放 1 049 万吨；氮氧化物排放 2 018 万吨，减少排放 764 万吨；严重影响兰州市西固区的光污染现象基本根除。城市固体废物处理能力增强，20 年间，共建立固体废物处理厂（站）32 处，年处理能力 4 755 万吨；固体废物利用 3 188 万吨，产生经济效益 31 亿元；医疗垃圾处理基本做到全覆盖、全处理；建立核与辐射安全监测技术机构，建设辐射环境监测网络，确保全省核与辐射环境安全可控。

生态环境质量保持稳定，生物多样性保护工作成绩显著。20 年间，共新建各类自然保护区 20 处，保护区总面积 1 538 953 公顷；保护区范围内，共栖息各类野生保护动物957种，其中，国家级保护动物650种，比1990年分别新增15种、12种；共有各类野生植物4 000种，其中，被列入国家野生植物保护名录的58种，濒危野生植物56种，比1990年分别新增4种、4种、2种。张掖蓝马鸡和武威野生动物繁育中心建设成绩斐然。其中，张掖蓝马鸡繁育中心共繁育蓝马鸡76只，填补国内空白；武威野生动物繁育中心共繁育普氏野马、野骆驼、扭角羚等濒危动物近140头（只），取得科研成果12项，为野生动物保护提供科学基础。

农村生态环境保护工作出现新面貌。20年间，共投入农村环境改造保护项目资金34亿元，完成人畜饮水工程18项，收集固体废物2 726万吨，减少化肥、农药污染1 483万吨，建立农业生态示范区34处；继续加大乡镇企业治理整顿工作，共关闭低能高污染企业47家，建立生态文明村32个。

环境保护法制化建设日趋完善。20年间，甘肃省共颁布各类条例、办法、实施细则89项，建立各级执法机构104个，接待环保投诉87 733起，处理环境违法案件2 000余起，有效地保护了生态和环境安全。

环境科学研究工作成绩骄人。20年间，各类研究机构共完成科研项目200多项，其中，环境评价研究46项，新技术应用134项，完成国家环境保护总局、甘肃省科委等相关部门下达的重大环境科研项目47项；有12项科研项目获得国家环境保护总局科技进步奖，55项获得甘肃省科委科技进步奖。

自然生态环境脆弱。全省森林覆盖率低，水土流失面积广，土地荒漠化率高达50%以上。受荒漠化和过度放牧影响，土地盐碱化、草地退化现象严重。全省大部分地区处于干旱半干旱地区，资源性缺水严重，且水资源时空分布不均。水资源的短缺导致地下水超采，水位严重下降，进一步加剧草场退化、林木死亡、土地沙化等。城市周边植被稀少，裸露土地率高，导致环境空气颗粒物增多，直接影响城市环境空气质量达标。多年来，各级政府认真实施退耕还林、退牧还草政策，积极开展大规模的植树造林活动，大力加强自然生态保护区建设，加强对黄河流域、石羊河流域、黑河流域的综合治理，局部生态环境有所改善，整体生态环境进一步恶化的趋势得到缓解。但是，由于生态环境恢复速度慢、恢复周期长，实现甘肃生态环境的根本改善，仍然是一个艰苦的、漫长的发展过程。在较长时间内，生态环境将是影响和制约甘肃经济社会可持续发展的“瓶颈”问题。

"两高一低"的经济结构特征明显。甘肃是一个以能源原材料工业为主的传统资源开发型省份，石油化工、有色冶金等重点行业的增加值占全省工业增加值的70%以上，经济增长主要靠消耗大量资源来支撑，"两高一低"的经济结构特征明显。结构调整是甘肃节能减排所面临的首要难题，一方面，服务业比重偏低；另一方面，工业中轻重工业比例差别较大，高耗能企业比重高。甘肃一直在着力调整经济结构，但这是一个长期的过程，并不能在短时间内快速见效。经济结构不合理，不仅造成资源约束矛盾日益突出，而且使污染减排、生态环境保护的压力加大。

部分区域和河流环境问题突出。存在的主要问题：一是重点城市的环境空气质量超标。兰州市冬季大气污染严重，污染综合指数一直较高；金昌市受工业二氧化硫排放影响，环境空气质量连续5年超过国家二级标准。此外，陇南市受颗粒物污染影响，城市环境空气质量连续下降，2010年超过国家三级标准。二是部分河流水质污染严重。泾河、马莲河、石羊河、山丹河和石油河5条河流水质，连续5年均为重污染。三是环境污染事件高发。

潜在的环境风险较多。潜在的环境风险：一是重金属污染。甘肃"涉重"企业较多，重金属产生量大，环保历史欠账多，污染防治难度大。目前，还没有系统开展重金属污染调查与监测，对"涉重"企业重金属污染排放状况、企业周边地表水及土壤现状掌握不够，重金属污染防控体系还没有完全建立起来。目前，还有大量历史遗留铬渣及铜、铅、砷等重金属污染废物，如果管理、处置不慎，将会造成严重后果。二是饮用水水源地水质安全问题。饮用水水源地水质安全直接关系到人民群众的身体健康和生命安全。目前，全省主要开展的是城市集中式饮用水水源地水质监测，而人口众多、地域广大的小城镇以及农村的饮用水水源地水质安全底子不清、状况不明。三是核与辐射环境安全。甘肃省是我国最早的核工业和核试验基地，核工业企业较多，同时还是高铀矿带区，矿山开采带来的伴生放射性量大面广，监管难度增大，核辐射事故发生的概率相对较高，核与辐射环境安全隐患较多。四是自然灾害引发的环境问题。陇南山地地质结构复杂，降雨量大，几乎每年夏秋季节都会发生不同程度的泥石流自然灾害。陇南又是甘肃地下矿产开采最密集的地区，每次泥石流发生都可能危及尾矿坝安全，造成坝体垮塌或尾矿流失，对白龙江水质和农村饮用水水源地的安全造成严重威胁。

环境保护基础能力建设比较薄弱。甘肃省作为经济欠发达地区，环境保护事业发展与经济发达省份相比有一定距离。尽管“十一五”期间，尤其是“十一五”后3年，甘肃环境保护工作积极适应形势任务要求，抢抓机遇应对各种挑战，努力实现“三个转变”，在促进全省经济社会又快又好发展中实现自身建设的跨越式发展，但是由于基础差、起步慢、投入受限等原因，环保基础能力建设比较落后。全省大部分市、州监测站监测用房达不到标准化要求，不少县级环保部门没有独立的办公用房和监测用房。一些市、县还存在组织不健全、工作没理顺、队伍素质低、执法能力弱等问题。环境监测预警体系、应急监测体系、污染减排监测体系尚不完善，监测和快速反应能力还不强。大部分县级站尚不具备监测能力，全省范围的县级监测网络体系尚未形成。基层环保部门及监测站队伍结构不合理、人员素质不高的问题比较突出。环保科研领军人才少，科研成果不多，含金量不高，转化应用率低，科技支撑能力不强。

从基本省情出发，坚持走甘肃环保发展新道路。甘肃省是一个经济欠发达省份，“生态严酷，经济总量少，人均水平低”，经济社会发展对资源消耗的依赖程度高。发展经济是甘肃最为紧迫、压倒一切的任务。环保工作必须从甘肃的基本省情出发，牢固树立大局意识。一是坚持把环境保护纳入全省经济社会发展大局统筹考虑，把工作的着力点放在促进全省经济社会又好又快发展上，放在全力推进全社会物质文明和生态文明建设的双重任务上，努力实现经济发展与环境保护“双赢”。二是坚持和不断深化“以环境保护为手段优化经济社会发展，以污染减排为抓手促进经济结构调整”的整体工作思路，充分发挥环保工作在经济社会建设中的引领作用，依靠环保手段促进经济增长方式转变，推动循环经济发展和产业结构调整。三是把维护好、发展好人民群众的环境权益作为环保工作的出发点和落脚点，优先解决影响科学发展和人民群众关心的突出环境问题，积极防范环境风险，确保环境安全。四是把生态环境保护作为一项长期的战略任务来抓，立足现实，放眼长远，统筹规划，扎实推进，不断提升生态文明建设水平，努力把甘肃真正建设成为中国西部的“生态屏障”。

着力解决重金属污染，确保区域环境安全。甘肃是全国14个重金属污染重点省份之一，被列入国家重点防控区域。加强重金属污染防治，首先要摸清重金属污染底数。采取点面结合的办法，组织实施重金属污染源调查和评估，开展重金属污染源监测，尤其对重点企业、重点区域、重点河流进行监督性监测，建立基本资料数据库，为重金属污染防治工作提供科学依据。其次，建立重金属污染防控体系。加强重金属污染监督监察体系、预警监测体系和污染防治体系建设，提高环境预警响应能力和处置能力。再次，加大重金属污染源综合治理的力度。从源头预防，过程阻断，末端治理，实施全方位的综合防控措施，进一步加快历史遗留铬渣的处理，重点解决好金昌、白银、陇南等重点区域重金属及其他危险废物的储存、利用和处置，严防流失和违法排放，确保饮用水水源地水质安全和土壤环境安全。最后，加强环境执法管理。坚决查禁违法违规和超标排放行为，建在饮用水水源地的“涉重”企业一律关闭，发现重大环境安全隐患及时限期整改。

进一步加强重点区域、流域污染防治，不断促进环境质量持续改善。一是下大力气解决兰州市的大气污染问题。兰州作为甘肃省省会城市，政治经济地位突出，拉动作用明显，对甘肃经济社会发展的影响举足轻重。兰州地理环境特殊，污染治理难度大，改善城市环境质量任务非常艰巨。应探索建立省市结合、政企联动、居民联防的污染治理工作机制，深入开展兰州大气污染防治研究，进一步加大污染防治投资力度，通过综合治理和科技推动，努力实现兰州城市空气质量根本改变。二是把黄河、石羊河、黑河流域的综合治理提升到长远和战略的高度，进行总体部署、统筹安排、明确目标、区别责任，加大综合治理力度，争取国家的财政支持。同时，把泾河、马莲河、渭河、石油河等长期严重污染的河流列入重点治理目标，摆上“十二五”地表水综合整治的日程，进一步促进水环境质量持续改善。

积极开展农村生态环境保护，努力推动新农村建设。开展农村生态环境保护，建设社会主义新农村，是深入贯彻落实科学发展观，全面推进小康社会建设的重要内容，也是改变甘肃自然生态环境面貌，构建国家生态安全体系的重要举措。甘肃生态环境脆弱，经济社会发展落后，尤其是农村土地广大、人口众多，生态环境保护任务十分艰巨。开展农村生态环境保护，应立足农村实际，突出重点，统筹规划，采取重点治理与综合治理相结合，点源防治与面源防治相结合，政策激励与困难帮扶相结合，把农村饮用水水源地水质安全、生活垃圾和地膜收集处理、残留农药和面源污染防治、规模化农产品生产基地环境安全作为重点，切实搞好农村环境综合整治，积极推动农村环境保护和生态环境建设。继续深入落实“以奖促治”“以奖代补”政策举措，大力实施农村生态环境建设项目，以项目促发展，带动农村环境保护设施建设，逐步扩大农村环境监测，建立和完善农村环境监测网络，充分发挥县级环境监测站在农村环境监测中的作用。

围绕“三个说得清”，加快推进先进环境监测预警体系建设。建设先进的环境监测预警体系是总结松花江水污染等环境污染事件经验教训，立足中国环境监管和环境监测面临的严峻形势，审时度势地提出的一项具有战略性、基础性的重要举措。根据甘肃环境监测能力建设状况，“十二五”期间围绕“三个说得清”，加快推进以县级监测站网络体系建设、减排监测体系建设和应急监测体系建设为核心内容的环境监测预警体系建设，着力提升以重金属、特征污染物、农村生态环境监测为突破口的监测技术水平，进一步强化环境质量监测、污染减排监测、饮用水水源地监测和应急监测。在调查研究和充分论证的基础上，科学制定了“十二五”监测事业发展规划，突出重点，统筹安排，加大投入，分步实施，力争全省二级以上监测站和50%以上的三级站实现标准化建设，监测能力与承担的监测任务相适应。

大力加强基础能力建设，全面提升环保执法能力和技术水平。把县一级的环保基础能力建设作为“十二五”环保事业发展的重点，进一步完善组织机构，落实人员编制，理顺工作关系，加大资金投入，解决好办公设施和监测用房、仪器设备等问题。采取多种形式加强业务培训，切实提高环保队伍素质，全面提升执法能力和监测技术水平。加强人事制度管理，解决好监测机构缺编严重，文化知识、职称设置结构不合理等问题。严格新进人员标准和考核，从源头把好质量关。创建环保科技支撑体系，推行人才引进机制，建立环保科研基金，提高科技水平和成果转化能力。

党的十九大报告指出：“绿水青山就是金山银山”。环境保护事关子孙后代千秋大业，只有广大干部群众真正从思想深处充分认识到环境保护的重要性，只有社会各界真正认识到物质文明和生态文明的依存关系，只有社会各界用实际行动真正践行科学发展、绿色发展，我们的环境保护事业才能结出优质的硕果，甘肃省经济社会发展才能健康持续，我们的国家才能步入真正的现代化强国。

大事记

1991 年

1 月 22 日　盐锅峡化工厂被授予“全国环境保护先进企业”称号。

4 月 12 日　甘肃省城市放射性废物库通过国家环境保护局委托甘肃省环境保护局组织的专家组验收。

7 月 2 日　《甘肃省城市环境综合整治定量考核实施办法》颁布实施。

10 月　张掖市环境保护局被中共甘肃省委、省人民政府授予“造林绿化先进单位”荣誉称号。

11 月 9 日　甘肃省第一次征收排污费工作会议在白银市召开。

是年　兰州石化公司砂子炉装置技术改造、黄河北液化气罐区和原油罐区三项环保设施工程通过竣工验收。三项工程属兰州石化公司“七五”规划技改项目，工程的通过和投入运营，将大大降低“三废”的排放和促进“三废的”有效利用。

1992 年

4 月 18 日　甘肃省机构编制委员会批复同意成立甘肃省电子工业系统

环境监测站。

9 月 26 日 甘肃省环境保护局在天水市召开第一次全省环境保护系统办公室主任会议。

11 月 甘肃省环境保护局在兰州主持“蓝马鸡人工繁育研究”项目技术鉴定会，该技术将为蓝马鸡人工繁育和种群保护起到巨大促进作用。

12 月 3 日 甘肃省省级自然保护区评审委员会成立。

1993 年

4 月 8 日 甘肃环境保护新技术开发公司成立。

5 月 5 日 源于河西走廊西端玉门镇的沙尘暴于 15 时 30 分前后袭击金昌，将 34 万吨的工业尾矿抛上天空，16 时 40 分危及武威，17 时侵袭古浪，17 时 50 分横扫景泰，19 时 20 分掠过中卫，瞬间最大风速高达37.9 米/秒(相当于 13 级风)。黑风暴持续到 5 月 6 日最终结束，是为中华人民共和国成立 54 年以来最严重的风沙灾难。受风暴影响的 4 个小时里，金昌、武威、古浪等地共造成 85 人死亡，264 人受伤，31 人失踪，影响范围达到 100 万平方千米。整个河西地区损失牲畜 12 万头，37 万公顷耕地因沙土掩埋而绝收，造成的直接经过损失高达 6 亿元。

5 月 10 日 甘肃省环境保护总公司物资供应公司成立。

5 月 29 日 甘肃省省级自然保护区评审委员会召开第一次会议，会议通过委员会章程。

8 月 1 日 联合国驻华机构首席代表赫尔康在全国人大常委会、环资委主任委员陪同下赴酒泉、嘉峪关、张掖、武威和兰州市指导环境保护工作。

11 月 12 日 甘肃省首部大型环保电视专题片《呼唤》首播式在兰州举行。

12 月 15 日 《甘肃省 22 个重大工业企业污染源防治规划》颁布实施。

1994 年

3 月 安西自然保护区正式引进繁育蓝马鸡。

4 月 8 日　河西走廊发生沙尘暴，以酒泉、嘉峪关为中心，向东扩展波及兰州、银川、北京等地。

5 月 19 日　甘肃省环境保护利用外资备选项目库建立。

8 月 12 日　《甘肃省环境保护条例》颁布实施。

9 月　全省“环境执法大检查”突击月活动实施，共检查1 147 家企事业单位，查出环保违法违规问题 543 个。依法查处连海铝业有限公司、陇西铝厂、酒泉轧钢厂、金昌毛纺厂等企业违反环保“三同时”问题。

11 月 5 日　甘肃省环境保护局重大环境污染事故与自然生态破坏事故应急处理工作领导小组成立。

1995 年

1 月 12—13 日　国务院环境保护委员会检查团检查嘉峪关市环保工作，重点检查酒钢公司烧结厂、炼钢厂、二轧厂及嘉峪关关城的环境污染和防治情况。检查团重点强调要保护好国家一级文物——嘉峪关关城。

4 月　国家环境保护局副局长王玉庆一行赴安西，考察极寒荒漠国家级自然保护区管理工作。

5 月 16 日　甘肃省委、省政府《关于省级党政机构设置及有关问题的通知》（省委发〔1995〕19 号），决定保留甘肃省环境保护局，并列入省政府组成部门。

7 月 7—18 日　由国务院环境保护委员会、化工部组织的全国环保执法检查团甘肃分团对甘肃省进行环境资源保护执法检查。检查团深入兰州、武威、金昌、张掖、酒泉、嘉峪关 6 市 16 家企业和 9 处生态文化保护区进行执法检查，并对甘肃省提出“4 个 1”［即 1 山（祁连山）、1 水（黄河）、1 城（兰州市）和 1 厂（兰州钢厂）］环境保护重点工作。

7 月 25 日　甘肃省开展生态补偿费和多因子收费试点工作。

7 月　全国环境与资源保护执法检查团抵安西，检查极寒荒漠国家级自然保护区生态环境保护与执法情况。

1996 年

8 月 30 日 甘肃省政府第 36 次常务会议学习国务院《关于环境保护若干问题的决定》。

9 月 23 日 《甘肃省重点工业污染源》向社会公布。

9 月 30 日 根据《国务院关于环境保护若干问题的决定》，甘肃省取缔、关停 15 类重污染型企业 603 家。

10 月 22—24 日 甘肃省第四次环境保护会议在兰州召开。

是年 甘肃省政府批准实施《甘肃省跨世纪绿色工程计划》。

1997 年

4 月 7 日 甘肃省开展环境监理员制度试点工作。

5 月 兰州市全面展开汽车尾气净化装置安装工作，要求 7 月底全面安装完成。

6 月 23 日 兰州市排污口规范化整治试点工作通过国家环境保护局委托的甘肃省环境保护局的验收。

6 月 29 日 天水市北道区利桥乡粮管所内发生含氨废水井中毒事件，导致 4 人中毒，事件发生后得到及时处置。

9 月 30 日 《甘肃省环境监理执法稽查办法》颁布实施。

10 月 16 日 “甘肃省环保产品评审专家委员会”成立。

是年 出台《甘肃省开发建设项目环评收费内容与标准》和《甘肃省开发建设项目环保设施竣工验收监测报告编制规范》。

1998 年

1 月 张掖市甘州区被列入国家控制的二氧化硫污染控制区管理范围。

3 月 甘肃省环境保护考察团一行 12 人赴德国参加世界环境保护产业博览会，并同德国国家环境保护局进行交流。

8 月　国家环境保护总局副局长祝光耀一行 6 人赴张掖调研，对张掖地区率先在黑河流域制订生态保护规划给予充分肯定。

8 月　张掖市编制完成《黑河流域生态环境保护及建设规划（1998—2010 年）》。

8 月　经国务院批准，甘南州尕海则岔国家级自然保护区正式成立。该自然保护区占地 244.31 平方千米，它的建立将加强黄河上游水源的涵养能力。

9 月上旬　据中国环境监测总站消息发布，兰州市空气污染指数居全国 46 城市“榜首”。

10 月中旬　甘肃省首家垃圾无害化处理厂——天水万康高效生物药肥厂在天水市秦城区正式建成投产。该厂的建立揭开了天水市垃圾无害化处理的序幕，填补了该项目在省内的空白。

11 月 23 日　甘肃省环保干部培训中心更名为甘肃省环境宣传教育中心。

是年　兰州市公交总公司开展车辆尾气治理工作，采取“一换、二改、三停”措施，加大治理实效。自筹资金购置新型汽油公交大客车 135 辆，用于更换陈旧公交大客车；将各条线路原有的 392 辆柴油发动机客车分期、分批改造为汽油发动机客车；在冬运期间将冒烟严重或排放超标的 113 辆柴油车停驶。

1999 年

2 月 10 日　甘肃省环境宣传教育中心正式挂牌成立。

7 月 9 日、20 日　由于暴雨引起的洪水、山体滑坡、地基塌陷，庆阳油田采油二厂发生原油泄漏污染事件，造成部分水域及农田环境污染。

是年　日本援助嘉峪关市环境保护局的两套空气自动监测系统投入运行。

2000 年

1 月 7 日　甘肃省机构编制委员会批复同意成立甘肃省环保产品检验监督中心。

2 月　甘肃省政府批准实施《黄河干流（甘肃段）水污染综合整治方案》。

2 月 25 日 甘肃省环境保护工作会议在兰州举行。

5 月 10 日 兰州第二热电厂喷雾增湿简易脱硫示范工程通过验收。该工程投入使用后，每年可减少 2 000 吨二氧化硫排放，可明显改善兰州市大气环境质量。

5 月 13 日 甘肃省委、省政府发布《关于甘肃人民政府机构设置及有关问题的通知》（省委发〔2000〕24 号），将甘肃省环境保护局列入省政府直属机构。

6 月 国家环境保护总局将黑河流域生态保护列入全国 10 个重要生态功能保护区建设项目之一。张掖市环境保护局（原张掖地区行署环境保护处）配合由国家环境保护总局委托的南京环境科学研究所调研编制《黑河中上游生态功能保护区规划大纲》。

8 月上旬 由于排污管线破裂和废水处理装置停运，兰州煤气厂向黄河直接排放未经处理的高浓度含酚废水，对黄河水体造成严重污染，直接威胁兰州饮用水水源安全。

2001 年

1 月 8 日 金昌市加入全国环境保护重点城市行列。

3 月 甘肃省放射环境监理站经甘肃省机构编制委员会批准独立设置，并更名为“甘肃省辐射环境监理站”，隶属甘肃省环境保护局管理，于 7 月 16 日挂牌成立。

6 月 29 日 甘肃省人民政府批准建立甘肃敦煌雅丹地质遗迹省级自然保护区。

7 月 16 日 兰州市成立机动车污染管理办公室，专门负责监督管理兰州市机动车污染防治，办公地点设在兰州市环境保护局，由兰州市环境保护局和兰州市公安局共同管理。

9 月 16 日 国家环境保护总局领导赴金昌市调研金昌市环境保护系统精神文明建设工作。

10 月 27 日 兰州市人民政府下发《关于防治机动车尾气污染的通告》，根据尾气达标状况限定车辆通行时间及区域。

12月9日 国家环境保护总局组成以上海市环境保护局副局长孙建为组长的检查组，赴金昌市环境保护局检查政务公开工作。

是年 甘肃省委组织部、省环境保护局联合在北戴河举办甘肃省地市级领导干部环境保护高级研讨班；省委宣传部、省广电总局、省环保局、省气象局联合举办“甘肃省环境警示教育新闻发布会”。

是年 甘肃省环境保护局配合国家环境保护总局、中国科学院组织并参加大学科学考察“探索沙尘暴”西线环境保护采访活动；组织“陇原环保生态行”采访团，对国家生态功能保护区黄河玛曲、黑河流域开展环境警示教育专题采访。

2002年

6月5日 甘肃省环境保护局宣教中心与天水市政府联合开展以“让地球充满生机”为主题的宣传活动，在天水市中心广场隆重举行纪念“六五”环境日活动，与天水市人大组织召开“使地球充满生机——绿色旅游在天水”座谈会，在天水市政府礼堂举行环境形势专题报告会。

6月19日 金昌市金川河水库下游渔场虹鳟鱼大量死亡，金昌市环境保护局组织环境管理、监理、监测人员深入现场进行调查和水质监测，确定皇城水库和金川峡水库水质良好，分析确定虹鳟鱼死亡原因与水质无关，为金昌市政府处置该事件提供准确的依据。

8月2—5日 首届“西部绿色环保成果技术与产品博览会”在兰州举行。该博览会由甘肃省环境保护局、经贸委、质量技术监督局联合举办。

10月15日 金昌市环境监测站被国家环境保护总局授予“全国环境保护系统先进监测站”荣誉称号；《金昌环保》创刊发行。

10月29日 金昌市环境监察支队被国家环境保护总局授予“全国环境监察先进集体”荣誉称号。

12月18日 甘肃省有机食品咨询中心获批成立。

12月24日 甘肃省菜篮子产地环境安全与有机食品检测中心获批成立。

是年 张掖市环境保护局刘麟被国家环境保护总局授予“全国先进环境监测站站长”称号。

是年　甘肃省政府下发《甘肃省建设项目环境影响评价文件分级审批规定》（甘环发〔2003〕62号），规定总投资在2 000万元以上的建设项目（应由国家环境保护总局审批的项目除外）其环境影响评价文件由省环保局负责审批，总投资在2 000万元以下的建设项目，环境影响评价文件由市、州、地或县、区环保局负责审批。

2003年

1月1日　金昌市环境空气自动监测系统正式纳入全国统一管理体系。

4月22日　兰州机车厂油污泄漏，3 000立方米油污排入黄河，造成区域水体严重污染。

4月30日　金昌市两套环境空气自动监测系统通过国家环境保护总局验收。

5月18日　中石油兰州石化公司发生严重油污泄漏事件，入河渣油6~7吨，石油类2.6吨，导致黄河兰州段水体石油类污染物超标3.8倍。

6月　《西部大开发中的甘肃环境保护》一书由甘肃人民出版社出版发行。

7月7日　联合国工业发展组织绿色产业专家委员会专家在平凉市泾川县考察。

7月21日　国家环境保护总局核安全局领导和专家在甘肃省环保局相关领导陪同下，赴金昌市指导放射源侦寻工作，并作出重要指示。

7月　平凉市被列为第九批全国生态示范区建设试点地区。

7月　祁连山濒危物种张掖救护繁育中心成立。张掖市环境保护局与肃南县马蹄寺旅游景区管委会合作，在马蹄寺景区组建“祁连山濒危物种张掖救护繁育中心回归基地”，将“救护中心”驯养繁育的大部分动物移送“回归基地”饲养。

8月17日　国家环境保护总局组织的首次“国家环境保护百佳工程”评选揭晓，金昌水泥集团有限公司1 000吨/日新型干法水泥熟料生产线技改工程榜上有名。

8月22日　酒泉国家基准气候站沙尘暴观测站破土动工。该观测站为全国22个基础沙尘暴观测站之一，其建成将对酒泉市及全省沙尘暴预测、预警等服务起到较大促进作用。

9月7日 平凉城区垃圾处理工程通过环保验收。该工程为甘肃省第一个城市基础设施建设重点项目。该项目于2000年11月立项，翌年3月开工，总投资2 390.71万元。

是年 由甘肃省发改委咨询中心召集的“玛曲国家级生态功能保护区湿地保护与恢复工程可行性研究报告”评审会在兰州召开，报告通过专家组的评审。该工程项目分为五大类，项目投资1.98亿元。

2004年

5月10日 盐锅峡化工总厂发生氯气泄漏事件，导致过往小学生吸入氯气，其中3名小学生轻度中毒。

6月5日 甘肃省纪念“六五”环境日暨“保护千里黄河再行动”大会在临夏永靖县黄河边隆重召开。纪念大会包括誓师动员大会、现场办公会、环保执法检查、科学发展观报告会以及广场宣传咨询等。甘肃省政府、省发改委、省水利厅、省政府法制办及沿黄河四市、州的相关领导参加系列活动；会后，甘肃省政府在兰州主持召开黄河甘肃段水污染防治现场办公会，甘肃省发改委、省经委、省财政厅、省环保局、黄河上游水文水资源局、兰州市政府、白银市政府、临夏州政府、甘南州政府、永靖县县委及县政府、中石油兰州石化公司等有关部门20名代表出席会议。

7月13日 国家环境保护总局《2003年度国家环境保护重点城市环境管理和综合整治年度报告》披露：全国113个环保重点城市中，金昌市在10个大气污染严重城市中名列第6。

8月4日 酒钢热电厂技术改造工程通过甘肃省环境保护局验收。该工程投资65 920万元，其中环保投资3 959万元，该工程将建设两台125兆瓦超高压供热发电机组，工程于2001年开工建设。

是年 经甘肃省人民政府批准，“甘肃高台黑河湿地省级自然保护区”成立，该保护区属张掖黑河湿地自然保护区。张掖黑河湿地自然保护区始建于1992年，原名为“高台县黑河流域自然保护区”。

是年 甘肃省环境保护委员会办公室、省精神文明建设指导委员会办公室确定兰州军区68002部队为全省首个创建“绿色军营”示范点单位。全省首批创建“绿色单位”示范点有：西北师范大学附属中学、兰州市城关区幼儿园等5所“示范学校（幼儿园）”，兰州市公交公司77路、31路为“示范公交”，快速列车（兰州—玉门）T657次、T658次为“示范列车”，张掖市临泽县平川乡芦湾村、平凉市崇信县黄寨乡黄寨村、陇南市康县阳坝镇为“示范村（镇）”。

是年 命名表彰临夏州和政县古生物化石博物馆为甘肃省首批示范环境教育基地。

是年 甘肃省危险废物和医疗废物处置中心在永登县树屏镇开工建设。该项目总投资1.2亿元，其建成后，主要负责收集、处理全省产生的危险废物和兰州及其周边医疗废物，通过无害化处理和回收利用，减少环境污染，发挥经济效益。

2005年

1月14日 甘肃省经济委员会、省环境保护局确定武威市为甘肃省开展循环经济工作试点城市。

4月14日 甘肃省物价局出台的《甘肃省危险废物处置收费管理暂行办法》正式实施。

5月9日 全国人大常委会副委员长盛华仁率领全国人大常委会水污染防治执法检查组对甘肃省贯彻落实水污染防治法工作进行检查。

6月5日 在天水市设立主会场召开纪念“六五”环境日暨“人人参与，创建绿色家园”动员大会。甘肃省文明委、省环委会、省环保局、天水市委及天水市人大、市政府、市政协的有关领导出席纪念大会，同时举行“兰天杯”人与环境摄影大赛总结表彰奖励大会。

6月17日 中日友好环境保护中心的日本环境监测专家皆川新一一行赴金昌调研酸雨和沙尘暴监测情况，此行的主要目的是选取全球酸雨监测点选点和对华无偿援助建设做前期调研工作。

7月7日 兰州市人民政府下发《兰州市加油（气）站2005—2010年

发展规划》，大力推进双燃料汽车改造，决定新建天然气加气站23座，以满足53%的双燃料汽车正常运行。

7月 国务院办公厅批准成立太统—崆峒山国家级自然保护区。

7月11日 甘肃省人民政府、省环境保护厅决定，在民勤县建立省级环境警示教育基地。

8月12日 国家环境保护总局专家实地考察平凉市环境空气监测工作。

8月 国家环境保护总局批准武威市为全国循环经济发展示范市。

9月8日 由全国人大常委会农业委员会副主任路明等5位专家学者组成的讲师团，赴金昌市进行全国沙漠化土地防治知识巡回讲座。

9月9—12日 中国·全球环境基金项目法规政策评估方法培训会在平凉召开。

10月18日 国家环境保护总局政研中心政策室主任冯东方、副研究员俞海博士、环境经济室主任周国梅一行赴金昌市调研生态补偿机制。

11月1日 投资1.24亿元的金川集团公司节水综合技改项目正式投入运行。

11月30日 金川集团公司投资5亿元对1期3#电炉、贫化电炉电除尘器进行改造，53万吨硫酸生产项目的运行，使铜合成炉、转炉烟气达标排放。

11月 北京大学校长许志宏等12名两院院士联名致信温家宝总理，呼吁加强甘南黄河重要水源补给区生态保护。

是年2—9月 金川公司先后发生拦水坝坝体垮塌、二氧化硫烟气数次泄漏污染事件，导致相邻宁远堡农产品示范基地及部分农田严重受损。经金昌市环境保护局调查、核实、协调，金川公司赔偿宁远堡村民损失30.5万元。

是年 甘肃省出台《甘肃省环境保护局关于促进个体私营等非公有制经济发展的实施办法（试行）》，将非公有制企业环境保护工作纳入各级政府环境保护规划和计划，支持非公有制企业环保项目参与国际合作。

2006年

1月 甘肃省人大常委会颁布《甘肃省油田勘探开发生态环境保护条例》。

2月25日 甘肃省政府在武威市凉州区举行石羊河流域重点治理及应

急项目启动大会，石羊河流域重点治理工程进入全面实施阶段。

2月27日 在国家环境保护总局和监察部联合召开的新闻发布会上，兰州榆中百美纸业公司环境污染问题被列入两部门2006年联合督办的全国4起重点污染整治案件之一。

3月10日 经甘肃省经济委员会、省环境保护厅同意，确定嘉峪关市为甘肃省开展循环经济工作试点城市。

3月15日 甘南黄河重要水源补给区生态保护与建设规划通过国家评审。

3月22日 中华环保联合会、甘肃省环境保护局、兰州理工大学共同发起的“关注大西北，呵护母亲河”活动在在兰州理工大学启动，倡议将每年的3月22日作为“黄河母亲节”，号召保护黄河母亲。

3月 总投资3.44亿元的天水市国家绿色农业示范区建设项目通过中国绿色食品协会、农业部、科技部、发改委、财政部、中国科学院等部门和专家评审。该工程的实施，将为天水市及西部同类地区实现农业结构性调整树立样板。

5月14日 四川九寨沟县境内发生汽车翻车事故，部分桶装甲苯二异氰酸酯坠入白龙江支流汤珠河中，危及甘肃省文县白水江、白龙江沿岸五乡三镇65 521人饮水安全。经紧急处置，至20日，危险被排除。

6月5日 甘肃省环境保护局在酒泉市设立主会场，举办酒泉市创建全国模范环保城市暨甘肃省纪念“六五”环境日宣传活动，活动围绕“生态安全与环境友好型社会”主题，开展丰富多彩的宣传活动。甘肃省环保局副局长张政民在酒泉市世纪会展中心做《创建环境友好型社会是落实科学发展观的重要保障》的报告。

7月 国家环境保护总局对嘉峪关市的创建环保模范城市工作进行考核验收。经专家组考核，嘉峪关市创建环保模范城市工作通过验收。

9月 甘肃省人民政府印发《关于落实科学发展观 加强环境保护的意见》（甘政发〔2006〕73号），要求严格实施环境影响评价与“三同时”制度。

9月9日 全国有色金属系统节能减排现场会在金川集团公司召开，全国人大副委员长顾秀莲出席，省环保局赵伟民局长参加会议。

10月 国家环境保护总局对嘉峪关市创建国家环保模范城市工作在有关媒体上进行命名前的公示。标志着通过6年的不懈努力，嘉峪关市步入国家环保模范城市的光荣行列，也标志着创建国家环保模范城市在甘肃省实现零的突破。

10月 国家环境保护总局将甘肃省平凉市、张掖市甘州区列为实施国家农村小康环保行动计划试点地区。

11月21日 峪河省级自然保护区获甘肃省人民政府批准建立。

12月29日 甘肃省物价局、建设厅、环保局联合印发《甘肃省污水处理收费管理暂行办法》。

是年 甘肃省环境保护局责令甘肃金昌化工（集团）有限责任公司18万吨/年磷二铵装置扩能改造项目、中核华原钛白公司钛白粉生产二期扩建工程等16个为落实环保“三同时”项目停止试生产，限期整改。对环保验收监测主要指标不合格的金川公司年产500吨羟基镍项目责令企业停止试生产，限期完成整改后，重新进行环保验收。

是年 由甘肃省环境监测中心站承担完成的《甘肃省环境质量变化趋势及总量控制研究》课题分别获甘肃省“环境杯”科技奖一等奖、甘肃省科技进步二等奖。由甘肃省环境科学设计研究院完成的《陇东地区石油开发产业发展规划环境影响评价研究》项目获得省环境杯二等奖。

是年 《甘肃省2001—2005年环境质量报告书》被国家环境保护总局评为2001—2005年全国优秀环境质量报告书二等奖。

是年 平凉市被列为全国农村小康环保行动试点市。

2007年

1月5日 中国北汽集团兰州机车厂热处理分厂发生油污外流污染黄河事件。事故发生后，甘肃省兰州市环保部门启动联合应急机制，快速处置油污污染，处理事故单位人员。国家环境保护总局、黄河水利委员会同时下发文件，大范围启动黄河兰州段环境监督检查工作。

3月4日 甘肃省机构编制委员会下发《关于成立甘肃省固体废物管理中心的通知》（甘机编办通字〔2007〕29号），同意成立甘肃省固体废物管理中心，核定事业编制 8 名，领导职数 2 名。同年 10 月 16 日，甘肃省固体废物管理中心正式挂牌。

4 月 8 日 中央电视台将天水奔马啤酒有限公司在水源地排放污水事件向社会曝光。天水市委、市政府根据中办、国办环保督察组意见，对污染企业作出停产整治、罚款和追缴排污费处罚。

6 月 5 日 甘肃省环境保护局在甘南州开展以“拒绝‘白色’污染、构建环境友好型新农村”为主题的环保宣传活动，省环保局领导、临潭县领导就环保黄河上游生态环境、拒绝“白色”污染，构建环境友好型新农村做专题报告。

7 月 1 日 兰州市污染减排重大工程项目城区集中供热工程开工。该项目总投资 13.05 亿元，其建成启动后，将大大减少兰州市区烟尘和二氧化硫排放量，大大改善兰州市城市大气环境质量。

7 月 10 日 甘肃省环境工程评估中心获准成立。2008 年 3 月 12 日正式挂牌。

7 月 28 日 兰州市人民政府组织实施《兰州市公共交通周及无车日活动组织方案》，该方案确定 2007 年 9 月 16—22 日参加中国城市公共交通周及无车日活动，其中 9 月 22 日（7:00—19:00）为无车日。

8 月 1 日 国家环境保护总局发布由甘肃省环境科学设计研究院完成的《镍选矿行业清洁生产标准》，其颁布实施将会对镍选矿行业清洁生产起到指导和推动作用。该标准 2007 年 10 月 1 日正式实施。本标准于 2009 年获得甘肃省环境科学技术奖二等奖。

8 月 29 日 荷兰著名环保专家、荷兰高级专家组织（FUM）环境项目部主任费尔霍伊夫应邀赴省环保局举办专题报告会。

9 月 8 日 国家环保总局督察组赴平凉督查工作。

是年 祁连山濒危物种张掖救护繁育中心对祁连山区生长的稀有灌木金露梅、葡萄荀子、黄柏、天山花楸及荒漠植物进行异地引种种植。

是年 甘肃省将“双超双有”企业强制性清洁生产纳入年度环保责任书考核。

是年 甘肃省开展清理整顿开发区工作。包括兰州高新技术产业开发区和兰州经济技术开发区 2 个国家级开发区在内的全省 36 家开发区通过国家的审核公告。

年底 金昌市环境保护局彻底关停全市境内全部小型造纸企业，减少废水及其中化学需氧量等污染物的外排，消除其对饮用水的污染隐患。市区环境空气质量明显好转，环境空气中二氧化硫和可吸入颗粒物年均值达到国家三级标准；二氧化氮年均值达到国家一级标准；一举摘掉全国十大污染城市的“黑帽子”。

2008年

1月 甘肃省辐射环境监理站更名为甘肃省核与辐射安全局。

4月 甘肃省环境保护局制定《建设项目环境保护管理指南》，方便建设单位办理建设项目环境管理审批手续，规范行政审批，实施政务公开。

5月12日 四川省汶川市发生8.0级大地震，殃及甘肃省陇南、天水、平凉等地区，兰州市震感强烈。

5月29日 环境保护部潘岳副部长一行赴陇南灾区视察。重点考察成县润锋工贸公司尾矿库溃坝应急处置情况，并对灾区环境隐患防治和排除工作作出指示。

6月4日 甘肃省环境保护厅在临夏州设立主会场，隆重举行“六五”世界环境日纪念大会。

6月11日 根据中共白银市委、白银市人民政府发布的《关于确定全市环境保护宣传月的决定》，确定每年7月为全市环境保护宣传月。

10月31日 永靖县盐锅峡氯化石蜡厂一液氯钢瓶发生爆炸，造成一河南籍女职工死亡、41名职工不同程度中毒。经积极抢险处置，至翌日，剩余钢瓶被转移，险情基本排除。

11月25日 甘肃省环境监控中心获准成立。

2009年

1月4—12日 环境保护部第19核查组对甘肃省2008年度主要污染物总量减排工作进行核查核算。根据检查结果，甘肃省2008年二氧化硫、化学需氧量排放均下降明显，圆满完成省政府确定的年度减排目标任务。核查组对甘肃省减排工作给予充分肯定。

1 月 10—12 日 甘肃省环境保护局根据环境保护部、甘肃省政府对葫芦河污染问题的批示，就 1 月 4 日《国内动态清样》（第 51 期）反映的葫芦河污染问题进行全面调查。在此基础上，调查组就葫芦河污染防治提出切实可行的整治措施。

1 月 甘肃省环境保护局印发《甘肃省环保局关于加强建设项目环境管理工作程序的通知》（甘环发〔2009〕14 号），规定对可能造成重大环境影响的建设项目环境影响评价文件和环境保护验收文件由省环保局建设项目环境管理审查委员会进行审查。

2 月 28 日 天水麦积区污水处理厂开工建设。该厂为天水市重点国债环保基础设施项目，总投资 1.8 亿元，日处理污水 6 万吨，配套管网 37 千米。

2 月 甘肃省环境保护局印发《甘肃省建设项目环境影响评价文件分级审批规定》（甘环发〔2009〕23 号），进一步下放环评审批权限。下发《关于开展全省工程建设领域突出环境问题专项治理工作的通知》（甘环开发〔2009〕138 号），开展全省工程建设领域突出环境问题专项治理工作。

4 月 1 日 敦煌市沙尘暴监测站建成投入使用。该站点为中国环境监测总站确定的全国 80 个沙尘暴监测站点之一，总投资 98.1 万元。

4 月 3 日 甘肃省环保政务信息报送平台正式试运行。该系统集信息报送、采集、编辑、审核、发布于一体。该平台的投入使用将大大提高环保信息报送的时效性、共享性和工作效率。

4 月 23 日 甘肃省发生最严重的沙尘天气，为历年之最。影响兰州、嘉峪关、金昌、白银、武威、张掖、定西、酒泉、敦煌九市，导致受灾地区空气质量下降，其中兰州市空气质量连续两天达到重度污染。

6 月 甘肃省政府机构改革中，组建甘肃省环境保护厅，随之组建中共甘肃省环境保护厅党组、纪检组。甘肃省环境保护厅加挂甘肃省核安全局牌子。新组建的省环境保护厅是主管全省环境保护工作的省政府组成部门。

6 月 5 日 甘肃省环境保护厅在兰州市举办“甘肃环保进万家”暨纪念“六五”环境日大会启动仪式。

7 月 根据省长批示，甘肃省环境保护厅会同发改委、工信委等有关单位，正式启动实施永登永青化工厂4.5万吨历史遗留铬渣异地解毒处置工程。

8月12日 甘肃省新放射性废物库通过环保部组织的环保验收及《辐射许可证》评审，正式运行。

8月 甘肃省委办公厅、省政府办公厅印发《关于建立健全环境保护约束激励机制的意见》（省委办发〔2009〕70号），强调要强化战略环评、规划环评和区域环评。

9月2日 环境保护部副部长周建赴白银调研环境保护工作。

9月4日 日本青年公务员代表团一行21人到甘肃环保厅考察交流。

9月 环保部和甘肃省环保厅对平凉市生态示范区创建进行验收。

9月 首届中国和谐城市可持续发展高层论坛上，嘉峪关市从1 000多个申报城市中脱颖而出，被授予“中国十佳休闲宜居生态城市”称号。在2007年度全省16个城市环境综合整治定量考核中，嘉峪关市连续8年位居第一。

10月 甘肃省环境保护厅开展非法制售皮革蛋白粉等皮革碎料制品清理整顿专项检查工作，要求企业所在地环保部门进一步加大对皮革碎料产生单位的监管，严防皮革碎料进入饲料或食品生产，切实保障人民群众的身心健康。

10月22日 甘肃省核与辐射安全局专属网站建成启用。该网站设置单位简介、政务信息、党风廉政、工作动态等板块，向社会展示该局风貌。

11月20日 张掖黑河自然保护区项目顺利通过国家级评审。该保护区的建立将对张掖绿洲及整个黑河流域的生态、经济、社会可持续发展，推进生态文明建设发挥重要作用。

11月 《张掖黑河湿地国家级自然保护区》通过国家级评审。

12月9日 环境保护部环境监察局局长邹首民、环保部西北督查中心主任汪冬青率领国务院环保专项督察组对白银市环保专项行动开展情况进行督察。

2010年

1月7日 中石油兰州石化公司石油化工厂316罐区发生轻烃（液化气）爆燃事件。事件发生后，甘肃省市环监部门积极应急监测，及时向社会发布环境安全信息。

1月11—15日 全省首期环境监察培训在白银市举行。

3月22日 甘肃省建立省、市、县三级环境保护部门和安全监管部门应急联动工作机制。

4月 经省编办批准，将甘肃敦煌阳关国家级自然保护区管理局调整为省环保厅直属事业单位。

5月1日起 甘肃省所有辐射安全许可证申请、放射性同位素转让、进出口及异地使用申请业务均实行网上申报。

6月 经甘肃省编办批准，将甘肃安西极旱荒漠国家级自然保护区管理处调整为甘肃省环境保护厅直属事业单位，并更名为甘肃安西极旱荒漠国家级自然保护区管理局。

7月24日 陇南部分县区遭遇特大暴雨，山洪暴发，河水暴涨，导致成县王磨镇陇南荣鑫矿业开发有限公司尾矿库裂缝、陇南地区扶贫开发王磨浮选厂尾矿库堆积坝垮塌，约3万立方米尾矿冲入成县东河。26日，甘肃省环境保护厅环境应急工作人员赶赴事故现场，协调地方环保工作人员，对受污染区域进行现场监测和应急处置。

7月 为确保完成国家向甘肃下达的“十一五”主要污染物减排控制目标，甘肃省人民政府印发《关于对污染减排重点项目实施预警监控的通知》，决定从2010年8月开始，对全省污染减排重点项目实行预警监控。

8月3日 甘肃环境科学设计研究院一枚钚-238放射源丢失。甘肃省环境保护厅立即启动事故应急预案，积极配合公安部门迅速侦破。翌日晚20时，该放射源被找到，经监测发现，该放射源密封完好。

8月7日 甘南舟曲县突降强暴雨，引发特大泥石流，泥石流阻断白龙江，形成堰塞湖，造成巨大人员伤亡和财产损失。截至8月21日，灾害中遇难1 434人，失踪331人。事故发生后，甘肃省委、省政府主要领导赶赴灾区，现场指导抗洪救灾工作。甘肃省政府启动Ⅰ级抗洪应急响应和自然灾害Ⅱ级响应，全力开展抗洪抢险救灾工作。甘肃省核与辐射安全中心第一时间赶赴现场，对尾矿坝及其他重点污染隐患进行现场排查监测，同时对全省其他核污染源进行应急监测。

9月18日 兰州市公安局在中心城区实施按机动车尾号限行的措施：

兰州市各级党政机关封存停驶20%的公务用车，双休日和法定节假日，兰州市城区内各级党政机关的公务用车一律停驶；兰州市所有机动车和长期在兰州市行驶的外地号牌机动车，按车牌尾号每天限制2个尾号的机动车在中心城区通行（外地来兰州机动车3天内不受限制，以路桥费收费票据为凭）。

10月 甘肃颁布《甘肃再生资源回收综合利用办法》，2010年11月1日起实行，再生资源回收体系同步启动。

11月 经甘肃省机构编制委员会批准，成立省环境应急与事故调查中心。

12月 经甘肃省机构编制委员会批准，撤销甘肃省环境保护局统建二号办公楼管理处，成立省环境保护厅机关后勤服务中心；成立环境影响评价处，将原开发建设与辐射环境监督管理处输变电设施和线路等涉核与辐射项目的环境影响评价职责划入核与辐射安全管理处；将自然生态保护处自然生态环境影响评价职责划入环境影响评价处；在原开发建设与辐射环境管理处的基础上，成立环境影响评价处。

4月 甘肃省环境保护厅组织国际交流与合作处两个环境保护考察团赴台湾进行循环经济和清洁生产考察。

8月 甘肃省环境保护厅国际交流与合作处选派人员参加环保部赴德国和捷克的"城市环境管理学习交流团"。

9月 甘肃省环境保护厅国际交流与合作处选派人员参加环境保护部和意大利政府组织的三期"环境管理与可持续发展"培训团。

是年 兰州兰石集团有限公司引进台湾东吴大学毛玉麟教授的"节能热力交换器"制造技术。

是年 张掖市环境保护局被国务院第一次全国污染源普查领导小组办公室评为第一次全国污染源普查先进集体；高台县环境保护局被国务院第一次全国污染源普查领导小组办公室、环境保护部、国家统计局、农业部授予"第一次全国污染源普查先进集体"荣誉称号。

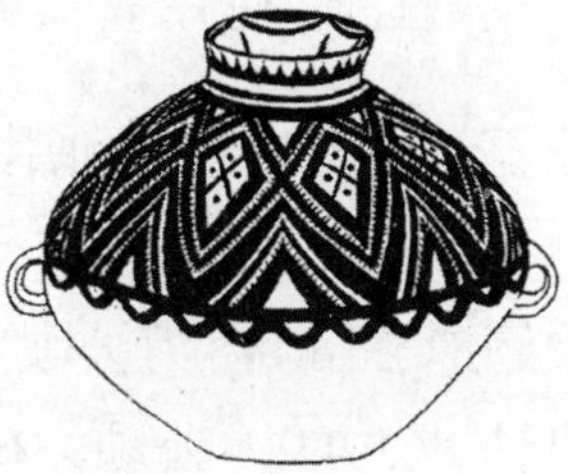

第一篇　自然生态环境

第一章　自然资源

甘肃位于中国西部，地处黄河上游，地域辽阔。介于北纬 32°11′~42°57′、东经 92°13′~108°46′。大部分位于中国地势二级阶梯上。东接陕西，南邻四川，西界青海、新疆，北靠内蒙古、宁夏并与蒙古国接壤。甘肃地貌复杂多样，山地、高原、平川、河谷、沙漠、戈壁交错分布。地势由西南向东北倾斜，地形狭长，大致分为各具特色的陇南山地、陇中黄土高原、甘南高原、河西走廊、祁连山地、河西走廊地带六大板块。

第一节　土地资源

甘肃全省土地总面积 42.58 万平方千米，居全国第七位；人均占有土地 26.31 亩，居全国第五位；农用地面积 3.81 亿亩，居全国第十一位。山地多，平地少，全省山地和丘陵占总面积的 78.2%，全省土地利用率为 62%；

草地总面积 1 575.29 万公顷，是中国主要的牧业基地之一。

一、土地利用

根据 2010 年土地利用现状变更调查，全省主要地类面积及地类构成情况如下。

农用地 2 540.48 万公顷（38 107.20 万亩），占土地总面积的 59.66%。其中：

耕地 461.43 万公顷（6 921.45 万亩），占 18.16%；

园地 20.59 万公顷（308.85 万亩），占 0.81%；

林地 518.46 万公顷（7 776.90 万亩），占 20.41%；

草地 1 410.96 万公顷（21 164.40 万亩），占 55.54%；

其他农用地 129.04 万公顷（1 935.60 万亩），占 5.08%。

建设用地 99.43 万公顷（1 491.45 万亩），占土地总面积的 2.34%。其中：

城镇村及工矿用地 89.46 万公顷（1 341.90 万亩），占 89.97%；

交通运输用地 7.09 万公顷（106.35 万亩），占 7.14%；

水域及水利设施用地 2.88 万公顷（43.20 万亩），占 2.89%。

未利用地 1 618.09 万公顷（24 271.35 万亩），占土地总面积的 38%。其中：

未利用土地 1 431.04 万公顷（21 465.60 万亩），占 88.44%；

其他土地 187.09 万公顷（2 806.35 万亩），占 11.56%。

全省包括耕地中的水浇地及果园在内的农用地灌溉面积共有 149.6 万公顷（2 244.0 万亩）。以有林地及灌木林地计算森林覆盖率为 9.30%。

全省土地利用率为 62%，尚未利用的土地占全省土地总面积的 38%，包括沙漠、裸地、冰川及永久积雪、盐碱地、沼泽等。

二、农牧业资源

甘肃历史上以农牧经济为主，农业经济中种植业居突出地位，主要种植小麦、玉米、马铃薯、糜子、胡麻、油菜籽、甜菜、棉花、大麻、烟叶、当归、党参等，此外还种植栽培有各种蔬菜瓜果，形成种类繁多、布局合理的种植体系，很多产品已成为甘肃名优特产，如河西甜菜（含糖率居全国第二位）、敦煌长绒棉、山丹油菜籽、兰州水烟、黑瓜籽、天水花牛苹果、秦安蜜桃、岷县当归、纹党、潞党等。

甘肃农业用地主要集中在河西走廊、黄土塬地和江河流域。其中，河西内陆河流域灌溉条件好，水浇地占比超过总耕地面积的70%，生产力水平较高，是甘肃主要的商品粮基地；黄土塬地和泾河、渭河、洮河、大夏河、白龙江、西汉水等河谷地区的耕地地势平坦，水热条件好，农业也比较发达；其余广大山地干旱严重，农业生产条件比较差，产量低而不稳，多为低产贫困区。

畜牧业是甘肃仅次于种植业的农业经济部门，畜禽品种齐全。大家畜有马、牛、驴、骡、骆驼，小畜禽有猪、羊、鸡、兔等；有28个优良畜禽品种，其中河曲马、山丹马、岷县黑裘皮羊、合作猪、静宁鸡、甘肃双峰驼等是闻名中国的优良畜种。改革开放以后，为发展多种经营，甘肃各地利用2万余公顷易养鱼水面发展渔业生产，共养殖100多个鱼种，其中虹鳟鱼、细鳞鲑、大鲵、甲鱼、黄河鲤鱼、鸽子鱼、石花鱼为名优特水产品。甘肃牧区主要集中在甘南黄河河曲、祁连山北麓的肃南、山丹、天祝一带，主要牲畜以马、羊、骆驼为主；水产养殖主要集中在比较开阔的江河流域和部分库区。

第二节　森林资源

甘肃省拥有各种林地资源面积396.65万公顷，森林覆盖率为9.9%，拥有白龙江、洮河、祁连山脉、大夏河等地的成片原始森林。森林中的野生植物达4 000余种，其中有连香树、水青树、杜仲、透骨草、五福花等珍稀植物；野生动物中，被列入国家珍贵稀有动物的有54个种或亚种，如大熊猫、金丝猴、羚牛、普氏野马、野骆驼、野驴、野牦牛、白唇鹿等。甘肃拥有各种草地资源面积1 575.29万公顷，占土地资源总面积的34.67%，其中天然草地1 564.83万公顷，占草地面积的99.34%，是我国主要的牧业基地之一。改革开放以后，甘肃依靠省境森林资源和宜林土地资源积极发展林业生产，形成以用材林、防护林、特用林、经济林、薪炭林为结构，以冷杉、云杉、油松、华山松、栎类林、杨桦林等为优势种的林业生产体系，活立木总蓄积量1.74亿立方米。

一、天然林资源

全省天然林面积154.80万公顷，蓄积量16 277.88万立方米。其中，天然林分面积154.09万公顷，蓄积量16 277.88万立方米；经济林面积1.71万公顷；天然疏林地面积13.82万公顷，蓄积量369.99万立方米。

天然林分中，林种以防护林为主，面积为120.76万公顷，蓄积量12 591.71万立方米。其中，阔叶树比重较大，面积为67.16万公顷，蓄积量为2 724.94万立方米，分别占天然林分总面积、蓄积量的62.80%和55.01%。

二、人工林资源

全省人工造林面积94.61万公顷，蓄积量1 504.85万立方米。其中，人工林面积74.40万公顷（人工林分面积44.81万公顷，人工经济林面积29.59万公顷），蓄积量1 439.07万立方米；疏林地面积6.46万公顷，蓄积量65.78万立方；未成林造林地13.75万公顷。人工林分中，防护林所占比重较大，面积为39.54万公顷，蓄积量为1 192.06万立方米，分别占人工林分面积、蓄积量的88.24%和82.84%。

人工林分中，幼龄林占绝大部分，其面积和蓄积量分别为22.60万公顷和440.77万立方米，占人工林分面积和蓄积量的50.44%和30.63%。人工林中，阔叶林占比较大，其面积和蓄积量分别为33.82万公顷和1 207.44万立方米，占人工林分面积和蓄积量的75.47%和83.90%。

三、经济林资源

全省经济林面积31.30万公顷，占全省有林地面积的13.66%。经济林以果树林为主，占经济林面积2/3以上。其中，果树林面积21.62万公顷，占经济林面积的69.07%；食用油料林面积4.11万公顷，占13.13%；调香料林面积3.35万公顷，占10.70%；药材林面积0.36万公顷，占1.15%；工业原料林面积0.30万公顷，占0.96%；其他经济林面积1.56万公顷，占4.99%。

全省经济林集约经营水平较低，高集约经营面积为6.20万公顷，占经济林总面积的19.81%；一般经营水平面积为22.64万公顷，占72.33%；荒芜或老化的经济林面积2.46万公顷，占7.86%。

第三节　矿产资源

一、矿产种类

甘肃是矿产资源比较丰富的省份之一，矿业开发已成为甘肃的重要经济支柱。境内成矿地质条件优越，矿产资源较为丰富。截至2010年年底，已发现各类矿产178种（含亚矿种）。全省查明矿产资源的矿种110种，其中能源矿产7种、金属矿产36种、非金属矿产65种、水汽矿产2种。被列入《甘肃矿产资源储量表》的固体矿产92种，矿区868处，矿产地1 123处（含共伴生矿产）。在查明矿产资源储量的矿种中，甘肃列全国第一位的矿产有10种，前5位的有32种，前10位的有60种。

亚洲最大的金矿——甘肃阳山金矿的发现，是中国近年来探矿业的一大壮举。据悉，阳山金矿累计探获黄金资源量308吨，是亚洲最大类卡林型金矿。据估算，阳山金矿已探明的黄金资源量潜在经济价值达500亿元。

能源矿产中，煤、石油、油页岩、天然气、地热水均有储量，仅煤炭即包括无烟煤、一般用煤、焦炭、褐炭等几大类；黑色金属有铁、锰、铜、铬及冶金辅助原料矿产溶剂灰岩、溶剂白云岩等14种，大部分已探明储量，铬铁矿、铜矿、菱镁矿及铸型用黏土等储量在国内据前5位；有色金属矿产包括有色金属、贵金属、稀有金属和分散元素矿产共28种已探明储量，其中铜、镍、钴、铅、锌、锑、铂族、硒、碲等是甘肃优势矿产。此外，尚有硫、磷、蛇纹岩、芒硝等非金属化工原料矿产9种和石棉、白云母、石膏、石灰岩等非金属建材原料矿产14种。

二、主要矿产分布

1. 黑色金属矿

铁矿：已发现53处，1994年年底探明保有储量为8.84亿吨，主要分布于祁连山北段、东段及秦岭山地西段迭部、舟曲一带。甘肃铁矿资源十分丰富，但90%以上为贫铁矿，如镜铁山等。

铬矿：已发现15处，列入储量表的探明产地3处，保有储量157万吨，主要分布在祁连山西段、北段、北山。

锰矿和钒矿：已发现28处，列入储量表的9处，多属氧化锰富矿，主要分布在祁连山西段、北山及南秦岭的文县—临江一带。钒矿列入储量表的仅方山口大型矿床1处。

2. 有色金属矿

镍矿：甘肃是全国镍产量最高的省份，现已发现镍矿5处，其中工业矿床仅金川1处。工业矿床集中在龙首山地区。

铜矿：已发现230多处，列入储量表的28处。主要分布在金川、白银、酒泉，其中伴生矿占比大。

铅锌矿：已发现130多处，已探明储量的有40多处，列入储量表的21处。主要集中分布在西和、成县一带，白银、平凉、张掖、酒泉地区有少量分布，均为共生矿床。

锑矿：已发现28处，列入储量表的5处。主要分布在陇南的西和等地。

钨矿：已发现27处，探明储量产地5处，50%以上的储量集中在祁连山中段北缘塔尔沟，其余在北山和西秦岭有零星分布。

铂族元素：甘肃是全国最主要的铂族元素矿产基地和提炼中心。已知产地7处，但探明储量的仅金川1处。主要集中分布于金川矿区、祁连山西段，洪水坝河上游地区已有零星分布。

3. 非金属矿

已发现非金属矿种50多种，探明储量并列入储量表的约40种。位于全国前五位的有铸型黏土、饰面蛇纹岩、水泥用红（黄）土、伴生硫、重晶石、冶金硅石及菱镁矿等。已探明的大多数矿床主要分布在工业城镇或交通干线周围。

第四节　水资源

甘肃省水资源主要分属黄河、长江、内陆河3个流域、9个水系。全省自产地表水资源量286.2亿立方米，纯地下水8.7亿立方米，自产水资源总量约294.9亿立方米，人均1 150立方米。全省河流年总径流量415.8亿立方米。其中，年径流量1亿立方米以上的河流有78条。全省理论水能蕴藏量

1 724.15万千瓦，居全国第 10 位，可能利用开发容量 1 068.89 万千瓦，年发电量 492.98 亿千瓦时。

一、黄河流域

甘肃境内除黄河干流外，有支流 36 条。黄河甘肃段全长 913 千米，流经甘南州、临夏州、兰州市和白银市，流域面积 14.5 万平方千米，划分为 6 个水系 36条支流。有黄河干流水系、洮河水系、湟水水系、渭河水系、泾河水系、北洛河水系；一级支流有大夏河、洮河、湟水等。年径流量 135 亿立方米。该流域面积大，水利条件优越。但流域内绝大部分地区为黄土覆盖，植被稀疏，水土流失严重，河流含沙量大，整体生态环境脆弱。该流域人口密集，工业布局相对集中，国民生产总值占全省的 46%，工业生产总值占全省 58%，年排放废水 2.12 亿吨，占全省黄河流域废水排放总量的 68.5%，主要污染物化学需氧量 6.89 万吨。黄河甘肃段不仅是甘肃社会经济发展的主要区域，也是全黄河干流重要的水源涵养补给调蓄区。流域内生态安全、居民饮水安全、工农业生产发展直接影响甘肃社会经济可持续发展的未来。

二、长江流域

涉及甘肃陇南地区，属长江流域上游，水系包括省境东南部嘉陵江上源、白龙江、白水江和西汉水，大小河流 3 760 条，年径流量 279 亿立方米。流域水源充足，年内变化稳定，冬季不封冻，河道坡降大，且多峡谷，蕴藏有丰富的水能资源，水利理论蕴藏量 425 万千瓦，可开发容量为 223 万千瓦，约占全省的 1/3。区内有丰富的地下水资源，开采程度较低。

三、内陆河流域

甘肃省的内陆河主要分布在河西。河西内陆河区是我国八大内陆河区之一，其范围东起贺兰山、乌鞘岭，西至甘新交界，南自祁连山分水岭，北达中蒙边境，土地总面积 48.83 万平方千米。河西内陆河区的主要河流水系集中在祁连山与河西走廊，自东向西依次为石羊河、黑河和疏勒河（包括小苏干湖）3 个水系，有 15 条，年总地表径流量 174.5 亿立方米，流域面积 27 万平方千米。大部分的河流源头出于祁连山，北流或西流注入内陆湖泊或消失于沙漠戈壁之中，具有流程短、上游水量大、水流急，下游河谷浅、水量小、河床多变等特点，但水量较稳定，蕴藏有丰富的水能资源。

第五节　湿地资源

一、湿地分布

甘肃位于长江、黄河中上游，地处西部内陆干旱地区，高蒸发低降雨导致生态环境十分脆弱，有限的湿地资源显得弥足珍贵。根据甘肃省第二次湿地资源调查结果显示，全省湿地总面积 169.39 万公顷，湿地斑块总数为 4 015 个，包含河流湿地、湖泊湿地、沼泽湿地、人工湿地 4 大类中的 16 个湿地型，其中自然湿地面积为 164.24 万公顷，占湿地总面积的 96.96%。自然湿地中河流湿地面积为 38.17 万公顷，湖泊湿地面积为 1.59 万公顷，沼泽湿地面积为 124.48 万公顷；人工湿地 5.15 万公顷，占湿地总面积的 3.04%。全省湿地率为 3.98%，受到有效保护的湿地占湿地总面积的 51.56%。各市（州）湿地资源分布情况如下：

酒泉市湿地面积：67.73 万公顷；

甘南藏族自治州湿地面积：48.89 万公顷；

张掖市湿地面积：25.13 万公顷；

武威市湿地面积：10.42 万公顷；

陇南市湿地面积：2.94 万公顷；

金昌市湿地总面积：2.56 万公顷；

临夏回族自治州湿地面积：2.42 万公顷；

庆阳市湿地面积：2.01 万公顷；

定西市湿地面积：1.93 万公顷；

白银市湿地总面积：1.46 万公顷；

平凉市湿地总面积：1.25 万公顷；

天水市湿地面积：1.14 万公顷；

兰州市湿地面积：0.99 万公顷；

嘉峪关市湿地面积：0.53 万公顷。

二、湿地保护

为了加强湿地保护工作，甘肃省成立了湿地保护管理中心，全面负责全省湿地保护管理工作，各市（州）也相继成立管理机构。甘肃已建立国际重要湿地1个、国家重要湿地4个、湿地类型自然保护区10个、湿地公园2个；制定《甘肃省湿地保护条例》《黑河流域湿地管理办法》等一系列政策法规，促使湿地保护工作步入科学管理和依法保护轨道；同时，加大舆论宣传，通过户外宣教、媒体、主体公益广告等手段，使公众对湿地保护的价值和意义有基本的了解和认识，提高保护湿地的自觉性；2005年以来，敦煌、张掖等地建立6个湿地保护恢复工程，项目实施效果非常明显，湿地退化趋势得到有效遏制。2000年，甘肃启动实施的全球环境基金（GEF）湿地保护与可持续利用若尔盖项目甘肃部分，配备专业设备设施，为湿地保护工作培训专门人才，相关人员在执行项目的过程中也从中学习掌握科学保护的先进经验。2007年，在湿地国际中国办事处的帮助下，甘肃成功申请并实施中国–欧盟山地泥炭地保护与可持续发展项目（ECBP）。项目在保护和恢复甘肃省内国家重要湿地中发挥了积极作用，进一步提高了全省湿地保护管理水平。此外，积极筹划规划新的湿地类型自然保护区和湿地公园。新区划的4个保护区已通过林业部门评审。省内各地正积极筹建各级别的湿地公园。

建立保护区、湿地公园作为湿地保护的重要手段，对甘肃省的湿地保护起到至关重要的作用。通过多年的不懈努力，目前，全省共设立林业部门主管的湿地类型自然保护区11个，其中国家级3个、省级7个、县级1个，分别为：甘肃尕海—则岔国家级自然保护区、甘肃敦煌西湖国家级自然保护区、甘肃盐池湾国家级自然保护区、黄河三峡省级自然保护区、黄河首曲省级自然保护区、疏勒河中下游省级自然保护区、大苏干湖省级自然保护区、小苏干湖省级自然保护区、昌马河省级自然保护区、干海子候鸟自然保护区、南泉湿地县级自然保护区，保护区总面积300多万公顷。国家湿地公园2个，分别为张掖黑河流域国家湿地公园、文县黄林沟国家湿地公园。2010年，为加大生态保护力度，大力改善人居环境，甘肃省人民政府计划设立兰州秦王川、民勤石羊河、嘉峪关草湖、酒泉花城湖、康县梅园河5个国家级湿地公园和青城古镇省级生态湿地公园，总保护面积8 476公顷。

全省有国际重要湿地1处，即尕海湿地（位于尕海—则岔国家级自然保护区内的尕海湿地，2011年被评为国际重要湿地），国家重要湿地4处（大苏干湖湿地、小苏干湖湿地、尕海湿地、首曲湿地）。

湿地自然保护区、湿地公园的建立，对保护甘肃省具有典型意义的重要湿地和湿地资源起到了十分重要的作用，极大推进了全省湿地保护事业的发展。

为加强湿地资源保护管理，甘肃省加大保护工作立法，加大湿地保护执法。《甘肃省湿地保护条例》第九条规定：禁止在湿地保护区范围内进行开垦、采挖、猎捕、烧荒、采矿、爆破等可能造成湿地破坏的人为活动。禁止在湿地保护区及其外围保护地带内修建任何非保护性截水、取水或排水设施。未经县级以上湿地行政主管部门同意，不得在湿地保护区天然水道和湿地边缘50米以内设立任何建筑设施。

保护区实验区及其周边零星湿地可以发展渔业养殖外，不能开垦、围栏用于其他种植养殖活动。渔业养殖必须经县以上湿地主管部门批准后方可进行。

三、湿地野生动植物资源

甘肃省湿地分布的动物有6门24纲488种，其中鱼类110种、两栖类31种、爬行类2种、鸟类109种、哺乳类16种。

湿地分布的高等植物有1 270种（包括10亚种和77变种），其中苔藓植物22科25属31种、蕨类植物16科19属24种1亚种1变种、裸子植物5科7属11种、被子植物139科489属1 117种9亚种76变种；主要植被型有10个，分别为寒温性针叶林湿地植被型、落叶阔叶林湿地植被型、落叶阔叶灌丛湿地植被型、盐生灌丛湿地植被型、莎草型湿地植被型、禾草型湿地植被型、杂类草湿地植被型、浮水植物型、挺水植物型、沉水植物型。

第六节　风能、太阳能资源

一、风能资源

甘肃是我国风能资源丰富的省份之一，全省风能资源理论储量为2.37亿千瓦，风能总储量居中国第五位。其中风能资源丰富区、可利用和季节可利用区面积为17.66万平方千米，占全省总面积的39%，主要集中在河西走廊和省内部分山口地区。年平均风功率密度在150瓦/平方米及以上的区域占全省总面积的4%，风能资源储量为3 395万千瓦，风能资源技术可开发量为2 667万千瓦。

1996年，甘肃开始风能开发。2008年8月，酒泉千万千瓦级风电基地建设全面启动，远景风电总装机容量3 565万千瓦，先期计划建设装机容量1 065万千瓦。2010年11月3日，国家电网宣布甘肃千万千瓦级风电及外送工程建成投运。

二、太阳能资源

由于特定的地理和气候条件，甘肃太阳能资源十分丰富，年太阳辐射量为4 800~6 400兆焦/平方米，年日照时数在1 700~3 300小时。其中，河西走廊和甘南高原是省内太阳能最丰富地区，年太阳总辐射量分别为5 800~6 400兆焦/平方米和5 800~6 200兆焦/平方米，年日照时数达3 000~3 300小时。

甘肃是我国太阳能技术研发、推广和应用最早的省份之一，有着多年的科技积累，我国太阳能领域的许多开拓性工作都是从甘肃开始的。光伏发电应用在中国最早起步，被动式太阳能建筑技术居中国领先水平。联合国工业发展组织国际太阳能技术促进转让中心落户兰州，为发展太阳能技术集聚更多的信息、人才和技术资源。

酒泉光伏发电基地：酒泉市太阳能资源开发潜力巨大，在19.2万平方千米的土地上，有5万平方千米属国家光热资源分布的一类地区，每平方米每年太阳辐射量在6 300兆焦以上，光伏产业发展前景广阔。2008年，玉门市与西班牙阿本戈公司、中国华电工程集团公司签订合作开发太阳能热发电项目协议，2009年又与中广核公司、中节能公司、汇能公司等签订合作开发协议，诸项目均于当年开工。2009年8月，国内首个10兆瓦太阳能光伏发电示范项目在酒泉敦煌开工建设，该项目由国投敦煌光伏发电有限公司投资建设。2010年4月，国电电力10兆瓦、甘电投辰旭公司10兆瓦、南通强生3兆瓦3个光伏发电项目在金塔县奠基开工。金塔县又与国电、华电、华能、大唐、中电投五大发电集团等 14 家能源开发企业签订光电项目合作协议。2010 年 7 月，在十六届兰洽会上，嘉峪关市引进中国华电集团新能源发展有限公司光伏发电技术项目，规划建设光伏发电示范基地和配套产业，一期工程 10 兆瓦光伏发电项目当年开工，全部项目建成后，最终将形成 200 兆瓦的发电规模。2010 年 8 月，总投资 3.83 亿元的中广核和国投一期两个 10 兆瓦光伏并网发电示范项目建成并实现并网发电。根据《酒泉太阳能光伏发电产业规划》，到 2015 年，酒泉光电装机要达到 200 万千瓦，到 2020 年，将实现光电装机 1 000 万千瓦的目标。

金昌光伏发电基地：金昌市太阳能资源丰富，年日照约 3 000 小时，并拥有较丰富的国有荒漠化存量土地资源，有利于建设大规模的光伏并网电站。2010 年 1 月 30 日，由中国科技光伏电力集团甘肃陇昌光伏电力有限公司投资的《金昌市 50 兆瓦太阳能并网发电项目合作协议书》在兰州签约，7 月 10 日，该项目在金昌市双湾正式开工建设。预计总投资 1.1 亿元。项目建成后，每年可生产绿色电量 800 万千瓦时，年减排二氧化碳 7 434 吨，为金昌市发展新能源产业注入新的活力。

第二章　自然保护区

自1963年建立第一个自然保护区以来，截至2010年，甘肃省共建立各类自然保护区59个。其中，国家级17个、省级38个、县级4个。生态保护包括森林、荒漠、野生动植物、水源涵养、湿地、珍稀动物、地质遗迹、古生物遗迹等。

第一节　森林生态类型自然保护区

一、连城国家级自然保护区

连城国家级自然保护区地处黄河流域湟水之主要支流大通河中下游，地处东经102°26′~102°55′，北纬36°33′~36°48′，属森林生态系统类型自然保护区。主要保护对象是天然青杆及其森林生态系统、天然祁连圆柏及其森林生态系统。

保护区总面积47.930公顷，其中核心区14 223.1公顷，缓冲区13 189.4公顷，实验区20 517.5公顷。2001年4月，成立省级自然保护区，2005年7月，经国务院批准，晋升为国家级自然保护区。

保护区垂直依次分布有高山灌丛草甸带和山地森林草原带。草甸有珠芽蓼草甸、膨束苔草草甸、马莲草草甸和苔草草甸等植被类型。动植物资源丰富，有各类植物109科444属1 397种。乔木树种主要有青海云杉、青杆、油松、祁连圆柏、山杨、红桦、紫桦等。有国家二级保护植物野大豆和山莨岩2种。哺乳动物有5目12科24种；鸟类有9目21科64种。国家一级保护动物有梅花鹿，国家二级保护动物有蓝马鸡、林麝、马鹿、水獭、雪鸡、猞猁等。

连城自然保护区位于祁连山脉向黄土高原过渡带，具有特殊的地理位置，保存着完整的森林生态系统，以及青杆和祁连圆柏等物种资源，是生态学、生物多样性、地质地理等学科研究的天然实验室，具有较高的科研价值，也为大专院校开展教学、科研、实习、探险等活动提供了良好的场所和基地。

二、兴隆山国家级自然保护区

兴隆山国家级自然保护区位于兰州市东南的榆中县境内，地处东经103°50′~104°10′，北纬35°38′~35°58′。坐落在榆中县西南隅，南靠临洮，东临定西，西北与兰州毗邻，属祁连山的东延余脉。保护区总面积约333.01平方千米。兴隆山国家级自然保护区类型为森林生态系统类型，主要保护对象为野生动物马麝和天然原始老云杉林及其生态系统。

兴隆山国家级自然保护区山脉系祁连山山系东延部分，由马衔山系的高中山群组成，主要山脉有马衔山、兴隆山和栖云山。马衔山与兴隆山南北对峙呈马鞍形，兴隆山、栖云山两座主峰由马衔山分支曲折而来。山体长约37千米，宽约17千米，山势走向呈西北西东南南，地势南高北低，海拔2 000~3 600米，马衔山主峰海拔3 670.3米，比高为500~1 000米，是黄土高原范围内唯一超过3 600米的高峰。山体过境后，向东延伸终止于浩瀚的黄土丘陵。

保护区地处东亚大陆内地，按中国自然区划气候分类为东部季风区，大陆性气候显著，属高寒半湿润性多雨气候。主要特征表现为四季分明，水热同季。春季干燥多风；夏季昼热夜凉，初夏干旱，盛夏多雨；初秋阴雨稍多，深秋凉爽少雨；冬季寒冷少雪。年平均气温3~7℃。保护区河流水系发育比较健全，长年流水的河道有兴隆峡、龛谷峡、徐家峡、分豁岔、麻家寺、水岔沟、官滩沟、新营、黄坪、马坡、银山11条长流水河道，均发源于马衔山和兴隆山，年总径流量5 349万立方米。

保护区核心区占保护区总面积的32.7%，缓冲区占保护区总面积的22.2%，实验区占保护区总面积的45.1%。

保护区有高等植物500多种，其中种子植物有485种，蕨类植物5种，苔藓植物16种。乔木树种有细叶杉、粗叶云杉、山杨、辽东栎、桦类等；灌木树种有沙棘、野蔷薇、栒子、杜鹃、榛子、绣线菊、山梅花、锦鸡儿、忍冬、花楸、悬钩子、樱桃、丁香等；地被植物有苔草、草莓、蕨类等（保护区内蕨菜丰富，年产量在100吨左右，加工销往国外）；药用植物有党参、大黄、益母草、蒲公英、木贼、车前子、黄芩、柴胡、羌活等。

云杉林是兴隆山国家级自然保护区的重点保护对象，海拔 2 200~2 700 米的阴坡、半阴坡为细叶云杉林，平均树高 20.3 米，胸径 29 厘米，郁闭度为 0.7~0.8，木材蓄积量为 420 立方米/公顷；海拔 2 700~2 800 米为粗叶云杉和细叶云杉混交林；海拔 2 800 米以上为粗叶云杉、山柳、桦木、杜鹃混交林、树形低矮、生长不良。

杂木林也是兴隆山国家级自然保护区重要资源。山杨林多分布于阳坡，平均树高 7 米，胸径 8 厘米，郁闭度 0.6，蓄积量为 45 立方米/公顷。云杉、山杨混交林、云杉、桦树混交林、杨桦混交林多分布于半阳坡、半阴坡及沟脑部分，树高、胸径略大于杨树，蓄积量为 45~60 立方米/公顷。

保护区有脊椎野生动物 160 种，其中国家一类保护动物 2 种，二类保护动物 12 种，甘肃省级保护动物 6 种；蜘蛛 87 种；昆虫 1 048 种，其中新种 12 个。动植物资源极为丰富，是中国黄土高原珍贵的动植物基因库之一。

三、太统—崆峒山国家级自然保护区

太统—崆峒山自然保护区位于甘肃省平凉市城西，保护区总面积为 1.62 万公顷，其中崆峒山景区面积 84 平方千米，主峰海拔 2 123 米，集奇险灵秀的自然景观和古朴精湛的人文景观于一身，具有极高的观赏、文化和科考价值。自古就有“西来第一山”“西镇奇观”“崆峒山色天下秀”之美誉。

1994 年 1 月，该保护区境内的崆峒山被国务院列为国家重点风景名胜区。2005 年 7 月，国务院批准甘肃太统—崆峒山为国家级自然保护区，主要保护对象为森林生态系统、稀有野生动植物、古文化遗迹和地质遗迹，是甘肃东部唯一的国家级自然保护区。保护区内有道教圣地崆峒山、王母宫山、南石窟寺、龙泉寺、莲花台、古灵台、紫荆山和国家级森林公园云崖寺等众多景点，因此该保护区的主要保护对象也被定为森林生态系统和名胜古迹。

保护区地处泾河上游，其森林植被是黄土高原保存较为完整的典型森林生态系统，在涵养水源、调节气候、防风固沙、保持水土及维护泾河中上游地区生态平衡，保障泾河中下游地区经济可持续发展方面具有重要的作用。

太统—崆峒山自然保护区有维管植物 103 科 377 属 750 种，其中种子植物 90 科 356 属 713 种（含变种）。

其种子植物区系特征是种类组成比较丰富，地理成分复杂，联系广泛，

以温带成分占绝对优势，是典型的北温带性质；该地区也是多种植物区系的交汇地，但以华北成分为主，植物区系隶属泛北极植物区中国—日本森林植物亚区、华北地区、黄土高原亚地区。

该保护区通过实施退耕还林、天然林保护、三北工程、重点公益林建设和牛羊舍饲圈等农村产业结构调整项目，累计退耕还林 1.5 万亩、封山育林 1.5 万亩、育苗 1 402 亩，保护区内 19.46 万亩林业用地全部区划为国家重点公益林。为了切实减轻保护区内及周边人口对保护区环境带来的压力，崆峒区集中对保护区重点林区、景区的群众进行外迁，累计投资 507 万元，生态移民 132 户 507 人，使保护区的生态环境向良性方面恢复发展，有效保护景区内的各种珍贵野生动植物资源。

四、祁连山国家级自然保护区

祁连山国家级自然保护区地处青藏、蒙新、黄土三大高原交汇地带的祁连山北麓，属森林生态系统类型的自然保护区，以青海云杉、祁连圆柏、蓑羽鹤等生物为保护对象。总面积 265.3 万公顷，地处东经 97°25′~103°46′、北纬 36°43′~39°36′。其中，核心区面积为 802 261.6 公顷，地跨武威、金昌、张掖三市的凉州、天祝藏族自治县、古浪、永昌、甘州、山丹、民乐、肃南裕固族自治县 8 县（区）。缓冲区面积为 470 625.2 公顷，实验区面积 1 380 136.2 公顷。

1992 年 2 月 3 日，甘肃省林业厅批准成立山丹龙首山自然保护站，划归祁连山保护局统一管理。

2002 年 12 月 24 日，甘肃省林业厅批复东大山、龙首山、昌岭山自然保护区加挂甘肃祁连山国家级自然保护区东大山、龙首山、昌岭山自然保护站牌子的批复。

祁连山脉西段由走廊南山、黑河谷地，托莱山，托莱河谷地，托莱南山、疏勒河谷地，疏勒南山、哈拉湖盆地，党河南山、喀克吐郭勒谷地，赛什腾山、柴达木山、宗务隆山等一系列山脉与宽谷盆地组成。祁连山脉东段有冷龙岭、大通河谷地，大通山、大坂山。在一系列平行山地中，南北两侧和东部相对起伏较大，山间盆地和宽谷海拔一般在 3 000~4 000 米，谷地较宽，两侧洪、冲积平原或台地发育。疏勒南山以东的北大河、黑河、疏勒河、大通河和布哈河五河之源所在的宽谷盆地海拔高达4 100~4 200米。祁连山海拔4 500~5 000米以上的高山区现代冰川发育，现代冰川和古冰川作用的地貌类型都较为丰富。祁连山区由于多年冰土的下界高程一般为3 500~3 700米，使大多数山地和一些大河的上游都发育着冰缘地貌。在冻土带以下的地貌作用中，东部以流水作用为主，西部风成作用较为明显。保护区属大陆性高寒半湿润山地气候。表现为冬季长而寒冷干燥，夏季短而温凉湿润，全年降水量主要集中在5—9月。该区由浅山地带向深山地带，气温递减，雨量递增，高山寒冷而阴湿，浅山地带热而干燥。随着山区海拔的升高，各气候要素发生有规律自下而上的变化，呈明显的山地垂直气候带。自下而上为：浅山荒漠草原气候带、浅山干草原气候带、中山森林草原气候带、亚高山灌丛草甸气候带、高山冰雪植被气候带。

珍贵植物有唐古特红景天、星状风毛菊，珍稀动物有蓑羽鹤、卷羽鹈鹕、白鹈鹕、灰鹤、疣鼻天鹅。

2000年，保护区被确定为国家天然林保护工程区。2004年，保护区森林被认定为国家重点生态公益林。2008年，在环保部公布的《中国生态功能区划》中，将祁连山区确定为水源涵养生态功能区，将“祁连山山地水源涵养重要区”列为中国50个重要生态服务功能区之一。

五、太子山国家级自然保护区

太子山国家级自然保护区位于临夏回族自治州与甘南藏族自治州之间，东南起洮河下游地区，西南与甘南州临潭、夏河、合作、卓尼四县（市）及青海省循化县毗邻，东北和临夏州康乐、和政、临夏、积石四县相接。地处东经102°43′~103°42′，北纬35°02′~35°36′。保护区海拔在2 200~4 636米，主要由太子山脉发源而来的一系列山峰和沟谷组成，其中海拔超过4 000米以上的山峰有巴楞山（4 080米）、公太子山（4 162米）、母太子山（4 332米）等。太子山国家级自然保护区总面积8.47万公顷。其中，核心区2.679 2万公顷，缓冲区3.298 2万公顷，实验区2.492 6万公顷。保护区属温带大陆性气候，年平均气温5.1℃，无霜期110天左右，年平均降雨量660毫米。

保护区从东向西纵布着近30条峡谷，每条山谷间都有河（溪）流流淌。据统计，发源于保护区的大小河（溪）流近200多条，其中较大的河流有

16条。主要保护对象为青藏高原与黄土高原过渡地带森林生态系统及生物多样性，属于自然生态系统类别林生态系统类型自然保护区。

太子山国家级自然保护区生物多样性十分丰富，稀有性显著，据保护区官方资料，截至2008年，共有维管植物838种，其中稀有濒危和重点保护植物有桃儿七、红花绿绒蒿、星叶草等51种；有脊椎动物208种，包括雪豹、林麝、苏门羚等国家重点保护野生动物11种，鸟类130种，包括胡兀鹫、苍鹰、蓝马鸡等国家重点保护鸟类21种；有两栖爬行动物8种，其中两栖类5种，爬行类3种；有鱼类10种；昆虫682种；有大型真菌61种。物种总数1 789种，占甘肃省物种总数3 560种的50.25%。

2001—2008年，太子山国家级自然保护区共完成退耕还林、荒山造林任务9.8万亩，封山育林2.0万亩，保存率在90%以上。

太子山国家级自然保护区在涵养水源、保持水土、调节气候、维护生态良性循环等方面具有重要作用，是甘肃中部和青海省东部重要的绿色屏障，是黄河上游重要的水源涵养林区，对黄河的重要支流大夏河与洮河的水源补给保护，防止水土流失、保护森林与草地植被、维护当地与黄河流域的生态安全、促进经济社会可持续发展有着十分重要的意义。

六、莲花山国家级自然保护区

甘肃莲花山国家级自然保护区位于临夏、甘南、定西三州（市）的康乐、临潭、卓尼、渭源、临洮五县交界处，地处东经103°39′59″~103°50′26″，北纬34°54′17″~35°01′43″，总面积11 691公顷。保护区东至洮河，西临洮河林业局的冶力关林场，南靠洮河林业局的羊沙林场，北沿冶木河，为洮河林区的东北边缘。保护区涉及莲芦、冶力关、八角、藏巴哇4个乡的莲花山、足古川、地寺坪、寺址、蛇路、八度、牙布山、上东山、柳林9个行政村。总面积125.51平方千米。是黄河一级支流——洮河的重要水源涵养区之一，水源涵养作用明显。属野生动物类型自然保护区。

1983年，甘肃省人民政府批准成立甘肃省莲花山自然保护区管理局。2003年6月，晋升为国家级自然保护区。

保护区属秦岭东西复杂构造带，由于地处两个构造体系相毗邻地段，不同构造体系间的干扰，反映在构造形迹上也较为复杂，同时在巨型构造体系的基础上，局部发育着次级或更次一级的构造。主要地貌类型有构造侵蚀深切割亚高山、构造侵蚀浅切割中山、黄土侵蚀沟壑、河谷阶地地貌。

保护区地处内陆中纬地带，属西秦岭西端黄土高原向青藏高原过渡地带。地势较高，峰峦叠嶂，海拔 3 000 米以上，阻挡冷空气入侵，形成气候较温暖而降水较多，多灾害性天气；冶力关、八角等地植被较好，天气温和而多雨，但分布不均匀，形成复杂的气候特征：寒冷、阴湿、四季不分明，降水东北多西南少，旱涝雹冻频繁，具有长冬无夏、春秋相连、冬长冬冷而不寒、春季回暖慢、秋季降温快、冬干秋湿的高原气候特色。

保护区在中降水量地带分布上位于 400 毫米降水等值线南侧，多年平均降水量 548.4 毫米。

保护区分布的土壤为地带性土壤，主要分为亚高山草甸土、暗棕土、黑土、栗钙土和红黏土。

保护区内地表水和地下水丰富。保护区地处洮河、冶木河汇流的三角地带，是黄河与长江两大水系的分水岭和一些支流的发源地。莲花山国家级自然保护区的水系属于黄河水系，水流量较大的有洮河、冶木河，还有磨沟河、八度河、黑牛河、蛇路沟、安藏沟、冰扎沟等大小河流 30 余处，大大小小的沟岔均有泉水涌出。

保护区内森林是中国西部黄土高原向青藏高原过渡地带亚高山针叶林的重要组成部分，保存有干旱地区典型的森林生态系统。保护区内具有明显的森林植被垂直带谱，包罗从温带到寒温带的典型自然景观，是欧亚大陆从温带到寒温带主要植被类型的缩影，具有很高的科研价值。

保护区生物资源丰富，组成成分和结构极为复杂，物种多样性程度和物种总数丰度高。保护区有种子植物 90 科 346 属 745 种，列为国家保护的植物有星叶草、红花绿绒蒿、胡桃、垂枝云杉、野大豆、黄蓍、木姜子、桃儿七、紫斑牡丹等 11 种和兰科植物毛杓兰、紫点杓兰等 15 种。其中，木本植物 123 种，草本和藤本 167 种。木本植物中，优势种是冷杉、云杉、黄尖柳、华山松、油松、山杨、白桦等。另外，还有药用植物 100 多种。保护区内草药不少，最著名的要数“桃儿七”。保护区内有天目琼花，生长在海拔 2 400 米上下的冶木林中。

保护区作为中国重要的自然地理分界线和候鸟迁徙通道，其特殊的地理位置和丰富的生物资源成为青藏高原向黄土高原过渡地带的基因库，在拯救珍稀濒危野生动植物、生物多样性研究、维护地区生态安全、促进社区发展方面发挥着重要作用。保护区动物资源丰富，有野生动物749种，其中兽类45种，隶属于6目17科35属。鸟类133种，隶属于14目33科89属。两栖动物有4种，隶属于2目4科4属，爬行动物2种，隶属于1目2科2属；鱼类5种，隶属于1目2科，森林昆虫560余种。列入国家重点保护的野生动物有38种。其中有一级保护动物斑尾榛鸡、雉鹑、胡兀鹫、林麝、马麝等9种；有二级保护动物苏门羚、斑羚、岩羊、蓝马鸡、血雉等31种。

保护区的生物物种及其遗传基因等方面所具有的多样性是中国西部干旱区域中不可多得的，而保护区完整的生态系统对维护区域生态平衡具有不可估量的作用，因此保护区具有重要的生物多样性保护价值。保护区丰富的生物资源成为青藏高原向黄土高原过渡地带的基因库，在生物多样性研究方面具有较高的价值。

七、洮河国家级自然保护区

洮河国家级自然保护区位于甘肃南部洮河中上游的迭山北坡，地跨甘南藏族自治州的卓尼、临潭、迭部和合作4县境内。北至北石山，南达迭山，东接岷县，西连碌曲草原，处于青藏高原向黄土高原的过渡带，位于东经102°46′02″~103°51′25″，北纬34°10′07″~35°09′25″。境内海拔1 100~4 900米，大部分地区在3 000米以上。分三个自然类型区，南部为岷迭山区，山大沟深，气候温和，是甘肃省重要林区之一；东部为丘陵山地，高寒阴湿，农林牧兼营；西北部为广阔的草甸草原，是全省主要牧区。洮河国家级自然保护区是森林生态系统类型自然保护区，主要保护天然原始山地寒温性暗针叶林生态系统、珍稀野生动植物资源及其栖息地。保护区是黄河上游重要的水源涵养地，年平均径流量10.13亿立方米，占洮河流域年平均径流量53.1亿立方米的19.06%。

1982年，甘肃省人民政府确定其为省级自然保护区，2009年晋升为国家级自然保护区。

保护区所处的甘南地处高原，常年气温较低，年平均气温只有4℃。高原天气多变，经常风雨骤至，昼夜温差大，日照强烈。境内保存有较为完整的原始林及森林生态系统，物种资源丰富，有野生脊椎动物 26 目 59 科 275 种；森林昆虫 1 055 种；有国家重点野生保护动物 61 种。其中，国家一级重点保护动物有金钱豹、雪豹、梅花鹿、鬣羚、斑尾榛鸡、金雕、黑颈鹤、胡兀鹫、黑鹳、黑山溪鲵 10 种。国家二级保护动物有熊、毛冠鹿、猞猁、马麝、石貂、貂猫、水獭、兔狲、金猫、藏原羚、苏门羚、马鹿、白唇鹿、岩羊、黄羊、鸢、苍鹰、环颈雉、雪鸡、蓝马鸡、蓑雨鹤、大天鹅、猎隼、血雉、鬼鸮 25 种。近年考察发现在洮河林区有世界珍稀鸟种灰冠鸦雀栖息在洮河南岸低山灌丛地带。被列入国家保护的有益的或者有重要经济、科学研究价值的陆生野生动物名录的多达 115 种。

植物种类丰富而繁杂。有高等植物 122 科 443 属 1 300 种。其中，高等种子植物 96 科 98 属 1 244 种；苔藓类 19 科 31 属 39 种；蕨类 7 科 14 属 17 种。有国家重点保护植物 28 种，其中国家一级保护植物有独叶草，国家二级保护植物主要有星叶草、桃儿七、珠子七、四块瓦、盘龙参、红花绿绒蒿、兜兰等，并有成片分布的松科珍贵乔木树种紫果云杉、秦岭冷杉、红杉等。

第二节　野生动物自然保护区

一、安南坝野骆驼国家级自然保护区

安南坝野骆驼国家级自然保护区位于甘肃省酒泉市阿克塞哈萨克族自治县境内，地处库姆塔格沙漠和阿尔金山之间，北接敦煌西湖国家级自然保护区，西邻新疆罗布泊野骆驼国家级自然保护区，南靠青海海西州，属于自然条件极为恶劣的干旱气候区，地处东经 92°20′~93°19′、北纬 39°02′~39°47′，海拔 1 480~3 870 米。地貌以戈壁、荒漠、沙漠等为主，属野生动物类型的自然保护区，主要保护对象是野骆驼等野生动物及其栖息环境。2009 年，在安南坝野骆驼自然保护区经常出没的野骆驼达到 7 群，近 200 峰，约占中国野骆驼数的 1/3、阿尔金山北麓种群的 1/2。

1982 年，甘肃省人民政府批准其为省级自然保护区，2006 年，经国务院批准，晋升为国家级自然保护区。

气候属典型的温带干旱气候。干燥是保护区气候的主要特征，年均蒸发

量是降水量的60多倍，年均蒸发量接近或超过1 630毫米，水资源比较缺乏。主要水系有安南坝保护区边缘海拔4 500米的阿尔金山北麓的安南坝河，流经20多千米后，渗入戈壁滩。年径流量347万立方米，主要以阿尔金山的终年积雪和基岩裂隙储存水为主要水源，是保护区唯一可利用的水源。

保护区内共有高等植物24科68属116种，其中裸子植物1科1属3种；被子植物23科67属113种，占绝对优势，缺乏蕨类和苔藓植物。在保护区中有甘肃植物新记录3种。

保护区有陆生野生动物120种，隶属于17目41科，其中爬行类1目3科7种，鸟类11目24科71种，哺乳类5目14科42种。有国家一级重点保护野生动物7种、二级21种；列入国家保护的、有益的或者有重要经济、科学研究价值的野生动物43种。陆生野生动物以鸟类占比最大，占保护区陆生野生动物种类的59.2%；哺乳类次之，占35%；爬行类占5.8%。主要有野双峰驼、蒙古野驴、雪豹、盘羊、岩羊、鹅喉羚等多种珍稀动物，尤其以野双峰驼为主。

二、盐池湾国家级自然保护区

盐池湾国家自然保护区位于甘肃肃北蒙古族自治县东南部祁连山区，党河、疏勒河、榆林河的上游，地处北纬38°26′~39°52′、东经95°21′~97°10′，属荒漠类型自然保护区。保护区总面积136万公顷，实验区面积65.84万公顷，缓冲区面积28万公顷，核心区面积42.16万公顷。

保护区地处祁连山西端，青藏高原北缘，平均海拔3 000米以上，是以白唇鹿、野牦牛、藏原羚等高原珍稀野生动物保护为主的超大型野生动物类型的自然保护区。区内地形地貌复杂多样，包罗冰川冻土、高原寒漠、高山草原、河流湿地等自然景观。

1982年，经甘肃省人民政府批准成立省级自然保护区。2006年2月，经国务院批准晋升为国家级自然保护区。

保护区所辖区域地形地貌特征十分丰富，包括盆地、谷地、峡谷、湿地等。主要盆地有石包城南滩盆地、野马滩盆地和盐池湾盆地；主要谷地有疏勒河谷地、野马河谷地和党河谷地三大谷地；受河流的长期切割作用，形成了石油河峡谷、疏勒河峡谷、榆林河峡谷和党河峡谷。土壤以高山草原土为主，约占保护区土类的33.5%，其次是高山寒漠土、棕漠土。受气候、地形、地貌、土壤和降水等自然条件的影响，保护区内形成了不同的地带型植被和生物群落，孕育了不同于国内其他地区的生态系统。冰川冻土、高山寒漠、高山草甸草原、内陆湿地、温带荒漠生态系统依不同海拔高度镶嵌分布。

保护区多样的地貌特征间接地形成多样的气候类型，包括亚湿润高寒气候区及干旱、半干旱气候区，气候垂直变化明显。保护区有 13 万公顷的湿地。区内湿地主要有沼泽湿地、河流湿地和湖泊湿地。面积最大的是党河流域的大德尔基河流湿地，其面积有 3.4 万公顷，水草丰茂，植被覆盖度达 80%以上。赤麻鸭、金眶鸻、绿头鸭、斑嘴鸭、灰雁、苍鹭、青头潜鸭等在这里繁衍生息，特别在 5—6 月的迁徙季节，一些大种群往往在数千只以上，形成大漠高原上少有的生态景观。

盐池湾国家级自然保护区共有植物 46 科 182 属 419 种。其中有羽叶点地梅属、颈果草属、马尿泡属、黄缨菊属 4 个中国特有属。

裸果木为国家一级重点保护植物，掌裂兰属国家二级重点保护植物；有 23 个甘肃新记录种。

保护区有脊椎动物 152 种，隶属于 22 目 49 科。列入《国家重点保护野生动物名录》的 38 种，其中一类有雪豹、白唇鹿、黑颈鹤等 11 种；二类有盘羊、棕熊、西藏雪鸡等 27 种。列入 CITES 公约的共有 28 种，其中附录Ⅰ中禁止贸易的种类有雪豹、棕熊、黑颈鹤等 8 种；附录Ⅱ中限制贸易的种类有狼、猞猁、黑鹳等 20 个种。列入中日候鸟保护协定的鸟类有 30 种，占保护区鸟类的 26.32%，其中 15 种鸟类在保护区繁殖。具有重要直接经济价值的种类有 48 种，有毛皮用种类、肉用种类、羽用种类和药用种类，其中绝大多数是国家保护动物。

三、敦煌西湖国家级自然保护区

敦煌西湖国家级自然保护区位于甘肃敦煌市西部库姆塔格沙漠以东，东接敦煌市南泉湿地自然保护区和阳关镇，南与阿克塞哈萨克族自治县接壤，西、北分别与新疆维吾尔自治区和敦煌市国家雅丹地质公园毗邻，并与库姆塔格沙漠和罗布泊相连，地理坐标为东经 92°45′~93°50′，北纬 39°45′~40°36′。保护区总面积 66 万公顷，其中核心区 19.8 万公顷，缓冲区 14.575 万公顷，实验区 31.625 万公顷。属自然生态系统类的内陆湿地和水域生态系统自然保护区，以保护湿地生态系统及国际濒危物种——野骆驼种群为主，主要保护对象为湿地生态系统、荒漠生态系统和珍稀野生动植物及其生境。

保护区于1992年9月经省政府批准建立，原名“甘肃敦煌西湖湾腰墩自然保护区”，后更名为“甘肃敦煌西湖省级自然保护区”。2003年6月，经国务院批准，晋升为国家级自然保护区。

保护区的主要径流是疏勒河、党河及南湖泉水，因多种原因现基本断流，其次还有山水沟、西土沟、崔木土沟、多坝沟、小多坝沟、八龙沟等8条沟谷，多在夏季向区内排洪。现保护区内湿地的主要水源由地下潜流提供，西祁连山和东阿尔金山的雪山融水渗入地下，经过地下潜流，在低海拔的地区以泉涌的形式流出地面，形成大面积的季节性沼泽型湿地。保护区湿地分布区地下水资源比较丰富，部分区域泉眼较多，四季不竭。

保护区平均海拔960米，区内地势南北高、中间低，自东向西微倾斜。区内海拔最高点为卡拉塔格山，海拔2 238米；最低点为湾腰墩一带，海拔820米。保护区属敦煌盆地的一部分，为河西走廊的最低点，是汇集地表径流和地下径流的盆地，地貌主要有沙漠、戈壁、裸石山地、湿地草丛、荒漠植被区五种类型。保护区土壤分风沙土、棕漠土、盐土、草甸土、沼泽土5个土类。

保护区属典型的大陆性暖温带极干旱气候区。气候特征是降雨量少，蒸发量大，水源短缺，空气极为干燥，日照时间长，热量资源丰富，温差大，无霜期短，冬季寒冷，夏季炎热，大风沙尘天气较多，年均气温9.9℃，年均降雨量39.9毫米，年均蒸发量2 486毫米，相对湿度40%，干燥度18，全年日照时数3 246.7小时。

保护区是干旱荒漠区重要的水源涵养区和蓄水库，湿地面积达9.8万公顷，约占敦煌市湿地总面积的60%，其中，芦苇沼泽3.43万公顷。春夏时节，低洼地形成大面积的季节性积水，植被中芦苇群系是面积最大、最典型的植被类型，在季节性积水的湖盆区，形成沼泽型芦苇群落。保护区林地总面积13.76万公顷，占保护区总面积的20.84%。共有种子植物约80种，由于保护区气候干旱，本地植被以超旱生和旱生植物为主，木本植被较少。乔木树种仅有胡杨和梭梭，主要是超旱生和旱生灌木、半灌木和小半灌木，如膜果麻黄、裸果木、多枝柽柳、白刺、沙拐枣、苏枸杞、霸王、罗布麻等常组成荒漠植被的建群种；草本植物中，芦苇、骆驼刺、甘草等常组成盐化草甸的建群种。

保护区内有野生动物 196 种，其中鸟类 141 种、哺乳类 32 种、鱼类 8 种、两栖类 2 种、爬行类 13 种。其中，国家一级重点保护野生动物有野骆驼、双峰驼、金雕、黑鹳、小鸨、大鸨、波斑鸨 6 种；二级重点保护野生动物有赤颈鸊鷉、岩鹭、草原雕、灰背隼、猞猁、鹅喉羚等 33 种。有益或有重要经济和科研价值的陆生野生动物（简称“三有”动物）有花背蟾蜍、西域（新疆）沙虎、沙蟒、赤麻鸭、黑颈鸊鷉、斑鸫、金眶鸻、赤狐、狼等 111 种。列入《濒危野生动植物种国际贸易公约》的有黑鹳、白琵鹭、大天鹅、鹅喉羚、狼等 36 种。列入《中华人民共和国政府和日本国政府保护候鸟及其栖息环境协定》的有大白鹭、苍鹭、凤头潜鸭、灰背隼、灰背鸫等 32 种。列入《中华人民共和国政府和澳大利亚政府保护候鸟及其栖息环境的协定》的有大白鹭、金眶鸻、红脚鹬、矶鹬、普通燕鸥、白腰雨燕、家燕、灰鹡鸰、白鹡鸰、黄鹡鸰、黄头鹡鸰共 11 种。

四、白水江国家级自然保护区

白水江国家级自然保护区位于甘肃省最南端，东经 104°16′~105°25′、北纬 32°36′~33°00′，行政区划上隶属陇南市武都区、文县的 9 个乡镇，总面积为 18.379 9 万公顷。其中，核心区 9.015 8 万公顷、缓冲区 2.613 2 万公顷、实验区 6.750 9 万公顷，森林覆盖率达 87.3%。

保护区的设立主要是保护大熊猫、珙桐等多种珍稀濒危野生动植物及其赖以生存的自然生态环境，保护生物多样性。白水江自然保护区是国家林业局直属的三个大熊猫保护区之一，也是其中面积最大的一个。2000 年 11 月，加入联合国“人与生物圈”保护区。

1990 年 6 月，林业部通知将原“林业部白水江自然保护区管理局”更名为“甘肃白水江国家级自然保护区管理局”。1992 年 2 月，甘肃省将原陇南地区管理的六项工作收归省林业厅管理，恢复到 1982 年以前的管理体制。同年将文县林业局管理的岷堡沟保护站移交管理局管理。

保护区属岷山山系，自西北向东南倾斜，起伏剧烈，属深切割的山地，地势陡峭，主要山峰有摩天岭、净各留山、高峰山、双猫山等，最高海拔 3 837 米，最低海拔 595 米，一般高度为 2 500~3 100 米，山顶平缓，岩石裸露，山间河谷深陷，地度大多都在45℃左右。年平均气温15℃，极端低温-7.4℃，极端高温37.5℃，无霜期高山为140天，低山为338天；年降水量平均800毫米，7—9月为主要降雨季节。

保护区水系有白水江和白龙江，支流有白马峪河、丹堡河、小团鱼河、让水河等，为嘉陵江上游，属长江水系。

保护区内有脊椎动物485种，隶属于32目98科273属，占甘肃省脊椎动物总数的65.45%。兽类77种，鸟类275种，鱼类68种，两栖爬行类65种，昆虫类2 138种，蜘蛛195种。有国家珍稀保护动物51种，属于国家一级保护的有大熊猫（约占中数量的10%）、金丝猴、羚牛、豹等10种，二级保护的有42种，其中兽类16种、鸟类24种，两栖类2种。

保护区共有高等植物197科2 160种（包括19亚种239变种12变型），是甘肃珍稀濒危植物分布最集中的地区，有珍稀濒危植物38科63属71种及变种。其中，国家一级保护植物4科4属6种，即珙桐、光叶珙桐、银杏、独叶草、红豆杉、南方红豆杉；二级保护植物14科19属22种，即秦岭冷杉、岷江柏木、巴山榧树、连香树、水青树、水曲柳、香果树等；甘肃省保护植物30科42属43种，即山白树、星叶草、紫斑牡丹、穗花杉、麦吊云杉、刺楸等。

保护区有国家保护植物14种1个变种，其中一级有珙桐；二级有银杏、光叶珙桐、连香树、香果树、杜仲、山白树、水青树；三级有秦岭冷杉、麦吊杉、穗花杉、金钱槭、领春木、厚朴、红豆杉。

区内经济植物种类丰富，竹类有11种，大熊猫喜食竹类4种，即华橘竹、大箭竹、紫箭竹、冷箭竹。药用植物有100多种。

保护植物珙桐是中国特有珍稀树种，现仅分布于湖南、湖北、四川、贵州、云南局部地区。在白水江保护区碧口地区有一条长达45千米、宽1~5千米的珙桐林带，在中国是难得的景观。珙桐为落叶乔木，高可达30米，因头状花序和两枚大型白色苞片状如白鸽，又名“中国鸽子树”是世界著名的观赏树种。主要伴生树种有栎、樟、槭、连香树、桦木以及铁杉、麦吊杉、红豆杉等。

五、小陇山国家级自然保护区

小陇山国家级自然保护区位于甘肃省东南部中秦岭西端，地处东经

106°13′10″~106°33′06″、北纬 33°35′12″~33°45′11″。保护区东西长 31.5 千米，南北宽 18.5 千米。保护区总面积 31 938 平方米，其中，核心区面积 10 256 平方米，缓冲区面积 10 158 平方米，实验区面积 11 524 平方米。

1982 年，经甘肃省人民政府批准，成立“天水地区头二三滩自然保护区”。2006 年，经国务院办公厅批准，晋升为国家级自然保护区，更名为“甘肃小陇山国家级自然保护区”。

保护区属森林生态系统类型，主要保护对象为：暖温带亚热带过渡地区森林生态系统；羚牛秦岭亚种等珍稀濒危野生动植物；生物多样性；独特的自然地理景观。保护区属于典型的熔岩地貌，局部地段发育成大面积喀斯特地貌。山顶发育的喀斯特漏斗，小的直径 500 米左右，大的直径 2 000 米，彼此连绵成群。

保护区有嘉陵江及其支流东沟河、瓦窑沟、云凫河、陈家沟等，水系呈辐散状分布，最后向西和西北汇集，注入嘉陵江。其中，嘉陵江是保护区最大的过境河流，干流流经保护区西缘。年径流总量 8 400 万立方米，年平均流量 51.68 立方米/秒，流域平均径流深 297.6 毫米。

保护区有野生动物鱼类 3 目 5 科 5 亚科 15 属 17 种，两栖类 2 目 6 科 6 属 11 种，爬行动物 2 目 6 科 17 属 24 种，鸟类 16 目 39 科 199 种，哺乳类 7 目 20 科 66 种。其中，东洋界鱼类 3 种、古北界鱼类 4 种，两界共有的鱼 10 种；两栖类动物中 4 种属东洋界、2 种属古北界；爬行类动物中东洋界种 22 种；鸟类中广布种 74 种、古北界种 69 种、东洋界种 56 种；哺乳类中古北界种 30 种、东洋界种 28 种，两界共有的哺乳类动物有 8 种。

保护区共有国家一级保护物种 5 种，国家二级保护物种 28 种，其中国家二级两栖爬行动物 1 种；鸟类中有国家一级保护物种 1 种，即金雕；国家二级保护物种 18 种，即鸢、苍鹰、雀鹰、松雀鹰、普通鵟、红隼、燕隼、红脚隼、红腹角雉、勺鸡、红腹锦鸡、灰鹤、红角鸮、雕鸮、领鸺鹠、斑头鸺鹠、短耳鸮、灰林鸮；保护区有国家一级保护野生动物中哺乳类 4 种，为羚牛秦岭亚种、云豹、豹、林麝，国家二级保护野生动物中哺乳类有大灵猫、果子狸秦巴亚种、狼北部亚种、赤狐蒙新亚种、野猪川西亚种、林麝、小麂指名亚种、毛冠鹿指名亚种、羚牛秦岭亚种、鬣羚、斑羚共 11 种。

保护区共有种子植物 123 科 561 属 1 258 种（含种以下等级）。其中，裸子植物6科12属18种；被子植物中的双子叶植物105科448属1 057种，单子叶植物12科101属183种。从科属的分布型统计来看，属于世界广布型的有34科56属202种，分别占自然保护区总的科属种的27.6%、10%、16.1%；属于热带分布型的有55科128属244种，分别占自然保护区总的科属种的44.7%、22.9%、19.5%；属于温带分布型的有86科375属807种，分别占自然保护区总的科属种的69.9%、67%、64.4%。

第三节　内陆湿地自然保护区

一、甘肃尕海—则岔国家级自然保护区

甘肃尕海—则岔国家级自然区位于青藏高原东北边缘的甘肃省碌曲县境内，北邻碌曲县玛艾镇和双岔乡，东与卓尼县接壤，东南与四川省若尔盖县相连，西南与甘肃省玛曲县毗邻，西接碌曲李恰如山和青海省河南县。地处北纬33°58′12″~34°32′16″、东经102°05′00″~102°47′39″。保护区也是青藏高原、黄土高原和陇南山地交汇处，地跨黄河和长江两大水系，是黄河最大支流洮河的发源地之一和长江水系白龙江的发源地。

保护区总面积为247 431公顷，其中，核心区39 095公顷（包括则岔小区11 075公顷、尕海小区28 020公顷），占15.8%；缓冲区81 157公顷（包括则岔小区52 440公顷、尕海小区28 717公顷），占32.8%；实验区127 179公顷（包括则岔旅游小区16 760公顷、郭茂滩实验小区3 880公顷、土方则岔实验小区10 220公顷、尕海经营小区53 845公顷、则岔经营小区42 474公顷），占51.4%。林业用地41 390公顷、草场155 135公顷、湿地43 176公顷、其他7 730公顷。在41 390公顷林业用地中，有林地4 667公顷，疏林地71公顷，灌木林地36 569公顷，宜林地83公顷，森林覆盖率13.99%。

保护区的主要保护对象是以珍稀野生动物资源黑颈鹤、黑鹳、灰鹤、大天鹅及雁鸭类为主的候鸟及其栖息的湿地生态系统；以紫果云杉为优势的树种，以星叶草、桃儿七、冬虫夏草等为代表的高山森林及林麝、梅花鹿、蓝马鸡等森林野生动物及其生态系统；以垂穗披碱草等优质牧草组成的高山草甸及金雕、胡兀鹫等草原野生动物及其生态系统；是集森林和野生动物型、

高原湿地型、高原草甸型三重功能为一体的珍稀野生动植物自然保护区。

保护区气候属于青藏高原湿润气候区，冬季漫长，夏季温凉。

截至2010年，甘肃尕海—则岔国家级自然保护区有脊椎动物5纲26目58科197种。其中，兽类6目15科38种；鸟类15目35科144种。包括繁殖鸟129种（夏候鸟64种，占繁殖鸟的49.6%）；两栖类2目4科4种；爬行类1目2科2种；鱼类1目2科9种；国家保护类38种，占19.3%。其中，国家一级保护动物10种，国家二级保护动物28种。列入《濒危野生动植物公约》的种类27种，占保护区鸟、兽的14.8%。列为公约附录Ⅰ的8种，附录Ⅱ的19种；列入《中华人民共和国政府和日本国政府保护候鸟及其栖息环境协定》的鸟类31种，占鸟类种数的21.5%。列入甘肃省重点保护野生动物的有大白鹭、豹猫、斑头雁、狐、毛冠鹿、雪鸽、灰雁。重要经济动物有黄河裸裂尻鱼、厚唇裸重唇鱼、蓝马鸡、斑尾榛鸡、雉鸡、斑头雁、赤麻鸭、高原山鹑、林麝、马麝、狐、狼、岩羊、高原兔、旱獭等41种。按用途分药用18种、食用25种、皮用26种、羽用20种。

保护区有昆虫10目59科283种。其中，捕食和寄生性天敌昆虫6目18科56种；具观赏价值的珍稀蝶、蛾类9科100种，特别是绢蝶类，被列为世界知名的珍稀种类。在保护区有白绢蝶、黄毛白绢蝶、小红珠绢蝶、甘南红珠蝶、秦岭红珠绢蝶、四川绢蝶、君主绢蝶、周氏绢蝶等10种）。

保护区植物区系横断山植物区系的一部分，即川西北、甘南和青东南小区。植物区系属温带性质，其他成分很少。从保护区生长的优势科来看，菊科、毛茛科、禾本科、蔷薇科、玄生科、豆科、莎草科都是世界性大科，又是以北温带分布型号为主；从属的分布型来看，温带分布型169个，占总属的79.5%。在29个主要属中，有22个是北温带分布型，北温带成分中的冷杉属、云杉属等为建群种和优势种，组成广阔的寒温性针叶林植被。同时，北温带分布的许多大属，如杜鹃属、马先蒿属、苔草属、柳属、风毛菊属、蒿草属、龙胆属、蒿属、草熟禾属，均在保护区内得到充分发育和高度分化。

保护区植物区系和横断山脉植物区系有密切的联系。从本地区植物区系特别是中国特有种区系成分分析，保护区和横断山地区（四川西北部、青海东南部、西藏东南部、滇西北部）的区系成分相似性很大，在529种种子植物中，有175种中国特有种和横断山地区植物，占总数的33.1%，在高山和亚高山地区有以青藏高原东缘典型的特有成分——岷江冷杉、紫果云杉及云杉组成的大面积森林和以头花杜鹃、百里香杜鹃、黄毛杜鹃、山生柳、窄叶鲜卑花组成的高山灌丛；在洮河源头，西倾山、尕海地区有以青藏高原成分高山蒿草和以中国—喜马拉雅成分的圆穗蓼组成的高寒草甸。

保护区植物资源丰富，是宝贵的基因库。截至2010年，区内种子植物有61科213属529种（包括8亚种48变种7变型）。其中，裸子植物3科5属11种（包括1变型），被子植物58科208属518种（包括8亚种48变种6变型）。有食用植物16种，药用植物128种，牧草106种（其中优质牧草43种，良好牧草32种，中等牧草31种），保护和改造环境植物15种，种质资源植物类9种。有国家和省重点保护植物16种。其中，列入《中国珍稀濒危植物保护名录第一批》的有星叶草、桃儿七、黄芪，列入《中国珍稀濒危保护植物名录第二批》的有党参、西藏沙棘、掌叶大黄、细穗玄参、马尿泡；列入《国家重点保护野生植物名录》的有冬虫夏草、中麻黄、中国沙棘、羽叶点地梅、山莨菪，列入甘肃省重点保护植物名录的有紫果云杉、方枝柏、祁连圆柏。

由于气候的急剧变化，尕海湖在1995年、1997年、2000年先后三次濒临干涸，自尕海—则岔国家级自然保护区管理局通过并实施项目，采用引水入湖、修建拦水坝、核心区围栏育草、禁牧休牧等一系列生态保护措施，保护区周边60%以上已经干涸的山泉恢复出水，湖水面积由20世纪90年代的480公顷恢复到2010年的2 000多公顷，为原来的4倍多，是保护区成立以来最大水面。

二、张掖黑河湿地国家级自然保护区

张掖黑河湿地国家级自然保护区位于黑河中游，跨甘州、临泽、高台三县（区），范围在东经99°19′21″~100°34′48″、北纬38°57′54″~39°52′30″。南依祁连山国家级自然保护区，北靠巴丹吉林沙漠，处于河西走廊的“蜂腰”地带，是中国西北地区自然保护区网络中的重要节点。属荒漠地区典型的内陆湿地和水域生态系统类型，具有很强的典型性、稀有性、濒危性和代表性，是集生态保护、科研监测、资源管理、生态旅游、宣传教育和生物多样性保护等功能于一体的自然生态类自然保护区。

保护区沿黑河中游干流河道分布，东自甘州区三闸镇新建村起，向西经高台县罗城乡盐池滩至黑河正义峡出界处；北自黑河正义峡出界处起，沿黑河干流北岸、山丹河河道至甘州区红沙窝国有林场；南自甘州区三闸镇东泉村起，沿黑河干流南岸，经甘州区沙井镇兴隆村、临泽大沙河至五泉国有林场，沿大沙河河道与黑河干流南岸，至肃南裕固族自治县和高台县交界处。

保护区总面积 41 164.56 公顷，其中核心区 13 640.01 公顷，缓冲区 12 531.21 公顷，实验区 14 993.34 公顷，三个功能区基本各占 1/3。保护区属“自然生态系统类”“内陆湿地和水域生态系统类型”。其主要保护对象为我国西北典型内陆河流湿地和水域生态系统及生物多样性；以黑鹳为代表的湿地珍禽及鸟类迁徙重要通道和栖息地；黑河中下游重要的水源涵养地和水生动植物生境；西北荒漠区的绿洲植被及典型的内陆河流自然景观。

保护区处在河西走廊中段、青藏高原和蒙新高原的过渡地带，区域狭长，地理位置独特，生物多样性突出，由内陆山地—荒漠—绿洲三个子系统构成复合系统，典型性和代表性明显，在西北荒漠地区非常珍贵和稀有。保护区主体地貌为河谷平原，海拔 1 200~1 500 米，呈条带状分布。北部为戈壁平原邻近巴丹吉林沙漠，南部为祁连山荒漠戈壁。

张掖黑河湿地有两大类 4 个类型 13 个类别，总面积为 210 420.42 公顷，占全市土地面积的 5.02%。其中，天然湿地包括永久性河流、季节性河流、泛洪平原湿地、永久性淡水湖、季节性淡水湖、草本沼泽、高山湿地、灌丛湿地、内陆盐沼 9 个类别，面积为 199 709.97 公顷，占全市湿地面积的 94.91%；人工湿地包括池塘、灌溉渠系及稻田、蓄水区、盐田 4 个类别，面积为 10 710.45 公顷，占全市湿地总面积的 5.09%。在天然湿地中，其中高山湿地 113 678.68 公顷，占全市湿地面积的 54.02%；河流湿地 58 110.95 公顷，占全市湿地面积的 27.62%；冰川湿地 40 008.08 公顷，占全市湿地面积的 19.01%。按行政区域统计，肃南县、高台县、临泽县、山丹县、民乐县、甘州区湿地面积分别为 155 100.1 公顷、17 450 公顷、10 822.2 公顷、10 256.9 公顷、11 652.68 公顷和 5 139.14 公顷，分别占全市湿地面积的 73.71%、8.29%、5.14%、4.87%、5.54%和 2.44%。

黑河流域地域辽阔，森林、草原、冰川、河流、水域分布广泛，动植物资源较为丰富。高等植物有 84 科 399 属 1 044 种，属于国家二级重点保护植物的有星叶草、冬虫夏草等，属于国家三级重点保护植物的有肉苁蓉、蒙古扁桃、桃儿七、裸果木等。陆栖动物有229种，占全省659种陆栖动物的34.75%，属于国家一级重点保护野生动物的有藏野驴、雪豹、野牦牛、白唇鹿、马麝、黑鹳、遗鸥等16种，属于国家二级重点保护野生动物的有马鹿、盘羊、岩羊、草原雕、蓝马鸡、大天鹅、小天鹅、灰鹤等44种。

保护区位于中国候鸟三大迁徙路线的西线中段，由于地表水与地下水的反复交替，形成了境内湖泊、沼泽、滩涂星罗棋布的景观。保护区内生物多样性丰富，喜湿植物茂盛的内陆干旱区独特的湿地生态系统，为野生鸟类繁衍生息创造得天独厚的条件，是春秋两季大量候鸟停歇嬉戏的天堂。有国家一级保护鸟类黑鹳、玉带海雕、白尾海雕等4种，国家二级保护鸟类有大天鹅、小天鹅、鹗、灰鹤等18种，国家“三有”鸟类60余种途经该区。

保护区始建于1992年，原名“高台县黑河流域自然保护区”，2004年经甘肃省人民政府批准，成立“甘肃高台黑河湿地省级自然保护区”。

保护区的建立，在涵养水源、调节气候、净化水质、防风固沙、减轻沙尘暴危害、阻止巴丹吉林沙漠南侵，特别是在维系黑河流域经济社会可持续发展、阻断京津地区西路沙尘，确保完成国务院确定的下游年分水指标，维护区域生态安全等方面具有极其重要的作用。

中国黑河流域（张掖）湿地保护工程，对维护国土生态安全，保护生物多样性、改善区域生态环境和维系流域绿洲生态安全都具有特殊的战略意义。

三、黄河三峡湿地自然保护区

黄河三峡湿地自然保护区建立于1995年，为省级湿地类型的自然保护区。保护区位于甘肃省永靖县中部，地处东经102°58′~103°23′、北纬35°47′~36°07′，面积195平方千米。本区属黄土丘陵沟壑地貌，海拔在1 563~2 300米。主要保护对象为鸟类及其生态环境。区内黄河段自西南向北呈“S”形横穿全县，形成独特的“黄河向西流”景观。沿河有刘家峡、盐锅峡、八盘峡，均建有电站，形成3个高原人造平湖，水域面积达153平方千米。本区野生动物较为丰富，有兽类10种、鸟类50余种、爬行类3种、两栖类4种、鱼类26种。其中，国家重点保护野生动物有林麝、羊城羊、猞猁及黑颈鹤、大天鹅、苍鹰、鸢、猫头鹰、红腹锦鸡等。

四、安西县疏勒河中下游自然保护区

安西县疏勒河中下游自然保护区位于河西走廊最西端，东接玉门，西临敦煌，南北与肃北蒙古族自治县相连；地处北纬 39°52′~40°36′、东经 94°45′~97°00′。保护区总面积 486.3 万亩，其中，核心区 135.6 万亩，缓冲区 99.9 万亩，实验区 250.8 万亩；林草地 241.95 万亩，湿地 215.85 万亩，山地 28.5 万亩。

保护区有脊椎动物 5 纲 26 目 56 科 160 种。其中，属于甘肃新记录的有 2 种（小鸨、红额金翅雀），属于中国特产种类有 10 种，列入《国家野生动物名录》的 27 种（一级保护的有 7 种，二级保护的有 20 种），列入《国际濒危动物种贸易公约》规定保护的种类有 14 种，列入《中华人民共和国政府和日本国政府保护候鸟及其栖息环境协定》的鸟类有 42 种。重要的经济动物有野驴、雪豹、雪鸡、猞猁、岩羊、盘羊、北山羊、鹅喉羚、石鸡、金雕、小鸨、红额金翅雀、祁连山裸鲤、鲫鱼、狐、狼等 62 种。

保护区内的植物共有 345 种，其中列为国家重点保护植物的有 5 种，分别为：胡杨、梭梭、裸果木、膜果、麻黄，后两种尤为珍贵，为第三纪孑遗种类，有较高的保护价值。固沙植物有 30 余种，如柽柳、梭梭、泡泡刺、柠条、花棒、沙蒿、沙米等种类，是流沙地带的先锋植物，可作为固沙植物的特有种。药用植物 100 余种，以豆科植物甘草为主的药用植物，蕴藏量十分丰富，面积 22.5 万亩，是中国甘草主要产区之一，其次是麻黄、锁阳、苁蓉均为本区的特有药材。纤维植物以芨芨、罗布麻、芦苇为主，蕴量丰富。

根据自然保护区内地域、土壤、水热条件和动植物资源状况规划为 3 个功能区，即核心区、缓冲区、实验区。

核心区：总面积为 135.6 万亩，占保护区总土地面积的 27.9%，共分为 3 个小区。①东巴兔动植物核心小区。位于老师兔山以南，西从东巴兔乡青山开始，东到榆林河，南到县界，北至老师兔三个泉，海拔 1 900~2 200 米，面积 18 万亩，占核心区总面积的 13.3%，范围包括东巴兔乡高山灌丛、高山草甸及部分砾石戈壁等。②西湖乡沙生植物保护核心小区。位于安西县城以西，范围包括西湖乡和西湖农场部分区域及西沙窝、黑沙窝，其界线东起二道湾、白旗堡城，西至县界，南至县界，北至望杆子、北戈壁一线，海拔 1 063.4~1 131.4 米，土地面积为 63.6 万亩，占核心区总面积的 46.9%。小区内有胡杨林 8 895 亩，蓄积量为 9 879 立方米，以柽柳为主的灌木林 15 万亩，其他为灌丛草甸草场和荒漠草甸草场，植被覆盖度为 45%~80%，疏勒河横贯小区，两岸植被覆盖度高，部分区域达 95%以上，且生长茂盛。③八棱墩湖—塘墩湖湿地核心小区，位于踏实、桥子、布隆吉乡境内。其界线以扎花营向西到老师兔许家沟，北沿十工截山子山脊线向东到双塔水库、布隆吉到八道沟，南从老师兔山向东沿破城子、锁阳城、鹰窝树到旱湖脑，其地形为东西长 108 千米，南北宽 10 千米的狭长地带。面积 54 万亩，占核心区总面积的 39.8%，区内有胡杨林 12 120 亩，活立木总蓄积为 10 549 立方米，灌木林地 130 005 亩，水域 3 075 亩，其余为草甸草原和小灌丛草甸草原，海拔 1 370.9~1 177.7 米，东高西低，南高北低，地势较平坦开阔。

缓冲区：总面积为 99.9 万亩，占保护区总面积的 20.5%。共分为 3 个小区，有东巴兔动植物缓冲区，面积 21 万亩；西湖沙生植物缓冲区，面积 30.9 万亩；八枝墩湖—塘墩湖湿地缓冲区，面积 48 万亩。缓冲区位于 3 个核心小区周围，范围依核心区位置而定，有山脊线、道路、河流、沟壕、山谷等自然地形，位置距核心区边界 2 000~8 000 米。

实验区：总面积为 250.8 万亩，占保护区总面积的 51.60%。共有 3 个实验小区，有东巴兔实验小区、八棱墩湖实验小区和望杆子实验小区。该区是保护区开展科学研究和实验、进行中间性生产示范实验和合理开发利用自然资源的特定地段，设置在缓冲区外围。

2002 年 3 月，由安西县人民政府批准成立安西县野生动植物管理总站，负责安西县疏勒河中下游自然保护区的管理工作，为科级事业单位，隶属于县林业局。

保护区建设规划为 10 年，即 2001—2010 年，分两期进行，其中一期建设自 2001—2005 年进行，二期建设自 2006—2010 年进行，两期建设均已按期完成。一期工程建设组建机构并配备人员，定期观测天然林木的消长变化情况。通过有效保护和管理，使区内野生动植物种群数量有所增加：野生动物数量相比建立保护区以前增加了 0.5 倍，尤其国家二级重点保护野生动物鹅喉羚数量明显增多；区内野生植物面积也有所增加，植被覆盖度由以前的 10%~15%增加到 25%以上，天然林草植被封育面积增加 45 万亩，达到 101

万亩，尤其是柽柳面积增加了1.5倍，在其分布区内的覆盖度达到35%以上，中心区域达到40%~70%。荒漠沙生植物生态系统、湿地生态系统、草原生态系统均得到有效保护，促进了区内生态系统的良性循环，减少自然灾害的发生。

五、黄河首曲省级湿地自然保护区

黄河首曲省级湿地自然保护区位于甘肃省甘南藏族自治州玛曲县境内。由黄河首曲自然保护区管理站管理。地处北纬33°06′~34°30′、东经101°15′~102°29′，面积3 750平方千米。保护区地势高亢，海拔均在3 300米以上，最高峰乔木格日峰海拔4 806米，是公认的“世界上保存最完好的湿地”，是青藏高原湿地面积较大、特征明显、最原始、最具代表性的高寒沼泽湿地，有“高原水塔”之称。保护区属高寒湿润气候，年平均气温0.5℃，极端最低气温-29.6℃，极端最高气温23.6℃。年均降水量620毫米，无霜期19天。

1999年，保护区被列为湿地类型候鸟自然保护区。2000年，被列入“中国湿地生物多样性保护与可持续发展利用项目”。2001年，被列为国家级生态功能保护区试点地区。2005年，被确立为省级自然保护区，以黑颈鹤等候鸟及其栖息环境为主要保护对象。

保护区地处青藏高原东部边缘、黄河上游。流经保护区的主要河流有黄河及其支流黑河、安茂曲、克勤曲、哇尔河、曲尔河、肯目达曲、马庆曲、西科河、采绕河、决格家曲、马莫曲、张黄曲、塔玛曲等。黄河从南、北、东三面环绕本区，形成“九曲黄河”的第一个转弯部，水面宽度80~350米，水深3.5~8米。

自然土壤主要为高山草甸土。保护区内海拔3 300~3 700米处植被为以线叶嵩草为建群种形成的嵩草草甸，海拔3 700~3 900米处植被为以矮生嵩草建群种的矮生嵩草草甸。保护区内药用植物有200多种，主要有冬虫夏草、川贝母、雪莲、秦艽、党参、羌活、大黄、红毛五加、黄花蒿、甘青乌头、黄芪、车前等。

区内高等动物共有110余种。其中，兽类42种，属国家级重点保护动物的有12种，包括雪豹、猞猁、水獭、豺等；鸟类70种，属国家级重点保护动物的有 17 种，包括黑颈鹤、灰鹤、天鹅、雪鸡、蓝马鸡、胡兀鹫、白尾海雕等。保护区内有两栖动物 3 种，鱼类 10 余种。

六、大苏干湖自然保护区

大苏干湖自然保护区位于甘肃省阿克塞哈萨克族自治县南部，距县城约 80 千米，地理坐标为北纬 38°51′~38°55′、东经 93°46′~94°01′，面积 35 平方千米。大苏干湖处于阿尔金山、党河南山与赛什腾山之间的花海子—苏干湖盆地的色勒屯（海子）草原西北端，为盆地最低处。海拔 2 795~2 808 米，水域面积 100.89 平方千米，属咸水湖。平均水深 2.84 米，蓄水 1.72 亿立方米。该地气候属内陆高寒半干旱气候，为鸟类及其生境自然保护区。保护区内已知鸟类有 61 种，其中候鸟 44 种。候鸟中夏候鸟 28 种，遗鸥、猎隼、白尾鹞为国家重点保护鸟类；冬候鸟 3 种，白尾海雕、玉带海雕为国家重点保护鸟类；旅鸟 13 种，大天鹅、鹤、草原雕、灰背隼为国家重点保护鸟类；留鸟 17 种，鸢、胡兀鹫、兀鹫、秃鹫、红隼为国家重点保护鸟类。兽类有 16 种，属国家二级重点保护野生动物的有藏原羚、黄羊、鹅喉羚。

七、小苏干湖自然保护区

小苏干湖自然保护区位于甘肃省阿克塞哈萨克族自治县境南面，距县城 55 千米，地处东经 94°11′~94°15′、北纬 39°05′~39°09′，面积 8.5 平方千米。小苏干湖与大苏干湖相距约 20 千米，是一个具有出口的淡水湖。保护区海拔 2 807~2 808 米，水域面积 11.85 平方千米，平均水深 0.1~0.6 米，最深 2 米，蓄水 0.24 亿立方米。小苏干湖水通过齐力克河流向大苏干湖。本区为高寒半干旱气候，年平均温度-0.4℃，年平均降水量 77.6 毫米。主要保护对象为鸟类及其生境。

小苏干湖湿地保护区位于海子草原西北端，保护区植被类型分布均匀，气候属温寒极干旱、干旱区。湿地总面积 24 平方千米，主要有沼泽湿地、河流湿地、湖泊湿地等自然湿地，其生态序列基本保持着原始状态，已被列入中国重要湿地名录，属于国家重点保护的湿地资源。保护区内植物种类繁多，分布着湿地植被 18 科 30 属 41 种；有脊椎动物 2 纲 17 目 43 科 59 种，其中，列入《国家重点保护野生动物目录》的有 17 种，均属国家一级、二级重点保护野生动物，列入《濒危野生动植物种国际贸易公约》的有6种。

2006年，保护区分3个季节（春、夏、秋）对大苏干湖、小苏干湖及两湖间河道湿地鸟类物种多样性及数量的季节变动进行调查，共记录到鸟类11目20科38属47种。其中，留鸟5种，迁徙路过鸟10种，夏候鸟32种。春季共记录24种鸟类，夏季32种，秋季30种。秋季在大苏干湖区活动的鸟类种数最多，多样性指数最大，为3.089 1；而小苏干湖区的鸟类多样性指数在3个季节都较低。

八、干海子自然保护区

干海子自然保护区位于北纬40°24′、东经98°03′，地处甘肃省西北，玉门东北75千米。保护区面积300公顷，海拔1 203米。为沙质平原上内河流域中的一个小型永久性微咸水湖泊和河滩沼泽地。该湖水源来自小型河流、当地径流和地下水源。一年中大部分时间平均水深1米，但在雨季（夏天）水位提高1~2米。区内主要植被有芦苇和柳树灌木，周围地区是矮灌丛。

保护区建立于1983年，占地300公顷，由玉门林业局管理。保护区内禁止狩猎和耕作。

主要保护对象为候鸟及其生境。区内有兽类10余种，鸟类32种，其中水禽20余种。是凤头、大白鹭、苍鹭、赤麻鸭、斑嘴鸭和红头潜鸭等野生动物的重要繁殖地，偶有瞪羚出现。属国家一级、二级重点保护野生动物的有黄羊、鹅喉羚及苍鹰、草原雕、大天鹅、小天鹅、红隼等。

九、敦煌阳关自然保护区

敦煌阳关自然保护区位于甘肃省最西端的敦煌市南湖乡境内，总面积8.817 77万公顷，其中核心区面积2.732 2万公顷，缓冲区面积2.808 26万公顷，实验区面积为3.277 31万公顷。东为党河水库，西隔甘肃敦煌西湖国家级自然保护区，南接阿克塞哈萨克族自治县，北面则是大面积的戈壁荒漠。具有典型的大陆性荒漠气候特点，保护区年降水量平均值为36.8~153.8毫米，年日照时数3 033.4~3 316.5小时。

保护区主要由戈壁、湿地、沙地、林地和水域组成，是中国西部荒漠区中较为罕见的特殊成因内陆河流生态系统，具有极高的保护价值和科研价值。保护区内有脊椎动物145种，其中列入《国家重点保护野生动物名录》的有18种，其中一级保护动物3种，二级保护动物15种；有种子植物141种，其中列入《国家重点保护野生植物名录》的有4种。保护区的湿地是中国西部荒漠区重要的候鸟栖息地和迁徙驿站，生存着各种鸟类87种，其中候鸟50种，列入国家一级、二级重点保护鸟类的有16种，列入世界自然保护联盟（IUCN）保护名录的有2种，列入《濒危野生动植物种国际贸易公约》的有8种，列入《中国濒危动物红皮书》的有3种。

保护区始建于1992年，地处河西走廊坳陷之西端，祁连山褶皱带，位于瓜州—敦煌盆地西南边缘的阳关小盆地。1994年，经省政府批准，晋升为省级自然保护区。2009年9月，正式获得国务院审批命名，晋升为国家级自然保护区。

敦煌阳关国家级自然保护区的建立，对积极探索极端干旱区荒漠湿地的治理、水环境改善和生物多样性保护，实现湿地生态环境的重建，对研究中国西部荒漠区湿地与荒漠复合生态系统的变迁和演替，保存野生动植物种质的遗传多样性和栖息地，保护和拯救濒危物种，开展生态学研究等方面均具有独特的价值，对甘肃河西走廊乃至中国西部的生态安全，莫高窟、月牙泉、阳关遗址等著名文化古迹和自然景观的保护，以及甘、青、新三省区交界处生物多样性保护都有着重大意义。保护区湿地良好的荒漠植被、湿地中充足的水源和饲料为黑鹳和鹅喉羚等珍稀濒危野生动物的生存和繁衍提供了保障。

十、疏勒河中下游自然保护区

瓜州疏勒河中下游保护区是省级自然保护区，位于甘肃省瓜州县境内，建立于2002年。总面积3 242平方千米，以荒漠植被及湿地生态系统为主要保护对象。

保护区属大陆荒漠干旱性气候，年均气温9.9℃。年均降水量47~63毫米，年均蒸发量3 033~3 246毫米，年均日照时数3 260~3 280小时，年均8级以上大风日有76天。疏勒河为保护区内的主要水体，水质达到国家Ⅲ类标准。中下游建有双塔水库，一般蓄水位1 330.3米，库容量2.43亿立方米，水库流域面积 3.44 万平方千米，年均径流量 2.97 亿立方米。

植被覆盖率达 70%，红柳、骆驼刺、芨芨草等植物分布广泛。动物资源丰富，有金雕、雪豹等野生动物。

第四节　荒漠生态自然保护区

一、安西极旱荒漠国家级自然保护区

安西极旱荒漠国家级自然保护区位于甘肃省瓜州县境内，面积 80 万公顷。1987 年，经甘肃省人民政府批准建立。1992 年，晋升为国家级自然保护区，主要保护对象为极旱荒漠生态系统。保护区是亚洲中部温带荒漠、极旱荒漠和典型荒漠的交汇处，是青藏高原和蒙新荒漠的接合部，其荒漠生态系统在整个古地中海区域具有一定的典型性和代表性，是中国唯一以保护极旱荒漠生态系统及其生物多样性为主的多功能综合性自然保护区。

1993 年，保护区被中国人与自然生物圈国家委员会接纳为首批网络成员。1994 年，在“中国生物多样性保护行动计划”中，被确定为具有国际意义的荒漠生态系统重要保护点。

保护区分南、北两片。南片在瓜州县南部，与玉门市和肃北蒙古自治县为邻。保护区总面积 80 万公顷，是位列中国第 10 位的大型自然保护区。保护区的主体是走廊平原，疏勒河出口构成大型三角洲，地势平坦，为地下水溢水带，沼泽广布。由于受区域构造控制，地域自南向北呈现有规律分带分布现象，依次为尖顶缓坡中心带、圆顶缓坡低山丘陵带、中等倾斜老洪积扇带、缓倾斜新洪积扇带、绿洲平原带和风蚀雅丹地貌带等。保护区北片总地形特征是南北高，中间低，海拔高度均在 1 800 米以上。最高峰为红石山，海拔 2 334 米。由星星峡东山和红石山西部石低山丘陵和剥蚀准平原地型、低山丘陵地型和山前冲积平原三种地貌单元组成。

保护区属典型的大陆性气候，南片年平均降水量为 58.2~75.3 毫米，年平均蒸发量 2 758.5 毫米，接近降水量的 50 倍。年平均气温 7.6~8.2℃，最热月 7 月的平均气温 22.4~25.0℃，最冷月 1 月的平均气温 -11.6~-11.0℃。年平均湿度 38.4%。日照时数为 2 940.4~3 171.9 小时。南部祁连山地地势较高，气

候稍湿润。北片保护区年平均降水量 40~70 毫米，年蒸发量 3 100~3 500 毫米，为降水量的 50~80 倍。年平均气温 6.6℃，最热月 7 月平均气温 20.7℃，最冷月 1 月平均气温-12.8℃。日照时数平均为 3 069.5 小时。两地降水多集中在夏季，占全年降水量的 70.0%，体现出亚洲温带干旱区的基本特征。风是自然保护区有特色的气候现象，年平均风速 3.7 米/秒。春季 3—5 月风速最大，为 4.2~4.5 米/秒，其余各月平均风速 3.1~3.8 米/秒。

保护区土壤是地质历史的自然体，在地球演变的历史长河中，通过地质、地形、母质、气候、植被、水文、人类活动等因素的综合作用发育演变而来。保护区复杂的自然地理环境，决定了其比较复杂的土壤类型，可分为棕漠土、灰棕漠土、盐土、草甸土、沼泽土、风沙土、灌淤土和潮土 8 类，另 30 个亚类。

棕漠土是暖温带干旱气候条件下发育的地带性土壤，其成土过程与灰棕漠土十分相似，只是气候条件更为严酷。棕漠土主要分布于双塔水库以西、柳园以南、南截山以北地区。

保护区内主要河流有疏勒河和榆林河，均发源于祁连山。疏勒河在区内南部流过，流程 50.75 千米，年径流量 2.5 亿立方米，位于中游的双塔水库有效库容量 1.15 亿立方米，保灌面积 1.2 万公顷。榆林河从区内西南部流入踏实盆地，流程 36.25 千米，年径流量 0.55 万立方米，中游建有榆林河水库，保灌土地面积 2 400 公顷。区内另有汇集泉水和地表水的塘坝 54 座，蓄水量 0.85 万立方米，可用于灌溉和人畜饮水。区内地下水资源比较丰富，在南部地势地低洼的平坦地带地下水溢出，沼泽广布，主要集中于三道沟、双塔、布隆吉和锁阳城。

保护区主要保护对象为极旱荒漠生态系统。区内有国家一级保护野生动物共 8 种，分别为：蒙古野驴、雪豹、北山羊、金雕、胡兀鹫、小鸨、黑鹳、普氏野马，国家二级保护野生动物有 20 种，如草原斑猫、猞猁、鹅喉羚、岩羊、盘羊、天鹅、暗腹雪鸡、雀鹰等。列入《中华人民共和国政府和日本国政府保护候鸟及其栖息环境协定》的鸟类 42 种，占安西鸟类种数的 38.30%。区内重要的经济动物有裸鲤、鲫鱼、狐、中亚兔、毛腿沙鸡、赤麻鸭、绿头鸭、白骨顶、高山雪鸡、鹅喉羚、石鸡、岩羊等 62 种，占保护区动物种群数的 39.50%。

保护区拥有亚洲中部特有种植物 22 种。以山地、砾石、戈壁、沙漠、草甸等动物群为主的脊椎动物共 158 种 26 目 55 科，其中列入《国家重点野生动植物名录》的 27 种，占保护种类的 15.92%；列入《濒危动植物种国际贸易公约》规定保护的有 14 种，占瓜州县脊椎动物种数的 72%。

安西极旱荒漠国家级自然保护区先后与俄罗斯科学院动物研究所、武汉大学生命科学学院、兰州大学生命科学学院、人与生物圈网络成员保护区、新疆罗布泊、宁夏沙坡头、甘肃祁连山等国家级自然保护区建立了良好的合作交流关系。聘请中国工程院院士任继周、北京大学教授陈昌笃、北京生物多样性中心教授王宗祎、兰州大学教授刘迺发等 21 位专家学者作为保护区的高级顾问。保护区已成为科研院所的主要教学科研实习基地。

在资源考察方面，保护区邀请兰州大学生命科学学院专家教授指导帮助，完成了保护区一期资源本底调查和二期综合科学考察，编辑出版《甘肃安西极旱荒漠国家级自然保护区》专集和《甘肃安西国家级自然保护区二期综合科学考察》专集，通过调查发现草地早熟禾、西北缬草、多裂骆驼蓬、附地菜、黄缨菊、铺地柏、长茎毛茛、问荆、拟糙叶黄耆、柔毛边蕊芥、长毛荚黄芪、雅布赖风毛菊等新分布植物 12 种。资料显示，保护区动物种群数量有较大幅度的增加。在科研监测方面，保护区先后完成戈壁草场恢复治理试验、保护区草原围栏封育、西气东输保护区段生态恢复治理等大型科研课题，同时确定资源监测点，制定监测路线图，积极落实保护区中、长期资源监测和国家重点项目效益监测。依靠国家环保总局和甘肃省环保局，保护区于 1997 年开始承担并实施国家重点科研项目——普氏野马回归自然的驯化繁育，首批放养的普氏野马已完全适应野外生存环境，现已成功实施半放养，为普氏野马最终回归自然奠定基础。

二、民勤连古城国家级自然保护区

民勤连古城国家级自然保护区位于民勤县境内的荒漠区域内，地处北纬 38°10′08″~39°09′10″、东经 103°30′00″~103°57′40″。东北被腾格里沙漠包围，西北有巴丹吉林沙漠环绕，北、西、南三面被民勤绿洲包围。保护区南北宽约 90 千米，东西长 6.5~125 千米不等。以民武公路为界，保护区分东南半区和西北半区，总面积为 389 882.5 公顷，占民勤土地面积的 1/4，是中国面积最大的荒漠生态类型国家级自然保护区。

保护区分为核心区、缓冲区和实验区三个功能区，其中核心区面积121 058.5公顷，占保护区总面积的31.05%；缓冲区面积151 664.3公顷，占比38.9%；实验区面积117 159.7公顷，占比30.05%。

保护区以保护荒漠天然植被群落、珍稀濒危动植物、古人类文化遗址和极端脆弱的荒漠生态系统为主要对象。

1982年，甘肃省建立连古城省级沙生植物自然保护区，后扩大面积，2002年7月，经国务院批准，晋升为国家级自然保护区。2005年8月，由甘肃省政府批准成立甘肃民勤连古城国家级自然保护区管理局，隶属甘肃省林业厅。

保护区现有天然林面积234 104.6公顷，依次为白刺群落、猫头刺群落、盐爪爪群落、沙拐枣群落、柠条林群落、绵刺群落、霸王群落、麻黄群落、柽柳群落、红砂群落、胡杨群落等。保护区共有种子植物64科227属474种，有国家重点保护植物13种，其中，国家一级保护植物有裸果木、绵刺、发菜3种，国家二级保护植物有蒙古扁桃、沙冬青、肉苁蓉、草麻黄、斑子麻黄、沙拐枣、朝天委陵菜、甘草、沙芦草、短芒披碱草10种。

保护区有陆生野生动物24目43科89种，其中，国家重点保护野生动物12种，其中，国家一级重点保护野生动物有金雕1种，国家二级重点保护野生动物有鸢、苍鹰、雀鹰、白头鹞、游隼、灰背隼、荒漠猫、鹅喉羚等11种。

民勤连古城国家级自然保护区属重要荒漠生态系统和典型荒漠野生动植物分布区，具有地带典型性、生物多样性、稀有物种的特殊性、自然生态的完整性等特征，生态质量较高，具有较高的学术价值和科研价值。保护区呈半环状围绕着民勤绿洲，在风沙线前沿，扼守民勤绿洲和河西走廊的腰部，生态区位十分重要。保护区的建立和发展对防治荒漠化，特别是在减少和防治沙尘暴及遏制腾格里沙漠和巴丹吉林沙漠合拢方面具有重要的战略意义。

三、芨芨泉省级自然保护区

芨芨泉省级自然保护区建立于2005年12月28日。保护区位于金昌市金川区北部，总面积51 070.8公顷，由金川区人民政府管理。保护区功能区划为核心区 17 401.5 公顷，缓冲区 14 553.1 公顷，实验区 19 116.2 公顷，主要以天然植物群落、珍稀野生动物及极端脆弱的荒漠生态系统为保护对象。芨芨泉自然保护区的建立，对改善西部生态环境、遏制沙尘暴的发生产生了积极的作用。

四、昌马河自然保护区

昌马河自然保护区位于甘肃省玉门市境内，建立于 1996 年。保护区以候鸟及其生态系统为主要保护对象。总面积 68.25 平方千米。具有温带干旱气候和高寒半干旱气候特征，年均气温 8℃，极端最高气温 38.5℃，极端最低气温–27℃。年降水量 56 毫米，无霜期 151 天。

附表 1-2-1

甘肃省各地区自然保护区名录

自然保护区名称	地点	面积/公顷	主要保护对象	始建时间	始建批准机关	保护区现级别	现级别批准时间	现级别批准机关	业务主管部门	管理机构名称	管理机构级别	管理人员数/人	
												合计	其中：技术人员
甘肃铁木山省级自然保护区	白银市会宁县头寨子乡	749	森林植被、野生动植物	1992.4	省林业厅	省级	1992.4	省林业厅	林业部门	管理站	副科级	15	3
甘肃子午岭省级自然保护区	庆阳市华池、合水、正宁、宁县	242 106	黄土高原天然次生林、野生动植物等	2005.2	省政府	省级	2005.2	省政府	林业部门	子午岭省级自然保护区管理局	县级	355	311
甘肃太统—崆峒国家级自然保护区	平凉市崆峒区	16 283	野生动植物	1982.1	省政府	国家级	2005.7	国务院	林业部门	太统—崆峒山自然保护区管理局	科级	30	10

续表

自然保护区名称	地点	面积/公顷	主要保护对象	始建时间	始建批准机关	保护区现级别	现级别批准时间	现级别批准机关	业务主管部门	管理机构名称	管理机构级别	管理人员数/人	
												合计	其中：技术人员
甘肃仁寿山省级自然保护区	定西市陇西县	520	人工森林生态系统	1997.7.11	省政府	省级	1999.7.11	省政府	环保部门	陇西县仁寿山省级自然保护区管理局	科级	43	36
甘肃岷县双燕省级自然保护区	定西市岷县东部山区	64 000	自然景观	2000.3.1	省林业厅	省级	2002.1.14	省政府	林业部门	马洞林场	副科级	145	3
甘肃漳县贵清山省级自然保护区	定西市漳县草滩乡	11 114	野生动、植资源	1992.6.1	省林业厅	省级	2001.9.5	省政府	林业部门	贵清山自然保护区管理站	科级	28	8

续表

自然保护区名称	地点	面积/公顷	主要保护对象	始建时间	始建批准机关	保护区现级别	现级别批准时间	现级别批准机关	业务主管部门	管理机构名称	管理机构级别	管理人员数/人	
												合计	其中：技术人员
甘肃漳县秦岭细鳞鲑自然保护区	定西市漳县秦岭山区	25 330	细鳞鲑	2004.6.10	市政府	省级	2005.3.15	省政府	农业部门	漳县秦岭细鳞鲑管理局	科级	15	4
甘肃博峪河省级自然保护区	陇南市文县西北部、甘南州舟曲县西部	91 712	大熊猫	2006.11.12	省政府	省级	2006.11.21	省政府	林业部门	博峪河管理局	科级	260	96
甘肃成县鸡峰山自然保护区	陇南市成县	52 441	梅花鹿及其自然生态系统	1999.8.3		省级	1999.8.3		林业部门	甘肃省成县鸡峰山自然保护区管理局	县级	26	

续表

自然保护区名称	地点	面积/公顷	主要保护对象	始建时间	始建批准机关	保护区现级别	现级别批准时间	现级别批准机关	业务主管部门	管理机构名称	管理机构级别	管理人员数/人	
												合计	其中：技术人员
甘肃小陇山国家级自然保护区	陇南市徽县、两当县	31 938	野生动植物及生态系统	1982.11.3	省政府	国家级	2006.4.5	国务院	林业部门	小陇山自然保护区管理局	科级	15	
甘肃礼县香山自然保护区	陇南市礼县雷坝乡	11 330	森林生态系统	1992.7.3	省政府	省级	1992.7.3	省林业厅	林业部门	礼县香山自然保护区管理站	科级	8	2
甘肃两当县黑河省级自然保护区	陇南市两当县张家乡	3 495	羚羊等珍稀动物及自然生态系统	1982.11.3	省林业厅	省级	1982.11.3	省林业厅	林业部门	两当县黑河自然保护区管理站	科级	17	10

续表

自然保护区名称	地点	面积/公顷	主要保护对象	始建时间	始建批准机关	保护区现级别	现级别批准时间	现级别批准机关	业务主管部门	管理机构名称	管理机构级别	管理人员数/人	
												合计	其中：技术人员
甘肃白水江国家级自然保护区	陇南市文县	183 799	大熊猫及森林生态系统	1978.5.31	原国家林业部	国家级	1993.6.3	国家林业局	林业部门	文县白水江国家级自然保护区管理处	县级	135	89
甘肃文县白龙江大鲵省级自然保护区	陇南市文县	13 579	大鲵及生态系统	2004.5.9	省政府	省级	2007.4.23	省政府	农业部门	文县大鲵自然保护区管理站	副科级	4	3
甘肃文县尖山省级自然保护区	陇南市文县	10 040	大熊猫及森林生态系统	1992.12.16	省林业厅	省级	1992.12.16	省政府	林业部门	文县尖山保护站	副科级	6	2

续表

自然保护区名称	地点	面积/公顷	主要保护对象	始建时间	始建批准机关	保护区现级别	现级别批准时间	现级别批准机关	业务主管部门	管理机构名称	管理机构级别	管理人员数/人	
												合计	其中：技术人员
甘肃武都区裕金丝猴省级自然保护区	陇南市武都区裕河乡	74 944	金丝猴及其森林生态系统	2002.1.3	省政府	省级	2007.11.19	省政府	林业部门	武都区裕河金丝猴省级保护区管理局	科级		
甘肃省太子山自然保护区	临夏州、甘南州	84 700	野生动植物水源涵养林	2003.9.23	省政府	省级	2003.9.23	省政府	林业部门	甘肃省太子山自然保护区管理局	县级	128	29
甘肃省莲花山自然保护区	临夏州康乐县等	11 691	森林生态系统野生动植物	1982.12.3	省政府	国家级	2004.5.6	国务院	林业部门	甘肃省莲花山自然保护区管理局	县级	91	30

续表

自然保护区名称	地点	面积/公顷	主要保护对象	始建时间	始建批准机关	保护区现级别	现级别批准时间	现级别批准机关	业务主管部门	管理机构名称	管理机构级别	管理人员数/人	
												合计	其中：技术人员
甘肃插岗梁省级自然保护区	甘南州舟曲县	114 361	野生动物	2006.5.31	省林业厅	省级	2006.5.31	省林业厅	林业部门	插岗梁自然保护区管理局	县级	290	120
甘肃阿夏省级自然保护区	甘南州迭部县	135 536	大熊猫	2004.12.9	省政府	省级	2004.12.9	省政府	林业部门	阿夏保护区管理局	科级		
甘肃多儿省级自然保护区	甘南州迭部县	55 275	大熊猫	2004.10.12	省政府	省级	2007.1.29	省政府	林业部门	多儿保护区管理局	科级		

续表

自然保护区名称	地点	面积/公顷	主要保护对象	始建时间	始建批准机关	保护区现级别	现级别批准时间	现级别批准机关	业务主管部门	管理机构名称	管理机构级别	管理人员数/人	
												合计	其中：技术人员
甘肃尕海—则岔国家级自然保护区	甘南州碌曲县	2 474.31	森林生态系统等	1982.9.2	省政府	国家级	1998.8.5	国务院	林业部门	尕海—则岔国家级自然保护区管理局	县级	40	20
甘肃黄河首曲自然保护区	甘南州玛曲县	375 000	珍稀鸟类	1992.11.23	省政府	省级	1992.11.23	省政府	林业部门	黄河首曲湿地候鸟自然保护区管理局	科级	13	
甘肃青藏高原土著鱼类自然保护区	甘南州玛曲县	27 416	土著鱼类	2005.2.2	省政府	省级	2005.2.2	省政府	农业部门	青藏高原土著鱼类自然保护区管理局	副县级	13	

续表

自然保护区名称	地点	面积/公顷	主要保护对象	始建时间	始建批准机关	保护区现级别	现级别批准时间	现级别批准机关	业务主管部门	管理机构名称	管理机构级别	管理人员数/人	
												合计	其中：技术人员
甘肃洮河省级自然保护区	甘南州卓尼、临潭县	470 017	天然林	2004.8.25	省政府	省级	2004.8.25	省政府	林业部门	洮河林业局	县级	16	2

第二篇　环境质量

第一章　大气环境质量

第一节　城市大气环境质量

一、二氧化硫排放

“八五”时期，年日均浓度范围 0.016~0.316 毫克/立方米，最高年日均值出现于 1993 年（金昌市），超过二级标准 4.27 倍。全省各年总平均值及日均浓度超标城市百分比两项指标均反映出 1993 年、1994 年二氧化硫的污染较重，1995 年总平均值及超标城市比例下降。“八五”时期与“七五”时期相比，全省二氧化硫总平均值上升 0.014 毫克/立方米，超标 0.25 倍，比“七五”时期超标 0.02 倍。虽然个别城市二氧化硫污染得到控制，但总体水平反映二氧化硫污染略有加重。

二氧化硫日均浓度百分位数统计结果表明，13 个城市算术均值范围为

0.022~0.223毫克/立方米，几何均值范围为0.019~0.140毫克/立方米。污染严重的城市金昌、白银、张掖、兰州，日均浓度分别从第50、60、70、80百分位出现超标值。与“七五”时期相比，白银、张掖浓度值上升，超标值分别提高10个、20个百分位数。平凉、定西、武威、临夏第100百分位浓度值超标。有11个城市二氧化硫日均浓度为对数正态分布（几何均值和中位数小于算术均值），兰州和天水分别为正态和负偏态分布。

5年间，金昌、白银、张掖、兰州二氧化硫的污染始终在较高水平。1991—1993年，金昌二氧化硫的污染位居全省首位，由于治理措施得当，污染严重的局面得到控制，1994年、1995年污染程度明显好转，而退居第三位；白银、张掖二氧化硫的污染呈上升趋势，1994年起污染排在第一、第二位。金昌、白银、张掖二氧化硫年日均值为0.138~0.316毫克/立方米波动，不仅达不到二级标准，而且常年超过三级标准。在以上城市中，二氧化硫污染变化较大的是张掖、白银两市，“八五”时期二氧化硫浓度及超标率均高于“七五”时期，污染明显加重。

从上述分析中可以看出，甘肃省二氧化硫的污染分布于金昌、白银以冶炼烟气排放所导致的污染区域及张掖燃烧高硫煤的污染区，兰州市冬季采暖期二氧化硫的污染相对突出。金川公司冶炼烟气的治理措施已见成效，有效地减轻了金昌市二氧化硫污染。张掖1995年也采取相应措施，但未能从根本上解决问题，要在调整燃料结构或开发新技术上下功夫，以缓解二氧化硫污染加剧的趋势。兰州市多年来从改变燃料结构入手，对10余万个居民小火炉采用改烧低硫无烟煤等政策，但未能从根本上解决其造成的低空面源污染，而大气环境容量计算结果表明，该类低矮面源排放是造成兰州市冬季大气污染的重要因素之一，给环境污染治理增加了难度。在加速老城区改造的同时，将逐步实施以“蓝天计划”为中心的五大工程（绿化工程、气化工程、热化工程、阳光工程、型煤工程）的大气综合整治措施，“蓝天计划”的实现，将会有效地改善兰州市大气环境质量。

“九五”时期，城市二氧化硫年均值范围0.004~0.257毫克/立方米，最高年均值出现于1996年（金昌市），超过三级标准1.57倍。1996年、1997年，二氧化硫污染较重，全省总平均值在0.070毫克/立方米以上，2000年浓度值最低。趋势分析表明，“九五”时期，全省二氧化硫浓度值呈下降态势，

5年全省总平均值为0.066毫克/立方米，比“八五”时期下降0.009毫克/立方米。

从日均值超标情况分析，各年度达标城市数相差不大，占一半以上。1999—2000年，高超标率城市减少。兰州、白银、金昌、张掖4个城市为常年超标城市。其中，白银、金昌、张掖5年中各年均值均超过国家三级标准。

“十五”时期，二氧化硫污染较重局面仍未改变。2005年全省二氧化硫年均浓度值为0.038毫克/立方米，比2004年下降0.010毫克/立方米。二氧化硫年均浓度达到国家二级标准（0.06毫克/立方米）的城市有11个，占78.6%；白银、金昌、兰州年均浓度超过国家二级标准。

全省城市间二氧化硫污染程度差异较大。划为国家二氧化硫控制区的白银、金昌、兰州、张掖4个城市二氧化硫污染明显重于其他城市。其中，白银市、金昌市二氧化硫年均浓度超过三级标准0.51倍和0.12倍，兰州市二氧化硫年均浓度超过二级标准0.13倍。

二氧化硫污染季节差异显著，第一季度采暖期污染明显重于其他三季，第四季度次之，第二、第三季度污染水平较轻。第一季度二氧化硫平均浓度为第三季度的3倍。

“十五”时期，城市二氧化硫年均值范围为0.005~0.208毫克/立方米，最高年均值出现于2003年（金昌市），超过三级标准1.08倍。2003年，全省二氧化硫污染最严重，总平均值为0.051毫克/立方米。比较“十五”末年与“九五”末年各城市二氧化硫年均值（见图2-1-1），2005年全省总平均值比2000年下降0.009毫克/立方米，兰州、嘉峪关、庆阳、陇南、武威5个城市年均值都有所上升，占统计城市的36%；64%的城市年均值有不同程度的下降，白银、张掖、合作二氧化硫污染减轻，年均值分别下降0.023毫克/立方米、0.056毫克/立方米、0.048毫克/立方米。

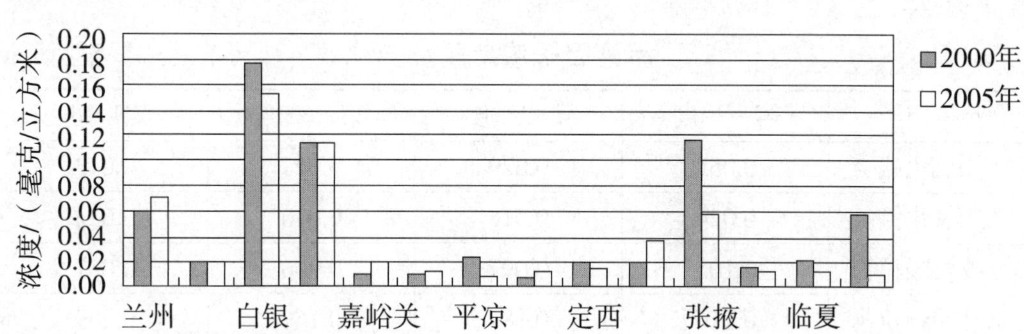

图2-1-1　2000年和2005年甘肃省主要城市二氧化硫年均值

“十一五”时期，全省 14 个城市二氧化硫日均值在 0.001~0.464 毫克/立方米。金昌二氧化硫年均值超过国家二级标准，其余城市二氧化硫年均值均达到国家二级标准；金昌二氧化硫日均值超标率为 7.95%，年均值超过国家二级标准 0.22 倍。二氧化硫是影响金昌城市空气质量的首要污染物。二氧化硫年均浓度水平比较见图 2–1–2。

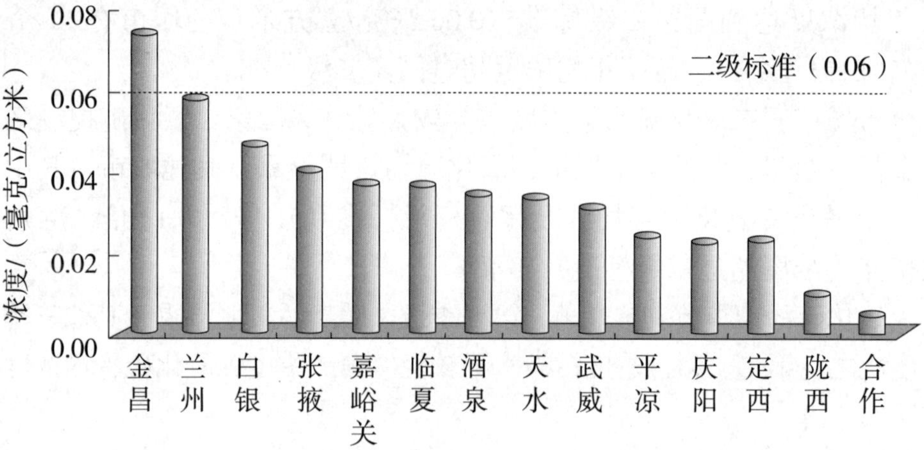

图 2–1–2　“十一五”期间甘肃省二氧化硫年均浓度水平比较

二氧化硫污染有明显季节差异，第一、第四季度污染水平明显重于其他季度，第三季度污染水平最低。从全年变化看，采暖期的 5 个月（1 月、2 月、3 月、11 月、12 月）二氧化硫月均值明显高于其他月份，1 月、12 月二氧化硫月均浓度最高，9 月最低。二氧化硫浓度季度变化见表 2–1–1，二氧化硫污染日变化见图 2–1–3。

表 2–1–1

污染因子浓度季度变化　　　单位：毫克/立方米

污染因子	第一季度	第二季度	第三季度	第四季度
二氧化硫	0.052	0.029	0.027	0.043
二氧化氮	0.024	0.018	0.016	0.024
可吸入颗粒物	0.105	0.097	0.066	0.087
总悬浮颗粒物	0.216	0.187	0.166	0.249

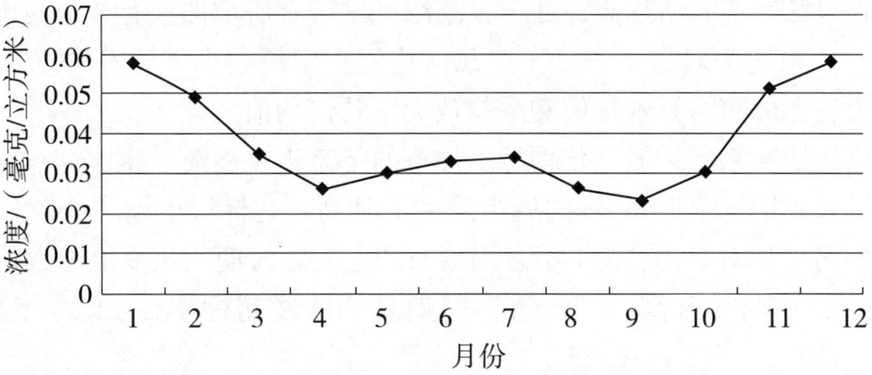

图 2-1-3　二氧化硫污染月变化

二、氮氧化物排放

1991—1995 年，年日均浓度范围为 0.016~0.104 毫克/立方米，最高年日均值出现于 1995 年（兰州市）。5 年间全省氮氧化物年总平均值虽变化不大，仅 0.006 毫克/立方米之差，秩相关系数检验结果上升趋势不显著，但潜在的污染上升势态已显露出来，超标城市比例变化不明显。“八五”时期与“七五”时期相比，全省氮氧化物总平均值上升 0.008 毫克/立方米（超标率下降的原因是兰州市 1991 年 6—8 月自动监测系统故障无法报出数据，而缺少该 3 个月的超标数据所致），超标城市增加，由“七五”时期的 31.7%增至“八五”时期的 44.6%，个别城市氮氧化物的污染明显加重，如张掖、临夏浓度值分别上升 0.018 毫克/立方米、0.023 毫克/立方米。污染较重的城市是兰州，5 年间各季（除 1995 年第二季度）均有超标，最高日均浓度超标 3.77 倍，理念氮氧化物浓度值排在全省首位。1992 年相比 1991 年有较明显的下降，1994 年开始又有所回升。“八五”时期与“七五”蜞相比，浓度值上升幅度虽不大，但始终在较高浓度水平，超标率有所上升，如不采用有效措施，任其发展，其污染程度会更加严重。

氮氧化物日均浓度百分位数统计结果表明，13 个城市算术均值范围 0.019~0.091 毫克/立方米 ，几何均值范围为 0.016~0.078 重克/立方米。与其他城市相比，兰州日均浓度起点较高，第 10 百分位浓度为 0.040 毫克/立方米，自第 80 百分位出现超标值，与“七五”时期相同。天水、白银、金昌、定西、武威、临夏第 100 百分位浓度值超标。与“七五”时期相比，天水、张掖、临夏浓度值有所提高，处于较高浓度城市有所增加。有8个城市氮氧化物日平均浓度为对数正态分布（几何均值和中位数小于算术均值），有5个城市为正态分布（算术均值和中位数大于几何均值）。

从全省情况来看，氮氧化物污染加重的势态正在逐渐暴露，“八五”与“七五”时期相比，有46.2%的城市浓度值升高，超标城市增多。兰州市氮氧化物的污染相对突出，5年年总均值与“七五”时期相比差值不大，但日均浓度超标率明显升高，“七五”时期日均浓度超标率在11.2%~21.8%，“八五”时期上升至28.8%~45.0%，污染严重程度在全国被提名。

“九五”时期，氮氧化物年均值范围为0.008~0.083毫克/立方米，最高年均值出于1996年（兰州市），超过二级标准0.66倍。1996—1999年年均值基本持平；2000年污染减轻，全省总平均值比前4年有所下降，其中西峰、定西、武威等6个城市年均值比1999年下降30%以上。全省氮氧化物的污染相对较轻，5年全省总平均值为0.032毫克/立方米，比“八五”时期下降0.005毫克/立方米。

从日均浓度超标情况分析，达标城市占多数，超标率集中为1%~15%，没有高超标率城市。兰州市各年度日均值均有超标。

2000年，全省氮氧化物年均值为0.025毫克/立方米，城市年均值为0.008~0.060毫克/立方米，年均值最高值出现于兰州市。与1995年相比，全省年均值下降38%，兰州、天水、酒泉、张掖等市污染有所减轻。与1999年相比，全省年均值下降21.9%。

从百分位数和频率分布分析，2000年半数城市年均值小于0.025毫克/立方米，年均值大于0.040毫克/立方米的城市比前4年明显减少。百分位数中各项指标均为5年中最小值，说明2000年全省氮氧化物污染减轻。

2001—2005年，二氧化氮年均值范围在0.007~0.074毫克/立方米，未出现年均值超标（二级标准）城市，最高年均值出现于2001年平凉市。2001年全省二氧化氮污染相对较重，总平均值为0.028毫克/立方米。2005年与2000年相比（见图2-1-4），全省总平均值下降0.004毫克/立方米，4个城市年均值有所上升，兰州、嘉峪关两年年均值持平，57%的城市年均值有所下降，其中平凉、合作年均值分别下降0.033毫克/立方米和0.021毫克/立方米，二氧化氮污染状况有所好转。

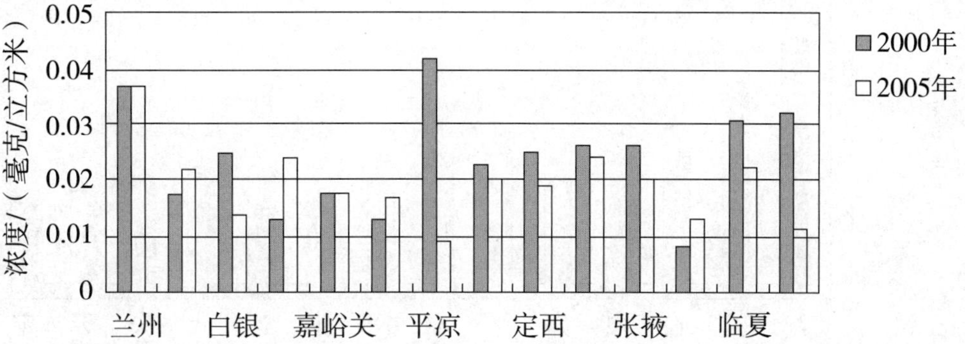

图 2–1–4　2000 年和 2005 年甘肃省主要城市二氧化氮年均值

“十一五”时期，全省 14 个城市二氧化氮年均值均达到国家二级标准，兰州、定西二氧化氮日均值出现超标，二氧化氮年均浓度水平比较见图 2–1–5。

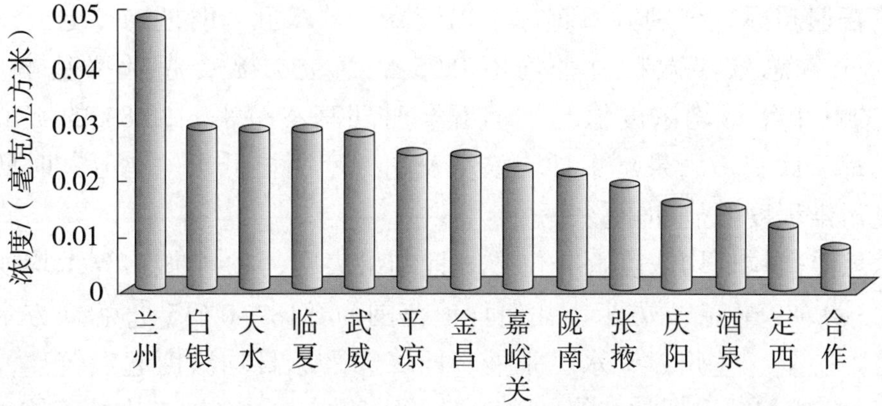

图 2–1–5　“十一五”时期甘肃省二氧化氮年均浓度水平比较

二氧化氮污染季节性差异明显，第四季度污染相对较重，第三季度平均浓度最低。从全年变化看，采暖期的 5 个月（1 月、2 月、3 月、11 月、12 月）二氧化氮月均值高于其他月份，12 月月均值浓度最高， 7 月最低。二氧化氮浓度污染月变化见图 2–1–6。

三、总悬浮微粒浓度

1991—1995 年，年日均浓度范围为 0.17~1.07 毫克/立方米，最高年日

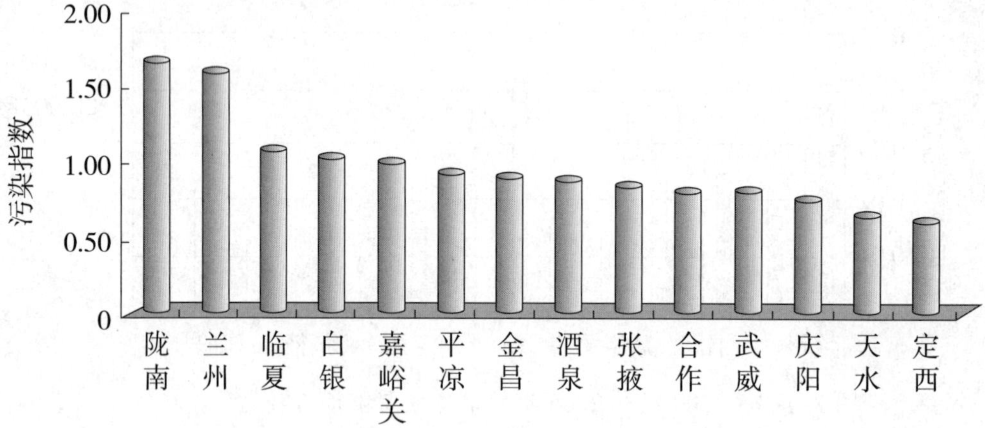

图 2–1–6　甘肃省二氧化氮污染月变化

均值出现于 1991 年（酒泉市）。5 年间，全省年总均值虽反映出污染状况变化不大，但有 2/3 的城市年日均浓度超标率在 50.0%以上，在污染较轻的夏季也普遍超标，个别城市超标率仍较高。“八五”时期与“七五”时期相比，全省总悬浮微粒总平均值 0.05 毫克/立方米，超标率基本持平。61.5%的城市年日均浓度值与“七五”时期基本持平，30.8%的城市（金昌、武都、武威、酒泉）年日均浓度及超标率明显低于“七五”时期，只有临夏污染程度明显加重。

总悬浮微粒日均浓度百分位数统计结果表明，13 个城市算术均值范围为 0.223~0.689 毫克/立方米，几何均值范围为 0.187~0.615 毫克/立方米。相较而言，临夏、兰州、天水、张掖、西峰、平凉日均浓度起点较高，在第 10~40 百分位相继出现超标值。除武都、酒泉外，11 个城市均处于较高浓度段。与“七五”时期相比，天水、白银、张掖日均浓度超标值均提高 10 百分位数，西峰、定西提高 20 百分位数，临夏提高 30 百分位数，说明浓度值上升；武都、武威、金昌、酒泉浓度值下降，超标值推后 20~40 百分位。有 7 个城市总悬浮微粒日平均浓度呈正态分布（算术均值和中位数大于几何均值），有 6 个城市为对数正态分布（几何均值和中位数小于算术均值）。

从总体水平来看，多数城市 5 年间污染状况未见明显恶化，超标较为普遍，超标严重，5 年中年日均浓度超标率大于 50.0%的城市在 53.8%~76.9%。日均浓度超标率分级统计结果表明，兰州、临夏总悬浮微粒的污染最严重，有 3 个年度年日浓度超标率在 80.0%以上。总悬浮微粒的污染特征表现为冬春季节污染严重，平均浓度均为 0.53 毫克/立方米，是夏季的 1.5 倍，超标率为 80%~100%的城市在该两个季节占比最大。

“九五”时期，城市年均值范因为 0.20~0.98 毫克/立方米，最高值出现于 2000 年武威市，超过三级标准 2.27 倍。1997 年、1998 年污染较重，全省总平均值分别为 0.50 毫克/立方米、0.53 毫克/立方米，1996 年污染最轻。5 年间，平均总悬浮颗粒物毫无明显加重趋势。5 年全省总平均值为 0.49 毫克/立方米，比“八五”时期上升 0.03 毫克/立方米。

从 5 年日均值超标情况分析，超标率低于 39%的城市数据差不大，超标率集中在 40%~89%，以超标率大于 60%的城市居多，说明城市总悬浮颗粒物污染普遍严重。2000 年未出现超标率大于 90%的城市。兰州 5 年间日均值超标率均在 80%以上。

兰州、张掖、武威、临夏、定西 5 个城市污染严重程度居全省前列，其中兰州、张掖连续 5 年位列前 5 位。5 年间该 5 个城市污染程度未发生明显变化。与“八五”时期相比，张掖、武威污染有所加重，5 年总平均值分别上升 51%和 44%；临夏市 5 年总平均值下降 14%。

“十五”时期，全省可吸入颗粒物年均值范围为 0.089~0.195 毫克/立方米，最高年均值出现于 2002 年（兰州市），超过三级标准 0.30 倍。

总悬浮颗粒物年均值范围为 0.133~0.810 毫克/立方米，最高年均值出现于 2001 年兰州市，超过三级标准 1.7 倍。2001 年全省总悬浮颗粒物污染最严重，总平均值为 0.43 毫克/立方米。

“十五”末期，城市颗粒物污染状况全面好转，2005 年与 2000 年相比，将可吸入颗粒物换算为总悬浮颗粒物，全省总平均值下降 0.28 毫克/立方米，变化比例为 54%。14 个城市 2005 年年均值均比 2000 年有所下降，变化幅度为 0.064~0.793 毫克/立方米。

全省颗粒物污染逐年下降，大部分城市污染得到缓解。甘肃省气候干燥、风沙大、煤烟型污染严重，空气中颗粒物浓度较高，但随着空气污染防治工作的不断加强，颗粒物污染加重的趋势得到一定的遏制，5 年来年均浓度达标城市逐年增加，污染严重城市比例下降，2005 年与 2000 年相比，颗粒物污染超三级城市减少 10 个，达标城市增加到 4 个。

"十一五"时期，采用空气自动监测的11个城市，可吸入颗粒物日均值为0.009~1.229毫克/立方米。嘉峪关、金昌、白银、天水、庆阳、平凉、定西、武威、张掖、酒泉可吸入颗粒物年均值达到二级标准，兰州年均值超过二级标准0.57倍。

采用24小时连续监测的陇南、临夏和合作总悬浮颗粒物日均值为0.013~1.270毫克/立方米。合作年均值达到二级标准，临夏年均值达到三级标准，陇南年均值超过三级标准。

颗粒物污染指数居前3位的城市是陇南、兰州、临夏，污染最轻的是定西。颗粒物是影响甘肃省城市空气质量达标的首要因子。

颗粒物污染水平的季节变化特征：第一季度>第四季度>第二季度>第三季度。从全年变化来看，9月可吸入颗粒物月均浓度最低，3月、4月浓度最高。颗粒物浓度季度变化见图2–1–7，颗粒物浓度月变化见图2–1–8。

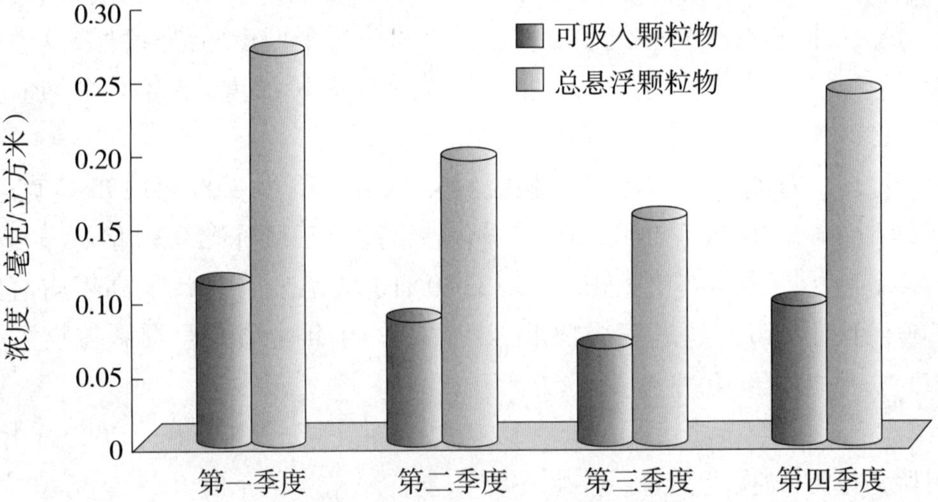

图2–1–7 2010年甘肃省颗粒物污染季节变化

四、自然降尘

"八五"时期，甘肃省自然降尘月均值范围为10.70~62.36吨/(平方千米·月)，最高值出现于1993年（武威市），是最低值的5.8倍。全省5年中降尘年月均值变化不大，最高均值与最低均值仅2.74吨/(平方千米·月）之

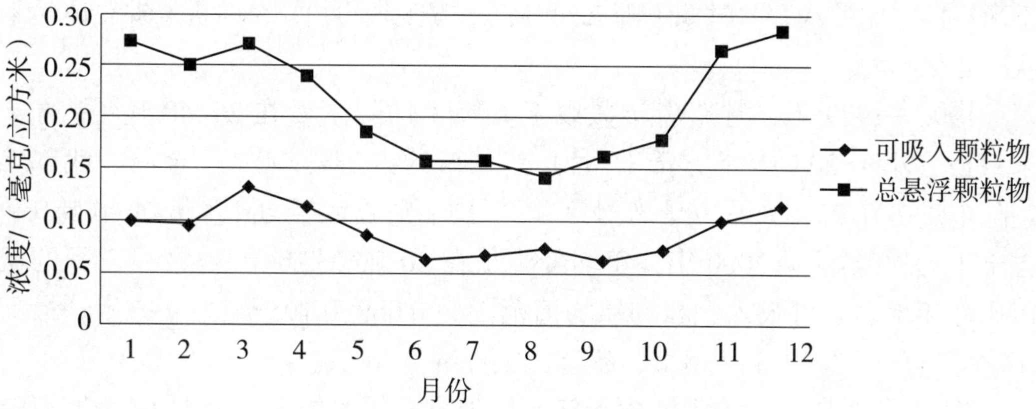

图 2–1–8　2010 年甘肃省颗粒物浓度月变化

差。“八五”时期全省降尘总平均值比“七五”时期上升 1.48 吨/(平方千米·月)。

降尘日均浓度百分位统计结果表明，13 个城市算术均值范围 11.596~45.562 吨/(平方千米·月)，几何均值范围为 11.338~39.243 吨/(平方千米·月)。与“七五”时期相比，污染程度减缓。13 个城市中分别有 7 个和 6 个城市降尘月平均浓度呈正态和对数正态分布。

从各城市的情况来看，金昌“八五”时期降尘年月平均总量比“七五”时期下降 11 吨/(平方千米·月)，为 70 吨/(平方千米·月)，定西上升 9.01 吨/(平方千米·月)，其余城市差别不大。统计结果表明，5 年中降尘量超过 30 吨/(平方千米·月) 的城市有武威、金昌、白银、嘉峪关、兰州、西峰、定西、张掖。其中，武威年月均量为 38.68~62.36 吨/(平方千米·月)，年月均量有 3 个年度位居全省第一，是降尘污染严重地区。由于受到 1993 年 5 月 5 日特大沙尘风暴的影响，该月降尘量为 316.24 吨/(平方千米·月)。气象因素是沙尘风暴发生的触发机制，地面土质状况、植被覆盖稀少，缺少覆盖和屏障又是形成沙尘暴的主要原因。大规模开发等经济活动造成地表原有结构破坏，加重原本十分脆弱的生态环境的进一步恶化。相较而言，位于甘肃省东南部的陇南地区有着优越的气候和独特的自然地理条件，生态环境较好，是降尘的轻污染区，历年年月均量最低。

“九五”时期，甘肃省自然降尘年月均值范围在 8.12~45.20 吨/(平方千米·月)，最高年月均值出现于 1996 年张掖市。5 年全省总平均值为 23.93 吨/(平方千米·月)，比“八五”时期下降 2.74 吨/(平方千米·月)。5 年间全省总体污染状况变化不大。

1996—1999 年，甘肃省半数以上城市年均降尘量在 20~40 吨/(平方千米·月)；小于 20 吨/(平方千米·月) 的城市约占 1/3。天水、金昌、武都年均降尘量多在 20 吨/(平方千米·月) 以下；个别城市年均降尘量在 40 吨/(平方千米·月) 以上。2000 年，年均降尘量在 20 吨/(平方千米·月) 以下的城市比往年增多。可吸入颗粒物年均值范围为 0.089~0.195 毫克/立方米，最高年均值出现于 2002 年兰州市，超过三级标准 0.30 倍。

“十五”时期，甘肃省沙尘天气污染加重，频率加大。全省 13 个城市降尘量年均值在 9.9~28.3 吨/(平方千米·月) 范围内，其中定西、白银、酒泉、武威、平凉年均降尘量超过均 20.0 吨/(平方千米·月)，占统计城市的 38.5%(见图 2–1–9)。

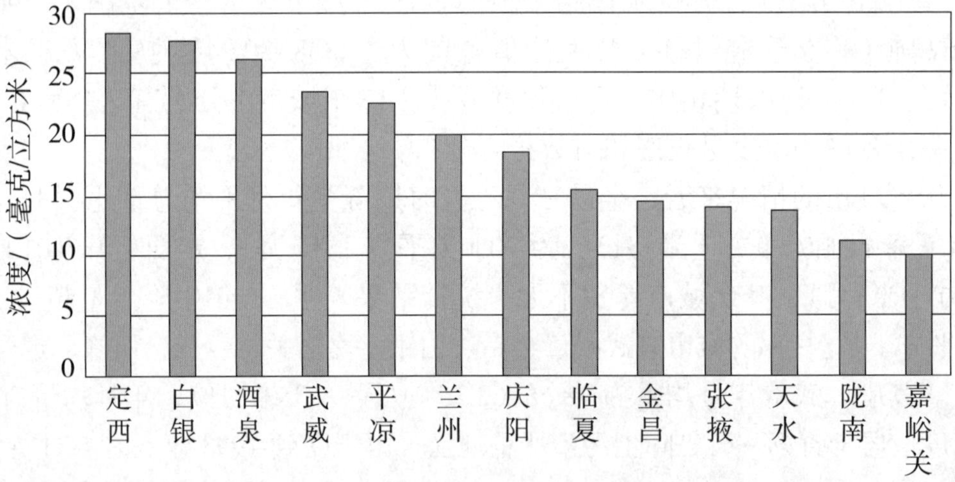

图 2–1–9　“十五”期间甘肃省十三城市降尘量年均值

“十一五”时期是沙尘天气肆虐的高峰期。2010 年和 2006 年沙尘天气发生次数最多，均为 16 次。2009 年 4 月 23 日发生的沙尘天气是 5 年中最强的一次，总悬浮颗粒物小时浓度峰值最高达 36.42 毫克/立方米。与“十五”时期相比，“十一五”期间，沙尘天气发生次数变化不大，仅减少1 次。2006—2010 年沙尘天气发生频次、强度变化基本趋势呈“U”形，即 2006 年和 2010 年发生频次多、强度大、系统性沙尘天气和原发性沙尘天气增多，其他年份相对较少。

五、硫酸盐化速率

1991—1995 年，年日均浓度范围为 0.10~2.98 毫克（硫酸盐）/(100 立方厘米·碱片·日)，最高值出现于 1995 年（金昌市）。1993 年、1994 年两年日均浓度、年日均浓度超标城市占比例最大，表明该两年硫化物的污染较重，该变化规律与二氧化硫污染变化相吻合。超标率的统计结果表明，金昌、白银 5 年中各有两年日均浓度超标率高达 100%，其余年份超标率为 87.0%~98.6%；张掖月均浓度超标率为 79.3%~100%，兰州月均浓度超标率为 48.6%~96.6%。硫酸盐化速率的监测结果从另一个侧面反映出以上 4 个城市是全省二氧化硫污染严重的城市。

1996—2000 年，年均浓度范围 0.14~3.40 毫克（硫酸盐)/(100 立方厘米·碱片·日)，最高值出现于 2000（年金昌市）。1997 年全省平均值最高，为 0.87 毫克（硫酸盐)/(100 立方厘米·碱片·日)。其中，2000 年硫酸盐化速率年均浓度范围 0.18~3.40 毫克（硫酸盐)/(100 立方厘米·碱片·日)，最高值出现于金昌市。月均浓度超标率大于 70%的城市依次是金昌、白银、张掖、酒泉。

超标率统计结果表明，金昌、白银超标最严重。金昌市 5 年超标率均为 100%，白银市超标率在 95%以上，1998—2000 年超标率为 100%，张掖市超标率为 85%~93.8%，兰州市超标率为 50.7%~94.3%。

六、其他排放物

“八五”时期，兰州市监测站增加一氧化碳、臭氧、总烃 3 个项目监测，白银市监测站增加氟化物项目监测。

根据监测结果，一氧化碳日均浓度范围为 0.2~8.3 毫克/立方米。1992—1994 年年日均浓度及超标率变化不大。最高年日均值出现于 1991 年，超标率 1995 年最高，为 13.8%。与“七五”时期相比，总平均值相差 0.5 毫克/立方米，而超标状况有明显改善。

臭氧日均浓度范围 0.004~0.280 毫克/立方米。最高年日均值及最高超标率均出现于 1994 年。1992 年与 1994 年污染状况比较接近，1993 年与1995 年污染状况比较接近。与“七五”时期相比，总平均值基本持平（0.002 毫克/立方米之差）。

总烃日均浓度范围为 0.81~6.62 毫克/立方米。最高年日均值出现于 1994 年。最高、高低年日均值相差 1.71 毫克/立方米。氟化物日均浓度范围 0.000 1~0.035 4 毫克/立方米。1992—1994 年浓度值变化不明显，超标率 1993 年最低。1995 年浓度值及超标率增幅较大，污染明显加重。

“十一五”期间，全省空气质量持续好转，达标城市逐年增长。空气质量达到国家二级标准的城市由 2005 年的 3 个城市增加到 2010 年的 10 个城市，劣于国家二级标准的城市数量逐年减少，2007—2009 年没有出现劣三级空气质量的城市。2005—2010 年空气质量达标城市数量比较见图 2-1-10，2005—2010 年全省城市空气质量状况见表 2-1-2，2005—2010 年各城市空气质量状况见表 2-1-3。

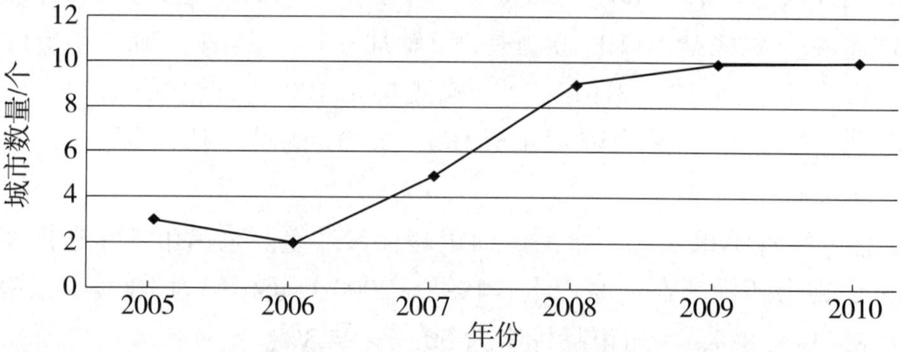

图 2-1-10　2005—2010 年甘肃省空气质量达标城市数量比较

表 2-1-2

2005—2010 年甘肃省城市空气质量状况

年份	城市空气质量					
	二级		三级		劣三级	
	城市个数	城市名称	城市个数	城市名称	城市个数	城市名称
2005	3	嘉峪关、陇南、武威	7	天水、庆阳、平凉、定西、张掖、酒泉、临夏	4	兰州、白银、金昌、合作

续表

年份	城市空气质量					
	二级		三级		劣三级	
	城市个数	城市名称	城市个数	城市名称	城市个数	城市名称
2006	2	武威、酒泉	9	白银、嘉峪关、庆阳、平凉、陇南、定西、张掖、临夏、合作	3	兰州、天水、金昌
2007	5	嘉峪关、平凉、定西、酒泉、合作	9	兰州、天水、白银、金昌、庆阳、陇南、武威、张掖、临夏	—	—
2008	9	天水、嘉峪关、庆阳、平凉、定西、武威、张掖、酒泉、合作	5	兰州、白银、金昌、陇南、临夏	—	—
2009	10	天水、嘉峪关、庆阳、平凉、定西、武威、张掖、酒泉、临夏、合作	4	兰州、白银、金昌、陇南	—	—
2010	10	天水、嘉峪关、庆阳、平凉、定西、武威、张掖、酒泉、白银、合作	2	金昌、临夏	2	兰州、陇南

表 2-1-3

2005—2010 年甘肃省各城市空气质量状况

城市	污染物					
兰州	二氧化硫/(毫克/立方米)					
	2010 年	2009 年	2008 年	2007 年	2006 年	2005 年
	0.057	0.056	0.071	0.06	0.057	0.068

续表

<table>
<tr><th>城市</th><th colspan="6">污染物</th></tr>
<tr><td rowspan="9">兰州</td><td colspan="6">二氧化氮/(毫克/立方米)</td></tr>
<tr><td>2010 年</td><td>2009 年</td><td>2008 年</td><td>2007 年</td><td>2006 年</td><td>2005 年</td></tr>
<tr><td>0.048</td><td>0.042</td><td>0.055</td><td>0.042</td><td>0.052</td><td>0.037</td></tr>
<tr><td colspan="6">PM_{10}/(毫克/立方米)</td></tr>
<tr><td>2010 年</td><td>2009 年</td><td>2008 年</td><td>2007 年</td><td>2006 年</td><td>2005 年</td></tr>
<tr><td>0.157</td><td>0.15</td><td>0.132</td><td>0.129</td><td>0.193</td><td>0.157</td></tr>
<tr><td colspan="6">空气质量优良天数/天</td></tr>
<tr><td>2010 年</td><td>2009 年</td><td>2008 年</td><td>2007 年</td><td>2006 年</td><td>2005 年</td></tr>
<tr><td>223</td><td>236</td><td>268</td><td>271</td><td>205</td><td>238</td></tr>
<tr><td rowspan="12">天水</td><td colspan="6">二氧化硫/(毫克/立方米)</td></tr>
<tr><td>2010 年</td><td>2009 年</td><td>2008 年</td><td>2007 年</td><td>2006 年</td><td>2005 年</td></tr>
<tr><td>0.033</td><td>0.035</td><td>0.046</td><td>0.023</td><td>0.017</td><td>0.018</td></tr>
<tr><td colspan="6">二氧化氮/(毫克/立方米)</td></tr>
<tr><td>2010 年</td><td>2009 年</td><td>2008 年</td><td>2007 年</td><td>2006 年</td><td>2005 年</td></tr>
<tr><td>0.028</td><td>0.024</td><td>0.03</td><td>0.028</td><td>0.023</td><td>0.022</td></tr>
<tr><td colspan="6">PM_{10}/(毫克/立方米)</td></tr>
<tr><td>2010 年</td><td>2009 年</td><td>2008 年</td><td>2007 年</td><td>2006 年</td><td>2005 年</td></tr>
<tr><td>0.066</td><td>0.069</td><td>0.064</td><td>0.242*</td><td>0.313*</td><td>0.274*</td></tr>
<tr><td colspan="6">空气质量优良天数/天</td></tr>
<tr><td>2010 年</td><td>2009 年</td><td>2008 年</td><td>2007 年</td><td>2006 年</td><td>2005 年</td></tr>
<tr><td>352</td><td>357</td><td>354</td><td>—</td><td>—</td><td>—</td></tr>
<tr><td rowspan="6">白银</td><td colspan="6">二氧化硫/(毫克/立方米)</td></tr>
<tr><td>2010 年</td><td>2009 年</td><td>2008 年</td><td>2007 年</td><td>2006 年</td><td>2005 年</td></tr>
<tr><td>0.046</td><td>0.036</td><td>0.031</td><td>0.047</td><td>0.092</td><td>0.151</td></tr>
<tr><td colspan="6">二氧化氮/(毫克/立方米)</td></tr>
<tr><td>2010 年</td><td>2009 年</td><td>2008 年</td><td>2007 年</td><td>2006 年</td><td>2005 年</td></tr>
<tr><td>0.029</td><td>0.023</td><td>0.012</td><td>0.017</td><td>0.015</td><td>0.014</td></tr>
</table>

续表

城市	污染物					
白银	PM_{10}/(毫克/立方米)					
	2010 年	2009 年	2008 年	2007 年	2006 年	2005 年
	0.1	0.121	0.106	0.132	无有效年均值	0.132
	空气质量优良天数/天					
	2010 年	2009 年	2008 年	2007 年	2006 年	2005 年
	287	297	313	256	174	195
金昌	二氧化硫/(毫克/立方米)					
	2010 年	2009 年	2008 年	2007 年	2006 年	2005 年
	0.073	0.076	0.079	0.084	0.108	0.112
	二氧化氮/(毫克/立方米)					
	2010 年	2009 年	2008 年	2007 年	2006 年	2005 年
	0.087	0.087	0.102	0.103	0.113	0.092
	PM_{10}/(毫克/立方米)					
	2010 年	2009 年	2008 年	2007 年	2006 年	2005 年
	0.087	0.087	0.102	0.103	0.113	0.092
	空气质量优良天数/天					
	2010 年	2009 年	2008 年	2007 年	2006 年	2005 年
	316	325	321	288	251	247
庆阳	二氧化硫/(毫克/立方米)					
	2010 年	2009 年	2008 年	2007 年	2006 年	2005 年
	0.023	0.019	0.026	0.009	0.008	0.01
	二氧化氮/(毫克/立方米)					
	2010 年	2009 年	2008 年	2007 年	2006 年	2005 年
	0.015	0.017	0.021	0.021	0.02	0.017

续表

城市	污染物					
庆阳	PM_{10}/(毫克/立方米)					
	2010 年	2009 年	2008 年	2007 年	2006 年	2005 年
	0.074	0.057	0.062	0.248*	0.242*	0.274*
	空气质量优良天数/天					
	2010 年	2009 年	2008 年	2007 年	2006 年	2005 年
	337	353	289	—	—	—
嘉峪关	二氧化硫/(毫克/立方米)					
	2010 年	2009 年	2008 年	2007 年	2006 年	2005 年
	0.036	0.033	0.026	0.025	0.022	0.019
	二氧化氮/(毫克/立方米)					
	2010 年	2009 年	2008 年	2007 年	2006 年	2005 年
	0.021	0.024	0.021	0.027	0.026	0.018
	PM_{10}/(毫克/立方米)					
	2010 年	2009 年	2008 年	2007 年	2006 年	2005 年
	0.097	0.091	0.086	0.099	0.108	0.096
	空气质量优良天数/天					
	2010 年	2009 年	2008 年	2007 年	2006 年	2005 年
	312	334	343	335	317	335
平凉	二氧化硫/(毫克/立方米)					
	2010 年	2009 年	2008 年	2007 年	2006 年	2005 年
	0.024	0.023	0.024	0.029	0.016	0.008
	二氧化氮/(毫克/立方米)					
	2010 年	2009 年	2008 年	2007 年	2006 年	2005 年
	0.024	0.022	0.023	0.023	0.015	0.009

续表

城市	污染物					
平凉	PM$_{10}$/(毫克/立方米)					
	2010年	2009年	2008年	2007年	2006年	2005年
	0.089	0.074	0.076	0.082	0.207*	0.240*
	空气质量优良天数/天					
	2010年	2009年	2008年	2007年	2006年	2005年
	348	359	361	353	—	—
陇南	二氧化硫/(毫克/立方米)					
	2010年	2009年	2008年	2007年	2006年	2005年
	0.01	0.005	0.011	0.009	0.012	0.012
	二氧化氮/(毫克/立方米)					
	2010年	2009年	2008年	2007年	2006年	2005年
	0.02	0.026	0.018	0.017	0.02	0.02
	PM$_{10}$/(毫克/立方米)					
	2010年	2009年	2008年	2007年	2006年	2005年
	0.322*	0.305*	0.275*	0.244*	0.220*	0.173*
定西	二氧化硫/(毫克/立方米)					
	2010年	2009年	2008年	2007年	2006年	2005年
	0.023	0.03	0.028	0.039	0.02	0.014
	二氧化氮/(毫克/立方米)					
	2010年	2009年	2008年	2007年	2006年	2005年
	0.011	0.011	0.009	0.014	0.017	0.019
	PM$_{10}$/(毫克/立方米)					
	2010年	2009年	2008年	2007年	2006年	2005年
	0.061	0.06	0.063	0.065	0.288*	0.276*
	空气质量优良天数/天					
	2010年	2009年	2008年	2007年	2006年	2005年
	352	359	361	361	—	—

续表

<table>
<tr><th>城市</th><th colspan="6">污染物</th></tr>
<tr><td rowspan="12">武威</td><td colspan="6">二氧化硫/(毫克/立方米)</td></tr>
<tr><td>2010 年</td><td>2009 年</td><td>2008 年</td><td>2007 年</td><td>2006 年</td><td>2005 年</td></tr>
<tr><td>0.031</td><td>0.03</td><td>0.035</td><td>0.037</td><td>0.032</td><td>0.035</td></tr>
<tr><td colspan="6">二氧化氮/(毫克/立方米)</td></tr>
<tr><td>2010 年</td><td>2009 年</td><td>2008 年</td><td>2007 年</td><td>2006 年</td><td>2005 年</td></tr>
<tr><td>0.027</td><td>0.025</td><td>0.025</td><td>0.028</td><td>0.025</td><td>0.024</td></tr>
<tr><td colspan="6">PM_{10}/(毫克/立方米)</td></tr>
<tr><td>2010 年</td><td>2009 年</td><td>2008 年</td><td>2007 年</td><td>2006 年</td><td>2005 年</td></tr>
<tr><td>0.08</td><td>0.085</td><td>0.087</td><td>0.104</td><td>0.097</td><td>0.089</td></tr>
<tr><td colspan="6">空气质量优良天数/天</td></tr>
<tr><td>2010 年</td><td>2009 年</td><td>2008 年</td><td>2007 年</td><td>2006 年</td><td>2005 年</td></tr>
<tr><td>362</td><td>360</td><td>352</td><td>340</td><td>335</td><td>331</td></tr>
<tr><td rowspan="12">张掖</td><td colspan="6">二氧化硫/(毫克/立方米)</td></tr>
<tr><td>2010 年</td><td>2009 年</td><td>2008 年</td><td>2007 年</td><td>2006 年</td><td>2005 年</td></tr>
<tr><td>0.039</td><td>0.032</td><td>0.028</td><td>0.032</td><td>0.042</td><td>0.058</td></tr>
<tr><td colspan="6">二氧化氮/(毫克/立方米)</td></tr>
<tr><td>2010 年</td><td>2009 年</td><td>2008 年</td><td>2007 年</td><td>2006 年</td><td>2005 年</td></tr>
<tr><td>0.018</td><td>0.018</td><td>0.01</td><td>0.013</td><td>0.015</td><td>0.02</td></tr>
<tr><td colspan="6">PM_{10}/(毫克/立方米)</td></tr>
<tr><td>2010 年</td><td>2009 年</td><td>2008 年</td><td>2007 年</td><td>2006 年</td><td>2005 年</td></tr>
<tr><td>0.082</td><td>0.081</td><td>0.076</td><td>0.217*</td><td>0.257*</td><td>0.258*</td></tr>
<tr><td colspan="6">空气质量优良天数/天</td></tr>
<tr><td>2010 年</td><td>2009 年</td><td>2008 年</td><td>2007 年</td><td>2006 年</td><td>2005 年</td></tr>
<tr><td>344</td><td>351</td><td>353</td><td>—</td><td>—</td><td>—</td></tr>
<tr><td rowspan="3">酒泉</td><td colspan="6">二氧化硫/(毫克/立方米)</td></tr>
<tr><td>2010 年</td><td>2009 年</td><td>2008 年</td><td>2007 年</td><td>2006 年</td><td>2005 年</td></tr>
<tr><td>0.034</td><td>0.02</td><td>0.022</td><td>0.029</td><td>0.012</td><td>0.011</td></tr>
</table>

续表

城市	污染物					
酒泉	二氧化氮/(毫克/立方米)					
	2010 年	2009 年	2008 年	2007 年	2006 年	2005 年
	0.014	0.019	0.013	0.018	0.017	0.013
	PM_{10}/(毫克/立方米)					
	2010 年	2009 年	2008 年	2007 年	2006 年	2005 年
	0.086	0.096	0.091	0.093	0.190*	0.218*
	空气质量优良天数/天					
	2010 年	2009 年	2008 年	2007 年	2006 年	2005 年
	337	344	343	340	—	—

注：* 为总悬浮颗粒物。

第二节 “两控区”环境质量

一、二氧化硫控制区

甘肃省二氧化硫污染控制区面积为 1.32 万平方千米，控制区城市为兰州市区、白银市区、金昌市区和张掖市。根据本地区二氧化硫污染特征，省环保局分别编制《二氧化硫综合防治规划》，为治理二氧化硫污染提供有力保障。

“八五”末期，兰州，白银、金昌、张掖二氧化硫污染严重程度居全国前列，年均值为：兰州 0.102 毫克/立方米，白银 0.179 毫克/立方米，金昌 0.157 毫克/立方米，张掖 0.163 毫克/立方米。其污染各不相同，白银市、金昌市主要是由于有色金属冶炼过程中排放的大量废气造成的工业型二氧化硫污染；张掖市主要是由于燃用山丹煤矿高硫（含硫量 2%~3%）煤炭造成的煤烟型二氧化硫污染；兰州市主要是由于燃煤（含硫量 0.4%~1%）和工业生产过程中排放造成的综合型二氧化硫污染。针对污染特点，各地环保部门制定相应的防治排施，拟定《二氧化硫污染防治规划》。经过不懈的努力，2000 年，4 个城市年均值已降至 1995 年以来最低值。与“八五”时期相比，除白银 5 年总均值上升 0.004 毫克/立方米以外，其余 3 个城市 5 年总均值及超标率均有不同程度的下降。5 年总均值下降幅度分别为：兰州 27.4%，金昌 17.2%，张掖 2.5%。

兰州市除 1999 年外，二氧化硫年均值和日均值超标率逐年下降，2000 年年均值为 0.059 毫克/立方米，达到国家二级标准要求。

白银市 1996—2000 年二氧化硫年均值呈下降趋势，2000 年年均值为 0.174 毫克/立方米，比“九五”初期下降 17.5%，但仍超过二级标准 1.90 倍。

金昌市 1996—2000 年二氧化硫年均值显著下降，2000 年年均值为 0.112 毫克/立方米，比“九五”初期下降 56.4%，但仍超过二级标准 0.87 倍。

张掖市 1996—2000 年二氧化硫年均值变化不明显，2000 年年均值为 0.114 毫克/立方米，比“九五”初期下降 17.4%，但仍超过二级标准 0.90 倍。

“十五”以来，兰州市加大能源结构调整步伐，实施公交车、出租车油改气和燃煤锅炉（窑炉）煤改气（油改气）等大气污染防治“一二三”工程，大力推广使用“清洁能源”，天然气管网覆盖面逐年扩大。2004 年二氧化硫排放量比 2001 年下降 5.6%，“两控区”城市二氧化硫排放年际变化见图 2–1–11。

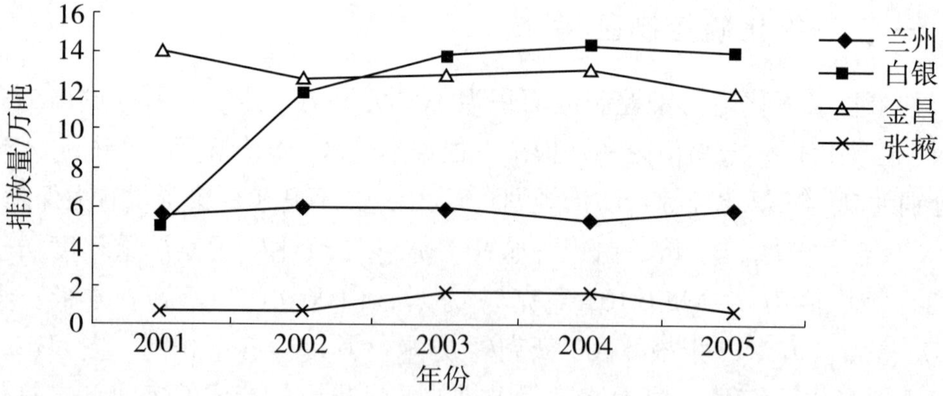

图 2–1–11 “十五”期间甘肃省“两控区”城市二氧化硫排放年际变化

金昌市年排放二氧化硫占两控区的 40%以上。“十五”期间，金川公司先后投资 7 亿元，改造完成五项二氧化硫重点治理项目，2004 年二氧化硫排放量比“九五”末期下降 9.9%，基本做到“增产不增污”。

白银市二氧化硫排放水平居高不下，排放量逐年增加，污染来源于白银公司有色金属冶炼。白银公司是中国“一五”期间的重点建设项目，经过 50 多年的生产，硫酸装置系统生产工艺落后，设备陈旧，系统跑、冒、滴、漏现象非常严重，污染治理任务艰巨。“十五”末期，白银有色铜业公司制酸系统污染治理工程正式启动，治理工程完成后，年减少排放二氧化硫约 5 万吨。

张掖市因燃用劣质高硫煤二氧化硫排放量逐年增加，2004 年二氧化硫排放量比“九五”末期增加 28.6%。治理污染重点要从源头杜绝使用品质次、硫分高的劣质煤，有效减少二氧化硫的排放，促进区域环境质量的改善。

与“九五”末期相比，除金昌市二氧化硫排放量有所下降外，其他 3 个城市排放量均有不同程度的上升，其中白银市二氧化硫排放量上升幅度高达 184%（见表 2–1–4）。

表 2–1–4

甘肃省“两控区”城市工业废气、二氧化硫排放情况

不同时期	废气排放量/亿标立方米				二氧化硫/万吨			
	兰州	金昌	白银	张掖	兰州	金昌	白银	张掖
“十五”末期	1 337.6	309.7	740.8	63.8	6.1	12.1	14.2	0.9
“九五”末期	1 199.8	228.4	459.8	50.1	5.4	14.6	5.0	0.7
比“九五”末期增减/%	+11.5	+35.6	+61.1	+27.3	+13.0	–17.1	+184.0	+28.6

“十一五”时期，列入国家“二氧化硫控制区”的兰州市、白银市、金昌市、张掖市 4 个城市，年均浓度与“十五”末期相比均有不同程度的下降，二氧化硫污染有所减轻，二氧化硫不再是影响白银市环境空气质量达标的主要污染物，兰州市、金昌市、张掖市二氧化硫对空气质量污染贡献均有所下降。“两控区”城市二氧化硫年际变化见图 2–1–12。

5 年间，金昌市二氧化硫年均值逐年下降，2010 年年均值与 2005 年相比下降 34.8%；白银市、张掖市二氧化硫污染呈现先降后升的趋势，在 2008 年年均浓度最低，2009 年、2010 年有所上升，但与 2005 年相比，二氧化硫年均值分别下降 69.5%和 32.8%；兰州市二氧化硫污染呈波动下降趋势，年均值最高值出现在 2008 年，2010 年年均值与 2005 年相比下降 16.2%。

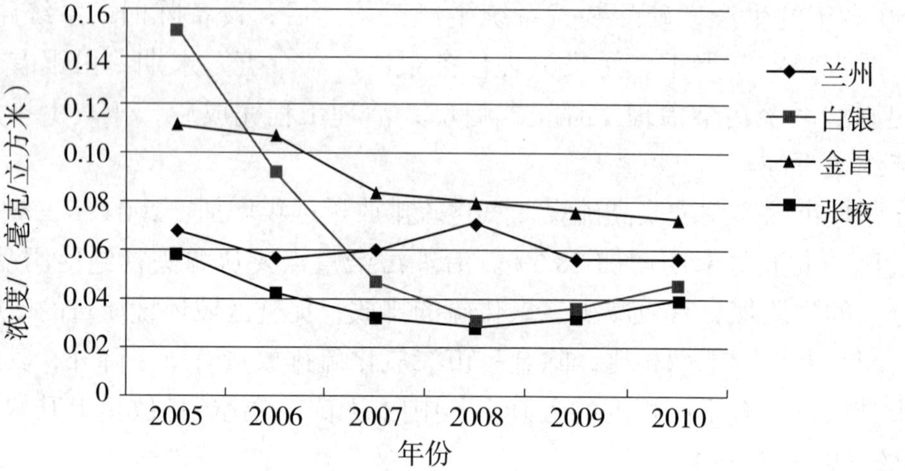

图 2-1-12 “十一五”时期甘肃省“两控区”城市二氧化硫年际变化

二、酸雨控制区

“八五”时期，甘肃省开展酸雨监测的城市 pH 年均值范围在 5.18~7.16，金昌市在 1991 年、1992 年、1995 年均出现酸性降水。

“九五”期间，甘肃省开展降水监测的监测站有兰州、天水、金昌、西峰、陇南、定西、武威、临夏。5 年单次降水 pH 范围为 3.32~8.95，年平均 pH 范围为 5.18~8.66。降水 pH 低于 5.6 的城市是金昌市。

“九五”时期 pH 年均值比“八五”时期有所升高，单次降水 pH 最低值出现在 1996 年西峰市。由于甘肃省政府、金昌市政府及环保部门着力控制二氧化硫污染，5 年中未出现酸性降水。

“十五”期间，甘肃省酸雨出现次数较少，范围仅限于金昌市，酸雨出现频次呈现逐年增加。“十五”期间共出现酸雨 13 次，比“九五”时期污染有所加重（见表 2-1-5）。2005 年 12 个城市降水监测结果 pH 为 4.38~8.74，仅金昌市在 3 月、7 月就出现 5 次酸雨，降水年均 pH 范围为 5.78~8.06（见表 2-1-6）。

金昌市（SO_4^{2-}+NO_3^-）/Σ-结果为 0.884，张掖市（SO_4^{2-}+NO_3^-）/Σ-结果为 0.693，表明降水污染主要是受 SO_2、NO_x 的影响；兰州市、金昌市、张掖市降水中SO_4^{2-}/NO_3^-的结果分别为 16.565、10.765 和 24.844，表明阴离子以SO_4^{2-}为主要成分，空气中 SO_2 对降水酸度的影响大于 NO_x。

表 2–1–5

金昌市酸雨统计表

年度	发生酸雨月份	pH 均值	酸雨频率/%	频次
2001	9	6.18	9.5	2
2002	7	6.46	3.2	1
2003	8	5.79	3.6	2
2004	8、10	5.43	4.2	3
2005	3、7	5.78	6.0	5

表 2–1–6

2005 年降水监测结果

城市	pH 范围	均值	酸雨频率/%
嘉峪关市	7.82~8.64	8.06	0.0
兰州市	7.15~7.92	7.36	0.0
金昌市	4.38~7.76	5.78	6.0
酒泉市	7.03~7.88	7.57	0.0
定西市	6.50~8.10	7.15	0.0
陇南市	6.06~8.18	6.78	0.0
平凉市	7.44~8.74	7.80	0.0
庆阳市	6.06~7.47	6.85	0.0
白银市	5.90~7.40	6.21	0.0
武威市	7.14~7.78	7.34	0.0
张掖市	6.94~7.64	7.33	0.0
天水市	7.00~7.28	7.18	0.0

金昌市酸雨频次增加的主要原因如下：

煤炭消费总量逐年递增，导致二氧化硫排放量增加（见图 2–1–13）。

“十五”时期金昌市降水明显多于“九五”时期，共采集样品数目 227 个，比“九五”时期增加 1.58 倍。

金昌市降水监测点白家嘴、中牌位于城市下风向，单次降水量较少，有利于酸雨的形成。

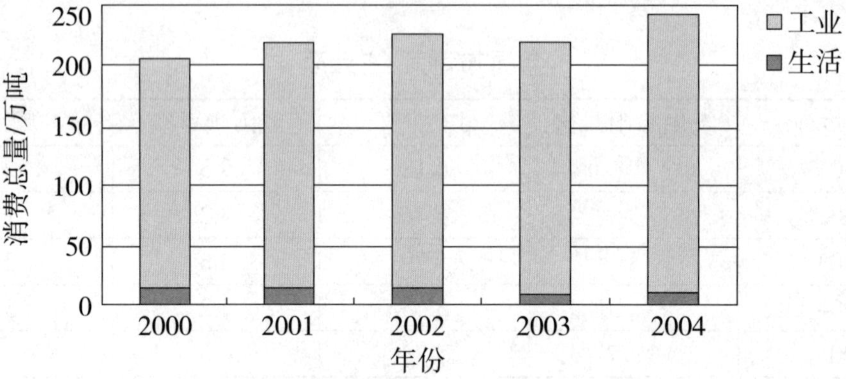

图 2-1-13　金昌市煤炭消费总量变化

2010 年，全省降水年均 pH 范围在 5.00（金昌）~8.10（平凉），其中金昌市 pH 平均值低于 5.6。

单次降水 pH 范围在 3.80（金昌）~8.83（临夏），除金昌外的 12 个城市降水 pH 范围在 6.01（庆阳）~8.83（临夏），未出现酸性降水。2010 年全省降水 pH 年均值统计情况见表 2-1-7。

表 2-1-7

2010 年全省降水 pH 年均值统计

城市	pH 范围	均值	酸雨频率/%
兰州	6.29~8.71	6.93	0.0
嘉峪关	7.69~8.42	7.96	0.0
金昌	3.80~7.80	5.00	9.0
白银	6.80~8.65	7.40	0.0
天水	6.90~8.21	7.24	0.0
酒泉	7.16~8.53	7.53	0.0
张掖	7.32~7.72	7.57	0.0
武威	7.59~8.11	7.90	0.0
定西	7.01~7.14	7.04	0.0
陇南	6.21~7.46	6.73	0.0
平凉	7.41~8.72	8.10	0.0
庆阳	6.01~7.58	6.74	0.0
临夏	6.95~8.83	7.49	0.0

金昌市全年共监测降水样本数 64 个，降水 pH 在 3.80~7.80，其中 9 月出现 3 次酸性降水，pH 分别为 3.80、4.20 和 3.90，酸雨频率为 9%。

降水离子组分共 9 项，其中阴离子 4 项（SO_4^{2-}、NO_4^-、F^-、Cl^-），阳离子 5 项（NH_4^+、Ca^{2+}、Mg^{2+}、Na^+、K^+）。2010 年降水监测结果见表 2–1–8。

表 2–1–8

2010 年甘肃省降水监测结果

城市	降水量/mm	pH 年均值	电导率/(mS/m)	SO_4^{2-}	NO_3^-	F^-	Cl^-	NH_4^+	Ca^{2+}	Mg^{2+}	Na^+	K^+
兰州	155.0	6.93	58.8	5.18	1.40	—	—	0.54	19.11	4.18	—	—
嘉峪关	103.4	7.96	15.9	5.89	1.08	—	—	—	—	—	—	—
金昌	315.9	5.00	15.6	34.57	4.56	0.36	5.53	4.66	15.94	2.38	3.66	2.48
白银	70.8	7.40	82.9	20.77	0.08	0.97	21.89	0.81	7.82	8.58	3.98	1.19
天水	676.5	7.24	—	—	—	—	—	—	—	—	—	—
酒泉	101.9	7.53	—	19.75	0.47	0.46	1.80	—	—	—	—	—
张掖	77.0	7.57	19.2	5.34	2.00	0.16	5.70	0.11	14.15	0.74	1.14	0.19
武威	190.6	7.90	309.2	—	—	—	—	—	—	—	—	—
定西	279.9	7.04	28.4	—	—	—	—	—	—	—	—	—
陇南	274.3	6.73	4.4	5.99	1.72	0.36	10.50	0.67	4.43	1.47	1.50	0.34
平凉	578.7	8.10	—	0.1	0.1	—	—	—	—	—	—	—
庆阳	986.6	6.74	5.4	8.35	2.52	0.59	1.37	—	—	—	—	—
临夏	239.3	7.49	11.4	8.06	3.05	—	—	—	—	—	—	—

“十一五”期间降水监测结果表明，全省酸性降水区域未发生变化，仅限于金昌市，金昌历年酸雨 pH 变化情况见表 2–1–9，酸雨发生频次变化情况见图 2–1–14。

表 2-1-9

金昌历年酸雨 pH 变化

年份	pH 范围	pH 均值	发生酸雨月份	频次
2006	5.32~8.49	6.83	5	1
2007	4.10~9.10	5.15	10	5
2008	4.20~8.40	7.16	7、9	5
2009	4.60~7.80	7.12	7、8、9	4
2010	3.80~7.80	5.00	9	6

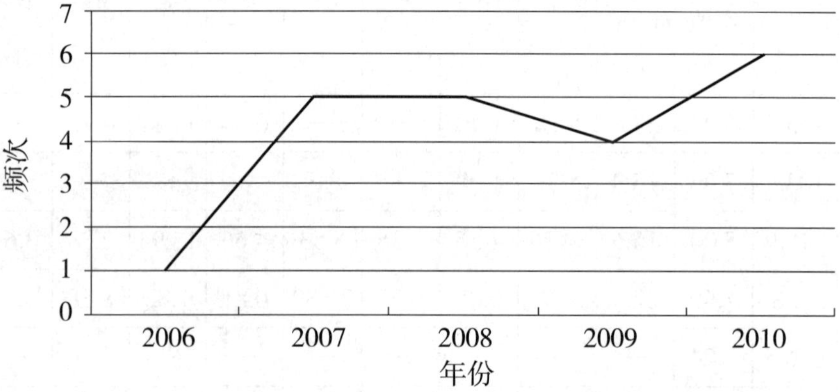

图 2-1-14　2006—2010 年金昌市酸雨发生频次变化

金昌市 2006—2010 年酸雨变化趋势：2006 年共监测降水 29 次，降水 pH 为 5.32~8.49，出现 1 次酸性降水。

2007 年共监测降水 23 次，降水 pH 在 4.10~9.10，出现 5 次酸性降水。2008 年共监测降水 20 次，降水 pH 在 4.20~8.40，出现 5 次酸性降水。2009 年共监测降水 21 次，降水 pH 在 4.60~7.80，出现 4 次酸性降水。2010 年共监测降水 18 次，降水 pH 在 3.80~7.80，出现 6 次酸性降水。

三、重点城市功能区达标情况

1997 年，甘肃省开展“一控双达标”工作。到 2000 年，6 个重点城市氮氧化物年均值基本达到相应标准，兰州、天水、嘉峪关二氧化硫按功能区达标，总悬浮颗粒物仅天水一类区达标。

兰州市为解决空气污染严重的突出问题，“九五”以来各项防治措施得到落实，对从根本改善空气质量起到积极推进作用。“九五”末期，实现将空气质量为Ⅴ级的周数控制在20周以内和二氧化硫年均值控制在0.06毫克/立方米的阶段目标。2000年总悬浮颗粒物Ⅴ级周数为20周，比1999年减少8周，Ⅲ级、Ⅴ级天气增多；各类功能区二氧化硫年日均值均达到国家相应标准。空气质量趋于好转，但污染仍然严重，总悬浮颗粒物按功能区达标尚有困难，2000年污染综合指数在全国47个重点城市中排名前5。

白银市一类区二氧化硫年均值达标，总悬浮颗粒物年均值超标3.25倍。二类、三类区二氧化硫、总悬浮颗粒物年均值基本达到阶段性目标的要求，但与国家相应标准相比，二类区二氧化硫、总悬浮颗粒物年均值分别超标1.07倍和1.35倍，三类区二氧化硫、总悬浮颗粒物年均值分别超标2.08倍和0.77倍。

天水市一类区二氧化硫和总悬浮颗粒物年均值均达到标准，二类区二氧化硫年均值达标，总悬浮颗粒物未达标，超标0.70倍。与1998年相比，各功能区二氧化硫总悬浮颗粒物年均值都有所下降，二类区二氧化硫年均值下降65.4%，总悬浮颗粒物年均值下降15.0%。

金昌市各功能区二氧化硫和总悬浮颗粒物均未达标。与1998年相比，二类区二氧化硫总悬浮颗粒物污染状况基本持平，三类区二氧化硫污染有所减轻，年均值下降0.039毫克/立方米。

嘉峪关市二氧化硫年均值按功能区达标，总悬浮颗粒物年均值超标，但超标幅度不大，二类区超标0.3倍，三类区超标0.17倍，距标准要求差距较小，属于甘肃省有望按功能区达标的城市。

敦煌一类区二氧化硫年均值超标1.15倍，比1998年上升53.6%；二类区二氧化硫年均值达标，但比1998年上升0.017毫克/立方米。总悬浮颗粒物年均值未按功能区达标，但与1998年相比，一类区下降46.7%，二类区下降32.5%。敦煌市毗邻沙漠、戈壁，颗粒物污染防治难度大，但总悬浮颗粒物年均值在6个重点城市中居较低水平，比1998年有所下降。

第三节　沙尘天气

甘肃省是一个多灾害省份。除干旱、地震、滑坡、泥石流以外，随着自然生态环境的恶化，21世纪以来，沙尘（沙尘暴）天气发生频率逐渐频繁，据统计，20 世纪六七十年代每两年发生一次沙尘暴。进入 20 世纪 90 年代，沙尘暴几乎每年都有发生，每年 1~2 次，发生时间多在四五月。2000 年 3—6 月，省内 11 个地区出现不同程度的沙尘天气，发生时间比往年提前，频率增加，影响范围扩大。“十五”“十一五”时期，原发性沙尘天气发生频次增多、强度加大、污染加重，季节分布虽以春季为主，部分延伸至秋冬季。

一、沙尘天气成因

沙尘暴是大风与沙尘相结合而产生的一种灾害性天气，也是一种突发性的高强度自然灾害。中国西北地区是世界四大沙尘暴高发地区（中亚、北美、中非和澳大利亚）之一的中亚沙尘暴区的组成部分，而甘肃省又是沙尘暴的多发区。

沙尘暴天气，是在大风和沙尘基础上发展起来的，是强风从地面卷起大量沙尘使能见度恶化的灾害性天气，凡满足最大风速>20 米/秒、能见度<200 米的均为强沙尘暴。1993 年 5 月 5 日，金昌、武威、白银三地市出现强沙尘暴，死亡 85 人，264 人受伤，31 人失踪，造成直接经济损失高达 6 亿元；1994 年 4 月河西走廊上空发生强沙尘暴；1995 年 3 月敦煌市出现强沙尘暴；1995 年 5 月沙尘暴袭击敦煌、金昌等 10 多个城市；2010 年 4 月 24 日 19 时甘肃民勤县发生特大沙尘暴天气，最小能见度为 0，沙尘暴持续3 小时左右。

沙尘暴形成的基本条件：一是强风，二是沙源，三是局部不稳定的空气，三者同时具备方能产生沙尘暴。3 个因素中强风是起沙尘的动力，沙源是物质基础，而不稳定的空气是热力条件。综上所述，沙尘暴是特定气象和地理条件相结合的产物。

强风：强风给甘肃地区带来强风天气的气流有两路，一是西路冷空气经巴尔喀什湖，翻越天山和帕米尔高原，由南疆东移出塔里木盆地东口，经安西、玉门向东波及河西及柴达木盆地；二是西北冰洋气团南侵，强冷空气经西西伯利亚进入中国新疆及内蒙古西部，再入侵河西，东移至鄂尔多斯高原。两股冷空气所到之处，形成强烈大风天气，为沙尘暴的形成提供动力条件。

沙源：甘肃省沙尘源广布。据《甘肃省生态环境状况调查》统计，全省沙漠、戈壁和沙漠化土地面积分别为3.1万平方千米、12.0万平方千米和14.3万平方千米，主要集中在河西地区及环县和玛曲周围，由于自然和人为的双重作用，沙漠化发展势头较快，使以上地区成为沙尘暴尘源的重要部分。

不稳定的空气：甘肃省沙源广布的地理环境是客观存在的。而强风的天气形势每年春季几乎都有，但沙生暴的发生次数有限。显然，局部不稳定的大气条件具有触发沙尘暴发生的作用，使受扰动后的沙尘会卷扬得很高。2000年3月以来，甘肃省平均气温较往年同期升高，陇东和陇南升高1.3~3.5℃，省内其余地方升高0.5~1.5℃，为沙尘暴发育提供了热力条件。

沙尘暴作为一种高强度风沙灾害，20世纪90年代后，在甘肃境内频繁出现。1995—2000年，甘肃境内共出现22次沙尘暴天气（其中1995年发生1次，涉及武威市1个地区；1996年出现2次，涉及嘉峪关市、酒泉地区、张掖地区和金昌市4个地区；1997年出现1次，涉及酒泉1个地区；1998年出现2次，涉及武威地区、张掖地区、嘉峪关市3个地区；1999年出现2次，涉及酒泉1个地区；2000年出现13次，为历史罕见，涉及全省的14个地区）。最严重的1次发生在2000年4月18日，酒泉市空气中总悬浮颗粒物超国家二级标准642倍，严重影响了该地区的工农业生产，并造成了一定的经济损失。

二、沙尘天气污染

据气象记录，“九五”时期，甘肃省年均沙尘暴日数由东向西依次为：景泰21.9天，民勤37.8天，武威12.2天，张掖20.3天，临泽13.1天，高台16.1天，金塔27.0天，酒泉14.7天，嘉峪关14.7天，安西13.7天，敦煌15.8天。除武威、临泽、酒泉、敦煌等地沙尘暴日数偏小外，其他地区都超过20天。“九五”期间监测到的沙尘天气共19次，总悬浮颗粒物监测结果为1.69~192.9毫克/立方米，发生时间多在4月、5月。影响范围最广的有两次，一次发生在1996年5月30日，玉门、嘉峪关等5个城市受灾；另一次发生在2000年4月12日，金昌、兰州、张掖等7个地市受灾。强度最大的两次先后发生在2000年4月12日和18日。2000年4月12日，金昌、武威、张掖等大范围地区出现扬沙和沙尘暴天气，部分地区甚至出现黑风，最大风速 25 米/秒，能见度为 0；4 月 18 日，酒泉、张掖两市发生沙尘暴，空气中总悬浮颗粒物浓度分别高达 192.9 毫克/立方米和 42.86 毫克/立方米，超标 642.0 倍和 141.9 倍。

2004 年以来，系统性沙尘天气活动频率明显下降，波及范围有所减少；原发性沙尘天气有所增加，发生次数增多，2004 年和 2005 年均发生 5 次。这表明沙尘天气发生强度不但没有减弱，而且呈现上升的态势，见图 2-1-15、图 2-1-16。

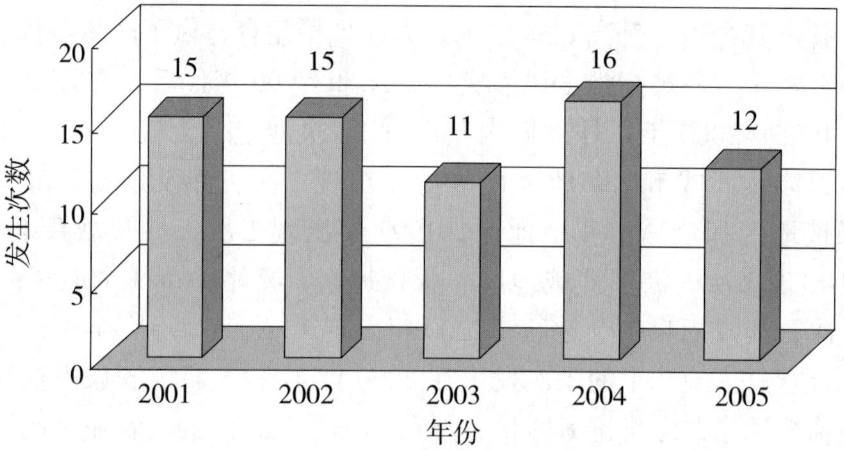

图 2-1-15 “十五”期间甘肃省沙尘天气发生次数

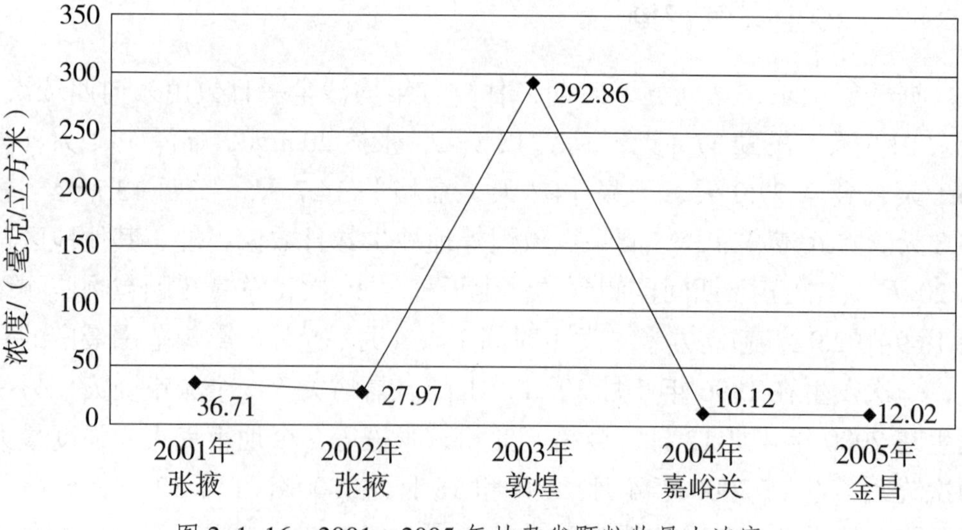

图 2-1-16 2001—2005 年甘肃省颗粒物最大浓度

“十一五”期间，甘肃省共发生沙尘天气 58 次。其中，在 2006 年和 2010 年的沙尘天气发生次数最多，均为 16 次；2007—2009 年沙尘天气发生次数为 8~9 次；2005 年沙尘天气发生次数为 12 次。2005—2010 年沙尘天气发生频次见图 2-1-17。

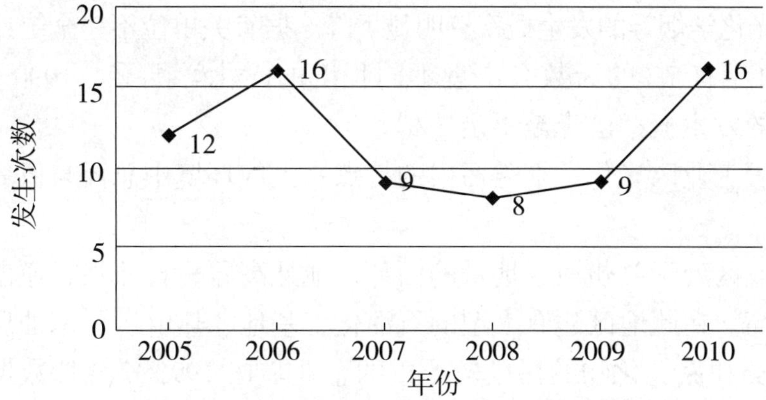

图 2-1-17　2005—2010 年甘肃省沙尘天气发生频次

由于冷空气活动较少，5 年中的 2007—2009 年沙尘天气发生频次较少，但局部地区影响较重。与“十五”期间相比，沙尘天气发生频次没有增加。

2005 年，沙尘天气中总悬浮颗粒物小时浓度峰值出现在金昌 14.90 毫克/立方米，可吸入颗粒物小时浓度峰值为 12.02 毫克/立方米；2009 年沙尘天气的强度为 5 年中最强的一年，2006—2010 年的沙尘天气中总悬浮颗粒物的小时浓度峰值出现在敦煌。

2009 年 4 月 23 日发生的沙尘天气过程中，敦煌的总悬浮颗粒物小时浓度峰值是 5 年来的最大值，达 36.42 毫克/立方米，超过环境空气质量二级标准 120.4 倍，能见度仅有 20 米，最大风速达 24 米/秒。

第四节　特异性大气污染

一、光化学烟雾污染

兰州市西固工业区的光化学烟雾污染是甘肃省突出的特异性大气污染，

在 1972—1990 年曾多次发生，1990 年后虽有所减轻，但仍是值得重视的大气污染现象。该光化学烟雾污染问题曾一度引起有关部门的注意，中国环境科学研究院和甘肃省环保研究所等单位曾在西固工业区做过专题研究。

随着人们对环境保护认识的提高，该地区有关企业加强对环境污染的治理，建成一批环保装置，总烃和氮氧化物排放量出现不同程度的下降，使西固工业区的光化学烟雾的发生概率有明显下降。据有关单位不完全统计，20 世纪 70 年代每年有 7%的天数会出现不同程度的光化学烟雾，1990 年以后，光化学烟雾的发生概率已降至不足 3%。

兰州西固工业区光化学烟雾污染的特点：大气环境中总烃与氮氧化物的高比值特性。

西固工业区处于兰州河谷地带的西部，地处高原，日照强，逆温现象频繁，静风率高。在此地区建有大型的石油化工基地、热电厂、炼油厂等散发大量石油烃类和氮氧化物的污染较严重的企业。按 1993 年统计数据，烃类全年排放量在 1.4 万吨以上，氮氧化物全年排放量在 2 000 吨以上。该地区大气环境中总烃与氮氧化物的日均浓度比值为 40~60，而国外发生过光化学烟雾的城市比值一般在 12 以下，西固工业区的总烃/氮氧化物比值比国外类似城市的总烃/氮氧化物比值高出数倍，形成西固工业区光化学烟雾的一大特点。

二、光化学烟雾污染源

西固工业区以兰新铁路和 312 国道为界分为工业区和居民区，大多数大型企业多集中在工业区内，是西固工业区散发烃类与氮氧化物最多的区域。氮氧化物排放量的 76%来自该区的西固热电厂，该厂是西固工业区的氮氧化物高架点污染源。其次是兰化化肥厂排放的硝酸尾气中的氮氧化物。烃类排放量的 89%来自兰州炼油厂，该厂排放的烃类具有典型的面源污染性质。而在居民区氮氧化物和烃类的散发主要是冬季取暖锅炉烟囱及燃料油罐的呼吸气，由于取暖面积大，用油量多，取暖时间长，其氮氧化物和烃类的总散发量也很可观。其次是来自该区上风向地区的乡镇、集体企业的低架排放的污染物。

从 1995 年西固工业区氮氧化物月变化统计中可以看出，冬季时居民区和厂区氮氧化物浓度比夏季要高，浓度值大体相当，在较暖天气情况下，居民区和厂区氮氧化物浓度有较大幅度的下降，其浓度也不相上下，由此可见，居民区氮氧化物污染也是不可忽视的问题。

西固工业区厂区的臭氧浓度普遍高于居民区，厂区臭氧浓度从 2 月起逐月上升，至 6 月出现一年中的第一次峰值。然后在 8—9 月出现第 2 次峰值，且浓度值高于上半年。臭氧浓度的变化趋势和每年 8—9 月光化学烟雾较易出现的情况相符。

从兰化、兰炼等 8 个监测点 1991—1994 年度臭氧和氮氧化物监测数据分析，该区 5 年间氮氧化物浓度变化不明显，大都在 0.05 毫克/立方米左右徘徊；而臭氧浓度则变化比较大，在 1993 年明显出现高峰值，1994 年、1995 年臭氧浓度又有所下降，但未达到 1991 年、1992 年的水平。

兰州大学环境影响评估中心 1991—1994 年西固工业区大气中氮氧化物、臭氧浓度监测数据表明，西固工业区氮氧化物浓度逐年有所下降，而臭氧浓度 1990 年为 0.073 毫克/立方米，1992 年下降到 0.05 毫克/立方米，1993 年又回升到 0.096 毫克/立方米，说明臭氧浓度变化和氮氧化物浓度变化有关联，但又不简单呈线性关系。

西固工业区大气中氮氧化物、臭氧浓度变化年均值低于《大气环境质量标准》（GB 3095—82）二级标准值中一次和日均值的指标。兰大环评中心与兰化、兰炼对西固大气监测结果基本一致。

三、西固地区氮氧化物、臭氧、烃类日均浓度变化规律

西固区氮氧化物浓度冬夏季日变化都较大，而且冬季大气浓度明显高于夏季，季节不同，氮氧化物高峰值出现的时间也有明显变化。冬季氮氧化物浓度峰值出现在 13 时左右，夏季则出现在 7—10 时。冬季每天氮氧化物浓度变化幅度远大于夏季，达到 0.10 毫克/立方米。

西固臭氧峰值在夏季每天出现两个，第一个小峰值出现在 4 时左右，浓度在 0.06 毫克/立方米上下，第二个峰值出现在 10—16 时，浓度值接近 0.10 毫克/立方米。

总烃浓度昼夜变化不明显，冬季略高于夏季，日间的浓度变化，夏季略大于冬季，且浓度值均低于 3 毫克/立方米。

从以上氮氧化物、臭氧、总烃的日变化趋势中可以看出，总烃、氮氧化物浓度的升高，会导致臭氧浓度的升高，进而诱发光化学烟雾。

西固区大气质量有所改善，但由于臭氧、氮氧化物的存在，特别是一定量的超标率，预示着西固工业区仍有发生光化学污染的可能。兰州大学环境质量评价研究中心利用中国环境科学研究院1981—1983年在西固工业区通过现场大气物理和大气化学的观测建立的大气质量模式对今后几年西固工业区涉及光化学烟雾污染有关因子进行预测结果表明：截至2000年，氮氧化物地面平均浓度比目前会有所减少，在扩散有利的气象条件下平均减少0.009 3毫克/立方米，扩散不利条件下会减少0.005 1毫克/立方米，一般气象条件下会减少0.006 7毫克/立方米，主要影响因素是“九五”时期西固电厂和兰化化肥厂的大型技术改造使氮氧化物的排放量有所降低，排放点也将由目前的100米高点向200米推移所致。总烃在有利气象条件下地面浓度要增加0.044 2毫克/立方米，在不利气象条件下地面浓度要增加0.070 5毫克/立方米。臭氧的地面浓度会有所减少，臭氧的高值区仍处于盆地的东部，但高值中心地面浓度会减少13.6%（0.033毫克/立方米）。因此，随着本地区工业生产技术的不断进步，治理效果的不断提高，西固工业区的光化学烟雾的产生会向低发生概率方向发展。

第二章　水环境质量

“八五”“九五”时期，甘肃水环境污染严重，特别是内陆河和黄河流域，Ⅳ~劣Ⅴ类水质河段占一半以上，污染物主要以氨氮、挥发酚工业污染为主。“十五”时期，水环境污染有所减轻，但总体没有大的改观。“十一五”时期，水环境质量开始好转，黄河流域总体呈向好趋势，长江流域水质稳定达标，内陆河流域污染程度减轻，水库水质全部达标。但是，泾河、渭河、石油河等流域污染严重的局面未有根本改观。

第一节　地表水水质

一、河流水水质

“八五”期间，通过5年水质综合评价，全省河流中酒泉石油河污染最严重，庆阳西河和渭河定西段也属于严重污染，水质大都为劣Ⅴ类。河流水质污染主要集中在疏勒河、泾河和渭河流域，其他河流水质污染相对较轻。居于前两位的污染物是石油类和挥发酚，而居于3~5位的氨氮、生化需氧量和高锰酸盐指数则污染面较为广泛。全省60%的河流总体污染水平呈下降趋势，其中仅庆阳马莲河水质由劣Ⅴ类显著好转为Ⅳ类，其他河流水质下降趋势均不显著。黄河白银段和武威石羊河污染水平呈上升趋势，另外30%的河流5年来水质变化不大。5年间，Ⅳ类水质河段1991年度较多，并有明显减少，劣Ⅴ类水质河段也呈减少趋势，Ⅰ~Ⅲ类水质河段较少，但呈逐年增加趋势。

“九五”期间，黄河甘肃段水质好转，支流大夏河水质下降。渭河污染严重，5年间基本上是劣Ⅴ类水质。泾河干流平凉段也多为劣Ⅴ类水质，支流马莲河均为劣Ⅴ类水质。湟水河兰州段水质污染逐年减轻。洮河临洮段多为Ⅳ~劣Ⅴ类水质。武威石羊河干流Ⅲ类河段为Ⅳ~劣Ⅴ类水质，Ⅴ类河段水质年际变化波动幅度较大，1998年和2000年为劣Ⅴ类水质，其余3年水质达标；支流金昌金川河水质5年来均保持Ⅰ~Ⅱ类。疏勒河由于河水流量小，多家企业排污量大，河水污染严重，大都为劣Ⅴ类水质，黑河干流张掖段Ⅰ类河段1998年和1999年均因高锰酸盐指数略高于标准，水质降为Ⅱ类，其余3年水质达标，Ⅲ类河段1996—1998年度超标；支流山丹河5年均为劣Ⅴ类水质；支流北大河除下游1996年、1999年和2000年超标外，其余均达标。白龙江除1998年因高锰酸盐指数超标外，其余4年均为Ⅱ类水质。

"十五"期间，连续5年保持为优的河流是湟水河、金川河、黑河、北大河及白龙江，占全省监测河流的33.3%；水质好转的是黄河、大夏河、渭河和蒲河，占26.7%，其中黄河和大夏河水质由2001年的轻度污染分别好转为2005年的优和良好，渭河和庆阳蒲河水质由2001年的重度污染分别好转为中度污染和轻度污染；水质变差的是洮河，由优转变为轻度污染，占6.7%；水质为重度污染没有变化的是泾河、马莲河、石羊河、山丹河和石油河，占33.3%。

"十一五"期间，甘肃省黄河流域总体呈好转趋势，2010年黄河流域平均综合污染指数比2006年降低12.5%，污染程度减轻，其中马莲河水质明显好转。长江流域各断面水质稳定达标，均为优良，变化不大。内陆河流域污染程度减轻，2010年平均综合污染指数比2006年降低60.4%，其中石羊河污染趋势显著下降。

1. 黄河甘肃段

1995年，黄河甘肃段主要污染物是总大肠菌群和氨氮。其中，总铅和总汞在黄河白银段各断面都有超标；氨氮污染沿流程逐渐加重，自包兰桥以下断面均有超标，且在四龙口上游断面出现超标1.28倍的峰值；化学需氧量、石油类和挥发酚自黄河临夏段至兰州段污染沿流程逐渐加重，并在包兰桥断面出现峰值，而在白银段的污染则有所减轻。黄河甘肃段沿流程各监测断面污染综合指数逐渐增加，污染程度自上游至下游逐步加重，其中污染最重的五佛寺断面，污染分担率为全河段的21.8%。1991—1995年，黄河甘肃段各河段主要污染物不尽相同，临夏段为石油类、总汞，兰州段为石油类、氨氮和挥发酚，白银段为氨氮、总铅和总汞。黄河甘肃段5年间主要污染物平均浓度值中氨氮、总汞和总铅在白银段呈上升趋势（不显著），石油类在临夏段和兰州段呈下降趋势（不显著），挥发酚在兰州段呈显著上升趋势。

2000 年，黄河甘肃段主要污染指标是化学需氧量、总磷、非离子氨和挥发酚。化学需氧量和总磷污染表现为沿流程加重态势，在白银段污染最明显，各断面均超标。非离子氨和挥发酚的主要污染断面是包兰桥，至下游白银段浓度值沿流程逐渐降低。1996—2000 年，黄河甘肃段水质有所好转，其中兰州段前 3 年为Ⅳ类水质，主要污染指标是挥发酚，1997 年污染较重，超标 1 倍，1999 年和 2000 年水质达标；白银段前 3 年为Ⅴ~劣Ⅴ类水质，1997 年污染较重，以总铅和阴离子表面活性剂污染为主，1999—2000 年水质为Ⅳ类，以化学需氧量和总磷污染为主。5 年间，黄河甘肃段污染变化表现为沿流程污染加重趋势，白银段污染重于兰州段。

2005 年，黄河甘肃段水环境总体质量为优，共监测 7 个断面，除白银段Ⅱ类区域青城桥断面氨氮和总磷超标外，兰州段、白银段Ⅲ类区域 6 个断面均达到功能类别。2001—2005 年，黄河甘肃段水环境质量由轻度污染好转为优。

2010 年，黄河甘肃段水环境总体质量良好，监测的 7 个断面均达到功能类别。2006—2010 年，黄河甘肃段总体水环境质量保持良好，各年间无明显变化。

2. 渭河甘肃段

1995 年，渭河干流主要污染物是耗氧有机物、氨氮和挥发酚，定西段较天水段污染严重，主要污染断面是陇西造纸厂和陇西城关。1991—1995 年，渭河水系各河流主要污染物不尽相同，定西段 5 年间均为劣Ⅴ类水质，天水段除 1993 年为Ⅲ类水质外，其余 4 年均为Ⅳ类水质，耤河 1995 年为劣Ⅴ类水质，1993 年为Ⅳ类水质，其余 3 年为Ⅴ类水质。

2000 年，渭河干流水质为劣Ⅴ类，主要污染物是化学需氧量、总磷、亚硝酸盐氮和非离子氨。1991—1995 年，渭河干流陇西段和天水段污染严重，5 年间基本上处于劣Ⅴ类水质。

2005 年，渭河水质达标，其中陇西段 2 个断面均为劣Ⅴ类水质，主要污染物为生化需氧量；渭河天水段 2 个断面均为Ⅲ类水质，达到功能类别。渭河水质 2001 年、2004 年、2005 年达标，2003 年和 2004 年因氨氮和总磷超标分别为Ⅳ类和劣Ⅴ类水质。

2006年和2007年渭河水质状况为轻度污染，2008—2010年渭河水质状况转向良好。

3. 泾河甘肃段

1995年，泾河干流主要污染物是耗氧有机物、氨氮、挥发酚和总汞，上游水质为重污染和严重污染，主要污染物为挥发酚和氨氮，下游则减弱为中度污染水平，其中污染最重的是平镇桥断面。1991—1995年，泾河平凉段除1991年为劣Ⅴ类水质外，其余4年为Ⅴ类水质；庆阳马莲河前2年为劣Ⅴ类水质，后3年为Ⅳ类水质；庆阳西河前3年为劣Ⅴ类水质，后2年为Ⅴ类水质。

2000年，泾河水质为劣Ⅴ类，主要污染物为化学需氧量、硫酸盐和氯化物。主要污染物为化学需氧量。2001—2005年，泾河水质状况均为重度污染，2006—2010年，根据泾河3个监测断面水质分析，连续5年水质状况均为重度污染。

4. 黑河甘肃段

“八五”期间，黑河张掖段前2年水质超过功能类别，后3年达到功能类别；北大河嘉峪关段均达到功能类别，北大河酒泉段前2年水质为劣Ⅴ类，后3年水质为Ⅴ类，均超过功能类别。

“九五”期间，黑河干流张掖段Ⅰ类河段1998年和1999年均因高锰酸盐指数略高于标准降为Ⅱ类水质，其余3年水质达标，Ⅲ类河段水质前3年超过功能类别，后2年水质达标；支流张掖山丹河5年间均为劣Ⅴ类水质；北大河上游嘉峪关段均水质良好，下游酒泉段仅1997年和1998年水质达标。

“十五”期间，黑河张掖段上游水质状况连续5年保持为优；黑河张掖段下游、北大河嘉峪关段和北大河酒泉段水质5年间均达到功能类别；山丹河5年间均为劣Ⅴ类水质，超功能类别。

“十一五”期间，黑河张掖段各断面水质5年间均达到或优于Ⅲ类，水质状况优良，全流程均达标。

5. 石羊河

武威石羊河“八五”时期水质急剧恶化。1991年为Ⅰ类水质，1992年为Ⅲ类水质，1993年为劣Ⅴ类水质，1994年为Ⅳ类水质，1995年为Ⅲ类水质，金昌金川河除1995年为Ⅰ类水质外，其余4年均为Ⅳ类水质。

“九五”期间，武威石羊河上游水质均超出功能类别，下游1998年和2000年为劣Ⅴ类水质，其余3年达到功能类别；金昌金川河水质5年间均达到功能类别。

“十五”“十一五”期间，武威石羊河10年间均为劣Ⅴ类水质，超过功能类别；金昌金川河10年间均为Ⅱ类水质，达到功能类别。

甘肃省河流水质类别变化见表2–2–1。从表中数据分析，省内黄河流域水质2001年开始好转，2008年开始转优；北大河2006年后水质转优；长江流域甘肃段除1991—1993年、1998年外，水质均达到优良类别；泾河平凉段、庆阳马莲河、玉门石油河、武威石羊河水质依然属于严重污染。

1991—2010年主要污染物及分担率见表2–2–2。

从表中数据分析，全省水环境污染中，“八五”时期，排在前两位的是石油类和挥发酚，分担率分别占63.35%、21.20%，两项合计达到84.55%；“九五”时期，排在前三位的是化学需氧量、挥发酚、非离子氨，三项分担率总计达到43.44%；“十五”时期，排在前三位的依次为挥发酚、生化需氧量、化学需氧量，三项分担率总计达到66.14%。以上变化和全省石油、化工、有色金属产业的消长互为因果。

二、2010年河流水系水质达标情况

2010年，甘肃省主要江河流域地表水共监测26条河流（段）47个断面，总体水质状况属轻度污染。其中Ⅰ~Ⅲ类水质断面有32个，占68.0%，Ⅳ~Ⅴ类水质断面有7个，占15.0%，劣Ⅴ类断面8个，占17.0%。主要河流断面水质类别见图2–2–1，主要河流水质状况见图2–2–2，河流水质状况统计见表2–2–3。

监测的15条河流中，黄河、大夏河、洮河、渭河、金川河、黑河、北大河、白龙江8条河流水质优良，湟水河和蒲河2条河流水质轻污染，泾河、马莲河、石羊河、山丹河和石油河5条河流水质重污染。河流水质评价见表2–2–4。

表 2-2-1

1991—2010 年甘肃省内主要河流（段）水质类别统计

水系	河段	实测水质类别																			
		1991	1992	1993	1994	1995	1996	1997	1998	1999	2000	2001	2002	2003	2004	2005	2006	2007	2008	2009	2010
黄河	黄河兰州段	Ⅳ	Ⅳ	Ⅳ	Ⅲ	Ⅳ	Ⅳ	Ⅳ	Ⅳ	Ⅲ	Ⅲ	Ⅲ	Ⅲ	Ⅱ	Ⅲ	Ⅲ	Ⅲ	Ⅲ	Ⅲ	Ⅲ	Ⅲ
	黄河临夏段	Ⅳ	Ⅳ	Ⅳ	Ⅱ	Ⅲ	—	—	—	—	—	—	—	—	—	—	—	—	—	—	—
	黄河白银段	Ⅳ	Ⅳ	劣Ⅴ	Ⅴ	Ⅴ	Ⅴ	劣Ⅴ	Ⅴ	Ⅳ	Ⅳ	Ⅲ	Ⅱ	Ⅱ	Ⅲ	Ⅲ	—	—	—	—	—
	黄河白银段	—	—	—	—	—	劣Ⅴ	劣Ⅴ	Ⅴ	Ⅳ	Ⅳ	Ⅲ	Ⅲ	Ⅲ	Ⅲ	Ⅲ	—	—	—	—	—
	大夏河甘南段	Ⅲ	Ⅴ	Ⅱ	Ⅱ	Ⅳ	Ⅴ	劣Ⅴ	劣Ⅴ	劣Ⅴ	劣Ⅴ	Ⅲ	Ⅲ	Ⅳ	Ⅲ	Ⅲ	Ⅳ	Ⅳ	Ⅲ	Ⅲ	Ⅲ
	大夏河临夏段	Ⅳ	Ⅳ	Ⅲ	Ⅱ	Ⅳ	Ⅳ	Ⅳ	劣Ⅴ	Ⅴ	劣Ⅴ	Ⅴ	Ⅳ	Ⅲ	Ⅲ	Ⅲ	—	—	—	—	—
渭河	渭河陇西段	—	—	—	—	—	劣Ⅴ	劣Ⅴ	劣Ⅴ	Ⅱ	劣Ⅴ	劣Ⅴ	Ⅲ	劣Ⅴ	劣Ⅴ	劣Ⅴ	Ⅳ	Ⅳ	Ⅲ	Ⅲ	Ⅲ
	渭河陇西段	—	—	—	—	—	劣Ⅴ	劣Ⅴ	劣Ⅴ	劣Ⅴ	劣Ⅴ	劣Ⅴ	Ⅴ	劣Ⅴ	劣Ⅴ	劣Ⅴ	—	—	—	—	—
	渭河定西段	劣Ⅴ	劣Ⅴ	劣Ⅴ	劣Ⅴ	劣Ⅴ	—	—	—	—	—	—	—	—	—	—	—	—	—	—	—
	渭河天水段	Ⅳ	Ⅳ	Ⅲ	Ⅳ	Ⅳ	—	—	劣Ⅴ	劣Ⅴ	劣Ⅴ	Ⅲ	断流	Ⅳ	Ⅲ	Ⅲ	—	—	—	—	—
	渭河天水段	—	—	—	—	—	劣Ⅴ	劣Ⅴ	劣Ⅴ	劣Ⅴ	劣Ⅴ	Ⅴ	劣Ⅴ	劣Ⅴ	Ⅲ	Ⅲ	—	—	—	—	—
	天水耤河	Ⅴ	Ⅴ	Ⅳ	Ⅴ	劣Ⅴ	—	—	—	—	—	—	—	—	—	—	—	—	—	—	—
泾河	泾河平凉段	—	—	—	—	—	—	—	Ⅳ	Ⅲ	劣Ⅴ	Ⅳ	Ⅳ	Ⅳ	Ⅳ	Ⅳ	—	—	—	—	—
	泾河平凉段	劣Ⅴ	Ⅴ	Ⅴ	Ⅴ	Ⅴ	劣Ⅴ	劣Ⅴ	劣Ⅴ	劣Ⅴ	劣Ⅴ	劣Ⅴ	劣Ⅴ	劣Ⅴ	劣Ⅴ	劣Ⅴ	劣Ⅴ	劣Ⅴ	劣Ⅴ	劣Ⅴ	劣Ⅴ
	泾河平凉段	—	—	—	—	—	劣Ⅴ	劣Ⅴ	Ⅳ	劣Ⅴ	劣Ⅴ	劣Ⅴ	劣Ⅴ	劣Ⅴ	劣Ⅴ	劣Ⅴ	—	—	—	—	—
	庆阳马莲河	劣Ⅴ	劣Ⅴ	Ⅳ	Ⅳ	Ⅳ	劣Ⅴ	劣Ⅴ	劣Ⅴ	劣Ⅴ	劣Ⅴ	劣Ⅴ	劣Ⅴ	劣Ⅴ	劣Ⅴ	劣Ⅴ	劣Ⅴ	劣Ⅴ	劣Ⅴ	劣Ⅴ	劣Ⅴ
	庆阳马莲河	—	—	—	—	—	劣Ⅴ	劣Ⅴ	劣Ⅴ	劣Ⅴ	劣Ⅴ	劣Ⅴ	劣Ⅴ	劣Ⅴ	劣Ⅴ	劣Ⅴ	—	—	—	—	—
	庆阳西河	劣Ⅴ	劣Ⅴ	劣Ⅴ	Ⅴ	Ⅴ	—	—	—	—	—	—	—	—	—	—	—	—	—	—	—
	庆阳蒲河	—	—	—	—	—	—	—	—	—	—	Ⅴ	Ⅴ	劣Ⅴ	Ⅴ	Ⅲ	劣Ⅴ	Ⅳ	Ⅳ	Ⅳ	Ⅳ
	庆阳蒲河	—	—	—	—	—	—	—	—	—	—	劣Ⅴ	劣Ⅴ	劣Ⅴ	劣Ⅴ	Ⅳ	—	—	—	—	—

续表

水系	河段	实测水质类别																			
		1991	1992	1993	1994	1995	1996	1997	1998	1999	2000	2001	2002	2003	2004	2005	2006	2007	2008	2009	2010
湟水河	湟水河兰州段	Ⅳ	Ⅳ	Ⅳ	Ⅱ	Ⅱ	Ⅴ	Ⅳ	Ⅳ	Ⅱ	Ⅱ	Ⅲ	Ⅲ	Ⅲ	Ⅲ	Ⅲ	Ⅲ	Ⅲ	Ⅲ	Ⅳ	Ⅳ
洮河	洮河临洮段	—	—	—	—	—	劣Ⅴ	Ⅴ	Ⅳ	Ⅴ	Ⅱ	Ⅲ	Ⅱ	Ⅱ	Ⅱ	Ⅳ	优	优	优	优	优
	洮河临洮段	—	—	—	—	—	劣Ⅴ	Ⅳ	Ⅴ	Ⅳ	Ⅴ	Ⅲ	Ⅱ	Ⅱ	Ⅳ	Ⅳ	—	—	—	—	—
	洮河定西段	Ⅴ	Ⅱ	Ⅱ	Ⅰ	Ⅲ	—	—	—	—	—	—	—	—	—	—	—	—	—	—	—
疏勒河	玉门石油河	—	—	—	—	—	劣Ⅴ	Ⅴ	Ⅳ	Ⅳ	Ⅳ	Ⅳ	Ⅳ	Ⅳ	Ⅳ	Ⅳ	劣Ⅴ	劣Ⅴ	劣Ⅴ	劣Ⅴ	劣Ⅴ
	玉门石油河	—	—	—	—	—	劣Ⅴ	劣Ⅴ	劣Ⅴ	劣Ⅴ	劣Ⅴ	劣Ⅴ	劣Ⅴ	劣Ⅴ	劣Ⅴ	劣Ⅴ	—	—	—	—	—
	酒泉石油河	劣Ⅴ	劣Ⅴ	劣Ⅴ	劣Ⅴ	劣Ⅴ	—	—	—	—	—	—	—	—	—	—	—	—	—	—	—
石羊河	武威石羊河	—	—	—	—	—	—	—	—	—	—	劣Ⅴ	劣Ⅴ	劣Ⅴ	劣Ⅴ	劣Ⅴ	劣Ⅴ	劣Ⅴ	劣Ⅴ	劣Ⅴ	劣Ⅴ
	武威石羊河	Ⅰ	Ⅲ	劣Ⅴ	Ⅳ	Ⅲ	—	—	—	—	—	劣Ⅴ	劣Ⅴ	劣Ⅴ	劣Ⅴ	劣Ⅴ	—	—	—	—	—
	金昌金川河	Ⅳ	Ⅳ	Ⅳ	Ⅳ	Ⅰ	—	—	—	—	—	Ⅱ	Ⅱ	Ⅱ	Ⅱ	Ⅱ	优	优	优	优	优
黑河	黑河张掖段	Ⅳ	劣Ⅴ	Ⅱ	Ⅲ	Ⅲ	Ⅰ	Ⅰ	Ⅱ	Ⅱ	Ⅰ	Ⅰ	Ⅰ	Ⅰ	Ⅰ	Ⅰ	—	—	—	—	—
	黑河张掖段	—	—	—	—	—	Ⅴ	Ⅳ	Ⅳ	Ⅱ	Ⅱ	Ⅲ	Ⅲ	Ⅲ	Ⅲ	Ⅲ	Ⅲ	Ⅲ	Ⅲ	优	优
	山丹河	—	—	—	—	—	劣Ⅴ	劣Ⅴ	劣Ⅴ	劣Ⅴ	劣Ⅴ	劣Ⅴ	劣Ⅴ	劣Ⅴ	劣Ⅴ	劣Ⅴ	劣Ⅴ	劣Ⅴ	劣Ⅴ	劣Ⅴ	劣Ⅴ
	北大河嘉峪关段	Ⅲ	Ⅰ	Ⅰ	Ⅰ	Ⅰ	Ⅰ	Ⅰ	Ⅰ	Ⅰ	Ⅱ	Ⅰ	Ⅰ	Ⅱ	Ⅰ	Ⅰ	优	优	优	优	优
	北大河酒泉段	劣Ⅴ	劣Ⅴ	Ⅴ	Ⅴ	Ⅴ	Ⅴ	Ⅲ	Ⅳ	Ⅲ	Ⅳ	Ⅱ	Ⅱ	Ⅱ	Ⅱ	Ⅲ	—	—	—	—	—
嘉陵江	白龙江武都段	Ⅳ	Ⅳ	Ⅳ	Ⅱ	Ⅱ	Ⅱ	Ⅱ	Ⅳ	Ⅱ	Ⅱ	Ⅰ	Ⅰ	Ⅱ	Ⅰ	Ⅰ	优良	优良	优良	优良	优良

表 2-2-2

1991—2010 年河流污染类别及其污染程度汇总

污染类别	污染指标	1991—1995 年		1996—2000 年		2001—2005 年		2006—2010 年	
		平均污染指数	分担率/%	平均污染指数	分担率/%	平均污染指数	分担率/%	平均污染指数	分担率/%
有机类	挥发酚	9.75	21.20	1.72	14.48	4.46	31.72	—	44.7
	生化需氧量	1.31	2.85	0.96	8.08	3.05	21.69	—	11.8
	化学需氧量	—	—	2.20	18.52	1.79	12.73	—	10.0
	高锰酸盐指数	1.23	2.68	0.76	6.40	1.18	8.39	—	6.9
	石油类	29.13	63.35	1.04	8.75	0.97	6.90	—	6.0
	阴离子表面活性剂	—	—	0.36	3.03	0.37	2.63	—	—
非金属无机类	非离子氨	—	—	1.24	10.44	—	—	—	—
	亚硝酸盐氮	0.55	1.20	0.60	5.05	—	—	—	—
	硝酸盐氮	0.11	0.24		0.00	—	—	—	—
	氨氮	1.86	4.05	—	0.00	1.34	9.53	—	6.3
	总磷	—	—	0.41	3.45	0.57	4.05	—	—
金属类	总汞	1.00	2.17	0.31	2.61			—	—
	六价铬	0.33	0.72	0.24	2.02	0.23	1.64	—	—
	总镉	0.34	0.74	0.20	1.68			—	—
	总铅	0.20	0.43	0.14	1.18	0.10	0.71	—	—
	总砷	0.15	0.33	—	—	—	—	—	—
	总铜	0.02	0.04	—	—	—	—	—	—
其他类	pH	—	—	0.96	8.08	—	—	—	—
	硫酸盐	—	—	0.74	6.23	—	—	—	—

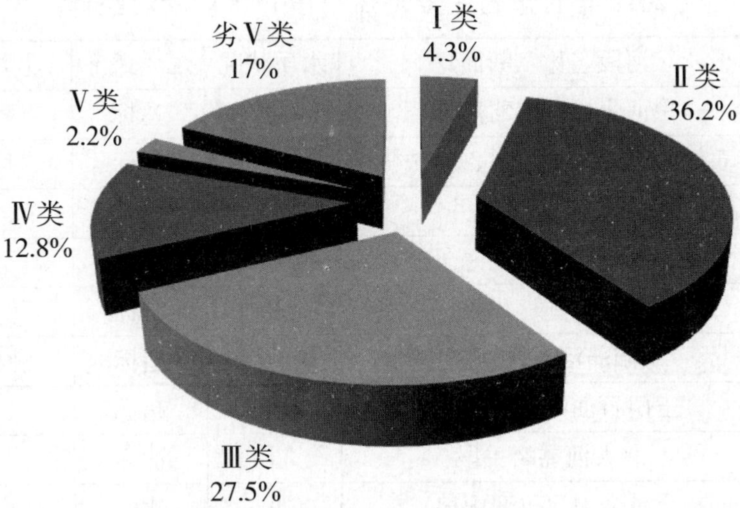

图2-2-1　2010 年甘肃省主要河流断面水质类别

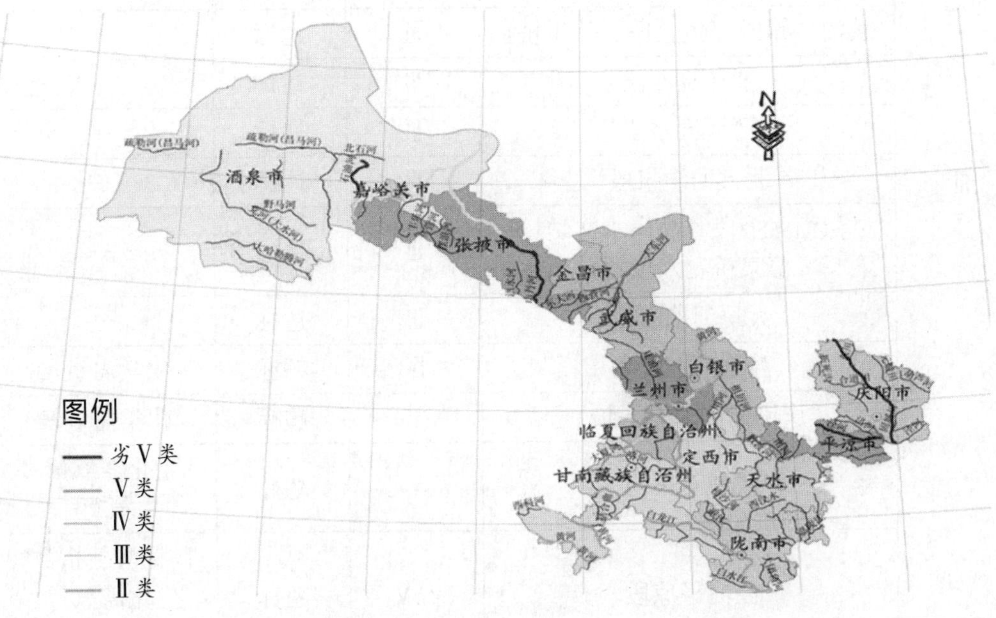

图 2-2-2　2010 年甘肃省主要河流水质状况

表 2-2-3

2010 年甘肃省主要河流（段）水质状况统计

水域类别	河段名称（断面）	水质状况	水质评价	主要污染指标
Ⅱ	黑河张掖段（莺落峡）	Ⅱ	达标	—
	黄河兰州段（扶河桥、新城桥）	Ⅱ	达标	—
	洮河临洮段（玉井）	Ⅱ	达标	—
	金昌金川河（北海子）	Ⅱ	达标	—
	白龙江武都段（两水桥）	Ⅱ	达标	—
	庆阳蒲河（姚新庄）	Ⅳ	超标	化学需氧量
	玉门石油河（豆腐台）	Ⅳ	超标	石油类
Ⅲ	北大河嘉峪关段	Ⅱ	达标	—
	金昌金川河（迎山坡）	Ⅱ	达标	—
	黄河白银段	Ⅱ	达标	—
	大夏河甘南段	Ⅱ	达标	—
	洮河临洮段（洮园桥）	Ⅱ	达标	—
	白龙江武都段（麻池桥、绸子坝）	Ⅱ	达标	—
	黄河兰州段（包兰桥、什川桥）	Ⅲ	达标	—
	渭河陇西段	Ⅲ	达标	—
	渭河天水段	Ⅲ	达标	—
	北大河酒泉段	Ⅲ	达标	—
	黑河张掖段（高崖水文站、蓼泉桥、六坝桥）	Ⅲ	达标	—
	大夏河临夏段	Ⅲ	达标	—
	湟水河兰州段	Ⅳ	超标	化学需氧量
	庆阳蒲河（马头坡）	Ⅴ	超标	化学需氧量
	武威石羊河	Ⅴ	超标	生化需氧量、氨氮
	泾河平凉段	劣Ⅴ	超标	高锰酸盐指数、生化需氧量、化学需氧量等

续表

水域类别	河段名称（断面）	水质状况	水质评价	主要污染指标
Ⅲ	庆阳马莲河	劣Ⅴ	超标	化学需氧量、氨氮
Ⅳ	张掖山丹河	劣Ⅴ	超标	高锰酸盐指数、化学需氧量、生化需氧量、氨氮、总磷、阴离子表面活性剂、硫化物
	玉门石油河（西河坝桥）	劣Ⅴ	超标	化学需氧量、总磷、挥发酚

表 2-2-4

2010 年甘肃省河流水质评价

流域	河流	断面数/个	分布于各类别水域中的断面数						水质状况比较
			Ⅰ	Ⅱ	Ⅲ	Ⅳ	Ⅴ	劣Ⅴ	2010 年
黄河	黄河干流	7		6	1				良好
	大夏河	5		3	1	1			良好
	洮河	2		2					优
	湟水河	1				1			轻度污染
	渭河	6			5	1			良好
	泾河	3				1		2	重度污染
	马莲河	3						3	重度污染
	蒲河	2			1		1		轻度污染
内陆河	石羊河	2			1			1	重度污染
	金川河	2		2					优
	黑河	4		2	2				优
	山丹河	1						1	重度污染
	北大河	4	1	1	2				优
	石油河	2				1		1	重度污染
长江	白龙江	3	1	1	1				优

1. 河流水质污染因子

河流水质主要污染物为挥发酚、生化需氧量和化学需氧量，其污染负荷分别是 44.7%、11.8%和 10.0%。河流（段）水质污染因子分布见图 2-2-3。

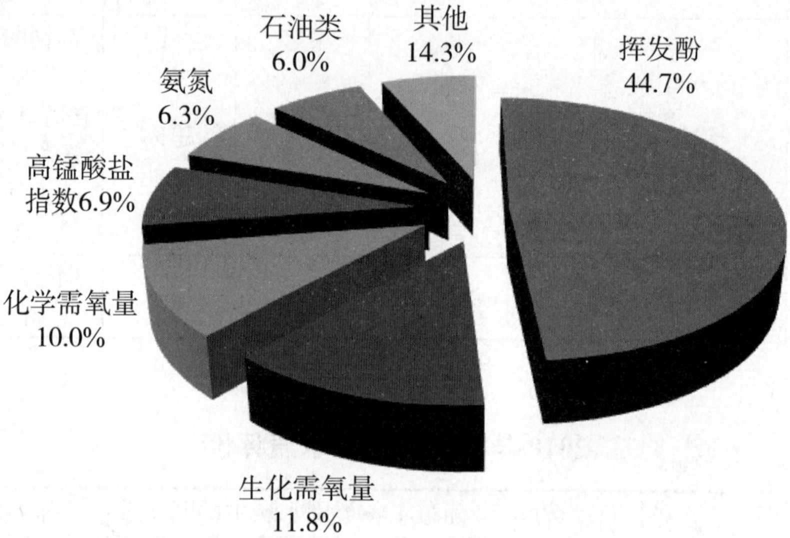

图 2-2-3 甘肃省河流（段）水质污染因子分布

挥发酚污染负荷占首位，污染分指数 >1.00 的河流占统计河流的 11.5%，污染主要集中在泾河平凉段、张掖山丹河和玉门石油河。虽然污染面不大，但污染程度相当严重，其中玉门石油河污染分指数高达 91.4。

生化需氧量和化学需氧量污染分指数 >1.00 的河流分别占统计河流的 20%和 33%，主要污染河流为蒲河、山丹河、石油河、泾河和马莲河。

内陆河流域金川河、黑河和北大河各河段污染综合指数在 0.25~0.45，水质良好。

玉门石油河（Ⅳ类河段）水体污染严重，污染综合指数（*P*）为 18.6，主要污染指标为化学需氧量、挥发酚和总磷。张掖山丹河水质为重度污染，污染综合指数（*P*）为 4.40，主要污染物为高锰酸盐指数、化学需氧量、生化需氧量、挥发酚、氨氮和总磷等。泾河平凉段污染综合指数（*P*）为 2.73，主要污染物为高锰酸盐指数、化学需氧量、生化需氧量和氨氮。武威石羊河污染综合指数（*P*）为 0.99，主要污染物为生化需氧量和氨氮。河段水质综合评价见表 2-2-5。

表 2-2-5

甘肃省河段水质综合评价统计

流域	河段名称（类别）	污染综合指数（*P*）	污染分担率/%
黄河	黄河兰州段（Ⅱ）	0.37	1.04
	黄河兰州段（Ⅲ）	0.41	1.15
	黄河白银段（Ⅲ）	0.37	1.04
	大夏河甘南段（Ⅲ）	0.46	1.29
	大夏河临夏段（Ⅲ）	0.48	1.35
	洮河临洮段（Ⅱ）	0.29	0.82
	洮河临洮段（Ⅲ）	0.30	0.84
	湟水河兰州段（Ⅲ）	0.49	1.38
	渭河陇西段（Ⅲ）	0.37	1.04
	渭河天水段（Ⅲ）	0.44	1.24
	泾河平凉段（Ⅲ）	2.73	7.68
	庆阳马莲河（Ⅲ）	0.87	2.45
	庆阳蒲河（Ⅱ）	0.53	1.49
	庆阳蒲河（Ⅲ）	0.60	1.69
内陆河	武威石羊河（Ⅲ）	0.99	2.79
	金川河（Ⅱ）	0.28	0.79
	金川河（Ⅲ）	0.29	0.82
	黑河张掖段（Ⅱ）	0.28	0.79
	黑河张掖段（Ⅲ）	0.45	1.27
	张掖山丹河（Ⅳ）	4.40	12.38
	北大河嘉峪关段（Ⅲ）	0.25	0.70
	北大河酒泉段（Ⅲ）	0.39	1.10
	玉门石油河（Ⅱ）	0.42	1.18
	玉门石油河（Ⅳ）	18.6	52.35
长江	白龙江武都段（Ⅱ）	0.22	0.62
	白龙江武都段（Ⅲ）	0.25	0.70

2. 省界出境断面水质状况

全省共设地表水省界出境监测断面 6 个，黄河、渭河、白龙江、黑河出境断面水质达标；泾河、马莲河出境断面水质为劣Ⅴ类，主要污染物为化学需氧量、氨氮等。出境断面水质状况见表 2–2–6。

表 2–2–6

甘肃省出境断面水质状况统计

河流	断面	交接省界	水质类别	主要污染指标
黄河	五佛寺	甘—宁	Ⅱ	—
渭河	葡萄园	甘—陕	Ⅲ	—
白龙江	绸子坝	甘—川	Ⅱ	—
泾河	拦洪坝	甘—陕	劣Ⅴ	高锰酸盐指数、化学需氧量、生化需氧量、氨氮
马莲河	宁县桥头	甘—陕	劣Ⅴ	
黑河	六坝桥	甘—蒙	Ⅲ	化学需氧量

3. 经济社会发展与水环境质量变化

2005—2010 年甘肃省 GDP 与水环境质量变化见表 2–2–7，通过比对分析可以看出，2005—2010 年全省经济发展与水环境质量变化之间的关系成正比，与水环境中的主要污染物排放量之间的关系成反比。GDP 从 2005 年到 2010 年翻了一番，而化学需氧量、氨氮、重金属的排放量逐年在减少，全省河流段水质持续保持稳定，达标河流段比“十五”末期增加 13.3%。分析表明，5 年来全省水环境保护与经济发展是同步的，即经济发展持续增长，水环境质量保持稳定，达标河流段有所增加。

2005—2010 年化学需氧量排放量与达标河段比例见图 2–2–4，化学需氧量排放量与年均值比较见图 2–2–5，如图中所示，化学需氧量变化趋势与达标河流段变化趋势总体是一致的。2010 年化学需氧量排放量为 16.76 万吨，比 2005 年下降 8.07%；地表水化学需氧量的年平均浓度为 33.01 毫克/升，比 2005 年下降 25.5%。化学需氧量排放总量逐年削减，对水环境质量的改善已产生一定的影响，污染减排效果开始显现。

表 2-2-7

2005—2010 年甘肃省 GDP 与水环境质量变化统计表

年份	GDP/亿元	化学需氧量排放量/吨	氨氮排放量/吨	工业废水中 3 项重金属排放量/吨			达标河段比例/%
				镉	六价铬	铅	
2005	1 933.98	182 299	34 401	19.75	0.98	81.96	57.7
2006	2 276.70	178 082	33 407	15.27	1.96	74.20	69.2
2007	2 702.40	174 142	22 493	7.20	1.50	48.96	57.7
2008	3 166.82	170 541	22 127	4.27	0.83	46.81	65.4
2009	3 387.56	168 097	26 682	4.21	0.57	38.00	65.4
2010	3 970.00	167 570	23 531	3.69	0.45	34.42	65.4
2010 年与 2005 年相比	↑2 036.02	↓14 729	↓10 870	↓16.06	↓0.53	↓47.54	↑7.7

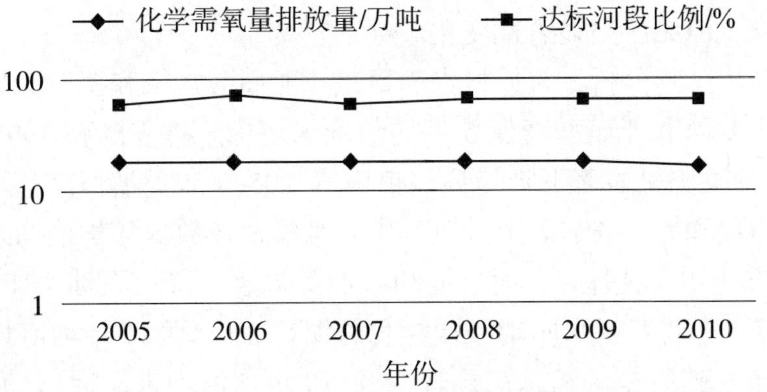

图 2-2-4 “十一五”期间甘肃省化学需氧量排放量与达标河段比例

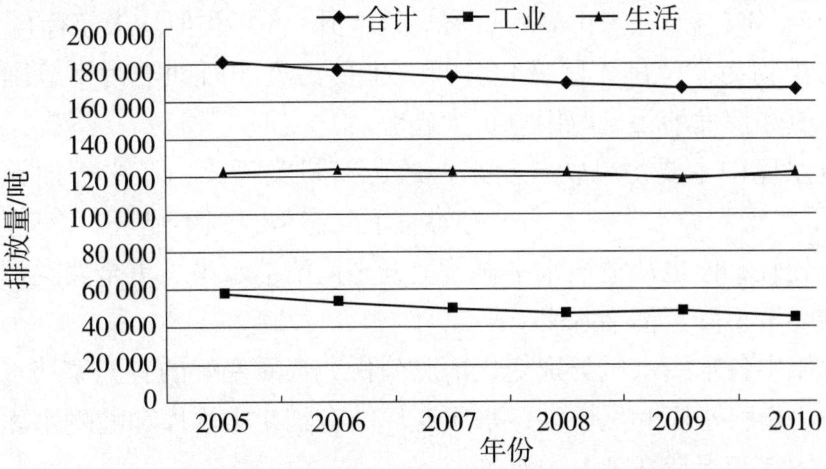

图 2-2-5 “十一五”期间甘肃省化学需氧量排放量与年均值比较

三、水库水质

“八五”时期，水库中石油类污染最为突出，5年累计超标水库数为18个，总汞累计超标水库数为6个，氨氮和挥发酚累计超标数各为5个，高锰酸盐指数和生化需氧量累计超标数各为2个。项目5年均值均无超标的水库有6个，污染较轻。

5年间，年均值超标最高的水库多为赤金峡水库，且石油类和挥发酚在该水库的浓度值均以1991年为最高，说明该水库水质污染的严重性。

红崖山水库污染综合指数显著上升，污染明显加重。崆峒、黑山湖、赤金峡和桑科水库水质基本保持稳定；其他4个水库水质污染均出现不同程度减轻的势态，但无一呈显著性变化。

从主要污染物分析，解放村水库氨氮、亚硝酸盐氮和挥发酚呈显著上升趋势（其中氨氨和亚硝酸盐氮5年均值均未超标，挥发酚在1995年出现超标），而石油类则呈显著下降趋势（年均值0.05~2.59毫克/升）；鸳鸯池水库高锰酸盐指数和挥发酚显著上升（其中高锰酸盐指数5年均值均未超标，挥发酚在1995年出现超标），而总镉和石油类显著下降（石油类年均值0.02~1.75毫克/升）；刘家峡水库硝酸盐氮和总铜显著下降（5年均值均未超标）；金川峡水库亚硝酸盐氮和总铜显著上升（5年均值均未超标）；赤金峡水库总镉和总铜显著下降（其中总铜无超标，总镉5年均值0.000 8~0.006 2毫克/升，1991年超标）；黑山湖六价铬显著上升（5年均值均未超标）。

从污染物污染范围年际变化分析，主要污染物石油类污染范围明显缩小，而氨氮和挥发酚污染范围有扩大趋势。

全省水库中主要污染物5年来持续为有机类污染（其中石油类污染最重），且呈严重污染水平，其污染趋势呈下降态势，但不显著。“三氮”类污染程度虽较轻，但也从清洁水平显著上升至尚清洁水平。重金属类污染程度由尚清洁显著下降至清洁水平。

从5年中各水库水质类别变化情况分析，水质变好的有刘家峡水库、金川峡水库、桑科水库和黑山湖，水质变坏的有红崖山水库和崆峒水库。赤金峡水库连续5年保持在劣Ⅴ类水平。

根据 1995 年水质监测，各类有机类污染项目出现超标的水库占统计水库数的 50%~100%，其中化学需氧量和高锰酸盐指数分别为 100%和 88.9%的水库出现超标样品，年均值超标的水库分别占 75.0%和 11.1%。Ⅲ类水库中所有水库各种有机污染物均有超标样品出现，说明Ⅲ类水库有机污染比较突出，特别是石油类在赤金峡水库年均值超标高达 86.5 倍。

“三氮”类污染物中氨氮有 87.5%的水库出现超标样品，年均值超标的水库数占统计水库数的百分比为 25.0%，年均值最高者仍为赤金峡水库。

重金属类污染程度相对较轻，总汞和六价铬各有 1 个水库出现超标样品，其年均值也分别高于标准 0.20 倍和 2.10 倍。

其他类，pH、溶解氧、硫酸盐和总磷分别有 66.7%、60.0%、33.3%和 83.3%的水库出现超标样品，年均值超标的水库分别占 2.2%、16.7%、33.3%和 50.0%，其中总磷在桑科水库和解放村水库分别超标 3.35 倍和 1.24 倍。

在统计的 9 个水库中，实测水质优于执行标准的水库有 3 个，而水质劣于执行标准的水库有 6 个，占统计水库的 66.7%，反映出多数水库水质较差，而影响水质超标的污染物主要是有机物类。

从总体分析，全省主要污染水库是赤金峡水库，污染综合指数高达 8.24，污染负荷比占统计水库的 73.8%，污染相当严重。其原因是由于该水库位于全省污染最严重的酒泉石油河的下游，接纳来自石油河大量污染物（特别是石油类）所致。其他 8 个水库的水质污染较轻，为轻污染—清洁水平。

全省水库中主要污染物是石油类，居第一位，其平均污染指数（13.09）远高于位居第二位的氨氮（0.77），主要是受赤金峡水库中石油类污染指数的影响。氨氮、挥发酚和高锰酸盐指数污染指数分别位居第二、第三、第四位。

“九五”时期，水库水质与“八五”时期相比变化不大。据 1996 年检测数据，水库水质普遍较河流水质为好，Ⅰ类水质水库中桑科水库有 5 个超标项目，超标率为 66.7%。Ⅱ类水质水库中刘家峡、黑山湖、南营及西营水库水质达标，水质良好；金川峡水库和皇城水库均因总磷年均值高于标准，使水质下降。Ⅲ类水质水库水质较差，赤金峡水库由于接纳来自石油河河水，年均值超标项目为 6 项，污染严重；鸳鸯池水库和解放村水库石油类、化学需氧量和高锰酸盐指数超标，鸳鸯池水库超标率为 77.8%，解放村水库超标率为 66.7%。1997 年水库水质变化见表 2–2–8。

表 2-2-8

1997 年甘肃省主要水库水质评价

水域类别	水库名称	主要超标污染指标	污染指数	污染分级
Ⅰ类	桑科	化学需氧量、总磷	0.669	轻污染
Ⅱ类	刘家峡	—	0.303	尚清洁
	崆峒	化学需氧量	0.433	轻污染
	红崖山	化学需氧量、总磷	0.822	中污染
	金川峡	总磷	0.439	轻污染
	皇城	化学需氧量	0.416	轻污染
	西营	总磷	0.386	尚清洁
	南营	总磷	0.418	轻污染
	黄羊	总磷	0.43	轻污染
	黑山湖	总磷	0.271	尚清洁
Ⅲ类	赤金峡	化学需氧量、非离子氨、硫酸盐	3.76	严重污染
	鸳鸯池	硫酸盐	0.653	轻污染
	解放村	总磷	0.65	轻污染

1998 年，全省监测的 16 座水库中，达标的水库有 7 座，占 43.8%。实测达Ⅰ类水质的水库有 6 座，Ⅱ类水库有 1 座，Ⅲ类水库有 2 座，Ⅳ类水库有 5 座，Ⅴ类和劣Ⅴ类水库各有 1 座。总磷是全省水库的主要污染因子，其次是生化需氧量和化学需氧量等有机污染因子。

“十五”期间，水库水质总体上有所好转。各水库水质评价及类别变化情况详见表 2-2-9。

表 2-2-9

2001—2005 年甘肃省水库水质评价

执行标准类别	水库	实测水质类别					水质状况				
		2001 年	2002 年	2003 年	2004 年	2005 年	2001 年	2002 年	2003 年	2004 年	2005 年
Ⅰ	桑科	Ⅴ	Ⅳ	Ⅳ	Ⅳ	Ⅲ	中	轻	轻	轻	良
	巴家嘴	Ⅲ	Ⅴ	Ⅴ	Ⅴ	Ⅲ	良	中	中	中	良

续表

执行标准类别	水库	实测水质类别					水质状况				
		2001年	2002年	2003年	2004年	2005年	2001年	2002年	2003年	2004年	2005年
Ⅱ	刘家峡	Ⅰ	Ⅰ	Ⅰ	Ⅰ	Ⅰ	优	优	优	优	优
	黑山湖	Ⅰ	Ⅰ	Ⅰ	Ⅰ	Ⅰ	优	优	优	优	优
	崆峒	Ⅱ	Ⅱ	Ⅲ	Ⅱ	Ⅱ	优	优	良	优	优
	金川峡	Ⅲ	Ⅲ	Ⅲ	Ⅲ	Ⅲ	良	良	良	良	良
	皇城	Ⅲ	Ⅱ	Ⅲ	Ⅲ	Ⅲ	良	优	良	良	良
	月牙泉	Ⅰ	Ⅱ	Ⅱ	Ⅱ	Ⅱ	优	优	优	优	优
	双塔	Ⅳ	Ⅱ	Ⅱ	Ⅱ	Ⅱ	轻	优	优	优	优
	党河	Ⅱ	Ⅱ	Ⅱ	Ⅱ	Ⅱ	优	优	优	优	优
	黄羊	劣Ⅴ	Ⅲ	Ⅳ	Ⅴ	Ⅳ	重	良	轻	中	轻
	西营	Ⅴ	Ⅲ	Ⅳ	Ⅴ	Ⅳ	中	良	轻	中	轻
	南营	劣Ⅴ	Ⅲ	Ⅳ	劣	Ⅳ	重	良	轻	重	轻
Ⅲ	解放村	Ⅳ	Ⅲ	Ⅳ	Ⅱ	Ⅱ	轻	良	轻	优	优
	鸳鸯池	Ⅳ	Ⅳ	Ⅳ	Ⅲ	Ⅲ	轻	轻	轻	良	良
	赤金峡	Ⅴ	Ⅴ	Ⅳ	Ⅴ	劣Ⅴ	中	中	轻	中	重
	红崖山	劣Ⅴ	劣Ⅴ	劣Ⅴ	劣Ⅴ	劣Ⅴ	重	重	重	重	重

注：“轻”为轻度污染，“中”为中度污染，“重”为重度污染。

根据年度间各水库综合污染程度变化情况进行污染趋势分析（表 2–2–10、图 2–2–6），全省超过半数（占 58.8%）的水库水质得到改善，特别是解放村和双塔水库水质好转最为明显，党河水库和桑科水库水质改善幅度较大，表明甘肃省在控制水库水质污染方面取得一定成效。赤金峡水库因总磷污染，水质呈污染加重趋势。其他 6 座水库水质相对稳定。红崖山水库水质受石羊河污染的影响，水质污染严重，多年来保持劣Ⅴ类水平。

主要污染指标的污染范围年际间变化见表 2–2–11、图 2–2–7。由表 2–2–11、图 2–2–7 可以看出，总磷、石油类和高锰酸盐指数均有污染范围扩大的趋势，其中总磷的污染范围最广。生化需氧量和氨氮污染范围变化不大。

表 2–2–10

甘肃省水库水质变化趋势表

水库	r_s	污染综合指数变化趋势
解放村	1.0	极显著下降
双塔	1.0	极显著下降
党河	0.9	显著下降
桑科	0.9	显著下降
刘家峡	0.8	下降
黑山湖	0.8	下降
月牙泉	0.8	下降
鸳鸯池	0.8	下降
崆峒	0.6	下降
金川峡	0.6	下降
巴家嘴	0.4	变化不大
黄羊	0.4	变化不大
南营	0.3	变化不大
红崖山	0.3	变化不大
皇城	0.2	变化不大
西营	0.1	变化不大
赤金峡	0.6	上 升

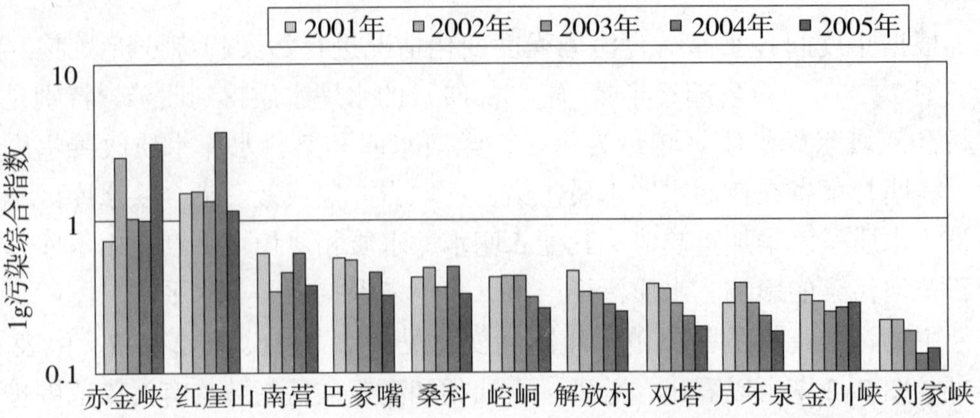

图 2–2–6　甘肃省部分水库污染综合指数变化情况

表 2-2-11

甘肃省指标污染范围年际间变化

污染指标	各年度超标水库数之和	污染范围趋势分析	年度均值超标最高			
		r_s	变化趋势	水库	年度	超标倍数
总磷	41	0.7	上升	赤金峡	2005	12.6
生化需氧量	19	0.1	变化不大	红崖山	2004	12.1
化学需氧量	19	0.5	下降	红崖山	2004	3.72
高锰酸盐指数	15	0.7	上升	红崖山	2004	3.06
氨氮	13	0.4	变化不大	红崖山	2004	10.1
石油类	4	0.8	上升	赤金峡	2002	14.3

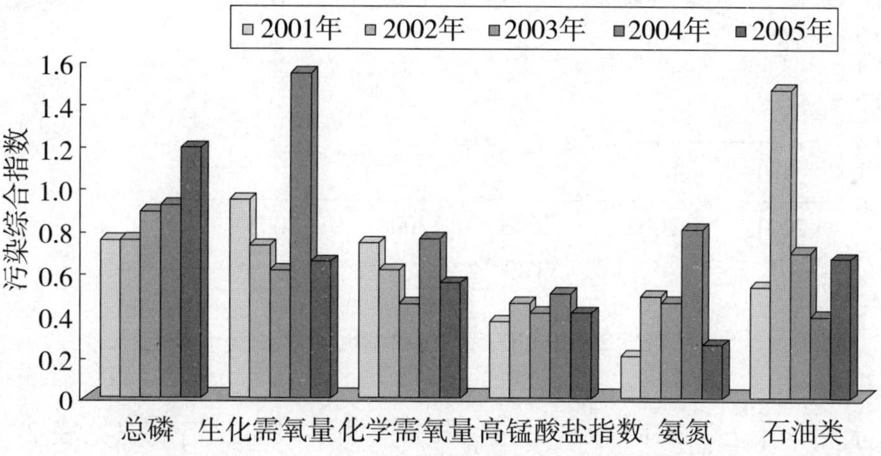

图 2-2-7　甘肃省指标污染程度年际变化

化学需氧量污染范围得到控制。石油类仅赤金峡水库超标。5 年来这些主要污染指标的超标最高水库都集中在赤金峡水库和红崖山水库，说明该两座水库的水质污染最为突出。

主要污染指标的污染程度年际间变化（图 2-2-7）表明，甘肃省水库的主要污染物中，总磷和生化需氧量的污染强度相对较高，高锰酸盐的污染程度相对较低。总磷和高锰酸盐指数的污染强度呈上升态势，其中总磷的 r_s 值为 1.0，污染加重趋势达极显著水平。其他指标变化不大。

上述分析表明，水库主要污染指标总磷不仅污染面在扩大，而且污染程度在不断上升，因此控制总磷的污染是当前遏制水库水质污染的重要任务之一。高锰酸盐指数虽然污染程度较低，但其污染面和污染程度5年间也在不断上升。

从不同污染类别的变化情况（见图2-2-8）来看，非金属无机类污染在水库中表现明显，而且呈现出逐年加重趋势，其原因在相当程度上是受总磷污染的影响；有机类污染年度间保持相对稳定；金属类污染较轻，且呈缓慢下降趋势。

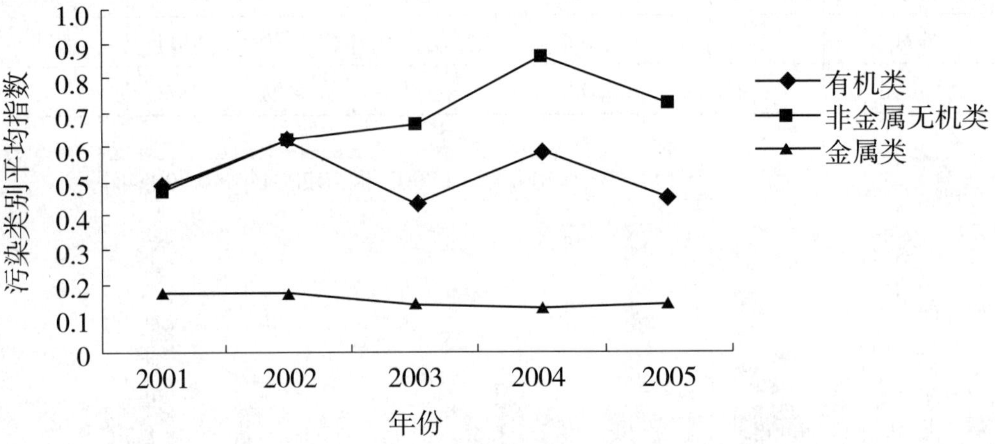

图2-2-8　2001—2005年甘肃省污染类别变化情况

从水库“十五”末期与“九五”末期监测结果对比情况（见表2-2-12）可以看出，16座水库水质没有发生变化的有6座，占37.5%；水质变好的有7座，占43.8%，其中皇城、鸳鸯池、南营和解放村变化两个级别，水质显著好转；水质变坏的有月牙泉、黄羊和赤金峡水库，占18.7%，水质下降一个级别，其中月牙泉仍然达标为Ⅱ类水质。

根据2000—2005年主要污染指标超标水库数的百分比来判定指标污染范围的变化情况（见图2-2-9）。统计指标中除生化需氧量污染范围有所扩大外，其他指标的污染范围均有不同程度的减小，其中化学需氧量降幅为50.0%。

表 2-2-12

甘肃省水库水质“九五”末期与“十五”末期对比

水域类别	水库	2000 年实测类别	2005 年实测类别
Ⅰ	桑科	Ⅲ	Ⅲ
Ⅱ	刘家峡	Ⅰ	Ⅰ
	黑山湖	Ⅱ	Ⅰ
	崆峒	Ⅲ	Ⅱ
	金川峡	Ⅲ	Ⅲ
	皇城	Ⅴ	Ⅲ
	月牙泉	Ⅰ	Ⅱ
	双塔	Ⅱ	Ⅱ
	党河	Ⅱ	Ⅱ
	黄羊	Ⅱ	Ⅳ
	西营	Ⅴ	Ⅳ
	南营	劣Ⅴ	Ⅳ
Ⅲ	解放村	Ⅳ	Ⅱ
	鸳鸯池	Ⅴ	Ⅲ
	赤金峡	Ⅳ	劣Ⅴ
	红崖山	劣Ⅴ	劣Ⅴ

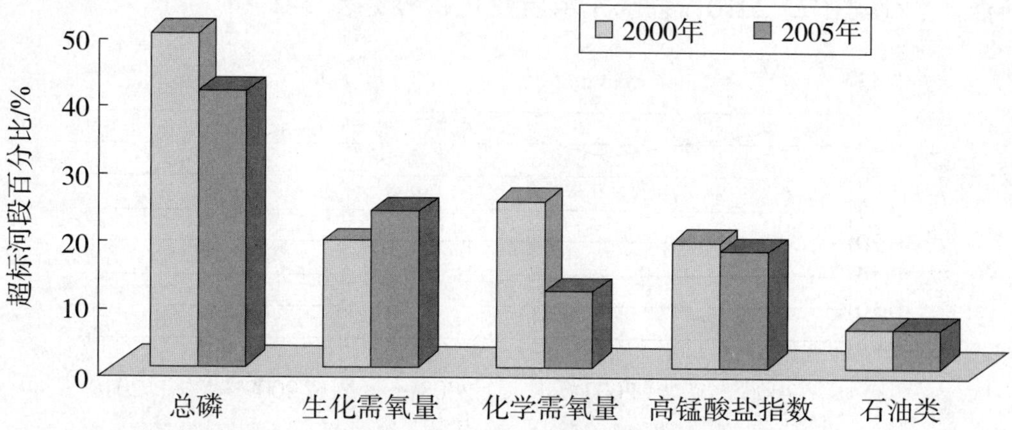

图 2-2-9　甘肃省指标超标河段变化

从“九五”末期和“十五”末期部分指标的污染指数变化（见表 2-2-13）中可看出，石油类、总磷和高锰酸盐指数污染程度有所加重，其中石油类受赤金峡水库影响增加幅度较大；生化需氧量、化学需氧量污染程度有所减轻，其中生化需氧量下降幅度较大，污染程度明显减轻。

表 2-2-13

甘肃省部分指标的污染指数变化

污染指标	“九五”末期	“十五”末期	增减率/%
石油类	0.56	0.66	+17.8
总磷	1.07	1.18	+10.3
高锰酸盐指数	0.37	0.40	+8.1
生化需氧量	0.93	0.65	–30.1
化学需氧量	0.65	0.55	–15.4

2006—2010 年甘肃省水库水质逐年好转。2010 年水库平均综合污染指数比 2006 年降低 21.6%。Ⅲ类以上水质水库 2006 年和 2007 年均为 14 座，占 82.4%，与 2005 年持平；2008—2010 年为 15 座，占 88.2%，较 2005 年增加 1 座；2006—2008 年劣Ⅴ类水库均为 1 座，较 2005 年减少 1 座；2009 年和 2010 年无劣Ⅴ类水库，达标水库的比例达到 70%以上。黄羊水库、红崖山水库和赤金峡水库水质呈显著好转趋势。2006—2010 年水库水质总体污染程度变化见图 2-2-10，各水库水质变化趋势见表 2-2-14。

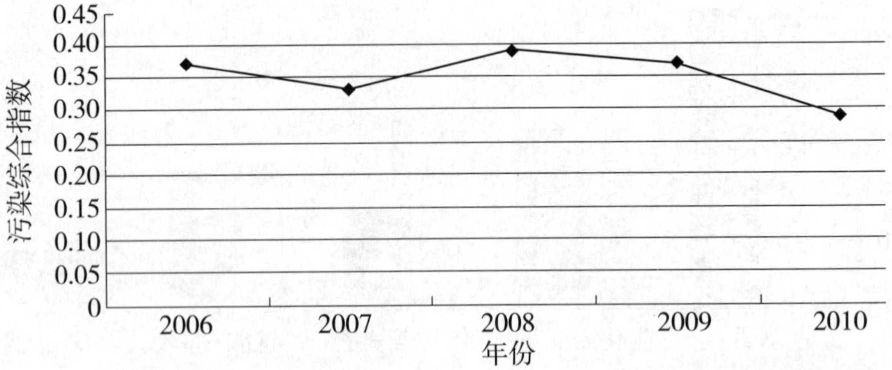

图 2-2-10　2006—2010 年甘肃省水库水质总体污染程度变化趋势

表 2-2-14

1991—2010 年甘肃省各水库水质变化趋势统计

水库名称	平均综合污染指数 P																				秩相关系数 r_s	水质变化趋势
	1991年	1992年	1993年	1994年	1995年	1996年	1997年	1998年	1999年	2000年	2001年	2002年	2003年	2004年	2005年	2006年	2007年	2008年	2009年	2010年		
桑科	0.43	0.28	0.24	0.20	0.29	0.19	0.26	0.18	0.18	0.30	0.26	0.34	0.45	0.43	0.40	0.46	0.4	0.34	0.50	0.32		
黑山湖	0.43	0.11	0.14	0.17	0.16	0.16	0.16	0.20	2.25	0.19	0.20	0.33	0.18	0.26	0.21	0.21	0.33	0.23	0.27	0.21		
刘家峡	0.35	0.38	0.46	0.18	0.21	0.19	0.18	0.18	0.30	0.28	0.33	0.20	0.19	0.31	0.25	0.23	0.33	0.38	0.36	0.28		
党河	—	—	—	—	—	0.18	0.25	0.20	0.18	0.26	0.21	0.31	0.32	0.19	0.21	0.22	0.39	0.27	0.29	0.24		
月牙泉	—	—	—	—	—	0.18	0.19	0.23	0.30	0.34	0.26	0.18	0.30	0.27	0.40	0.22	0.31	0.27	0.29	0.21		
皇城	—	—	—	—	—	0.28	0.33	0.42	0.38	0.33	0.40	0.31	0.36	0.26	0.27	0.28	0.37	0.32	0.36	0.28		
金川峡	0.66	1.16	0.44	0.56	0.27	0.21	0.37	0.27	0.26	0.29	0.37	0.4	0.23	0.28	0.33	0.30	0.37	0.32	0.37	0.30		
崆峒	0.38	0.24	0.28	0.42	0.33	0.5	0.27	0.38	0.39	0.31	0.28	0.33	0.28	0.22	0.22	0.34	0.51	0.35	0.43	0.30		
南营	—	—	—	—	—	—	—	—	—	—	—	—	—	—	—	0.33	0.40	0.31	0.36	0.26		

续表

水库名称	平均综合污染指数 P																				秩相关系数 r_s	水质变化趋势
	1991年	1992年	1993年	1994年	1995年	1996年	1997年	1998年	1999年	2000年	2001年	2002年	2003年	2004年	2005年	2006年	2007年	2008年	2009年	2010年		
巴家嘴	—	—	—	—	—	0.38	0.26	0.22	0.28	0.38	0.32	0.40	0.41	0.51	0.41	0.40	0.45	0.47	0.56	0.41		
双塔	—	—	—	—	—	0.27	0.26	0.37	0.41	0.38	0.25	0.30	0.21	0.27	0.32	0.22	0.31	0.27	0.29	0.23		
西营	—	—	—	—	—	0.34	0.61	0.28	0.45	0.11	0.21	0.31	0.26	0.32	0.10	0.32	0.40	0.31	0.27	0.27		
黄羊	—	—	—	—	—	0.27	0.27	0.56	0.41	0.32	0.38	0.32	0.41	0.36	0.29	0.31	0.38	0.29	0.27	0.25		
鸳鸯池	2.99	0.90	0.41	0.38	0.54	0.27	0.56	0.38	0.54	0.27	0.29	0.31	0.32	0.19	0.31	0.35	0.40	0.32	0.35	0.38		
解放村	4.23	0.60	0.37	0.34	0.42	0.47	0.27	0.36	0.41	0.25	0.27	0.29	0.31	0.38	0.35	0.30	0.36	0.31	0.33	0.38		
红崖山	0.22	0.26	0.28	0.38	0.32	0.37	0.34	0.42	0.38	0.54	0.31	0.42	0.38	0.32	0.34	1.01	0.69	0.59	0.67	0.42		
赤金峡	7.36	8.46	7.06	7.29	8.42	7.21	5.61	5.68	6.3	4.21	3.12	1.18	1.91	1.91	1.11	0.89	0.59	0.41	0.31	0.34		

2010 年水库平均综合污染指数（0.30）比 2005 年（0.45）降低 33%，其中赤金峡水库水质明显好转，综合污染指数下降 85%，红崖山水库综合污染指数下降 56%。

黑山湖、刘家峡、党河、月牙泉、双塔、西营、黄羊、鸳鸯池、解放村水库水质连续 5 年达标，桑科、皇城、金川峡水库水质由良好转为优；崆峒水库水质由轻度污染好转为优，红崖山水库水质由重度污染好转为轻度污染。1991—2010 年水库水质状况评价见表 2-2-15。

四、2010 年水库水质

17 座水库中水质达Ⅲ类以上水库有 15 座，占 88.2%；Ⅳ类和Ⅴ类水库各 1 座，占 11.8%，无劣Ⅴ类水库（见图 2-2-11）。2010 年各水库水质监测结果见表 2-2-16。

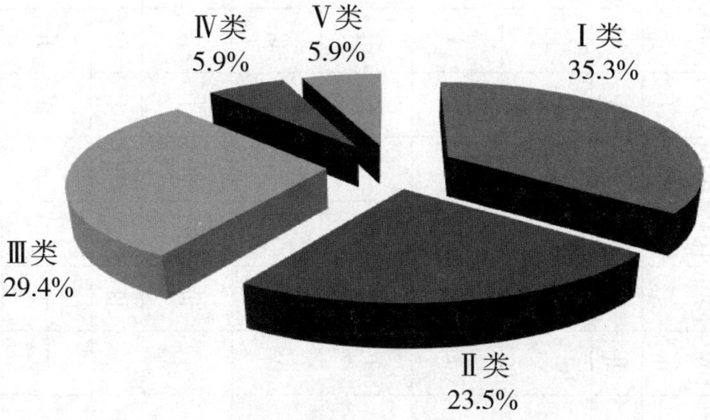

图 2-2-11　2010 年甘肃省水库水质类别比例

在有机类中，水库所有监测点高锰酸盐指数、化学需氧量和挥发酚年均值均达到或优于Ⅲ类水质；生化需氧量仅红崖山水库年均值浓度为 4.14 毫克/升，其他水库年均值浓度均达到或优于Ⅲ类标准；石油类仅赤金峡水库年均值浓度为 0.08 毫克/升，超过Ⅲ类标准 0.6 倍，其他水库年均值浓度均达到或优于Ⅲ类标准。

表 2-2-15

1991—2010 年甘肃省各水库水质一览

执行标准类别	水库	1991年	1992年	1993年	1994年	1995年	1996年	1997年	1998年	1999年	2000年	2001年	2002年	2003年	2004年	2005年	2006年	2007年	2008年	2009年	2010年
Ⅰ	桑科	Ⅲ	Ⅱ	Ⅱ	Ⅱ	Ⅱ	Ⅴ	Ⅳ	Ⅳ	Ⅳ	Ⅴ	Ⅴ	Ⅳ	Ⅳ	Ⅳ	Ⅲ	良好	良好	优	优	优
	巴家嘴	—	—	—	—	—	—	—	—	—	—	Ⅲ	Ⅴ	Ⅴ	Ⅴ	Ⅲ	良好	良好	优	良好	良好
Ⅱ	刘家峡	Ⅳ	Ⅳ	Ⅳ	Ⅰ	Ⅰ	Ⅰ	Ⅰ	Ⅰ	Ⅰ	Ⅰ	Ⅰ	Ⅰ	Ⅰ	Ⅰ	Ⅰ	优	优	优	优	优
	黑山湖	Ⅱ	Ⅰ	Ⅰ	Ⅰ	Ⅰ	Ⅰ	Ⅰ	Ⅰ	Ⅲ	Ⅱ	Ⅰ	Ⅰ	Ⅰ	Ⅰ	Ⅰ	优	优	优	优	优
	崆峒	Ⅳ	Ⅱ	Ⅲ	Ⅳ	Ⅳ	Ⅴ	Ⅲ	Ⅳ	Ⅱ	Ⅲ	Ⅱ	Ⅱ	Ⅲ	Ⅱ	Ⅱ	轻度污染	轻度污染	良好	轻度污染	优
	金川峡	Ⅳ	Ⅴ	Ⅳ	Ⅳ	Ⅰ	Ⅲ	Ⅱ	Ⅲ	Ⅰ	Ⅱ	Ⅲ	Ⅲ	Ⅲ	Ⅲ	Ⅲ	良好	良好	良好	良好	优
	皇城	—	—	—	—	—	Ⅲ	Ⅳ	Ⅲ	Ⅰ	Ⅳ	Ⅲ	Ⅱ	Ⅲ	Ⅲ	Ⅲ	良好	良好	良好	优	优
	月牙泉	—	—	—	—	—	—	—	Ⅰ	Ⅳ	Ⅱ	Ⅰ	Ⅱ	Ⅱ	Ⅱ	Ⅱ	优	优	优	优	优
	双塔	—	—	—	—	—	—	—	Ⅰ	劣Ⅴ	Ⅱ	Ⅳ	Ⅱ	Ⅱ	Ⅱ	Ⅱ	优	优	优	优	优
	党河	—	—	—	—	—	—	—	Ⅳ	Ⅴ	Ⅱ	Ⅱ	Ⅱ	Ⅱ	Ⅱ	Ⅱ	优	优	优	优	优
	黄羊	—	—	—	—	—	—	Ⅲ	Ⅰ	—	Ⅲ	劣Ⅴ	Ⅲ	Ⅳ	Ⅴ	Ⅳ	良好	优	良好	优	良好

续表

执行标准类别	水库	水质状况																			
		1991年	1992年	1993年	1994年	1995年	1996年	1997年	1998年	1999年	2000年	2001年	2002年	2003年	2004年	2005年	2006年	2007年	2008年	2009年	2010年
Ⅱ	西营	—	—	—	—	—	Ⅱ	Ⅳ	Ⅱ	—	Ⅴ	Ⅴ	Ⅲ	Ⅳ	Ⅴ	Ⅳ	良好	优	良好	优	优
	南营	—	—	—	—	—	Ⅰ	Ⅳ	Ⅰ	—	劣Ⅴ	劣Ⅴ	Ⅲ	Ⅳ	劣Ⅴ	Ⅳ	良好	优	良好	优	良好
Ⅲ	解放村	劣Ⅴ	Ⅳ	Ⅳ	Ⅳ	Ⅳ	劣Ⅴ	劣Ⅴ	Ⅳ	劣Ⅴ	Ⅳ	Ⅳ	Ⅲ	Ⅳ	Ⅱ	Ⅱ	优	优	良好	良好	良好
	鸳鸯池	劣Ⅴ	Ⅳ	Ⅳ	Ⅳ	Ⅴ	劣Ⅴ	劣Ⅴ	Ⅳ	Ⅳ	Ⅳ	Ⅳ	Ⅳ	Ⅳ	Ⅲ	Ⅲ	优	优	良好	良好	良好
	赤金峡	劣Ⅴ	劣Ⅴ	劣Ⅴ	劣Ⅴ	劣Ⅴ	劣Ⅴ	劣Ⅴ	劣Ⅴ	劣Ⅴ	劣Ⅴ	Ⅴ	Ⅴ	Ⅳ	Ⅴ	劣Ⅴ	中度污染	轻度污染	轻度污染	轻度污染	中度污染
	红崖山	Ⅱ	Ⅲ	Ⅲ	Ⅴ	Ⅲ	Ⅳ	劣Ⅴ	Ⅴ	劣Ⅴ	劣Ⅴ	劣Ⅴ	劣Ⅴ	劣Ⅴ	劣Ⅴ	劣Ⅴ	重度污染	中度污染	重度污染	中度污染	轻度污染

表 2-2-16

2010 年甘肃省水库水质监测结果

单位：毫克/升

水库名称	pH	溶解氧	高锰酸盐指数	化学需氧量	生化需氧量	氨氮	总磷	铜	锌	氟化物
桑科水库	8.32	7.70	1.36	10.52	2.11	0.122	0.01L	0.001L	0.05L	0.40
刘家峡水库	7.88	9.40	1.44	6.51	2.00L	0.044	0.01L	—	—	0.18
崆峒水库	8.26	9.72	1.79	4.23	0.93	0.276	0.025	0.028	0.02	0.33
南营水库	6.41	5.55	1.26	5.77	2.20	0.057	0.023	0.001L	0.05L	0.27
金川峡水库	7.94	9.00	2.00	5.76	2.00L	0.099	0.024	0.001L	0.05L	0.23
皇城水库	7.90	8.00	1.82	5.51	2.00L	0.058	0.022	0.001L	0.05L	0.21
党河水库	8.14	8.50	0.50L	10.7	2.06	0.029	0.01L	0.001L	0.05L	0.45
月牙泉	8.02	8.61	0.50L	7.57	2.35	0.029	0.01L	0.001L	0.05L	0.53
黑山湖	8.10	9.43	1.02	10.0L	2.02	0.025	0.01L	0.001L	0.05L	0.19

注：“L”表示未检出，所填数据为最低检出限的值。

在非金属无机类中，所测水库氨氮年均值均达到或优于Ⅲ类水质；总氮年均值浓度范围为0.13~2.14毫克/升，金川峡水库最高，年均值达到或优于Ⅲ类标准的水库为82.3%；总磷年均值浓度范围为0.01~0.132毫克/升，赤金峡水库最高，年均值达到或优于Ⅲ类标准的水库为88.2%。所有水库的氰化物、砷年均值浓度均达到Ⅰ类标准。

在重金属中，所有水库的汞、铅、总镉、六价铬年均值浓度均达到或优于Ⅲ类标准。

水库主要污染指标高锰酸盐指数年均值为1.76毫克/升，氨氮年均值为0.159毫克/升，总磷年均值为0.027毫克/升，总氮年均值为0.76毫克/升。水库水质未出现富营养化。水库水质类别和营养状态评价见表2–2–17。水库2010年与2005年综合污染指数比较见图2–2–12。

表2–2–17

甘肃省水库水质类别和营养状态评价

水域类别	水库名称	水质状况	营养状态
Ⅰ	桑科	Ⅰ	—
Ⅱ	黑山湖	Ⅰ	贫营养
	刘家峡	Ⅰ	—
	党河	Ⅰ	—
	月牙泉	Ⅰ	—
	皇城	Ⅱ	贫营养
	金川峡	Ⅱ	贫营养
	崆峒	Ⅱ	—
	南营	Ⅲ	—
	巴家嘴	Ⅲ	贫营养
Ⅲ	双塔	Ⅰ	—
	西营	Ⅱ	—
	黄羊	Ⅲ	—
	鸳鸯池	Ⅲ	贫营养
	解放村	Ⅲ	贫营养
	红崖山	Ⅳ	—
Ⅳ	赤金峡	Ⅴ	—

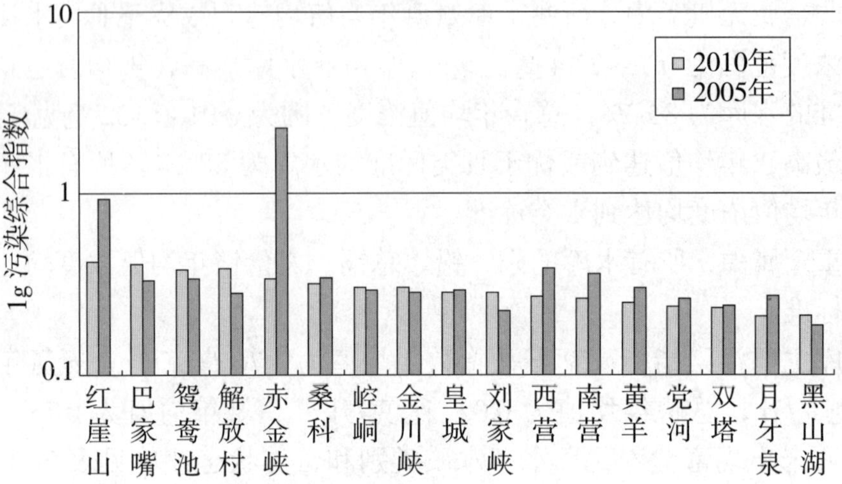

图 2-2-12　2010 年与 2005 年甘肃省水库综合污染指数比较

第二节　饮用水水源地环境质量

一、饮用水水源地环境质量

全省集中式饮用水水源地水质从 2002 年开始监测。检测结果表明，全省大多数城市水质总体良好，各年水质均达标。白银市因受上游城市产生的大量生活污水的影响，饮用水水质相对较差，粪大肠菌群常年超标，水质达标率为 93%~96.0%；西峰市受当地地质环境因素的影响，地表水含盐量本底较高，致使硫化物出现超标，水质达标率为 92.3%~100%；天水市、武威市、合作市个别年份出现超标（见表 2-2-18）。2005 年与 2002 年相比，超标城市有所增多。

表 2-2-18

城市饮用水水源地水质达标统计表

年份	水质达标城市	水质超标城市		
		城市	超标指标	达标率/%
2002	兰州、天水、白银、金昌、嘉峪关、平凉、陇南、定西、武威、张掖、酒泉、临夏	庆阳	硫化物等三项	92.3
2003	兰州、金昌、嘉峪关、西峰、平凉、陇南、定西、武威、张掖、酒泉、临夏、合作	白银	粪大肠菌群	96.4
		天水	总硬度	98.1

续表

年份	水质达标城市	水质超标城市		
		城市	超标指标	达标率/%
2004	兰州、嘉峪关、金昌、天水、平凉、定西、武威、张掖、酒泉、临夏、陇南、合作	白银	粪大肠菌群	92.7
		庆阳	硫化物、总磷	98.4
2005	兰州、天水、金昌、嘉峪关、西峰、平凉、陇南、定西、张掖、酒泉、临夏	白银	粪大肠菌群	97.4
		武威	粪大肠菌群	99.3
		合作	氨氮	95.8

2006 年和 2007 年，饮用水水质达标率均在 90%以上，2008—2010 年，水质达标率分别为 67.3%、47.5%和 66.6%，主要超标项目为粪大肠菌群。2006—2010 年，城市饮用水水源地水质达标情况及水质状况见表 2-2-19 和表 2-2-20。

表 2-2-19

2006—2010 年甘肃省城市饮用水水源地水质达标情况

年份	取水总量/万吨	达标水量/万吨	水质达标率/%
2006	30 765.918	29 224.978	95.0
2007	38 139.624	35 112.853	92.1
2008	27 222.453	18 313.023	67.3
2009	29 325.097	13 944.060	47.5
2010	32 614.850	21 730.840	66.6

表 2-2-20

2006—2010 年甘肃省城市饮用水水源地水质状况

年份	水质达标城市	水质超标城市	
		城市	超标指标
2006	兰州、嘉峪关、金昌、天水、庆阳、平凉、定西、武威、张掖、酒泉、临夏、陇南、合作	白银	粪大肠菌群
2007	兰州、嘉峪关、金昌、天水、定西、武威、张掖、酒泉、陇南、合作、临夏	庆阳（十里湾）	亚硝酸盐氮
		平凉	氨氮
		白银	粪大肠菌群

续表

年份	水质达标城市	水质超标城市	
		城市	超标指标
2008	兰州、嘉峪关、金昌、天水、庆阳、平凉、定西、武威、张掖、酒泉、临夏、陇南、合作	白银	粪大肠菌群
2009	嘉峪关、金昌、天水、庆阳、平凉、定西、武威、张掖、酒泉、临夏、陇南、合作	兰州	粪大肠菌群
		白银	粪大肠菌群
2010	嘉峪关、金昌、天水、庆阳、平凉、定西、武威、张掖、酒泉、临夏、陇南、合作	兰州	粪大肠菌群
		白银	粪大肠菌群

甘肃省饮用水水源地水质达标率下降的主要原因是兰州市粪大肠菌群超标。由于兰州市饮用水水源地取水量在全省地级以上城市占的比重比较大，约占 14 个城市饮用水水源地取水总量的 60%，导致全省水质达标率整体有所下降。

二、2010 年城市集中式饮用水水源地水质

14 个城市的集中式饮用水水源地取水总量为 32 614.85 万吨，达标水量为 21 730.84 万吨，占取水总量的 66.6%。兰州市粪大肠菌群超标，其余 13 个城市每个监测月饮用水水质均达标。2010 年饮用水水源地水质情况统计见表 2–2–21。

表 2–2–21

2010 年甘肃省饮用水水源地水质情况统计

取水总量/万吨	达标水量/万吨	水质达标率/%
32 614.85	21 730.84	66.6

地表水：地级以上城市集中式饮用水水源地共有 7 个监测点位为地表水，取水总量为 23 632.78 万吨，达标水量为 12 748.77 万吨，占取水总量的 54%。其中，兰州市岸门桥 2 月、3 月、6 月、7 月、8 月、9 月、11 月粪大肠菌群超标，白银市动力公司和二水源 8 月粪大肠菌群超标，其他城市地表水集中式饮用水水源地水质均达标。2010 年地表饮用水水源地水质状况见表 2–2–22。

表 2-2-22

2010 年甘肃省地表饮用水水源地水质状况

城市名称	水源地名称	总取水量/万吨	达标取水量/万吨	取水达标率/%
兰州	岸门桥	18 258.52	7 632.7	42
金昌	迎山坡	1 777	1 777	100
白银市	二水源	2 249.98	2 055.04	91
	动力公司	631.56	568.31	90
庆阳	巴家嘴	280.72	280.72	100
临夏	自来水厂	167.7	167.7	100
	槐树关	249.3	249.3	100

地下水：地级以上城市集中式饮用水水源地共有 18 个监测点位为地下水，取水总量为 8 982.07 万吨，水质均达标。2010 年地下饮用水水源地水质状况见表 2-2-23。

表 2-2-23

2010 年甘肃省地下饮用水水源地水质状况统计

城市名称	水源地名称	总取水量/万吨	达标取水量/万吨	取水达标率/%
兰州	迎门滩	470.94	470.94	100
	崔家大滩	299.41	299.41	100
嘉峪关	北大河	981	981	100
	嘉峪关	1 828.75	1 828.75	100
天水	西十里	709	709	100
天水	慕滩	637	637	100
武威	自来水厂	737	737	100
张掖	自来水厂	612	612	100
平凉	养子寨	152	152	100
	景家庄	168.8	168.8	100
酒泉	二水厂	706.8	706.8	100
	三水厂	343.9	343.9	100
庆阳	十里湾 7# 井	9.47	9.47	100
定西	香泉	181.7	181.7	100
陇南	钟楼滩	188.1	188.1	100
合作	高尔奏	90	90	100
敦煌	沙洲镇	411.1	411.1	100
	七里镇	423.1	423.1	100

三、环保重点城市水质分析

按照中国环境监测《关于报送环保重点城市集中式饮用水源地水质监测数据的通知》总站水字〔2008〕58号文件要求，兰州市于2010年8月完成迎门滩和崔家大滩两个饮用水水源地地下水全分析，9月完成岸门桥饮用水水源地地表水全分析；金昌市于2010年9月完成迎山坡饮用水水源地地表水全分析。

1. 兰州市

迎门滩饮用水水源地所监测的项目浓度值均符合《地下水质量标准》（GB/T 14848—93）中的Ⅲ类标准要求，其中浑浊度、锌、钼、挥发酚、阴离子合成洗涤剂、亚硝酸盐氮、氨氮、碘化物、氰化物、砷、硒、六价铬、铅、滴滴涕、六六六、总大肠菌群、细菌总数17项指标均未检出。监测结果见表2–2–24。

表2–2–24

2010年兰州市饮用水水源地地下水全分析监测结果统计表

监测项目	饮用水水源地名称		标准限值	水质评价
	迎门滩	崔家滩		
色度	0	0	≤15	达标
嗅和味	无	无	无	达标
浑浊度	3L	3L	≤3	达标
肉眼可见物	无	无	无	达标
pH	7.90	7.87	6.5~8.5	达标
总硬度/(毫克/升)	328.328	342.342	≤450	达标
溶解性总固体/(毫克/升)	470	502	≤1 000	达标
硫酸盐/(毫克/升)	72.9	116.6	≤250	达标
氯化物/(毫克/升)	89.24	68.54	≤250	达标
铁/(毫克/升)	0.124	0.054	≤0.3	达标
锰/(毫克/升)	0.046	0.040	≤0.1	达标
铜/(毫克/升)	0.008	0.007	≤1.0	达标
锌/(毫克/升)	0.02L	0.02L	≤1.0	达标
钼/(毫克/升)	0.000 1L	0.000 1L	≤0.1	达标
钴/(毫克/升)	0.019	0.021	≤0.05	达标

续表

监测项目	饮用水水源地名称		标准限值	水质评价
	迎门滩	崔家滩		
挥发酚/(毫克/升)	0.002L	0.002L	≤0.002	达标
阴离子合成洗涤剂/(毫克/升)	0.05L	0.05L	≤0.3	达标
高锰酸盐指数/(毫克/升)	0.7	0.8	≤3.0	达标
硝酸盐氮/(毫克/升)	5.00	5.43	≤20	达标
亚硝酸盐氮/(毫克/升)	0.003L	0.003L	≤0.02	达标
氨氮/(毫克/升)	0.025L	0.025L	≤0.2	达标
氟化物 /(毫克/升)	0.18	0.18	≤1.0	达标
碘化物/(毫克/升)	0.001L	0.001L	≤0.2	达标
氰化物/(毫克/升)	0.004L	0.004L	≤0.05	达标
汞/(毫克/升)	0.000 02	0.000 01L	≤0.001	达标
砷/(毫克/升)	0.000 5L	0.000 5L	≤0.05	达标
硒/(毫克/升)	0.000 5L	0.000 5L	≤0.01	达标
镉/(毫克/升)	0.000 5	0.000 2	≤0.01	达标
六价铬/(毫克/升)	0.004L	0.004L	≤0.05	达标
铅/(毫克/升)	0.001L	0.001L	≤0.05	达标
铍/(毫克/升)	0.019	0.019	≤0.000 2	达标
钡/(毫克/升)	0.034	0.022	≤1.0	达标
镍/(毫克/升)	0.024	0.025	≤0.05	达标
滴滴涕/(微克/升)	0.000 05L	0.000 05L	≤1.0	达标
六六六/(微克/升)	0.000 02L	0.000 02L	≤5.0	达标
总大肠菌群/(个/升)	3L	3L	≤3	达标
细菌总数/(个/毫升)	0L	0L	≤100	达标
总 α 放射性/(Bq/L)	0.011 3	0.019 9	≤0.1	达标
总 β 放射性/(Bq/L)	0.063 9	0.033 6	≤1.0	达标

注："L" 表示未检出，所填数据为最低检出限的值。

崔家滩饮用水水源地所监测的项目浓度值均符合《地下水质量标准》(GB/T 14848—93) 中的Ⅲ类标准要求，其中浑浊度、锌、钼、挥发酚、阴离子合成洗涤剂、亚硝酸盐氮、氨氮、碘化物、氰化物、砷、硒、六价铬、铅、滴滴涕、六六六、总大肠菌群、细菌总数、汞 18 项指标均未检出。监测结果见表 2-2-24。

监测结果表明，岸门桥断面监测项目《地表水环境质量标准》(GB 3838—2002）表 1 和表 2 的 29 项除粪大肠菌群超标 22.8 倍外其余项目均符合《地表水环境质量标准》(GB 3838—2002）中的Ⅲ类标准要求。其中锌、硒、挥发酚、六价铬、石油类、阴离子表面活性剂、硫化物、锰 8 项指标未检出。《地表水环境质量标准》(GB 3838—2002）表 3 的 80 项中，所有项目均未见超标，其中甲醛、水合肼、黄磷、钼、钴、铍、硼、锑、镍、钡、钒、钛 12 项检出，其余项目未检出。具体监测结果见表 2–2–25。

2. 金昌市

迎山坡断面监测项目《地表水环境质量标准》（GB 3838—2002）表 1 和表 2 的 29 项均符合《地表水环境质量标准》（GB 3838—2002）中的Ⅲ类标准要求，其中化学需氧量、生化需氧量、锌、硒、砷、汞、镉、氰化物、挥发酚、阴离子洗涤剂、硫化物 11 项指标未检出。《地表水环境质量标准》(GB 3838—2002）表 3 的 80 项中，所有项目均未见超标，其中甲醛、黄磷、钼、钴、硼、锑、镍、钡、钒、钛 10 项检出，其余项目均未检出。具体监测结果见表 2–2–25。

表 2–2–25

2010 年兰州市和金昌市饮用水水源地地表水全分析监测结果

监测项目	饮用水水源地名称		标准限值	评价
	岸门桥	迎山坡		
水温/℃	17	15	—	达标
pH	8.28	7.80	6~9	达标
溶解氧/(毫克/升)	7.20	8.00	≥5	达标
高锰酸盐指数/(毫克/升)	2.70	1.95	≤6	达标
化学需氧量/(毫克/升)	12.60	5.00L	≤20	达标
五日生化需氧量/(毫克/升)	2.5	2.0L	≤4	达标
氨氮/(毫克/升)	0.126	0.104	≤1.0	达标
总磷/(毫克/升)	0.042	0.02	≤0.2	达标
总氮/(毫克/升)	1.73	1.22	≤1.0	达标

续表

监测项目	饮用水水源地名称		标准限值	评价
	岸门桥	迎山坡		
铜/(毫克/升)	0.003	0.004 5	≤1.0	达标
锌/(毫克/升)	0.02L	0.050L	≤1.0	达标
氟化物/(毫克/升)	0.16	0.183	≤1.0	达标
硒/(毫克/升)	0.000 5L	0.000 4L	≤0.01	达标
砷/(毫克/升)	0.001 6	0.000 1L	≤0.05	达标
汞/(毫克/升)	0.000 05L	0.000 05L	≤0.000 1	达标
镉/(毫克/升)	0.002	0.000 2L	≤0.005	达标
六价铬/(毫克/升)	0.004L	0.016	≤0.05	达标
铅/(毫克/升)	0.005	0.003 8	≤0.05	达标
氰化物/(毫克/升)	0.006	0.004L	≤0.2	达标
挥发酚/(毫克/升)	0.002L	0.002L	≤0.005	达标
石油类/(毫克/升)	0.04L*	0.02	≤0.05	达标
阴离子表面活性剂/(毫克/升)	0.05L	0.05L	≤0.2	达标
硫化物/(毫克/升)	0.005L	0.005L	≤0.2	达标
粪大肠菌群/(个/升)	238 000	30	≤10 000	超标 22.8 倍
硫酸盐/(毫克/升)	54.4	84.96	≤250	达标
氯化物/(毫克/升)	53.77	9.63	≤250	达标
硝酸盐/(毫克/升)	1.11	1.18	≤10	达标
铁/(毫克/升)	0.066	0.107	≤0.3	达标
锰/(毫克/升)	0.01L	0.038	≤0.1	达标
三氯甲烷/(毫克/升)	0.000 6L	0.000 6L	≤0.06	达标
四氯化碳/(毫克/升)	0.000 5L	0.000 5L	≤0.002	达标
三溴甲烷/(毫克/升)	0.000 8L	0.000 8L	≤0.1	达标
二氯甲烷/(毫克/升)	0.000 9L	0.000 9L	≤0.02	达标
1,2–二氯乙烷/(毫克/升)	0.000 9L	0.000 9L	≤0.03	达标
环氧氯丙烷/(毫克/升)	0.01L	0.01L	≤0.02	达标
氯乙烯/(毫克/升)	0.001L	0.001L	≤0.005	达标

续表

监测项目	饮用水水源地名称		标准限值	评价
	岸门桥	迎山坡		
1,1-二氯乙烯/(毫克/升)	0.000 8L	0.000 8L	≤0.03	达标
1,2-二氯乙烯/(毫克/升)	0.000 8L	0.000 8L	≤0.05	达标
三氯乙烯/(毫克/升)	0.000 5L	0.000 5L	≤0.07	达标
四氯乙烯/(毫克/升)	0.000 3L	0.000 3L	≤0.04	达标
氯丁二烯/(毫克/升)	0.000 8L	0.000 8L	≤0.002	达标
六氯丁二烯/(毫克/升)	0.000 2L	0.000 2L	≤0.000 6	达标
苯乙烯/(毫克/升)	0.000 3L	0.000 3L	≤0.02	达标
甲醛/(毫克/升)	0.081	0.066	≤0.9	达标
乙醛/(毫克/升)	0.028L	0.028L	≤0.05	达标
丙烯醛/(毫克/升)	0.01L	0.01L	≤0.1	达标
三氯乙醛/(毫克/升)	0.005L	0.005L	≤0.01	达标
苯/(毫克/升)	0.000 25L	0.000 25L	≤0.01	达标
甲苯/(毫克/升)	0.000 3L	0.000 3L	≤0.7	达标
乙苯/(毫克/升)	0.000 2L	0.000 2L	≤0.3	达标
二甲苯/(毫克/升)	0.000 05L	0.000 05L	≤0.5	达标
异丙苯/(毫克/升)	0.000 1L	0.000 1L	≤0.25	达标
氯苯/(毫克/升)	0.000 2L	0.000 2L	≤0.3	达标
1,2-二氯苯/(毫克/升)	0.000 1L	0.000 1L	≤1.0	达标
1,4-二氯苯/(毫克/升)	0.000 1L	0.000 1L	≤0.3	达标
三氯苯/(毫克/升)	0.000 1L	0.000 1L	≤0.02	达标
四氯苯/(毫克/升)	0.000 000 5L	0.000 000 5L	≤0.02	达标
六氯苯/(毫克/升)	0.000 000 4L	0.000 000 4L	≤0.05	达标
硝基苯/(毫克/升)	0.000 44L	0.000 44L	≤0.017	达标
二硝基苯/(毫克/升)	0.000 13L	0.000 13L	≤0.5	达标
2,4-二硝基甲苯/(毫克/升)	0.000 04L	0.000 04L	≤0.000 3	达标
2,4,6-三硝基甲苯/(毫克/升)	0.000 76L	0.000 76L	≤0.5	达标

续表

监测项目	饮用水水源地名称		标准限值	评价
	岸门桥	迎山坡		
硝基氯苯/(毫克/升)	0.000 03L	0.000 03L	≤0.05	达标
2,4–二硝基氯苯/(毫克/升)	0.000 04L	0.000 04L	≤0.5	达标
2,4–二氯苯酚/(毫克/升)	0.000 3L	0.000 3L	≤0.093	达标
2,4,6–三氯苯酚/(毫克/升)	0.000 48L	0.000 48L	≤0.2	达标
五氯酚/(毫克/升)	0.000 52L	0.000 52L	≤0.009	达标
苯胺/(毫克/升)	0.000 1L	0.000 1L	≤0.1	达标
联苯胺/(毫克/升)	0.000 1L	0.000 1L	≤0.000 2	达标
丙烯酰胺/(毫克/升)	0.000 002 8L	0.000 002 8L	≤0.000 5	达标
丙烯腈/(毫克/升)	0.001 4L	0.001 4L	≤0.1	达标
邻苯二甲酸二丁酯/(毫克/升)	0.000 05L	0.000 05L	≤0.003	达标
邻苯二甲酸二（2–乙基己基）酯/(毫克/升)	0.000 58L	0.000 58L	≤0.008	达标
水合肼/(毫克/升)	0.002	0.002L	≤0.01	达标
四乙基铅/(毫克/升)	0.000 1L	0.000 1L	≤0.000 1	达标
吡啶/(毫克/升)	0.010 4L	0.010 4L	≤0.2	达标
松节油/(毫克/升)	0.000 1L	0.000 1L	≤0.2	达标
苦味酸/(毫克/升)	0.000 131L	0.000 131L	≤0.5	达标
丁基黄原酸/(毫克/升)	0.000 47L	0.000 47L	≤0.005	达标
活性氯/(毫克/升)	0.000 6L	0.000 6L	≤0.01	达标
滴滴涕/(毫克/升)	0.000 001 6L	0.000 001 6L	≤0.001	达标
林丹/(毫克/升)	0.000 001 1L	0.000 001 1L	≤0.002	达标
环氧七氯/(毫克/升)	0.000 001 8L	0.000 001 8L	≤0.000 2	达标
对硫磷/(毫克/升)	0.000 036L	0.000 036L	≤0.003	达标
甲基对硫磷/(毫克/升)	0.000 043L	0.000 043L	≤0.002	达标
马拉硫磷/(毫克/升)	0.000 015L	0.000 015L	≤0.05	达标
乐果/(毫克/升)	0.000 050L	0.000 050L	≤0.08	达标

续表

监测项目	饮用水水源地名称		标准限值	评价
	岸门桥	迎山坡		
敌敌畏/(毫克/升)	0.000 031L	0.000 031L	≤0.05	达标
敌百虫/(毫克/升)	0.000 036L	0.000 036L	≤0.05	达标
内吸磷/(毫克/升)	0.000 023L	0.000 023L	≤0.03	达标
百菌清/(毫克/升)	0.000 001L	0.000 001L	≤0.01	达标
甲萘威/(毫克/升)	0.000 4L	0.000 4L	≤0.05	达标
溴氰菊酯/(毫克/升)	0.000 002 6L	0.000 002 6L	≤0.02	达标
阿特拉津/(毫克/升)	0.000 119L	0.000 119L	≤0.003	达标
苯并[a]芘/(毫克/升)	0.000 000 01L	0.000 000 01L	≤0.000 002 8	达标
甲基汞/(毫克/升)	0.000 000 2L	0.000 000 2L	≤0.000 001	达标
多氯联苯/(毫克/升)	0.000 000 14L	0.000 000 14L	≤0.000 02	达标
微囊藻毒素-LR/(毫克/升)	0.000 003 3L	0.000 003 3L	≤0.001	达标
黄磷/(毫克/升)	0.002	0.001	≤0.003	达标
钼/(毫克/升)	0.000 88	0.000 97	≤0.07	达标
钴/(毫克/升)	0.003 8	0.000 15	≤1.0	达标
铍/(毫克/升)	0.000 33	0.000 066L	≤0.002	达标
硼/(毫克/升)	0.129 8	0.064 4	≤0.5	达标
锑/(毫克/升)	0.000 48	0.000 19	≤0.005	达标
镍/(毫克/升)	0.008 4	0.00 35	≤0.02	达标
钡/(毫克/升)	0.154 3	0.070 4	≤0.7	达标
钒/(毫克/升)	0.009 6	0.002	≤0.05	达标
钛/(毫克/升)	0.013 1	0.001 9	≤0.1	达标
铊/(毫克/升)	0.000 022L	0.000 022L	≤0.000 1	达标

注："L"表示未检出，所填数据为最低检出限的值。

第三节　地下水环境质量

甘肃省地下水天然资源为159.19亿立方米/年（不含重复量）。其中，东部地区82.02亿立方米/年，河西地区77.17亿立方米/年。

河西地区的城市均位于走廊平原。金昌市的供水水源为地面水；嘉峪关市的供水水源一部分取自地面水，另一部分取自地下水。其他城市的供水水源皆取自地下水。

东部地区除西峰市、白银市外，均位于河谷之中，西峰市位于董志塬之上，白银市位于山间盆地之中。除白银市供水水源取自黄河，兰州市供水水源部分取自黄河，部分取自地下水外，其余城市的供水水源皆取自地下水。

“八五”期间，嘉峪关市区潜水5年中水质变化不大，综合评分为0.735~2.259分，质量级别为优良~良好（Ⅰ类）。单项指标中，1993—1994年氨氮浓度有所增加，1993—1995年，石油类略有增加，说明地下水受到有机物和石油类的轻微污染。市区潜水1991年综合评分4.286分，水质量级别为较差；1992—1995年水质变化不大，综合评分为2.151~2.169分，水质质量级别均为良好。1991年水质较差的主要原因是石油类含量较高，1992—1995年，石油类未进行监测，故综合评分值较低。另外，个别年份（1994年）大肠菌群较高。据分析，酒泉市区潜水受到有机物、石油类的污染。

酒泉市区承压水“八五”期间水质变化不大，水质综合评分为0.71~2.15分，水质质量级别为良好（Ⅰ类）~优良（Ⅰ类），仅1994年大肠菌群偏高，达到Ⅳ类水标准。

定西县城区潜水“八五”期间水质变化不大，水质质量级别皆属极差（Ⅳ类），综合评分为7.222~7.323分。氨氮、亚硝酸盐氮、挥发酚、六价铬和大肠菌群等单项指标均属Ⅳ类水，个别指标（硝酸盐氮）高达Ⅴ类水标准。特别是氨氮的含量有增高趋势，说明定西县城区地下水受到较为严重的污染，不宜作为生活饮用水水源。

临夏市区潜水“八五”期间水质变化较大。水质质量级别1991年为较差（Ⅳ类），综合评分为4.337分；1992—1993年为良好（Ⅳ类），综合评分为2.215~2.217分；1994—1995年为较差（Ⅳ类），综合评分为4.357~4.366

分，主要污染指标为挥发酚。1991年、1994—1995年，挥发酚质量类别为Ⅳ类水，而1992—1993年为Ⅲ类水。这说明地下水受到工业污染源的污染，水质有逐渐变差的趋势。

1991—1993年，天水市区潜水水质变化不大，水质质量级别为良好，综合评分为2.169~2.358分，除细菌指标以外的其他单项指标均为Ⅰ~Ⅲ类，含量亦无明显增加，是较好的生活饮用水。1991年细菌指标达到Ⅳ类水标准，1992年和1993年细菌指标皆为Ⅰ类水。

平凉市区潜水"八五"期间水质变化较大。1991年水质质量级别为较差（Ⅳ类），综合评分为4.322分；1992—1994年水质质量级别为良好（Ⅴ类），综合评分为2.161~2.257分；1995年水质质量级别为较差（Ⅴ类），综合评分为4.359分。"八五"期间，水质呈现变差趋势，特别是亚硝酸盐氮和挥发酚的含量有较明显的增加，1995年含量达到Ⅳ类水标准。进行适当处理后，方可做为生活饮用水水源。

西峰市区潜水"八五"期间水质变化不大，水质质量级别皆为良好（Ⅰ类），综合评分为2.163~2.217分。就地下水水质而言，是理想的生活饮用水水源。

武都县城区潜水"八五"期间水质变化较大，但基本是向好的方向变化。1991年水质级别为较差（Ⅳ类），综合评分为7.159分，主要是氨氮含量较高所致；1992—1994年水质级别为良好（Ⅳ类）~良好（Ⅰ类），综合评分为2.206~2.293分，各单项组分均为Ⅰ~Ⅲ类水；1995年水质级别为优良（Ⅳ类），综合评分0.769分，除大肠菌群为Ⅳ类外，其他各项均为Ⅰ~Ⅱ类水。

1995年，多数城市未进行总硬度、氨氮、油和细菌总数的监测，监测项目为12~15项，部分城市对硫酸盐、氧化物、高锰酸盐指数、亚硝酸盐氮、氟化物、砷、汞等项目未进行监测。监测项目比较全的城市只有武都，共17项。

1995年，嘉峪关市区潜水多数项目（8项）为Ⅰ类水，6项为Ⅱ类水，石油类属Ⅲ类水，综合评分为2.169分，水质质量组别为良好（Ⅰ类）。酒泉市区潜水多数项目（8项）为Ⅰ类水，3项为Ⅱ类水，挥发酚属Ⅲ类水，综合评分为2.156分，水质质量级别为良好（Ⅰ类）。酒泉市区承压水多数项目（10项）为Ⅰ类水，2项为Ⅱ类水，综合评分为0.719分，水质质量级别为优良（Ⅰ类）。定西县城区潜水多数项目（6项）为Ⅰ类水，1项为Ⅱ类水，2项为Ⅲ类水，3项为Ⅳ类水，1项为Ⅴ类水，综合评分为7.323分，水质质量级别为极差（Ⅳ类）。临夏市潜水3项为Ⅰ类水，5项为Ⅱ类水，1项为Ⅲ类水，2项为Ⅳ类水，综合评分为4.357分，水质质量级别为较差（Ⅳ类）。平凉市区潜水7项为Ⅰ类，2项为Ⅱ类，1项为Ⅲ类，3项为Ⅳ类，1项为Ⅴ类，综合评分为4.359分，水质质量级别为较差（Ⅴ类）。西峰市区潜水7项为Ⅰ类，3项为Ⅱ类，2项为Ⅲ类，综合评分为2.199分，水质质量级别为良好（Ⅰ类）。武都县城区潜水9项为Ⅰ类，6项为Ⅱ类，1项为Ⅳ类，综合评分为0.769分，水质质量级别为优良（Ⅳ类）。天水市区（1993年）潜水8项为Ⅰ类，4项为Ⅱ类，1项为Ⅲ类，综合评分为2.169分，水质级别为良好（Ⅰ类）。

参加评价的8个城市中，嘉峪关、酒泉、西峰、天水、武都的地下水水质均为好，质量级别为优良或良好；临夏、平凉的水质较差；定西的水质最差，质量级别为极差。

“九五”时期，参与评价的城市有定西、金昌、武威、武都、酒泉、嘉峪关6个城市。监测年限除嘉峪关市为1996—1999年4年以及酒泉1999年数据不全未参与统计外，其他城市皆为1996—2000年。

“九五”期间，定西境内地下水潜水水质趋于好转（r_s值为-0.8），只有1999年水质类别为Ⅲ类，综合评分为2.24，质量分级为良好（Ⅳ类），其他4年水质类别均为Ⅳ类，综合评分为4.39~4.47分，质量分级均为较差（Ⅳ类），主要可治理污染指标为氨氮。

金昌境内潜水水质“九五”期间变化不大，水质类别均为Ⅲ类，综合评分为2.20~2.26分，质量分级均为良好，而2000年增测大肠菌群，因此2000年质量分级为良好（Ⅳ类）。

武都境内潜水水质1996年为Ⅱ类，综合评分为0.75分，质量分级为良好（Ⅳ类）。1997年、1998年水质有所下降，水质类别均为Ⅲ类，综合评分分别为2.15分和3.06分，质量分级均为良好（Ⅳ类和良好Ⅴ类）。1999年水质好转为Ⅱ类，综合评分为0.76分，质量分级为优良（Ⅴ类）。2000年水质有所下降，水质类别为Ⅲ类，综合评分为2.21分，质量分级为良好（Ⅴ类）。

秩相关系数 r_s 值为0.5，表明5年来整体水质有下降趋势。

武威境内潜水水质“九五”期间变化不大，水质类别均为Ⅲ类，综合评价分数为2.16~2.19分。1996年、1997年质量分级均为良好（Ⅳ类），1998—2000年水质质量分级均为良好（Ⅰ类）。

嘉峪关境内潜水水质1996—1999年均为Ⅱ类，综合评分为0.77~0.79分，质量分级均为优良。

酒泉境内潜水水质1996年、1997年均为Ⅱ类，综合评分分别为0.73分和0.74分，水质质量分级分别为优良和优良（Ⅳ类）。1998年水质有所下降，水质类别为Ⅲ类，综合评价分数为2.16分，质量分级为良好（Ⅰ类）。2000年水质有所好转，水质类别为Ⅱ类，综合评分数为0.75，质量分级为优良（Ⅰ类）。

酒泉境内承压水水质1996年、1997年均为Ⅱ类，综合评分均为0.71分，质量分级均为优良（Ⅰ类）。1998年水质下降，水质类别为Ⅲ类，综合评分为2.16分，质量分级为良好（Ⅰ类）。2000年水质好转，水质类别为Ⅱ类，综合评分为0.73分，质量分级为优良（Ⅰ类）。

综上所述，金昌、武都、武威、嘉峪关、酒泉历年来地下水水质较好，水质类别在Ⅲ类及Ⅲ类以上，综合评分为0.71~3.06分，质量分级均在良好及良好以上；定西地下水水质较差，主要可治理污染指标为氨氮。

2000年甘肃省城市地下水水质评价：

定西境内潜水水质类别为Ⅳ类，有9项为Ⅰ类水，3项为Ⅱ类水，2项为Ⅲ类水，3项为Ⅳ类水，大肠菌群为Ⅳ类水，综合评分为4.39分，水质质量级别为较差（Ⅳ类），主要污染指标为氨氮、硝酸盐氮、硫酸盐。由于硝酸盐氮、硫酸盐和氟化物污染与自然地质因素有关，因此定西境内地下水可治理主要污染指标为氨氮。

金昌境内潜水水质类别为Ⅲ类，有8项为Ⅰ类水，8项为Ⅱ类水，3项为Ⅲ类水，大肠菌群为Ⅳ类水，综合评分为2.21分，水质质量级别为良好（Ⅳ类）。

武都境内潜水水质类别为Ⅲ类，有13项Ⅰ类水，4项为Ⅱ类水，1项为Ⅲ类水，大肠菌群属Ⅴ类水，综合评分为2.14分，水质质量级别为良好（Ⅴ类）。

武威境内潜水水质类别为Ⅲ类，有 11 项为Ⅰ类水，4 项为Ⅱ类水，2 项为Ⅲ类水，大肠菌群属Ⅰ类水，综合评分为 2.16 分，水质质量级别为良好（Ⅰ类）。

酒泉境内潜水水质类别为Ⅱ类，有 10 项为Ⅰ类水，5 项为Ⅱ类水，大肠菌群属于Ⅰ类水，综合评分为 0.75 分，水质质量级别为优良（Ⅰ类）。承压水水质类别为Ⅱ类，有 11 项为Ⅰ类水，4 项为Ⅱ类水，大肠菌群未检出，属于Ⅰ类水，综合评分为 0.73 分，水质质量级别为优良（Ⅰ类）。

综合上述情况，参加评价的 5 个城市中，酒泉地下水水质最好，质量级别为优良，金昌、武都、武威境内的地下水水质较好，质量级别为良好；定西境内地下水水质最差，质量级别为较差。

"十一五"时期，城市地下水环境质量总体基本稳定。2006 年兰州市亚硝酸盐含量偏高，水质为较差；2007 年庆阳市亚硝酸盐含量偏高，水质为较差。嘉峪关市、武威市、张掖市、平凉市、酒泉市、定西市、陇南市、合作市连续 5 年水质均为良好。2006—2010 年城市地下水水质级别见表 2-2-26，2010 年城市地下水水质监测结果见表 2-2-27。

表 2-2-26

2006—2010 年甘肃省城市地下水水质级别统计

城市名称	2006 年	2007 年	2008 年	2009 年	2010 年
嘉峪关	良好	良好	良好	良好	良好
天水	较好	良好	良好	良好	良好
武威	良好	良好	良好	良好	良好
张掖	良好	良好	良好	良好	良好
平凉	良好	较好	良好	良好	良好
酒泉	良好	良好	良好	良好	良好
庆阳	良好	较差	良好	良好	良好
定西	良好	良好	良好	良好	良好
陇南	良好	良好	良好	良好	良好
合作	良好	良好	良好	良好	良好
兰州	较差	良好	良好	良好	良好

表 2-2-27

2010 年甘肃省城市地下水水质监测年均值统计表

单位：毫克/升（总大肠菌群：个/升，pH 除外）

城市名称	pH	总硬度	硫酸盐	氯化物	高锰酸盐指数	氨氮	氟化物	总大肠菌群	亚硝酸盐	硝酸盐	挥发酚	氰化物	砷	汞	六价铬	铅	镉	铁	锰
嘉峪关	8.07	211	65.8	10.7	0.5L	0.025	0.208	3.0	0.01L	0.612	0.002L	0.004L	0.000 5L	0.000 05L	0.004L	0.01L	0.001L	0.03L	0.01L
天水	7.31	305	118	111	0.79	0.050	0.284	3.0	0.01L	9.55	0.002L	0.004L	0.000 5L	0.000 05L	0.004L	0.01L	0.001L	0.03L	0.01L
武威	7.64	268	65.5	19.0	0.5L	0.025	0.300	3.0	0.01L	8.66	0.002L	0.004L	0.000 5L	0.000 05L	0.004L	0.01L	0.001L	0.03L	0.01L
张掖	7.95	237	90.2	20.7	0.70	0.025	0.157	2.0	0.01L	4.89	0.002L	0.004L	0.000 5L	0.000 05L	0.004L	0.01L	0.001L	0.03L	0.01L
平凉	7.96	242	63.1	13.5	0.81	0.114	0.274	3.0	0.01L	1.22	0.002L	0.004L	0.000 5L	0.000 05L	0.004L	0.01L	0.001L	0.03L	0.01L
酒泉	7.92	280	132	26.3	1.47	0.064	0.202	1L	0.01L	3.14	0.002L	0.004L	0.000 5L	0.000 05L	0.004L	0.01L	0.001L	0.09	0.03
庆阳	7.67	162	11.2	10L	0.5L	0.069	0.452	3.0	0.01L	3.25	0.002L	0.004L	0.000 5L	0.000 05L	0.004L	0.01L	0.001L	0.03L	0.01L
定西	7.05	354	118	40.8	0.84	0.105	0.411	3.0	0.01L	2.39	0.002L	0.004L	0.000 5L	0.000 05L	0.004L	0.01L	0.001L	0.03L	0.01L
陇南	7.02	224	76.1	8.39	0.5L	0.025	0.283	3.0	0.01L	9.12	0.002L	0.004L	0.000 5L	0.000 05L	0.004L	0.01L	0.001L	0.03L	0.01L
合作	7.63	321	8.5	10L	0.68	0.025	0.398	1L	0.01L	1.43	0.002L	0.004L	0.000 5L	0.000 05L	0.004L	0.01L	0.001L	0.03L	0.01L
兰州	7.90	329	73.9	88.9	0.37	0.025	0.191	3.0	0.01L	5.30	0.002L	0.004L	0.000 5L	0.000 05L	0.004L	0.01L	0.001L	0.07	0.01

注：“L”表示未检出，所填数据为最低检出限的值。

有机类中，高锰酸盐指数年均值浓度范围为未检出–1.47 毫克/升，酒泉年均值达Ⅱ类标准，其他城市年均值达Ⅰ类标准。挥发酚年均值均未检出，各城市均达到Ⅰ类标准。

各市挥发酚年均值均未检出，均达Ⅰ类标准。

非金属无机类中，氯化物年均值浓度范围在未检出至 111 毫克/升，天水、兰州年均值达Ⅱ类标准，其他城市年均值达Ⅰ类标准。

硫酸盐年均值浓度范围在 8.5~118 毫克/升，庆阳、合作年均值达Ⅰ类标准，其他城市年均值达Ⅱ类标准。

氨氮年均值浓度范围在 0.025~0.114 毫克/升，各城市年均值达Ⅲ类标准。

硝酸盐年均值浓度范围在 0.612~9.55 毫克/升，嘉峪关、平凉、合作年均值达Ⅰ类标准，张掖、酒泉、庆阳、定西年均值达Ⅱ类标准，天水、武威、陇南、兰州年均值达Ⅲ类标准。

氟化物年均值浓度范为 0.157~0.452 毫克/升，均达Ⅰ类标准。

各市亚硝酸盐、氰化物年均值均未检出，均达Ⅰ类标准。

金属类中，总硬度年均值浓度范围为 162~354 毫克/升，定西年均值达Ⅲ类标准，其他城市年均值达Ⅱ类标准。

各市砷、汞、六价铬、铅、镉年均值均未检出，均达Ⅰ类标准。

铁、锰仅酒泉、兰州检出，且含量较低，各市均达Ⅰ类标准。

水质感官性一般较好，pH 为 7.02~8.07。

各市总大肠菌群年均值浓度范围在未检出至 3.0 个/升，均达Ⅰ类标准。

1991—2010 年城市地下水水质级别见表 2–2–28。

表 2-2-28

1991—2010 年甘肃省城市地下水水质级别

城市名称	地下水类型	1991年	1992年	1993年	1994年	1995年	1996年	1997年	1998年	1999年	2000年	2006年	2007年	2008年	2009年	2010年
嘉峪关	潜水	优良	优良	良好	良好	良好	优良	优良	优良	优良	—	良好	良好	良好	良好	良好
天水	潜水	良好	良好	良好	—	—	—	—	—	—	—	较好	良好	良好	良好	良好
武威	潜水	—	—	—	—	—	良好	良好	良好	良好	良好	良好	良好	良好	良好	良好
张掖	潜水	—	—	—	—	—	—	—	—	—	—	良好	良好	良好	良好	良好
平凉	潜水	较差	良好	良好	良好	较差	—	—	—	—	—	良好	较好	良好	良好	良好
酒泉	潜水	较差	良好	良好	良好	良好	优良	优良	良好	—	优良	良好	良好	良好	良好	良好
	承压水	良好	良好	优良	良好	良好	优良	优良	良好	—	优良	—	—	—	—	—
庆阳	潜水	—	—	—	—	—	—	—	—	—	—	良好	较差	良好	良好	良好
定西	潜水	极差	极差	极差	极差	极差	较差	较差	较差	良好	较差	良好	良好	良好	良好	良好
陇南	潜水	—	—	—	—	—	—	—	—	—	—	良好	良好	良好	良好	良好
合作	潜水	—	—	—	—	—	—	—	—	—	—	良好	良好	良好	良好	良好
兰州	潜水	—	—	—	—	—	—	—	—	—	—	较差	良好	良好	良好	良好
临夏	潜水	较差	良好	良好	较差	较差	—	—	—	—	—	—	—	—	—	—
西峰	潜水	良好	良好	良好	良好	良好	—	—	—	—	—	—	—	—	—	—
武都	潜水	较差	良好	良好	良好	优良	优良	良好	良好	优良	良好	—	—	—	—	—
金昌	潜水	—	—	—	—	—	良好	良好	良好	良好	良好	—	—	—	—	—

注：2001—2005 年城市地下水水质级别未测

量。

第三章　土壤环境质量

第一节　土壤环境背景值

一、土壤污染调查

2005年，国家环境保护总局启动土壤污染状况调查工作，对国家土壤污染调查工作进行安排部署。2006年，按全国土壤调查工作安排，甘肃启动土壤调查质量保证和分析测试技术培训等前期准备工作，并开始着手该项工作的开展。2007年，根据《全国土壤污染状况调查总体方案》《全国土壤污染状况调查技术规定》，结合甘肃实际出台《甘肃省土壤污染状况调查实施方案》和《甘肃省土壤污染状况调查技术方案》，全省土壤污染调查工作全面启动。2009年2月，甘肃省土壤污染调查技术组召开会议，对全省各市、州土壤污染状况调查工作进展情况进行阶段性总结。大会对全省环境监测报告报送及时及质控工作良好的金昌、庆阳、陇南等先进单位进行表彰。2010年，甘肃圆满完成土壤污染状况调查工作，编写《甘肃省土壤污染状况调查报告》，初步掌握全省土壤环境质量从“七五”至“十五”近20年的变化，查明全省重点地区土壤污染状况及其成因，评估土壤污染风险，阐明区域土壤污染的特征，确定土壤环境安全级别，初步分析全省土壤环境污染的区域特征，为土壤环境资源合理开发利用提供科学依据，为建立土壤环境质量监督管理体系，保护和合理利用土地资源，防治土壤污染提供基础数据。

该次土壤污染状况调查，共布设2 914个普查点位，通过对2 914个土壤样本的8个理化性质指标、13个无机污染物指标、8种有机氯农药、16种多环芳烃、6种酞酸酯的分析，共获得有效数据148 614个。

从调查结果来看，甘肃省土壤环境质量总体较好。按照环境保护部《全国土壤污染状况评价技术规定》（环发〔2008〕39号）土壤环境质量状况评价的标准限值，局部地区特别是有色金属工业园区及周边地区、污水灌溉区的土壤重金属污染明显，部分涉重企业及周边地区土壤出现重金属超标现象。污灌区土壤中镉、汞、砷、铅、铜、锌、镍、硒污染程度不同。本次所调查的黑色金属冶炼、石油化工、石油开采地及采矿场周边地区等主要类型土壤未受到污染。

二、土壤背景点环境质量

根据甘肃省土壤环境背景值监测结果及统计，甘肃省土壤背景值 A 层、B 层、C 层各土地利用类型区域均未见超标现象。

背景点 19 类土壤中，灰棕漠土和风沙土呈强碱性，其他均为碱性土壤。风沙土、棕漠土、灰棕漠土、棕钙土等土壤类型砂粒含量明显高于其他土类，该类型的土壤多分布在本省西部、北部地区。而黑土、红黏土、草甸土、黑垆土等东、南部地区土壤的砂粒含量明显低于其他土类。这与甘肃省气候规律一致，全省水热条件由东南向西北递减，西北地区气候干旱情况显著。

土壤环境背景值阳离子交换量、有机质的分布有着相似的规律：黑土、黑钙土、草甸土等阳离子交换量较高的土壤，其有机质也高于其他土壤，该土壤类型的肥力较好，更利于农作物生长。

重金属分布情况比较复杂：风沙土除硒元素外的 12 种必测元素含量在各土壤类型中均处于较低水平。红黏土的砷、铬、铜、铅、钒元素含量高于其他土壤类型。黑土的硒、汞、镉元素含量与其他土壤类型相比，也处于较高水平。各土壤类型重金属分布特征主要决定于其成土条件、母质中各金属元素的含量和常年的气候影响。

土壤背景值各土壤类型的六六六和滴滴涕均未检出，黄绵土、黑土、黑垆土、红黏土的多环芳烃类也未检出。各土壤类型有机物的分布主要取决于人类活动和气候条件的影响。

第二节　土壤污染

一、理化性质指标

pH：最小值为 6.01，样点位于甘南州玛曲县，为林地；最大值为 9.39，样点位于酒泉市的肃北县，为未利用地；中位值为 8.29，变异系数为 0.066。

2 914 个土壤样本中 73 个样本 pH 为 6.0~6.5，为弱酸性土，占总样本数的 2.50%，主要分布在陇南市和甘南州；93 个样本 pH 为 6.5~7.0，为中性土，占总样本数的 3.19%，主要分布在陇南市、甘南州和兰州市连城自然保护区；109 个样本 pH 为 7.0~7.5，为弱碱性土，占总样本数的 3.74%，主要分布在定西市、陇南市和甘南州；2 024 个样本 pH 为 7.5~8.5，为碱性土，占总样本数的 69.46%，在全省各市州均有不同程度的分布；615 个样本 pH 为 8.5~9.5，为强碱性土，占总样本数的 21.11%，主要分布在酒泉市、庆阳市和武威市。

有机质：最小值为 0.134%，样点位于武威市民勤县，为未利用地；最大值为 24.203%，样点位于兰州市连城自然保护区实验区，为林地；中位值为 1.33%，变异系数为 1.04。

总氮：最小值为 0.007 3%，样点位于武威市民勤县，为未利用地；最大值为 1.014%，位于兰州市连城自然保护区实验区，为林地；中位值为 0.070%，变异系数为 1.01。

总磷：最小值为 0.033%，样点位于武威市民勤县连古城自然保护区，为草地；最大值为 0.219%，样点位于兰州市连城自然保护区缓冲区的林地；中位值为 0.070%，变异系数为 0.231。

总钾：最小值为 0.082%，样点位于陇南市两当县，为未利用地；最大值为 2.87%，样点位于定西市漳县，为草地；中位值为 1.67%，变异系数为 0.107。

砂粒：最小值为 2.11%，样点位于天水市秦州区，为旱田；最大值为 96.3%，样点位于武威市民勤县，为未利用地；中位值为 22.4%，变异系数为 0.666。

粉粒：最小含量为 0.000%，样点位于酒泉市肃北县，为未利用地；粉粒的最大含量为 85.2%，样点位于庆阳市庆城县，为未利用地；中位值为 60.2%，变异系数为 0.338。

黏粒：最小含量为 0.684%，样点位于嘉峪关市新城镇，为旱田；黏粒的最大含量为 60.9%，样点位于敦煌市西湖自然保护区验区，为未利用地；中位值为 13.9%，变异系数为 0.448。

二、重金属元素

钒、镍、砷、镉、铬、锰、硒、锌均有不同程度的超标现象，钴、铜、汞、铅均未超标。受到重金属污染的194个土壤样本中，有185个土壤样本只有1种重金属元素超标，9个土壤样本2种或2种以上重金属元素超标。

砷：污染指数最小值为0.056，最大值为1.46，平均值为0.456。有7个样本的砷污染指数为1~2，属于轻微污染，超标率为0.24%，主要分布在酒泉市和甘南舟曲县，其余样本砷污染指数均小于1，属于无污染。

镉：污染指数最小值为0.012，最大值为2.81，平均值为0.238。有25个样本的镉污染指数大于1，超标率为0.86%，其中有23个样本的镉污染指数为1~2，属于轻微污染，主要分布在白银、定西和陇南；有2个样本的镉污染指数为2~3，属于轻度污染，分布在陇南的文县和康县，其余样本镉污染指数均小于1，属于无污染。

钴：污染指数最小值为0.119，最大值为0.823，平均值为0.304，所有样本的污染指数均小于1，属于无污染。

铬：污染指数的最小值为0.059，最大值为1.38，平均值为0.260。仅有酒泉市阿克塞县的1个草地样本和陇南康县的1个旱田样本的铬污染指数为1~2，属于轻微污染，超标率为0.07%，其余样本铬污染指数均小于1，属于无污染。

铜：污染指数的最小值为0.033，最大值为0.869，平均值为0.227。所有样本的铜污染指数均小于1，属于无污染。

汞：污染指数的最小值为0.001，最大值为0.471，平均值为0.042。所有样本的汞污染指数全部小于1，属于无污染。

锰：污染指数的最小值为0.059，最大值为1.30，平均值为0.447。有2个样本的污染指数为1~2，属于轻微污染，均分布在陇南，超标率为0.07%，其余样本锰污染指数均小于1，属于无污染。

镍：污染指数的最小值为0.08，最大值为1.87，平均值为0.501。有44个样本镍污染指数为1~2，属于轻微污染，样品超标率为1.51%，主要分布在张掖、酒泉和天水，其余样本镍污染指数均小于1，属于无污染。

铅：污染指数的最小值为0.005，最大值为0.779，平均值为0.297。所有样本的铅污染指数均小于 1，属于无污染。

硒：污染指数的最小值为 0.004，最大值为 1.21，平均值为 0.178。有 8 个样本的硒污染指数为 1~2，属于轻微污染，样品超标率为 0.27%，主要为酒泉肃州区的旱田和庆阳环县的未利用地样品，其余样本硒污染指数均小于 1，属于无污染。

钒：污染指数的最小值为 0.033，最大值为 2.89，平均值为 0.630。有 105 个样本的钒污染指数大于 1，样本超标率为 3.60%，其中 103 个样本钒污染指数为 1~2，属于轻微污染，主要分布在平凉、陇南、酒泉和甘南；2 个样本钒污染指数为 2~3，属于轻度污染，主要分布于酒泉和陇南，其余样本钒污染指数均小于 1，属于无污染。

锌：污染指数的最小值为 0.038，最大值为 1.37，平均值为 0.228。仅有 1 个样本锌污染指数为 1~2，属于轻微污染，为定西通渭县的旱田样品，其余样本的锌污染指数均小于 1，属于无污染，其余样本锌污染指数均小于 1，属于无污染。

三、有机污染物

全省 2 914 个土壤样本中的有机污染物指标有机氯、多环芳烃（16 种）均未出现超标现象，所有指标的污染指数均小于 1，属于无污染。

六六六总量和滴滴涕总量所有样本的污染指数均小于 1，六六六总量污染指数最大值为 0.813，滴滴涕总量污染指数最大值为 0.976，均属于无污染。

16 种多环芳烃的污染指数均小于 1，属于无污染。

土壤污染状况调查结果表明，全省土壤环境质量总体较好，普查的 2 914 个点位土壤样本中钴、铜、汞、铅均未超标，194 个普查点位中有 185 个土壤样本出现钒、镍、砷、镉、铬、锰、硒、锌中的 1 种重金属元素超标，9 个土壤样本出现 2 种或 2 种以上重金属元素超标，属于轻微污染或轻度污染。2 914 个普查点位中参与评价的有机污染物指标（六六六总量、滴滴涕总量和 16 种多环芳烃）均未出现超标现象，所有指标的污染指数均小于 1，属于无污染。

四、典型地块土壤污染

1. 白银市东大沟污水灌溉区

白银市东大沟沿线有20余家企业，主要行业有选矿、冶炼等，东大沟两旁的农田直接引灌工业废水和生活污水。

东大沟污灌区土壤调查监测结果显示，镉为重度污染，汞属于轻微污染，砷、铅、铜、锌、镍、硒属于中度污染和重度污染。监测结果表明，白银市东大沟污水灌溉区土壤已经受到重金属的污染。

2. 酒钢集团榆中钢铁有限责任公司

酒钢集团榆中钢铁有限责任公司位于兰州市榆中县，距兰州市区直线距离仅有9千米，且位于兰州市主导风向的上风向上。调查监测结果显示，各监测点、各土壤层所监测的各类污染因子浓度均低于国家标准限值；黄河水中镉、汞、砷、铅、铬、铜、锌、硒和氟化物浓度值均符合《地表水环境质量标准》(GB 3838—2002) Ⅲ类标准限值的要求；榆中钢厂及周边地区地下水质中镉、汞、砷、铅、铬、铜、锌、镍、硒、锰、氟化物、钼、六六六总量和滴滴涕总量浓度均符合《地下水质量标准》(GB/T 14848—1993) Ⅴ类标准限值的要求。

3. 中国石油庆阳石化公司

中国石油庆阳石化公司主要以石油炼制、石油助剂和石油化工为主，年加工原油150万吨、生产聚丙烯1.5万吨。调查监测结果表明，庆阳石化及周边地区本次调查区域所设土壤监测点位的各层土壤中所有调查因子浓度均符合标准限值要求。其下游河流中镉、汞、砷、铅、铜、锌、硒的浓度值均符合《地表水环境质量标准》(GB 3838—2002) Ⅴ类标准限值的要求，表明本区域未受到污染。

第三节　水土流失及荒漠化

一、水土流失

甘肃土壤侵蚀面广，水土流失情况严重。从土壤侵蚀方式分析，全省土壤侵蚀有水位、风性、泥石流和部分高寒山区的冻融侵蚀，但以水蚀和风蚀为主。如东南和东中部地区大多以水侵蚀为主，河西和北部地区大都以风侵蚀为主。“八五”时期，全省土壤侵蚀总面积 396 125.52 平方千米，其中水力侵蚀面积 173 487.02 平方千米，占土壤侵蚀面积的 43.80%。黄河流域水蚀模数 2 000~80 000 吨/平方千米，长江流域水蚀模数 1 000~3 000 吨/平方千米。风力侵蚀面积 222 638.5 平方千米，占土壤侵蚀面积的 56.20%。侵蚀危害的主要表现如下。

1. 农田“三跑”严重，土地生产率下降

据测定，全省每年流入黄河的泥沙量 5.05 亿吨。每亩坡耕地随水性流失带走的氮、磷、钾 18.45~20.15 千克，以此计算，每年输入黄河的氮、磷、钾高达 63.27 万~69.10 万吨。因水土流失造成土壤年损失有机质 403.3 万吨，其中氮 25.23 万吨、磷 65.52 万吨、钾 1 058.73 万吨。

2. 造成库区淤积，影响水利设施的正常运行

据水利工程资料报道，截至“八五”末期，黄河流域有大、中型水库6 座，小型水库 142 座。其中，大中型水库总库容 6.44 亿立方米，已淤积泥沙 2.05 亿多立方米；淤积量占总库容量的 39.1%；小型水库总库容 2.64 亿立方米，已淤积泥沙 0.73 亿立方米，淤积量占总库容量的 29.7%，从而影响着水利设施的正常运行。

3. 切割蚕食，耕地面积逐渐缩小

长期的水力侵蚀，使侵蚀地每平方千米的土地干沟和支沟数目有 30~50 条之多。沟壑密度一般达到 2 千米/平方千米，严重地域达 6~7 千米/平方千米，沟整面积占总土地面积的 30%~50%，致使可利用土地逐渐缩小，农田生态环境严重受损。

二、土地荒漠化

甘肃省于 1994 年进行沙漠化土地普查与监测，但并未涉及荒漠化土地的其他项目。全省荒漠化土地完整的监测数据于 1999 年形成（但习惯上仍将 1994 年监测称为第一次荒漠化监测）。

1999 年，根据第二次荒漠化监测结果，全省荒漠化土地总面积 1 793.98 万公顷，占全省总面积的 39.48%。其中，风蚀面积 1 429.10 万公顷，水蚀面积 280.64 万公顷，盐渍化面积 68.75 万公顷，冰融面积 15.49 万公顷。

2004 年，根据第三次荒漠化监测结果，全省荒漠化土地总面积 1 934.78 万公顷，占全省总面积的 42.58%，占监测区总面积的 77.7%。其中，风蚀面积 1 561.90万公顷，占荒漠化总面积的 80.7%；水蚀面积 288.20 万公顷，占 14.90%；盐渍化面积 69.14 万公顷，占 3.6%；冰融面积 15.50 万公顷，占 0.8%。

按土地利用类型划分，荒漠化耕地 151.77 万公顷，占荒漠化土地总面积的 7.8%；荒漠化林地 148.22 万公顷，占 7.7%；荒漠化草地 642.08 万公顷，占 33.2%；荒漠化未利用地 992.71 万公顷，占 51.30%，见表 2–3–1。

表 2–3–1

甘肃省第三次荒漠化监测按地类面积统计 单位：万公顷

土地类型	小计	风蚀	水蚀	盐渍化	冰融
合计	1 934.78	1 561.94	288.20	69.14	15.50
耕地	151.77	84.39	60.48	6.89	—
林地	148.22	128.96	7.90	11.35	—
草地	642.08	438.75	162.16	35.93	5.24
未利用地	992.71	909.83	57.65	14.97	10.26

在荒漠化土地区域分布方面，肃北、阿克塞、敦煌三县（市）的荒漠化土地约占全省荒漠化总面积的 41.2%。其中，肃北 18.1%、阿克塞 12.7%、敦煌 10.3%。其他进入前 10 的县（市）中，瓜州 9.4%，民勤 7.5%，金塔 5.6%，玉门 4.6%，肃南 3.2%，景泰 2.5%，靖远 2.4%。

风蚀型荒漠化土地主要分布在河西走廊内陆河流域干旱、半干旱北部山前倾斜平原和一系列干燥剥蚀低山丘陵低洼处，其次是黄河流域半干旱、亚湿润干旱区和邻近毛乌素沙地环县北部亚湿润干旱区。其中，肃北、阿克塞、敦煌三县（市），占同类型总面积的 48.4%，分别占 22.17%、13.97%、12.21%。其他进入前 10 的县（市）为：瓜州 11.09%，民勤 8.46%，金塔 6.67%，玉门 5.50%，肃南 2.26%，高台 2.11%，山丹 2.00%。

水蚀型荒漠化土地主要分布在乌鞘岭以东的黄土峁状丘陵及残塬、梁状丘陵边缘地带。其中，以中部的兰州、白银、临夏、定西四市（州）最为集中和严重。同时，在河西南部祁连山区和庆阳环县北部也有大量分布。靖远、永登、景泰三县占同类型土地总面积的42.2%，其中，靖远15.12%，永登15.10%，景泰11.93%。其他进入前10的县（区）依次为：皋兰7.93%，肃南7.24%，榆中6.23%，会宁5.30%，平川区4.57%，白银区4.05%，凉州区3.81%。

盐渍化型土地主要分布在河西地区内陆河三大流域范围内，民勤县、阿克塞、瓜州三县最为集中，占同类型土地总面积的45.4%，其中，民勤县18.18%，阿克塞15.10%，瓜州县12.99%。其他进入前10的县（市、区）依次为：敦煌市12.58%，肃南县5.90%，永昌县5.74%，肃州区5.67%，金塔县4.93%，高台县4.42%，玉门市4.26%。

冰融型荒漠化土地主要分布于河西地区祁连山南部高寒阴湿区的阿克塞、肃北、肃南三县的高山冻土、冰渍及现代冰川地带。其中，阿克塞占72.54%，肃北占19.41%，肃南占8.05%。

2009年，根据第四次荒漠化监测结果，甘肃省荒漠化土地总面积1 921万公顷，占全省国土总面积的42.28%，分布于全省10个市（州）的37个县（市、区）。其中，风蚀荒漠化土地面积1 550万公顷；水蚀荒漠化土地面积285万公顷；盐渍化土地面积70万公顷；冰融荒漠化土地面积16万公顷。与2004年相比，全省荒漠化土地面积减少13.49万公顷，年均减少2.70万公顷。

三、沙漠化土地

甘肃省是中国沙漠主要分布地区之一，包括河西走廊地区沙漠、腾格里沙漠、巴丹吉林沙漠与库姆塔格沙漠。沙漠化土地的发生区域主要在河西走廊，陇中与陇东地区部分区县也有较大面积分布。据“八五”时期统计，沙漠及沙漠化土地总面积达1 423.79万公顷，占省国土总面积的31.3%，在全国沙漠化土地面积排序中占第4位。潜在沙漠化土地面积7.592 6万公顷。

其中，河西走廊沙区（包括黑河中段沙区、走廊西部沙区两部分）沙漠化面积达491.50万公顷。全省土地沙漠化发展最快、最严重的地区是河西走廊西段沙区，绿洲生态系统破坏严重，植物资源锐减，风沙活动频繁。“八五”后期，以玛曲为代表的草场沙漠化发展也非常迅速。

根据1994年第一次荒漠化普查结果，甘肃省沙质荒漠化土地主要分布于河西走廊地区。由于受腾格里、巴丹吉林、库姆塔格大沙漠的前移入侵，加之走廊三个独立的内陆河水系盆地（疏勒河、党河水系中下游玉门—瓜州—敦煌绿洲盆地，黑河、北大河水系中下游张掖—高台—酒泉绿洲盆地，石羊河水系中、下游武威—民勤绿洲盆地）的阻隔，致使沙漠化土地在水平分布上呈沿走廊狭长地带绿洲盆地与沙漠戈壁断续相间排列，从东向西绿洲面积逐渐缩小、沙漠戈壁逐渐扩大，并与气候、土壤、植被水平地带分布相吻合。

经普查统计，甘肃省沙漠化土地总面积为 14.289 万平方千米，按类型分：流动沙丘（地）271.70 万公顷，占 19.01%；半固定沙丘（地）113.47 万公顷，占 7.95%；固定沙丘（地）167.10 万公顷，占 11.69%；非生物工程治沙地 0.50 万公顷，占 0.03%；闯田 1.60 万公顷，占 0.11%；戈壁 854.70 万公顷，占 59.83%；风蚀残丘 7.20 万公顷，占 0.50%；重盐碱地 12.20 万公顷，占 0.85%；盐漠 0.50 万公顷，占 0.03%。

按程度分：轻度沙漠化土地 169.19 万公顷，占 11.8%；中度沙漠化土地 980.80 万公顷，占 68.6%；严重沙漠化土地 278.89 万公顷，占 19.5%。

甘肃沙漠化土地涉及 8 个市（州）25 个县（区、市），包括：酒泉市肃州区、金塔县、玉门市、瓜州县、敦煌市、肃北县、阿克塞县；嘉峪关市；张掖市甘州区、临泽县、高台县、山丹县、民乐县、肃南县；金昌市金昌县、金川区；武威市凉州区、民勤县、古浪县；白银市景泰县、靖远县、平川区；庆阳市环县；甘南州玛曲县。其分布面积及发生程度见表 2-3-2。

经对全省 8 个沙区共 2 万多份图斑调查卡片进行分析汇总，基本查清甘肃省各沙区从新中国成立初期至 1994 年沙质荒漠化土地（仅指流动沙丘地、半固定沙丘地、固定沙丘地、非生物工程治沙地及闯田）面积变动状况，沙质荒漠化土地由 1949 年的 475.4 万公顷增加到 1994 年的 554.3 万公顷，增加 78.9 万公顷，年均递增率为 0.38%；固定、半固定沙丘由 1949 年的 202.0 万公顷增加到 1994 年的 281.1 万公顷，增加 79.1 万公顷，年均递增率为 0.89%。各沙区的变化见表 2-3-3。

从时段的沙质荒漠化扩展速度来看，1949—1960 年的年平均递增率为 0.18%，1961—1970 年为 0.72%，1971—1990 年为 0.32%，1991—1994 年为 0.38%。1961—1970 年的递增率较高，反映了该时段社会、经济、政治等人为因素对沙漠化土地扩展的作用。从各沙区沙漠化土地扩展速度来看，库姆塔格沙区年均发展速率为 0.003 8%，巴丹吉林沙区为 0.20%，腾格里沙区为

表 2-3-2

甘肃省沙漠化土地按行政区域及发生程度分布

单位：万公顷

沙区	沙漠化土地面积	轻度沙漠化土地				中度沙漠化土地					严重沙漠化土地		
		固定沙地	非生物工程治沙	闯田	合计	半固定沙地	戈壁	盐碱地	盐漠	合计	流动沙丘	风蚀残丘	合计
合计	1 428.88	167.15	0.47	1.57	169.19	113.47	854.7	12.15	0.48	980.8	271.67	7.22	279.89
酒泉	1 146.25	107.06	0.17	0.1	107.24	67.04	798.44	7.68	0.05	873.2	158.58	7.22	165.8
武威	159.13	40.56	—	0.47	41.03	15.95	2.64	2.35	—	20.94	97.16	—	97.16
白银	4.29	2.23	0.09	—	2.32	0.88	—	0.45	0.1	1.43	0.54	—	0.54
张掖	66.19	4.57	0.21	—	4.78	13.86	30.74	1.66	0.33	46.59	14.82	—	14.82
嘉峪关	9.05	0.01	—	—	0.01	0.16	8.6	—	—	8.76	0.28	—	0.28
金昌	22.66	0.34	—	—	0.34	7.96	14.28	0.01	—	22.25	0.07	—	0.07
环县	21.05	12.31	—	1.09	13.4	7.32	—	—	—	7.62	0.03	—	0.03
玛曲	0.26	0.07	—	—	0.07	—	—	—	—	—	0.19	—	0.19

表 2-3-3

甘肃省各沙区沙漠化土地变化统计

单位：万公顷

沙区名称		1949 年以前		1949—1960 年		1961—1970 年		1971—1990 年		1991—1994 年	
		沙漠化土地面积	固定、半固定沙丘	沙漠化土地面积	固定、半固定沙丘	沙漠化土地面积	固定、半固定沙丘	沙漠化土地面积	固定、半固定沙丘	沙漠化土地面积	固定、半固定沙丘
合计		475.4	202	484.8	205.5	519.8	248.9	553.4	275.5	554.3	281.1
河西沙区	河西走廊西段沙区	125.1	88.4	135	91.3	169.1	127.3	205.9	151.2	206.2	155.7
	巴丹吉林沙区	23.6	2.5	24.6	3.4	24.6	3.9	25.7	6.3	25.7	6.3
	库姆塔格沙区	116.97	18.3	116.1	17.5	116.9	18.4	116.9	18.3	116.95	18.3
	腾格里沙区	168.7	60.9	168	61	167.6	65.2	164.6	66.2	164.35	66.2
	河西走廊黑河中段沙区	17.6	8.9	17.6	9.4	18.1	11.3	17.8	12.3	17.8	12.7
河东沙区	环北沙区	20.7	20.3	20.8	20.4	21	20.4	20.1	19	21	19.9
	玛曲沙区	0.19	0.01	0.19	0.01	0.26	0.07	0,26	0.07	0.26	0.07
	平川靖远沙区	2.54	2.54	2.51	2.51	2.24	2.24	2.14	2.14	2.09	2.09

0.06%，河西走廊西段沙区为1.47%，黑河流域中段沙区为0.03%，环县北部沙区为0.03%，平川靖远沙区为0.84%，玛曲沿黄沙区为0.66%。从各沙区的扩展速率中可以看出，发生于地质历史时期的沙质荒漠化土地，如库姆塔格、腾格里、巴丹吉林沙漠受人为活动影响少，变化速率小，基本处于稳定状态。而以沙漠化现代过程为主的河西走廊西段沙区、黑河流域中段沙区、环县北部沙区、玛曲沿黄沙区沙质荒漠化土地均有增加趋势。特别是占全省沙区面积62.7%的河西走廊西段沙区以及玛曲沙区变化幅度最大、发展最迅速。1949—1994年固定、半固定沙丘的增加从一个重要侧面反映出甘肃的沙漠化治理成果。以同期沙漠化土地扩展速率（0.38%）和固定、半固定沙丘增速率（0.89%）相比，后者与前者的比率为1∶2.3。但从绝对面积值计算，同期沙漠化土地扩展为78.9万公顷，固定、半固定沙丘增加79.1万公顷，后者仅比前者多0.2万公顷，反映出扩展与治理之间的相持态势。

根据1999年第二次荒漠化监测结果，全省沙漠化土地总面积1 113.43万公顷。分别为：戈壁854.7万公顷，占59.8%；流动沙丘271.7万公顷，占19.0%，主要为三大沙漠；固定、半固定沙丘（地）280.6万公顷，占19.3%，主要分布于绿洲与沙漠交界带及绿洲内部，是防沙治沙的重点。经调查分析，甘肃省的土地沙漠化经各种预防和治理局部得以有效控制。但从整体上看，治理速度跟不上沙漠化速度，沙漠化呈扩展之势。

据资料分析，沙漠化土地从新中国成立初到20世纪90年代均呈递增态势，递增率为1949—1960年0.18%，1961—1970年0.72%，1971—1990年0.32%，1991—1993年0.38%，1994—1999年0.42%，平均递增率为0.38%。部分沙漠化严重地区递增率达1.47%。从各县（市、区）具体情况来看，民勤县、凉州区、古浪县、民乐县、肃南县等县（市、区）的沙漠化土地1999年与1994年相比扩展明显，面积总计增加80 923.6公顷。20世纪90年代后期，民勤县绿洲已经沙漠化的土地达61万公顷，沙埋耕地52万公顷，民勤县湖区有30个村886.7公顷耕地受到风沙危害，在绿洲西北边缘风沙口上沙丘移动的速度可达8米/年，个别地段单个新月形沙丘移动的速度可达20米/年，绿洲被迫逐步退缩。

沙化土地的扩大，导致沙尘暴的增加。据历史记载，甘肃地区在公元3—15世纪沙尘暴较为罕见，多时也仅为每百年出现3次。20世纪以来沙尘暴发生频率越来越高，强度也越来越大。20世纪50年代发生4次，60年代7次，70年代13次，80年代11次，90年代达到20余次，2000年发生12次，2001年仅1—4月就出现9次。近半个世纪以来共发生60余次沙尘暴，平均每年发生一次较大的沙尘暴。沙尘暴发生的时间提前，次数增加，危害加大。如发生在1993年5月5日的特大沙尘暴席卷本省河西五市，影响邻近省区和黄河中下游地区。原林业部组织的专家对该次沙尘暴的考察研究表明，“5·5”特大沙尘暴造成直接经济损失53亿元，仅河西走廊就造成直接经济损失2.36亿元。由于沙漠化面积不断扩大，导致沙尘暴越来越多，强度越来越大，不仅对本区域人们生活、生产建设造成严重影响，而且对周边地区，甚至全球生态环境造成越来越严重的影响。

根据2004年第三次荒漠化监测结果，全省沙化土地面积为1 203.46万公顷，占全省国土总面积的26.48%，分布于全省8个市（州）的24个县（市、区）。其中，流动沙丘（地）195.65万公顷，占沙化土地的16.26%；半固定沙丘（地）122.06万公顷，占沙化土地的10.14%；固定沙丘（地）172.04万公顷，占沙化土地的14.3%；露沙地4.79万公顷，占沙化土地的0.4%；沙化耕地7.23万公顷，占沙化土地的0.6%；风蚀残丘1.64万公顷，占沙化土地的0.14%；风蚀劣地16.54万公顷，占沙化土地的1.37%；戈壁683.34万公顷，占沙化土地的56.78%；非生物工程治沙地0.17万公顷，占沙化土地的0.01%。

排在前10位的县（区、市）依次为：

肃北县沙化土地面积257.86万公顷，占沙化土地总面积的21.43%；

敦煌市沙化土地面积187.07万公顷，占沙化土地总面积的15.54%；

瓜州县沙化土地面积164.93万公顷，占沙化土地总面积的13.7%；

阿克塞县沙化土地面积127.10万公顷，占沙化土地总面积的10.56%；

民勤县沙化土地面积122.44万公顷，占沙化土地总面积的10.17%；

金塔县沙化土地面积102.86万公顷，占沙化土地总面积的8.55%；

玉门市沙化土地面积76.56万公顷，占沙化土地总面积的6.36%；

高台县沙化土地面积23.74万公顷，占沙化土地总面积的1.97%；

环县沙化土地面积20.72万公顷，占沙化土地总面积的1.72%；

临泽县沙化土地面积17.57万公顷，占沙化土地总面积的1.46%。

第三次监测与 1994 年第一次监测相同监测范围内的沙化土地面积相比，2004 年全省沙化土地面积净增加 10.59 万公顷，年均增加 1.06 万公顷。其中，流动沙地（丘）减少 0.36 万公顷，半固定沙丘（地）增加 4.53 万公顷，固定沙丘（地）增加 5.90 万公顷，露沙地增加 0.43 万公顷，沙化耕地增加 5.68 万公顷，非生物治沙工程地减少 0.13 万公顷，风蚀残丘减少 4.12 万公顷，风蚀劣地增加 8.75 万公顷，戈壁减少 10.09 万公顷，见表 2–3–4。

表 2–3–4

甘肃省 2004 年沙化土地增减值　　单位：万公顷

沙化土地类型	剔除不可比因素后 1994 年沙化土地检测数据	1999 年沙化土地监测数据	2004 年沙化土地监测数据	剔除不可比因素后 2004 年沙化土地检测数据	2004 年比 1994 年增减值	2004 年比 1999 年增减值
沙化土地总面积	1 094.48	1 113.43	1 203.46	1 105.07	10.59	–8.36
流动沙地（丘）	175.46	176.68	195.65	175.10	–0.36	–1.58
半固定沙地（丘）	117.53	106.78	122.06	122.06	4.53	15.28
固定沙地（丘）	166.14	159.90	172.04	172.04	5.90	12.14
露沙地	4.36	34.81	4.79	4.79	0.43	–30.02
沙化耕地	1.55	7.84	7.23	7.23	5.68	–0.61
非生物治沙工程	0.30	—	0.17	0.17	–0.13	0.17
风蚀残丘	5.76	13.68	1.64	1.64	–4.12	–12.00
风蚀劣地	—	—	16.54	8.75	8.75	8.75
戈壁	623.38	613.79	683.34	613.29	–10.09	–0.50

注：表中“剔除不可比因素后 1994 年沙化土地监测数据”是指 1999 年按全省行政界线调整的 1994 年沙普数据，表中“剔除不可比因素后 2004 年沙化土地监测数据”是剔除因 1999—2004 年监测期内甘肃青海省界变动增加的阿克塞部分面积的 2004 年沙化土地监测数据。

第三次监测与 1999 年二次监测相同监测范围内的沙化土地面积相比，全省沙化土地面积净减少 8.36 万公顷，年均减少 1.67 万公顷。其中，流动沙地（丘）减少 1.58 万公顷，半固定沙地（丘）增加 15.28 万公顷，固定沙地（丘）增加 12.14 万公顷，露沙地减少 30.02 万公顷，沙化耕地减少 0.6 万公顷，非生物治沙工程地增加 0.17 万公顷，风蚀残丘减少 12.00 万公顷，风蚀劣地增加8.75万公顷，戈壁减少0.50万公顷。

根据2009年第四次荒漠化监测结果，沙化土地面积为1 192万公顷，占全省国土总面积的26.23%，分布于全省8个市（州）的24个县（市、区）。其中，流动沙地（丘）1.89万平方千米；半固定沙地（丘）1.21万平方千米；固定沙地（丘）1.75万平方千米；露沙地382平方千米；沙化耕地618平方千米；风蚀残丘163平方千米；风蚀劣地1 581平方千米；戈壁6.79万平方千米；非生物工程治沙地17平方千米。与2004年相比，全省沙化土地面积净减少1 121平方千米，年均减少224平方千米。

四、土壤盐渍化

盐渍化土壤主要分布在干旱和半干旱地区的河西走廊内陆河流域，其次是黄河流域。全省原有盐渍土地总面积77.8万公顷，其中，耕地约11.873 3万公顷，盐荒地65.67万公顷。盐渍化耕地约占全省耕地面积的3.3%，而河西地区盐渍化土地即有11万多公顷，约占河西总耕地面积的17%，占全省盐渍化耕地面积的87.6%，是甘肃省盐渍化土地分布集中、面积最大的地区。“八五”时期，全省约有50%的盐地得到不同程度的治理，但仍有约6.67万公顷的盐渍化耕地分布于各灌区，治理盐渍化耕地的任务还很艰巨。

全省土地盐渍荒漠化呈日渐发展趋势。截至“八五”末期，全省盐渍化土地总面积达到102.37万公顷，占省国土总面积的2.2%。其中，典型盐土44.93万公顷，占盐土总面积的41.2%；草甸盐土28.91万公顷，占盐土总面积的31.9%；干旱盐土24.40万公顷，占盐土总面积的24.5%；碱化盐土1.26万公顷，占1.4%；沼泽盐土0.87万公顷，占1.0%。酒泉、张掖、武威3市盐渍化土地占全省盐土总面积的93.4%，其中酒泉地区盐渍化土地面积最大，为58.88万公顷，占全省盐土总面积的65.1%。河西走廊属于大陆性干旱气候，降水少，蒸发量是降水量的几十倍，气候由东向西越来越干燥、生态环境越来越脆弱。因此，盐渍化土地也由东向西、从南至北面积逐渐增加，盐分含量逐渐增高，危害也逐渐加重。该区域已成为全省土地沙质荒漠化、盐渍荒漠化发展最快、最严重的区域。

经过10多年治理，盐渍荒漠化土地得到有效控制。轻度35.612 26万公顷，占50.7%；重度7.770 52万公顷，占11.1%；极重度11.747 02万公顷，占

16.7%。盐渍荒漠化土地主要分布在河西区内陆河三大流域范围内：石羊河下游、黑河中下游、疏勒河中下游等地。盐渍化荒漠化土地面积前10位的县（市、区）详见表2–3–5，其中民勤、阿克塞和敦煌市3县（市）占总面积的45.1%。

表2–3–5

盐渍化土地主要发生县（市、区）　　单位：万公顷

县名	民勤县	阿克塞县	敦煌市	瓜州县	肃南县	金川区	肃州区	金塔县	高台县	玉门市
面积	12.61	9.84	9.25	8.92	4.09	3.99	3.90	3.41	3.35	3.05
比例/%	17.9	14.0	13.2	12.7	5.8	5.7	5.5	4.9	4.8	4.3

第四节　“十五”时期土壤质量评价

一、土地资源基本特征

据“十五”时期土地普查，甘肃土地面积454 403平方千米，折合68 160.34万亩，占全国总土地面积的4.72%，居全国第七位。人均占有土地31.9亩，比全国人均水平高出1倍多。

全省土地资源从宏观上可分为三大分布区，东部中部黄土高原区，西南部丘陵山区和河西走廊荒漠戈壁平原区。东中部黄土高原区含定西、天水、平凉、庆阳4个地区。土地面积9 329.58万亩，占全省总土地面积的13.69%，耕地面积3 308.99万亩，占全省总土地面积的4.85%。西南部丘陵山区主要以陇南地区、临夏回族自治州、兰州市以及甘南藏族自治州为主，土地面积占全省总土地面积的19.39%，耕地面积2 147.56万亩，占全省总土地面积的3.15%。河西走廊地区，包括武威、张掖、酒泉、金昌、嘉峪关等地，土地面积占全省总土地面积的60.74%，耕地面积1 558.82万亩，占全省总土地面积的2.29%，耕地主要集中在河西走廊的平川灌区和间布于戈壁沙漠之中的绿洲。

全省土壤可划分为37个土类99个亚类，170个土属。

二、农业耕地肥力

从全省农业耕地土壤普查资料来看，农业耕地的有机质含量为0.79%~2.47%，平均值在1.2%左右。全氮平均含量为0.052%~0.152%，大多数地区含量在0.1%以下，碱解氮平均含量为3 262.5 ppm，速效磷平均含量为4.84~13.60 ppm，速效钾含量多数为110~270 ppm。由于农业耕地受到人为施肥、耕地管理、灌溉、地形、侵蚀强度等的不同影响，肥力差异较大，其分布特点如下。

城郊、村镇附近，人多地少、有机肥源多、化肥施用水平高的地区土壤肥力较高；

少部分海拔较高的高寒冷凉山区，土壤有机质和养分含量较高，有机质含量在2%以上的土壤多属此类地区；

人少地多、有机肥源少、离村庄较远的耕地、水土流失严重的陡坡地、新开垦的土地及河西走廊风沙边缘地区的风沙土壤肥力较低，有机质仅为0.27%。

土壤肥力现状的总体水平为有机质含量低、缺氮、极缺磷、钾有余或够用，土壤肥力普遍不高。

三、土地资源利用

从全省土地资源现状利用来看，未利用地占比最大，其次是草地和耕地、林地、水域、交通用地，园地占比最小。

从农、林、牧实有用地分析，全省耕地面积899.23万亩，占总土地面积的12.91%，扣除地埂后，净耕地为7 273.27万亩。虽然种植面积比重较大，但大多数地区的土地承载力在0.33人/亩左右，若土地承载力指标按地区差异分析，全省除河西三地、两市外，大部分地区粮食不能自给，迄今沿用农业外延式扩大再生产的方法，维持广种薄收的局面。耕地中，水田和水浇地分别只占0.25%和20.1%，山地、旱地多，耕作粗放，单产低而不稳，全省粮食亩产151千克，比全国平均数低90千克，绝大部分地区是一年一熟，复种指数为102.9%。农业内部结构中，农、林、牧用地比为11∶0.8∶3，林业用地少。全省森林覆盖率仅为8.86%，只是全国森林覆盖率12.8%的69%。草地面积虽大，但覆被度低，产草量低，草质量差，载畜量也很低，平均每78亩天然草地才能饲养一个羊单位，即便如此，草场仍普遍超载。原因是人工草场和改良草场面积小，干旱、荒漠草场占草场总面积的2/3土地。

四、“菜篮子”蔬菜基地土壤环境质量

“十五”时期，随着中国“菜篮子”产品基地的迅速发展，全省建成“菜篮子”基地77个，总面积192.682万亩。有力地促进了甘肃省工业化、城镇化和农业产业化发展进程。但是，由于农药、化肥等农业投入品的不合理使用以及工业“三废”和生活污染，致使一些“菜篮子”产品基地的环境质量下降，从而影响产品质量和人体健康。为此，甘肃省环境监测中心站根据中国环境监测总站要求，于2003—2005年对兰州、武威、金昌、张掖、临夏、庆阳、白银7个城市的部分“菜篮子”蔬菜基地环境质量现状开展试点调查监测。

土壤中的污染物质监测项目共10项，包括pH、镉、汞、砷、铜、铅、锌、铬、六六六和滴滴涕农药。

土壤环境质量评价执行《土壤环境质量标准》（GB 15618—1995）二级标准。评价时首先根据各个点位土壤中pH的监测结果，选用相应的标准值进行评价。

土壤环境质量评价以土壤单项指标污染指数、土壤综合污染指数及土壤污染分担率计算和土壤污染分级，按照《农田土壤环境质量监测技术规范》（NY/T 395—2000）执行。

全省参与调查的7个城市“菜篮子”蔬菜基地共20个。布设土壤样品采样点为82个，共获得土壤样品178个，有效监测数据890个，各地土壤监测结果具体见表2-3-6。

监测结果表明，试点监测的土壤环境中主要污染因子为镉。按pH≥7的评价标准评价，兰州市安宁区蔬菜基地土壤中镉超标，超标率高达100%。金昌市有6个监测点土壤中隔超标，最大超标倍数为5.8倍；1个监测点土壤中铜超标。白银市白银区蔬菜基地土壤中镉严重超标，最大超标倍数为12倍。其余各地区监测结果未超过国家标准限。各监测点位土壤中六六六

表 2-3-6

甘肃省土壤环境质量监测结果

单位：毫克/千克

城市	pH	铜	铅	锌	镉	砷	铬	六六六	滴滴涕	汞
兰州	8.24~8.89	10.67~34.5	2.81~24.2	44.4~214.8	0.052~0.98	5.11~61.2	5.63~50.2	未检出~0.006 8	0.000 4~0.044 7	0.06~0.74
庆阳	7.69~8.55	18.5~79.2	0.060~0.193	70.2~188.0	0.049~0.193	4.79~16.6	32.4~105.0	未检出~0.005 3	0.000 1~0.007 3	0.003~0.060
临夏	7.73~8.45	24.1~40.6	11.3~35.6	68.7~108.0	0.057~0.130	7.19~15.9	33.8~68.4	0.000 1~0.002 1	0.000 4~0.002 9	0.03~0.21
武威	7.69~8.53	25.5~36.4	29.5~39.3	73.6~159	0.046~0.193	4.97~12.0	42.4~105.0	未检出	0.001~0.004 7	0.006~0.060
金昌	8.24~8.76	28.1~210.0	14.35~42.2	64.6~171.0	0.095~3.45	3.04~10.6	64.5~126.0	0.001 0~0.309 1	0.000 6~0.003 6	0.007~0.041
张掖	7.83~8.50	23.6~40.0	20.8~41.7	71.3~118.0	0.049~0.168	7.05~11.5	89.3~129.0	未检出~0.003 9	0.000 5~0.003 7	0.002~0.046
白银	7.22~7.79	7.30~50.2	8.28~27.02	47.8~85.9	6.02~7.77	11.07~14.44	27.2~104.2	未检出~0.004 6	0.000 4~0.005 3	0.005~0.032
标准	≥7	100	350	300	0.60	25	250	0.50	0.50	1.0

残留量检出率较低，滴滴涕检出率较高，但未超过国家标准限值。

重金属监测结果与土壤背景值对比：根据甘肃省环境监测中心站 1988 年全省土壤背景值调查结果可知，铜元素金昌市数据高出背景值；铅元素武威、金昌、张掖的调查数据高出背景值；锌元素调查结果兰州（榆中县）和白银的调查数据在范围内，其余的超出背景值范围；镉元素兰州（安宁区）、金昌和白银超出背景值范围；铬元素的调查数据张掖高出背景值；汞元素调查数据兰州（安宁区）和临夏高出背景值；砷元素调查结果均在背景范围内。

“菜篮子”蔬菜基地环境质量评价结果：将土壤中污染物监测结果结合土壤环境质量分级标准，计算得出各污染物的单项污染指数和综合污染指数。对本次监测的蔬菜基地土壤环境质量现状进行分级评价。

由监测结果可知，调查监测的 7 个城市中，蔬菜基地土壤中综合污染指数小于 0.7 的城市为：兰州市榆中县、庆阳市、临夏市、武威市、张掖市，调查结果说明这些地区蔬菜种植土壤清洁，处于安全水平。

兰州市安宁区土壤综合污染指数大于 0.7 而小于 1.0，说明蔬菜种植土壤上清洁，处于警戒限。

金昌市土壤污染综合指数大于 1 小于 2，土壤已受到轻度污染，影响到蔬菜质量。

白银市土壤污染综合指数大于 3，土壤已受到严重污染，生长植物受污染已相当严重，这些土壤已不适合种植蔬菜。

五、“十五”生态环境变化

2000—2005 年，全省土地利用面积变化见表 2-3-7 及图 2-3-1。与 2000 年相比，全省林地面积增加 1 710 平方千米；草地面积减少 2 557 平方千米；耕地面积增加 2 763 平方千米；戈壁面积减少 2 341 平方千米；冰川面积减少 322 平方千米；盐碱地面积减少 545 平方千米；沙地面积减少 417 平方千米；水域湿地面积无明显变化；沼泽地面积减少 51 平方千米；水资源量减少 189.96 亿万立方米，其中降水减少 5 844.9 毫米。

耕地变化趋势：全省耕地面积增加的县区主要集中在民乐县、民勤县、会宁县、金塔县、山丹县、安西县、敦煌市、文县、永昌县、徽县、金昌市

表 2-3-7

2000 和 2005 年甘肃省土地利用类型面积统计 单位：平方千米

2000 年全省土地利用面积								
林地	草地	耕地	戈壁	冰川	盐碱地	沙地	水域湿地	沼泽地
38 584	138 659	63 869	62 754	1 122	7 888	27 171	4 156	1 977
2005 年全省土地利用面积								
林地	草地	耕地	戈壁	冰川	盐碱地	沙地	水域湿地	沼泽地
40 294	136 102	66 633	60 413	800	7 343	26 754	4 162	1 926
5 年变化趋势								
林地	草地	耕地	戈壁	冰川	盐碱地	沙地	水域湿地	沼泽地
增加 1 710	减少 2 557	增加 2 763	减少 2 341	减少 322	减少 545	减少 417	增加 5.7	减少 51

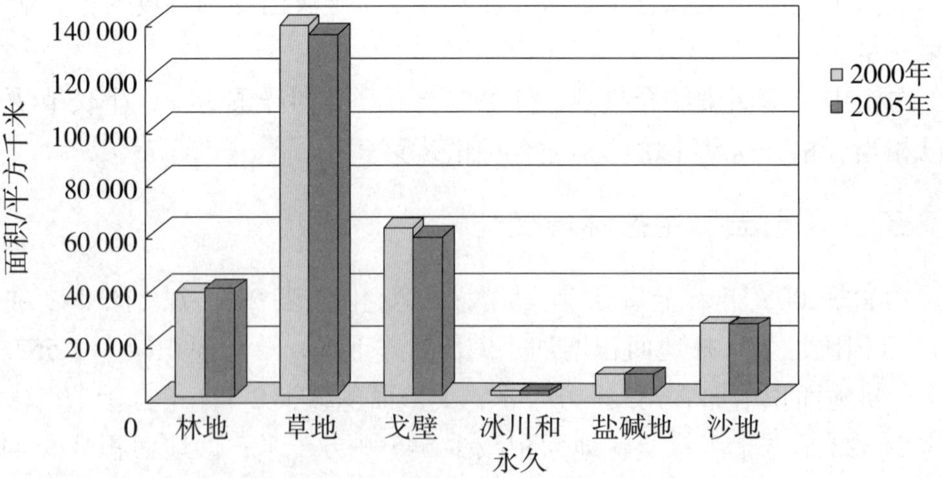

图 2-3-1 2000—2005 年甘肃省土地利用类型统计

等地区。土地利用类型变化由滩地、盐碱地及疏林地变为耕地。

林地变化趋势：全省新增林地主要分布在敦煌市、天祝藏族自治县、徽县、成县、两当县、庆城县、康县、合水县、卓尼县等地区。土地利用类型由盐碱地、低覆盖草地、其他未利用土地等变为灌木林地、疏林地。

草地变化趋势：全省草地面积减少的地区主要分布在阿克塞哈萨克族自治县、民勤县、会宁县、民乐县、玉门市、徽县、肃北蒙古族自治县、山丹县、文县、武都县、永昌县、金昌市等地。土地利用类型由草地变为戈壁、裸地、沙地。

六、主要生态环境问题

耕地面积扩大，农田开荒、复垦与弃耕并存，外延式农业扩张未得到有效遏制。总体来看，全省各地普遍采取开荒来扩大耕地面积，全省有 54 个县市耕地面积增大，农业发展仍然延续外延式扩大方式，耕地增加集中体现在对低覆盖草地的开垦对裸土地的开垦及在戈壁内开荒。无序开荒现象较普遍，尤其是在河西内陆河流域及中部干旱地区。

草地退化呈现分布广、面积大特点。全省有 57 个县市草地面积减少，草地退化严重的地区主要在河西走廊阿克塞哈萨克族自治县、民勤县、民乐县、玉门市、肃北蒙古族自治县、山丹县等地。其草地退化面积 1 654.31 平方千米，占草地总退化面积的 64.7%。

冰川积雪的面积减小，导致河西生态环境的压力逾增。甘肃省的冰川积雪主要分布在祁连山脉，是河西走廊城市的水源命脉，是河西灌溉农业的“固体水库”。受全球大气变暖的影响，冰川积雪的消融量大于其积累量，冰川积雪 5 年减少 322 平方千米，严重影响到河西的生态环境和农业生产，长期将逐渐使河西地区丧失稳定的河水径流，并最终使干旱程度加重，自然环境劣变，严重威胁人类的生存。

黄河谷地城市发展较快，工业发达，但环境污染十分严重。存在的主要生态问题是城市生态系统的结构不合理，功能不完善，植被覆盖率低，环境污染严重，引发潜在土壤次生盐渍化问题。

第四章　声环境质量

全省环境噪声污染主要包括城市道路交通噪声污染、城市区域环境噪声污染和城市功能区昼夜间噪声污染三部分。参加评价的城市为省辖 14 个市州所在城镇，参与评价的实测数据从 1988 年开始。

第一节　城市声环境质量

一、噪声污染源

噪声污染源主要由生活噪声、交通噪声、工业噪声、施工噪声和其他噪声构成。按照声污染源污染程度分析，城市噪声源以道路交通噪声和建筑施工噪声污染为主，其污染强度大，声级高；其次是工业噪声和生活噪声。就“八五”“九五”时期 14 个地、州、市的 7 年监测结果测算而言，交通噪声平均等效声级值为 59.6 分贝，施工噪声平均等效声级值为 57.4 分贝，工业噪声平均等效声级值为 55.9 分贝，社会生活噪声为 51.4 分贝。

按照声污染源覆盖面分析，城市噪声源以社会生活噪声污染源覆盖面最广，约占整个污染源构成的 51%；其次是道路交通噪声，占污染源构成的 28%；最后是工业噪声、施工噪声和其他噪声，分别占 14%、4%和 3%。

“十五”时期，城市噪声源多年来形成的分布格局基本未变，生活噪声和交通噪声占很大比重。生活噪声源覆盖面积广、影响范围大；交通噪声强度大，声级值高，对声环境质量影响较大。“十五”期间，城市声环境噪声源构成分别为（见图 2–4–1）：生活噪声占 59.8%，交通噪声占 23.8%，施工噪声占 6.0%，其他噪声占 5.3%，工业噪声占 5.1%。与“九五”期间相比（见表 2–4–1），交通噪声源、施工噪声源覆盖面积扩大，生活噪声、工业噪声和其他噪声源比例有所减少。但是随着城市建设步伐加快，人民业余生活逐渐趋于多元化，环境噪声源的污染负荷有所加重。虽然竭力控制，但从声源强度来看施工噪声和其他噪声强度有所增加（见图 2–4–2）。

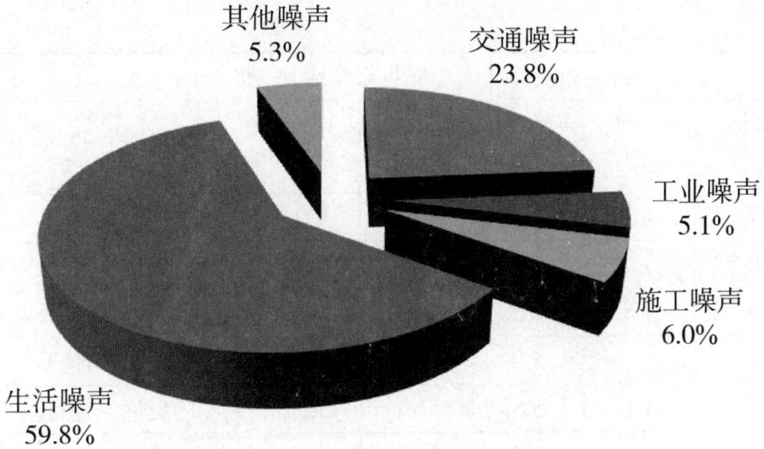

图 2-4-1　甘肃省城市噪声源构成比

表 2-4-1

1991—2010 年环境噪声源构成年际变化统计

年份	噪声源构成比/%					
	交通噪声	工业噪声	施工噪声	生活噪声	其他噪声	比例变化
1991	21.3	20.0	19.8	19.2	19.6	交通>工业>施工>其他>生活
1992	20.8	20.2	20.9	18.4	19.7	施工>交通>工业>其他>生活
1993	21.1	20.2	21.1	20.6	17.0	施工、交通>生活>工业>其他
1994	21.5	20.1	20.9	18.6	18.9	交通>施工>工业>其他>生活
1995	21.3	19.9	20.9	18.9	19.1	交通>施工>工业>其他>生活
1996	22.8	5.6	5.7	62.5	3.5	生活>交通>施工>工业>其他
1997	21.6	6.5	4.4	62.5	3.5	生活>交通>工业>施工>其他
1998	26.0	4.3	5.2	58.5	5.8	生活>交通>其他>施工>工业
1999	22.3	4.6	4.9	61.5	7.3	生活>交通>其他>施工>工业
2000	20.1	5.2	6.2	59.6	8.9	生活>交通>其他>施工>工业
2001	21.6	5.7	5.7	62.8	4.3	生活>交通>施工>工业>其他
2002	22.5	4.7	6.2	60.8	5.8	生活>交通>施工>其他>工业
2003	23.9	5.6	5.6	58.9	6.0	生活>交通>其他>施工>工业
2004	23.9	5.2	5.7	58.7	6.5	生活>交通>其他>施工>工业

续表

年份	噪声源构成比 /%					
	交通噪声	工业噪声	施工噪声	生活噪声	其他噪声	比例变化
2005	27.1	4.3	6.8	57.8	4.0	生活＞交通＞施工＞工业＞其他
2006	30.2	5.4	6.2	52.6	5.6	生活＞交通＞施工＞其他＞工业
2007	29.1	4.5	6	55.1	5.3	生活＞交通＞施工＞其他＞工业
2008	28.7	4	5.9	56.5	4.9	生活＞交通＞施工＞其他＞工业
2009	28.5	4.1	5.8	56.1	5.5	生活＞交通＞施工＞其他＞工业
2010	29.4	4.7	6.5	55.1	4.3	生活＞交通＞施工＞其他＞工业

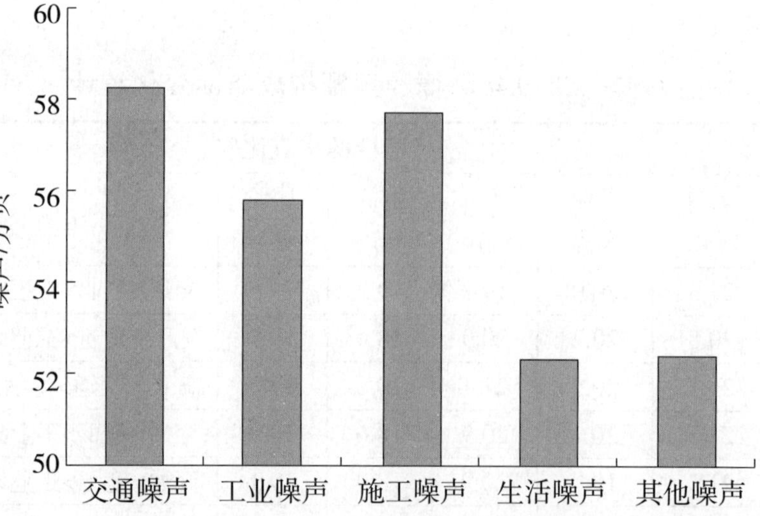

图 2-4-2 甘肃省城市噪声源声强

工业噪声、施工噪声、社会生活噪声和交通噪声等影响城市声环境质量的噪声污染日趋突出。

2010 年城市噪声源构成主要是交通噪声、工业噪声、施工噪声、生活噪声和其他噪声。生活噪声和交通噪声是影响城市声环境质量的主要噪声源，占全部噪声源总比的 84.5%；施工噪声、工业噪声、其他噪声所占比例相差不大，施工噪声略高于工业噪声，工业噪声又略高于其他噪声。2010年环境噪声源构成详见表 2-4-2。

表 2-4-2

2010 年甘肃省环境噪声源构成

噪声源构成比/%					声源构成
交通噪声	工业噪声	施工噪声	生活噪声	其他噪声	
29.4	4.7	6.5	55.1	4.3	生活>交通>施工>工业>其他

城市噪声源多年来形成的分布格局基本未变，城市居民生活噪声和交通干线噪声仍然是影响城市声环境质量的主要噪声源，5 年内均占总比的 80% 以上，施工噪声源所占比例又略高于工业噪声源和其他噪声源。

2010 年与 2005 年相比，生活噪声源和施工噪声源均有所减少，交通噪声源、其他噪声源和工业噪声源均有所增加，上下浮动比例均不大，为-2.7%~2.3%。

二、城市噪声污染变化

“八五”时期，全省主要城镇噪声污染总体呈缓慢加重的趋势，其中部分城市污染加重的速度比较快。例如，兰州市各类噪声源声级值 1990 年与 1994 年相比较为：交通噪声由 64 分贝升至 65.3 分贝；工业噪声由 58.2 分贝升至 62.7 分贝；施工噪声由 58.4 分贝升至 63.8 分贝；社会生活噪声由 55.4 分贝升至 57.3 分贝。

城市交通噪声污染亦有加重趋势，如武威市交通道路噪声等效声级，由 1991 年的 68.5 分贝升至 78.9 分贝；西峰市由 67.5 分贝升至 71.9 分贝；白银是由 67.6 分贝升至 70.3 分贝等。

1995 年，生活噪声和交通噪声仍是各城市中的主要噪声源。13 个城市区域环境噪声平均等效声级值均超过 50 分贝。各功能区噪声状况为：居民文教区噪声昼、夜等效声级值达标；二类混合区中白银、武都两市声环境较好；工业集中区是城市各类功能区中超标率最低的区域；道路交通噪声污染处于较严重状态，近半数的城市该项平均等效声级值超过 70 分贝。

“九五”时期，随着城市人口包括流动人口的急剧增加和城市商业活动的繁荣，生活噪声变成影响城市声环境的主要污染源。之后是交通噪声，贡献率逐年增高。1996 年，生活噪声源影响范围逐步扩大，全省噪声源构成以生活噪声源为主，占 65.1%；区域环境噪声污染加重，与上年相比，除临夏市外其他城市等效声级均有上升；功能区噪声出现不同程度的超标；道路交通噪声污染水平波动较大，多数城市平均等效声级都超过 70 分贝，定西最高。

1997 年，城市区域环境噪声为 51.1~62.4 分贝，其中白银、金昌、嘉峪关和张掖区域噪声超过Ⅰ类标准，临夏和酒泉区域噪声超过Ⅱ类标准；道路交通噪声介于 64.3~76.5 分贝，全省监测路段总长约 38.38 万米，有 47%的路段交通噪声超过国家标准，见图 2–4–3。

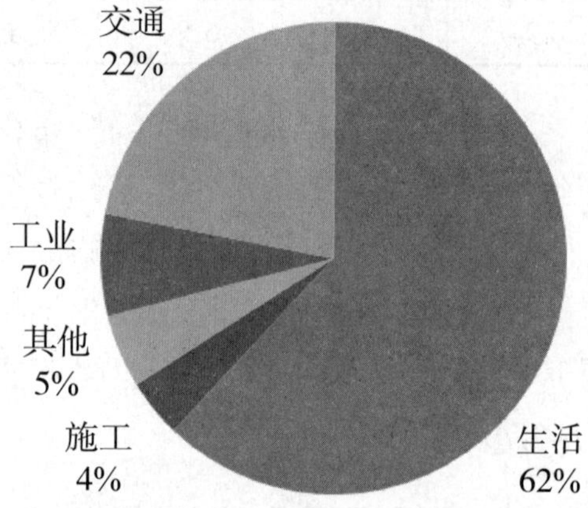

图 2–4–3　1997 年甘肃省城市噪声源构成

1998 年，在统计的 13 个城市中，环境噪声平均等效声级值分布为 51.8~62.9 分贝。定西、酒泉声级值分别为 62.9 分贝、60.4 分贝，污染最重。道路交通噪声平均等效声级值分布为 62.7~74.1 分贝，超过 70 分贝的城市有 8 个，其中以定西声级值最高，嘉峪关声级值最低。13 个城市中，1 类区有 6 个城市超过 55 分贝，2 类区有 4 个城市超过 60 分贝；3 类区有 3 个城市超过 65 分贝；Ⅳ类区有 6 个城市超过 70 分贝。

1999 年，13 个城市全部处于污染状态：平凉和武都为重污染，6 个城市处于中等污染水平，5 个城市为轻污染。其中，生活噪声的影响范围居高不下，交通噪声与往年相比变化不大，但对声环境干扰最大，施工噪声扰民现象严重。在影响城市声环境的各种声源中，工业噪声约占 4.4%，施工噪声约占 4.8%，其他噪声约占 7.4%，交通噪声约占 23.6%，生活噪声约占 59.8%。

全省 13 个城市区域环境噪声平均等效声级值分布为 52.2~61.7 分贝。其中 6 个城市超标严重，占 46.2%，有 4 个城市超标较重，占 30.85%，3 个城市超标较轻，占 23.0%。

13 个城市道路交通噪声平均等效声级值分布为 64.4~75.5 分贝，武都为重污染水平，占 7.7%，有 6 个城市平均等效声级值为 71.1~73.5 分贝，占 46.2%，处于中等污染水平，有 5 个城市平均等效声级值为 66.3~69.8 分贝，占 38.5%，处于轻污染水平，嘉峪关声环境质量为良好水平。

"十五"期间，区域环境噪声平均等效声级呈显著下降趋势，处于中度、轻度污染的城市由 2001 年的 5 个减少至 2005 年的 2 个，较好、好的城市由 2001 年的 9 个增加到 12 个。

全省共有 8 个城市年度间区域环境噪声呈下降趋势，区域声环境质量较上一时期明显好转。

城市交通日渐发达，民用车数量迅速增长，加重了城市道路交通噪声的污染负担。但道路交通噪声的污染并未因车辆的增加而升高。这与相关部门加大力度、强化管理、有效遏制道路交通噪声的污染是分不开的。5 年间全省城市道路交通噪声平均等效声级值为 68.0~69.2 分贝，呈下降趋势。

"十一五"期间，城市区域声环境质量未见明显变化，2010 年平均等效声级比 2005 年增加 0.3 分贝。

2006—2010 年，全省区域环境噪声平均等效声级依次为 53.8 分贝、53.1 分贝、53.1 分贝、53.5 分贝、53.5 分贝，年际间波动不大。14 个地州市中，兰州 2006—2010 年区域声环境质量轻度污染；陇南 2009 年区域声环境质量较差，其他 4 年均轻度污染；其余 12 个城市 5 年内声环境质量均为好和较好。采用秩相关系数法分析城市区域声环境质量变化趋势，14 个城市中嘉峪关、庆阳区域声环境质量显著好转，其他城市均无显著变化。

与"十五"末相比，2010 年金昌市、张掖市平均等效声级与 2005 年持平；酒泉、武威、定西、庆阳、临夏有所上升，其余 5 个城市有所下降。城市区域环境噪声监测结果见表 2-4-3。

三、区域环境噪声

1988—1994 年，全省城市区域环境噪声污染状况呈波浪式缓慢加重的趋势。就全省 14 个地州市的 6 年环境噪声监测平均值分析，由 1989 年的 53.2 分贝逐年缓慢增至 1994 年的 54.4 分贝。兰州、天水、白银、嘉峪关、西峰、张掖、临夏、合作等城镇区域环境噪声平均等效声级值均有不同程度的上升。

表 2-4-3

“十一五”期间甘肃省城市区域环境噪声监测结果统计

单位：分贝

城 市	2005 年	2006 年	2007 年	2008 年	2009 年	2010 年	2010 年较2005 年增值
兰 州	57.9	57.9	57.8	57.7	57.1	57.1	–0.8
嘉峪关	52.5	52.4	53.3	52.2	51.5	51.3	–1.2
金 昌	53.1	53.1	53.2	53.3	53.4	53.1	持平
白 银	53.9	53.6	52.2	52.8	53.3	53.6	–0.3
天 水	54.0	52.8	51.1	51.1	52.7	51.3	–2.7
平 凉	55.0	54.8	54.4	54.5	54.9	54.8	–0.2
酒 泉	53.5	54.7	49.9	54.9	53.9	54.5	1.0
张 掖	51.7	51.6	51.5	51.2	51.6	51.7	持平
武 威	51.0	52.7	53.4	52.9	52.9	52.5	1.5
定 西	54.0	54.8	54.3	53.3	50.9	54.7	0.7
陇 南	58.0	56.0	58.5	57.0	60.1	57.4	–0.6
庆 阳	53.3	54.5	54.4	53.8	53.4	53.6	0.3
临 夏	48.0	52.8	51.3	50.3	51.2	54.4	6.4
甘 南	48.8	50.8	47.4	48.8	51.9	48.4	–0.4

通过对 14 个地州市的 7 年噪声监测值综合分析，2 类混合区、工业集中区和道路交通干线两侧的夜间噪声达标状况良好；居民文教区、1 类混合区的昼、夜间噪声均普遍有超标。2 类混合区昼、夜间噪声平均等效声级分别为 54 分贝和 45.8 分贝；工业集中区昼夜间噪声分别为 58.8 分贝和 50.7 分贝；交通干线两侧昼、夜间噪声分别为 64.7 分贝和 55.4 分贝；居民文教区昼、夜间噪声分别为 52.7 分贝和 43.5 分贝；1 类混合区昼、夜间噪声分别为 55.7 分贝和 47.5 分贝；商业中心区昼、夜间噪声分别为 62.4 分贝和 52.8 分贝。

1995 年，13 个城市区域环境噪声等效声级分布为 52.5~62.4 分贝，其中临夏、定西、武威、兰州四市等效声级超过 60 分贝，污染严重；天水、嘉峪关、西峰、武都、酒泉五市等效声级为 55~60 分贝，处于中等污染水平；白银、金昌、张掖、平凉等效声级在 55 分贝以下，污染较轻。白银、平凉超标率低于上年，其余城市超标率比上年有较明显的上升。

“九五”期间，全省区域环境噪声平均等效声级为 55.6~58.2 分贝，呈逐年下降趋势，由 1996 年的 58.2 分贝下降至 2000 年的 55.6 分贝。各年度污染分级统计表明，年平均等效声级达到 I 类标准的城市比例有所增加，区域声环境质量提高的城市逐年递增。

有 6 个城市年度间区域环境噪声呈下降趋势，5 个城市变化不明显，嘉峪关和武都呈上升趋势，区域声环境质量下降。“九五”期间部分中小城市区域环境噪声平均等效声级值较“八五”时期增幅较大，为 3.3~5.7 分贝。

“十五”期间，区域环境噪声平均等效声级值分布为 53.2~55.2 分贝，呈显著下降趋势（见图 2-4-4）。处中度、轻度污染的城市由 2001 年的 5 个减少至 2005 年的 2 个，较好、好的城市由 2001 年的 9 个增加到 12 个（见表 2-4-4）。

共有 8 个城市年度间区域环境噪声呈下降趋势，占 57.1%。2 个城市呈上升趋势，占 14.3%，其他 4 个城市变化不大，占 28.6%。与“九五”时期相比，各城市平均等效声级值均有所下降，减幅最大的是临夏市，下降 6.7 分贝（见表 2-4-5）。全省区域声环境质量较上一时期明显好转。

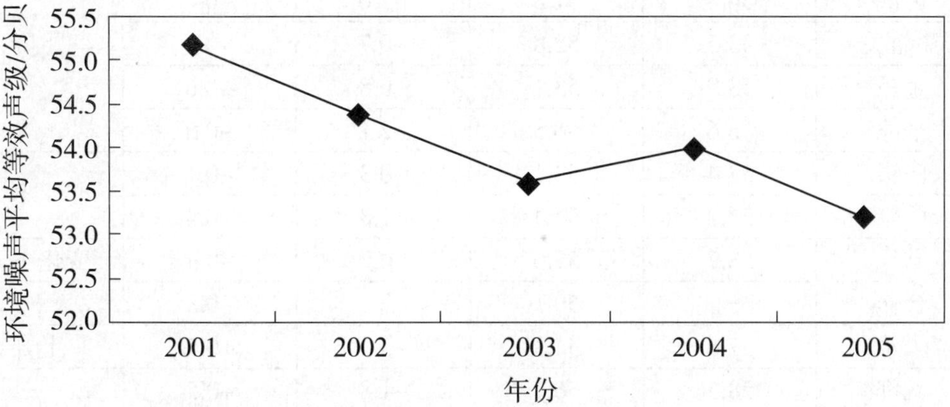

图 2-4-4 “十五”期间甘肃省区域环境噪声年际变化

表 2-4-4

“十五”期间甘肃省区域环境噪声污染统计

年度	重度污染		中度污染		轻度污染		较好		好	
	城市数	比例/%	城市数	比例/%	城市数	比例/%	城市数	比例/%	城市数	比例/%
2001	—	—	1	7.1	4	28.6	9	64.3	—	—
2002	—	—	—	—	5	35.7	8	57.1	1	7.1
2003	—	—	—	—	4	28.6	9	64.3	1	7.1
2004	—	—	—	—	3	21.4	10	71.4	1	7.1
2005	—	—	—	—	2	14.3	10	71.4	2	14.3
r_s 值	—	—	—	—	−0.8		+0.7		+1	
变化趋势	—	—	—	—	下降		上升		极显著上升	

表 2-4-5

甘肃省各城市声环境质量变化统计表

城市	“九五”时期	“十五”时期			
	声级值	声级值	增减值	r_s 值	变化趋势
临夏	57.5	50.8	−6.7	−1.0	极显著下降
兰州	59.8	58.6	−1.2	−0.9	显著下降
定西	60.2	54.7	−5.5	−0.9	
张掖	52.7	52.7	—	−0.8	下降
武威	56.8	51.8	−5.0	−0.7	
嘉峪关	53.5	52.8	−0.7	−0.6	
金昌	53.9	53.1	−0.8	−0.6	
平凉	58.6	56.5	−2.1	−0.6	
白银	53.4	53.1	−0.3	+0.1	变化不大
西峰	56.2	54.4	−1.8	−0.4	
酒泉	58.7	58.0	−0.7	−0.4	变化不大
合作	—	50.1	—	−0.3	—
天水	57.6	54.3	−3.3	+0.5	上升
武都	58.5	56.7	−1.8	+0.5	—
全省	56.7	54.1	−2.6	−0.9	显著下降

2005 年度，区域环境噪声平均等效声级分布为 48.0~58.0 分贝。武都、兰州平均等效声级值为 55.0~60.0 分贝，属轻度污染；临夏、合作 2 个城市平均等效声级值小于 50.0 分贝，声环境质量好；其余 10 个城市平均等效声级值为 50.0~55.0 分贝，声环境质量较好（见图 2-4-5）。

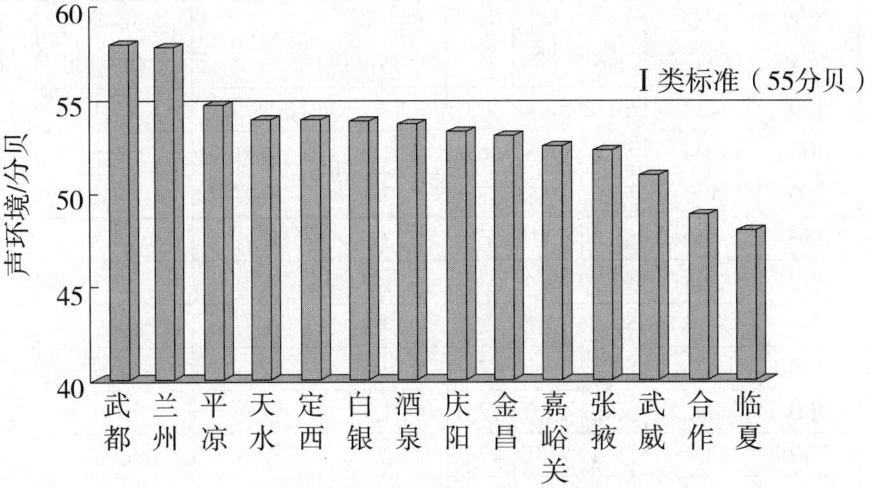

图 2-4-5　2005 年甘肃省城市区域声环境质量排序

“十一五”期间，全省区域声环境质量明显改善。2010 年，全省 14 个城市中区域声环境质量好的为甘南，平均等效声级值小于 50.0 分贝，占 7.1%；轻度污染的为陇南和兰州，平均等效声级值为 55.0~60.0 分贝，占 14.3%；其他 11 个城市平均等效声级值为 50.0~55.0 分贝，声环境质量较好，占 78.6%。2010 年城市区域声环境质量类别分布见图 2-4-6。

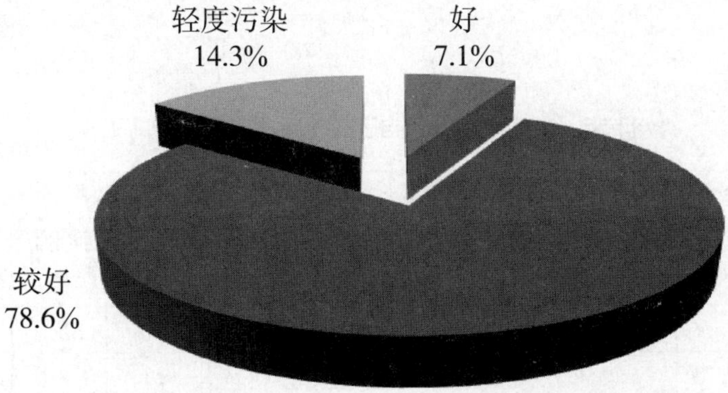

图 2-4-6　2010 年甘肃省城市区域声环境质量类别分布

14个城市区域声环境等效声级值范围分布为48.4~57.4分贝，等效声级面积加权平均值为53.5分贝。2010年城市区域声环境质量监测结果见表2–4–6。

表2–4–6

2010年甘肃省城市区域声环境质量监测结果统计

城　市	网格长/米	网格总数/个	L_{10}	L_{50}	L_{90}	噪声均值/分贝	质量等级	上年噪声均值/分贝	与上年相比
兰　州	500	424	59.4	54.4	50.3	57.1	轻度污染	57.1	0
嘉峪关	300	204	53.1	48.8	46.1	51.3	较好	51.5	–0.2
金　昌	250	406	55.6	49.8	45.6	53.1	较好	53.4	–0.3
白　银	250	200	55.4	50.0	46.2	53.6	较好	53.3	0.3
天　水	450	204	52.8	47.4	43.9	51.3	较好	52.7	–1.4
平　凉	500	214	57.5	52.2	48.0	54.8	较好	54.9	–0.1
酒　泉	750	206	54.3	47.5	42.9	54.5	较好	53.9	0.6
张　掖	300	202	50.2	45.0	42.0	51.7	较好	51.6	0.1
武　威	250	204	55.4	51.1	47.7	52.5	较好	52.9	–0.4
定　西	200	232	56.5	48.9	42.6	54.7	较好	50.9	3.8
陇　南	250	200	58.4	50.1	46.1	57.4	轻度污染	60.1	–2.7
庆　阳	350	202	55.6	49.1	46.0	53.6	较好	53.4	0.2
临　夏	400	220	55.7	48.1	43.5	54.4	较好	51.2	3.2
甘　南	250	218	51.3	44.0	39.6	48.4	好	51.9	–3.5

14个城市区域声环境质量与上年相比变化范围为–3.5~3.8分贝，其中甘南、定西、陇南、临夏相对变化较大。城市区域声环境质量年际变化见表2–4–7。

表2–4–7

甘肃省城市区域声环境质量年际变化

年度	监测城市总数	重度污染		中度污染		轻度污染		较好		好	
		城市数	比例/%	城市数	比例/%	城市数	比例/%	城市数	比例/%	城市数	比例/%
2009	14	—	—	1	7.1	1	7.1	12	85.8	—	—
2010	14	—	—	—	—	2	14.3	11	78.6	1	7.1
增幅	—	0	—	–1	—	1	—	–1	—	1	—

四、道路交通噪声

1988—1994 年，全省道路交通噪声平均等效声级值波动为 69.0~71.4 分贝，且 1993 年和 1994 年略有升高的发展趋势，平均值超过 70 分贝的城市有兰州、天水、平凉、武都、定西、武威、张掖、酒泉等，7 年平均等效声级为 70.2 分贝。

1995 年，全省 13 个城市道路交通噪声等效声级分布范围为 63.7~77.6 分贝，武威市居全省之首。70 分贝以上的城市数占 53.8%，其中包括兰州、天水、平凉、定西、武威、酒泉、临夏等城市。13 个城市 427 个测点声暴露等效声级主要以 66~70 分贝和 71~75 分贝为主，所占路段长度分别占总路段的 38.5%和 36.9%，测点达标率为 57.0%，兰州、白银、金昌达标率分别为 56.0%、57.7%、57.6%，武都达标率最高为 81.0%，临夏道路交通噪声等效声级居全省第二位，为 74.2 分贝，污染严重，10 个测点全部超标。

车流量大小及交通管理水平直接影响着城市道路交通噪声的污染状况。1995 年，省辖城市兰州车流量列全省第一位，但平均等效声级列第七位。1995 年，兰州市政府下大力气，在市政建设时，统筹安排，道路状况出现很大程度的改善，由于车辆分流，各交通干线车流量下降，极大地缓解了市区交通拥挤的状况，车流畅通鸣喇叭现象减少，同时有关部门通过加强管理，采取措施（主要路段禁鸣、限鸣和单双车号隔日运行等），控制道路交通噪声效果显著。在车流量逐年递增的情况下，道路交通噪声为 69.6(1991 年)~73.1(1993 年)分贝。而武威、武都城市基础建设水平较差，在管理手段不完善的情况下，道路交通噪声污染的矛盾逐渐暴露出来。

从各城市道路交通噪声变化情况来看，多数城市变化趋势不显著，其中有 54.5%的城市有潜在性上升趋势，金昌有潜在性下降趋势，武都下降趋势显著。

“九五”期间，全省城市道路交通噪声平均等效声级值为 69.4~71.6 分贝，呈逐年下降趋势，由 1996 年的 71.6 分贝降至 2000 年的 69.4 分贝。道路交通噪声达标城市逐年增多，声环境质量明显改善。随着国家改革开放所带来的经济快速发展，城市交通日趋发达，“九五”期间全省民用汽车拥有量以平均每年 8.1%的速度递增，道路交通噪声的污染并未伴随车辆的增加而升高，强化管理遏制交通噪声的污染是有成效的，全省城市道路交通噪声平均等效声级呈显著下降趋势，但不能忽略部分城市交通噪声的污染仍十分严重（天水、平凉、武都、定西、武威、张掖、临夏），平均等效声级为71.2~77.3 分贝。

有 7 个城市年度间道路交通噪声呈下降趋势，4 个城市变化不明显，西峰和平凉呈上升趋势。与“八五”时期相比，临夏和武都道路交通噪声平均等效声级值增加 3 分贝以上。

“十五”期间，全省城市道路交通噪声平均等效声级值为 68.0~69.2 分贝，呈下降趋势，由 2001 年的 69.2 分贝降至 2005 年的 68.0 分贝（见图 2-4-7）。达标城市逐年增多，截至 2004 年，全部 14 个城市均达到较好和好的水平。较好的城市数 5 年间呈显著上升趋势，声环境质量明显改善，尤其是部分中小城市道路交通噪声污染得到有效的控制。

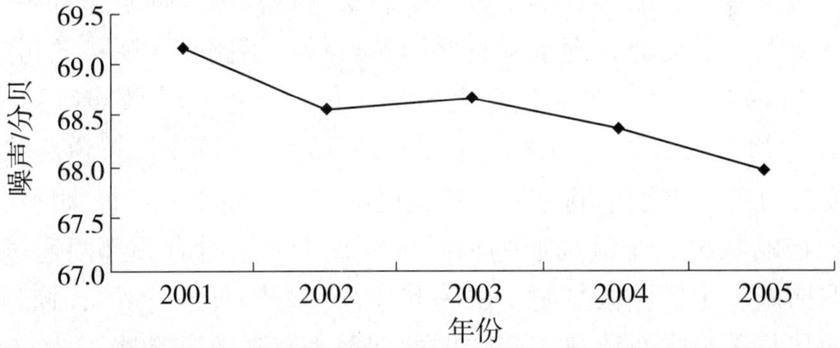

图 2-4-7　2001—2005 年甘肃省道路交通噪声年际变化

2010 年，全省 14 个城市交通干线噪声平均等效声级范围为 63.0~69.8 分贝，等效加权平均等效声级为 67.1 分贝。临夏、陇南、平凉、定西、兰州共 5 个城市声级值介于 68.1~70.0 分贝，声环境质量较好，占 35.7%；其他城市声级值均低于 68.0 分贝，声环境质量好，占 64.3%。2010 年城市交通干线声环境质量见图 2-4-8。

全省共监测道路长度 527.904 千米，其中超过 70 分贝的路段长度为 99.455 千米，占监测路段总长度的 18.8%。

2010 年，14 个城市交通干线噪声平均等效声级较上年增加超过 1 分贝的城市只有陇南，较上年降低超过 1 分贝的城市有天水、张掖和定西，2010

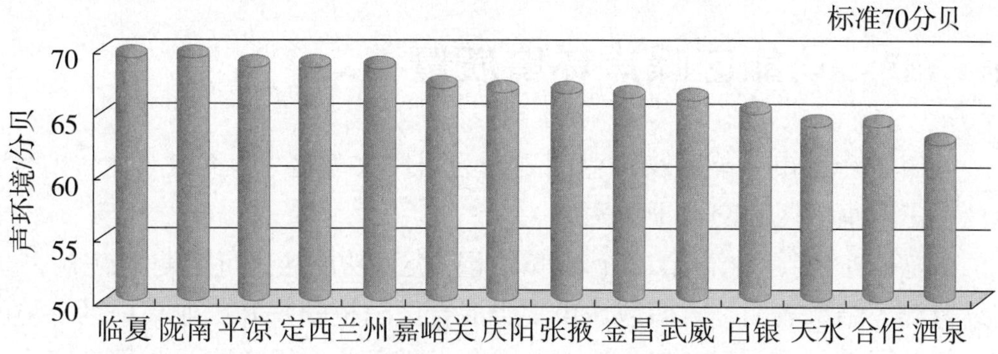

图 2-4-8　2010 年甘肃省城市交通干线声环境质量

年城市交通噪声监测结果见表 2-4-8。

表 2-4-8

2010 年甘肃省城市交通噪声监测结果统计表

城　市	监测总长度/米	超标路段长度/米	平均路长/米	平均路宽/米	平均车流量/(辆/小时)	噪声均值/分贝	质量等级	上年噪声均值/分贝	与上年相比
兰　州	247 092	82 664	870.0	19.8	2 549	68.8	较好	68.9	-0.1
嘉峪关	57 786	5 386	963.1	13.6	756	67.4	好	67.4	0
金　昌	79 178	2 000	899.8	23.0	943	66.7	好	67.2	-0.5
白　银	36 320	1 870	412.7	11.7	995	65.5	好	66.3	-0.8
天　水	34 400	0	1 720.0	16.5	1 172	64.5	好	67.5	-3
平　凉	104 800	26 800	3 082.4	44.2	855	69.1	较好	69.2	-0.1
酒　泉	106 700	15 900	1 111.5	13.7	721	67.2	好	67.5	-0.3
张　掖	58 500	6 000	1 329.5	29.5	1 036	63.0	好	67.5	-4.5
武　威	41 260	3 650	687.7	38.5	1 012	67.0	好	66.9	0.1
定　西	19 300	6 360	643.3	22.8	993	66.6	较好	67.8	-1.2
陇　南	29 500	8 600	1 475.0	21.0	1 283	69.1	较好	64.8	4.3
庆　阳	44 200	11 800	920.8	37.5	1 217	69.7	好	70.3	-0.6
临　夏	43 180	16 080	863.6	18.3	1 354	69.8	较好	69.6	0.2
甘　南	109 392	0	3 906.9	16.3	567	64.4	好	64.2	0.2

第二节　功能区噪声环境质量

甘肃省将城市功能区噪声监测划分为居民文教区、1类混合区、2类混合区、工业集中区和交通干线两侧。

“八五”时期，甘肃省12个城市对不同类型功能区进行定期定点24小时连续监测，结果表明，大多数城市2类混合区（夜间）和工业集中区环境噪声达标状况较好。居民文教区、1类混合区、交通干线道路两侧昼夜间噪声达标情况较差。从统计结果分析，各类功能区总体变化趋势均不显著。五类功能区中，交通干线道路两侧平均等效声级最高，其次是工业集中区，1类、2类混合区平均等效声级比较接近，居民文教区最低，由此进一步说明交通噪声的强度对城市声环境的干扰最大。

居民文教区：12个城市昼夜等效声级值范围为50.8~63.4分贝，最高值为嘉峪关。无一城市达标，超标率为18.8%~100%。声级值及超标率均以嘉峪关最高。

1类混合区：11个城市昼夜等效声级值范围为48.3~69.8分贝，最高值是天水。白银昼间、夜间和临夏昼间达标，其余城市超标率为6.2%~100%，天水超标严重，昼夜均100%超标。

2类混合区：13个城市昼夜等效声级值范围为53.3~64.2分贝，最高值是天水，金昌昼间和白银、武都、酒泉夜间达标，其余城市超标率为3.1%~100%，天水夜间声级值和超标率最高。

工业集中区：10个城市昼夜等效声级值范围为49.3~69.7分贝，最高值是定西。天水、白银昼间达标，西峰、武都、临夏昼间、夜间均达标。昼夜等效声级均超标的城市占50.0%，超标率为6.2%~75.0%，定西声级值及超标率最高。

交通干线道路两侧：13个城市昼夜等效声级值范围为55.8~78.3分贝，最高值是天水。白银、嘉峪关、西峰、平凉昼间达标，其余城市超标率为3.1%~100%，武威超标率最高。

从各城市整体水平来看，居民文教区噪声污染较重的城市是嘉峪关，1类、2类混合区噪声污染较重的城市是天水，工业集中区噪声污染较重的是定西，交通干线道路两侧污染较重的是武威。从各类功能区声级值分布状况来看，交通干线道路两侧声级值起点较高，各城市该功能区昼夜等效声级明显高于其他类功能区，污染强度居各类功能区首位，工业集中区污染相对较轻。

“九五”时期，功能区噪声污染有加重趋势，大多数城市声环境污染超标。

1类功能区噪声昼夜等效声级值范围为50.1~46.6分贝，13个城市均有超标，武威和天水超标严重，武都和西峰声环境质量相对较好。

2类功能区噪声昼夜等效声级值范围为53.3~68.4分贝，13个城市均超过标准，天水和武威污染严重，武都和金昌声环境质量较好。

3类功能区噪声昼夜等效声级值范围为47.4~76.4分贝，9个城市出现超标，白银、武都、张掖、酒泉达标。污染严重的城市是嘉峪关和金昌，声环境质量较好的城市是武都。

4类功能区噪声昼夜等效声级值范围为55.2~63.9分贝，13个城市均出现超标，普遍污染严重，武都、天水、张掖和临夏昼间平均等效声级在70分贝以上，兰州夜间超标率高达100%，其次是张掖和天水超标率在91%以上。

2类区（居住、商业、工业混合区）和4类区（道路交通区）污染相对严重，也就是在环境噪声中社会生活噪声和交通噪声的污染突出城市功能区噪声污染表现为越需要安静区域（1类区、2类区）声级值越高，如酒泉、天水、白银等6个城市；工业城市金昌和嘉峪关以工业噪声（3类区）污染为主；省会城市兰州相对比较发达，交通噪声的污染越严重。

“十五”时期，1类功能区噪声昼夜等效声级值范围为46.2~59.9分贝，声级值均超过该类区夜间标准，3个城市声级值超过该类区昼间标准，占23.1%。

2类功能区噪声昼夜等效声级值范围为49.6~62.2分贝，12个城市声级值超过该类区夜间标准，占85.7%，其中平凉、庆阳声级值超过该类区昼间标准。

3类功能区噪声昼夜等效声级值范围为45.0~69.3分贝，6个城市声级值超过该类区夜间标准，占46.2%，其中嘉峪关超过该类区昼间标准。

4类功能区噪声昼夜等效声级值范围为57.3~70.6分贝，声级值均超过该类区夜间标准，临夏市声级值超过该类区昼间标准。

由表 2-4-9 可见，各城市昼间等效声级达标率较高，功能区昼间声环境质量相对较好；夜间超标现象较为严重，噪声污染仍很突出。尤其 1 类区、4 类区达标率较低，符合生活噪声和交通噪声占很大比重的噪声源构成结构，需要进一步做好控制。

表 2-4-9

2005 年甘肃省功能区噪声统计

功能区类别	城市数	达标城市			
		L_d	比例/%	L_n	比例/%
1 类区	13	10	76.9	8	61.5
2 类区	14	12	85.7	10	71.4
3 类区	13	12	92.3	10	76.9
4 类区	13	12	92.3	4	30.8

“十一五”期间，全省声环境质量基本保持稳定，变化趋势不明显。2010 年，全省 85.7%的城市区域声环境质量处于好或较好水平，14.3%的城市区域声环境质量处于轻度污染状态。全省 14 个城市交通干线噪声平均等效声级值均低于 70 分贝，其中介于 68.1~70.0 分贝、声环境质量较好的城市占 35.7%，低于 68.0 分贝，声环境质量好的城市占 64.3%。14 个城市 1 类功能区声环境质量昼间达标率低于夜间达标率，2 类、3 类、4 类功能区昼间达标率比夜间好。但是随着城市建设规模的不断扩大，人口、车流量的大量增多，声环境的压力和监管难度日渐增加。噪声污染投诉率较高，交通噪声、建筑噪声、私营小加工厂等扰民现象时有发生。为加强城市声环境管理，各市、州制定城市噪声管治办法和规定，加大扰民噪声查处力度，加强对商业街娱乐场所等敏感噪声源的管制和重点防治，围绕学生高考和中考，开展环境噪声污染控制专项检查，使各类噪声得到较好控制。

2010 年，14 个城市均进行功能区噪声监测，各类功能区监测点位按点次达标统计，1 类功能区昼间达标率为 72.2%，夜间达标率为 75.0%；2 类功能区昼间达标率为 82.1%，夜间达标率为 74.2%；3 类功能区昼间达标率为

72.0%，夜间达标率为 66.2%；4 类功能区昼间达标率为 63.5%，夜间达标率为 31.2%。

总体而言，1 类功能区昼间达标率比夜间低，其他各类功能区昼间达标率高于夜间。2010 年城市各类功能区监测点位达标情况汇总见表 2–4–10。

表 2–4–10

2010 年甘肃省城市各类功能区监测点位达标情况汇总

功能区类别	1 类		2 类		3 类		4 类	
	昼间	夜间	昼间	夜间	昼间	夜间	昼间	夜间
达标点次	231	132	368	178	183	94	358	96
监测点次	320	176	448	240	254	142	564	308
达标率/%	72.2	75.0	82.1	74.2	72.0	66.2	63.5	31.2

第五章　固体废物与工业污染源

甘肃省工业经济结构是以重工业为主，轻重工业比例为29∶71。重工业占主导地位。工业以有色金属、能源、石油化工等原材料重工业的国有大中型企业为主，多分布于兰州市、白银市、金昌市、嘉峪关市、酒泉（市）等地。这些骨干企业大多兴建于20世纪五六十年代，属于“三高一低”类型，能耗高、效益差、污染重、布局集中。“十五”期间，在市场经济的作用下，产业结构调整步伐和技术改造力度加大，发展高新技术产业，推行清洁生产和环保产业，淘汰、限制工艺设备落后的过剩生产能力，全省统计的重点企业由2001年的1 135家减少到2005年的1 027家。

甘肃省工业结构是以资源性为主，以电力、有色、冶金、石化、机械、食品、建材七大行业为支柱的工业体系，呈现出明显的重工业型特点。

2006—2010年甘肃省调查的重点企业由1 027家增加到1 461家，其中2008年企业数上升幅度最大（达11.6%），至2010年达到1 461家，较“十一五”末期增加了42.2%。

第一节　固体废物

一、工业固体废物

据1991—2010年统计资料，甘肃省工业固体废物产生量整体呈上升趋势，1992年为1 214.26万吨，2010年的产生量达3 746.04万吨，增长2.08倍。全省工业固体废物产生量2003年突破2 000万吨，2007年突破3 000万吨，2010年突破3 700万吨，说明甘肃省固体废物污染问题日益突出。1991—2002年间全省工业固体废物综合利用量为285.07万~422.58万吨，2003—2006年为662.18万~723.48万吨，2007—2010年为1 072.65万~1 676.33万吨。1991—2010年全省工业固体废物贮存量控制在614.28万~1 294.18万吨，整体呈先增大后减小的趋势。1991—2010年，甘肃省工业固体废物产生量、综合利用量、处置量、排放量等情况见表 2–5–1。

表 2–5–1

1991—2010 年甘肃省工业固体废物统计表 单位：万吨

年度	产生量	综合利用量	处置量	排放量	历年堆存总量	占地面积/万立方米
1991	1 400.73	285.07	162	94	13 555	2 140
1992	1 214.26	312.69	118	69	15 068	2 053
1993	1 286.64	363.13	314	83	15 139	2 006
1994	1 355.83	366.14	4106	76	12 118	1 777
1995	1 432.03	376.26	383	67	12 688	1 945
1996	1 435.22	359.79	393	68	13 891	1 860
1997	1 529	404	59	70	14 759	2 033
1998	1 706.8	403	42.1	95.5	19 826.7	2 135.3
1999	1 699.34	438.09	48.83	63.96	18 940.33	2 192.82
2000	1 703.8	397.01	45.00	57.68	19 967.6	2 020.91
2001	1 285.7	363.38	94	40.18	—	—
2002	1 733.9	422.58	244	55.42	—	—
2003	2 072.88	662.18	68	57.54	—	—
2004	2 138.99	713.2	288.51	57	—	—
2005	2 249	678	1 481	40.63	—	—
2006	2 590.5	723.48	5 468.69（其中往年处置量 4 242.70 吨）	33.73	—	—
2007	3 001.46	1 121.42	1 456.42	24.82	—	—
2008	3 199.12	1 124.27	1 222.77	11.63	—	—
2009	3 150.21	1 072.65	1 216.75	12.31	—	—
2010	3 746.04	1 676.33	1 150.25	11.38	—	—

重点污染源工业固体废物分布在22个大类中，产生量主要以尾矿渣、粉煤灰、锅炉渣、工业垃圾、有色金属渣和其他冶炼渣为主。1993—1995年，甘肃省重点污染源废渣产生量分别是872.73万吨、1 253.97万吨和900.13万吨，6项主要废渣产生量合计分别占当年废渣产生总量的94.8%、85.9%和91.95%。

2000年，全省工业固体废物产生量1 703.8万吨，比1995年增加19.0%（1995年为1 432.03万吨），比1999年增加39%，其中县及县以上为158.7万吨，比1999年增加0.9%，占全省工业固体废物产生量的90.3%，乡镇固体废物产生量为76.2吨，比1999年下降1.8%。

2000年，全省工业固体废物排放量为57.8万吨，比1995年下降14.0%（1995年为67.19万吨），比1999年下降9.5%，其中县及县以上为34.07万吨，比1999年下降17.0%，占全省工业固体废物排放量的58.9%，乡镇固体废物排放量为10.3万吨，比1999年增加57.5%。

“十五”时期，工业固体废物产生总量为9 480.47万吨。区域工业固体废物产生量最大的城市是金昌市和嘉峪关市，其次是白银市、陇南市、兰州市。金昌市和嘉峪关市年产生工业固体废物400万吨以上，白银市260万~360万吨，陇南市165万~257万吨，兰州市工业固体废物产生量相对较小，为133万~158万吨。5个城市产生工业固体废物占总量的81.6%~88.6%。

“十一五”期间，全省总计产生工业固体废物15 687.33万吨，其中排放量为93.87万吨，上升24.8%。危险废物产生量为105.72万吨。工业固体废物分布广泛，成分复杂，种类繁多，其中金昌、嘉峪关和兰州产生较多。

工业固体废物处置利用废渣的利用量主要以粉煤灰、锅炉渣、工业垃圾、其他冶炼渣和煤矸石为主，1993—1995年，该5项主要废渣利用量合计各为193.58万吨、531.68万吨和172.70万吨，分别占当年废渣利用总量的93.3%、94.4%和89.5%。利用率最高的是1994年，达44.86%。

废渣的处理处置量主要以尾矿、锅炉渣、煤矸石、粉煤灰、工业垃圾和有色金属渣为主，1993—1995年，该6项主要废渣的处置量合计各为68.18万吨、59.4万吨、34.92万吨，分别占当年重点源废渣处理处置总量的93.5%、96.7%和97.5%，处理处置率普遍较低，年均占5.8%。

1993—1995年废渣产生量、利用量和处理处置量等基本情况见表2-5-2。

表 2-5-2

甘肃省废渣产生量、利用量和处理处置量 单位：万吨/年

年份	产生量	利用量	利用率/%	处理处置量	处理处置率/%
1993	872.73	207.16	23.74	72.92	8.36
1994	1 253.97	562.57	44.86	61.46	4.96
1995	900.13	192.97	21.44	35.84	3.98

“十五”时期，固体废物综合利用量 2 799.58 万吨，排放量 232.72 万吨，储存量和处置量分别为 5 402.97 万吨和 1 193.98 万吨。危险废物产生总量为 167.21 万吨，综合利用量 40.88 万吨，排放量 0.1 万吨，储存量 118.0 万吨，处置量 8.79 万吨。

“十五”期间，工业固体废物（含危险废物）的产生量呈上升趋势，同时工业固体废物的综合利用、储存及处置也逐年增加，危险废物的排放大幅下降（见图 2-5-1、图 2-5-2、表 2-5-3）。

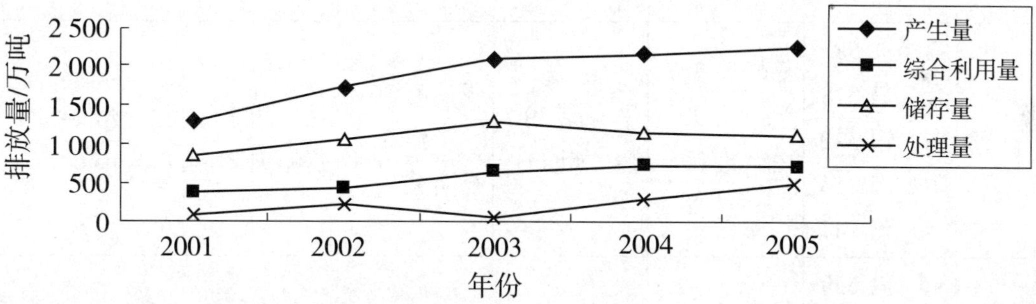

图 2-5-1 “十五”期间甘肃省工业固体废物产生、利用、处置年际变化

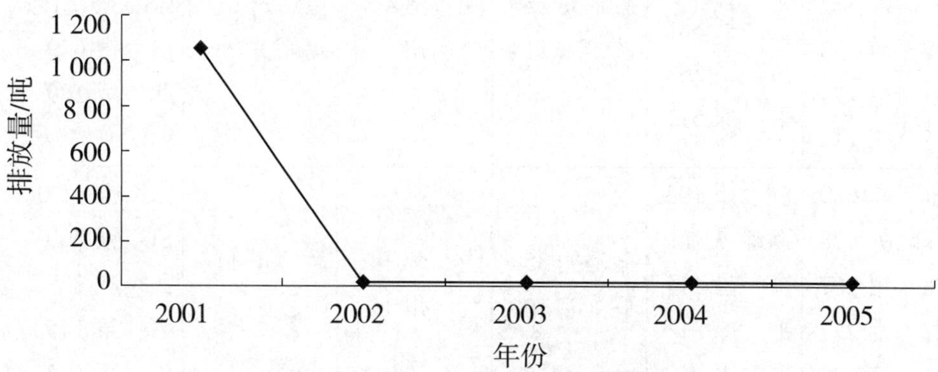

图 2-5-2 “十五”期间甘肃省危险废物排放年际变化

表 2-5-3

“十五”期间甘肃省区域工业固体废物产生及处置统计

年份	工业固体废物/万吨			危险废物/万吨		
	城市产生量	城市综合利用量	城市处置量	城市产生量	城市综合利用量	城市处置量/吨
2001	金　昌 460 白　银 266 陇　南 165 兰　州 158	兰　州 130 白　银 63 金　昌 50 酒　泉 27	甘　南 64 酒　泉 11 兰　州 8 平　凉 8	陇　南 10 兰　州 6 嘉峪关 1	兰　州 4 嘉峪关 1	兰　州 9 613 白　银 344
2002	金　昌 502 嘉峪关 409 白　银 270 陇　南 185 兰　州 133	嘉峪关 121 兰　州 97 白　银 62 金　昌 49	嘉峪关 201 兰　州 15 平　凉 13	陇　南 19 兰　州 5	兰州 4 嘉峪关 2	兰　州 10 691 白　银 413
2003	嘉峪关 583 金　昌 518 白　银 322 陇　南 216 兰　州 141	嘉峪关 327 兰　州 99 白　银 64 金　昌 56	平　凉 39 兰　州 11	陇　南 36 兰　州 8 嘉峪关 2	兰　州 5 嘉峪关 2	兰　州 24 240 白　银 602
2004	金　昌 639 嘉峪关 452 白　银 362 陇　南 223 平　凉 174 兰　州 133	嘉峪关 271 兰　州 161 金　昌 88 白　银 58 平　凉 51	嘉峪关 150 平　凉 114	陇　南 40 兰　州 8	兰　州 6 嘉峪关 2	兰　州 26 293 张　掖 2 171 白　银 629 武　威 189
2005	金　昌 689 嘉峪关 478 白　银 307 陇　南 257 平　凉 195	兰　州 193 嘉峪关 119 金　昌 111 平　凉 81 白　银 76	嘉峪关 359 平　凉 109	陇　南 14 兰　州 11	兰　州 11 陇　南 3	张　掖 11 000 白　银 600 武　威 229 酒　泉 145 庆　阳 137

与“九五”末期相比，工业固体废物产生量、综合利用量和处置量高于“九五”末期，排放量和储存量低于“九五”末期。危险废物的产生量、综合利用量、储存量高于“九五”末期。

综合利用量最大的是嘉峪关市，年综合利用量在200万吨左右。其次是兰州市，为100万吨左右，白银市60万吨左右，金昌市50万吨以上。4个城市工业固体废物综合利用量占总量的67%~84.9%。

处置量最大的是嘉峪关市，占总量的52%~82.3%。

二、生活垃圾与医疗废物

1. 生活垃圾

随着全省社会经济的快速发展、城市化进程的加快以及人民生活水平的不断提高，城市生产与生活过程中产生的垃圾废物也随之不断增加，生活垃圾占用土地、污染环境的状况以及对人们健康的潜在影响也越发明显。据2007—2010年统计资料，甘肃省生活垃圾产生量总量在2007—2010年保持在226.99万~255.51万吨，变化不明显。2007—2010年生活垃圾处置总量与产生总量变化相似，除部分市州外，大多数市州处置率都达到100%。2007—2010年，全省生活垃圾产生总量、处置总量、处置率见表2–5–4。

2. 医疗废物

医疗卫生机构在医疗、预防、保健以及其他相关活动中产生的具有直接或者间接感染性、毒性以及其他危害性的废物，其中可能含有大量病原微生物和有害化学物质，甚至会有放射性和损伤性物质，是引起疾病传播或相关公共卫生问题的重要危险性因素。截至2010年年底，全省有医疗卫生机构26 762个，每年产生医疗废物约6 325吨。全省86个县、区中收集处置医疗废物的县、区有46个，未收集处置的县、区40个。2010年共收集处置医疗废物5 381吨，处置率为87.42%。2007—2010年，全省医疗废物产生量、处置量、处置率见表2–5–5。

从表2–5–5中可以看出，兰州、金昌、白银、庆阳、武威、酒泉六市基本做到100%卫生处置；张掖、天水、定西、嘉峪关、陇南统计不完整，其中，张掖2009年、2010年，定西2007年，嘉峪关2009年处置率达到100%；天水、陇南、定西2010年处置率分别为93.37%、99.64%、85.38%；

表 2-5-4

2007—2010 年甘肃省生活垃圾统计表

单位：万吨

城市	2007 年			2008 年			2009 年			2010 年			处理方法
	产生总量	处置总量	处置率/%	产生总量	处置总量	处置率/%	产生总量	处置总量	处置率/%	产生总量	处置总量	处置率/%	
兰州市	108.9	108.9	100	111.7	111.7	100	110	110	100	112.57	112.57	100	填埋
武威市	10	10	100	10	10	100	10	10	100	10	10	100	卫生填埋
平凉市	13.1	13.1	100	4.94	4.16	84.2	14.5	11.6	80	22.7	22.3	98	卫生填埋
金昌市	10.22	10.22	100	10.22	10.22	100	10.22	10.22	100	12.77	12.77	100	卫生填埋
张掖市	12.66	11.06	87.36	11.02	11.02	100	12.17	12.17	100	6.87	6.87	100	填埋
嘉峪关市	—	—	—	7.69	7.69	100	8.3	8.3	100	8.6	8.6	100	无害化卫生填埋
白银市	10.3	10	97	9.8	9.8	100	10.74	10.74	100	10.8	10.8	100	填埋
酒泉市	25	25	100	25.72	22.72	88	26.5	26.5	100	26	20.9	80	卫生填埋
庆阳市	11	10	91	7.3	6.8	93.2	11	10	91	13	13	100	卫生填埋
天水市	24.16	14	57.95	25.2	17.64	70	25.2	17.64	70	23.45	17.1	73	卫生填埋
陇南市	—	—	—	3.4	3.4	100	—	—	—	3.68	3.68	100	填埋
定西市	27.7	27.7	100	—	—	—	—	—	—	5.07	4.89	96.45	卫生填埋
合 计	253.04	239.98	—	226.99	215.15	—	238.63	227.17	—	255.51	243.48	—	—

表 2-5-5

2007—2010 年甘肃省医疗废物统计

单位：吨

城市	2007 年			2008 年			2009 年			2010 年			主要处置方式
	产生量	处置量	处置率/%	产生量	处置量	处置率/%	产生量	处置量	处置率/%	产生量	处置量	处置率/%	
兰州市	1 345	1 345	100	2 029	2 029	100	2 359	2 359	100	3 101	3 101	100	焚烧
武威市	166.53	166.53	100	182.04	182.04	100	199.7	199.7	100	235.33	235.33	100	高温消毒灭菌、焚烧
平凉市	270.91	207.06	76.43	9.12	9.12	100	24.42	24.42	100	720	142	20	“微波+高温高压蒸汽”复合强化处理工艺
金昌市	156.35	155.45	99.42	144.32	144.32	100	175.82	175.82	100	166.56	154.41	100	送往医疗废物集中处置厂处置
张掖市	239.57	239.57	100	—	—	—	314.06	314.06	100	406.15	406.15	100	高温蒸汽灭菌

续表

城市	2007年			2008年			2009年			2010年			主要处置方式
	产生量	处置量	处置率/%	产生量	处置量	处置率/%	产生量	处置量	处置率/%	产生量	处置量	处置率/%	
嘉峪关市	—	—	—	124	0	0	119	119	100	159	14.88	9.36	高温高压蒸汽灭菌
白银市	1 505.2	1 505.2	100	1 525.3	1 525.3	100	63.38	63.38	100	64.38	64.38	100	高温高压蒸汽灭菌
酒泉市	185.72	185.72	100	169.15	169.15	100	91.4	91.4	100	639.8	639.8	100	高温高压蒸汽灭菌
庆阳市	238.32	238.32	100	881.9	881.9	100	232.08	232.08	100	247.13	247.13	100	高温蒸汽灭菌处理
天水市	51.16	—	—	94.27	—	—	107.1	—	—	107.1	100	93.37	集中处置（高温高压消毒灭菌）
陇南市	—	—	—	64.53	56	86.78	—	—	—	85.016	84.711	99.64	焚烧、填埋
定西市	883	883	100	—	—	—	—	—	—	223.7	191	85.38	高温蒸煮
合 计	5 041.8	4 925.9	—	5 223.7	4 996.9	—	3 686	3 578.9	—	6 155.1	5 380.8	—	—

平凉、嘉峪关 2010 年处置率最低，分别为 20%、9.36%。

三、危险废物及电子废物

1. 危险废物

1995 年,《中华人民共和国固体废物污染环境防治法》颁布，危险废物才有完整的统计资料记载。1996—2010 年，甘肃省危险废物产生量、综合利用量情况见表 2-5-6。从表中说明甘肃省解决危险废物对环境污染问题已迫在眉睫。

表 2-5-6

1996—2010 年甘肃省危险废物统计 单位：万吨

年份	产生量	综合利用量	贮存量	处置量	排放量
1996	7	4	1	1	1
1997	16	6	8	1	1
1998	20	4.3	14.3	0.6	0.8
1999	13.10	3.62	7.63	0.61	1.18
2000	16.20	4.17	11.09	3.80	1.48
2001	18	5	10.85	1.01	1.05
2002	25	5	19.20	1.12	0.002 3
2003	45	7	36.17	2.50	0.001 5
2004	50	8	40.10	2.95	0.001 5
2005	29	16	11.77	1.21	0.001 5
2006	16	7	0.31	8.99	0
2007	12	9	0.05	2.81	0
2008	22	7	1.15	16.05	0
2009	21	4	1.82	16.37	0
2010	34	15	8.62	13.83	0

自有统计数据以来，全省危险废物产生量 344.3 万吨，综合利用量 105.09 万吨，贮存量 172.06 万吨，处置量 73.85 万吨，排放量 6.5168 万吨。陇南市危险废物产生量最大，5 年产生危险废物 9.8 万~40 万吨，占总量的 49.0%~80.1%。其次是兰州市和嘉峪关市。

行业中危险废物产生量最大的是有色金属矿采选业，其产生量逐年增加，平均年产生量为24万吨，占行业总量的49.0%~80.0%。其次是石油加工炼焦及核燃料业。

2. 电子废物

为了控制和减少废弃电器电子产品对环境造成的污染，提高能源资源利用效率，促进节能减排和循环经济发展，2006年2月，信息部颁布《电子信息产品污染控制管理办法》，2007年9月，国家环保总局发布《电子废物污染环境管理办法》，加强电子废物拆解利用处理的环境管理；2009年3月，国务院颁布《废弃电器电子产品回收处理管理条例》，决定2011年1月1日正式实施。2009年6月，国家先后发布《国务院办公厅关于转发发展改革委员会等部门促进扩大内需鼓励汽车家电以旧换新实施方案的通知》和《家电以旧换新实施办法》，家电以旧换新工作在全国9个试点省市率先开展。

2010年5月31日，商务部等部门《关于印发家电以旧换新推行工作方案的函》中明确家电以旧换新试点工作结束后，继续实施并扩大实施范围，实施截止时间暂定为2011年12月31日。

“十一五”以来，全省在防治固体废物污染工作中遵循“减量化、资源化、无害化”的原则，逐步加强废弃电器电子产品污染防治工作。2010年，加强对废弃电器电子产品回收和处理企业资质化管理，废弃电器电子产品污染防治已被列入固废管理的重要工作。

2010年8月，省商务厅根据国家家电以旧换新相关的政策要求，会同省财政厅、省环保厅、省物价局等部门，起草《甘肃省家电以旧换新实施细则》，通过招标确定12家销售企业、10家回收企业和2家定点拆解企业，全省废旧家电以旧换新工作正式启动。其中，10家中标回收企业共布设957个回收网点，分布于全省14个市（州），回收网点通过对家电“以旧换新”淘汰下的旧家电及社会交纳的废弃电器电子产品进行回收，统一交往具有废弃电器电子产品处理资质的单位进行集中处置。自2010年8月家电“以旧换新”在甘肃实施以来，全省回收企业共回收废弃电器电子产品182 749台，其中电视机116 170台、电冰箱25 930台、洗衣机34 001台、空调223台、电脑6 425台。甘肃华壹环保技术服务有限公司、兰州泓翼废旧电子产品拆解加工中心2家企业作为家电“以旧换新”定点拆解企业，处置能力总计达到35.2万台/年，约1.8万吨/年，其中甘肃华壹环保技术服务有限公司总占地面积3 710平方米，其中拆解区810平方米、专用仓储库房2 200平方米，并按国家要求完成环境影响评价，取得危险废物经营许可证，建成废弃电器电子产品收集、贮存车间，分选、拆解车间等工程，具有拆解专用粉碎机、CRT玻壳分离机、压块机、剥线机、电动拆解机床、专用车辆等设备；兰州泓翼废旧电子产品拆解加工中心厂区占地总面积为4 800平方米，其中拆解区面积1 800平方米、专用仓储库房2 000平方米，已建成电视机、电脑、空调、洗衣机、电冰箱拆解生产线。

在生产、生活和其他活动中产生的丧失原有利用价值或者虽未丧失利用价值但被抛弃或者放弃的固态、半固态和置于容器中的气态的物品、物质以及法律、行政法规规定纳入固体废物管理的物品、物质，按来源及危害程度分为城市生活垃圾、一般工业固体废物、危险废物三大类。

固体废物对环境的污染虽然不如水污染和大气污染那样直观和突出，但也产生一系列环境问题，如侵占土地，污染水体、污染土壤、污染大气、影响市容环境卫生等。随着甘肃省经济的持续、快速发展和城镇化水平的提高，固体废物带来的环境问题日益突出。

第二节　工业废水

一、废水排放

2010年，全省调查的废水排放企业为661家，其中国控重点废水污染源67家。废水排放总量51 241万吨，其中，工业废水排放量15 352万吨，占废水排放总量的30.0%；生活污水排放量35 889万吨，占废水排放总量的70.0%。

2010年，全省废水中化学需氧量排放量16.76万吨，其中，工业废水中化学需氧量排放量4.51万吨，占化学需氧量排放总量的26.9%；生活污水中化学需氧量排放量12.25万吨，占化学需氧量排放总量的73.1%。

2010年，全省废水中氨氮排放量2.35万吨，其中，工业废水中氨氮排放量 0.76 万吨，占氨氮排放总量的 32.2%；生活污水中氨氮排放量 1.60 万吨，占氨氮排放总量的 67.8%。

全省 1991—2010 年废水排放量及污染物排放量见表 2–5–7 和表 2–5–8。

表 2–5–7

1991—2010 年甘肃省各年废污水排放量统计表

年度	工业	生活	合计
1991	—	—	—
1992	20 662	—	—
1993	19 504	—	—
1994	18 813	—	—
1995	18 910	—	—
1996	—	—	—
1997	—	—	—
1998	—	—	—
1999	—	—	—
2000	—	—	—
2001	20 722	—	—
2002	19 677	—	—
2003	20 899	—	—
2004	18 293	—	—
2005	16 798	26 930	43 728
2006	16 570	29 151	45 721
2007	15 856	28 479	44 335
2008	16 405	31 065	47 470
2009	16 364	32 906	49 270
2010	15 352	35 889	51 241

表 2-5-8

1991—2010 年甘肃省各年工业废水污染物排放统计

单位：万吨

年份	废水中主要污染物											
	悬浮物	化学需氧量	氨氮	汞	镉	六价铬	铅	砷	挥发酚	氰化物	石油类	硫化物
1991	—	—	—	—	—	—	—	—	—	—	—	—
1992	347 252	46 390	38 958	0.18	5.62	1.24	91	72.51	60.41	13.19	1 246.51	194.03
1993	375 293	58 581	6 279	0.23	4.78	0.68	40.62	49.55	73.64	34.38	981.17	369.34
1994	63 850	47 382	3 132	0.57	5.58	0.55	30.57	48.29	60.70	20.98	1 015.66	176.17
1995	154 373	59 494	3 603	0.38	23.82	0.84	49.81	216.33	75.10	8.87	1 344.55	414.08
1996	63 738	50 313	—	0.27	17.10	3.65	122.88	87.18	66.05	13.04	1 326.51	554.20
1997	68 790	62 131	—	0.31	18.17	3.40	167.75	92.47	85.49	13.12	1 276.13	509.32
1998	63 715	66 301	—	0.42	16.71	4.58	149.38	83.10	78.99	11.67	1 470.70	518.99
1999	56 327	58 340	—	0.23	9.44	3.14	79.31	78.10	71.49	7.27	1 015.09	506.49
2000	37 552	57 828	—	0.34	14.75	3.44	97.10	97.37	70.11	6.96	867.09	478.40
2001	—	50 021	15 751	0.30	13.40	3.30	81.20	83.90	54.80	4.60	706.50	—
2002	—	42 369	13 282	0.30	13.20	2.50	76.40	78.20	25.60	2.60	626.50	—
2003	—	40 637	13 253	0.30	12.90	1.80	60.30	75.10	30.00	3.20	777.10	—
2004	—	38 048	13 841	0.30	13.60	1.30	56.90	75.60	20.10	5.30	560.70	—
2005	—	58 832	21 390	0.30	19.80	1.00	82.00	250.80	21.90	6.40	453.20	—
2006	—	54 031	20 048	—	15.27	1.96	74.20	—	—	—	—	—
2007	—	50 262	8 504	—	7.20	1.50	48.96	—	—	—	—	—
2008	—	47 814	8 755	—	4.27	0.83	46.81	—	—	—	—	—
2009	—	48 671	11 860	—	4.21	0.57	38.00	—	—	—	—	—
2010	—	45 061	7 570	—	3.69	0.45	34.42	—	—	—	—	—

注：2001—2010 年悬浮物和硫化物排放根据国家检测要求不做测量。

二、工业废水污染物分布

“八五”时期，污染物分布区域和大户：化学需氧量的排放主要来自张掖、酒泉、兰州等地区，主要污染大户系各地区的糖厂等；重金属（汞、镉、六价铬、铅）的排放主要来自白银公司3家冶炼厂，陇南地区的铅锌矿厂，金昌市的金川公司冶炼厂、选矿厂等企业；挥发酚的排放量主要来自酒泉地区的玉门石油管理局炼油厂、酒泉市卫生纸厂和造纸厂、嘉峪关市的酒钢公司焦化厂、庆阳地区的庆阳石油化工总厂；石油类的排放量主要来自酒泉地区的玉门石油管理局炼油厂、兰州市的兰化公司化肥厂、橡胶厂、石油化工厂、兰炼化工总厂，庆阳地区的长庆石油勘探局第二采油厂等企业。

污染物行业分布情况：“八五”时期，重点污染源工业废水污染物的排放分布在27个行业中，其中电力蒸汽热水产供业、化学工业、造纸及制品业、食品工业、石油加工业和有色金属矿采业是排放废水污染物的主要行业。1993年，上述6个行业污染物排放量最大，占该年行业总量的96.89%。

1995年，排放量较小，占该年行业总量的78.47%。上述6个行业4年间排放量变化经秩相关系数检验，呈下降趋势，但不显著。

1995年，全省重点污染源废水污染物等达标污染负荷为37 917.60万吨。玉门炼油总厂、张掖地区造纸厂及化肥厂、白银公司冶炼厂、兰化公司化肥厂、橡胶厂等排列在前24家企业，累计负荷31 816.10万吨，负荷比占当年总负荷比的83.91%，构成当年全省重点污染源工业废水主要污染源。

工业废水中主要污染物为化学需氧量、石油类、悬浮物、硫化物、汞、镉、六价铬、铅、砷、挥发酚、氧化物等，其主要分布于化工、有色、黑色、电力、食品、造纸等行业。

2000年，全省工业废水排放行业主要分布于化工、有色、黑色、机械、电力、造纸六个行业。排放量位居前五的州、市见图2–5–3、图2–5–4。

“十五”期间，工业废水排放总量为96 388.7万吨，其中达标废水排放量为70 799.2万吨，达标率为73.4%。其间，甘肃省强化流域水污染防治工作，加大监督检查力度，废水及其主要污染物排放增长的趋势得到有效控制（见图2–5–5），化学需氧量、氨氮、六价铬、铅、砷、挥发酚、石油类排放量有较大幅度下降。

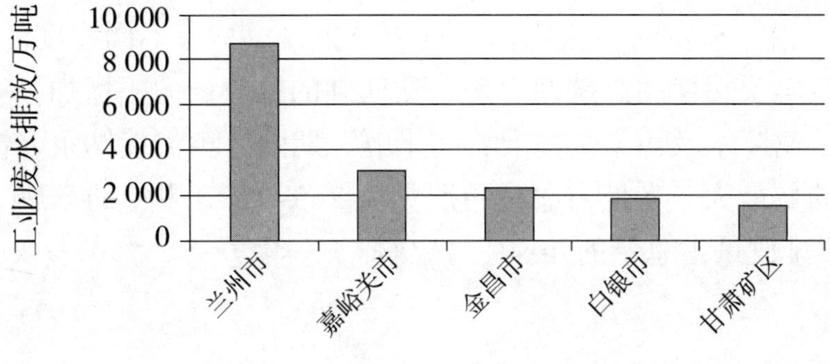

图 2-5-3　2000 年甘肃省工业废水排放情况

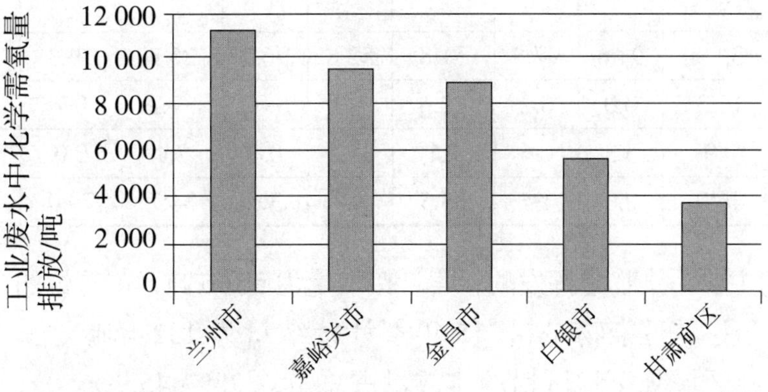

图 2-5-4　2000 年甘肃省工业废水中化学需氧量排放情况

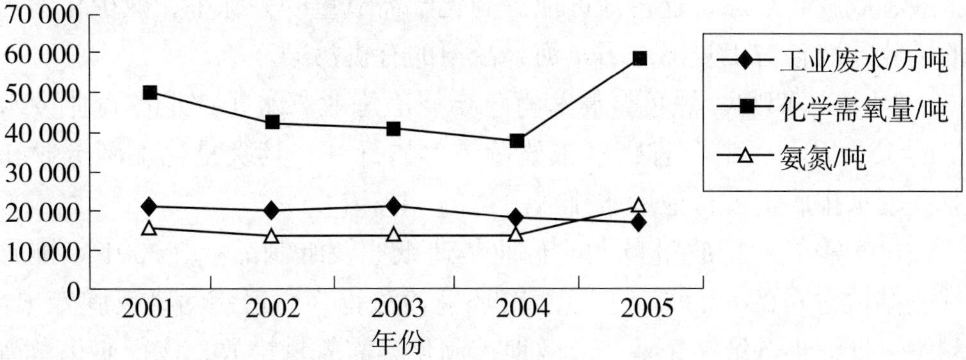

图 2-5-5　“十五”期间甘肃省废水及其主要污染物排放增长趋势

与“九五”末相期比，工业废水排放量下降29.4%，废水达标率提高2.7%。六价铬、铅、挥发酚、氰化物、石油类排放量均有不同程度的减少；由于白银有色金属公司使用高砷原料矿，致使砷的排放量大幅增加。

流域接纳工业废水及污染物情况：“十五”期间，黄河接纳汞、镉、六价铬、铅、砷的量最大，累计占总量情况见表2-5-9，其中铅的排放主要来源于白银，5年排放量占总量的40.4%~71.9%。

表2-5-9

甘肃省流域接纳工业废水及污染物统计

流域	工业废水、污染物占全省总量/%									
	废水	化学需氧量	汞	镉	六价铬	铅	砷	挥发酚	氰化物	石油类
黄河	39.4	30.8	94.6	97.8	51.8	52.8	96.2	25.7	19.3	41.4
渭河	10.2	16.3	0.0	0.2	12.6	1.3	0.02	37.2	0.7	18.8
长江	2.2	0.9	5.3	0.6	2.1	37.1	0.3	2.4	0.0	0.0
内陆河	44.6	46.0	0.0	1.4	33.5	8.7	3.6	34.7	79.9	39.8

渭河接纳的主要污染物是挥发酚，累计接纳量为56.66吨，占总量的37.2%。

长江接纳的主要污染物是铅，5年累计接纳量为132.4吨，占总量的37.1%。流域流经区域陇南地区铅的排放量占总量的23%~45.9%。

内陆河主要接纳工业废水的量最大，累计占总量的44.6%。接纳的污染物主要是化学需氧量、氰化物、石油类。其中，化学需氧量的排放主要源于张掖、武威和平凉，这些地区应提高化学需氧量的去除率，减少化学需氧量的排放，减轻对山丹河、石羊河、泾河的有机污染。

“十五”期间，黑色金属和有色金属冶炼业废水排放量占行业废水排放量的13%以上，是全省废水排放量最大的行业；其次是化工制造业和电力业，废水排放量占行业废水排放总量的11%~14.6%。

化学需氧量排放量最大的行业是造纸业及纸制品业，2001年排放量占行业排放总量的84.8%。通过严查环境违法行为，遏制污染反弹专项活动，关停一批“小造纸”企业，有效地控制化学需氧量排放，该行业化学需氧量排放量由2001年的16 943.48吨下降到2005年的10 639.83吨。

石油类排放量最大的行业是石油和天然气开采业以及黑色金属冶炼业，2004 年以前排放量占行业排放总量的 20%以上，其次是化工制造业。

根据 5 年废水排放情况，筛选出工业废水等标污染负荷在 1.00 以上的重点企业（见表 2–5–10），其中金昌化工（集团）有限责任公司废水等标污染负荷高达 40%以上。

表 2–5–10

甘肃省工业废水等标污染负荷排序统计

名次	2001 年	2002 年	2003 年	2004 年	2005 年
1	金昌化工（集团）有限责任公司，41.34%	金昌化工（集团）有限责任公司，46.06%	金昌化工（集团）有限责任公司，40.75%	金昌化工（集团）有限责任公司，43.47%	金川集团有限公司，17.41%
2	甘肃稀土公司，16.18%	甘肃稀土公司，17.78%	甘肃稀土集团有限责任公司，19.75%	甘肃稀土集团有限责任公司，20.53%	白银有色金属公司，16.31%
3	白银有色金属公司，6.47%	白银有色金属公司，7.64%	白银有色金属公司，7.94%	白银有色金属公司，8.69%	其他，13.66%
4	兰州煤制气厂，6.27%	镇原县华龙造纸厂，2.29%	酒泉钢铁（集团）有限责任公司，4.73%	酒泉钢铁（集团）有限责任公司，2.06%	华能平凉发电有限责任公司，4.64%
5	中国石油兰州石化公司，3.3%	酒泉钢铁（集团）有限责任公司，2.14%	甘肃刘化（集团）有限公司，2.45%	中国石油兰州石化公司，1.82%	兰州西固热电有限公司，3.74%
6	平粮市宝马纸厂，3.01%	中国石油兰州石化公司，2.05%	中国石油（集团）庆阳炼油化工有限责任公司，1.97%	张掖市纸业集团有限公司，1.60%	靖远第二发电有限责任公司，3.45%
7	甘肃刘化（集团）有限公司，1.93%	甘肃刘化（集团）有限公司，1.97%	中国石油兰州石化公司（东区），1.69%	张掖市农有化工集团有限公司，1.60%	酒泉钢铁（集团）有限责任公司，3.38%

续表

名次	2001 年	2002 年	2003 年	2004 年	2005 年
8	镇原县华龙造纸厂，1.71%	中国石油兰州石化公司原料动力厂，1.27%	张掖县化工有限责任公司，1.64%	甘肃刘化（集团）有限公司，1.56%	国电靖远发电有限公司，2.43%
9	—	—	中国石油兰州石化公司化肥厂，1.23%	平粮市宝马纸业有限责任公司厂，1.29%	甘肃电投泳昌发电有限责任公司，2.27%
10	—	—	—	中国石油兰州石化公司化肥厂，1.21%	甘肃大唐国际发电有限责任公司，2.11%
11	—	—	—	—	平凉祁连山水泥有限公司，1.08%

2010 年，全省调查的废水排放企业共 661 家，其中国控重点废水污染源 67 家。废水排放总量 51 241 万吨，其中工业废水排放量占 30.0%，生活污水排放量占 70.0%。与 2005 年相比，废水排放量增加 17.2%，其中工业废水排放量减少 8.6%，生活污水排放量增加 33.3%。“十一五”期间，工业废水主要排放城市中，兰州排放量年际间明显下降，平凉有所上升，嘉峪关、白银、金昌变化不大。主要排放行业中，有色金属冶炼及延展加工业和石油加工、炼焦及核燃料加工业废水排放量下降趋势明显。黑色金属冶炼及延展加工业和化学原料及化学制品制造业废水排放量变化不大。

2010 年，化学需氧量排放量 16.76 万吨，其中工业废水中化学需氧量排放量 4.51 万吨，占排放总量的 26.9%；生活污水中化学需氧量排放量 12.25 万吨，占排放总量的 73.1%。与 2005 年相比，化学需氧量排放量减少 8.1%，其中工业废水中化学需氧量排放量减少 23.4%，生活污水中化学需氧量排放量增加 0.8%。“十一五”期间，工业化学需氧量主要排放城市中，除武威外，张掖、平凉、金昌和白银，呈现逐年下降趋势。主要排放行业中，造纸及纸制品业、有色金属冶炼及压延加工业排放量呈下降趋势，特别是造纸及纸制品业排放量下降幅度较大。化学原料及化学制品制造业、农副食品加工业略呈上升趋势。

2010 年，氨氮排放量 2.35 万吨，其中，工业废水中氨氮排放量 0.76 万吨，占氨氮排放总量的 32.2%；生活污水中氨氮排放量 1.60 万吨，占氨氮排放总量的 67.8%。生活氨氮主要排放城市为兰州，其次为白银、天水、陇南和酒泉。化学原料及化学制品制造业是工业氨氮排放的主要行业，占全省工业氨氮排放总量的 37.3%~86.0%。“十一五”期间，生活氨氮排放量呈上升趋势，氨氮排放总量随工业氨氮的变化呈现总体下降趋势。

2010 年，重金属污染物中，铅、镉、六价铬排放量分别为 34.42 吨、3.69 吨、0.45 吨。与 2005 年相比，重金属污染物中铅减少 58.0%，镉减少 81.3%、六价铬减少 54.1%。“十一五”期间，重金属主要排放行业中，有色金属矿采选业重金属排放量逐年上升，有色金属冶炼工业及压延加工业排放量下降明显，石油加工、炼焦及核燃料加工业、化学原料及化学品制造业呈逐年下降趋势。

第三节　工业废气

一、主要污染物排放

1995 年，全省重点源工业废气排放量（标态）2 271 亿立方米，废气主要污染物中，首先是二氧化硫的排放量最大，为 27.24 万吨，占当年污染物排放总量的 50.45%；其次是烟尘，排放量 14.35 万吨，占当年污染物排放总量 26.57%；最后是一氧化碳，占当年污染物排放总量的 19.39%，详见表 2–5–11、图 2–5–6。

表 2–5–11

1995 年甘肃省工业废气及污染物排放量　　单位：万吨/年

指标	废气排放量（标态）/亿立方米	烟尘	二氧化硫	氮氧化物	一氧化物	氟化物
排放量	2 271	14.35	27.24	7.96	10.47	0.31
占总量比率/%		26.57	50.45	14.74	19.39	0.57

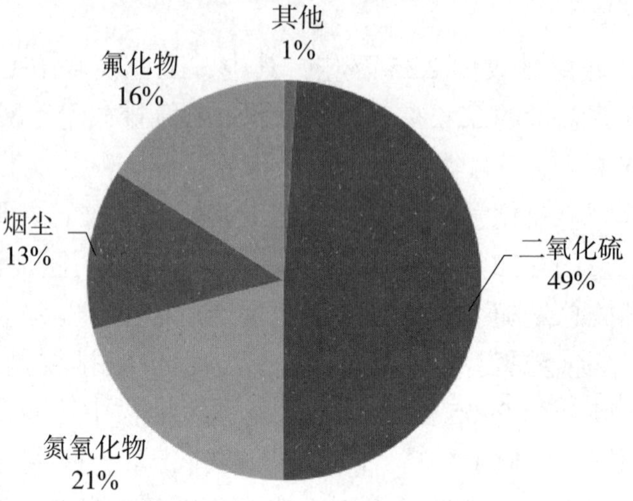

图 2-5-6　1995 年甘肃省废气主要污染源等标负荷

工业废气排放变化趋势：1992—1995 年甘肃省重点工业污染源废气排放量（见表 2-5-12），经秩相关系数检验呈逐年上升趋势（r_s=1.0），污染物排放总量有下降趋势，但不明显（r_s=0.8）。有关烟尘、二氧化硫和氮氧化物等 5 项污染物 4 年间的排放情况，见表 2-5-12。

表 2-5-12

甘肃省重点工业污染源排放量统计表

年份		污染物排放总量	烟尘	二氧化硫	氮氧化物	一氧化碳	氟化物
1992		65.51	15.89	30.30	7.78	11.31	0.23
1993		73.70	15.47	34.89	8.87	14.20	0.27
1994		63.29	18.10	24.63	9.53	10.79	0.24
1995		54.00	14.35	27.24	7.96	10.47	0.31
变化趋势	r_s	−0.80	−0.40	−0.60	0.40	0.80	0.8
	显著性	不显著					

省辖五市工业废气排放情况：兰州、嘉峪关、金昌、白银和天水省辖五市 1992—1995 年重点源排放工业废气（标态）分别为 1 516 亿立方米、1 766 亿立方米、1 822 亿立方米和 2 077 亿立方米。其占全省工业废气总量范围

的 88.7%~91.3%；4 年间工业废气排放变化趋势经秩相关系数检验呈显著上升趋势。省辖五市废气污染物的排放量在全省占很大的比例，以 1995 年为例：五市废气污染物排放总量 54.168 万吨，占全省总量的 89.7%，其中氟化物排放全分布在兰州和白银两市；兰州市一氧化碳排放占全省总量 96.6%；五市烟尘、二氧化硫、氮氧化物分别占全省各污染物总量的 80.2%、92.7%和 84.7%。

1992—1995 年省辖五市各污染物变化趋势：4 年间五市年排放量分别为 13.68 万吨、13.23 万吨、16.69 万吨和 11.51 万吨，经秩相关系数检验（r_s=0.4），其变化不明显；二氧化硫的排放量 28.82 万吨、32.74 万吨、22.99 万吨和 25.26 万吨（r_s=–0.6）其变化趋势有所下降；氮氧化物的排放量分别为 6.58 万吨、7.56 万吨、8.24 万吨和 6.75 万吨（r_s=0.4）总变化不大。一氧化碳的排放量分别为 11.10 万吨、13.98 万吨、10.47 万吨和 10.13 万吨，虽有下降趋势（r_s=–0.8）但不明显。

废气污染物主要行业分布：1995 年甘肃省重点工业污染源分布在 27 个行业中，其中电力业、有色金属冶炼加工业、黑色冶炼加工业、建材非金属矿制品业、化学工业和纺织业是排放工业废气、烟尘、二氧化硫、氮氧化物和氟化物的主要行业，分别占当年行业排放总量的 67.88%、84.95%、95.15%、90.45%和 100%，见表 2–5–13。

表 2–5–13

1995 年甘肃省排放工业废气及污染物主要行业 单位：万吨/年

行业	工业废气（标态）/亿立方米	烟尘	二氧化硫	氮氧化物	氟化物
电力蒸汽热水产业	862.41	9.84	10.21	6.11	—
有色金属冶炼加工业	52.86	0.92	13.25	0.17	0.28
黑色金属冶炼加工业	316.25	0.25	0.38	0.09	—
建材非金属矿制品业	201.92	0.50	1.13	0.11	—
化学工业	79.36	0.44	0.84	0.49	0.03
纺织业	28.61	0.24	0.11	0.23	—
占行业总量比例/%	67.88	84.95	95.15	90.45	100

表 2-5-13 可以看出，电力蒸汽热水产业的烟尘排放量为 9.84 万吨，占全省总量的 68.6%；有色冶炼加工业二氧化硫排放量居各行业之冠，占全省总量 48.6%，其次是电力蒸汽热水产业，占 37.5%，此两个行业二氧化硫排放量占全省排放总量的 86.1%；氟化物污染主要来自有色冶炼加工业，占总排放量的 89.7%。

2000 年，工业废气中主要污染物为二氧化硫、烟尘、工业粉尘等，其中二氧化硫主要分布于有色，其次是电力、煤气业；工业烟尘主要集中在电力、非金属矿物制造业、有色、化工、黑色等行业。工业粉尘的排放主要集中在水泥、黑色、有色等行业。水泥制造占工业粉尘排放总量的 59.7%。

“十五”期间，工业废气中二氧化硫、烟尘、粉尘排放量前五名城市见表 2-5-14。

表 2-5-14

“十五”期间甘肃省工业废气及其主要污染物重点排放城市统计表

年份	废气（标态）/亿标立方米		二氧化硫/万吨		烟尘/万吨		粉尘/万吨	
	城　市	排放量	城　市	排放量	城　市	排放量	城　市	排放量
2001	兰　州	1 137.15	金　昌	14.13	金　昌	3.3	兰　州	3.0
	白　银	454.98	兰　州	5.72	兰　州	2.5	白　银	2.1
	嘉峪关	365.50	白　银	5.04	白　银	1.1	天　水	1.5
	金　昌	232.82	嘉峪关	1.36	天　水	0.9	张　掖	1.2
	平　凉	139.39	平　凉	1.05	嘉峪关	0.9	陇　南	1.0
2002	兰　州	1 135.8	金　昌	12.7	金　昌	2.8	兰　州	2.6
	白　银	513.0	白　银	12.0	兰　州	2.2	白　银	1.9
	嘉峪关	399.8	兰　州	6.0	白　银	1.1	天　水	1.4
	金　昌	263.9	嘉峪关	1.4	天　水	1.0	张　掖	1.1
	平　凉	171.8	平　凉	1.2	嘉峪关	0.9	陇　南	1.0
2003	兰　州	1 284.8	白　银	13.9	金　昌	2.8	白　银	3.8
	嘉峪关	961.5	金　昌	12.9	兰　州	2.4	兰　州	2.6
	白　银	717.8	兰　州	6.0	白　银	1.5	张　掖	1.5
	金　昌	271.2	平　凉	4.7	嘉峪关	1.2	陇　南	1.4
	平　凉	259.2	嘉峪关	1.8	平　凉	1.0	天　水	1.4

续表

年份	废气（标态）/亿标立方米		二氧化硫/万吨		烟尘/万吨		粉尘/万吨	
	城　市	排放量	城　市	排放量	城　市	排放量	城　市	排放量
2004	兰　州	1 244.3	白　银	14.4	金　昌	3.3	白　银	4.2
	白　银	699.1	金　昌	13.2	兰　州	1.7	兰　州	2.4
	嘉峪关	612.4	兰　州	5.4	白　银	1.4	金　昌	1.6
	平　凉	305.1	平　凉	4.9	平　凉	1.3	张　掖	1.6
	金　昌	291.2	张　掖	1.7	张　掖	1.0	天　水	1.4
2005	兰　州	1 337.6	白　银	14.2	兰　州	1.8	白　银	3.9
	白　银	740.8	金　昌	12.1	金　昌	1.8	平　凉	2.5
	嘉峪关	632.2	兰　州	6.1	白　银	1.4	兰　州	1.7
	金　昌	309.7	平　凉	4.4	平　凉	1.2	天　水	1.4
	平　凉	278.9	嘉峪关	1.6	天　水	0.9	张　掖	1.0

“十五”5 年间，工业废气排放总量（标态）为 17 738.5 亿立方米，二氧化硫排放总量为 207.9 万吨，烟尘排放总量为 61.6 万吨，粉尘排放总量为 72.2 万吨。废气及其主要污染物排放量均有不同程度的增长。与“九五”末期相比，工业废气、二氧化硫和粉尘排放量分别增加 51.8%、65.7%和 13.7%，烟尘排放量下降 0.9%。

兰州市工业废气排放量最大，占总排放量的 31.8%~40.7%。其次是白银市、嘉峪关市和金昌市。

二氧化硫排放量最大的是金昌市和白银市，占总排放量的 30%以上。其次是兰州市和平凉市，占 11%以上。

烟尘排放量居前三位的是金昌市、兰州市、白银市。金昌市烟尘排放量占总排放量的 21%以上。

兰州市和白银市粉尘排放量最大，占总排放量的 16%~27%。

兰州、金昌、白银、嘉峪关 4 个城市是工业废气排放治理重点区域。

工业废气排放量排名前四的行业依次为电力业、有色金属冶炼业、黑色金属冶炼业、非金属矿物制品业，4 类重污染行业排放工业废气占行业总排放量的 84.7%。

二氧化硫排放量排名前两位的行业是有色金属冶炼业和电力业，该两类行业二氧化硫污染贡献率较高，排放量分别占行业总排放量的51.2%和30.0%。

烟尘排放量最大的行业是电力业，其次是非金属矿物制品业和有色金属冶炼业、化工制造业，该四类行业烟尘排放量占行业总排放量的75.8%。

粉尘排放量排在前两位的是非金属矿物制品业和黑色金属冶炼业，占行业总排放量的60.9%和20.4%。

工业废气重污染行业是电力业、有色金属冶炼业、黑色金属冶炼业、非金属矿物制品业，该4类行业是工业废气污染治理的重点行业企业、工业废气等标污染负荷排序见表2–5–15。

表2–5–15

“十五”期间甘肃省工业废气等标污染负荷排序统计表

名次	2001年	2002年	2003年	2004年	2005年
1	金川有色金属公司，30.71%	金川有色金属公司，23.54%	金川有色金属公司，20.16%	金川有色金属公司，22.01%	金川集团有限公司，17.41%
2	兰州西固热电有限责任公司，7.68 %	白银有色金属公司，19.58%	白银有色金属公司，17.16%	白银有色金属公司，19.72%	白银有色金属公司，16.31%
3	白银有色金属公司，5.31%	兰州西固热电有限责任公司，6.11 %	平凉发电有限责任公司，7.81%	平凉发电有限责任公司，6.01%	其他，13.66%
4	永昌电厂，5.08%	甘肃省电力工业局永昌电厂，4.95%	兰州西固热电有限责任公司，5.25%	兰州西固热电有限责任公司，5.56%	华能平凉发电有限责任公司，4.64%
5	酒泉钢铁（集团）有限责任公司，4.69%	酒泉钢铁（集团）有限责任公司，4.32%	酒泉钢铁（集团）有限责任公司，4.29%	靖远第二发电有限公司，4.93%	兰州西固热电有限责任公司，3.74%
6	甘肃靖远第一发电有限责任公司，3.07%	甘肃靖远第一发电有限责任公司，3.01%	靖远第二发电有限公司，4.29%	酒泉钢铁（集团）有限责任公司，4.01%	靖远第二发电有限公司，3.45%

续表

名次	2001 年	2002 年	2003 年	2004 年	2005 年
7	甘肃靖远第二发电有限责任公司，2.61%	靖远第二发电有限公司，2.38%	甘肃省电力工业局永昌电厂，4.18%	甘肃电投泳长发电有限公司，3.52%	酒泉钢铁（集团）有限责任公司，3.38%
8	中国石油兰州石化公司化肥厂，1.98%	平凉发电有限公司，1.97%	甘肃靖远第一发电有限责任公司，2.72%	国电靖远发电有限公司，2.88%	国电靖远发电有限公司，2.43%
9	平凉电厂，1.45%	中国石油兰州石化公司化肥厂，1.69%	中国石油兰州石化公司化肥厂，1.34%	甘肃省电力工业局连城电厂，1.23%	甘肃省电投永昌发电有限责任公司，2.27%
10	甘肃省电力工业公司八零三发电厂，1.31%	甘肃省电力工业局连城电厂，1.64%	甘肃省电力工业局连城电厂，1.33%	景泰县昌盛冶炼有限责任公司，1.11%	甘肃大唐国际发电有限责任公司，2.11%
11	玉门石油管理局，1.24%	玉门石油管理局，1.14%	景泰县昌盛冶炼有限责任公司，1.16%	国电兰州热电厂，1.02%	平凉祁连山水泥有限公司，2.07%
12	甘肃省电力工业局连城电厂，1.21%	甘肃省电力工业公司八零三厂发电厂，1.09%	兰州第二热电厂，1.11%	大唐八零三发电厂，1.01%	大唐连城发电厂，1.08%
13	西北铁合金有限责任公司，1.06%	—	平凉市峡中水泥厂，1.00%	—	—
14	武山水泥厂，1.05%	—	—	—	—

按行业统计，有色金属行业的二氧化硫排放量占全省二氧化硫排放量的50.2%，其次是电力、煤气业。工业烟尘的排放主要集中在电力、煤气业、非金属矿物制造业、有色金属冶炼业、黑色金属冶炼业 5 个行业。工业粉尘

的排放主要集中在非金属矿物制造业（水泥）、黑色金属冶炼业、有色金属冶炼业 3 个行业，其中水泥制造业占工业粉尘排放量总量的 59.7%。

“十一五”期间，电力、热力生产供应业废气排放量最大，占全省总排放量的 28.5%~42.0%。其次为有色金属冶炼及压延加工业、黑色金属冶炼及压延加工业、非金属矿物制品业和化学原料及化学制品制造业。行业废气排放情况见表 2–5–16，行业废气排放年际趋势见图 2–5–7。

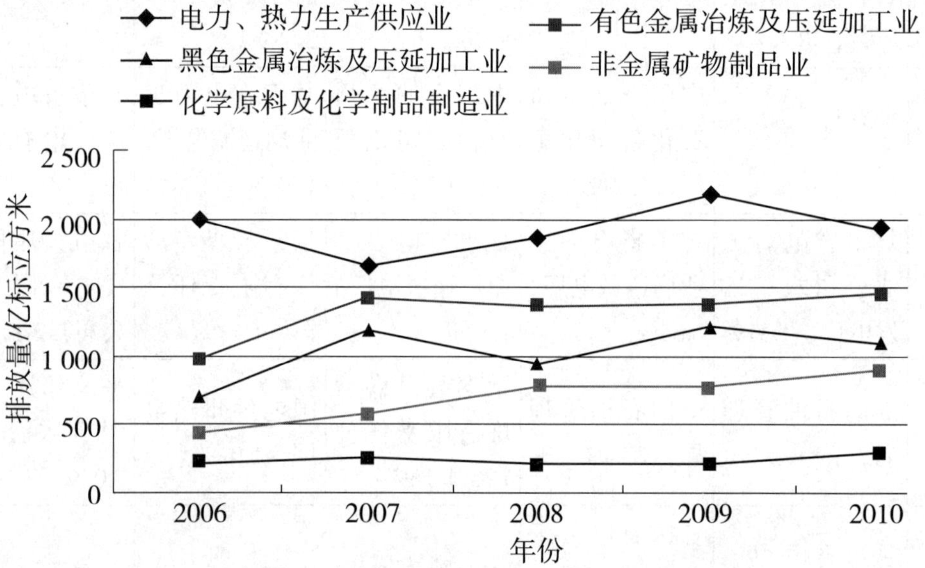

图 2–5–7　“十一五”期间甘肃省行业废气排放年际趋势

趋势分析表明，5 年中有色金属冶炼及压延加工业、黑色金属冶炼及压延加工业和非金属矿物制品业废气排放量有总体上升趋势，其中非金属矿物制品业排放量上升趋势明显，电力、热力生产供应业排放量波动较大，化学原料及化学制品制造业排放量相对稳定。

行业二氧化硫排放：5 年间除 2006 年有色金属冶炼及压延加工业排放量占据首位，占全省排放总量的 39.6%，其他年份排放量均集中在电力、热力生产供应业，其排放量占 30.2%~36.3%。其次为有色金属矿采选业、黑色金属冶炼及压延加工业和化学原料及化学制品制造业。行业二氧化硫排放情况详见表 2–5–17，行业二氧化硫排放年际趋势见图 2–5–8。

表 2-5-16

甘肃省行业废气排放统计

单位：亿立方米（标态）

排序	2006 年		2007 年		2008 年		2009 年		2010 年	
	行业	排放量	行业	排放量	行业	排放量	行业	排放量	行业	排放量
1	电力、热力生产供应业	2 001	电力、热力生产供应业	1 657	电力、热力生产供应业	1 866	电力、热力生产供应业	2 177	电力、热力生产供应业	1 949
2	有色金属冶炼及压延加工业	986	黑色金属冶炼及压延加工业	1 448	有色金属冶炼及压延加工业	1 376	有色金属冶炼及压延加工业	1 389	有色金属冶炼及压延加工业	1 467
3	黑色金属冶炼及压延加工业	710	有色金属冶炼及压延加工业	1 198	黑色金属冶炼及压延加工业	947	黑色金属冶炼及压延加工业	1 221	黑色金属冶炼及压延加工业	1 110
4	非金属矿物制品业	444	非金属矿物制品业	581	非金属矿物制品业	791	非金属矿物制品业	786	非金属矿物制品业	894
5	化学原料及化学制品制造业	226	化学原料及化学制品制造业	268	化学原料及化学制品制造业	211	化学原料及化学制品制造业	2 224	化学原料及化学制品制造业	281
	全省	4 761	全省	5 818	全省	5 685	全省	6 314	全省	6 252

表 2-5-17

甘肃省行业二氧化硫排放统计

单位：万吨

排序	2006年		2007年		2008年		2009年		2010年	
	行业	排放量	行业	排放量	行业	排放量	行业	排放量	行业	排放量
1	有色金属冶炼及压延加工业	18.34	电力、热力生产供应业	14.45	电力、热力生产供应业	14.98	电力、热力生产供应业	12.1	电力、热力生产供应业	14.85
2	电力、热力生产供应业	17.4	有色金属矿采选业	9.88	有色金属矿采选业	7.7	有色金属矿采选业	4.69	有色金属冶炼及压延加工业	9.18
3	黑色金属冶炼及压延加工业	2.85	有色金属冶炼及压延加工业	8.37	有色金属冶炼及压延加工业	7.41	有色金属冶炼及压延加工业	6.35	有色金属矿采选业	6.35
4	非金属矿物制品业	2.4	黑色金属冶炼及压延加工业	1.8	黑色金属冶炼及压延加工业	3.02	黑色金属冶炼及压延加工业	2.95	黑色金属冶炼及压延加工业	2.61
5	化学原料及化学制品制造业	1.61	非金属矿物制品业	1.62	非金属矿物制品业	1.28	非金属矿物制品业	1.69	非金属矿物制品业	2.37
	全省	46.3	全省	43.58	全省	41.24	全省	40.09	全省	45.25

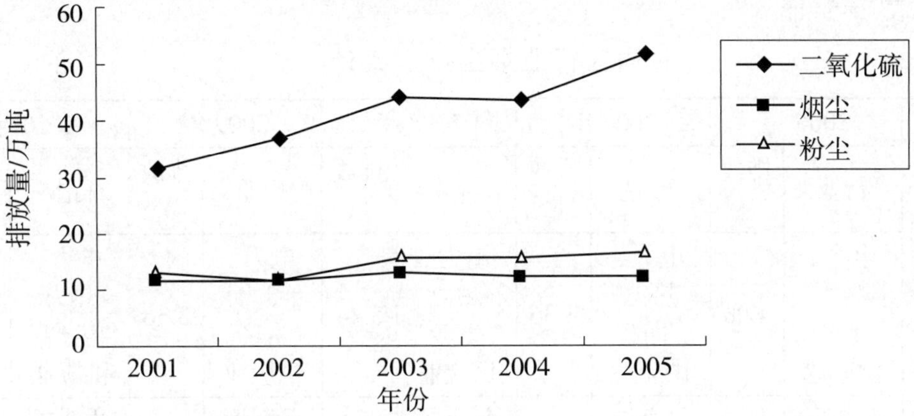

图 2-5-8 “十一五”期间甘肃省行业二氧化硫排放年际趋势

如图 2-5-8 所示，电力、热力生产供应业，有色金属冶炼及压延加工业和有色金属矿采选业二氧化硫排放量总体呈现下降趋势，黑色金属冶炼及压延加工业、非金属矿物制品业变化趋势不明显。

行业烟尘排放：5 年间，烟尘排放均集中分布在电力、热力生产供应业，占全省排放量的 28.9%~39.1%，其次为非金属矿物制品业、有色金属冶炼及压延加工业、黑色金属冶炼及压延加工业和化学原料及化学制品制造业。行业烟尘排放情况见表 2-5-18，行业烟尘排放年际趋势见图 2-5-9。

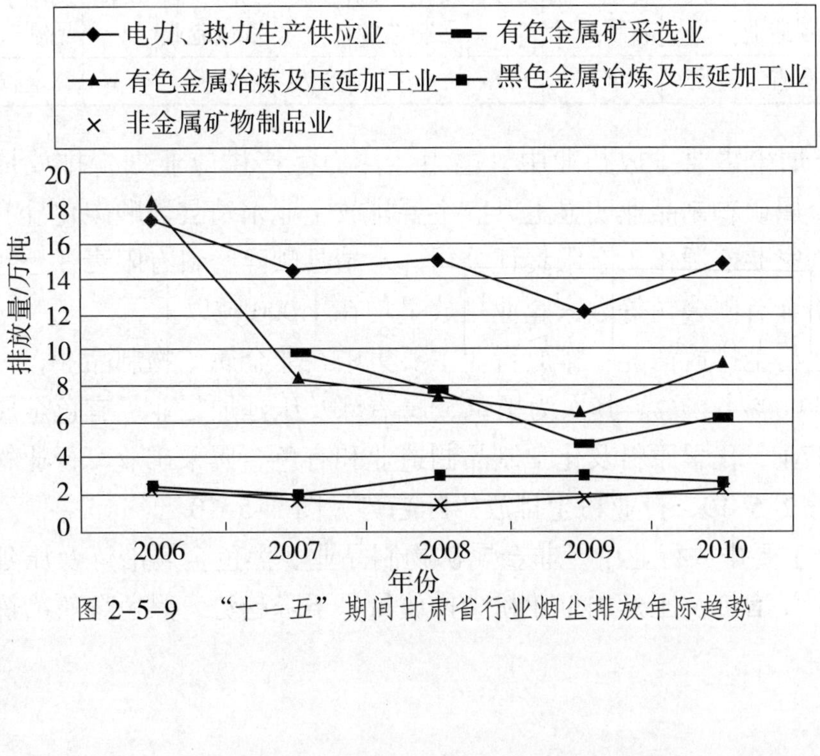

图 2-5-9 “十一五”期间甘肃省行业烟尘排放年际趋势

第二篇 环境质量

表 2-5-18

甘肃省行业烟尘排放统计

单位：万吨

排序	2006 年		2007 年		2008 年		2009 年		2010 年	
	行业	排放量	行业	排放量	行业	排放量	行业	排放量	行业	排放量
1	电力、热力生产供应业	4.08	电力、热力生产供应业	3.36	电力、热力生产供应业	3.44	电力、热力生产供应业	3.36	电力、热力生产供应业	2.86
2	非金属矿物制品业	1.04	非金属矿物制品业	1.23	非金属矿物制品业	1.18	非金属矿物制品业	1.37	非金属矿物制品业	2.58
3	有色金属冶炼及压延加工业	0.95	有色金属冶炼及压延加工业	0.86	有色金属冶炼及压延加工业	0.72	有色金属冶炼及压延加工业	0.9	有色金属冶炼及压延加工业	1.17
4	黑色金属冶炼及压延加工业	0.7	黑色金属冶炼及压延加工业	0.66	黑色金属冶炼及压延加工业	0.71	黑色金属冶炼及压延加工业	0.7	黑色金属冶炼及压延加工业	0.66
5	化学原料及化学制品制造业	0.6	化学原料及化学制品制造业	0.66	化学原料及化学制品制造业	0.56	化学原料及化学制品制造业	0.48	化学原料及化学制品制造业	0.49
	全省	11.39	全省	8.96	全省	8.79	全省	9.16	全省	9.81

5 个烟尘主要排放行业中，电力、热力生产供应业烟尘排放量明显下降，非金属矿物制品业明显上升。主要排放企业永靖县坤顺碳化硅有限责任公司、刘家峡宏源化工有限责任公司、永靖县顺隆磨料有限责任公司、永靖县春阳冶金有限公司等数家企业排放量均在 1 000 吨以上。

行业粉尘排放情况：排放行业主要集中在非金属矿物制品业，占全省排放量的 44.0%~63.7%。其次为黑色金属冶炼及压延加工业、有色金属冶炼及压延加工业、化学原料及化学制品制造业和有色金属采矿业。行业粉尘排放情况见表 2-5-19，行业粉尘排放年际趋势见图 2-5-10。

5 个主要排放行业中，非金属矿物制品业、黑色金属冶炼及压延加工业和有色金属冶炼及压延加工业粉尘排放量呈下降趋势，黑色金属冶炼及压延

表 2-5-19

甘肃省行业粉尘排放统计

单位：万吨

排序	2006 年		2007 年		2008 年		2009 年		2010 年	
	行业	排放量	行业	排放量	行业	排放量	行业	排放量	行业	排放量
1	非金属矿物制品业	7.1	非金属矿物制品业	6.33	非金属矿物制品业	5.08	非金属矿物制品业	4.69	非金属矿物制品业	4.98
2	黑色金属冶炼及压延加工业	3.26	黑色金属冶炼及压延加工业	1.56	黑色金属冶炼及压延加工业	1.56	黑色金属冶炼及压延加工业	1.43	黑色金属冶炼及压延加工业	2.12
3	化学原料及化学制品制造业	1.18	有色金属冶炼及压延加工业	0.61	有色金属冶炼及压延加工业	0.43	有色金属冶炼及压延加工业	0.44	化学原料及化学制品制造业	0.4
4	有色金属冶炼及压延加工业	0.7	石油加工、炼焦及核燃料加工业	0.25	化学原料及化学制品制造业	0.37	化学原料及化学制品制造业	0.44	有色金属冶炼及压延加工业	0.37
5	建筑安装业	0.29	化学原料及化学制品制造业	0.2	有色金属采矿业	0.26	有色金属采矿业	0.25	有色金属采矿业	0.25
	全省	16.12	全省	9.93	全省	8.58	全省	8.37	全省	9.26

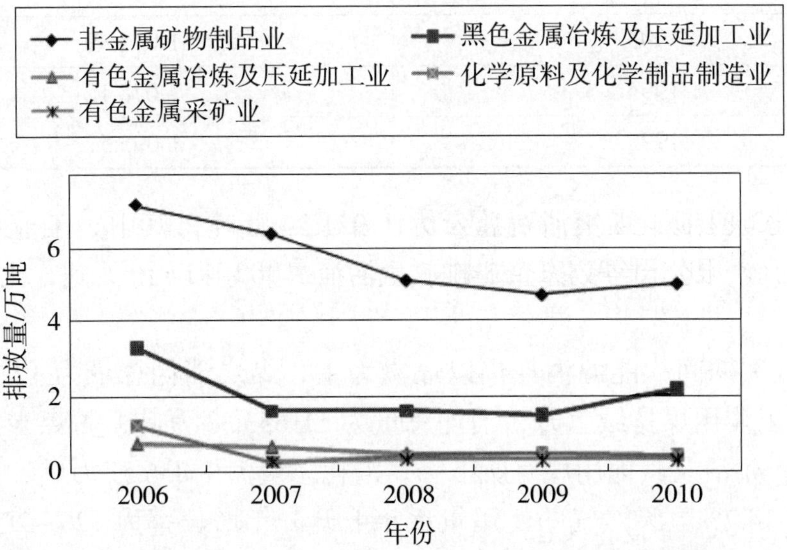

图 2-5-10　“十一五”期间甘肃省行业粉尘排放年际趋势

加工业2010年有所回升，其他行业排放量变化幅度不大。

二、能源消耗

1995年能源消耗构成主要以煤炭为主，占全省重点工业污染源能源消耗总能耗量的93.5%。有关燃煤、燃油、燃气的比率情况见表2–5–20。

表2–5–20

1995年甘肃省能源消耗情况

指标	煤/万吨	油/万吨	气(标态)/万立方米
年耗量	1 095.57	43.73	17 692.26
折算标煤能耗比率/%	93.50	6.20	0.30

1992—1995年全省重点工业污染源燃煤消耗量逐年呈显著上升趋势(r_s=1.0)，见表2–5–21。

表2–5–21

1992—1995年甘肃省燃煤消耗情况 单位：万吨/年

年度	燃煤量
1992	907.86
1993	1 043.89
1994	1 078.12
1995	1 095.57

“九五”时期，煤炭消费总量为1 921.24万吨，其中，工业消费量为1 550.14万吨，比上半年上升25.4%，生活消费量为37 110万吨，比上年上升1.7%。

“十五”期间，能源消耗仍以煤炭为主，煤炭消耗总量为12 605.43万吨，其中工业用煤持续上升，消耗总量为11 653.33万吨，占煤炭消耗总量的92.4%；生活及其他用煤有所下降，消耗总量为1 856.51万吨，占煤炭消耗总量的14.7%。天然气的使用量逐年上升，年增长率为12%~20%，清洁能源的使用对改善环境空气质量起到积极作用（见表2–5–22）。

表 2-5-22

“十五”期间甘肃省煤炭、燃料油年消耗量

年度	煤炭消耗量/万吨			燃料油消耗量/万吨			天然气消耗量/万立方米
	合计	工业用煤	生活及其他用煤	燃料油	其中		
					重油	柴油	
2001	2 137.67	1 747.40	390.27	32.18	32.01	2.00	194 339
2002	2 359.53	1 975.26	384.27	24.36	22.32	1.47	220 125
2003	2 590.45	2 020.26	370.19	19.96	18.47	1.04	246 228
2004	2 841.11	2 471.93	352.18	15.38	14.64	1.08	293 877
2005	2 676.67	3 238.48	359.60	16.00	14.80	0.90	353 011

“十一五”期间，由于清洁能源的采用，煤炭导致的二氧化硫、粉尘、二氧化氮等污染明显降低，甘肃城市环境空气质量持续改善，达标城市逐年增多，城市环境空气质量总体呈现上升趋势。5 年间，燃煤消耗 12 605.43 万吨，燃料油消耗 107.88 万吨，燃气消耗 1 307 580 万立方米，燃煤占比持续下降。颗粒物、二氧化硫、二氧化氮 3 项污染物评价指标的污染分担率分别为 51%、34%、16%。

兰州市出台《兰州市燃煤锅炉污染物排放标准》，开展西固大气污染防治研究，在兰州石化、兰州铝业、大唐兰西热电等企业新上脱硫、脱硝设施 10 余套；关停 34 家排污小企业，同时积极推广节能改造和清洁能源生产，实施冬季采暖集中供热和机动车限号通行等措施，坚决查禁生活小燃煤锅炉、油炉。金昌市把企业二氧化硫污染减排作为改善城市环境空气质量的根本性措施，在金川公司新建 4 套硫酸尾气再治理装置，关停 7 台小火电机组，关闭永昌电厂并对其冷却塔实施爆破。截至 2010 年，经环保部确认减排量的二氧化硫减排项目共有 64 项，共削减二氧化硫 25.45 万吨，全面落实污染减排任务取得显著成效，对改善城市环境空气质量起到明显的效果。

第六章　辐射环境质量

第一节　放射源

一、电离辐射污染源

甘肃的核工业在全国占有举足轻重的地位，中国第一个核工业基地就建在甘肃。从采矿、水冶、燃料元件的制造、反应堆到核燃料后处理等，有完整的核工业体系。主要有国营五零四厂、国营四零四厂、国营七零六矿床等。

由于工业活动把接近或高于天然放射性核素平均浓度的物质带到地球表面，会引起局部地区环境天然放射性水平增高，如核设施附近大量堆放废矿石、建尾矿库、矿石运输中撒落公路，伴生放射性矿产资源开发利用，燃煤所含天然放射性核素在燃烧中的富集作用；同时，用天然放射性核素含量较高的废渣做为建材掺合料；天然气的开发利用、温泉的开发利用、家庭装修中大量应用大理石材料（有的材料放射性较高）等，都会改变局部地区放射性原有水平。

甘肃省从1993年开始，陆续对国营四零四厂、五零四厂和在退役过程中的国营九七二矿、七九六矿等核企业进行环境放射性监督性监测。截至2010年，甘肃省辖区内在役核设施有4家（中核清原公司中低放固体废物西北处置场、中核兰州铀浓缩有限公司、中核四零四有限公司、中核蓝天铀业七零六矿），退役铀矿有七九六矿、七九二尾矿坝、二七九尾矿坝等，涉及铀矿的开采水冶系统、铀浓缩、铀转化、放射性废物的处置等行业；有1 995家核技术应用单位，涉及探伤、辐照、加速器、医用放射性诊疗、核仪表生产、地质勘探等业务；有100多家涉源单位，在用放射源1 900多枚；以镍、铅锌、稀土和贵金属为主的矿产是甘肃省的优势资源，随着伴生放射性矿产资源的开发与利用，一些自然界的放射性污染逐渐进入人类生活环境。甘肃省初步确定有白银稀土公司等伴生放射性矿企业24家。甘肃省辖区内放射性污染源分布见表2-6-1。

表 2-6-1

甘肃省主要电离辐射污染源统计

污染源类型	数量	名 称	已实施监督监测数	未实施监督监测数	备注
铀矿山及水冶系统	3	七九二矿、七九六矿、二七九厂	2	1	七九二矿、二七九厂正在退役
核燃料后处理设施	1	四零四厂中试厂	1		
核燃料元件生产、加工厂	4	四零四厂 1、2、3、4 分厂	4		
放射性同位素与射线装置应用（应用开放源）	4 866	略			部分实施监督监测
放射性同位素与射线装置应用（应用密封源）	23	略			部分实施监督监测
放射性同位素与射线装置应用（重粒子加速器）	1	中科院近物所	1		
伴生矿开发利用	11	略		11	
放射性废物暂存库	4	四零四厂、中科院近物所一零八库、酒钢公司	4		
中低放废物处置场	1	西北处置场	1		

甘肃省电离辐射污染源种类涉及核设施、放射性同位素与射线装置应用、伴生放射性矿开发利用和放射性废物暂存库，分布情况见表 2-6-2。

表 2-6-2

甘肃省辖区内电离辐射污染源分布统计

污染源类型	数量
核设施单位	10
放射性同位素与射线装置应用（射线装置）单位	1 482
放射性同位素与射线装置应用（应用放射源）单位	258
伴生矿开发利用单位	24
放射性废物暂存库	1

二、电磁辐射污染源

电磁辐射污染按来源可分为两大类：一类是直接利用电磁辐射产生的污染，例如无线电通信和电视广播。当电磁辐射的水平较高时，会干扰电子设备的正常使用，还有损于人体健康。另一类是伴生电磁能应用产生的污染，如高频热合机及热疗机等。

甘肃省电磁辐射污染源种类涉及广播电视系统，通信、雷达及导航发射设备，基站设备，工、科、医高频设备，交通系统电磁辐射设备，高压、电力系统等，分布情况详见表2–6–3。

表2–6–3

甘肃省主要电磁辐射污染源统计

种类	类别	总功率/千瓦	总长度/千米
广播电视系统	中短波广播	725.95	651
	调频广播	128.50	
	电视广播	167.23	
通信、雷达及导航发射设备	长波通信	0	166
	短波通信	0.545	
	微波通信	1.493 8	
	卫星地球站	0	
	专业通信网	12.76	
	移动通信网	14 637	
	雷达	8	
	导航	0	
工、科、医高频设备	工业高频设备	73 615.375	128
	科学技术高频设备	0	
	医疗高频设备	17.822 1	
交通系统电磁辐射设备	电气化铁路	702.6	3
基站设备	—	—	8 513
高压、电力系统	高压输电线	13 618.95	1 155
	升压站	3 740 001.09	
	降压站	1 996 107.78	

截至2010年年底，甘肃省已申报电磁辐射装置设备（设施）2.2万余台（套），其中通信基站20 417个，750千伏线路5条、330千伏线路42条、220千伏线路33条、110千伏线路491条，广播电视塔89个。

第二节　电离辐射

1993年，按国家环境保护总局要求，在兰州市选取4个特征点位进行常规监测，以掌握每年兰州市环境放射性水平的变化情况。具体监测点位有东方红广场体育馆门前、仁寿山果园、皋兰城北3千米处、黄河包兰桥断面。其中，东方红广场体育馆门前、仁寿山果园、皋兰城北3千米处监测R辐射剂量率；黄河包兰桥断面监测水体中U、总α、总β；仁寿山果园，皋兰城北3千米处监测土壤中^{238}U、^{232}Th、^{226}Ra、^{40}K。从“十五”期间的监测结果来看，兰州市辐射环境质量较好，未发现明显污染，环境介质中放射性水平处于正常本底范围。

环境γ辐射剂量率未发现有明显变化，环境处在天然辐射本底水平范围。土壤中^{238}U、^{232}Th、^{226}Ra、^{40}K天然放射性核素比活度未发现明显变化，处在天然本底水平范围。水体中的U、总α、总β含量波动不大。

一、电离辐射环境质量

1. γ 辐射剂量率

甘肃省辐射环境监测自动站位于兰州市雁儿湾甘肃环境科技大厦，连续γ辐射剂量率变化趋势监测结果表明，2010年甘肃省辐射环境监测自动站所测连续γ辐射剂量率为95.3~97.1纳戈瑞/小时，与自动站运行以来所测连续γ辐射剂量率范围88.1~157.1纳戈瑞/小时相比，2010年连续γ辐射剂量率监测结果在正常范围内。

2. 陆地γ 辐射剂量率

甘肃省陆地γ辐射剂量率监测点共8个，分别设在兰州、嘉峪关、敦煌、张掖、金昌、武威、白银、陇南。陆地γ辐射剂量率监测分为地表γ辐射瞬时剂量率和γ辐射累积剂量率，监测频次为每年监测两次，监测结果表明，2010年陆地γ辐射剂量率监测范围为79.4~135纳戈瑞/小时，与甘肃省

陆地 γ 辐射剂量率范围 20.1~166.6 纳戈瑞/小时相比，2010 年甘肃省陆地 γ 辐射剂量率监测结果在正常范围内。武威市海藏村监测点陆地 γ 辐射剂量率水平高于其他监测点位。

3. 水体

甘肃省地表水体监测点位共 3 个，分别设在兰州市包兰桥、金昌金川峡水库、嘉峪关市黑山湖水库。监测频次为每年两次，监测结果见表 2–6–4 和表 2–6–5。2010 年包兰桥黄河断面水体中放射性核素含量与 2009 年黄河水体中放射性核素含量处于同一水平，金川峡水库、黑山湖水库水体的放射性核素含量与 2009 年相应水库水体的放射性核素含量处于同一水平。

4. 土壤

甘肃省土壤监测点位共 2 个，分别设在兰州市雁儿湾和敦煌市电视台发射站，监测频次为每年一次。

2010 年，甘肃省土壤放射性核素监测结果在甘肃省土壤放射性核素环境本底范围内，为正常环境水平（见表 2–6–6）。

总体上看，“十一五”期间，全省 8 个国控点陆地 γ 辐射剂量率、主要江河水体中天然放射性核素的活度、指定监测点位土壤中天然放射性核素的比活度均无明显变化。兰州市东方红广场的电磁辐射水平远低于国家相关标准限值，辐射环境质量呈现上升的趋势。全省主要放射性污染源周围环境的 γ 辐射剂量率、水体与土壤中放射性核素活度浓度（比活度）保持稳定，电离辐射污染源运行处于可控状态，无明显趋势变化。兰州市高新区电磁辐射污染源周围电磁辐射水平远低于国家相应标准限值，并呈现下降趋势。

甘肃辐射环境质量状况总体较好，电磁辐射、陆地 γ辐射剂量率及水体、土壤中的监测项目均未出现明显变化，5 年间辐射环境质量保持稳定。

2010 年，全省 8 个国控点陆地 γ辐射剂量率水平在本底水平范围内；主要江河水体中天然放射性核素的活度浓度与环境天然放射性水平监测值相比无显著变化；指定监测点位土壤中天然放射性核素的比活度与环境土壤天然放射性水平监测值相比无显著变化；兰州市东方红广场的电磁辐射水平在国家相关标准范围内，属环境正常水平；全省主要放射性污染源周围环境的 γ 辐射剂量率、水体与土壤中放射性核素活度浓度（比活度）处于一个稳定的状态，与 2009 年相比无显著性变化；兰州市高新区电磁辐射污染源周围电

表 2-6-4

2010 年甘肃省包兰桥黄河水断面放射性核素活度浓度

水系	所在地区	河流名称	断面名称	采样时间	放射性核素活度浓度							
					U/（微克/升）	Th/（微克/升）	^{226}Ra/（毫贝克/升）	^{40}K/（毫贝克/升）	总 α/（贝克/升）	总 β/（贝克/升）	^{90}Sr/（毫贝克/升）	^{137}Cs/（毫贝克/升）
黄河	兰州市	黄河	包兰桥	5 月 平水期	<10	<8.7	<38.5	<435	0.10	0.13	<4.2	<20.2
				11 月 枯水期	<10	<8.7	<38.5	<435	0.09	0.25	13.1	<20.2
	2010 年（按测量次数统计）		测值范围		<10	<8.7	<38.5	<435	0.09~0.10	0.13~0.25	<4.2~13.1	<20.2
			平均值		<10	<8.7	<38.5	< 435	0.10	0.19	7.6	<20.2
	2009 年（按测量次数统计）		测值范围		10.2~16.9	< 8.7	< 38.5	< 435	< 0.077~0.11	0.10~0.14	< 4.20	< 20.2
			平均值		13.5	< 8.7	< 38.5	< 435	0.09	0.12	< 4.20	< 20.2
1983—1990 年全国天然放射性水平调查					0.03~42.35	—	0.6~54.5	23~2 494	—	—	—	—

表 2-6-5

2010 年甘肃省主要水库放射性核素活度浓度

湖泊、水库名称	所在地区	采样时间	放射性核素活度浓度							
			U/（微克/升）	Th/（微克/升）	^{226}Ra/（毫贝克/升）	^{40}K/（毫贝克/升）	总 α/（贝克/升）	总 β/（贝克/升）	^{90}Sr/（毫贝克/升）	^{137}Cs/（毫贝克/升）
黑山湖	嘉峪关	5 月平水期	—	—	—	—	<0.08	0.13	<4.2	<20.2
		11 月枯水期	<10	<8.7	<38.5	<435	<0.08	0.06	<4.2	<20.2
	2010 年（按测量次数统计）	测值范围	<10	<8.7	<38.5	<435	<0.08	0.06~0.13	<4.2	<20.2
		平均值	<10	<8.7	<38.5	<435	<0.08	0.10	<4.2	<20.2
	2009 年（测量次数统计）	测值范围	—	—	—	—	<0.077	0.13~0.16	<4.02~5.40	<20.2
		平均值	—	—	—	—	<0.077	0.15	<4.02	<20.2
金川峡	金昌	5 月平水期	<10	<8.7	<38.5	<435	0.22	0.14	<4.2	<20.2
		11 月枯水期	<10	<8.7	<38.5	<435	0.12	0.13	<4.2	<20.2
	2010 年（按测量次数统计）	测值范围	<10	<8.7	<38.5	<435	0.12~0.22	0.13~0.14	<4.2	<20.2
		平均值	<10	<8.7	<38.5	<435	0.17	0.14	<4.2	<20.2
	2009 年（按测量次数统计）	测值范围	<10	<8.7	<38.5	<435	0.07~0.22	0.14	<4.02	<20.2
		平均值	<10	<8.7	<38.5	<435	<0.077	0.14	<4.02	<20.2

表 2-6-6

2010 年甘肃省土壤放射性核素比活度

所在地区	点位名称	采样时间	放射性核素比活度/(贝克/千克·干)			
			^{238}U	^{232}Th	^{226}Ra	^{40}K
兰州	雁儿湾土样	6 月	39.4	59.2	38.7	815
酒泉	敦煌市电视台发射站土样	6 月	117	55.9	46.1	593
甘肃省土壤环境本底值			17.8~200.0	16.4~105.5	14.4~65.3	116~807

磁辐射水平在国家相应标准范围内，属环境正常水平。

二、电离辐射污染源周围环境质量

2010 年，甘肃省核与辐射安全局对全省核设施、放射性同位素与射线装置应用、伴生放射性矿开发利用和放射性废物暂存库等电离辐射污染源周围环境进行监督性监测，监测结果表明，各电离辐射污染源周围辐射环境相比往年无明显变化。其中中核四零四有限责任公司、中核五零四厂、中低放固体废物西北处置场的陆地 γ 辐射剂量率监测结果见表 2-6-7。

表 2-6-7

甘肃省陆地 γ 辐射剂量率监测结果

序号	污染源	监测结果/(纳戈瑞/小时)
1	中核四零四有限责任公司	77.5±4.2
2	中核五零四厂	77.0±11.6
3	中低放固体废物西北处置场	75.8±11.5

监测结果表明，2010 年中核四零四有限责任公司、中核五零四厂、中低放固体废物西北处置场的陆地 γ 辐射剂量率监测范围为 64.3~88.6 纳戈瑞/小时，与甘肃省陆地 γ 辐射剂量率范围 20.1~166.6 纳戈瑞/小时相比，陆地 γ 辐射剂量率监测结果在正常范围内。

“十一五”期间，甘肃核与辐射监测能力进一步加强，目前基本能说清核设施周围辐射环境状况、主要水体的辐射环境质量、陆地、土壤、植物、空气中辐射环境质量变化水平。但是由于市、县级核与辐射监测机构建设尚不完善，全面开展核与辐射监测能力尚不具备，全省核与辐射环境监测能力建设急需进一步提高。

第三节 电磁辐射

一、电磁辐射环境质量

甘肃省环境电磁辐射监测点1个，设在兰州市东方红广场，监测频次为每年两次。2010年东方红广场电磁辐射环境质量监测值范围为1.94~1.97伏/米（见表2-6-8），低于《电磁辐射防护规定》（GB 8702—88）中公众照射参考导出限值12伏/米（频率范围为100千赫兹~3吉赫兹）。

甘肃省电磁辐射污染源监测点1个，设在兰州市高新区，监测频次为每年两次，监测结果见表2-6-9。

2010年，甘肃省电磁辐射污染源周围监测点监测水平为0.002~0.731微瓦/平方厘米，平均值为0.110微瓦/平方厘米，低于《电磁辐射防护规定》（GB 8702—88）中有关公众照射参考导出限值8微瓦/平方厘米（频率范围为100千赫兹~3吉赫兹）。

二、电磁辐射环境质量变化

甘肃省自2008年开始对兰州市东方红广场进行电磁辐射环境质量监测，监测结果见表2-6-10，变化趋势见图2-6-1。

监测结果表明，2008—2010年兰州市东方红广场电磁辐射环境质量监测值范围为0.61~1.96伏/米，平均值为0.69伏/米，低于《电磁辐射防护规定》（GB 8702—88）中有关公众照射参考导出限值12伏/米（频率范围为100千赫兹~3吉赫兹）。

甘肃省核与辐射安全局自2008年开始对兰州市高新区电磁辐射污染源监测点周围环境进行电磁辐射水平的监测，监测结果见表2-6-11，变化趋势见图2-6-2。

表 2-6-8

2010 年甘肃省东方红广场环境电磁辐射水平

地区（市）	点位名	仪器频率响应	频次/（次/年）	测量高度/米	监测项目（选择）	测量频率	测量日期（月/日/时）	电磁辐射水平		
								平均值/（伏/米）	标准差	最低探测限
兰州市	东方红广场	5 赫兹~40 吉赫兹	2	1.7	2.场强	100 千赫兹~3 吉赫兹	2010/05/20/10	1.97	0.016	0.10 伏/米
兰州市	东方红广场	5 赫兹~40 吉赫兹	2	1.7	2.场强	100 千赫兹~3 吉赫兹	2010/11/08/10	1.94	0.021	0.10 伏/米

表 2-6-9

高新区电磁辐射污染源监测点周围环境电磁辐射水平

监测地点	基站名称	时间	频次/(次/年)	测量频率	综合场强/(微瓦/平方厘米)		
					测值范围	平均值	公众照射导出限值
兰州市	高新区	2010 年	2	100 千赫兹~3 吉赫兹	0.002~0.731	0.110	8

表 2-6-10

2008—2010 年兰州市东方红广场环境电磁辐射水平

地区(市)	点位类别(选择)	点位名	时间	频次/(次/年)	测量高度/米	测量频率	电磁辐射水平		
							平均值	标准差	单位(选择)
兰州市	商业区	东方红广场	2010 年	2	1.7	100 千赫兹~3 吉赫兹	1.96	0.02	伏/米
			2009 年	2	1.7	100 千赫兹~3 吉赫兹	1.52	0.54	伏/米
			2008 年	2	1.7	100 千赫兹~3 吉赫兹	0.61	0.02	伏/米
平均值							1.36	0.69	伏/米

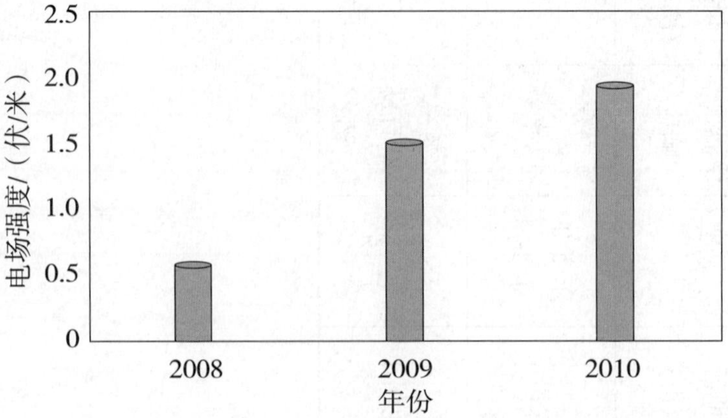

图 2-6-1　东方红广场环境综合电厂强度趋势

表 2-6-11

甘肃省高新区电磁辐射污染源监测点周围环境电磁辐射水平

监测地点	基站名称	时间	频次/(次/年)	测量频率	综合场强/(微瓦/平方厘米)		
					测值范围	平均值	公众照射导出限值
兰州市	高新区	2010 年	2	100 千赫兹~3 吉赫兹	0.002~0.731	0.110	8
		2009 年	2		0.002~0.722	0.088	
		2008 年	2		0.042~3.305	2.803	
平均值					1.000		

2008—2010 年，甘肃省兰州市高新区电磁辐射污染源周围综合场强测值范围为 0.088~2.803 微瓦/平方厘米，平均值为 1.000 微瓦/平方厘米，低于《电磁辐射防护规定》（GB 8702—88）中公众照射参考导出限值 8 微瓦/平方厘米（频率范围为 100 千赫兹~3 吉赫兹）。

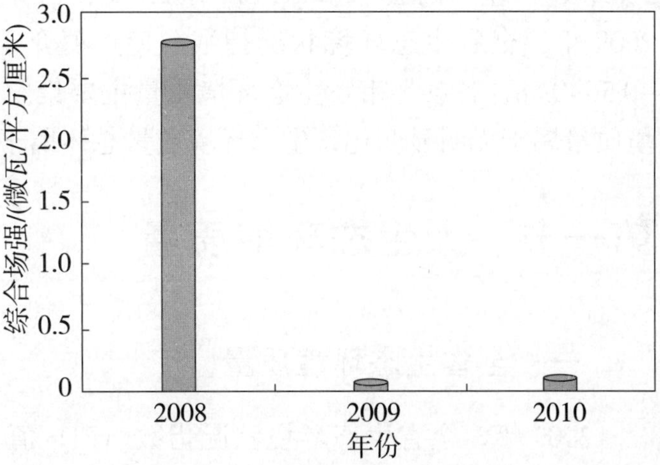

图2-6-2　甘肃省电磁辐射污染源周围电磁辐射变化趋势

经对甘肃省移动通信公司全省基站调查监测，其功率密度均小于 8 微瓦/平方厘米的国家控制标准。

经对甘肃省几条 330 千伏、220 千伏送电工程和变电站的环境调查，其工频电场强度小于 4 千伏/米，磁感应强度小于 0.1 米/毫特，无线电干扰小于 53 分贝（千伏/米）；未发现超过相应电压等级的电磁辐射环保标准。

第七章　生态环境质量

从2005年开始，甘肃省开展生态环境质量状况评价工作，每年对全省14个市州81个县（区）的生态环境质量进行评价。

“十一五”期间，全省生态环境质量保持稳定，未出现明显变化。2009年，全省生态环境状况指数（EI）值为29.7。生态环境质量总体属于“较差”。全省评价的81个县（市、区）中，生态环境质量“良”的县（市、区）有4个，占全省土地面积的8.6%；“一般”的县（市、区）有4个，占全省土地面积的35.9%；“较差”的县（市、区）有22个，占全省土地面积的16.0%；“差”的县（市、区）有22个，占省土地面积的39.5%。2005—2009年，全省生态环境状况指数（EI）值介于28.82~29.88，变化幅度在-0.56~0.58，各县（市）生态环境质量主要集中在一般及以下级别，生态环境质量属于无明显变化，生态环境质量总体属于“较差”。

第一节　大生态环境质量

一、全省生态环境质量

2009年，全省生态环境状况指数（EI）值为29.7，生态环境质量属于“较差”。与2008年相比，2009年甘肃省EI值由29.4上升到29.7，上升0.3，生态环境质量属于无明显变化。图2-7-1为2009年甘肃省各县生态环境状况指数（EI）图。

通过对2009年Landsat-5TM卫星影像解译，2009年全省土地利用现状为：林地占全省面积的13.2%，草地占全省面积的26.6%，耕地占全省面积的15.9%，水域占全省面积的1.7%，建设用地占全省面积的0.6%，未利用土地占全省面积的42.0%。图2-7-2为2009年甘肃省土地利用面积比。图2-7-3为2009年甘肃省土地利用类型。

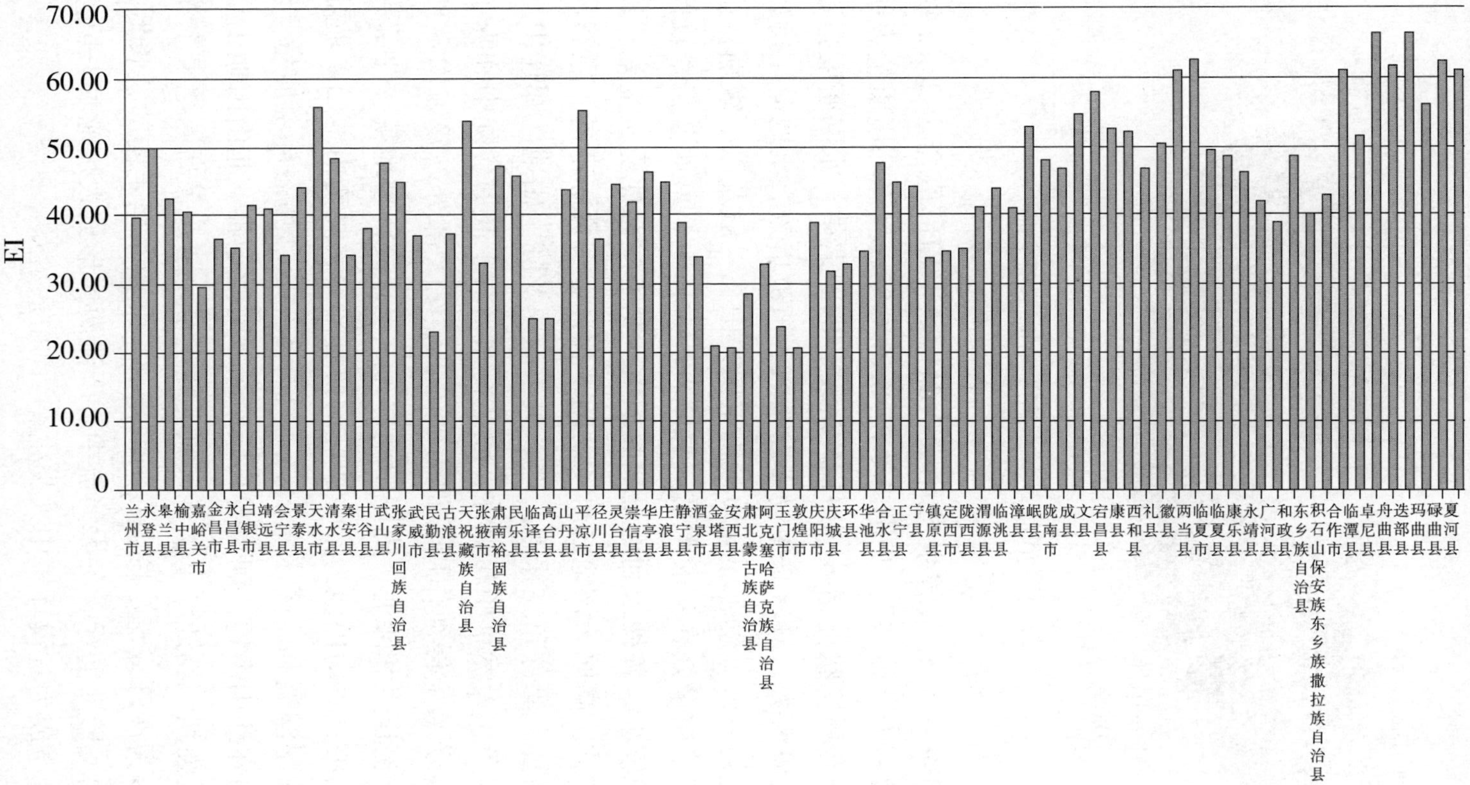

图 2-7-1　2009 年甘肃省各县生态环境状况指数

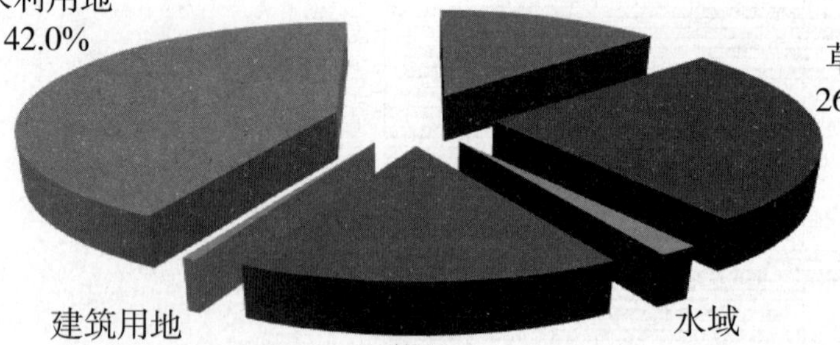

图 2-7-2　2009 年甘肃省土地利用面积比

2005—2009 年，甘肃省生态环境状况指数（EI）值介于 28.82~29.88，生态环境质量属于“较差”，变化幅度在-0.56~0.58，生态环境质量无明显变化。在影响生态环境状况指数（EI）年际变化的因素中，水网密度指数、环境质量指数贡献较大，其次是生物丰度指数、植被指数、土地退化指数。

甘肃省各县（市）生态环境质量仍主要集中在一般及以下级别，说明甘肃整体生态环境质量处在一般水平。总体表现为林地、草地覆盖率较低；水域、湿地面积较小，各种未利用土地面积大。全省生态环境质量为“良”的县主要分布在甘南高原，该地区草场辽阔，森林、水资源丰富。生态环境质量“一般”的县主要分布在祁连山地、黄土高原及陇南山地。祁连山地地势高寒，降水较多，天然草场和森林、灌丛密布；黄土高原含陇中和陇东黄土高原两部分，受水土侵蚀作用，地表破碎，陇东大部分以残垣沟壑地貌为主，北部为黄土丘陵和滩地，陇中中南部为黄土丘陵沟壑地貌，北部为黄土丘陵和土石低山；陇南山地为秦岭山脉的西延部分，陇南山地山高坡陡，地形复杂，气候湿润温和，降水量大，适宜林木生长。生态环境质量“较差”的县主要分布在北山山地、阿拉善高原南缘、河西走廊。北山山地干旱，降水极少，蒸发强烈，剥蚀严重，多大风与沙尘暴；阿拉善高原地表水流非常缺乏，地表多为沙砾或流沙覆盖；河西走廊呈北西东南走向的狭长低地带，在河西走廊的戈壁滩前缘，各大河流中、下流两岸形成大片地表平坦，组成细小的绿洲带，成为荒漠环境中人类生产活动的中心。

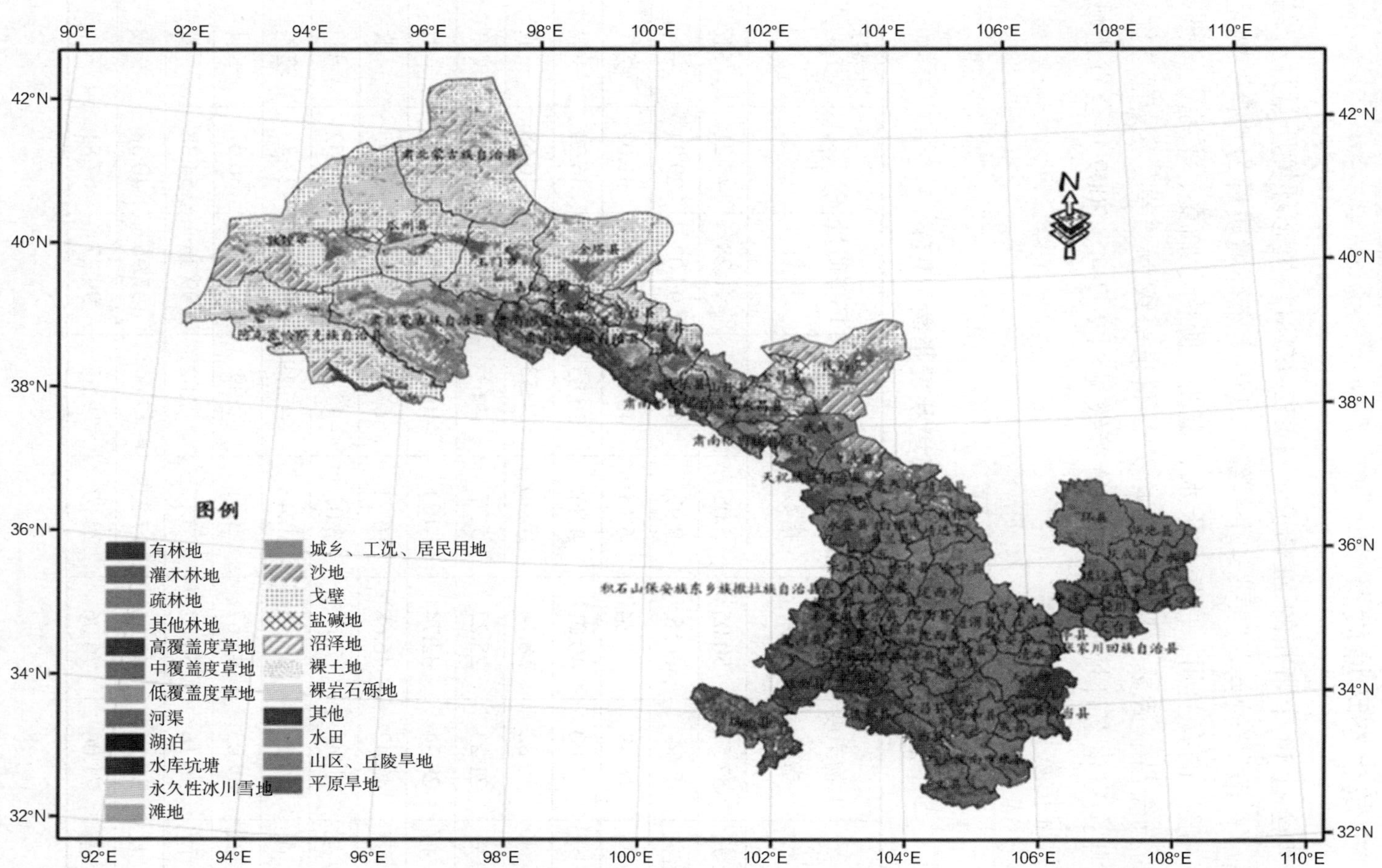

图 2-7-3　甘肃省土地利用类型

二、市域生态环境质量

2009年全省14个市州的EI值介于14.52~67.81，生态环境质量评介结果为“良”“一般”“较差”“差”4个等级。其中生态环境质量为“良”的是甘南，“一般”的有兰州、白银、天水、定西、陇南、临夏、平凉、张掖，“较差”的有金昌、武威、庆阳，嘉峪关、酒泉等级为“差”，没有“优”类。2009年全省生态环境质量现状评价等级见图2–7–4、2009年全省市域生态环境状况指数见表2–7–1。

表2–7–1

2009年全省市域生态环境状况指数（EI）

序号	名称	生物丰度指数	植被覆盖指数	水网密度指数	土地退化指数	环境质量指数	EI	生态环境质量类型
1	兰　州	37.57	50.05	5.05	55.51	91.28	45.21	一般
2	嘉峪关	8.64	9.58	8.97	44.82	96.03	29.24	差
3	金　昌	16.49	19.84	6.15	40.08	91.24	31.02	较差
4	白　银	31.00	40.01	4.85	26.85	94.63	36.29	一般
5	天　水	50.82	58.14	16.40	21.53	98.44	46.68	一般
6	武　威	21.23	25.22	5.37	4.61	97.34	26.95	较差
7	张　掖	28.34	32.74	10.31	46.20	97.90	39.62	一般
8	平　凉	42.42	46.68	16.71	6.77	95.44	38.95	一般
9	酒　泉	5.99	7.59	3.01	–13.23	90.35	14.52	差
10	庆　阳	40.78	47.35	10.48	–46.19	99.41	27.43	较差
11	定　西	39.03	45.67	13.31	0.99	99.42	36.67	一般
12	陇　南	56.16	59.22	20.17	47.82	99.33	54.38	一般
13	临　夏	39.16	45.66	17.23	17.60	97.96	40.58	一般
14	甘　南	71.06	76.06	20.07	79.63	99.27	67.81	良

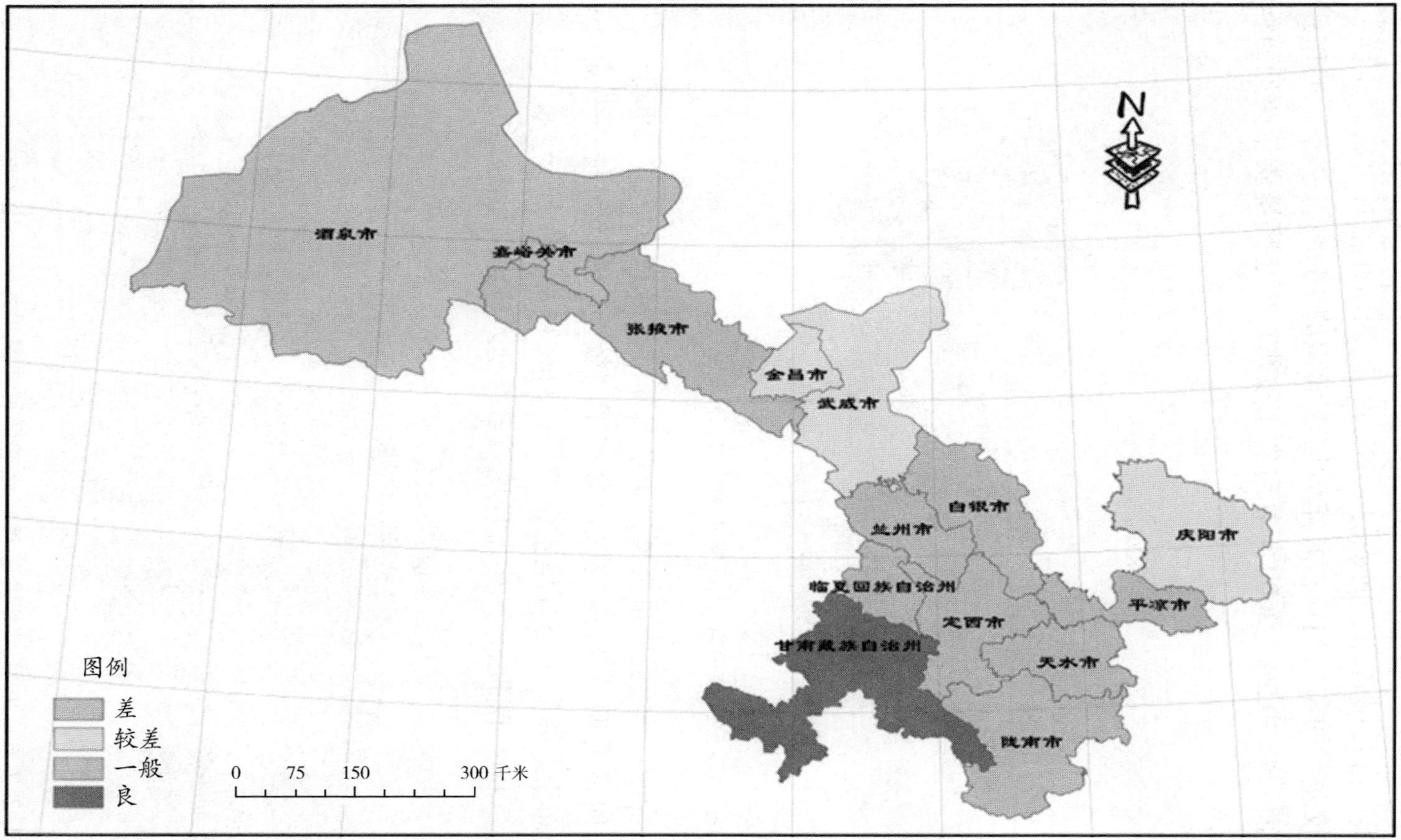

图 2-7-4　2009 年甘肃省生态环境质量现状评价等级

从不同生态环境质量类型在全省国土面积分布情况分析，生态环境属于“良”的市（州）占甘肃省国土面积的8.6%，一般的市州占甘肃省国土面积的35.9%，“较差”的市（州）占甘肃省国土面积的16.0%，“差”的市州占甘肃省国土面积的39.5%。2009年甘肃省市（州）生态环境质量类型面积比见图2-7-5。

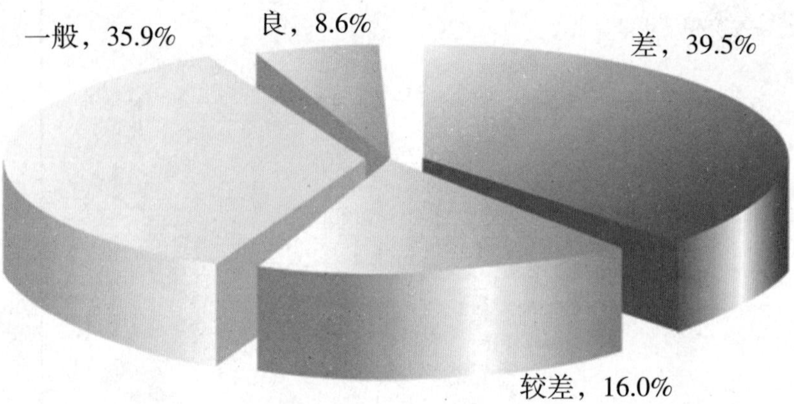

图2-7-5 2009年甘肃省市州生态环境质量类型面积比

从人口在不同生态环境质量类型分布情况分析：74.1%的人口分布于“一般”生态环境质量类型；18.6%的人口分布于“较差”生态环境质量类型；4.7%的人口分布于“差”生态环境质量类型；2.6%的人口分布于“良”生态环境质量类型。2009年甘肃市州生态环境质量类型人口比例见图2-7-6。

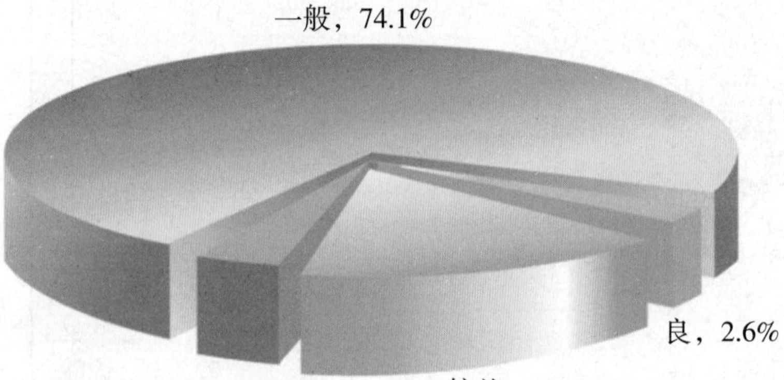

图2-7-6 2009年甘肃省市州生态环境质量类型人口比例

2009 年甘肃省各市州生态环境质量仍主要集中在“一般”及以下级别，说明甘肃整体生态环境质量处在一般水平。总体表现为林地、草地覆盖率较低；水域、湿地面积较小，各种未利用土地面积较大。

市域生态环境质量变化：2005—2009 年，甘肃省市域生态环境质量状况指数变化幅度在–2~2，均属于无明显变化。图 2–7–7 为 2005—2009 年各市（州）生态环境状况指数对比。

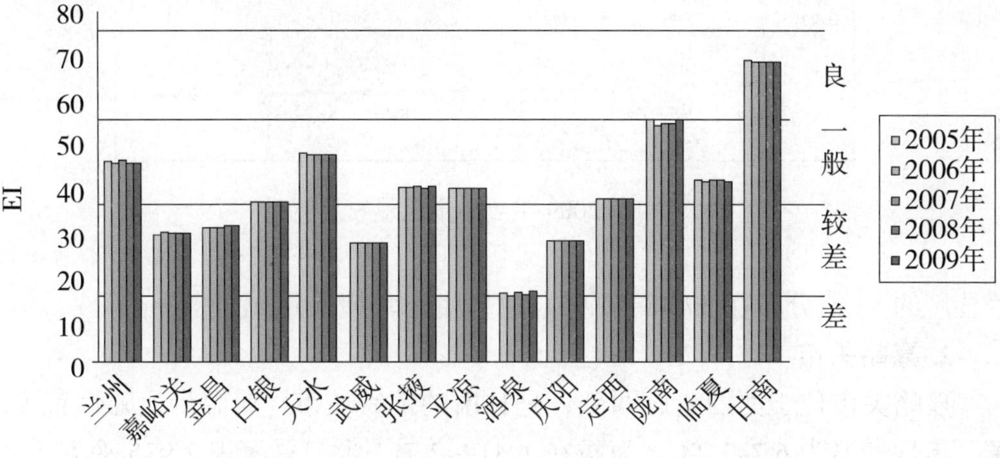

图 2–7–7　2005—2009 年甘肃省各市（州）生态环境状况指数对比

全省 14 个市（州）生物丰度指数变化值在–0.01~0.4，变化甚微。这表明，2005—2009 年，各市生态用地无明显变化，生物丰度保持较好。

植被覆盖指数变化值在–0.01~0.4。嘉峪关、金昌、张掖变化率相对较大。

水网密度指数变化值在–2.5~0.2。甘南藏族自治州、天水和临夏回族自治州下降幅度较大，分别为 2.5、1.8、1.7，主要是由于这 3 个城市的水资源量大幅减少所造成。

环境质量指数化学需氧量等污染物排放强度均有所减弱。环境指数变化值为–6.4~3.2。

1. 兰州市

兰州市地处中国陆域版图的几何中心，总面积 1.31 万平方千米，属中温带大陆性气候。图 2–7–8 为 2009 年兰州市土地利用类型。

2005—2009 年，兰州市 4 个评价单元（市辖区、永登县、榆中县、皋

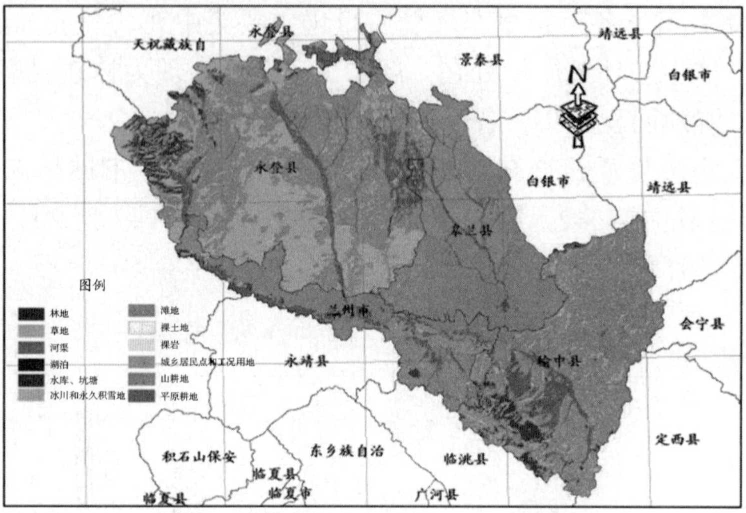

图 2-7-8　2009 年兰州市土地利用类型

兰县）的 EI 值分布在 37.48~51.95。总体生态环境质量属于“一般”。

2. 嘉峪关市

嘉峪关市位于河西走廊西部，是甘肃的钢铁城市。属温带大陆性荒漠气候，年均气温为 6.7~7.7℃，海拔在 1 412~2 722 米，总面积 2 935 平方千米。图 2-7-9 为 2009 年嘉峪关市土地利用类型。

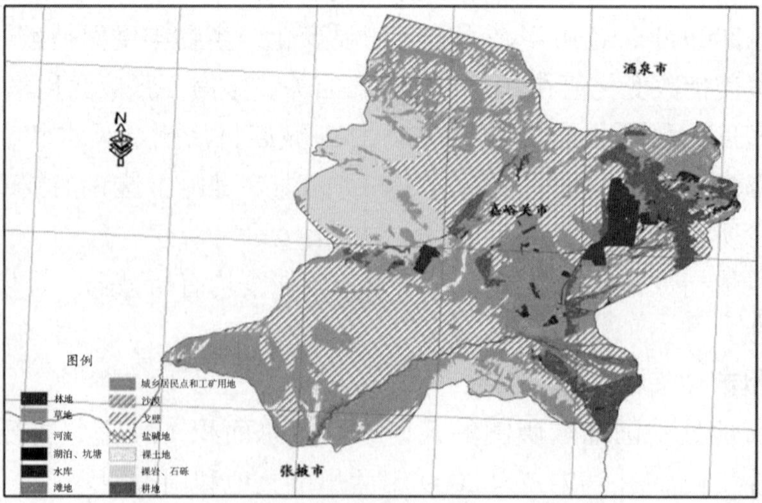

图 2-7-9　2009 年嘉峪关市土地利用类型

2005—2009 年，嘉峪关 EI 值为 29.11~29.65，生态环境质量属于“较差”。

3. 金昌市

金昌市地处河西走廊东段、阿拉善台地南缘。金昌镍矿丰富，储量居全国第一位，铜储量在已开发铜矿中居全国第二位。总面积 9 600 平方千米。图 2-7-10 为 2009 年金昌市土地利用类型。

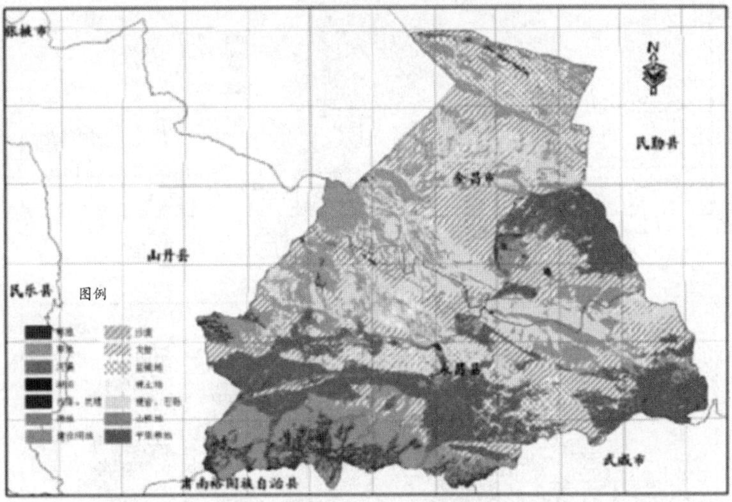

图 2-7-10　2009 年金昌市土地利用类型

2005—2009 年，金昌市 2 个评价单元（金川区、永昌县）的 EI 值分布为 35.12~36.38。生态环境质量属于“一般”。

4. 白银市

白银市矿产资源比较丰富，是甘肃的有色金属工业基地，国家二氧化硫控制区。海拔 1 275~3 321 米，年降水量 110~352 毫米，黄河流经全市 258 千米，流域面积 1.47 万平方千米。图 2-7-11 为 2009 年白银市土地利用类型。

2005—2009 年，白银市 4 个评价单元（市辖区、靖远县、会宁县、景泰县）的 EI 值分布为 34.33~44.14，会宁县的生态环境状况级别为“较差”，其余 3 个县 EI 值均为一般。

5. 天水市

天水市属于温带大陆性气候和亚热带气候的过渡地带，年平均气温为 11.5℃，年平均降水量 574 毫米，渭河及其支流横贯其中，流域面积 1.43 万平方千米。图 2-7-12 为 2009 年天水市土地利用类型。

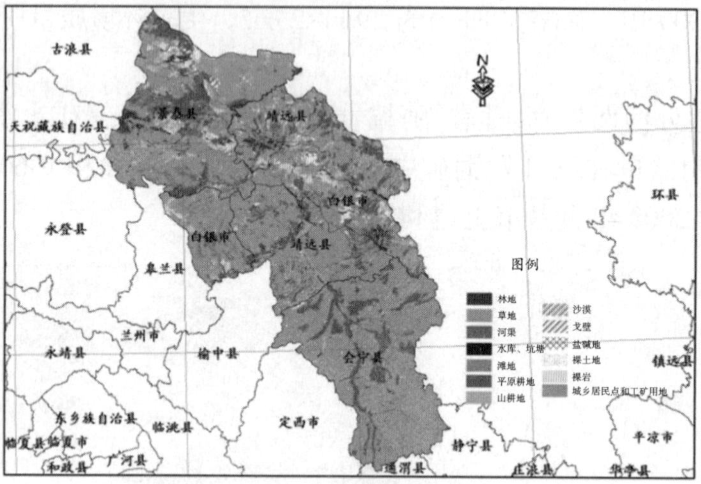

图 2-7-11　2009 年白银市土地利用类型

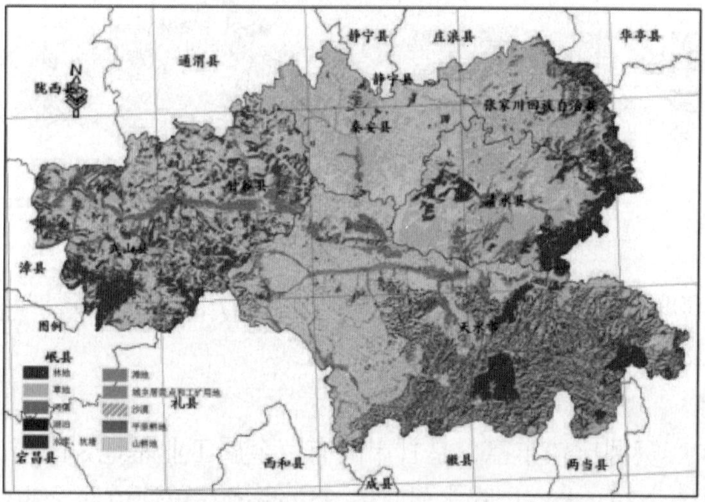

图 2-7-12　2009 年天水市土地利用类型

2005—2009 年，天水市 6 个评价单元（市辖区、泰安县、甘谷县、张家川县、武山县、清水县）的 EI 值分布为 34.97~57.04。天水市的生态环境状况级别为“一般”，其余 5 个县（市）的均为“一般”。

6. 酒泉市

酒泉市是甘肃风电能源基地，位于河西走廊西端的阿尔金山、祁连山与马鬃山（北山）之间，总面积 19.4 万平方千米。图 2-7-13 为 2009 年酒泉市土地利用类型。

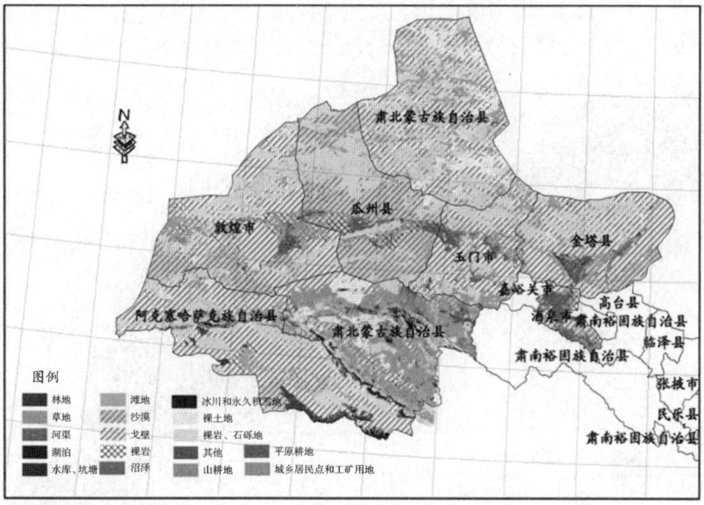

图 2-7-13　2009 年酒泉市土地利用类型

2005—2009 年，酒泉市 7 个评价单元（肃州区、敦煌市、玉门市、瓜州县、肃北县、阿克塞县、金塔县）的 EI 值分布为 19.54~34.28，2008 年，敦煌市 EI 值为 19.54，生态环境质量属于“差”，2005—2007 年、2009 年敦煌市生态环境质量属于较“差”。2005—2009 年，其他 6 个县市的生态环境质量均为较“差”。

7. 张掖市

张掖市地下水储量丰富，黑河贯穿全境，有大小河流 26 条，年径流量 26.6 亿立方米，形成特有的荒漠绿洲。全市总面积 41 924 平方千米，海拔 1 200~5 565 米，年平均气温为 7.2℃。图 2-7-14 为 2009 年张掖市土地利用类型。

2005—2009 年，张掖市 6 个评价单元（甘州区、民乐县、山丹县、肃南县、高台县、临泽县）的 EI 值分布为 24.72~47.73，肃南裕固族自治县、民乐、山丹的生态环境状况级别为“一般”，张掖市、临泽县、高台县为“较差”。

8. 武威市

武威市地处河西走廊东端，民勤县与内蒙古腾格里沙漠接壤，是沙尘天气的策源地。总面积 33 238 平方千米，海拔 1 367~3 045 米，年平均气温 7.8℃，无霜期 85~165 天，年降水量 60~610 毫米，属典型的内陆型干旱气候。图 2-7-15 为 2009 年武威市土地利用类型。

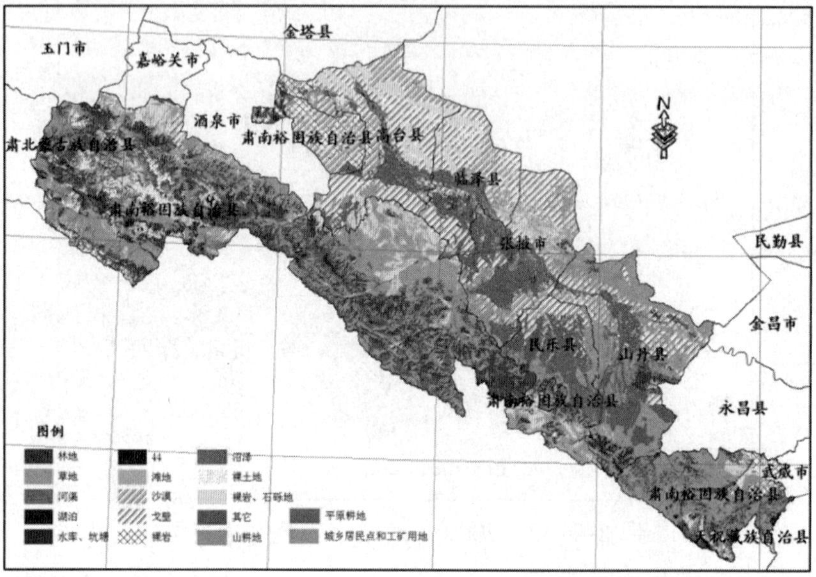

图 2-7-14　2009 年张掖市土地利用类型

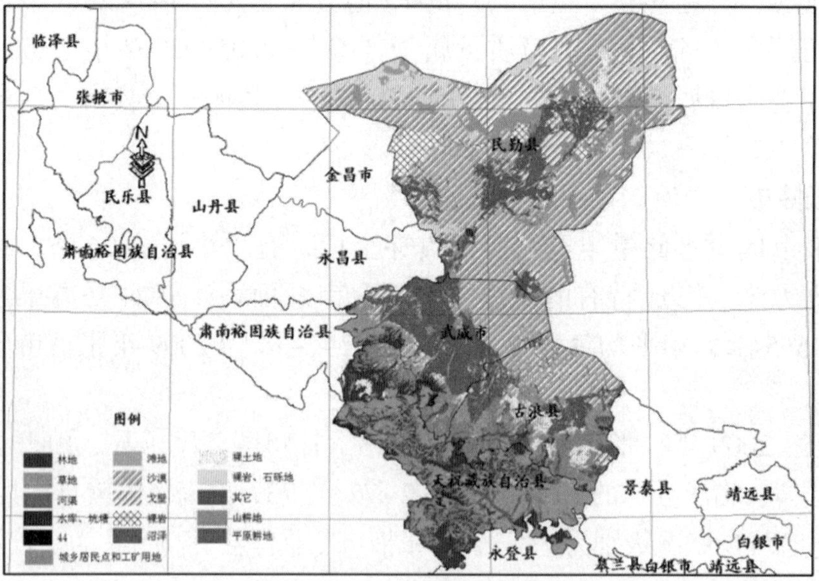

图 2-7-15　2009 年武威市土地利用类型

2005—2009 年，武威市 4 个评价单元（凉州区、民勤县、古浪县、天祝县）的 EI 值分布为 22.82~55.02，天祝藏族自治县的生态环境状况级别为“良”，武威市、古浪县的生态环境状况级别为“一般”，民勤县的生态环境状况级别为“较差”。天祝藏族自治县生态环境状况位于武威市第 1 位。

9. 定西市

定西市位于甘肃省中部，年平均气温 5.7~7.7 ℃，年总降水量 400~600 毫米，总面积 20 330 平方千米。图 2-7-16 为 2009 年定西市土地利用类型。

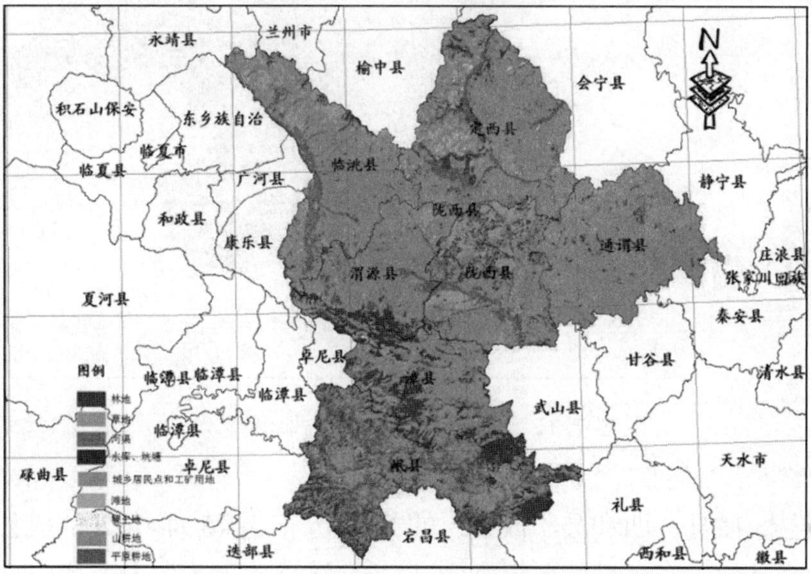

图 2-7-16　2009 年定西市土地利用类型

2005—2009 年，定西市 7 个评价单元（安定区、临洮县、渭源县、漳县、陇西县、通渭县、岷县）的 EI 值分布为 34.49~53.68，定西市、通渭县的生态环境状况级别为“较差”，其余 5 个县（市）均为“一般”。漳县生态环境状况位于定西市第 1 位。

10. 陇南市

陇南市位于甘肃省南部、西秦岭山地与岷山山系交汇地带，海拔在 550~4 187 米，年平均温度 8.5~15℃，年降水量 400~1 000 毫米，总面积 2.79 万平方千米。陇南动植物丰富多样，水利资源充沛，河流纵横，汇集成嘉陵江、白龙江，白水江、犀牛江四大水系。图 2-7-17 为 2009 年陇南市土地利用类型。

2005—2009 年，陇南市 9 个评价单元（武都区、礼县、宕昌县、文县、康

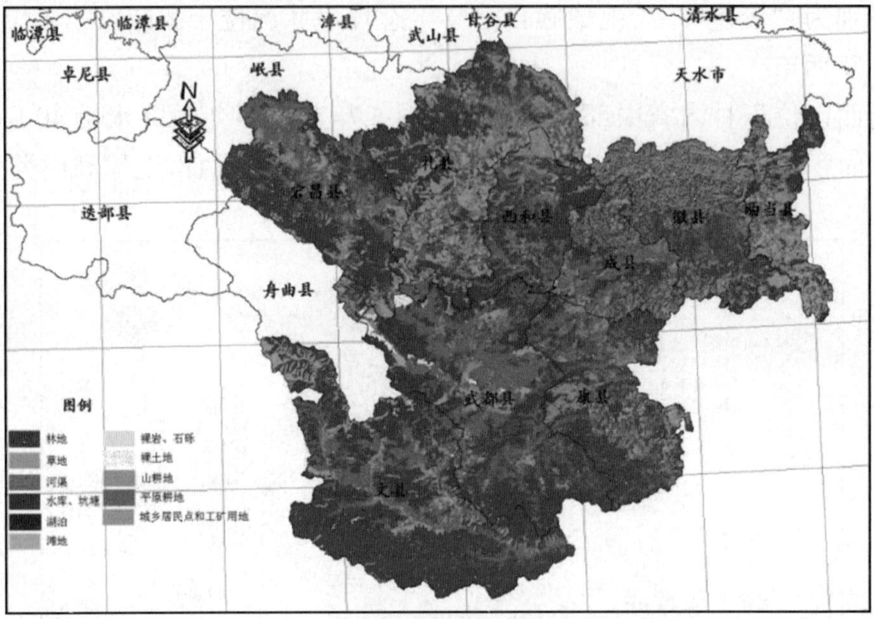

图 2-7-17　2009 年陇南市土地利用类型

县、两当县、徽县、西和县、成县）的 EI 值分布为 45.94~64.20。成县、文县、徽县、两当县的生态环境状况级别为“良”，陇南市、宕昌县、康县、西和县、礼县的生态环境状况级别为“一般”。两当县生态环境状况位于陇南市第 1 位。

11. 平凉市

平凉市位于陕、甘、宁三省（区）交汇处，海拔在 890~2 857 米，年均气温 8.5℃，降水量为 450~700 毫米，属半干旱、半湿润的大陆性气候，总面积 1.1 万平方千米。图 2-7-18 为 2009 年平凉市土地利用类型。

2005—2009 年，平凉市 7 个评价单元（崆峒区、静宁县、华亭县、崇信县、庄浪县、泾川县、灵台县）的 EI 值分布为 36.51~54.99，平凉市的生态环境状况级别为“良”，其余 6 个县（市）均为“一般”。5 年内，平凉市生态环境质量状况保持稳定。

12. 庆阳市

庆阳市位于甘肃省东部，是甘肃重要的石油天然气化工基地。海拔 885~2 082 米，属干旱半干旱气候，年均降雨量为 480~660 毫米，总面积 27 119 平方千米。图 2-7-19 为 2009 年庆阳市土地利用类型。

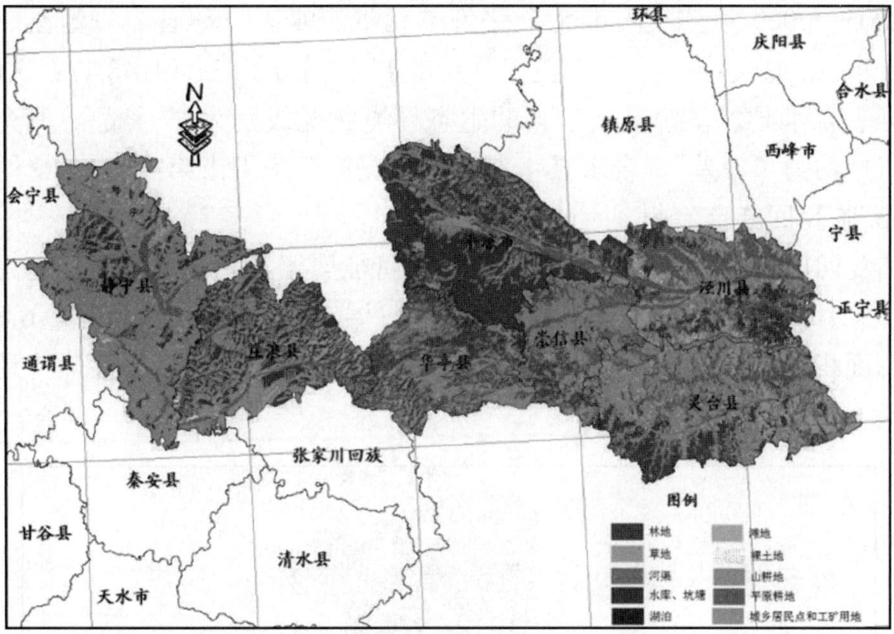

图 2–7–18　2009 年平凉市土地利用类型

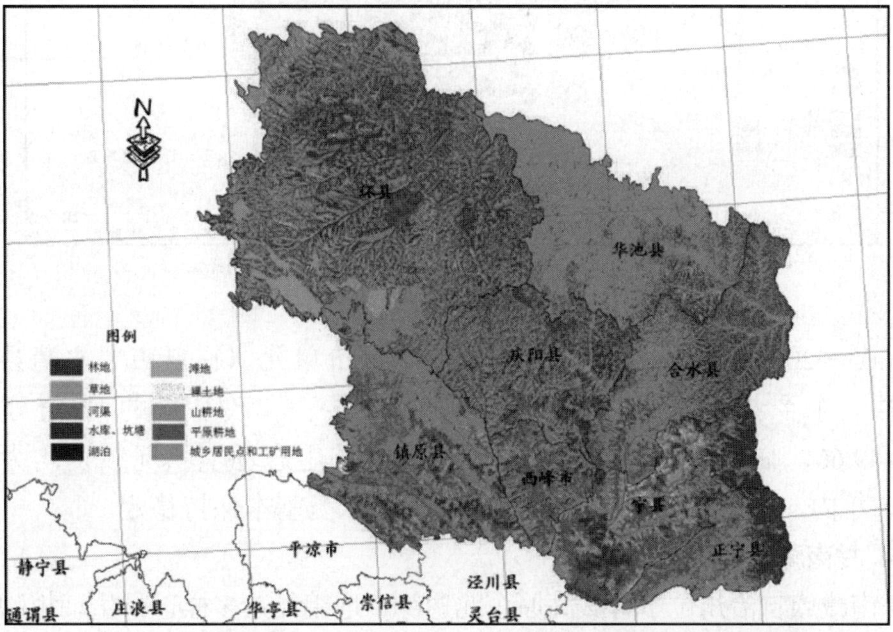

图 2–7–19　2009 年庆阳市土地利用类型

2005—2009 年，庆阳市 8 个评价单元（西峰区、环县、华池县、庆城县、合水县、镇远县、宁县、正宁县）的 EI 值分布为 31.49~48.47，庆阳市、华池县、合水县、正宁县、宁县的生态环境状况级别为“一般”，其余 3 个县（市）均为“较差”。合水县生态环境状况位于庆阳市第 1 位。

13. 临夏回族自治州

临夏回族自治州位于黄河上游，地貌特征属于黄土高原和青藏高原的过渡型形态，海拔在 585~1 563 米，年平均气温 7.5℃，年平均降雨量 676.4 毫米，总面积 8 169 平方千米。图 2–7–20 为 2009 年临夏回族自治州土地利用类型。

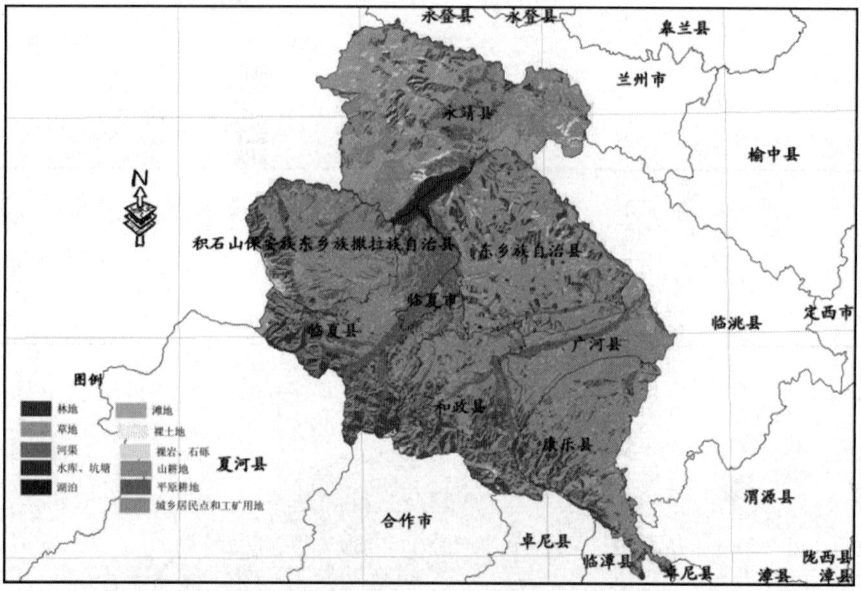

图 2–7–20　2009 年临夏回族自治州土地利用类型

2005—2009 年，临夏回族自治州 8 个评价单元（临夏市、永靖县、积石山县、东乡县、广河县、康乐县、临夏县、和政县）的 EI 值分布为 38.22~49.66，临夏回族自治州 8 个县（市）的生态环境状况级别均为“一般”。5 年内，临夏回族自治州生态环境质量状况基本保持稳定。

14. 甘南藏族自治州

甘南藏族自治州位于青藏高原东北边缘，地貌复杂多样，野生动植物种类繁多，水利资源有黄河、洮河、大夏河、白龙江和百余条支流，海拔1 172~

4 920 米。图 2-7-21 为 2009 年甘南藏族自治州土地利用类型。

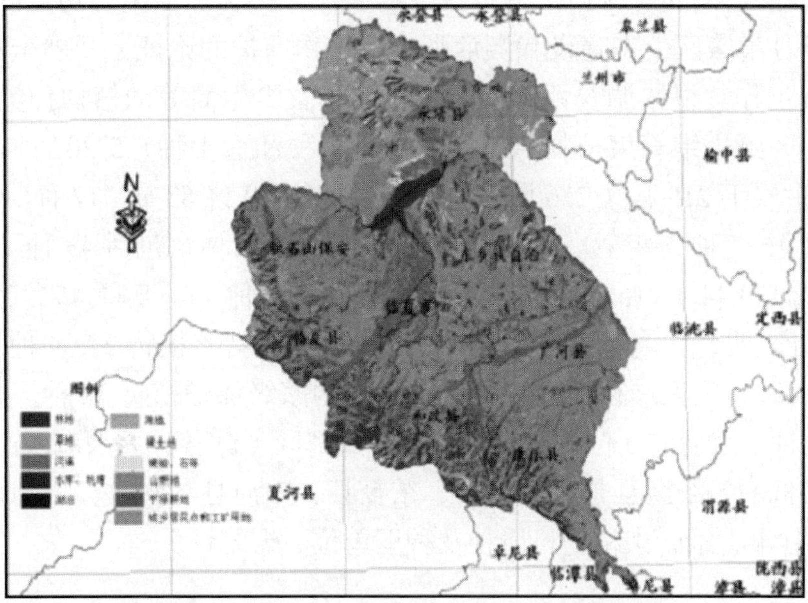

图 2-7-21　2009 年甘南藏族自治州土地利用类型

2005—2009 年，甘南藏族自治州 8 个评价单元（合作市、夏河县、玛曲县、卓尼县、迭部县、舟曲县、临潭县、碌曲县）的 EI 值分布为 52.51~68.71，临潭县的生态环境状况级别为“一般”，其余 7 个县（市）均为“良”。卓尼县生态环境状况位于甘南藏族自治州第 1 位。

三、生物多样性

甘肃省境内的生物多样性现状的区域分异性极其明显。生物多样性较为丰富的区域集中分布在陇南山地及甘南高原卓尼地区，该区域的武都县、文县、卓尼县、康县南部、天水南部属于陇南山地南部湿润北亚热带，境内山峦重叠、沟谷纵横，山地与沟谷交错分布，海拔较低的河谷地段属于亚热带湿润气候。生物多样性贫乏的区域集中分布在陇中黄土高原。陇中黄土高原从地形地貌上被六盘山和陇南北部山地纵向上分为陇东和陇西两大部分，而气候分区又从东西横向上划为陇中南部冷温带半湿润区和陇中北部冷温带半干旱区。生物多样性总体水平一般的区域集中分布在徽成盆地、祁连山区及甘南高原的大部分地区以及自西向东伸入陇中地区的祁连山余脉。

“十一五”期间，甘肃十分重视生物多样保护，加强生态功能区划建设，组织进行甘肃藏区生态建设和濒危野生动植物保护的论证，开展全省生物多样性调查工作。根据调查评价结果，目前全省野生高等动植物种类有 6 164 种。其中，野生维管束植物（包括入侵野生种和逸生种）5 207 种（含种下等级），隶属于 219 科 1 216 属，其中蕨类植物 39 科 83 属 317 种（包括 294 种 4 亚种 16 变种 3 变型），裸子植物 7 科 18 属 53 种（包括 43 种 10 变种），被子植物 173 科 1 115 属 4 837 种（包括 4 247 种 114 亚种 452 变种 24 变型）。统计表明，甘肃省有模式植物 199 种，中国特有植物 2 204 种，外来入侵植物 70 种，国家珍稀濒危植物 247 种，国家级保护植物 32 种。野生维管束植物物种丰富度前 5 位的区县是文县、武都区、徽县、天水市区、两当县。丰富度最低的 5 个区县是积石山县、东乡县、广河县、和政县、临夏县。表 2–7–2 为甘肃省维管束植物科属种及种下单位数据统计。

表 2–7–2

甘肃省维管束植物科属种及种下单位数据统计表

植物门类		科数	属数	种	亚种	变种	变型
蕨类		39	83	294	4	16	3
裸子植物		7	18	43	—	10	—
被子植物	双子叶植物	150	893	3 507	90	417	22
	单子叶植物	23	222	740	24	35	2
合计		219	1 216	4 583	118	478	27
总计		219	1 216	5 207			

野生动物共有 957 种和亚种，其中鱼类 109 种，两栖类 36 种，爬行类 64 种和亚种，鸟类 572 种和亚种，兽类 176 种和亚种。野生动物物种丰富度居前 5 位的区县是文县、武都区、徽县、天水市区、两当县。丰富度最低的 5 个区县是积石山县、东乡县、广河县、和政县、临夏县。

第二节　农村环境质量

“十一五”期间，甘肃农村生态环境保护工作取得重大进展。按照全国统一部署和要求，重点开展第一次农业污染源普查、土壤污染现状调查和农村环境质量监测试点。

一、农业污染源

2006 年 10 月，国务院颁发《全国污染源普查条例》，决定开展第一次全国污染源普查，这次污染源普查是一项重大的国情调查，涉及方方面面，是环境保护的全局性、基础性工作。根据国务院普查领导小组的统一部署，甘肃省成立以主管省长为组长的领导小组，下设污染源普查领导小组办公室和农业污染源普查办公室。普查内容主要包括工业污染源、生活污染源、农业污染源和集中式污染治理设施 4 个方面。农业污染源普查主要由农牧部门具体组织实施，普查结果由省污染源普查办公室统一汇总。为搞好农业污染源的普查，制定全省农业污染源普查实施方案，先后举办多期技术骨干培训班，组成以农业技术人员为骨干的普查员和普查指导员队伍。整个普查工作历时 3 年，在多方的共同努力下，圆满地完成了各项普查任务。从 2009 年开始，农业污染源普查和工业、生活污染源普查转入动态调查，各项污染源普查工作由环保部门具体组织实施。

全省普查汇总的农业污染源共 91 519 个，其中包括 1 224 个乡镇、60 955 个典型农户、170 个规模化农场、911 个典型地块、661 个畜禽养殖场、878 个畜禽养殖小区、25 930 个畜禽养殖专业户、61 个规模化水产养殖场和 729 个水产养殖专业户。

根据农业污染源普查结果，农业源废水排放量 5 304 万吨，主要污染物排放（流失）量：化学需氧量 6.38 万吨，总氮 3.21 万吨，总磷 0.19 万吨。其中：

种植业总氮流失量 2.054 万吨（地表径流流失量 0.78 万吨，地下淋溶流失量 1.27 万吨），总磷流失量 0.14 万吨。种植业地膜残留量 0.63 万吨。

畜禽养殖业主要污染物排放量：化学需氧量 6.35 万吨，总氮 1.16 万吨，总磷 0.05 万吨。

水产养殖业主要污染物排放量：化学需氧量376.1吨，总氮67.32吨，总磷14.07吨。

普查结果显示，农业污染源中，畜禽养殖业化学需氧量排放量最大，占农业源化学需氧量排放总量的99.5%。种植业总氮流失量最大，占农业源总氮排放（流失）总量的63.8%；其次是畜禽养殖业，总氮流失量占农业源总氮排放（流失）总量的36.1%。

全省土壤环境质量总体较好。通过对2 914个普查点位土壤样本分析，钴、铜、汞、铅均未超标，194个样品中有185个土壤样本出现钒、镍、砷、镉、铬、锰、硒、锌中的1种重金属元素出现超标，9个土壤样本出现2种或2种以上重金属元素超标，但均属轻微污染或轻度污染。2 914个普查点位中参与评价的有机污染物指标（六六六总量、滴滴涕总量和16种多环芳烃）均未出现超标现象，所有指标的污染指数均小于1，属于无污染。监测的典型地块中，白银市东大沟污水灌溉区土壤受到砷、铅、铜、锌、镍、硒、汞多种重金属污染。

农村环境质量试点监测结果显示，农村环境空气中二氧化硫、二氧化氮和土壤环境质量状况较好。部分村镇地表水中总氮、粪大肠菌群、硝酸盐和饮用水水源地的氨氮、氟化物、硝酸盐均出现不同程度的超标。

农业污染源中，畜禽养殖业是化学需氧量排放的主要行业，种植业是总氮排放的最大行业。土壤环境质量总体较好，个别典型地块发现重金属污染。农村地表水饮用水水源地出现不同程度的污染。

为认真贯彻落实国家“以奖促治”“以奖代补”的政策和举措，深化农村生态示范乡镇村创建和环境保护，根据环保部《全国农村环境监测工作指导意见》，从2009年开始，在张掖、陇南、天水、武威、庆阳、定西各选取1个村、镇，开展农村环境质量试点监测。监测的环境要素为空气质量、地表水饮用水水源地水质和土壤环境质量。

试点监测结果评价：环境空气质量二氧化硫、二氧化氮小时均值、日均值均符合《环境空气质量标准》（GB 3095—1996）二级标准。部分地区可吸入颗粒物日均值超标，最大超标倍数为1.7。

地下水饮用水水源地：陇南礼县盐官镇新合村氟化物和硝酸盐超过《地下水质量标准》（GB/T 14848—93）的Ⅲ类标准限值，其他均达到地下水

Ⅲ类水质标准。

地表水：以《地表水环境质量标准》（GB 3838—2002）Ⅲ类标准评价，陇南礼县盐官镇新合村出、入境断面水质中总氮、粪大肠菌群、硝酸盐超标率为 100%，其余项目均达标；天水张川木河下庞村木河沟除总氮超标外，其余项目均达标；武威凉州区黄羊镇黄羊水库干渠各项目均达标；庆阳环县环城镇北郭塬村饮用水除氨氮超标外，其余项目均达标。

土壤：以《土壤环境质量标准》（GB 15618—1995）二级标准评价，农村环境质量土壤监测的所有项目均达标。

试点监测结果表明，试点监测的村镇环境空气质量受扬尘影响，可吸入颗粒物日均值出现超标，二氧化硫、二氧化氮达到二级标准；土壤质量较好；地表水、饮用水水源地水质存在不同程度的污染物超标问题。

截至 2010 年年底，全省已有 12 个市（州）开展此项工作，共完成 23 个村庄的监测。通过对 23 个村庄的环境质量监测，村庄环境空气质量受颗粒物影响，可吸入颗粒物日均值出现超标，二氧化硫、二氧化氮达到二级标准；地表水、饮用水水源地水质存在不同程度的污染物超标情况，地下水主要超标因子为氟化物和硝酸盐，地表水主要超标因子为总氮、粪大肠菌群、硝酸盐、硫酸盐、氨氮。

二、绿色食品基地环境质量

1993—1995 年，对 14 家申报单位 22 种产品的产地及加工地三种环境要素（大气、水质、土壤）进行监测与环境质量评价，结果表明：

大气环境中二氧化硫、氮氧化物、氟化物、总悬浮物 4 项因子，仅总悬浮物有两家单位（黄羊河实业公司、武威葡萄酒厂）出现一次超标，其原因是麦田机械收割引起的二次扬尘所致；其余各项指标均低于绿色食品评价标准（单项污染指数小于 1）。

14 家申报单位灌溉用水多为河水及井水，加工水多用自然水、泉水、井水。无论是灌溉水还是加工水，其水质良好，均低于相应评价标准。

土壤监测结果表明，金昌保健食品厂原料产地（八一农场）土壤中汞及甘肃下河清农场土壤中汞、铬的个别数据（最高值）超出甘肃省土壤环境背景值置信范围，但仍在中国土壤环境背景值置信范围内。其余各单位各项目无论瞬时值还是均值，都在甘肃省土壤背景值置信范围内，说明土壤未受污染。

申报的 14 家单位，有 13 家已获得绿色食品标志，证明甘肃省申报绿色食品标志单位的产品原料产地、加工地的大气环境质量良好，各类水质均未见超标，土壤基本接近甘肃省背景值水平，绿色食品事业具有广阔的发展前景。

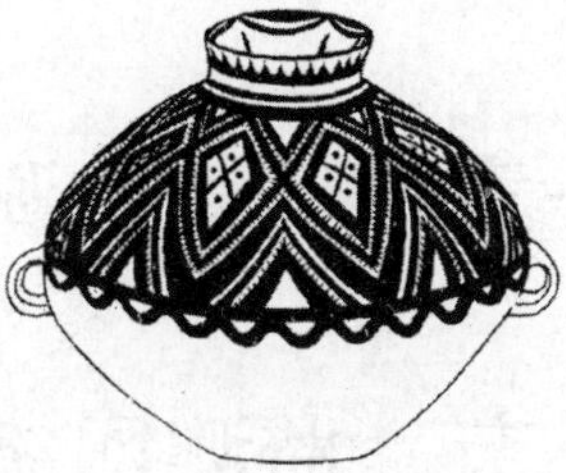

第三篇　环境监测

环境监测工作是环境保护工作的基础和依据。党的十一届三中全会以来，甘肃省在促进经济快速发展的同时，不断加强环境监测工作，在机构设置、人员配备、仪器设备、监测科研等方面取得可喜成就。“十一五”期间，随着环保事业的飞速发展，甘肃省环境监测工作也步入发展的“快车道”，环境监测坚持以“三个说得清”为总目标，紧紧围绕环保中心工作，全力开展环境质量、污染减排、污染源普查、土壤污染状况调查和环境事故应急监测，积极推进监测站转型，圆满完成各项任务，充分发挥支撑决策、服务社会的职能，为促进甘肃社会经济又好又快发展做出积极贡献，监测站自身建设和技术水平也迈上新的更高的台阶。监测质量是环境监测工作的生命线，监测质量管理与控制全部活动就是保证提供的监测数据符合“五性”的要求。

“十一五”期间，甘肃省环保部门制定下发环境质量管理“三项规定、一个办法”。甘肃省环境监测中心站每年组织开展2次实验室能力验证和比对监测，每季度编发1期《质控简报》，在全省范围实施环境监测质量量化管理考核和评比。各级监测站十分重视质量管理工作，建立完善的质量保证体系和严格的管理制度，设立质量管理机构和专职人员，工作中认真执行国家现行有效的标准、方法和技术规范，严格落实质控要求和措施。保证监测数据及时有效和准确可靠。

第一章 环境监测管理

第一节 监测网络

甘肃省于1984年成立甘肃省环境监测二级网，网络成员涉及各级环境监测站和各行业环境监测站，“十一五”期间，全省新增设县级环境监测机构28个，增加监测人员编制338个，实际扩充监测人员266人。县级环境监测站覆盖率达到54%。

一、监测机构

截至2010年，全省隶属环保行政主管部门的环境监测站有63个，其中一级站1个，二级站15个（含甘肃矿区），三级站47个（含市区），监测队伍发展到971人，全省环境监测站2010年基本情况详见表3-1-1。

1998年，甘肃省环保局正式通过并颁布《甘肃省环境监测网章程》，使网络运行正规化、正常化。

1991—2010年，全省环境监测管理水平不断提高。为了加强全省环境监测工作，在严格执行国家统一颁发的相关技术分析方法、标准、规范的基础上，结合实际先后制定“四个技术规定”：《甘肃省空气和废气监测质量保证技术规定》《甘肃省水和废水监测质量保证技术规定》《噪声监测质量保证技术规定》《甘肃省建设项目“三同时”竣工验收监测质量保证技术规定》；“两个管理办法”：《甘肃省环境监测质量控制定量考核管理办法》《甘肃省环境监测报告工作考核评比办法》，进一步规范全省环境监测质量管理工作。

省级监测站主要对全省各级环境监测工作起到技术指导、技术支持、质量监督等作用，承担着全省污染事故仲裁监测、污染源在线数据有限性审核监测、全省监测数据质控抽测、建设项目竣工环境保护验收监测、排污收费

表 3-1-1

2010 年甘肃省环境监测站基本情况统计

区域	机构类别	机构个数/个	编制	在职人数/个	职称				技术人员所占比例/%	大型仪器设备/（台、套）	工作用房/平方米		固定资产/万元
					高级	中级	初级	其他			实验室面积	行政办公面积	
全省	一级站	1	88	80	13	15	41	11	86.2	24	2 500	1 000	2 852
	二级站	15	443	473	19	109	173	172	63.6	149	12 619	6 417	11 522
	三级站	47	484	418	3	49	131	225	44.9	53	4 544	3 165	1 721
兰州	二级站	1	82	66	1	28	17	20	69.7	14	2 167	1 100	3 196
	三级站	8	115	110	1	17	30	62	43.6	27	652	856	540
嘉峪关	二级站	1	19	19	2	4	2	11	42.1	12	780	200	800
金昌	二级站	1	30	30	2	9	14	5	83.3	10	525	291	1 173
	三级站	1	6	6	1	—	—	5	16.7	—	40	40	34
武威	二级站	1	22	21	—	7	10	4	81.0	5	300	100	480
	三级站	4	60	40	—	7	25	8	80.0	—	320	220	340
白银	二级站	1	40	35	—	6	17	12	65.7	12	1 500	1 000	535
	三级站	5	56	37	—	3	3	31	16.2	1	74	96	34
天水	二级站	1	32	44	5	10	10	19	56.8	10	800	200	556
	三级站	7	67	70	—	13	24	33	52.9	—	1 037	346	68
酒泉	二级站	1	18	23	—	6	4	13	43.5	6	450	450	485
	三级站	2	12	15	—	2	3	10	33.3	4	200	300	125

续表

区域	机构类别	机构个数/个	编制	在职人数/个	职称				技术人员所占比例/%	大型仪器设备/（台、套）	工作用房/平方米		固定资产/万元
					高级	中级	初级	其他			实验室面积	行政办公面积	
平凉	二级站	1	22	22	1	4	11	6	72.7	6	300	200	500
	三级站	7	48	27	—	—	3	24	11.1	—	251	107	28
张掖	二级站	1	23	23	3	5	8	7	69.6	12	808	698	710
	三级站	6	31	31	—	—	9	22	29.0	3	303	340	227
定西	二级站	1	25	25	1	6	14	4	84.0	9	700	473	470
	三级站	1	16	15	1	—	6	8	46.7	—	152	100	35
庆阳	二级站	1	30	69	1	5	33	30	56.5	15	950	250	475
	三级站	3	14	8	—	—	8	—	100	—	850	60	—
陇南	二级站	1	20	20	2	2	4	12	40.0	8	600	400	1 064
	三级站	1	27	29	—	2	19	8	72.4	4	450	600	240
临夏	二级站	1	37	32	—	7	12	13	59.4	12	257	57	287
	三级站	2	32	30	—	5	1	24	20.0	14	215	100	50
甘南	二级站	1	25	26	—	6	10	10	61.5	10	277	277	563
矿区	二级站	1	18	18	1	4	7	6	66.7	8	2 205	721	228

核查监测、全省突发性污染事故的应急监测工作的组织及实施，开展废水、废气、噪声、固体废物等200余项监测，监测能力需“精、全、强”。

市（州）级监测站作为各类监测任务的主要承担者，主要承担辖区内环境空气质量监测、省控和市控河流断面监测、饮用水水源地水质109项全分析监测、酸雨18项监测、国控污染源监督性监测、辖区内污染事故仲裁监测、应急监测等任务。

县（区）级监测站作为环境监测的一线监控单位，主要承担农村环境质量监测（空气、水、土壤）、饮用水水源地水质常规监测、餐饮、采暖、医院废水和施工噪声等日常监督检查监测。

截至2010年6月，甘肃省三级环境监测站共64个，总人数约为1 066人。其中高级工程师6人，占总人数的0.56%；工程师74人，占总人数的6.94%；助理工程师200人，占总人数的18.77%；其他人员786人，占总人数的73.73%。

技术人员文化程度：硕士2人，占总人数的0.19%；本科260人，占总人数的24.39%；专科401人，占总人数的37.62%；中专184人，占总人数的17.26%；其他学历219人，占总人数的20.54%。

所学专业：化学专业30人，占总人数的2.81%；环境工程专业80人，占总人数的7.50%；环境科学专业20人，占总人数的1.88%；环境监测专业39人，占总人数的3.66%；管理专业200人，占总人数的18.76%；其他专业697人，占总人数的65.38%。

由于多数三级监测站刚刚建立，还没有能力正常开展监测业务。全省仅有6个三级监测站通过省级计量认证，全省三级站中大多数监测技术人员均未进行实验员持证上岗考核。

监测用房：全省15个二级监测站实验室总面积为20 396平方米，除白银市环境监测站达到建设标准外，其余各站均未达到标准要求，缺口面积为25 469平方米，见表3–1–2。

仪器设备：“十五”“十一五”期间，各级财政不断加大环境监测能力建设投资力度，使全省各级监测站的监测能力得到提升，14个二级监测站仪器设备基本能够满足常规监测任务的要求，国家先后对甘肃省40个县级监测站加大资金投入，基础设施日渐完善，仪器设备正逐步到位。但由于地

表 3–1–2

甘肃省二级环境监测站用房统计

序号	二级站名称	国家用房标准	总面积/平方米	业务用房面积/平方米	编制数	人均行政办公用房面积/平方米
1	兰州市环境监测站	实验室用房面积不少于2 500平方米，行政办公用房不低于人均15平方米	3 167	2 167	82	12
2	白银市环境监测站		2 500	1 500	40	25
3	定西市环境监测站		1 173	750	25	17
4	金昌市环境监测站		805	525	30	9
5	酒泉市环境监测站		900	450	17	26
6	陇南市环境监测站		1 080	930	20	8
7	平凉市环境监测站		600	400	37	5
8	庆阳市环境监测站		1 200	800	30	13
9	天水市环境监测站		1 000	800	44	5
10	武威市环境监测站		600	380	22	10
11	张掖市环境监测站		1 506	808	20	35
12	嘉峪关市环境保护监测站		980	780	19	11
13	甘南藏族自治州环境保护监测站		660	500	25	6
14	临夏回族自治州环境保护监测站		324	257	37	2
15	甘肃矿区环境监测站		3 901	2 798	24	46
合计			20 396	13 845	472	230

方配套投入有限，全省各级监测站监测仪器设备配置与国家要求标准配置还有较大差距，与管理部门提出的新的监测工作要求不相适应。

二、省、市环境监测机构

1. 甘肃省环境监测中心站

省站为环境管理和决策提供技术支持、为环境执法实施技术监督、为社会经济提供技术服务，是全省环境监测的网络中心、技术中心、信息中心、质控中心和培训中心，为国家一级监测站。

省站下设办公室、业务管理室、自动监测监管中心、监测质量监督管理中心、分析测试中心、应急与现场监测室、监测信息管理与环境统计中心、生物生态监测与评估中心、物理监测室、土壤与生物监测室、《环境研究与监测》编辑部、总务科 12 个科室，编制 88 人，截至 2010 年，在编职工 80 人。其中，技术人员 69 人，占总人数的 86.2%，临时聘用用工 30 余人。在职人员中，高级工程师 13 人，工程师 15 人。拥有甘肃省领军人才 1 人，甘肃省跨世纪学术科学“333 科技人才工程”第一、第二层次人选 2 人，甘肃省“555 创新人才工程”第二层次人选 2 人，全省环境监测拔尖人才 1 人。共有 80 人获得中国环境监测总站下发的《环境监测人员持证上岗证书》。

2006 年，新的环保大厦在兰州市雁儿湾路 225 号筹建，2010 年建成并入驻。该楼为环境科研与监测的专职大楼，省环保厅下属事业单位全部入驻。省站面积达到 4 500 平方米，其中实验室面积 2 500 平方米。拥有先进的监测技术手段和监测分析能力，主要监测仪器有：气相色谱–质谱联用仪、离子色谱仪、原子吸收、原子荧光、便携式气相色谱仪、便携式气相色谱–质谱联用仪、便携式傅立叶红外测试仪、便携式重金属测定仪等大型分析监测仪器。实验室大型分析设备 23 台（套），常规化学分析设备及现场监测设备 151 台（套），应急监测设备 56 台（套），应急监测车 3 台，装备总资产约 6 000 万元。具有向社会提供地表水（含饮用水）、工业废水（含生活污水）、空气（含降水）、废气、土壤（底质）、植物、噪声和振动、生态等 11 大类 358 余项污染物监测数据的资质。

2. 兰州市环境监测站

兰州市环境监测站成立于 1985 年，编制 82 人，在职人数 66 人。其中大学以上学历 50 人、高中以上学历 10 人，全站共设 8 个科室：办公室、综合业务科、综合数据室、综合分析室、现场监测室、仪器分析室、自动监测室、应急监测室、核与辐射监测室。现有实验室面积 2 167 平方米、行政办公用房 1 100 平方米，目前通过计量认证的监测项目有 200 余项。

该站有各类监测仪器设备共计 220 台（套），应急监测车、个人防护装备、便携式多种气体分析仪等各类应急监测设备 58 台（套），拥有气质谱联用仪、气相色谱仪、全谱直读电感耦合等离子发射光谱仪（ICP）、便携式气质谱联用仪、高效液相色谱仪等大型仪器装备、5 套空气自动监测子站。

3. 金昌市环境监测站

金昌市环境监测站成立于 1983 年，是事业法人单位，系国家环境监测二级站。全站人员编制 30 人，实有职工 30 人。职工中大专以上学历的占 87%，技术人员总数为 25 人，占职工总数的 83.3%；技术人员中，高级工程师 2 人，工程师 9 人，助理工程师 14 人。站内设办公室、业务技术室、水土分析室、大气物理室、仪器分析室、污染源监测室 6 个内部机构和质量控制小组。新的总面积达 3 309 平方米监测实验用房正在建设中。

4. 陇南市环境监测站

陇南市环境监测站成立于 1981 年 7 月，由原武都行政公署批准，核定编制 5 人，1984 年开展工作。1986 年，武都行政公署撤销，组建陇南地区行政公署，环境监测站重新核定编制 15 人。2007 年，重新核定编制 20 人。截至 2010 年年底，在册人员共 21 人。其中，高级工程师 2 人，工程师2 人，助理工程师 4 人。专业技术人员中，硕士研究生 2 人，大学本科 10 人，专科 2 人。具有环保专业和相近专业的 12 人。1993 年，首次通过计量认证，目前具备九大类 400 余项的监测能力。拥有实验室用房 600 平方米、监测业务用房 180 平方米。

5. 定西市环境监测站

定西市环境监测站经定西地区行政公署批准成立于 1980 年 2 月。2003 年，更名为定西市环境监测站，属国家环境监测二级站。独立行使环境监测职能，业务受省环境监测中心站指导。1993 年，首次通过省级计量认证，取得向全社会提供公正性数据的资格。经过 30 多年的发展，已形成比较完善的组织机构，具备有效运行的管理体系、符合监测的环境条件，具有对水和废水、空气和废气、噪声（振动）、固体（土壤、底质、固废）等多项环境监测分析能力。截至 2010 年，核定编制 25 名，实有职工 23 人。其中，专业技术人员 21 人（中级以上职称 7 名）；站内设质量控制室、水土室、空气物理室和办公室 4 个股室。

6. 嘉峪关市环境监测站

嘉峪关市环境监测站成立于 1980 年 9 月，曾先后隶属市计划委员会、卫生局、建设委员会。1992 年 3 月，被核定为科级建制事业单位，隶属嘉峪关市环境保护局。目前，监测站设有办公室、技术业务室、现场室、水质分析室、质量控制室和自动站6个专业室。在编人员19人，计划内用工12人。专业技术人员中，高级工程师2人，中级技术人员4人。拥有离子色谱仪、气相色谱仪、原子吸收等监测仪器设备80台套，总值621.2万元。拥有实验室用房780平方米，行政办公用房200平方米。目前主要具备水（包括降水）、气、渣、土壤和噪声五大类274个项目实验室监测分析能力。

7. 酒泉市环境监测站

酒泉市环境监测站创建于1981年 9月，原名酒泉地区环境保护监测站，为科级事业单位，暂时配备工作人员6名。1989年3月，酒泉地区环境保护局成立，对外保留环境监测站牌子。1998年3月，根据酒泉地区行署确定环境监测站为环境保护局内设科室。2002年10月，酒泉地区编制办将酒泉地区环境监测站更名为酒泉市环境监测站，核定事业编制45名，科级职数3名。2010年10月，酒泉市政府办公室重新确定酒泉市环境监测站为市环境保护局下设的财政全额拨款科级事业单位，核定事业编制20名，含工勤编制1名，设站长1名，副站长2名。实有职工23人，其中，高级工程师6人、工程师4人。拥有实验室450平方米。

8. 平凉市环境监测站

平凉市环境监测站于1979年成立，属财政全额拨款事业单位。机构设立初期为科级事业单位，编制10名。2010年10月，政府机构改革升格为副县级事业单位，编制37名，内设办公室、环境监测科、质量控制科、数据管理科4个科室，行政上隶属平凉市环境保护局领导。截至2010年，正式在编人员22名，其中，高级职称1人，中级职称4人，初级职称11人，专业技术人员占总人数的72.7%；监测站拥有各类监测仪器设备80余台(套)、固定资产总值500余万元，能够开展水和废水、空气和废气、噪声、土壤、重金属5个大项296个小项的检测分析。

9. 庆阳市环境监测站

庆阳市环境监测站成立于1982年，隶属庆阳市环保局领导，内设综合分析室、数据质控室和办公室。现有干部职工69人，其中管理人员4人，专业技术人员39人，工勤人员26人。专业技术人员中有高级工程师1人、工程师5人、技术员33人。现有实验用房 950平方米，实验室24间，承担辖区内水、气、声、土壤、固废、生物及生物残留体、振动、煤质八大类447项污染指标的监测任务。

10. 张掖市环境监测站

张掖市环境监测站（原名张掖地区环境保护监测站）成立于1980年，是张掖市环境保护局下属的科级建制的事业单位。下设污染源监督监测室、中心分析室、综合业务室、自动监测室、核与辐射室5个科室。1989年，被省环境保护局批准为合格实验室。1991年，通过省质量技术监督局计量认证。2003年，取得省环保局、省质量技术监督局首批室内环境监测资质。2006年，取得清洁生产审核资质。具备向社会提供水和废水、气和废气、其他（土壤、危险固废等）、噪声、室内空气、自动监测及辐射七大类159项污染物监测数据的能力。编制23人，现有职工22人，其中专业技术人员16人，占全站职工72.7%。专业技术人员中，有高级技术人员3人，中级技术人员5人。

11. 天水市环境监测站

1976年5月，中共天水地委在地区防疫站内增设环境保护监测站，编制5名（事业）。1979年4月，根据天水地区编委天编〔1979〕15号文，正式成立天水环境保护监测站，由天水地区环境保护办公室组建。1981年，监测站内部机构设有办公室、例行监测室。1982年9月，办公新址开始在石马坪建设。1983年增设污染源监测室、生化室。1987年4月，迁入新址。内部机构设有办公室、监测室（内分大气组、水质组、物测组、生化组）、业务室。1988年，改为5个室：办公室、业务室、技术质控室、水质生物监测室和大气物理监测室。1995年6月，天水市环保局成立，天水市环境监测站属天水市环保局领导，人员编制32人。20年来，天水市环境监测站不断加大环境监测能力建设，尤其是“十一五”以来，天水市环境监测站先后争取国家和省、市财政支持资金500多万元，用于监测仪器设备的更新。从2006年开始，天水市先后申请国家、省、市投资310万元建成空气自动监测子站3个，水质自动监测站1个。现有干部职工44人，其中，副高级工程师5人，工程师10人，助理工程师10人。站内设办公室、业务室、质量控制室、水土综合监测室和大气物理监测室，实验室面积800平方米。

12. 武威市环境监测站

1980年6月26日，成立武威地区环境保护监测站。2001年，撤地设市，更名为武威市环境保护监测站。经过30多年的不断发展，已具备真实掌握、及时发布区域环境质量，了解全市环境状况的能力。1992年6月3日，取得甘肃省质量技术监督局计量认证。2010年12月，安装沙尘暴自动监测系统，监测项目由1984年的83项扩展到2010年的300余项。拥有监测实验用房526平方米，拥有原子吸收分析仪、气相色谱分析仪等大型及常规分析仪器70台（套）。现有编制22人，其中专业技术人员17人，行政后勤人员5人。技术人员中工程师7人，助理工程师10人。

13. 白银市环境监测站

1985年12月29日，根据白银市市政办字〔1985〕014号文，成立白银市环境监测中心站，科级建制，业务上归市城乡建设环境保护委员会领导。1986年9月7日，根据白银市编字〔1988〕27号文，核定环境监测中心站事业编制40名。站内设办公室、业务室、分析室、质控室、污染源监测室、自动站6个内部机构。现有编制40人，其中，工程师11人，助理工程师5人，经济师1人，助理经济师1人，技术员2人。

14. 甘南藏族自治州环境监测站

甘南藏族自治州环境监测站成立于1980年。站内设办公室、业务管理中心、监测信息与质量管理中心、自动监测与分析测试中心、应急与现场测试中心。拥有各种检测仪器59台（套）。编制25人，实有工作人员26人。其中，工程师6人，助理工程师10人，专业技术人员占职工总人数的61.5%。拥有实验用房277平方米。

15. 临夏回族自治州环境监测站

临夏回族自治州环境监测站成立于1980年，是临夏回族自治州环境保护局下属正科级事业单位，业务上受省环境监测中心站的指导。2007年，被临夏回族自治州人事局批准为参照公务员管理单位，所有人员转入公务员管理序列。现有实验用房面积257平方米，办公面积67平方米。监测站通过水和废水、气和废气、噪声、土壤四类165个项目认证。监测站核定人员编制37名，在册人员32人。拥有工程师7名，初级技术职称技术人员12名，占比59.4%。拥有实验用房257平方米。

16. 甘肃矿区环境监测站

甘肃矿区环境监测站是一个政企合一的综合性环境监测站，是甘肃矿区环境监测工作的技术中心，属国家二级站。其前身是中国核工业总公司四零四厂安防处实验室，创建于1957年。矿区环境监测站下设化学组、物理组、非放监测组、气象组4个班组。拥有职工18人，其中，高级工程师1人，工程师4人，助理工程师7人。拥有实验用房2 205平方米。

第二节　监测成果管理

一、常规监测和项目检测

1. 环境空气（包括降水）监测

从2000年开始，全省14个市、州陆续开展环境空气自动监测，并逐步实行空气质量日报或预报工作，平凉市静宁县建立农村环境空气质量监测站；兰州市开展温室气体自动监测；甘肃省环境监测中心站通过新闻媒体向社会发布全省城市环境空气质量周报。

2. 地表水及饮用水水质监测

2007年以后，全省开展对省内黄河、长江、内陆河三大流域、九大水系的30条河流（段）及17座水库的例行监测，黄河断面上设置3个水质自动监测站，渭河、嘉陵江流域各设置1个水质自动监测站。全省地表水监测断面64个，省站已具备地表水饮用水水源地水质109项的分析测试能力。各市、州监测站对所在城市及辖区内县级政府所在城镇集中式饮用水水质开展监测。

3. 水生生物监测

甘肃省首先在黄河白银段开展河流水质生物学评价工作。

4. 声环境监测

全省开展环境噪声、道路噪声和功能区噪声的监测，共设置1 861个城市噪声监测点。

5. 生态监测

从2005年开始，甘肃省环保部门利用卫星遥感影像解译技术对全省生态环境质量开展现状评价，并实施地面核查。以遥感环境卫星 A 星、B 星的数据为主，其他遥感数据为补充，地面核查为辅，完成年度全省生态环境质量监测。

6. 沙尘暴监测

截至 2010 年，全省共建立 9 个沙尘暴国家监测点（兰州市、嘉峪关市、金昌市、武威市、张掖市、酒泉市、定西市、敦煌县、民勤县），对沙尘参数和污染状况进行实时监测，并将数据直接传输至环保部数据中心进行汇总分析。

7. 污染源监督性监测

按照《国务院批转节能减排统计监测及考核实施方案和办法的通知》（国发〔2007〕36 号）的要求，全省各级监测站按照国家下达的年度国控企业重点污染源名单，对全省废气、废水和污水处理厂开展污染源监督性监测工作。

8. 国控重点污染源自动监测数据有效性审核

按照环境保护部《关于印发〈国家监控企业污染源自动监测数据有效性审核办法〉和〈国家重点监控企业污染源自动监测设备监督考核规程〉的通知》（环发〔2009〕88 号）、甘肃省《关于印发污染源自动监测数据有效性审核和监督考核相关规章制度的通知》（甘环监局发〔2009〕72 号）文件精神，甘肃省环境监测中心站组织对通过环保部门验收的装机容量 30 万千瓦以上火电厂（包括热电联产电厂）污染源自动监测设备的比对监测及数据有效性审核工作。

9. 应急监测

各级监测站根据本地区产业结构、污染特征和自然环境状况，制定应急监测预案，认真履行应急监测物资、设备、技术和人员的储备。开展应急监测演练，确保发生污染事故时，能第一时间赶赴现场，第一时间开展应急监测，第一时间发布监测信息。

在常规检测和目标检测的同时，部分地区开展室内环境空气监测、汽车尾气监测等工作，不断拓宽甘肃省环境监测领域，为环境治理和人居环境的优化做出贡献。

10. 环境监测质量管理

各级监测站按照环境保护部《关于印发〈环境监测质量管理三年行动计

划（2009—2011 年）〉的通知》（环办〔2009〕56 号）（以下简称“三年行动计划”）精神，在全省开展“三年行动计划”实施情况的检查。认真做好全省环境监测人员持证上岗考核和发证工作，落实环境监测质量管理的职责。同时加大环境监测人员素质能力的培训工作，提高各级监测部门的业务和技术水平。

二、标准化建设

在国家财政的大力支持下，各级政府加大对环境监测能力建设的投入和资金配套。“十一五”期间，仅中央财政污染减排监测能力建设和甘肃省财政环境监测能力建设共计投入近亿元，重点完成 14 个二级站、40 个三级站的监测仪器设备配套。全省监测用房总面积 30 644 平方米。甘肃省环境监测中心站实验室为新建环保科技大厦，监测用房面积 3 500 平方米，实验室宽敞明亮，环境优美，功能先进，设施齐全。14 个市、州站实验环境得到明显改善，气质、液相、气相、离子、原子吸收、红外测油仪等大型仪器基本具备。

“十一五”期间，通过大力推进标准化建设，各级监测站监测手段出现很大改善，监测能力大幅提升。陇南、临夏、合作新建 6 个空气自动监测系统，使全省 14 个市、州全部实现城市环境空气自动监测。兰州具备温室气体自动监测能力，平凉建成农村空气环境自动监测站。甘肃黄河段和葡萄园省界出境断面新建 3 个地表水水质自动监测站，长江水系的 2 个水质自动监测站正在筹建。省环境监测中心站基本具备城市集中式饮用水水源地 109 项全分析能力。

以甘肃省环境监测中心站为龙头的省级监测网络体系、应急监测体系正在完善和形成，实验分析能力、自动监测能力、综合分析能力、日报快报能力、质量控制能力等方面都得到明显提升。各级监测站坚持“三个说得清”，围绕经济建设大局和环保中心任务，积极开展环境质量监测、污染源监测、环评监测、环保验收监测等例行和服务性监测工作，完成污染减排监测、全国第一次污染源普查监测、土壤污染现状调查等重大专项监测工作任务，完成陇南地震、舟曲泥石流地质灾害、徽县血铅事件等一系列应急监测，为各级政府和环保部门进行环保决策、执法管理和绩效评估、责任书考核等，提供科学依据和有力的技术支撑。

三、环境监测重大成果

在规范监测、科学监测的基础上，各级环境监测机构认真编制各类环境质量报告。甘肃省环境监测中心站根据全省各市（州）监测站提供的环境质量监测数据，每年编制完成《甘肃省环境质量概要》《甘肃省环境质量年度报告书》，全省重点流域、重点城市饮用水监测月报，全省各市州《环境空气质量周报》，地表水国控断面和省控断面监测月报，重点污染源监测季报，全省酸雨监测数据报告，环境统计年报，沙尘暴监测快报，应急监测快报，质控简报及《甘肃省环境状况公报》等10多个种类的环境质量报告100余期，为全面掌握全省环境质量现状和变化趋势积累大量资料，为环境管理部门顺利开展污染源监督管理、排污收费和环境综合整治提供技术依据。2007年以后，为增强公众对环境质量的知情权，甘肃省环境监测中心站在本单位网站及时发布环境质量监测信息，实行环境质量信息手机周报制度，每周星期一将上周主要城市空气、河流水质监测情况及重要监测政务信息以手机彩信方式报送环保局领导、局机关相关处（室）、相关市（州）环保局领导和省站中层，提升省站的服务职能。

1. 完成的各类监测任务

按照建设项目分级管理的要求，各级监测站承担本辖区内各类监测任务。其中，省站承担国家及省管“新、改、扩”建设项目竣工环境环保验收监测、污染限期治理监测、排污收费核查监测、环境影响评价现状监测、突发性事故应急监测、环境污染仲裁监测、环保产品环保指标检测及环境监测技术研究等项目。

2. 大型专项工作成果

完成《甘肃省地表水环境容量核定报告》，成立专人小组，历时1年，该工作已通过国家环保总局组织的验收；配合省环保局完成《甘肃省生态环境质量评价报告》《甘肃省“菜篮子”产地环境监测报告》《黄河甘肃段水污染防治“十一五”规划》《甘肃省环境监测“十一五”规划》及“甘肃省水功能区划”修订工作、“甘肃省饮用水水源地环保规划”；完成甘肃省污染源普查工作：抽调3名技术人员作为专职人员，起草《甘肃省工业污染源及集中式污染物处理实施监测调查实施细则》《甘肃省第一次污染源普查监测工作简报》《各市对污染源普查监测工作的意见和建议》等；协助省普查办举办“西北片的全国普查培训”“甘肃省污染源普查监测工作会议”“全省污染源普查培训班”等会议；作为主要成员完成《甘肃省工业污染源普查报告》；省站作为全省土壤污染调查技术的承担单位，专门成立技术小组，组织全省监测系统的相关技术人员，举办5期土壤调查工作的技术培训班，指导各市、州全面完成土壤样品的采集、样品的制备、储存、上交、分析测试等任务，建立省级土壤样品库，并及时上交国家土壤样品库的样品，编制完成《甘肃省土壤污染调查报告》，通过环保部的评审。

2005—2006年，组织各市、州监测站完成全省100余家“电石铁合金”企业的环境保护验收监测工作；对全省电石、铁合金企业的污染状况有了全面的了解，为管理部门决策、执法等提供技术依据。

3. 突发性污染事故的应急监测

2006年，甘肃省连续发生“5·14”陇南文县危险化学品交通事故引起的污染水体的事故、“5·29”兰州石化7万吨/年苯胺装置燃烧引起的爆炸事故、“6·28”兰州石化分公司300万吨/年重油催化裂化装置发生着火事故、陇南徽县铅污染事故。突发性污染事故使人民群众产生恐慌情绪，在接到通知后，省局组织省站领导、技术人员迅速赶赴现场，以最快的速度提交各类监测结果，为管理决策提供有力的技术支持，为服务人民群众、稳定社会秩序起到积极的作用。该项工作受到省政府、省环保局的表扬。

4.“5·12”特大地震应急监测

2008年5月12日，汶川发生特大地震，波及甘肃东部广大地区。在接到省厅防范和应对地震次生环境灾害应急指挥部通知的2小时内，省环保局组织省站技术人员赶赴天水、陇南等重灾区进行环境应急监测工作。及时编制《甘肃省地震灾区应对次生环境灾害的环境监测方案》《甘肃省地震灾区环境质量监测技术方案》等，为抗震救灾做好技术支持、技术保证工作。随后组织东部10个受灾市、州全面展开对地震灾区饮用水水源地水质、城市污水处理厂、存在隐患的重点污染源、环境空气质量等方面的应急监测。应急监测小组赶赴天水、陇南等重灾区，开展饮用水水源地水质、铁路隧道109线坍塌处徽县嘉陵镇嘉陵江水质、重点污染源污水排放水质等方面的监测工作，第一时间上报决策机构。在保证省内受灾地区环境监测任务的同时，抽调一线技术骨干支援四川地震灾区环境质量应急监测工作。对绵阳市北川县集中式饮用水水源地水质有机污染物进行应急监测工作，圆满完成地震灾区的环境安全预警任务。

5.“8·7”舟曲泥石流应急监测

2010 年 8 月 7 日，甘南藏族自治州舟曲县出现持续强降雨，引发泥石流。特大泥石流堵塞白龙江形成堰塞湖，舟曲县城一半被淹，部分房屋倒塌。甘肃省环境监测中心站接到省环保局应急指挥部命令后，立即启动应急监测预案，组成 9 人应急监测小分队迅速赶赴事故现场，同时积极组织陇南市和甘南州环境监测站开展应急监测工作。应急监测组结合灾区现场实际，确定监测工作方案。省、市、县三级环境监测部门上下联动，在舟曲县城、堰塞湖和白龙江布设 6 个监测断面和 8 个饮用水监测点，对灾区地表水、生活饮用水昼夜监测，对堰塞湖开展 109 项全分析。共获得监测数据 12 000 余个，编写上报应急监测快报 110 期，全面保证灾区及下游饮用水安全。

第三节　监测质量控制

1991 年，国家环境保护局颁布《环境监测质量保证管理规定（暂行）》。据此，甘肃省环境监测中心站对全省环境监测人员进行技术考核，实施操作人员合格证上岗制度，而且结合优质实验室评比和计量认证，建立健全完整的环境监测质量管理制度，形成甘肃省环境监测质量保证体系，基本实现环境监测管理的制度化。

一、质量管理体系

为加强监测质量控制工作，甘肃省环境监测中心站于 1994 年成立质控室，并筹建质控样配制装置；同时对各三级站上报的大气、地表水监测数据及质控结果均需经质控室进行全面审核，并提出审核意见，严把质量关。2009 年，省站质控室变更为监测质量监督管理中心。

1. 实验室内质量保证

各级监测站不断加强质量管理工作，建立完善的质量保证体系和严格的管理制度，设立质量管理机构和专职人员，并且每家单位至少有2名内审员。工作中认真执行国家现行有效的标准、方法和技术规范，严格落实质控要求和措施，保证监测数据及时有效和准确可靠。

为保证测量数据的准确可靠，各级监测站对仪器设备（包括标准物质）的购置、验收、流转都进行严格的质量控制，并对所有仪器设备进行正常维护。凡属强制检定仪器，均按检定周期送有资质的计量技术机构进行检定，超周期未经检定或检定不合格的检测仪器均不准使用。对于非强制检定和有资质的计量技术机构尚不能检定的强制检定计量检测仪器，环境监测单位均定期由质控室组织力量进行自检。甘肃省环境监测中心站对在用强检仪器的检定率达100%，检定费用10万元/年。

2. 实验室间质量控制

各监测机构积极参加中国环境监测总站组织的各类能力验证及考核工作。甘肃省环境监测中心站组织开展“2009年度甘肃省环境质量监测、污染源监测质量控制监督考核”“2010年全省环境质量监测监督管理监察工作”，确保实验室检测质量的真实有效。20年间，没有发生数据造假和重大责任事件。

省站每年分两次，对全省地表水断面、省界断面进行化学需氧量、氨氮等项目进行质量考核，以及抽取10%的重点源进行二氧化硫、氮氧化物、废气流量、化学需氧量、氨氮、废水量的比对监测。自动站数据传输联网实行季度考核，联网率列入政府责任书考核内容。

二、监测质量与控制

“十一五”期间，甘肃省环保部门制定下发环境质量管理“三项规定一个办法”，即《甘肃省水和废水监测质量保证技术规定》《甘肃省环境空气和废气监测质量保证技术规定》《甘肃省环境噪声监测质量保证技术规定》《甘肃省环境监测质量保证及质量控制定量考核管理办法》，建立一系列质控考核制度。

为了确保监测数据的准确可靠，1991—1995年，甘肃省环境监测中心站先后两次召开《全省环境监测数据审核》研讨会，对各三级站全程序质量控制和数据处理汇总等方面操作规程集中培训；对各级监测站数据上报的及时性、准确性、全面性等方面进行全面审核，通过审核，纠正数据处理中存在的问题，并要求在上报例行监测数据时，必须上报实验室质控测定结果，各类监测数据均按规定经三级审核后报甘肃省环境监测中心站。1996—2000年，为了贯彻“第五次全国环境监测质量保证工作会议”精神，在“全省环境监测质量保证工作会”上，讨论并通过《水和废水监测质量保证技术规定》《空气和废气监测质量保证技术规定》《环保设施“三同时”竣工验收监测质量保证技术规定》等规范性文件（以下简称“三项技术规定”）。明确规定从样品现场采集、保存运输、实验室分析直至数据处理等全方位、全程序的质量保证措施，特别是首次对水质现场采样平行样的误差做出明确规定，使全省监测技术规范化、质量管理制度化、质量保证系统化迈上新台阶。

甘肃省环境监测中心站于2001年对各市、州上每季度报的大气、地表水、饮用水、噪声、降水监测数据及质控结果均需经质控室进行全面审核后编制质控简报，每季度编制1期，至今共编制质控简报48期。

全省每年年末进行一次全省质控先进单位及先进个人评比，以促进环境监测的质量管理工作。

根据环境保护总局《全国环境监测质量管理三年行动计划》要求，甘肃省环保局制订全省质量管理三年行动计划实施方案，连续3年组织开展全省质量管理年活动。采取“请出去、组进来”等多种形式，组织举办各类专业技术骨干培训班30余次，培训各级各类专业技术人员1 000多人次。通过业务对接、质量抽查、现场检查、评比考核等一系列活动，加强对省级网络监测站的质量管理，推动全省环境质量管理工作不断迈上新台阶，取得明显的成效。

三、监测质量保证

为保证监测数据准确可靠，逐步提高环境监测质量，为科学化环境管理和决策提供可靠的依据，“九五”期间，环境监测全程序质量控制工作在全省各级监测站形成制度，并被确定为监测工作的重点。除继续抓好环境空气和地表水监测全程序质量控制工作外，也进一步规范污染源监测质量保证工作。

为适应监测质量保证工作的需要，“九五”期间，共制备23个项目质控样，按照“三项技术规定”要求，省中心站及各三级监测站将中国环境监测总站标准样品或甘肃省环境监测中心站质控样用于环境监测和污染源验收监测，在监测分析过程中进行准确度控制，使监测数据的准确性得到保证，为全省环境监测数据量值追踪和质量控制提供物质基础。

第四节 检测资质管理

一、执证上岗

1992 年，甘肃省环保局为配合监测工作向重点工业污染源监测转移，对三级站及网络系统内的实验室、实验员进行考核；1995 年，对年满 4 年的持证者进行全面的换证复查考核；1996 年以来，根据国家环保局《环境监测人员合格证制度》的规定和省环保局关于持证上岗考核的要求，甘肃省环境监测中心站每年对全省环境监测网络进行持证上岗考核，考核内容为基本理论、基本操作技能和未知样考核三部分内容。

1996—2000 年，全省共有 578 人参加专业技术考核，累计合格 3 641 项次。随着全省环境监测网络考核工作不断加强，不但促进监测工作规范化，而且使监测人员培训工作逐步经常化、制度化，从而提高监测网络的整体能力和环境监测及污染源监测的工作质量，更好地为环境管理提供具有代表性、准确性和可靠性的监测数据。全省除甘南州环境监测站外，其余 13 个二级监测站均通过省级计量认证复查换证评审。

为严格落实环境监测人员持证上岗考核制度，甘肃省环保局制定《甘肃省环境监测人员持证上岗考核实施细则》，进一步规范考核内容、程序和要求。二级、三级环境监测站监测人员持证上岗考核工作由省环保局统一计划、统一组织、统一审批发证。“十一五”期间，全省有 600 多人通过持证上岗考核取得环境监测合格证。

全省有 15 个二级站、6 个三级站通过省质量技术监督局计量认证，取得开展相关环境监测工作的法律效力。甘肃省环境监测中心站于 1988 年通过甘肃省技术监督局计量认证，1993 年通过国家技术监督局和国家环保局的计量认证审核，2000 年、2005 年、2008 年通过计量认证复查换证评审。通过开展计量认证和资质认可，强化全省环境监测站的规范化、制度化管理，推动环境监测能力的提升。

2010年，由甘肃省环保厅、省总工会、省人力资源和社会保障厅共同组织开展甘肃省第一届环境监测技术人员技术大比武活动，评出“甘肃省五一劳动奖章”获得者1人、“甘肃省技术标兵”11人。省环境监测中心站被评为2010年全省职工职业技能大赛优秀组织单位。该次比武活动发现并锻炼了一大批技术骨干，推动全省环保系统群众性的岗位练兵热潮，促进全省环境监测能力的提高。

二、计量认证

甘肃省环境监测中心站自1993年首次参加国家计量认证、取得计量认证合格证书以来，由于强化质量管理，坚持“质量第一”的方针，贯彻执行《质量管理手册》，定期进行检查、总结，保证质量管理体系的有效运行。1998年，通过省质量技术监督局5年一次计量认证复查评审，并取得合格证书。2000 年，通过国家计量认证复审，确认省中心站具备向社会提供水（含大气降水）和废水，环境空气和废气，土壤、底质、植物、生物残留体、固体废物、煤质，生物，机动车排放污染物，噪声六大类159项监测项目的资格。

全省14个二级监测站相继通过省质量管理局的计量认证考核，取得计量认证合格书，确保监测数据的准确可靠，并具有公正性和法律效力。由于此项工作的开展，进一步建立健全全省各站质量保证机构，完善质量保证管理制度，尤其在硬件方面，根据计量认证要求，强制检定使用的各类监测仪器，确保监测数据的准确可靠，使监测数据更具有公正性和法律效力。

根据国家环保总局要求，甘肃省环境监测中心站于1998 年8 月参加国家监测人员持证上岗“三基”（基本理论、基本操作和实际样品分析）考核，全站27 人参加51个项目的考核，共合格206项次。通过“三基”考核，提高监测人员理论水平和业务素质，并获得上岗证书。2000年9月，甘肃省环境监测中心站在接受国家计量认证复查的同时，又申请参加国家监测人员持证上岗考核，共有29人参加26个项目的考核，合格126项次，合格率为100%，参考人员全部获得上岗证书。由于开展持证上岗考核，使监测人员的质量保证意识明显增强，技术素质明显提高，为监测人员提供科学的监测数据取得合法资格。

“九五”时期，根据国家环保总局《环境监测人员合格证制度》的规定和省环保局关于持证上岗考核的要求，甘肃省环境监测中心站每年对全省环境监测网络站进行持证上岗考核，考核内容为基本理论、基本操作技能和未知样考核。

各环境监测机构坚持把持证上岗考核作为做好环境监测质量保证工作的重要一环。全省每年都对技术人员持证上岗考核作出具体安排，按照职能范围逐级实施培训和考核。5年间，全省有425名监测技术人员通过国家级和省级持证上岗考核，监测技术人员持证上岗率占96%以上。

截至2010年年底，全省有15个二级站、6个三级站通过省质量技术监督局计量认证，取得开展相关环境监测工作的法律效力。甘肃省环境监测中心站于2005年通过国家级计量认证复查，2009年通过国家认监委复查评审。通过开展计量认证和资质认可，强化全省环境监测站的规范化、制度化管理，推动环境监测能力的提升。

三、标准化建设

“十一五”期间，根据甘肃省的监测能力及经济条件现状，以提高环境质量监测、污染源监测与突发事件应急监测能力为中心任务，以说清县（区）环境质量状况、排污状况为目标，全省有重点、分区域地开展各级环境监测站的能力建设，不断提升各级环境监测站的监测能力，2009年、2010年在中央财政减排专项资金项目的大力支持下，先后对全省40个县级环境监测站加强基础设施、设备为主要内容的标准化建设，使其监测能力逐步达到国家标准化建站的基本要求。

根据《关于印发〈全国环境监测站建设标准〉的通知》（环发〔2007〕56号），国家对县级环境监测站基本仪器标准化建设达标做出规范要求。依据该要求，2007年甘肃省县级环境监测站中有24个监测站在监测仪器设备配置上基本达到标准化建设要求。

截至2010年年底，在甘肃省63个县级环境监测站中，有27个县级环境监测站达到标准化建设要求。具体统计结果见表3-1-3。

表 3-1-3

甘肃省县级环境监测站达标情况一览表

序号	县级环境监测站名称	基本仪器配置标准化建设达标情况	
		是	否
1	永靖县环境监测站	√	
2	夏河县环境监测站	√	
3	和政县环境监测站	√	
4	皋兰县监测站	√	
5	榆中县监测站	√	
6	甘谷县监测站	√	
7	会宁县环境监测站	√	
8	临洮县环境监测站	√	
9	玉门市环境监测站	√	
10	敦煌市环境监测站	√	
11	华亭县环境监测站	√	
12	合作市环境监测站	√	
13	崇信县环境监测站	√	
14	天祝藏族自治县环境监测站	√	
15	永昌县环境监测站		√
16	镇原县环境监测站	√	
17	山丹县环境监测站	√	
18	高台县环境监测站		√
19	肃北县环境监测站	√	
20	秦安县监测站		√
21	永登县环境监测站	√	
22	平川区环境监测站	√	
23	靖远县环境监测站	√	
24	秦州区环境监测站		√

续表

序号	县级环境监测站名称	基本仪器配置标准化建设达标情况	
		是	否
25	张家川县环境监测站		√
26	清水县环境监测站	√	
27	甘州县环境监测站		√
28	肃南裕固族自治县环境监测站		√
29	临泽县环境监测站		√
30	民勤县环境监测站		√
31	凉州区环境监测站		√
32	庆城县环境监测站		√
33	正宁县环境监测站	√	
34	庄浪县环境监测站	√	
35	静宁县环境监测站		√
36	渭源县环境监测站	√	
37	岷县环境监测站		√
38	东乡县环境监测站	√	
39	临夏回族自治州环境监测站	√	
40	成县环境监测站	√	
41	景泰县环境监测站		√
42	瓜州县环境监测站		√
43	金塔县环境监测站		√
44	阿克塞县环境监测站		√
45	广河县环境监测站		√
46	康乐县环境监测站		√
47	民乐县环境监测站		√
48	武山县环境监测站		√
49	庄浪县环境监测站		√
50	灵台县环境监测站		√

续表

序号	县级环境监测站名称	基本仪器配置标准化建设达标情况	
		是	否
51	临潭县环境监测站		√
52	碌曲县环境监测站		√
53	玛曲县环境监测站		√
54	卓尼县环境监测站		√
55	陇西县环境监测站		√
56	漳县环境监测站		√
57	通渭县环境监测站		√
58	华池县环境监测站		√
59	宁县环境监测站		√
60	合水县环境监测站		√
61	礼县环境监测站		√
62	宕昌县环境监测站		√
合计		27	35

四、环保执法装备

甘肃省共有 1 个省级、14 个市（州）级、86 个县（区）级环境监察机构，共计 101 个。自 2007 年开始，环境保护部、财政部连续实施中央环保专项资金环境监察执法能力标准化建设项目，已为甘肃省所有环境监察机构配备相应标准的执法车辆、监测设备和办公设备，已使甘肃省所有环境监察机构具备基本的环境执法能力。

截至 2010 年，全省三级环境监察机构全部达到基本硬件装备要求（65 个通过三级验收，个别县级市通过二级验收），其中市、县级验收达标率为 100%。

五、环境监测预警体系

按照环保部统一规划，甘肃省已建成 1 个省级国控重点污染源自动监控中心和除甘南藏族自治州外13个市级重点污染源自动监控中心，对全省国控企业实施有效控制，基本实现污染减排“三大”体系建设要求。截至2010年，已对101家国控污染源安装227台套污染源在线自动监测仪器，占应安装台套数的273%。根据各地上报的自动监控仪器验收和数据有效性审核报告统计，除企业因停产、停机等原因无法开展自动监控系统验收和有效性审核外，已验收97家国控污染源的216台套污染源在线自动监测仪器，占已安装仪器的95.1%；已对88家国控污染源的198台套污染源自动监测仪备开展数据有效性审核，占已验收仪器的91.7%；全省有95家企业195台（套）自动监控仪器与省环境监控中心稳定联网运行，占已安装仪器的85.9%；省级和各市（州）已在环境监管、排污收费等工作中使用经过审核的污染源在线自动监测数据。

随着国家和甘肃省对污染减排监测体系考核的逐步深入，“十一五”期间，甘肃省国控重点污染源自动监控项目已由建设阶段转入运行阶段，各地通过加强组织领导、完善工作机制、落实相关责任，全省自动监控系统运行良好，更加科学、准确、实时地掌握全省重点污染源的主要污染物排放数据、污染治理设施运行情况等与污染物排放相关的各类信息，及时发现并查处违法排污行为，环境监测体系发挥预警的效益显著。

第五节　环境监测科研成果

“八五”以来，全省各级监测站在工作大、任务重的情况下，不断鼓励监测人员积极开展监测科研工作。省中心站在科研课题极为有限或者没有专项课题经费的情况下，提出“课题工作化”“工作课题化”“科研手段社会化”“课题结论成果化”的理念，先后出台《甘肃省环境监测站科研课题管理办法》和《甘肃省环境监测中心站科研课题资助办法》，积极承担和参与完成省级各类科研项目，同时参与环保部及中国环境监测总站组织的国家标准方法研究、沙尘暴监测技术规范的起草编写等工作，并取得丰硕成果。

一、甘肃省环境监测中心站主要科研成果

甘肃省环境监测中心站在监测科研方面一直走在全省前列，起到表率和

引领作用（见表 3-1-4）。1992—2010 年，组织完成重要监测科研成果 30 项，分为基础理论研究、质量控制研究、监测方法研究、新监测技术研究、污染防治技术研究、应急监测研究等多个方面。其中，《沙尘暴地面监测技术研究》《甘肃省污染源普查及主要污染物排放趋势研究》《甘肃省环境质量变化趋势及污染物排放总量控制研究》获“甘肃省科技进步”二等奖；《甘肃省陇南地区酸雨时空分布状况及降水化学特征研究》等六项研究成果获“甘肃省科技进步”三等奖；《环境监测数据管理系统的研制开发》《甘肃省城市饮用水水源地环境安全保障技术与引用研究》获“甘肃省环境科学技术”一等奖；《甘肃省铁合金电石行业污染减排监督监测评价指标体系及减排示范研究》获“环保部科技进步”三等奖。

二、市（州）站主要科研成果

兰州市环境监测站 1991—2008 年共完成环境监测科研课题 17 项。其中，《1991—1994 年环境质量报告书》获国家环保局二等奖；《兰州市环境管理地理信息系统及应用研究》获“国家环保总局 2006 年度国家环境保护科学技术奖”三等奖；《利用四膜虫进行污染监测的研究》获省科委三等奖（见表 3-1-5）。

张掖市环境监测站先后于 2001 年、2004 年、2006 年、2010 年完成《张掖地区环境质量报告（1996—2000 年）》《黑河中游环境要素监测指标体系方案》《2001—2005 年度张掖市环境质量报告书》《张掖市环境质量变化趋势分析与治理对策研究》。

陇南市环境监测站先后于 1998 年、1999 年完成《陇南地区环境质量报告书》《陇南地区环境质量报告书》。

天水市环境监测站先后于 1996 年、2001 年、2005 年、2009 年完成《天水市环境质量报告书（1991—1995 年度）》《天水市环境质量报告书（1996—2000 年）》《麦积山风景名胜区环境质量评价报告》《天水市城镇环境污染趋势及防治对策研究》。

临夏回族自治州环境监测站先后于 2001 年、2006 年完成《临夏市环境质量报告书（1990—2000 年）》《临夏市环境质量报告书（2001—2005 年）》。

酒泉市环境监测站先后于 2000 年、2006 年完成《环境空气功能区划》

表 3-1-4

甘肃省环境监测中心站完成的主要科研课题

序号	课题名称	完成时间	获奖情况
1	《渭河水环境污染控制与对策技术》	1992 年	
2	《甘肃省陇南地区酸雨时空分布状况及降水化学特征的研究》	1992 年	甘肃省环保科技进步三等奖
3	《推广应用紫露草微核技术的研究》	1992 年	
4	《环境空气　总烃的测定　气相色谱法》	1993 年	
5	《利用水生生物指标进行水质监测与评价的应用研究》	1993 年	甘肃省环保科技进步三等奖
6	《烟气中二氧化硫测定全过程质量控制的研究》	1995 年	
7	《中国西北地区沙尘暴对甘肃大气背景值的影响及卫星遥感技术应用研究》	1996 年	
8	《大气中有机硫气相色谱分析方法研究》	1994 年	
9	《甘肃省地面水环境监测断面优化设置技术方法研究》	1998 年	
10	《废水污染物总量控制监测中采样关键技术及其质量保证研究》	1999 年	
11	《有毒化学品应急监测技术研究》	1999 年	甘肃省科技进步三等奖
12	《甘肃省环境空气质量功能区划分及空气监测点位调查认证研究与应用》	2000 年	
13	《甘肃省质量报告书（1995—2000 年）》	2002 年	国家环保总局“九五”优秀报告书
14	《沙尘暴地面监测技术研究》	2002 年	甘肃省科技进步二等奖
15	《兰州市小儿血铅水平与环境铅污染调查》	2002 年	
16	《张掖市二氧化硫控制区污染源解析及总量控制的研究》	2004 年	
17	《国家沙尘暴监测技术规定》	2008 年	

续表

序号	课题名称	完成时间	获奖情况
18	《污水处理净化槽技术应用研究》	2004 年	甘肃省环境科学技术三等奖
19	《室内环境空气污染研究》	2005 年	甘肃省科技进步三等奖
20	《黄河兰州段水体中有机污染环境承载力研究》	2004 年	甘肃省科技进步三等奖
21	《GIS 地理信息系统在全省水环境功能区划中的应用》	2004 年	甘肃省环境科学技术二等奖
22	《建立大气 TSP/PM_{10}、降尘和沙尘暴尘中水溶性阴离子国标方法与应用研究》	2005 年	甘肃省环境科学技术二等奖
23	《环境监测数据管理系统的研制开发》	2005 年	甘肃省环境科学技术一等奖
24	《甘肃省“菜篮子”蔬菜基地环境安全与污染防治技术研究》	2005 年	甘肃省科技进步三等奖
25	《甘肃省环境质量变化趋势及污染物排放总量控制研究》	2006 年	甘肃省科技进步二等奖
26	《兰州市西固区域环境质量十年变化趋势的研究》	2006 年	甘肃省科技进步三等奖
27	《甘肃省铁合金、电石行业污染减排监督监测评价指标体系及减排示范研究》	2007 年	国家环保总局科技进步三等奖
28	《甘肃省城市饮用水源地环境安全保障技术与应用研究》	2008 年	甘肃省环境科学技术一等奖
29	《甘肃省污染源普查及主要污染物排放趋势研究》	2010 年	甘肃省科技进步二等奖
30	《甘肃省地表水环境容量及污染分析研究》	2010 年	甘肃省科技进步三等奖

表 3-1-5

兰州市环境监测站完成的主要科研课题

序号	课题名称	完成时间	获奖情况
1	1991—1995 年环境质量报告书	1996 年年底通过鉴定	获国家环保局二等奖
2	利用四膜虫进行污染监测的研究	1996 年通过鉴定	获甘肃省科委三等奖
3	兰州地区冬季大气污染预报方法的研究	1997 年通过鉴定	获兰州市科委二等奖
4	用天气预报参数预报环境空气质量及警戒值警戒措施的确定	1998 年通过鉴定	获兰州市科委二等奖
5	兰州市区二氧化硫综合防治规划	1999 年通过鉴定	获兰州市科委三等奖
6	塑料大棚冬春淡季蔬菜生产技术示范推广（合作项目）	1999 年通过鉴定	获兰州市科委三等奖
7	2001—2005 年环境质量报书	2002 年通过鉴定	获国家环保总局二等奖
8	兰州市大气污染对策研究	2000 年通过鉴定	获甘肃省环保局环保杯二等奖
9	生态环境与空气污染	2000 年通过鉴定	获甘肃省环保局环保杯二等奖
10	兰州市空气污染预报业务研究	2001 年通过鉴定	获甘肃省环保局环保杯二等奖
11	大气污染化学作用过程及动力模式研究	2002 年通过鉴定	获甘肃省环保局环保杯二等奖
12	兰州市空气质量预报应用研究	2002 年通过鉴定	获甘肃省环保局环保杯二等奖
13	酵母融合子净化有机废水实验研究	2002 年通过鉴定	获甘肃省科技进步三等奖

续表

序号	课题名称	完成时间	获奖情况
14	兰州市空气质量预报模式	2003 年通过鉴定	获甘肃省环保局环保杯二等奖
15	兰州市环境管理地理信息系统及应用研究	2006 年通过鉴定	获国家环保总局“2006 年度国家环境保护科学技术奖”三等奖
16	在线污染源数据和视频数据设备的研发和应用	2007 年通过鉴定	获 2007 年兰州市科技进步三等奖
17	兰州市环境监控信息化研究与应用	2008 年通过鉴定	获 2008 年兰州市科技进步奖二等奖

《酒泉市环境质量报告书（2001—2005 年)》。

金昌市环境监测站先后于 2006 年、2008 年完成《工矿型城镇环境空气质量功能区划研究》《建立大气 TSP、PM_{10} 降尘和沙尘暴中水溶性阴离子国标方法与应用研究》。

嘉峪关市环境监测站先后于 1996 年、2006 年完成《嘉峪关市环境质量报告书(1991—1995 年)》《嘉峪关市环境质量报告书（2001—2005 年)》。

定西市先后于 2004 年、2006 年完成《定西市中药材 GAP 基地环境质量监测与评价》《定西市环境质量报告书（2001—2005 年)》。

白银市环境监测站先后于 1995 年、2001 年、2006 年完成《黄河白银段国控监测点位认证研究》《白银市环境质量报告书（1996—2000 年)》《白银市环境质量报告书（2001—2005 年)》。

平凉市环境监测站先后于 2002 年、2006 年、2007 年、2008 年完成《平凉市环境质量报告书（2002 年）》《平凉市环境质量报告书（2001—2005 年)》《甘肃东部湿沉降中有机酸的分析与研究》《平凉市湿沉降中无机离子污染特征研究》《平凉市大气污染特征及变化趋势对策研究》。

甘南藏族自治州环境监测站于 2007 年完成《甘南州环境放射性现状调查与重点污染源治理措施研究》。

庆阳市环境监测站完成《庆阳市马莲河、茹河水环境容量分析及水污染防治对策研究》《庆阳市马莲河六价铬长期严重超标原因分析及衰减变化规律研究》《庆阳市环境质量报告书（2001—2005年）》。

武威市环境监测站于2006年完成《武威市环境质量报告书（2000—2005年）》。

环境监测研究不但能够加强所在地区环境监测的针对性和实用性，而且为环境监测人员能动的开展工作和促进环境监测事业的整体发展做出积极贡献。

第二章 大气环境监测

第一节 监测点位

一、环境空气监测点位

截至2010年年底，甘肃省已建成城市环境空气自动监测站点51个，投入运行的有32个；温室气体监测站点1个（兰州市）；农村空气监测站点1个（甘肃省平凉市静宁县威戎镇）。环境空气自动站点及监测项目见表3-2-1。

表3-2-1

甘肃省环境空气自动站点及监测项目

序号	城市	子站名称	采样方法	监测项目	方位
1	兰州	榆中兰大校区	连续采样	SO_2、NO_x、PM_{10}	E：103°9′11″ W：35°59′35″
		生物制品所	连续采样	SO_2、NO_x、PM_{10}	E：103°50′29″ W：36°4′21″
		职工医院	连续采样	SO_2、NO_x、PM_{10}	E：103°42′42″ W：36°4′32″
		铁路设计院	连续采样	SO_2、NO_x、PM_{10}	E：103°49′51″ W：36°2′47″
		兰炼宾馆	连续采样	SO_2、NO_x、PM_{10}	E：103°37′53″
		皋兰	连续采样	SO_2、NO_x、PM_{10}	E：103°56′37″ W：36°19′55″
		永登	连续采样	SO_2、NO_x、PM_{10}	E：103°15′33″ W：36°43′59″

续表

序号	城市	子站名称	采样方法	监测项目	方位
2	金昌	市科委	连续采样	SO_2、NO_x、PM_{10}	E：102°11′24″ W：38°31′28″
		今盛华城	连续采样	SO_2、NO_x、PM_{10}	E：102°10′21″ W：38°32′2″
		工业园区	连续采样	SO_2、NO_x、PM_{10}	E：102°18′31″ W：38°30′22″
3	嘉峪关	气象局	连续采样	SO_2、NO_x、PM_{10}	E：98°17′27″ W：39°46′16″
		酒钢耐材公司	连续采样	SO_2、NO_x、PM_{10}	E：98°17′3″ W：39°48′33″
4	白银	动力公司	连续采样	SO_2、NO_x、PM_{10}	E：104°10′23″ W：36°32′53″
		豫园饭店	连续采样	SO_2、NO_x、PM_{10}	E：104°10′23″ W：36°32′45″
5	天水	进步巷	连续采样	SO_2、NO_x、PM_{10}	E：105°43′13″ W：34°34′46″
		文化馆	连续采样	SO_2、NO_x、PM_{10}	E：105°23′28″ W：34°33′54″
		仙人崖	连续采样	SO_2、NO_x、PM_{10}	E：105°23′28″ W：34°20′25″
6	庆阳	庆阳市环保局	连续采样	SO_2、NO_x、PM_{10}	E：107°38′11″ W：35°42′24″
		市粮贸总公司	连续采样	SO_2、NO_x、PM_{10}	E：107°38′26″ W：35°31′25″
		西峰区环保局	连续采样	SO_2、NO_x、PM_{10}	E：107°40′59″ W：35°43′44″
7	平凉	监测站	连续采样	SO_2、NO_x、PM_{10}	E：106°40′9″ W：35°32′46″
		宝塔博物馆	连续采样	SO_2、NO_x、PM_{10}	E：106°42′14″ W：35°31′46″

续表

序号	城市	子站名称	采样方法	监测项目	方位
8	张掖	监测站	连续采样	SO_2、NO_x、PM_{10}	E：100°28′7″ W：38°56′48″
		科委	连续采样	SO_2、NO_x、PM_{10}	E：100°26′59″ W：38°56′20″
9	武威	武威市环保局	连续采样	SO_2、NO_x、PM_{10}	E：102°37′18″ W：37°55′31″
10	陇南	市林业局	连续采样	SO_2、NO_x、PM_{10}	E：104°44′47″ W：33°23′12″
11	定西	粮食局	连续采样	SO_2、NO_x、PM_{10}	E：104°37′31″ W：35°35′2″
		起重机厂	连续采样	SO_2、NO_x、PM_{10}	E：104°37′17″ W：35°36′2″
12	酒泉	仓门街	连续采样	SO_2、NO_x、PM_{10}	E：98°30′30″ W：39°43′43″
13	酒泉	富康家世界	连续采样	SO_2、NO_x、PM_{10}	E：98°30′5″ W：39°43′44″
		敦煌	手工间断采样	SO_2、NO_x、TSP	E：94°48′38″ W：40°2′46″
14	临夏	临夏回族自治州环境监测站	连续采样	SO_2、NO_x、PM_{10}	E：103°12′23″ W：35°35′59″
		临夏回族自治州委党校	连续采样	SO_2、NO_x、PM_{10}	E：103°12′50″ W：35°36′14″
15	甘南	甘南藏州自治州环境监测站	手工间断采样	SO_2、NO_x、TSP	E：102°54′46″ W：34°57′52″

二、酸雨监测点位

除甘南藏州自治州外，其余 13 个市、州均开展酸雨监测工作。降水监测布点及监测项目统计见表 3–2–2。

表 3-2-2

甘肃省降水监测布点及监测项目统计

序号	城市	点位名称	点位性质	监测项目	监测频次
1	兰州	生物制品所	监测点	pH、降雨量、电导率、硫酸根、硝酸根、氨离子、钙离子、镁离子	逢雨监测
		榆中气象站	对照点		
2	金昌	市科委	监测点	pH、降雨量、电导率、硫酸根、硝酸根、氯离子、氟离子、钾离子、钠离子、氨离子、钙离子、镁离子	
		白家嘴	监测点		
		中牌	监测点		
		下四分	对照点		
3	白银	监测站	监测点	pH、降雨量、电导率	
4	嘉峪关	监测站支	监测点	pH、降雨量、电导率	
		农泵站	对照点		
5	天水	进步巷	监测点	pH、降雨量、电导率	
		文化馆	监测点		
		麦积山	对照点		
6	庆阳	监测站	监测点	pH、降雨量、电导率	
		气象局	对照点		
7	平凉	监测站	监测点	pH、降雨量、电导率	
		崆峒	对照点		
8	定西	监测站	监测点	pH、降雨量、电导率	
9	武威	区委	监测点	pH、降雨量、电导率	
		监测站	监测点		
		海藏寺	对照点		
10	张掖	监测站	监测点	pH、降雨量、电导率、硫酸根、硝酸根、氯离子、氟离子、氨离子	
11	酒泉	监测站	监测点	pH、降雨量、电导率	
		二十五医院	对照点		
12	陇南	教育学院	监测点	pH、降雨量、电导率	
		东江计量所	对照点		
13	临夏	监测站	监测点	pH、降雨量、电导率	
		东郊公园	对照点		

第二节　监测标准与方法

一、监测方法

1991—2010年，甘肃省环境空气监测、评价工作发展经历巨大的变化，监测手段、监测项目取得长足的发展。1991年，全省均实施五日间断监测，监测项目包括二氧化硫、氮氧化物、总悬浮颗粒物、飘尘（兰州）；1996—1999年，兰州、金昌、白银、嘉峪关和天水相继实施24小时连续手工监测，实行月报制。2000年，除甘南州外，其他8个站先后采用24小时连续监测，每年监测4次，分别在1月、4月、7月、10月进行，监测项目包括二氧化硫、氮氧化物、总悬浮颗粒物；兰州市于2000年建成环境空气自动监测站，代替原有的24小时手工监测方式，在全省率先开展环境空气的自动监测，其后各市（州）陆续建成空气自动监测站。2010年，全省除合作市外，其他城市均开展环境空气质量自动监测，监测项目包括二氧化硫、二

表3-2-3

甘肃省各城市开展自动监测时间表

城市	开展自动监测时间	监测点数量
兰州	2000年6月	5
嘉峪关	2002年7月	2
金昌	2002年6月	3
白银	2004年10月	2
天水	1998年7月	3
武威	2004年1月	3
张掖	2007年1月	2
平凉	2006年8月	2
酒泉	2007年1月	2
庆阳	2008年3月	3
定西	2006年9月	2
陇南	2010年4月	2

氧化氮、可吸入颗粒物（自动监测方式）、总悬浮颗粒物（24 小时手工连续监测）。评价标准、方法伴随环境空气质量管理水平的提高和社会发展的需要，经历多次修改和变更。

二、监测标准

《环境空气质量标准》的实施经历了以下 3 个阶段：

1991—1996 年 9 月 30 日，环境空气采用《大气环境质量标准》(GB 3095—1982）进行评价。

1996 年 10 月至 1999 年 12 月，采用《环境空气质量标准》(GB 3095—1996）进行评价。

2000 年 1 月，国家环境保护总局发布《环境空气质量标准》(GB 3095—1996）修改单，取消氮氧化物（NO_x）指标，将二氧化氮（NO_2）Ⅱ级标准的年平均浓度限值由 0.04 毫克/立方米改为 0.08 毫克/立方米；日平均浓度限值由 0.08 毫克/立方米改为 0.12 毫克/立方米；小时平均浓度限值由 0.12 毫克/立方米改为 0.24 毫克/立方米，臭氧（O_3）Ⅰ级标准的小时平均浓度限值由 0.12 毫克/立方米改为 0.16 毫克/立方米；Ⅱ级标准的小时平均浓度限值由 0.16 毫克/立方米改为 0.20 毫克/立方米（见表 3-2-4 和表 3-2-5）。

表 3-2-4

《大气环境质量标准》(GB 3095—1982)

污染物名称	取值时间	浓度极限/(毫克/标立方米)		
		一级标准	二级标准	三级标准
总悬浮颗粒物①	日平均③	0.15	0.30	0.50
	任何 1 次④	0.30	1.00	1.50
飘尘②	日平均	0.05	0.15	0.25
	任何 1 次	0.15	0.50	0.70
二氧化硫	年日平均⑤	0.02	0.06	0.10
	日平均	0.05	0.15	0.25
	任何 1 次	0.15	0.50	0.70
氮氧化物	日平均	0.05	0.10	0.15
	任何 1 次	0.10	0.15	0.30

续表

污染物名称	取值时间	浓度极限/(毫克/标立方米)		
		一级标准	二级标准	三级标准
一氧化碳	日平均	4.00	4.00	6.00
	任何1次	10.00	10.00	20.00
光化学氧化剂 (O_3)	1小时	0.12	0.16	0.20
	平均⑥			

注：①“总悬浮颗粒物”是指100微米以下的微粒。

②“飘尘”是指10微米以下的微粒，该项为参考标准。

③“日平均”为任何一日的浓度极限不许超过的限值。

④“任何1次”为任何1次采样测定不许超过的浓度限值。

⑤“年日平均”为任何1年的日平均浓度不许超过的限值。

⑥“光化学氧化剂（O_3）1小时平均”值，每月不得超过1次。

表 3–2–5

《环境空气质量标准》(GB 3095—1996)

污染物名称	取值时间	浓度限值			
		一级标准	二级标准	三级标准	浓度单位
二氧化硫 (SO_2)	年平均	0.02	0.06	0.1	
	日平均	0.05	0.15	0.25	
	1小时平均	0.15	0.5	0.7	
总悬浮颗粒物 (TSP)	年平均	0.08	0.2	0.3	
	日平均	0.12	0.3	0.5	
可吸入颗粒物 (PM_{10})	年平均	0.04	0.1	0.15	
	日平均	0.05	0.15	0.25	
二氧化氮 (NO_2)	年平均	0.04	0.04	0.08	
	日平均	0.08	0.08	0.12	
	1小时平均	0.12	0.12	0.24	

续表

污染物名称	取值时间	浓度限值			
		一级标准	二级标准	三级标准	浓度单位
一氧化碳（CO）	日平均 1小时平均	410	410	620	
臭氧（O_3）	1小时平均	0.12	0.16	0.2	
铅（Pb）	季平均	1.5			
	年平均	1			
苯并［*a*］芘（B［*a*］P）	日平均	0.01			微克/立方米（标准状态）
氟化物	日平均	7①			
	1小时平均	20①			
F	月平均	1.8②		3.0③	微克/（平方分米·天）
	植物生长季平均	1.2②		2.0③	

注：①适用于城市地区；

②适用于牧业区和以牧业为主的半农半牧区、蚕桑区；

③适用于农业和林业区。

三、评价标准

甘肃省空气质量评价依据执行标准分为3个阶段：第一阶段为1991—1995年，采用《大气环境质量标准》（GB 3095—1982）进行评价。根据《甘肃省环境质量报告书》（1991年度），全省除甘南藏族自治州外，其他13个城市开展环境空气质量例行监测，共布设监测点位136个，其中二氧化硫、氮氧化物、总悬浮颗粒物（除兰州外12个城市）、飘尘（兰州）监测点45个，监测手段均为空气质量五日法。

第二阶段为1996—2000年，采用《环境空气质量标准》（GB 3095—1996）进行评价。根据《甘肃省环境质量报告书》（1996—2000年度），全省14个城市均开展环境空气质量例行监测，共布设环境空气质量监测点位 47 个，监测项目为二氧化硫、二氧化氮、总悬浮颗粒物。

第三阶段为 2001—2010 年，采用《环境空气质量标准》(GB 3095—1996) 修改单进行评价。全省 14 个城市均开展环境空气质量例行监测，共布设环境空气质量监测点位 35 个，监测项目为二氧化硫、二氧化氮、可吸入颗粒物（自动监测）、总悬浮颗粒物（24 小时连续监测）。

2010 年，全省 14 个城市空气质量达到Ⅱ级标准的有 10 个，占监测城市的 71.4%。嘉峪关、白银、天水、平凉、庆阳、酒泉、定西、武威、张掖、合作空气质量达到Ⅱ级标准，金昌、临夏空气质量达到Ⅲ级标准，兰州、陇南空气质量劣于Ⅲ级标准。

表 3–2–6

1996—2010 年甘肃省城市空气质量统计

年度	城市空气质量					
	二级		三级		劣三级	
	城市个数	城市名称	城市个数	城市名称	城市个数	城市名称
1996	—	—	3	武都、定西、酒泉	10	金昌、兰州、天水、白银、嘉峪关、西峰、平凉、武威、张掖、临夏
1997	—	—	1	武都	12	金昌、兰州、天水、白银、嘉峪关、西峰、平凉、定西、武威、张掖、酒泉、临夏
1998	—	—	2	嘉峪关、武都	11	金昌、兰州、天水、白银、西峰、平凉、定西、武威、张掖、酒泉、临夏

续表

年度	城市空气质量					
	二级		三级		劣三级	
	城市个数	城市名称	城市个数	城市名称	城市个数	城市名称
1999	—	—	2	酒泉、嘉峪关	11	兰州、天水、白银、金昌、西峰、平凉、武都、定西、武威、张掖、临夏
2000	—	—	1	武都	12	兰州、天水、白银、金昌、嘉峪关、西峰、平凉、定西、武威、张掖、临夏、酒泉
2001	—	—	3	陇南、定西、酒泉	11	兰州、天水、白银、金昌、嘉峪关、庆阳、平凉、武威、张掖、临夏、合作
2002	—	—	2	陇南、酒泉	12	兰州、天水、白银、金昌、嘉峪关、庆阳、平凉、定西、武威、张掖、临夏、合作
2003	2	嘉峪关、陇南	3	庆阳、酒泉、合作	9	兰州、天水、白银、金昌、平凉、定西、武威、张掖、临夏

续表

年度	城市空气质量					
	二级		三级		劣三级	
	城市个数	城市名称	城市个数	城市名称	城市个数	城市名称
2004	1	嘉峪关	7	张掖、平凉、酒泉、庆阳、定西、陇南、合作	6	兰州、金昌、白银、天水、武威、临夏
2005	3	嘉峪关、陇南、武威	7	天水、庆阳、平凉、定西、张掖、酒泉、临夏	4	兰州、白银、金昌、合作
2006	2	武威、酒泉	9	白银、嘉峪关、庆阳、平凉、陇南、定西、张掖、临夏、合作	3	兰州、天水、金昌
2007	5	嘉峪关、平凉、定西、酒泉、合作	9	兰州、天水、白银、金昌、庆阳、陇南、武威、张掖、临夏	—	—
2008	9	天水、嘉峪关、庆阳、平凉、定西、武威、张掖、酒泉、合作	5	兰州、白银、金昌、陇南、临夏	—	—
2009	10	天水、嘉峪关、庆阳、平凉、定西、武威、张掖、酒泉、临夏、合作	4	兰州、白银、金昌、陇南	—	—
2010	10	天水、嘉峪关、庆阳、平凉、定西、武威、张掖、酒泉、白银、合作	2	金昌、临夏	2	兰州、陇南

第三节　主要城市环境空气监测

一、兰州市

“八五”时期，兰州市大气环境监测分为3种情况：一是1991年采用大气自动监测系统，监测点位为7个；二是因自动监测系统停运，1992年大气监测改为手工5日间断监测，点位设置为12个；三是经大气优化布点并由中国环境监测总站确认，1993年开始采用优化后设置的5个监测点位，各点位名称分别为：铁路设计院、生物制品所、职工医院、兰炼宾馆及对照点榆中气象站，监测方法为手工5日间断监测。5年间，兰州市大气环境综合指数有升有降，范围为4.59~5.58，其中1992年最低，1994年最高。影响城市大气质量的主要污染物为总悬浮颗粒物，主要来源为冬季燃煤和春秋风沙扬尘。

“九五”时期，兰州市共设置5个监测点位，监测方法为手工24小时连续监测。兰州市为解决空气污染严重的突出问题，各项防治措施得到落实，为从根本改善空气质量起到积极推进作用。2000年实现将空气质量为Ⅴ级的周数控制在20周以内和二氧化硫年均值控制在0.06毫克/立方米的阶段目标。2000年总悬浮颗粒物Ⅴ级周数为20周，Ⅲ级、Ⅳ级天气增多；各类功能区二氧化硫年均值均达到国家相应标准，空气质量趋于好转，但污染仍然严重，总悬浮颗粒物按功能区达标尚有困难，2000年污染综合指数在全国47个重点城市中排名前五。

兰州市于2001年在兰炼宾馆监测点建立空气自动监测子站，2002年在生物制品所、铁路设计院、生物制品所、职工医院及对照点榆中气象站监测点建立空气自动监测子站，监测项目为二氧化硫、二氧化氮、可吸入颗粒物。5年间，兰州市大气环境综合指数呈逐年下降趋势，范围为4.43~5.62，其中2001年最高，2005年最低。影响城市大气质量的主要污染物为总悬浮颗粒物。

截至2010年年底，兰州市建立空气自动监测子站5个，监测站点和“十五”期间相同。监测项目为二氧化硫、二氧化氮、可吸入颗粒物。5年间，兰州市大气环境综合指数有升有降，大气环境综合指数比“十五”期间有明显降低，范围为2.82~3.53，其中2007年最低，2006年最高。2010年比2006年污染综合指数下降11.6%，表明空气质量得到明显改善。

二、嘉峪关市

“八五”时期，嘉峪关市大气监测采用手工5日间断监测，每年监测4期，监测项目为二氧化硫、氮氧化物、总悬浮颗粒物。每季度第一个月的中旬进行，监测点位3个，即胜利桥、炼钢厂和支农泵站；自然降尘和硫酸盐化速率设置5个监测点，即嘉峪关电厂、嘉峪关宾馆、房管所、嘉峪关城楼和嘉峪关市监测站，全年无间断监测。5年间，嘉峪关市大气环境综合指数有升有降，范围为2.84~3.16，其中1995年最低，1993年最高。影响城市大气质量的主要污染物为总悬浮颗粒物和自然降尘，嘉峪关市地处戈壁荒漠，风频高、风速大、扬尘天气多，是造成大气中总悬浮颗粒物和自然降尘超标的主要原因。

从1998年7月开始，嘉峪关市大气例行监测设3个采样点：支农泵站、酒泉地区金属材料公司和酒钢材料公司变电所。监测二氧化硫、氮氧化物、总悬浮颗粒物，采用手动24小时连续采样；硫酸盐化速率、自然降尘设5个采样点（嘉峪关电厂、嘉峪关宾馆、房管所、嘉峪关城楼和嘉峪关市监测站），全年无间断监测。5年间，嘉峪关市二类区大气质量综合污染指数范围为1.34~2.34，其中1999年最低，1996年最高；三类区大气质量综合污染指数范围为1.27~2.84，其中1999年最低，1997年最高。

2001—2002年6月，嘉峪关市空气例行监测沿用“九五”期间监测项目和监测点位。自2002年7月1日起，环境空气例行监测改为环境空气质量自动监测，监测项目为可吸入颗粒物、二氧化硫和二氧化氮，设2个采样点，一个清洁对照点（支农泵站、恒盛金属材料公司、酒钢材料公司）；自然降尘、硫酸盐化速率设5个采样点，与“九五”期间相同。5年间，嘉峪关市二类区大气质量综合污染指数范围为1.18~1.34，2002年最低，2001年最高；三类区大气质量综合污染指数范围为1.06~1.33，其中2001年最低，2005年最高。

“十一五”期间，嘉峪关市二类区大气质量综合污染指数范围为1.22~

1.47，其中2008年最低，2010年最高；三类区大气质量综合污染指数范围为1.34~1.65，其中2008年最低，2006年最高。二类和三类综合污染指数比“十五”期间均有所上升，由于“十一五”期间嘉峪关市工业企业有较大的发展，各项污染物产生量与往年相比有较大的增长，但通过企业的治理力度的加大，各企业削减和利用率大幅增加，加之良好的城市布局、城市绿地面积和地面硬化率的提高，使2006—2010年环境空气质量保持良好状态。

三、白银市

“八五”时期，白银市大气监测采用手工5日间断监测，每年监测4期，每季度第一个月的中旬进行，监测点位4个，即白银公司党校、针织厂、白银市监测站和四龙口；自然降尘和硫酸盐化速率监测设置6个监测点，即白银公司党校、白银市监测站、白银市建校、白银市城建局、白银军分区和四龙口，全年不间断监测。监测项目：二氧化硫、氮氧化物、总悬浮颗粒物、硫酸盐化速率和自然降尘。5年间，白银市大气环境综合指数有升有降，范围为1.73~2.45，其中1991年最低，1994年最高。在全省范围内，氟化物为白银市特有污染物，自1992年起列为白银市大气例行监测项目，从监测结果及现状来看，该污染物1995年比前几年有上升的趋势。

“九五”时期，白银市大气例行监测设5个采样点（白银市监测站、劳研所、西区、白银公司环保处和四龙口），监测二氧化硫、氮氧化物、总悬浮微粒物；硫酸盐化速率、自然降尘设点与“八五”期间相同，全年不间断监测。因受“八五”期间白银市大气逐渐恶化、城市大气中二氧化硫浓度季节性不断增大（主要为冬季）和尘浓度居高不下的影响，5年间白银市大气质量综合污染指数范围为5.53~7.75，其中1998年最低，1997年最高。影响城市环境质量的主要污染物是二氧化硫，“九五”历年污染负荷比分别是56.2%、46.5%、52.8%、43.1%和49.0%，其次是总悬浮颗粒物。白银市以有色金属冶炼为主，辅以化学、建材和纺织等工业。城市的工业构成和自然环境决定城市的空气环境质量，以有色金属冶炼为主的城市构成，加之落后的环保设施，使城市成为二氧化硫的重污染区；白银市地处沙漠边缘干旱少雨，受季风影响总悬浮颗粒物也成为城市主要污染因素。

2003年，对市区环境空气质量监测点位进行调整，将原来的4个监测点位调整为2个：豫园饭店和动力公司环境空气自动监测子站。2003年5月，空气质量自动监测系统投入试运行，2004年10月正式投入运行。其次，对监测项目也进行调整，保留二氧化硫、二氧化氮两项，将总悬浮颗粒物（TSP）调整为可吸入颗粒物（PM_{10}）。自然降尘和硫酸盐化速率采用的分析方法，沿用以前的方法，共布设6个点位，分别为四龙口（清洁对照点）、白银公司环保处、白银公司劳研所、白银区城建局、西区、市监测站。5年间，白银市大气环境综合指数有升有降，范围为1.34~2.10，比“九五”期间有较大改观，其中2005年最低，2001年最高。建在市区主导风向上风向的白银公司冶炼厂、铅锌厂成为影响市区环境空气质量的主要因素。

“十一五”期间，白银市环境空气质量监测为24小时连续自动监测。共设置2个监测点位（豫园饭店和动力公司），监测项目为二氧化硫、二氧化氮、可吸入颗粒物。自然降尘和硫酸盐化速率采用的分析方法、布设的监测点位没有变化。5年间，污染综合指数范围为1.73~3.13，其中2008年最低，2006年最高。污染程度为轻污染。

四、金昌市

“八五”时期，金昌市大气监测采用手工5日间断监测，每年监测4期，每季度第一个月的中旬进行，监测点位4个，即金川公司二招、金川公司运输部、金昌市监测站和下四分；自然降尘和硫酸盐化速率监测设置8个监测点，即金昌市监测站、金昌市政府、金川公园、金川公司冶炼厂、金川公司三中、金川公司医院、白家嘴和下四分，全年不间断监测。5年间，金昌市大气环境综合指数有升有降，范围为4.49~7.51，其中1995年最低，1993年最高。金昌市大气的主要污染源是金川公司冶炼烟气，主要污染物是二氧化硫。“八五”期间金川公司虽然投巨资建成三期二氧化硫回收制酸工程，由于运输、销售等问题使得制酸与设计生产能力相差甚远，绝大部分二氧化硫排放于大气，造成严重污染。

1997年6月，金昌市大气例行监测开始实施空气24小时连续手动监测。硫酸盐化速率、自然降尘设7个采样点（金昌市监测站、金川公园、金川公司冶炼厂、金川公司三中、金川公司医院、白家嘴和下四分），全年无间断监测。“九五”期间，金昌市大气质量综合污染指数范围为4.46~6.81，其中2000年最低，1996年最高。影响城市环境质量的主要污染物是二氧化硫，其污染负荷比占到总污染负荷的53.94%，其次是总悬浮颗粒物。据统计，“九五”时期，金昌市大气环境质量有所好转，1995年，金昌市的烟尘控制区被省环保局树立为全省烟尘控制示范区。

2001年，金昌市将市区环境空气监测点位减为3个（市科委、金川公司二招和金川公司运输部），监测项目为二氧化硫、二氧化氮和总悬浮颗粒物。2002年，改为环境空气质量自动监测，监测点位变更为2个（市科委和金川公司运输部），监测项目为二氧化硫、二氧化氮和可吸入颗粒物。2005年，监测点位变更为3个，增加金川公司二招监测点位，气象条件观测点设在市科委，自然降尘和硫酸盐化速率点位不变。“十五”期间，环境空气综合污染指数范围为3.09~5.07，其中2005年最低，2003年最高。环境空气中二氧化硫、可吸入颗粒物、硫酸盐化速率均超标。

“十一五”期间，金昌市环境空气质量监测手段、监测点位、检测内容与“十五”时期相同。5年间，空气质量污染综合指数范围为2.39~3.22，其中2010年最低，2006年最高。空气质量综合指数比“十五”期间有较大下降，污染程度为轻污染。

五、天水市

“八五”时期，天水市大气监测采用手工5日间断监测，每年监测4期，每季度第一个月的中旬进行，监测点位4个，即进步巷、文化馆、五金站和麦积山；监测项目为二氧化硫、氮氧化物、总悬浮颗粒物。自然降尘和硫酸盐化速率监测设置6个监测点，即进步巷、天水市监测站、天水市城建局、区医院、盐业站和麦积山，全年不间断监测。5年间，天水市大气环境综合指数有升有降，范围为1.07~1.32，其中1993年最低，1992年最高。影响天水市大气环境质量的主要因素是采暖期的大量燃煤、一些污染重的工业企业地理位置布局不够合理和大量汽车尾气。

“九五”时期，天水市大气例行监测设4个采样点（进步巷、文化馆、盐业站和麦积山），监测项目为二氧化硫、氮氧化物、总悬浮颗粒物。硫酸盐化速率、自然降尘设6个采样点与“八五”期间相同，全年不间断监测。1998年7月之前，一直沿用旧的监测方法和频率，其后开始实施环境空气质量 24 小时连续手动监测。5 年间，天水市大气质量综合污染指数范围为 3.71~5.46，比“八五”期间污染明显升高，其中 2000 年最低，1998 年最高。影响城市环境质量的主要污染物是总悬浮颗粒物和自然降尘。

“十五”时期，天水市设自然降尘和硫酸盐化速率采样点各 6 个，监测点是在大气监测点的基础上增加监测站和北道防疫站。2001—2005 年环境空气监测指标主要有二氧化硫、二氧化氮、总悬浮颗粒物、降尘和硫酸盐化速率。5 年间，空气质量污染综合指数变化为 3.28~3.67，为轻度污染。

从 2008 年始，环境空气监测由 24 小时连续手动监测改为 24 小时自动监测，监测站点调整为 2 个，即进步巷和文化馆；同时，监测指标调整为二氧化硫、二氧化氮、可吸入颗粒物（PM_{10}），实现空气监测日报。5 年间，空气质量污染综合指数范围为 2.46~3.19，其中 2009 年最低，2006 年最高。天水市“十一五”期间环境空气质量级别除 2006 年的轻度污染外，其余各年均为良，首要污染物 2006—2007 年为总悬浮颗粒物（TSP）；2008—2010 年为可吸入颗粒物（PM_{10}）。

第三章 水环境监测

第一节 地表水监测

一、监测标准与项目

地表水水质监测1991—1994年执行《地表水环境质量标准》（GB 3838—1983）二级标准。监测必测项目为21项：pH、悬浮物、总硬度、溶解氧、高锰酸盐指数、生化需氧量、氨氮、亚硝酸盐氮、硝酸盐氮、挥发酚、氰化物、砷、汞、六价铬、铅、镉、铜、石油类、电导率、细菌总数、总大肠菌群。

1994年，全省地表水水域功能区划工作完成，并经省政府批准实施。1995年，全省地表水水质监测开始执行《地表水环境质量标准》(GB 3838—1988)。省辖五城市（兰州、天水、白银、金昌、嘉峪关）监测必测项目由原来的21项调整至25项（水温、pH、溶解氧、高锰酸盐指数、化学需氧量、生化需氧量、非离子氨、亚硝酸盐氮、硝酸盐氮、挥发酚、氰化物、总砷、总汞、六价铬、总铅、总镉、总铜、总锌、石油类、氟化物、硫酸盐、氯化物、总大肠菌群、总磷、阴离子表面活性剂)，其余站因条件不具备，由次年开展氟化物、总磷、阴离子表面活性剂项目监测。“八五”期间，全省地表水水质监测频率按枯水期、丰水期、平水期进行，共对70个地表水水质监测断面、37条河流（段)、9座水库水质开展监测工作。

1997年，全省完成地表水省控监测断面认证复审工作。根据甘环科发〔1997〕21号文件精神，从1998年起，实施新的地表水环境监测断面优化设置方案，地表水省控河流（段）由原来的37条调整为28条，监测断面由原来的70个调整为44个，总控制长度占所监测河流段长度的61.8%，河流（段）受控覆盖率较以前增加7.5%，监测断面减少11.6%，代表性更符合“规范”要求，为实行水环境污染总量控制提出全新的、较为可靠的依据。“九五”期间，全省地表水水质监测频率按枯水期、丰水期、平水期进行，共对44个地表水水质监测断面、28条河流（段)、16座水库水质开展监测工作。

2002 年 6 月，国家环保护总局发布《地表水环境质量标准》(GB 3838—2002)，全省地表水水质监测开始按照新标准相关规定执行。

2003 年，为更好地反映全省地表水水质状况，全省地表水水质监测频率改为单月监测必测项目的 25 项，其中扶河桥、什川桥、青城桥、五佛寺、桦林、葡萄园和绸子坝断面除单月监测外，双月监测 12 项。“十五”期间，全省地表水水质监测增加河流断面 3 个（扶河桥、姚新庄、马头坡）、河流（段）2 个（庆阳蒲河Ⅲ类、庆阳蒲河Ⅰ类）、水库 1 座（巴家嘴），共对 47 个地表水水质监测断面、30 条河流（段）、17 座水库水质开展监测工作。

2008 年，根据《甘肃省人民政府关于甘肃省水功能区划的批复》(甘政函〔2007〕51 号)，地表水执行新的功能区标准后，原有的 30 条河流（段）调整为 26 条。全省地表水水质监测频率改为单月监测必测项目的 25 项，其中扶河桥、什川桥、冰沟、火车站、青城桥、五佛寺、桦林、葡萄、莺落峡、高崖水文站和绸子坝断面改为每月监测必测项目的 25 项。“十一五”期间，全省监测的 26 条河流（段）共布设 47 个监测断面，其中，国控断面 11 个（扶河桥、什川桥、青城桥、五佛寺、桦林、葡萄园、莺落峡、高崖水文站、冰沟、火车站、绸子坝)，省控监测断面 36 个，监测水库 17 座，地表水监测断面及监测频次详见表 3–3–1、表 3–3–2 和表 3–3–3。

表 3–3–1

甘肃省地表水监测断面一览表

水系	所在河流	断面名称	断面性质	水域类别	水系	所在河流	断面名称	断面性质	水域类别
黄河水系	黄河临夏段	刘家峡水库库心	水库控制断面	Ⅱ类	石羊河水系	武威石羊河	校东桥	控制断面	Ⅲ类
	黄河兰州段	扶河桥	对照断面（入境、国控）	Ⅱ类 扎子沟			扎子沟	控制断面	
		新城桥	控制断面	Ⅲ类					
		包兰桥	控制断面				红崖山水库出口	水库控制断面	Ⅲ类

续表

水系	所在河流	断面名称	断面性质	水域类别
黄河水系	黄河兰州段	什川桥	出境断面（国控）	Ⅲ类
	黄河白银段	青城桥	入境断面（国控）	Ⅲ类
		靖远桥	控制断面	
		五佛寺	削减断面（出境、国控）	
	大夏河甘南段	桑科水库	对照断面（水库控制断面）	Ⅰ类
		德高桥	控制断面	Ⅲ类
		地沟桥	出境断面	
	大夏河临夏段	土门关	对照断面（河流入河口）	Ⅲ类
		折桥	控制断面	
		洮湖峡	出境断面	
渭河水系	渭河陇西段	西二十里铺	入境断面	Ⅲ类
		土店子	出境断面	
	渭河天水段	桦林	入境断面（国控）	Ⅲ类
		北道桥	控制断面	
		伯阳桥	控制断面	
		葡萄园	控制断面（出境、国控）	

水系	所在河流	断面名称	断面性质	水域类别
石羊河水系	金昌金川河	北海子	对照断面	Ⅱ类
		金川峡水库入口	水库控制断面	
		迎山坡	控制断面	Ⅲ类
	武威西营河	西营水库	控制断面	Ⅲ类
	武威金塔河	南营水库	控制断面	Ⅱ类
	武威石羊河	黄羊水库	对照断面	Ⅲ类
	金昌东大河	皇城水库	控制断面	Ⅱ类
黑河水系	黑河张掖段	莺落峡	对照断面（国控）	Ⅱ类
		高崖水文站	控制断面（国控）	Ⅲ类
		廖泉桥	控制断面	
		六坝桥	出境断面	
	张掖山丹河	山丹桥	控制断面	Ⅳ类
	北大河嘉峪关段	冰沟	入境断面（国控）	Ⅲ类
		火车站	出境断面（国控）	
		黑山湖	控制断面	Ⅱ类
	北大河酒泉段	北大河桥	对照断面	Ⅲ类

续表

水系	所在河流	断面名称	断面性质	水域类别
泾河水系	泾河平凉段	崆峒水库库心	水库控制断面	Ⅱ类
		八里桥	对照断面	Ⅲ类
		平镇桥	控制断面	
		拦洪坝	出境断面	
	庆阳马莲河	曲子大桥	对照断面	Ⅲ类
		韩家湾	控制断面	
		宁县桥头	削减断面	
	庆阳蒲河	姚新庄	对照断面	Ⅱ类
		巴家嘴水库	水库控制断面	
		马头坡	控制断面	Ⅲ类
湟水河水系	湟水河兰州段	湟水桥	支流湟水河控制断面	Ⅲ类
洮河水系	洮河临洮段	玉井	入境断面	Ⅱ类
		洮园桥	出境断面	Ⅲ类
黑河水系	北大河酒泉段	城郊农场	控制断面	Ⅲ类
		鸳鸯池水库出口	控制断面	
		解放村水库出口	控制断面	
疏勒河水系	玉门石油河	豆腐台	对照断面	Ⅱ类
		西河坝桥	控制断面	Ⅳ类
		赤金峡水库	控制断面	Ⅳ类
	疏勒河	双塔水库库心	控制断面	Ⅲ类
	敦煌党河	党河水库库心	控制断面	Ⅱ类
		月牙泉水库	控制断面	
嘉陵江水系	白龙江武都段	两水桥	对照断面	Ⅱ类

表 3-3-2

甘肃省地表水监测断面、监测频次

城市	监测断面	监测频次	监测项目	质控报表上报频次
兰州	扶河桥、新城桥、包兰桥、什川桥、湟水桥	每月、单月、单月、每月、单月	25 项	每季一次
嘉峪关	冰沟、火车站、黑山湖	每月、每月、单月	25 项、25 项、27项	每季一次
金昌	北海子、迎山坡、金川峡水库、皇城水库	单月	25 项、25 项、27 项、27 项	每季一次
白银	青城桥、靖远桥、五佛寺	每月、单月、每月	25 项	每季一次
天水	桦林、北道桥、伯阳桥、葡萄园	每月、单月、单月、每月	25 项	每季一次
武威	校东桥、扎子沟、红崖山水库、黄羊水库、西营水库、南营水库	单月	25 项、25 项、27 项、27 项、27 项、27 项	每季一次
酒泉	北大河桥、城郊农场、鸳鸯池水库、解放村水库	单月	25 项、25 项、27 项、27 项	每季一次
张掖	莺落峡、高崖水文站、廖泉桥、六坝桥、山丹桥	每月、每月、单月、单月、单月	25 项	每季一次
庆阳	曲子大桥、韩家湾、宁县桥头、姚新庄、巴家嘴水库、马头坡	单月	25 项、25 项、25 项、25 项、27 项、25 项	每季一次
平凉	崆峒水库、八里桥、平镇桥、拦洪坝	单月	27 项、25 项、25 项、25 项	每季一次
定西	西二十里铺、土店子、玉井、洮园桥	单月	25 项	每季一次
临夏	土门关、折桥泄湖峡	单月	25 项	每季一次
武都	两水桥、麻池桥、绸子坝	单月、单月、每月	25 项	每季一次
甘南	桑科德高桥、地沟桥	单月	27 项、25 项、25 项	每季一次
玉门	豆腐台、西河坝桥、赤金峡水库	单月	25 项、25 项、27 项	每季一次
敦煌	双塔水库、党河水库、月牙泉水库	单月	27 项	每季一次
永靖	刘家峡水库	单月	27 项	每季一次

表 3–3–3

甘肃省地表水水质自动站点

城市	子站名称	项目	频次	方位
兰州	新城桥	pH、溶解氧、电导率、浊度、水温、氨氮、高锰酸盐指数、总磷、总有机碳	每 4 小时 1 次	E：103°35′1″ W：36°7′19″
	什川桥			E：103°59′43″ W：36°9′56″
白银	五佛寺			E：104°17′30″ W：37°10′14″

二、饮用水水源地水质监测

全省集中式生活饮用水水源地水质监测从 2002 年开始。饮用水水源地地表水水质评价执行《地表水环境质量标准》（GB 3838—2002）Ⅲ类标准限值要求，饮用水水源地地下水水质评价执行《地下水质量标准》（GB/T 14848—1993）中Ⅲ类标准限值要求。

“十五”期间，全省集中式生活饮用水水源地水质共监测饮用水水源地地表水断面 9 个，饮用水水源地地下水点位 18 个，监测点位、频次、监测项目见表 3–3–4。

表 3–3–4

甘肃省饮用水水源地监测点位、频次、监测项目统计

城市	监测点位	监测频次	监测项目
兰州	岸门桥	每月	1 月、7 月 28 项，其他月 10 项
	迎门桥		1 月、7 月 23 项，其他月 8 项
	崔滩		1 月、7 月 23 项，其他月 8 项
嘉峪关	北大河	每月	1 月、7 月 23 项，其他月 8 项
	嘉峪关		
金昌	迎山坡	每月	1 月、7 月 28 项，其他月 10 项

续表

城市	监测点位	监测频次	监测项目
白银	二水源	每月	1月、7月28项，其他月10项
	动力公司		
天水	西十里	单月	1月、7月23项，其他月8项
	慕滩		
武威	自来水厂	单月	1月、7月23项，其他月8项
酒泉	二水厂	单月	1月、7月23项，其他月8项
	三水厂		
张掖	自来水厂	单月	1月、7月23项，其他月8项
庆阳	巴家嘴	单月	1月、7月28项，其他月10项
	老六泵机井		1月、7月23项，其他月8项
	十里湾7#		1月、7月23项，其他月8项
平凉	养子寨	单月	1月、7月23项，其他月8项
	景家庄		
定西	香泉	单月	1月、7月23项，其他月8项
临夏	自来水厂	单月	1月、7月28项，其他月8项
武都	钟楼滩	单月	1月、7月23项，其他月8项
甘南	高尔奏	单月	1月、7月23项，其他月8项
玉门	白杨河	单月	1月、7月28项，其他月10项
	石油河		
敦煌	沙洲镇	单月	1月、7月23项，其他月8项
	七里镇		

按照中国环境监测总站2008年《饮用水水源保护区划分技术规范》要求，兰州市于2010年8月完成迎门滩和崔家滩两个饮用水水源地地下水全分析，9月完成岸门桥饮用水水源地地表水全分析；金昌市于2010年9月完成迎山坡饮用水水源地地表水全分析。“十一五”期间，全省集中式生活饮用水水源地水质共监测饮用水水源地地表水断面7个，饮用水水源地地下水点位18个，监测点位、监测频次、监测项目见表3–3–5。

表3–3–5

甘肃省饮用水水源地监测点位、监测频次、监测项目统计

城市	监测点位		监测频次	监测项目	
	名称	性质			
兰州	岸门桥	地表水源	每月	64项	109项每年1次
	迎门桥	地下水源		23项	
	崔滩	地下水源		23项	
嘉峪关	北大河	地下水源	每月	1月、7月23项，其他月8项	
	嘉峪关	地下水源			
金昌	迎山坡	地表水源	每月	64项	109项每年1次
白银	二水源	地表水源	每月	1月、7月28项，其他月10项	
	动力公司	地表水源			
天水	西十里	地下水源	单月	1月、7月23项，其他月8项	
	慕滩	地下水源			
武威	自来水厂	地下水源	单月	1月、7月23项，其他月8项	
酒泉	二水厂	地下水源	单月	1月、7月23项，其他月8项	
	三水厂	地下水源			
张掖	自来水厂	地下水源	单月	1月、7月23项，其他月8项	
庆阳	巴家嘴	地表水源	单月	1月、7月28项，其他月10项	
	十里湾7#	地下水源		1月、7月23项，其他月8项	
平凉	养子寨	地下水源	单月	1月、7月23项，其他月8项	
	景家庄	地下水源			

续表

城市	监测点位		监测频次	监测项目
	名称	性质		
定西	香泉	地下水源	单月	1月、7月23项，其他月8项
临夏	自来水厂	地表水源	单月	1月、7月28项，其他月10项
	槐树庄	地表水源		
武都	钟楼滩	地下水源	单月	1月、7月23项，其他月8项
甘南	高尔奏	地下水源	单月	1月、7月23项，其他月8项
敦煌	沙洲镇	地下水源	单月	1月、7月23项，其他月8项
	七里镇	地下水源		

饮用水水源地水质监测分析：2002年庆阳硫化物超标，水质达标率均在90%以上。2003年白银粪大肠菌群超标，天水市总硬度超标。2004年白银粪大肠菌群超标，庆阳硫化物超标。2005年白银粪大肠菌群超标，武威亚硝酸盐氮超标，合作氨氮超标。

2006年、2007年，饮用水水质达标率在90%以上；2008年、2009年和2010年，水质达标率分别为67.3%、47.5%和66.6%，主要超标项目为粪大肠菌群。2008—2010年，饮用水水源地水质达标率下降的主要原因是兰州市粪大肠菌群超标，由于兰州市饮用水水源地取水量在全省地级以上城市占的比重比较大，约占15个城市饮用水水源地取水总量的60%，导致全省水质达标率整体有所下降，见表3–3–6。

表3–3–6

甘肃省集中式生活饮用水水源地水质超标情况统计

年度	主要超标说明	全省达标率
2002	庆阳硫化物超标	90%以上
2003	白银粪大肠杆菌超标	90%以上
2004	白银粪大肠杆菌超标	90%以上
2005	白银粪大肠杆菌超标	90%以上

续表

年度	主要超标说明	全省达标率
2006	白银粪大肠杆菌超标，武威亚硝酸盐氮超标，合作氨氮超标	90%以上
2007	庆阳亚硝酸盐氮超标，平凉氨氮超标，白银粪大肠杆菌超标	90%以上
2008	兰州粪大肠杆菌超标	67.3%
2009	兰州粪大肠杆菌超标	47.5%
2010	兰州粪大肠杆菌超标	66.6%

第二节　地下水监测

“八五”时期，开展地下水监测的有天水、嘉峪关、西峰、平凉、武都、定西、酒泉、临夏8个监测站。“八五”时期，监测项目有18项，详见表3–3–7。

“九五”时期，参与评价的城市有定西、金昌、武威、武都、酒泉、嘉峪关6个城市。监测年限除嘉峪关市为1996—1999年以及酒泉1999年数据不全未参与统计外，其他城市皆为1996—2000年。2000年总监测井数为41眼，即定西境内13个测点（潜水），金昌境内11个测点（潜水），武都境内3个测点（潜水），武威境内5个测点（潜水），酒泉境内9个测点（1个承压水测点，8个潜水测点），其中潜水（指埋藏在地面以下，在第一个隔水层之上，即有自由表面的重力水）40眼，承压水（指埋藏在两个不透水层之间的含水层中的水）1眼。分析项目选择20项，分别为pH、总硬度、高锰酸盐指数、氨氮、亚硝酸盐氮、硝酸盐氮、挥发酚、氰化物、砷、汞、六价铬、铅、镉、铜、锌、镍、氟化物、硫酸盐、氯化物、总大肠菌群，其中金昌选测镍监测，监测频率为一年两次（枯水期、丰水期）。

“十五”时期，开展地下水监测的城市有兰州、嘉峪关、天水、庆阳、平凉、武威、张掖、酒泉、甘南、陇南、定西、敦煌12个监测站。其中，兰州、嘉峪关检测项目中，pH、总硬度、硫酸盐、氯化物、高锰酸盐指数、氨氮、氟化物、总大肠菌群每月监测一次；挥发酚、硝酸盐氮、亚硝酸盐

表 3-3-7

1995 年甘肃省主要城市地下水水质现状监测统计

城市	地下水类型及总检井数	指标	pH	总硬度	硫酸盐	氟化物	高锰酸盐指数	氨氮	亚硝酸盐氮	硝酸盐氮	挥发酚	氰化物	砷	汞	六价格	铅	镉	油	大肠菌群/(个/升)	细菌总数/(个/毫升)
兰州		缺		—	—	—	—	—	—	—	—	—	—	—	—	—	—	—	—	—
嘉峪关	潜水(1)	最高	8.36	—	74.622	0.28	2.15	—	0.002	1.446	0.001	0.002	0.004	0.000 02	0.02	0.01	0.001	0.025	3	—
		最低	8.16	—	62.419	0.2	0.25	—	0.002	0.593	0.001	0.002	0.004	0.000 02	0.002	0.01	0.001	0.025	3	—
		平均	8.29	—	68.2	0.23	0.68	—	0.002	0.775	0.001	0.002	0.004	0.000 02	0.007	0.01	0.001	0.025	3	—
酒泉	潜水(7)	最高	8.94	—	178.4	0.25	2.62	—	—	7.6	0.005	0.002	0.011	—	0.002	0.002 6	0.000 05	—	1	—
		最低	7.18	—	48.4	0.25	0.34	—	—	0.25	0.001	0.002	0.004	—	0.002	0.005	0.000 05	—	1	—
		平均	7.85	—	103.2	0.25	0.99	—	—	3.18	0.001 8	0.002	0.004 6	—	0.002	0.001 3	0.000 05	—	1	—
	承压水(1)	最高	8.1	—	48	0.25	0.67	—	—	0.92	0.001	0.002	0.011	—	0.002	0.001 1	0.000 05	—	1	—
		最低	7.6	—	29.45	0.25	0.34	—	—	0.84	0.001	0.002	0.004	—	0.002	0.000 5	0.000 05	—	1	—
		平均	7.85	—	38.7	0.25	0.51	—	—	0.88	0.001	0.002	0.006	—	0.002	0.000 8	0.000 05	—	1	—
定西	潜水(3)	最高	7.83	—	25.5	—	4.87	0.647	0.177	93.68	0.001	0.002	0.004	0.000 02	0.197	0.000 2	0.002	—	230	—
		最低	6.62	—	2	—	1.4	0.201	0.002	3.722	0.001	0.002	0.004	0.000 02	0.002	0.000 2	0.002	—	18	—
		平均	7.43	—	15.2	—	2.86	0.391	0.042	51.33	0.001	0.002	0.004	0.000 02	0.071	0.000 2	0.002	—	62	—
临夏	潜水(5)	最高	7.82	—	177	—	—	—	0.002	4.81	0.012	—	—	0.000 26	0.005	0.000 5	0.000 5	0.03	230	—
		最低	7.35	—	33.2	—	—	—	0.002	0.081	0.001	—	—	0.000 05	0.002	0.000 5	0.000 5	0.03	3	—

续表

城市	地下水类型及总检井数	指标	pH	总硬度	硫酸盐	氟化物	高锰酸盐指数	氨氮	亚硝酸盐氮	硝酸盐氮	挥发酚	氰化物	砷	汞	六价格	铅	镉	油	大肠菌群/(个/升)	细菌总数/(个/毫升)
临夏	潜水(5)	平均	7.53	—	91	—	—	—	0.002	2.481	0.005	—	—	0.000 07	0.002 6	0.000 5	0.000 5	0.03	19	—
天水	潜水(7)	最高	7.86	—	—	—	—	0.025	0.002 5	4.25	0.001	0.002	0.003 5	0.000 02	0.002	0.004	0.000 8	—	—	10
		最低	7.32	—	—	—	—	0.025	0.002 5	4.22	0.001	0.002	0.003 5	0.000 02	0.002	0.002	0.000 5	—	—	10
		平均	7.64	—	—	—	—	0.025	0.002 5	4.24	0.001	0.002	0.003 5	0.000 02	0.002	0.003	0.000 7	—	—	10
平凉	潜水(4)	最高	8.06	170.64	—	1.245	—	0.31	0.234	2.44	0.006	0.002	0.008	—	0.002	0.000 5	0.000 5	—	>230	796
		最低	7.58	106.08	—	0.285	—	0.01	0.002	0.99	0.001	0.002	0.004	—	0.002	0.000 5	0.000 5	—	>230	41
		平均	7.85	129.7	—	0.616	—	0.07	0.073	1.56	0.025	0.002	0.005	—	0.002	0.000 5	0.000 5	—	>230	199
西峰	潜水(8)	最高	8.4	—	10.555	0.649	4.63	—	0.068	4.24	0.002	0.002	0.004	0.000 05	0.054	—	—	—	—	44
		最低	7.4	—	2.5	0.406	0.24	—	0.002	2.313	0.001	0.002	0.004	0.000 05	0.008	—	—	—	—	21
		平均	7.79	—	5.914	0.542	0.89	—	0.004 8	3.015	0.001 4	0.002	0.004	0.000 05	0.034	—	—	—	—	31
武都	潜水(3)	最高	8.2	244.7	246.2	0.77	0.82	0.02	0.008	8.6	0.001	0.002	0.004	0.001	0.002	0.014	0.000 2	—	18	7
		最低	7.17	73.56	7.77	0.22	0.4	0.02	0.002	0.23	0.001	0.002	0.004	0.000 05	0.002	0.000 9	0.000 2	—	<3	1
		平均	7.8	148.62	99.321	0.43	0.63	0.02	0.004	3.07	0.001	0.002	0.004	0.000 3	0.002	0.003 4	0.000 2	—	<4	2

氮、铁、锰、铜、锌、阴离子合成洗剂、氰化物、汞、硒、砷、镉、铬（六价）、铅1月、7月各监测一次。

天水、庆阳、平凉、武威、张掖、酒泉、甘南、陇南、定西、敦煌10个监测站监测pH、总硬度、硫酸盐、氯化物、高锰酸盐指数、氨氮、氟化物、总大肠菌群，1月、7月各监测一次。

“十一五”时期，参与地下水水质监测的有11个城市（见表3–3–7）。参加地下水水质评价的因子有pH、氯化物、硫酸盐、氨氮、硝酸盐（以N计）、亚硝酸盐（以N计）、氰化物、氟化物、总硬度（以$CaCO_3$计）、砷、铁、锰、铅、镉、汞、六价铬、高锰酸盐指数、挥发性酚类、总大肠菌群。细菌学指标不参与评价分值（F）计算。

第四章　城市环境监测

第一节　噪声监测

一、监测点位与标准

城市环境噪声源主要由交通噪声、工业噪声、施工噪声、生活噪声和其他噪声构成，多年来形成的分布格局基本未变，生活噪声和交通噪声占较大比重。生活噪声源覆盖面积广、影响范围大；交通噪声强度大，声级值高，对声环境质量影响较重。

1991—2000 年，兰州市、天水市、白银市、金昌市、嘉峪关市、西峰市、平凉市、武都县、定西市、武威市、张掖市、酒泉市和临夏市 13 个城市开展了区域环境噪声、道路交通噪声和功能区噪声监测。区域噪声和道路交通噪声每年监测一次，功能区噪声每季度监测一次。其中，1991—1995 年，噪声测量方法执行《城市环境噪声测量方法》(GB 3222—1982)，噪声环境质量评价执行《城市区域环境噪声标准》(GB 3096—1982)。1996—2000 年，噪声环境质量评价执行《城市区域环境噪声标准》(GB 3096—1993)。1997 年，根据国家环保局《城市区域环境噪声适用区划分技术规范》(GB/T 15190—1994)要求，全省开展城市环境噪声标准适用区域划分工作。

2001—2010 年，兰州市、天水市、白银市、金昌市、嘉峪关市、平凉市、定西市、武威市、张掖市、酒泉市、临夏回族自治州、合作市、陇南市、庆阳市 14 个城市开展了区域环境噪声、道路交通噪声和功能区噪声监测。区域噪声和交通干线噪声监测每年秋季监测一次，功能区噪声每季度监测一次。噪声测量方法执行《声环境质量标准》(GB 3096—2008)，声环境质量分级执行《声环境质量评价方法技术规定》（总站物字〔2003〕52 号）。

全省城市功能区噪声监测点位 82 个，区域环境噪声有效监测点数 1 668 个，道路交通噪声有效路段数 364 个。

城市区域环境噪声、道路交通噪声春季或秋季监测一次；兰州市功能区噪声每季度监测一次，其他 13 个市、州半年监测一次。城市声环境监测点位详见表 3-4-1。

表 3-4-1

甘肃省城市噪声布点情况统计表

序号	城市	功能区噪声测点位/个		区域环境噪声有效监测点数/个		道路交通噪声有效路段数/个	
		“十五”期间	“十一五”期间	“十五”期间	“十一五”期间	“十五”期间	“十一五”期间
1	兰州	7	7	212	212	51	51
2	嘉峪关	7	7	102	102	30	30
3	金昌	5	7	203	203	41	44
4	白银	5	5	100	100	44	44
5	天水	6	6	128	102	9	10
6	酒泉	6	8	101	103	48	48
7	张掖	5	5	101	101	22	22
8	武威	7	7	102	102	32	32
9	定西	5	5	116	116	15	15
10	陇南	5	5	100	100	6	6
11	平凉	6	7	107	107	14	17
12	庆阳	6	5	101	101	12	13
13	临夏	5	5	110	110	25	25
14	甘南	3	3	109	109	7	7
15	全省	78	82	1 692	1 668	356	364

二、声环境质量评价

1. 城市区域环境噪声

1995 年，13 个城市区域环境噪声平均等效声级值范围为 52.5~62.4 分贝。白银、金昌、张掖、平凉声级值小于 55 分贝；天水、嘉峪关、西峰、武都和酒泉声级值介于 55.0~60.0 分贝；临夏、定西、武威和兰州声级值超过 60 分贝。1991—1995 年，全省区域环境噪声平均等效声级值范围为

53.4~57.9 分贝，1995 年最高，1994 年最低。

2000 年，13 个城市区域环境噪声平均等效声级值范围为 50.4~60.6 分贝。武都和兰州声级值超过二类混合区标准，污染较重；平凉、天水、定西、酒泉和武威声级值超过居住、文教机关区 1 类标准；其余 6 个城市平均等效声级低于一类标准。1996—2000 年，全省区域环境噪声平均等效声级值范围为 55.6~58.2 分贝，由 1996 年的 58.2 分贝下降至 2000 年的 55.6 分贝。

2005 年，14 个城市区域环境噪声平均等效声级值范围为 48.0~58.0 分贝。武都、兰州声级值为 55.0~60.0 分贝，属轻度污染；临夏、合作声级值小于 50.0 分贝，声环境质量好；其余 10 个城市声级值为 50.0~55.0 分贝，声环境质量较好。2001—2005 年，全省区域环境噪声平均等效声级值范围为 53.2~55.2 分贝，声环境质量处在中度和轻度污染的城市由 2001 年的 5 个减少至 2005 年的 2 个，较好和好的城市由 2001 年的 9 个增加到 12 个。

2010 年，14 个城市区域环境噪声平均等效声级值范围为 48.4~57.4 分贝。区域声环境质量好的为甘南，声级值小于 50.0 分贝；轻度污染的为陇南和兰州，声级值为 55.0~60.0 分贝；其他 11 个城市声级值为 50.0~55.0 分贝，声环境质量较好。2006—2010 年，全省区域环境噪声平均等效声级值依次为 53.8 分贝、53.1 分贝、53.1 分贝、53.5 分贝、53.5 分贝，年际间波动不大。5 年内，兰州区域声环境质量轻度污染；陇南 2009 年区域声环境质量较差，其他 4 年均轻度污染；其余 12 个城市声环境质量均为好或较好。

2. 道路交通噪声

1995 年，13 个城市道路交通噪声平均等效声级值范围为 63.7~77.6 分贝，武威市最高，测点达标率为 57%，兰州、天水、平凉、定西、武威、酒泉、临夏均超过 70 分贝。1991—1995 年，全省城市道路交通噪声平均等效声级值范围为 69.0~71.4 分贝，1993 年和 1994 年较高，1992 年最低，1991 年和 1995 年相差不大。

2000 年，13 个城市道路交通噪声平均等效声级值范围为 63.8~72.8 分贝。武都、平凉和临夏污染较重，声级值超过 70 分贝，总监测路段 389.5 千米，其中平均等效声级值超过 70 分贝的路段长度 172.8 千米，占监测总路段的 44.4%。其中，平凉、武都、临夏、西峰、武威和张掖有 50%以上路段平均等效声级超过 70 分贝，嘉峪关和金昌道路交通声环境质量较好。

1996—2000 年，全省城市道路交通噪声平均等效声级值范围为 69.4~71.6 分贝，由 1996 年的 71.6 分贝降至 2000 年的 69.4 分贝。

2005 年，14 个城市道路交通噪声平均等效声级值分布为 65.9~69.9 分贝。嘉峪关、合作、金昌、酒泉、武都和张掖 6 个城市声级值小于 68.0 分贝，声环境质量好；其他 8 个城市平均等效声级值分布为 68.0~70.0 分贝，声环境质量较好。全省道路交通噪声监测总长度 480.5 千米，超过 70 分贝的路段长度为 95.7 千米，占监测总长度的 19.9%，平均车流量 859 辆/小时。2001—2005 年，全省城市道路交通噪声平均等效声级值为 68.0~69.2 分贝，由 2001 年的 69.2 分贝降至 2005 年的 68.0 分贝，截至 2004 年，14 个城市声环境质量均达到好和较好水平。

2010 年，14 个城市交通干线噪声平均等效声级值范围为 63.0~69.8 分贝。临夏、陇南、平凉、定西、兰州 5 个城市声级值介于 68.1~70.0 分贝，声环境质量较好；其他城市声级值均低于 68.0 分贝，声环境质量好。2005—2010 年，全省城市交通干线噪声平均等效声级值为 67.1~68.0 分贝，由 2006 年的 68.0 分贝降至 2010 年的 67.1 分贝，除陇南 2008 年、2009 年不达标外，5 年来其余城市交通干线声环境质量均达标。

3. 功能区噪声

自 1991 年始，功能区噪声污染逐渐加重。1993 年，居民文教区昼间 10 个城市超标，夜间各城市均超标；一类混合区昼间 9 个城市超标，夜间 10 个城市超标；二类混合区昼间 6 个城市超标，夜间 7 个城市超标；工业集中区昼间 4 个城市超标，夜间 5 个城市超标；交通干线两侧昼间 6 个城市超标，夜间 9 个城市超标。截至 1995 年，居民文教区昼间均超标，夜间均达标；一类混合区白银昼间、夜间达标，临夏夜间达标，其余城市均超标；二类混合区金昌昼间达标，白银、陇南和酒泉夜间达标，其余城市均超标；工业集中区天水、白银昼间达标，庆阳、陇南和临夏昼间、夜间均达标，其余城市均超标；交通干线两侧白银、嘉峪关、庆阳和平凉昼间达标，夜间均超标。

2000 年，一类标准适用区武威和天水超标严重，武都和西峰声环境质量较好，其余城市达标；二类标准适用区天水和武威超标严重，武都和金昌声环境质量较好，其余城市达标；三类标准适用区嘉峪关和金昌污染严重，武都声环境质量较好，其余城市达标；四类标准适用区武都、天水、张掖和临夏超标严重，其余城市达标。

2005 年，一类标准适用区昼夜平均等效声级值范围为 46.2~59.9 分贝，声级值均超过该类区夜间标准，3 个城市声级值超过该类区昼间标准；二类标准适用区昼夜平均等效声级值范围为 49.6~62.2 分贝，12 个城市声级值超过该类区夜间标准，其中平凉、庆阳声级值超过该类区昼间标准；三类标准适用区昼夜平均等效声级值范围为 45.0~69.3 分贝，6 个城市声级值超过该类区夜间标准，其中嘉峪关超过该类区昼间标准；四类标准适用区昼夜平均等效声级值范围为 57.3~70.6 分贝，声级值均超过该类区夜间标准，临夏市声级值超过该类区昼间标准。

“十一五”时期，城市环境治理取得显著成效，功能区达标率明显提高。2010 年，一类功能区昼间达标率为 72.2%，夜间达标率为 75.0%；二类功能区昼间达标率为 82.1%，夜间达标率为 74.2%；三类功能区昼间达标率为 72.0%，夜间达标率为 66.2%；四类功能区昼间达标率为 63.5%，夜间达标率为 31.2%。1991—2010 年城市声环境质量评价见表 3-4-2。

表 3-4-2

1991—2010 年甘肃省城市声环境质量评价表

年份		居民文教区（一类标准适用区）	一类、二类混合区（二类标准适用区）		工业集中区（三类标准适用区）	交通干线两侧（四类标准适用区）
			一类混合区	二类混合区		
1991	昼	兰州、天水、嘉峪关、庆阳	天水、金昌、嘉峪关	天水		庆阳
	夜	兰州、天水、嘉峪关、庆阳、金昌	天水、金昌、嘉峪关	天水、嘉峪关	天水	兰州、天水、白银、嘉峪关
1992	昼	兰州、嘉峪关、定西、西峰	除兰州外，其余城市均超标	定西	天水	兰州、酒泉、西峰
	夜	除武威外，其余城市均超标	除白银、武威外，其余城市超标	嘉峪关、天水、酒泉		除武威、金昌外，其余城市均超标

续表

年份		居民文教区（一类标准适用区）	一类、二类混合区（二类标准适用区）		工业集中区（三类标准适用区）	交通干线两侧（四类标准适用区）
			一类混合区	二类混合区		
1993	昼	10个城市超标	9个城市超标	6个城市超标	4个城市超标	6个城市超标
	夜	各城市均超标	10个城市超标	7个城市超标	5个城市超标	9个城市超标
1994	昼	除平凉外，其余城市均超标	金昌、嘉峪关、武都、定西和武威	5个城市超标	金昌、武都	6个城市超标
	夜	嘉峪关、武威超标率最高	6个城市超标	4个城市超标	张掖	7个城市超标
1995	昼	均超标	除白银外，其余城市均超标	除金昌均超标	除天水、白银、庆阳、陇南和临夏外，其余城市均超标	除白银、嘉峪关、庆阳和平凉外，其余城市均超标
	夜	均超标	除白银、临夏外，其余城市均超标	除白银、陇南和酒泉外，其余城市均超标	除庆阳、陇南和临夏外，其余城市均超标	均超标
1996	昼	5个城市超标	天水、白银、西峰、定西		武威	兰州、西峰
	夜	8个城市超标	6个城市超标		金昌、嘉峪关、武威	除平凉外，其余城市均超标
1997	昼	7个城市超标	除白银、武威外，其余城市超标		无	武威、临夏
	夜	8个城市超标	除兰州、金昌、酒泉外，其余城市均超标		天水、嘉峪关、武都、武威	除金昌外，其余城市均超标
1998	昼	5个城市超标	西峰、天水、武威		武威	天水、武都、武威
	夜	7个城市超标	6个城市超标		武威、天水、嘉峪关	均超标

续表

年份		居民文教区（一类标准适用区）	一类、二类混合区（二类标准适用区）		工业集中区（三类标准适用区）	交通干线两侧（四类标准适用区）
			一类混合区	二类混合区		
1999	昼	有5个城市超标	天水、武都		无	张掖、酒泉、武都、武威
	夜	有5个城市超标	6个城市超标		张掖、武威、嘉峪关	除西峰外，其余城市均超标
2000	昼	武威和天水超标严重，武都和西峰声环境质量较好，其余城市达标	天水和武威超标严重，武都和金昌声环境质量较好，其余城市达标		嘉峪关和金昌污染严重，武都声环境质量较好，其余城市达标	武都、天水、张掖和临夏超标严重，其余城市达标
	夜	武威和天水超标严重，武都和西峰声环境质量较好，其余城市达标	天水和武威超标严重，武都和金昌声环境质量较好，其余城市达标		嘉峪关和金昌污染严重，武都声环境质量较好，其余城市达标	武都、天水、张掖和临夏超标严重，其余城市达标
2001	昼	除定西外，其余城市均超标	除临夏、合作外，其余城市均超标		除兰州、白银、平凉、武都、定西、临夏，其余城市均超标	均超标
	夜	均超标	西峰、临夏、合作达标，其余城市达标		除武都、酒泉外均超标	均超标
2002	昼	西峰、武威	天水、武威、张掖		金昌、嘉峪关	张掖
	夜	天水、金昌、嘉峪关、定西、武威、张掖	天水、平凉、定西、武威、张掖		兰州、金昌、嘉峪关、武威	除临夏、平凉外，其余城市均超标

续表

年份		居民文教区（一类标准适用区）	一类、二类混合区（二类标准适用区）		工业集中区（三类标准适用区）	交通干线两侧（四类标准适用区）
			一类混合区	二类混合区		
2003	昼	天水、武威、酒泉	武威、张掖		嘉峪关	临夏、武威、兰州、张掖
	夜	10个城市超标	6个城市超标		兰州、白银、嘉峪关、武威	除嘉峪关外，其余城市均超标
2004	昼	临夏、兰州、酒泉、武威	平凉		金昌、嘉峪关	临夏、兰州
	夜	8个城市超标	6个城市超标		金昌、武威、嘉峪关	10个城市超标
2005	昼	3个城市超标	平凉、庆阳		嘉峪关	临夏市
	夜	均超标	12个城市超标		6个城市超标	均超标
2006	昼	临夏、兰州、白银	嘉峪关		嘉峪关	临夏、定西
	夜	合作、武都、白银、酒泉	庆阳、嘉峪关、兰州		金昌、嘉峪关	9个城市超标
2007	昼	嘉峪关、白银	嘉峪关、白银		嘉峪关	定西
	夜	兰州、白银、庆阳	白银、嘉峪关、兰州		庆阳、金昌、嘉峪关	除酒泉、平凉、临夏、嘉峪关外，其余城市均超标
2008	昼	兰州	无		嘉峪关	无
	夜	兰州、嘉峪关	武都、嘉峪关、兰州		嘉峪关	除酒泉、平凉外，其余城市均超标
2009	昼	兰州、临夏	除兰州外，其余城市均达标		除嘉峪关外均达标	兰州、临夏
	夜	兰州、嘉峪关、武威、临夏	除兰州外，其余城市均达标		除嘉峪关外均达标	除嘉峪关、平凉、酒泉、定西、庆阳外，其余城市均超标
2010	昼	达标率为72.2%	达标率为82.1%		达标率为72.0%	达标率为63.5%
	夜	达标率为75.0%	达标率为74.2%		达标率为66.2%	达标率为31.2%

第二节　污染源监测

甘肃省在1985年工业污染源调查的基础上，将“三废”排放量占到全省工业排放总量60%以上的重点污染源建立动态档案，各地、州、市监测站对分布于本辖区内的重点污染源每年污染物排放浓度进行监测，并将其监测结果填入档案册，一家企业一个档案本。甘肃省环境监测中心站建立全省重点污染源档案库，对每年重点污染源污染物排放浓度进行比对，并向省环保局提交全省重点污染源排放情况报告，根据重点污染源污染治理量及污染物浓度变化，及时调整进入档案库的企业名单。1991—2005年，全省重点工业污染源数量因污染排放量变化一直保持在100~130家。

“十一五”期间，随着主要污染物总量减排工作的全面推进，省环保局开始建立和完善污染源监测管理制度，组织开展国家重点监控企业污染源监督性监测工作。根据重新调查核实，全省有170家企业被列入重点污染源，对其工业废水、废气、城市污水处理情况每年进行一次监测，并编制年度《污染源排放状况报告》。

自2007年起，中央财政设立国控重点污染源监督性监测运行费项目，用于支持对国控企业开展监督性监测工作。甘肃省各级环境监测站较好地完成了国控企业污染源监督性监测任务，为总量减排核查核算工作提供了有力保障，为污染源自动监测数据有效性审核提供了技术支撑，为污染源监督管理与执法提供了依据，为环境信息发布及社会公众监督奠定了基础。

一、重点污染源普查

甘肃省第一次全国污染源普查工作从2007年2月开始，历时近3年时间。

重点污染源普查监测是准备阶段一项重要的基础性工作，体现污染源普查最重要的技术路线。根据国家环保总局《关于印发国家重点监控企业名单的通知》(环办函〔2007〕93号)，甘肃省应列入普查监测范围的国控、省控重点污染源共222家，其中废水100家（国控源33家、省控源67家），废气122家（国控源49家、省控源73家），另有污水处理厂23家。普查监测工作从2007年3月开始，于2008年1月底结束。2007年2月20日，全省召开污染源普查工作首次会议，对重点源监测进行安排部署。省环保局对各市、州下达监测任务，制定下发重点源（工业废气、废水）及污水处理厂普查监测技术规定和实施细则。按照规定要求，废水监测指标14项、废气监测5项；监测频次、废水每季度至少监测一次，废气每半年至少监测一次。工业重点源、污水处理厂的普查监测由省环境监测中心站统一组织实施，各市（州）监测站按属地管理原则承担具体的监测任务。

全面普查阶段，全省共计投入普查人员50余万人次，深入街道、企业和农村，完成7 603家工业源、91 519家农业源、23 082家生活源和58家集中式污染处理设施的入户调查，获取各类污染源普查有效报表122 262份，并按要求完成所有表格的数据录入，圆满地完成全面普查阶段的各项任务，达到了预期的目的。

该次污染源普查，实际普查和参与统计汇总的各类污染源共计122 262个，其中，工业源7 603（含伴生放射性污染源24个）个，农业源91 519个，生活源23 082个，集中式污染治理设施58个，伴生放射性污染源24个。

1. 工业源普查

普查的7 603家工业源中，重点工业源4 853家，一般工业源2 750家。其中，大型企业54家，中型企业335家，小型企业7 214家。按行业分，采矿业857家，制造业6 168家，电力、燃气及水的生产和供应业486家，农、林、牧、渔业92家。按流域分，黄河流域5 061家，内陆河1 882家，长江流域469家。根据普查数据汇总，全省工业原煤消费总量为2 777.11万吨，综合能源消费量为4 203.39万吨标准煤；工业废水排放总量为19 111.99万吨，其中排入污水处理厂5 375.44万吨（占28%）；工业废气排放总量为8 839.31亿立方米，实际处理废气6 107.6亿立方米（占69%）；工业固体废物产生量6 842.05万吨，综合利用量为1 550.44万吨，处置量为2 064.95万吨，年度贮存量为3 225.31万吨，倾倒丢弃72.97万吨。

2. 农业污染源普查

全省共普查汇总农业源91 519个，包括1 224个乡镇、60 955个典型农户、170个规模化农场、911个农场典型地块、661个畜禽养殖场、878个畜禽养殖小区、25 930 个畜禽养殖专业户、61 个规模化水产养殖场和 729 个水产养殖专业户。

3. 生活污染源普查

普查的 23 082 个生活源中，有住宿业 1 787 家、餐饮业 10 909 家、居民服务和其他服务业 6 354 家、医院 543 家、独立燃烧设施 3 000 个、机动车 15 家、城镇居民生活 474 家。生活源煤炭消费量为 636.3 万吨，废气产生量为 650.88 亿立方米，实际排放量为 650.88 亿立方米，去除率为 42.1%；生活污水产（排）量为 34 167.21 万吨；生活垃圾产生量为 136.38 万吨；医疗废物产生量为 4 871.47 吨，其中无害化处置 2 776.94 吨；2007 年普查机动车保有量为 130.75 万辆。

4. 集中式污染治理设施普查

普查的 58 家集中式污染治理设施中，有污水处理厂 27 家、垃圾处理厂 29 座（无害化处理 10 座、简易填埋 19 座）、危险废物处置场 1 家、医疗废物处置厂 1 家。2007 年实际处理各类污水 13 652.15 万吨。

5. 污染减排指标普查

纳入国家污染减排指标的化学需氧量 2007 年排放总量为 27.45 万吨，其中，工业源排放量为 8.43 万吨，生活源排放量为 19.02 万吨；二氧化硫排放总量为 53.11 万吨，其中，工业源排放量为 45.61 万吨，生活源排放量为 7.50 万吨。化学需氧量排放前 5 位的行业依次是农副食品加工业、造纸及纸制品业、纺织业、饮料制造业、化学原料及化学制品制造业；前 5 位的地区是张掖、定西、临夏、兰州、嘉峪关。二氧化硫排放前 5 位的行业依次是有色金属冶炼及压延加工业，电力、热力的生产和供应业，黑色金属冶炼及压延加工业，非金属矿物制品业和化学原料及化学制品制造业；前 5 位的地区依次是白银市、金昌市、兰州市、平凉市和嘉峪关。

6. 工业废气、废水排放普查

从普查数据汇总分析，2007 年废气排放量前 5 位的行业依次是黑色金属冶炼及压延加工业、电力、热力的生产和供应业、有色金属冶炼及压延加工业、非金属矿物制品业和化学原料及化学制品制造业；废气排放量前 5 位的企业依次是酒泉钢铁（集团）有限公司、金川集团有限公司、华能平凉发电有限责任公司、兰州连城铝业有限责任公司、中国铝业股份兰州分公司有限责任公司；废水排放量前5位的行业依次是有色金属冶炼及压延加工业、黑色金属冶炼及压延加工业、化学原料及化学制品制造业、造纸及纸制品业和石油加工、炼焦及核燃料加工业；废水排放量前5位的企业依次是酒泉钢铁（集团）有限公司、金川集团有限公司、中国石油天然气有限公司兰州石化分公司（炼油）、大唐八〇三发电厂和白银有色集团有限公司厂坝铅锌矿。

7. 放射性污染源普查

通过对477家伴生矿现场监测，初步认定24家企业为伴生放射性污染源对象。伴生放射性企业主要集中在金昌、陇南和张掖。金昌以镍铜伴生放射性矿开采加工为主，陇南以铅锌伴生放射性矿开采为主，张掖主要是煤矿和选矿企业。

二、污染源监测

1. 国控重点污染源监测

"十一五"期间，各级政府和环保部门高度重视国控重点污染源监测工作，把国控重点污染源监测纳入减排考核体系，签订政府目标责任书，并结合环保责任书实行季度考核。

根据国务院国发〔2007〕36号文批转的《主要污染物总量减排监测办法》的规定及相关污染源监测工作的要求，省环保部门对全省14个地、州市及甘肃矿区的国控重点污染源实行季度监测。对企业安装的已通过环保部门验收的污染源自动监测设备，在监督性监测的同时开展比对监测。根据相关污染物排放标准、监测技术规范和中国环境监测总站要求，监测频次为每季度至少监测一次，全年不少于4次。

根据中国环境监测总站《全国重点工业污染源监督性监测工作方案》（源字〔2008〕14号）和《2008年全国年度环境监测工作计划》关于污染源监测工作的要求，加强环保部门对全省国控重点污染源季度监测。其中，2008年废气源57家，废水源43家，污水处理厂17家；2009年废气源51家，废水源46家，污水处理厂25家。

依据《2010年国家重点监控企业名单》，甘肃省实有国控重点污染源149家，其中，废水污染源67家，废气污染源59家，城镇污水处理厂23家。在全省各级环境监测站的共同努力下，全年实际监测国控重点污染源 143 家，其中，废水污染源 63 家，废气污染源 57 家，城镇污水处理厂 23 家；因企业全年停产或关停未生产，未进行监测的 6 家，其中，废水污染源 4 家，废气污染源 2 家。由于客观原因，企业个别季度停产，只监测两次的有 3 家，其中废水污染源、废气污染源、城镇污水处理厂各有 1 家。

按照《全国工业污染源监督性监测工作方案》的要求，甘肃省环境监测中心站年内对国控重点污染源进行两次质量抽查监测，每次抽测 10%的国控重点污染源和城镇污水处理厂，共抽测 14 家废水污染源、12 家废气污染源和 6 家城镇污水处理厂。同时对企业安装的在线仪器开展数据有效性审核比对监测，并完成总装机容量 300 兆瓦以上的 12 家火电企业的 35 台发电机组的 67 套 CEMS 验收（比对）监测。

甘肃省重点污染源监测工作认真落实国务院《主要污染物总量减排监测办法》(国发〔2007〕36 号)、环境保护部《2010 年全国环境监测工作要点》(环办〔2010〕1 号)、《全国工业污染源监督性监测工作方案》要求，两次组织召开全省环境监测网络工作对接会，安排部署 2010 年国控重点污染源监督性监测工作，及时研究解决监测工作中遇到的问题与技术难题。为保证监测质量，两次举办全省污染源监测技术培训班，培训技术骨干 150 人（次）。在对国控重点污染源抽查监测的同时，全年两次对全省 14 个市、州监测站组织开展能力验证，配合省环境监察部门按照要求完成国控重点污染源安装的在线监测仪器有效性审核和比对监测。

建立污染源监测季度、年度报告及季考核、季通报制度。省、市两级监测站对国控重点污染源监督性监测数据的报送和报告编制均由专人负责，责任落实到人。对未及时报送监测数据的监测站和未监测的企业，个个追问，逐级查询，查明原因，落到实处，企业关停、停产等须由政府、环保行政主管部门和企业出具说明，每季度对各市（州）国控重点污染源监督性监测工作情况进行全省通报。

2. 废水污染源监督监测

废水重点源监督性监测包括 pH、化学需氧量、氨氮和流量 4 个必测项目，以及悬浮物、生化需氧量、石油类、挥发酚、氰化物、硫化物、氟化物、六价铬、色度、总镉、总铅、总镉、总砷、总镍、总铬、总铜、总锌、总汞、总铁、总磷、总氮、硝酸盐、苯胺、烷基汞、多环芳烃、AOX、

TOC、有机氯类等行业特征污染物监测。

国控废水重点源主要分布在饮料制造业、农副食品加工业、化学原料及化学制品制造业、造纸及纸制品业、有色金属冶炼及压延加工业等行业。

甘肃省废水重点污染源监督监测统计见表 3–4–3。

表 3–4–3

甘肃省废水重点污染源监督监测统计

年份	监测企业/家	排放口/个	污染因子/项	分属行业/个
2008	35	63	24	13
2009	34	50	12	26
2010	62	80	28	15

3. 废气污染源监督监测

废气重点源监督性监测项目包括废气排放量和二氧化硫 2 个必测项目以及氮氧化物、烟尘、颗粒物、硫酸雾、氯气、苯系物、苯并［a］芘、苯可溶物、光气、沥青烟、丙烯腈、甲苯、二甲苯、汞及其化合物、铅及其化合物、砷及其化合物等行业特征污染物监测。

国控废气重点源主要分布在电力、热力的生产和供应业、非金属矿物制品业、有色金属冶炼及压延加工业、黑色金属冶炼及压延加工业等行业。

甘肃省废气重点污染源监督监测统计见表 3–4–4。

表 3–4–4

甘肃省废气重点污染源监督监测统计

年份	监测企业/家	排放口/个	污染因子/个	分属行业/个
2008	51	258	8	10
2009	48	253	9	8
2010	56	327	8	8

4. 污水处理厂监督监测

污水处理厂重点源监督监测项目包括《城镇污水处理厂排放标准》（GB 18918—2002）中表 1 和表 2 中 19 项必测项目及部分选测项目。

5. 建设项目竣工环境保护验收监测及环评监测

甘肃省环保部门除开展污染源监督性监测外，还承担建设项目竣工环境

表 3–4–5

甘肃省污水处理厂监督监测统计

地区	2009 年/个	2010 年/个
兰州	3	3
嘉峪关	1	1
金昌	1	1
白银	2	1
天水	1	1
武威	2	2
张掖	1	1
平凉	0	1
酒泉	4	4
庆阳	1	1
定西	3	3
陇南	2	1
临夏	1	1
甘南	1	1

保护验收监测任务和环境影响评价中的监测与评价任务。

1991—2006 年，共开展污染源验收监测项目 289 项；2007—2010 年，完成各类国管及省管项目竣工环境保护验收监测共 415 项，完成的主要项目见表 3–4–6。

表 3–4–6

1991—2010 年甘肃省主要完成国管建设项目环境保护验收监测项目统计

年度	监测项目
1991—2006	兰州铝业股份有限公司环境治理节能技术改造项目验收监测
	中国石油兰州石化分公司 120 万吨/年延迟焦化装置项目验收监测
2007—2010	大唐甘谷发电厂以大代小 2×300 兆瓦技改工程验收监测
	酒泉钢铁（集团）有限责任公司产品结构调整项目验收监测
	兰州铝业股份有限公司自备电厂工程竣工项目验收监测

续表

年度	监测项目
2007—2010	大唐景泰电厂 2×600 兆瓦机组工程竣工验收监测
	华能平凉电厂二期 2×600 兆瓦扩建工程验收监测
	甘肃永昌电厂 2×300 兆瓦扩建工程验收监测
	甘肃崇信电厂 2×600 兆瓦工程竣工验收监测
	中国石油天然气股份有限公司兰州石化和大庆石化公司乙烯联合改造工程项目验收监测

第三节　沙尘暴监测

一、监测能力

“十五”以后，沙尘天气频繁出现，成为影响大气环境的又一主要污染因素。2008 年，甘肃省争取中央财政补助资金 766 万元，地方财政自筹 176 万元，实施污染物减排资金——沙尘暴监测能力建设项目，共建成兰州、敦煌、民勤等 9 个国家沙尘天气影响城市环境空气质量监测站点。新建成的沙尘天气监测站点仪器设备先进，具备自动连续监测空气中 PM_{10}、TSP，大气能见度、气象 5 项参数的能力。同时在甘肃省环境监测中心站建成一套卫星遥感地面接收系统，可接收中国 FY-1D、FY-2C、日本 MTSAT-1R、美国 NOAA16 等卫星资料，进一步完善和提高全省沙尘天气的监测能力。

二、监测点位

全省 14 个城市开展了沙尘天气监测工作，监测频次为逢沙尘天气必测，通过互联网向中国环境监测总站、甘肃省环境监测中心站实时报送数据。沙尘天气发生的第二天 10：00 之前，报送发生日 7：00 至第二天 7：00 的数据快报。沙尘天气监测站点布设详见表 3-4-7。

表 3-4-7

甘肃省沙尘天气监测站点布设情况一览表

序号	城市名	点位数	点位名称	承担单位
1	兰州	1	甘肃环保科技大厦	甘肃省环境监测中心站
2	嘉峪关	1	环保局	嘉峪关市环境监测站
3	金昌	1	环保局	金昌市环境监测站
4	武威	1	环保局	武威市环境监测站
5	张掖	1	环保局	张掖市环境监测站
6	酒泉	1	环保局	酒泉市环境监测站
7	敦煌	1	环保局	敦煌市环境监测站
8	定西	1	环保局	定西市环境监测站
9	民勤县	1	环保局	民勤县环境监测站
10	白银	1	环保局	白银市环境监测站
11	平凉	1	环保局	平凉市环境监测站
12	陇南	1	环保局	陇南市环境监测站
13	甘南	1	环保局	甘南州环境监测站
14	临夏	1	环保局	临夏州环境监测站
15	庆阳	1	环保局	庆阳市环境监测站
16	天水	1	环保局	天水市环境监测站

第五章　应急与辐射监测

第一节　突发性环境事故应急监测

一、应急监测能力建设

甘肃省环境应急监测能力建设始于2005年。受“吉林石化公司爆炸事故”启示，甘肃省环境保护局加强应急监测能力建设力度，投入资金410万元，购置仪器设备8台套，应急监测车辆2辆以及防护用具数件。主要仪器设备有GAS–MET DX–4便携式傅立叶变换红外（FT–IR）多组分气体分析仪、KM9106E便携式综合烟气分析系统、HACH DREL–2400便携式多功能水质实验室、便携式气相色谱仪、便携式重金属测定仪PDV6000、便携式水质自动采样器、便携式红外测油仪、全自动双道氢化物发生原子荧光光度计。配置的应急仪器设备主要涵盖水、气两个方面，性能高、稳定性好、便于携带，初步形成环境应急监测能力。

2008年5月12日，四川省汶川县发生8.0级大地震。该次地震破坏地区超过10万平方千米。甘肃省8个县（区）为较重灾区，32个县（区）为一般灾区。甘肃省环境监测中心站接到上级指令后立即赶赴地震灾区开展应急环境监测工作。为支持该次工作，接环境保护部工作指示，甘肃省环境保护局投入资金200万元，提升灾区应急监测能力。配置仪器设备涵盖甘肃省环境监测中心站及7个地州市环境监测站，共计39台（套），类型分别为便携式重金属测定仪、便携发光细菌毒性检测仪、便携式水质测定仪等。该次配置的仪器设备主要为水质监测仪器和细菌毒性监测仪器，对水质多项指标可进行现场快速测定。设备购置分配见表3–5–1。

2010年8月7日，甘南州舟曲县发生强降雨引发泥石流灾害，省环境监测中心站通过连续27个昼夜的奋战，出色地完成了应急监测任务。灾后，省政府为环境应急投入约220万元资金，全部为应急监测设备和辅助设施的配备和完善。配备的仪器设备有傅立叶红外测定仪、便携式X射线荧光测定仪、便携式重金属测定仪、苏玛罐、应急试验帐篷等。应急决策“准、快、全”的需要得到解决，突发环境应急事件的监测能力大大增强。

表 3–5–1

甘肃省地震灾区环境应急监测设备购置计划分配

序号	仪器名称	省站	陇南	甘南	天水	定西	临夏	白银
1	便携式重金属测定仪	—	1	—	—	—	1	1
2	便携发光细菌毒性检测仪	1	1	1	—	—	—	—
3	便携式 COD 测定仪	2	2	1	2	1	—	—
4	便携式水质分析仪	1	1	1	—	—	—	—
5	便携式电导仪	—	6	3	2	1	—	—
6	便携式溶氧仪	—	6	2	1	1	—	—
合 计		4	17	8	5	3	1	1

二、主要应急监测工作

“十一五”期间，甘肃省共发生 19 起突发环境事件，先后 16 次启动省级应急预案。其中，比较严重的环境事件有 3 起重大自然灾害、1 起重金属污染、4 起化工厂爆炸燃烧事故、2 起地表水水质异常。在历次执行应急监测任务中，先后共计投入 400 多人次、出动车辆 200 多台次、耗资 300 多万元，出具监测报告 150 余份，获取有效监测数据 2 万多个，为政府及时、正确地处置事故提供决策依据。“十一五”期间甘肃省应急监测情况见表 3–5–2。

表 3–5–2

“十一五”期间甘肃省应急监测情况

序号	日期	地点	突发环境事件
1	2006 年 5 月 14 日	四川省九寨沟县双河乡	TDI 产品罐落入白水江
2	2006 年 5 月 29 日	中石油兰州石油化工公司	7 万吨/年苯胺装置酸罐爆炸
3	2006 年 6 月 28 日	中石油兰州石油化工公司	300 万吨/年重油催化裂化装置着火
4	2006 年 9 月 8 日	甘肃省陇南市徽县	铅污染

续表

序号	日期	地点	突发环境事件
5	2007年6月3日	甘肃省兰州市西部欢乐园	排洪沟排放泡沫污染物
6	2007年6月16日	张掖市甘州区	装载化学品的运输汽车起火燃烧
7	2008年5月12日	甘肃省天水市、陇南市、甘南州	地震灾害甘肃段石油类超标
8	2008年7月14日	甘肃省兰州市	省界断面（甘—青）黄河
9	2008年8月8日	甘肃省陇南市	白龙江陇南段水质中重金属异常
10	2008年10月8日	甘肃省酒泉市	酒泉市瓜州粗苯罐车泄漏污染事故
11	2009年1月8日	甘肃省兰州市	兰州市饮用水水源地水质异常
12	2009年9月7日	甘肃省兰州市	兰州飞龙化工厂爆炸
13	2009年9月19日	甘肃省兰州市	兰州七里河污水处理厂事故排放
14	2009年10月19日	甘肃省兰州市	兰州海绵厂事故排放
15	2010年1月7日	中石油兰州石油化工公司	三〇三厂316轻烃罐区爆炸着火
16	2010年7月26日	甘肃省陇南市成县	尾矿坝溃坝
17	2010年8月8日	甘肃省甘南州舟曲县	暴洪灾害
18	2010年8月12日	甘肃省天水市	尾矿坝垮塌
19	2010年8月12日	甘肃省陇南市成县	洪水灾害

1. 徽县血铅事件

2006年9月，甘肃省徽县水阳乡发生疑似血铅超标事件。经对近千人血铅检测（其中373人为儿童），发现受检儿童中90%以上血铅超标，血铅含量最高超标数倍，被诊断为重度铅中毒，成人中血铅超标也很普遍。事件发生后，国务院领导和甘肃省政府高度重视。国家环保总局立即组成调查组，会同甘肃省、陇南市、徽县三级环保部门，在多次现场实地勘察，充分听取专家意见的基础上，成立应急监测专家组，制定《甘肃徽县血铅事件环境调查监测方案》，并由省环境监测中心站牵头，陇南市环境监测站配合，在事发地 2.5 平方千米范围开展应急监测。

被列入血铅事件应急监测调查的对象涉及徽县宏宇有色金属冶炼有限责任公司、徽县宏泰实业有限公司、甘肃德宝路矿业有限责任公司、徽县宏大铅盐化工有限公司、徽县宏德贵金属有限公司、徽县宏宇公司电解铅生产线(原徽县宏宇有限责任公司)、徽县万国矿业有限责任公司 7 家涉铅企业。环境敏感点包括水阳乡新寺村、牟坝村、刘沟村、水阳乡中学、明德小学、城关镇先农村、徽县看守所 7 个村镇、学校和机关。共布设监测点位 74 个，主要对农田土壤、底泥、水质、环境空气、农作物、院落尘土、固体废物共七大类环境要素中的铅含量进行监测分析。农田土壤监测结果与背景值关系见图3–5–1。

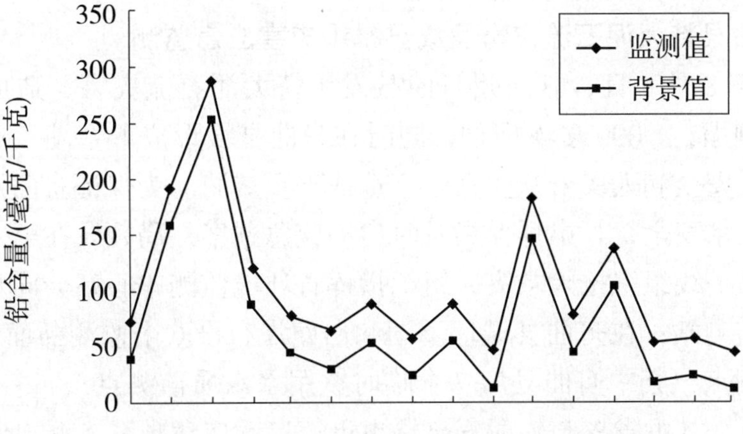

图 3–5–1　农田土壤监测结果与背景值关系

该次应急监测共投入监测人员 60 人次，出动车辆 90 台次，历时 45 天，耗资 40 余万元，编制徽县血铅事件应急监测报告和事后评价报告，获取有效监测数据 266 个。通过应急监测，查明造成徽县血铅事件的原因和铅污染程度，为国家环保总局、省政府正确处置徽县血铅事件，做好善后工作，提供技术支持。

2. 陇南地震灾害应急监测

2008 年 5 月 12 日，四川省汶川县发生 8.0 级地震，波及甘肃省 9 个市、州，其中陇南、甘南、天水受灾最为严重。地震灾害发生当日，甘肃省环保局立即启动突发环境事件应急预案，制定《地震灾害次生环境污染事件预警与应急监测工作技术方案》，成立环境应急监测组、安全隐患排查组、专家咨询组、综合协调组。5 月 13 日，从全省抽调的近 40 余名技术骨干组成应急监测分队，奔赴陇南、甘南、天水等地开展应急监测。监测对象确定为饮用水水源地水质、铁路隧道 109 线坍塌处徽县嘉陵镇嘉陵江水质、重点污染源等，监测因子 40 余项。根据省环保局制定的技术方案，定西、平凉、武都、庆阳、临夏、白银其他 6 个受灾市、州也于 5 月 16 日开展饮用水水源地、重点污染源、环境空气质量的应急监测。

陇南是地震的重灾区，应急监测任务主要由甘肃省环境监测中心站与陇南市站协调配合展开。应急监测快报及时报送中国环境监测总站，监测日报上报应急指挥部。该次陇南地震灾害应急监测，共编制应急监测快报 13 期，应急监测日报 20 期。应急监测工作于 6 月 4 日结束，历时 21 天。

3. 舟曲县特大泥石流灾害及成县暴洪灾害应急监测

2010 年 8 月 8 日，甘南州舟曲县发生特大泥石流灾害，造成舟曲县城部分房屋倒塌，1 000 多人伤亡，同时在舟曲县城形成堰塞湖，对舟曲及其下游的水质安全和人民群众生命财产造成严重威胁。为保证舟曲及其下游地表水和饮用水安全，甘肃环保局及时启动应急预案，局领导在第一时间亲自奔赴灾区第一线组织抢险救灾，组织指挥省环境监测中心站会同甘南州、陇南市环境监测站，在舟曲县城堰塞湖和白龙江布设 6 个监测断面、8 个饮用水水源监测点（其中舟曲县城 7 个临时饮用水水质监测点），昼夜展开应急监测。同时，甘肃省核与辐射安全局也迅速启动应急预案，派出监测人员奔赴灾区进行现场调查，排查安全隐患。

8 月 12 日，陇南市成县再次遭遇强降雨，致使黄渚镇发生泥石流和暴洪灾害，造成重大人员伤亡，黄渚镇铅锌选矿和尾矿坝被冲，直接威胁成县饮用水水源地和下游地表水安全。灾情发生后，在甘肃省环保局的统一部署下，省环境监测中心站派出第二支应急监测组，与陇南市环境监测站、成县环境监测站在东河德贤大桥和宋坪乡、洛河大河店乡布设 3 个断面，迅速展开应急监测。

舟曲特大泥石流灾害和成县暴洪灾害环境应急监测，历时近 1 个月，实际形成两栖作战，从人员、技术、仪器、保障等各方面都有一定难度。执行应急监测任务的甘肃省环境监测中心站、甘南州环境监测站、陇南市环境监测站以及成县环境监测站，夜以继日，连续奋战，出色地完成了应急监测任务。该次应急监测共投入应急监测人员 62 人，出动应急监测车、指挥车、采样车 10 多台次；共布设监测断面（点位）15 个（其中饮用水水源采水点 8 个），开展监测项目 109 项（舟曲县饮用水水质全分析），上报应急监测快报 92 期，获取应急监测有效数据 8 358 个，及时为省领导和环保部门决策提供依据。应急监测期间主要指标化学需氧量变化情况见图 3–5–2。

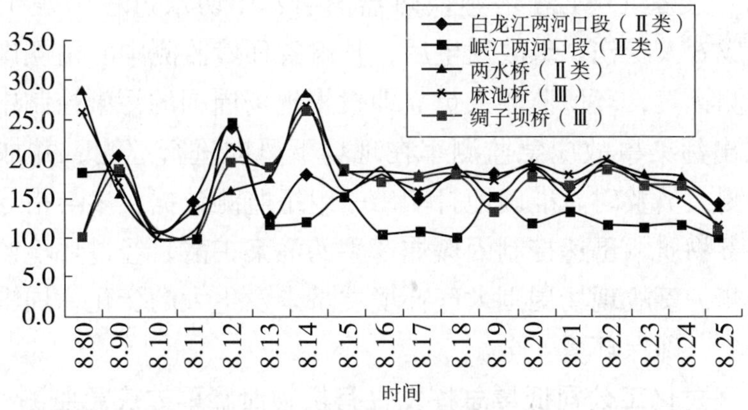

图 3–5–2　化学需氧量变化情况图

4. 中石油兰州石化公司爆燃事件应急监测

2010 年 1 月 7 日 17 时 30 分，中石油兰州石油化工公司三〇三厂 316 轻烃罐区发生爆炸，造成现场工人伤亡，对黄河水质造成潜在污染。事故发生后，省环保局紧急启动省级应急预案，组织甘肃省环境监测中心站、兰州市环境监测站在黄河包兰桥、石化厂周围下风向 800 米南坡坪一带扇形布设 1 个监控断面、5 个大气环境监测点，选用生物制品所空气自动站监测数据为市区对照点，选用兰炼宾馆空气自动站监测数据为西固工业区对照点。监测结果表明，地表水（包兰桥断面）化学需氧量、石油类符合功能区Ⅲ类水质标准，挥发性有机物各项指标未见异常。环境空气与对照点的浓度值进行比较，下风向环境空气中的 PM_{10}、SO_2、NO_x 浓度均受到一定的影响而升高。

5. 兰州石化公司苯胺装置废酸单元火灾事故应急监测

2006 年 5 月 29 日 15 时 32 分，兰州石化公司已经停产检修的有机厂苯

第三篇　环境监测

胺装置废酸单元发生火灾，致使在现场内部进行粉刷施工的4人死亡，另有11人受伤，其中4人伤势较重。事故发生后，甘肃省环境监测中心站及时启动《污染事故应急监测预案》，省站领导及时带领污染事故应急监测组赶往现场处理事故现场，指导有关部门采取消防水围堰等措施封堵排污口，对80吨废水进行堵截，及时防止污水流入黄河，同时开展对事故现场空气、黄河水质不间断的应急监测。

6. 兰化公司合成橡胶厂塔釜换热器闪爆事故应急监测

2007年2月6日15时15分，中石油兰州石化公司合成橡胶厂碳四车间4.5万吨/年装置T-112A塔釜换热器H-125H切水过程中发生闪爆并着火，事故造成6人受伤。事故发生后，甘肃省环境监测中心站立即启动污染事故应急监测预案，环境监测人员立即投入现场周围的污染控制中，加密监测。及时派出污染事故应急监测车在现场下风向进行巡测，并加密监测频次。现场监测人员及时、准确地打印出一组组监测数据，参与指导事故现场彻底清除有毒物质，迅速控制因爆炸产生的污染扩散，经过环境监测人员数昼夜现场监测，事故现场周围大气环境质量未发生大的变化，周围河流水质没有受到影响，确保环境安全。

7. 兰州飞龙化工公司低毒总挥发性有机物泄漏事故应急监测

2009年9月7日深夜，位于西固区陈坪街道小坪山半坡的兰州飞龙化工有限责任公司在加工废油过程中产生的低毒总挥发性有机物意外泄漏，对周边环境造成一定影响，事故中反应不适入院检查人数为354人。接报后，甘肃省环境监测中心站立即启动应急预案，环境监测人员第一时间赶赴现场，展开环境监测。经监测，泄漏气体的主要成分为高浓度甲苯、二甲苯、硫醇，为事故的妥善处置提供技术支持。

8. 兰化公司轻烃（液化气）爆燃事故应急监测

2010年1月7日下午17时30分左右，位于兰州市西固区的兰州石化公司石油化工厂316罐区因轻烃（液化气）爆燃着火。事故发生后，兰州市立即启动突发性环境污染事件应急预案。甘肃省环境监测中心站接到上级指示后，立即派遣相关技术人员赶赴现场开展监测，运用便携式气相色谱—质谱联用仪对厂界环境空气进行监测并对黄河包兰桥断面进行水质采样监测。1月8日下午，根据环保部专家意见，甘肃省环境监测中心站会同兰州市环境监测站对事故源下风向环境空气质量进行监测。

9. 甘肃聚银化工公司甲苯泄漏事故应急监测

2006 年 5 月 14 日 1 时许，甘肃聚银化工集团有限公司一辆装载着 84 桶甲苯二异氰酸酯（TDI）的卡车在四川省九寨沟县双河乡境内发生交通事故，21 桶甲苯二异氰酸酯掉入汤珠河中。根据省环保局 5 月 15 日会议指示精神，省环境监测中心站于当日上午 10 时正式启动《污染事故应急监测预案》，同时指示陇南地区环境监测站配合甘肃省环境监测中心站开展白水江应急监测工作。经对打捞后的白龙江水质监测，未发现有毒化学品泄漏，水质正常，周围群众的恐慌心理得以解除。

第二节　核与电磁辐射监测

一、全省核辐射监测点位

2007—2010 年，根据国家环境保护总局《关于确定国家辐射环境监测网第一批国控点点位的通知》（环办函〔2007〕168 号）、《关于增补国家辐射环境监测网第一批国控点点位的通知》（环办函〔2008〕260 号）和国家环境保护总局辐射环境监测技术中心《关于报送国家辐射环境监测网第一批国控点建设和运行情况报告及核环境安全预警监测站点监测实施方案的通知》（国环辐监〔2007〕12 号）要求，为切实做好国控点的监测和管理，确保数据的准确性、有效性，点位的长期性、稳定性，既能代表一定范围的本地情况，又能便于仪器设备设施、点位的安全管理，符合国家有关确定国控点的原则和方法，甘肃省环保局对省辖区内的国控点进行合理调整和布局。2010 年，甘肃省国控点布设 19 个辐射环境监测点和 5 个核设施辐射环境连续监测系统。19 个辐射环境监测点主要是 1 个辐射环境自动监测点、8 个陆地 γ 辐射监测点、3 个核环境安全预警监测点、3 个水体监测点、2 个土壤监测点和 2 个电磁辐射监测点；5 个核设施辐射环境连续监测系统全部布设在中核四〇四有限公司所属的 5 个核设施厂房。截至 2010 年年底，甘肃省已申报电磁辐射装置设备（设施）2.2 万多台（套），其中通信基站20 417 个，750 千伏线路 5 条、330 千伏线路 42 条、220 千伏线路 33 条、110 千伏线路

491 条，广播电视塔 89 个。

甘肃省国控点点位示意图见图 3–5–3。甘肃省国控点点位情况见表 3–5–3。

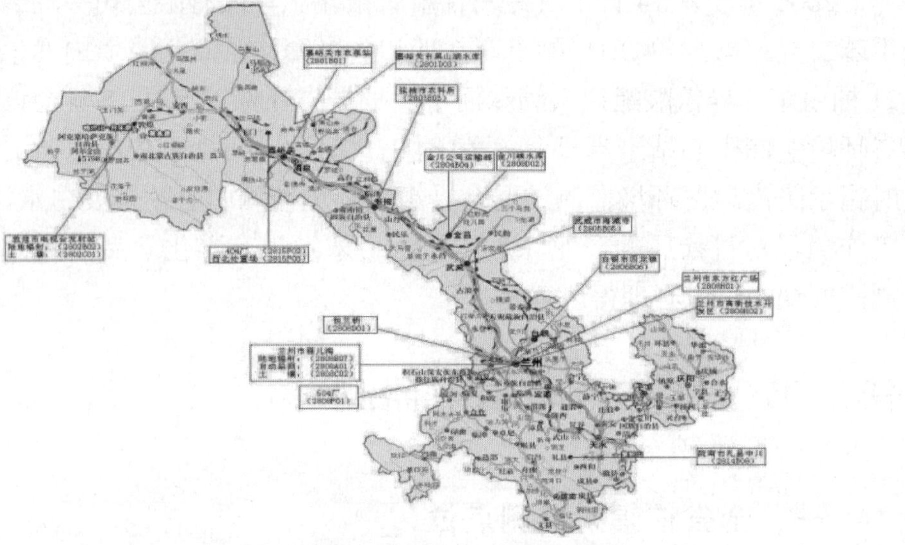

图 3–5–3　甘肃省国控点点位示意图

表 3–5–3

甘肃省国控点点位情况一览表

监测对象	序号	点位编号	点位名称	点位地点
辐射环境自动监测点	1	2808A01	兰州市燕儿湾	103.52.53；36.03.43
核环境安全预警监测点	1	2808F01	坡底下（五〇四厂）	—
	2	2815F02	四〇四厂	—
	3	2815F03	西北处置场	—
陆地 γ 辐射和累积剂量	1	2801B01	嘉峪关市农泵站	98.13.670；39.49.785
	2	2802B02	敦煌市电视台发射站	94.38.179；40.08.117
	3	2803B03	张掖市农科所	100.22.174；38.54.640
	4	2804B04	金川公司运输部	102.11.509；38.29.374
	5	2805B05	武威市海藏村	102.37.140；37.57.382

续表

监测对象	序号	点位编号	点位名称	点位地点
陆地γ辐射和累积剂量	6	2806B06	白银市四龙镇	104.24.938；36.26.234
	7	2808B07	兰州市雁儿湾	103.52.53；36.03.43
	8	2814B08	陇南市礼县中川	105.04.42；34.17.40
水体	1	2808D01	包兰桥	103.56.52；36.03.09
	2	2808D02	金川峡水库	102.00.23；38.19.93
	3	2801D03	嘉峪关市黑山湖水库	—
土壤	1	2802C01	敦煌市电视台发射站	94.38.179；40.08.117
	2	2808C02	兰州市雁儿湾	103.52.53；36.03.43
电磁辐射	1	2808H01	兰州市东方红广场	103.83.74；36.05.14
	2	2808H02	兰州市高新技术开发区	

甘肃省19个辐射环境质量国控点的监测方案见表3-5-4。

表3-5-4

甘肃省辐射环境质量监测方案

监测类别	监测对象	监测项目	监测地点	监测频次
辐射环境自动站	γ辐射	γ辐射空气吸收剂量率连续监测	兰州市雁儿湾（2808A01）	连续
	气溶胶	总α、总β		2次/年
	沉降物	总α、总β		2次/年
	水汽	3H		1次/年

续表

监测类别	监测对象	监测项目	监测地点	监测频次
陆地	γ辐射	γ辐射空气吸收剂量率（瞬时）	嘉峪关市弄泉站（2801B01）、敦煌市电视台发射站（2802B02）、张掖市农科所（2803B03）、金川公司运输部（2804B04）、武威市海藏村（2805B05）、白银市四龙镇（2806B06）、兰州市雁儿湾（2808B07）、陇南市礼县中川（2814B08）	2次/年
		γ辐射空气吸收剂量率（累积）		
土壤	土壤	^{238}U、^{222}Th、^{226}Ra、^{40}K、^{90}Sr、^{137}Cs	敦煌市电视台发射站（2802C01）、兰州市雁儿湾（2808C02）	1次/年
水体	地表水	^{238}U、^{222}Th、^{226}Ra、^{40}K、总α、总β、^{90}Sr、^{137}Cs	包兰桥（2808D01）、金川峡水库（2808D02）、嘉峪关黑山湖水库（2801D03）	2次/年（枯水期、平水期）
电磁辐射	电磁辐射	综合场强	兰州市高新技术开发区（2808H02）、东方红广场（2808H01）	2次/年

辐射主要分为电离辐射（放射性）和电磁辐射。甘肃省有核企业较多，电离辐射的监测重点是核企业周围环境放射性水平。随着科技的发展、通信技术的日新月异，城市空间的电磁辐射环境变得更为复杂，电磁辐射污染已成为公众日益关注的问题。

二、兰州市环境放射性监测

监测点位、项目和结果：为了掌握兰州市环境放射性水平的变化情况，检测机构选取3个特征点进行常规监测，分别是东方红广场和东方红广场统办二号楼 15 楼楼顶，监测项目为辐射剂量率和大气沉降物中的总部，监测频次分别为前者 12 次/年和后者 2 次/年；采集安宁区仁寿山果园和皋兰县城北沿皋秦公路 3 千米处土壤、测定其中 ^{238}U，^{232}Th，^{226}R，^{40}K 比活度，监测频次 2 次/年；采集黄河包兰桥断面水，测定其中总 U 浓度，监测频次 2 次/年。

监测结果评价：联合国原子辐射效应科学委员会（UNSCEAR）公布的世界环境陆地辐射剂量率范围为（3.7~9.4）$\times 10^{8}$ 戈瑞/小时，世界典型土壤含量值 ^{238}U 范围为 10~50 贝可/千克，^{232}Th 范围为 7~50 贝可/千克，常规监测结果与上述值基本在同一水平范围内，兰州市环境放射性水平与《中国环境天然放射性水平调查研究》的结果在同一水平上。通过“九五”时期兰州市放射环境质量监测资料比较，说明放射环境质量比较稳定。

三、环境电磁辐射监测

1. 甘肃省电磁辐射污染源分布情况

电磁辐射污染源主要分布在广播电视系统、通信系统、工科医高频设备、交通运输系统、高压电力系统。同时生活中的计算机、手机、微波炉、电热毯等也产生电磁辐射污染。

2. 电磁辐射环境发展趋势分析

广播电视电磁辐射：广播电视系统发射台是全省各地区最大、最集中的电磁辐射源强，许多原位于城市郊区的发射台站已随着城镇发展与扩大被新建居民区包围。

3. 通信发射电磁辐射

通信系统的发射设备频带宽、种类多、分布广，是当前各地区优先发展的新产业，城市移动、寻呼、专业集群网通信的迅速发展，势必会加大电磁辐射污染。该部分电磁辐射源虽然每个功率不大（100 瓦以下），但由于在城市内普遍存在，使城市高空电磁波场增高，局部高层建筑受到污染，近几年发展趋势将进一步加剧。

4. 工科医电磁辐射

工科医高频设备数量大、分布面广，但大部分都在室内或机房内，其对外界综合场强影响较小，而其产生的谐波分量对广播电视接收及电子通信仪器干扰较严重。工科医类产生的电磁干扰为宽带杂波电磁辐射干扰，常见的辐射设备有高频感应炉、高频塑料热合机及超短波理疗仪等。

5. 高压输电线电磁辐射

由于城市用电量增加和电网改造，高压变电站进入城市，高压线 110 千伏或 220 千伏变电站周围住户增加，高压电力系统对外界综合场强影响增大。

6. 家用电器电磁辐射

随着各种家用电器进入千家万户，家庭小环境电磁能量密度增加，人们接触和暴露于由家用电器产生极低频磁场的机会逐渐增多。

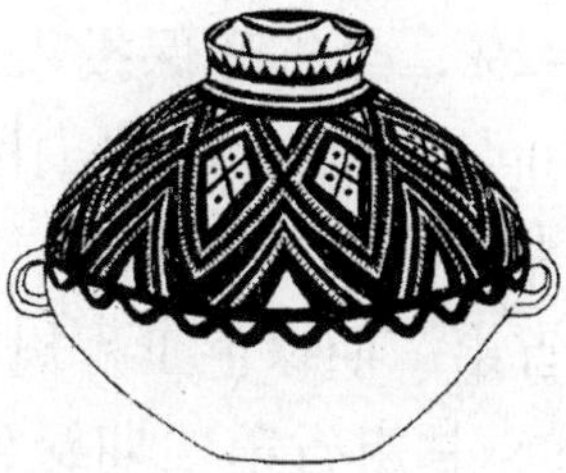

第四篇　污染防治

多年来，甘肃省由于资源特点和历史原因，形成以有色金属、石油化工、电力、冶金、机械制造和建材等行业为主体的能源原材料型工业体系。体系行业的骨干企业大多为20世纪五六十年代建设的老企业，大多数生产设备陈旧、工艺落后、能耗高。因此，污染治理的任务重、难度大。全省的污染治理在“六五”时期起步，在“七五”“八五”时期虽然取得较大进展，但随着乡镇企业的蓬勃发展和传统企业扩大产能的影响，污染加重，污染治理面临新的挑战和任务。

1996年，配合《甘肃省环境保护“九五”计划》，开始实施《甘肃省跨世纪绿色工程规划》（以下简称《规划》）。《规划》共有项目110个大项，其中，大气污染防治37项，水污染防治352项，固体废物12项，生态环境保护11项，臭氧层保护22项，科研72项，管理能力建设6项，总投资107.19亿元。其中有30项纳入《中国跨世纪绿色工程规划》，项目总投资约60亿元。经测算，该110个项目完成后，将增加污水处理能力54万吨/年，工业固体废物处置能力500万吨/年，节水和提供新鲜水量1.2亿吨/年，节煤和其他能源60万吨标煤/年。年减排废气污染物40万吨/年，废水污染物10万吨/年。

截至2000年年底，竣工项目达38项，完成投资17.83亿元；在建项目39项，完成投资35.3亿元，合计完成投资共53.13亿元，占总计划投资额的58.42%；全省环保投入占国内生产总值（GDP）的比例达到0.8%，“九五”期间平均为0.75%，比“八五”平均值提高0.13个百分点。

“十五”期间，配合《甘肃省环境保护“十五”计划》，甘肃省规划实施《甘肃省第二期绿色工程规划》。其间，作为全省环境保护“十五”计划核心内容的《甘肃省第二期绿色工程规划》进展顺利。甘肃省环境保护“十五”计划中所列47个计划总投资532 979万元的绿色工程项目，截至2004年，完成投资355 495万元，占总投资的66.7%。在47个项目中完成18项、在建29项。在列入《甘肃省“十五”环境保护计划》的31项指标中，完成20项。其中6项污染物总量控制指标完成2项，18项环境类指标完成12项，4项生态环境保护指标完成3项，3项环境管理类指标全部完成。

2001年，国债共安排甘肃基础设施建设项目48个，嘉峪关、白银、金昌、武威、平凉、敦煌供水扩建和兰州二热供热管网7项工程建成投产，全省设市城市新增日供水能力53万吨，新增城市集中供热管网32千米，新增城市道路20千米，新增城市排水管道15千米。城镇生态环境建设加快，嘉峪关、白银、金昌等城市相继开展绿化城市活动。全省设市城市建成区绿化覆盖率达13.57%，城市人均公共绿地面积达4平方米。小城镇道路给排水等基础设施建设得到发展，全年完成投资21.15亿元。兰州、嘉峪关等中心城市的环境保护工作迈出新步伐。

第一章　城市环境保护

第一节　城市污染防治

一、综合整治

城市环境综合整治定量考核制度是中国一项重要的环境管理制度。该制度自1989年在甘肃省实施以来，各级城市政府加强对环境保护工作的领导，增加环境建设的投入，强化城市环境保护工作，初步形成市长统一领导、各有关部门分工负责、广大人民群众积极参与、环境保护部门统一监督管理城市环境综合整治管理的管理体系。“八五”时期，城市环境整治控制的能力和城市环境基础设施的总体水平不断提高，城市的总体面貌得到不同程度的改善。城市污水处理厂、垃圾无害化处理厂、城市气化工程、城市集中供热工程和城市绿化工程等一批环境基础设施开工建设，大部分城市环境保护投资指数达到2%以上，城市环境建设进展明显（见图4-1-1、图4-1-2）。

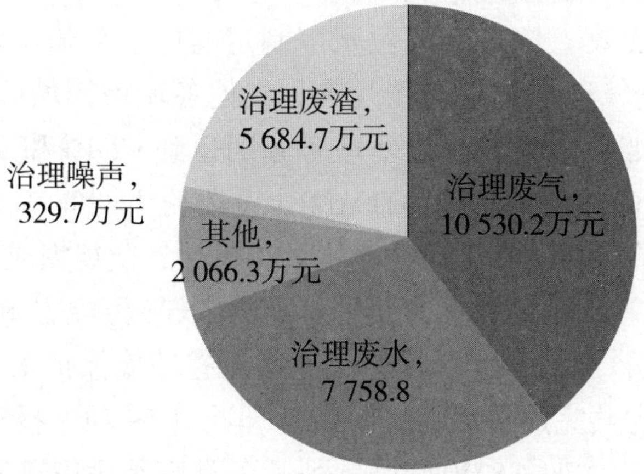

图 4-1-1　1995 年甘肃省污染治理资金使用情况

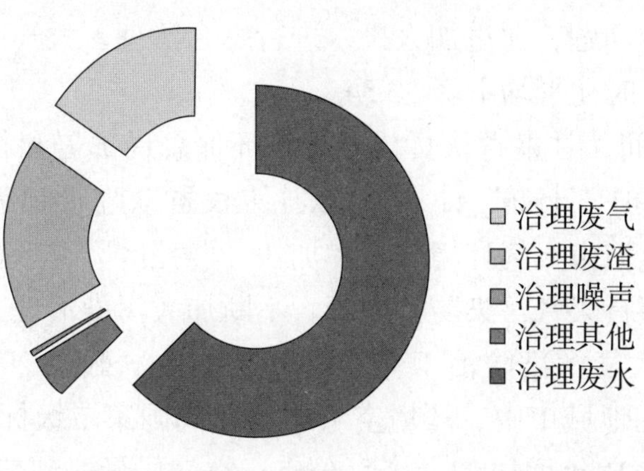

图 4-1-2　1995 年甘肃省污染治理资金完成情况

“八五”期间，城市环境综合整治成效显著。全省城市烟尘控制区建设有很大进展，从1993年开始的3年整改任务基本完成，共建成88个烟尘控制区，面积达到247.58平方千米；兰州市城关区和金昌市两个烟控整改示范区建设取得成果。全省城市环境噪声功能区划工作取得新进展，累计建成噪声达标区28个，面积达80.47平方千米，兰州市城区环境噪声达标示范区国家试点工作通过验收。汽车尾气污染监督管理工作迈开步伐，兰州、定西、白银三地市安装PC阀、PS阀的汽车分别达9 000辆、4 768辆、1 332辆。

“九五”以后，随着国民经济的快速发展，环境污染，特别是城市环境污染问题日益凸显。甘肃省各级政府加大环境保护力度、积极开展污染防治工作，取得一定成效。1998年，兰州市制定实施“兰州市防治冬季大气污染特殊工程”，空气环境质量初步改善。其他各城市因城施策，成效显著。全省工业废气消烟除尘率和净化处理率分别达到92.4%和75.1%，SO_2去除率为52.78%，工业烟尘去除率为90.6%，工业粉尘回收率为84.09%。全年完成空气污染防治项目122个，在建项目133个。全年完成废气治理项目投资7 994.4万元。竣工项目新增废气处理能力255.6万立方米/小时（标态）。

“九五”期间，加大环境保护投入，使全省环境保护工作在各个领域取得较大进展。全省共完成省级污染限期治理项目59项，投资总额为3.07亿元，削减各类大气污染物87 073吨，削减各类废水污染物91 810吨。全省实现14种污染物排放总量基本控制在1995年的水平，纳入考核的主要排污企业达标率为94.9%，完成国家和省政府提出的目标任务。针对兰州市突出的大气污染严重问题，通过加大投入进行综合治理，大气中各类污染物“九五”较“八五”时期平均下降33.54%。

“十五”期间，甘肃省认真按照国家环保总局部署和甘肃省政府批转的《甘肃省环境保护“十五”计划》，以让人民群众呼吸到清新的空气为出发点，以改善重点城市大气环境质量和加快“两控区”重点企业污染治理工作为目标，积极履行大气污染防治职责，不断加大污染治理力度，提高环境执法水平，全省大气污染防治工作取得一定成效。截至2005年年底，14个市、州政府所在地城市中，环境空气质量达到国家二级标准的城市有3个，占21.4%，比2001年增加21.4个百分点；空气质量达到三级的城市有8个，占57.2%，比2001年增加35.7个百分点；劣于三级标准的城市有3个，占

21.4%，比 2001 年减少 57.2 个百分点。全省城市空气质量总体上呈逐年好转趋势，其中，嘉峪关市、陇南市、武威市达到国家二级标准，酒泉市、张掖市、庆阳市、平凉市、定西市、天水市、合作市、临夏市等城市环境空气质量改善程度较大。

甘肃省进一步加强城市大气污染防治工作的领导，建立“由环保部门统一监管，有关部门分工负责”的大气污染防治工作机制，充分发挥各有关部门在大气污染防治工作中的职能作用，通过加强监督检查，进一步落实大气环境质量目标责任制。特别是针对兰州市大气污染防治工作，省政府专门成立“省防治兰州市大气污染领导小组”，协调解决重大问题。省环保局把兰州市大气污染防治和“两控区”污染防治作为“十五”期间全省环保“五个一”工程的重点，全力以赴支持并协助各级政府抓好各项措施的落实，并认真制定切实可行的方案，划分各部门的责任分工，做好总体工作的协调，配合各级政府督查各有关单位落实控制大气污染措施的完成情况。

“十五”期间，大力推广清洁能源，减少燃煤污染，重点城市能源结构得到较大改善。兰州等重点城市通过积极推广使用天然气，使能源结构调整步伐进一步加快。通过推广使用天然气等清洁能源，兰州市燃气化工集团公司发展天然气居民和公福用户 25 万户，占兰州市可使用天然气用户的 70%。民用天然气用量达到 2.1 亿立方米，清洁能源占兰州市燃料结构的比例达到 30%。经过努力，到 2005 年年底，兰州、白银、金昌、张掖四市二氧化硫年均值分别为 0.068 毫克/立方米、0.153 毫克/立方米、0.112 毫克/立方米、0.057 8 毫克/立方米。其中，兰州市、白银市和张掖市分别比 2001 年下降 1.4%、25.4%和 51.8%。

“十五”期间，围绕全省污染防治工作总体部署，为进一步指导各市（州）做好大气污染防治工作，甘肃省先后编制《兰州市环境质量全面达标规划》《金昌市环境质量全面达标规划》等一系列污染防治方案，并启动开展全省各市（州）城市《环境空气质量全面达标规划》的编制工作；加强噪声和机动车污染防治工作，制定《甘肃省创建安静居住小区工作实施方案》，在全省全面开展创建工作；加强机动车尾气年检和路检工作，在全省积极推广使用车用燃油清净剂，连续多年对全省车用汽油的生产和销售情况进行检查。

“十五”期间，积极探索，开展实施大气环境容量总量控制制度和排污许可证制度的前期准备工作。根据国家环保总局部署，甘肃省先后组织完成重点城市兰州市、金昌市大气环境容量核定工作和黄河甘肃段地表水环境容量核定工作，启动实施其他12个城市大气环境容量核定工作：认真开展全省实施排污许可证制度的前期准备工作，制定《甘肃省排污许可证管理规定》（草稿）。

“十一五”期间，大气环境质量进一步改善，大气环境治理工作进一步加强。重点城市空气质量好于二级标准的天数超过292天。兰州市2010年空气质量好于二级标准的天数为223天，较2005年减少15天，占全年总天数的61.1%，空气质量好于二级标准的天数少于292天。金昌市2010年空气质量好于二级标准的天数为316天，较2005年增加69天，占全年总天数的86.6%，超过292天的比例为8.2%（见表4–1–1）。

表4–1–1

甘肃省环境保护重点城市空气质量统计

序号	环保重点城市名称	2005年空气质量好于Ⅱ级标准		2010年空气质量好于Ⅱ级标准	
		天数/天	比例/%	天数/天	比例/%
1	兰州	238	65.2	223	61.1
2	金昌	247	67.7	316	86.6

2010年，甘肃省二氧化硫排放量55.18万吨，比2005年（56.30万吨）实际削减1.12万吨，完成二氧化硫排放总量削减任务。

甘肃省国控重点废气污染源监测达标率为94.3%，2010年全省国控重点污染源废气污染源监督监测达标情况见表4–1–2。

“十一五”期间，甘肃省建成并经环保部确认发挥减排作用的二氧化硫减排项目44个，累计削减二氧化硫25.45万吨。其中，电力行业减排项目24项，削减二氧化硫15.16万吨，占59%；非电行业减排项目20个，削减二氧化硫10.29万吨，占41%。

2006—2010年，甘肃省城市空气质量得到明显改善，综合污染指数逐年下降，达到空气质量二级标准的城市由2005年的3个增加为2010年的

表 4–1–2

甘肃省国控重点污染源（废气）监督检测达标情况统计

序号	国控重点源名称	类型（水/大气/污水处理厂）	监测频次	达标频次	达标排放率/%
1	白银有色金属公司		4	0	0
2	甘肃华鹭铝业有限公司		4	4	100
3	甘肃银光聚银化工有限公司		4	3	75
4	国电靖远发电有限公司		4	4	100
5	靖远第二发电有限公司		4	4	100
6	甘肃稀土集团有限公司		4	3	75
7	甘肃寿鹿山水泥有限公责任公司		4	4	100
8	景泰县昌盛冶炼有限责任公司		4	4	100
9	甘肃恒达焦化有限责任公司		4	4	100
10	大唐景泰发电厂		4	4	100
11	大唐八〇三发电厂		4	4	100
12	大唐甘谷发电厂	废气	4	4	100
13	甘肃宝徽实业		6	6	100
14	甘肃成州锌业有限责任公司		6	6	100
15	甘肃大唐国际连城发电有限责任公司		4	4	100
16	甘肃电投永昌发电有限责任公司		4	4	100
17	甘肃电投张掖发电有限责任公司		4	4	100
18	甘肃华明电力股份有限公司		4	4	100
19	甘肃华亭煤电股份有限公司		4	4	100
20	甘肃金昌化工（集团）有限责任公司		4	3	75
21	甘肃刘化（集团）有限责任公司		4	3	75
22	甘肃西部水泥有限责任公司		4	4	100
23	甘肃西脉矿冶有限公司矿业分公司		2	2	100

续表

序号	国控重点源名称	类型（水/大气/污水处理厂）	监测频次	达标频次	达标排放率/%
24	皋兰锦鑫铁合金有限责任公司	废气	4	4	100
25	古浪鑫森精细化工有限责任公司		4	4	100
26	国电兰州热电有限公司		4	4	100
27	华能平凉发电有限责任公司		4	4	100
28	华亭县御华冶金炉料有限责任公司		4	4	100
29	嘉峪关宏晟电热有限责任公司		4	4	100
30	金昌水泥（集团）有限责任公司		4	4	100
31	金昌铁业（集团）有限责任公司		4	4	100
32	金川集团有限公司		4	3	75
33	酒钢（集团）宏达建材有限公司		4	4	100
34	酒钢集团榆中钢铁有限责任公司		4	3	75
35	酒泉钢铁（集团）有限责任公司焦化厂		4	4	100
36	酒泉钢铁（集团）有限责任公司炼钢厂		3	2	67
37	酒泉钢铁（集团）有限责任公司炼铁厂		4	4	100
38	酒泉钢铁（集团）有限责任公司热电厂		4	4	100
39	酒泉钢铁（集团）有限责任公司烧结厂		3	3	100
40	酒泉钢铁（集团）有限责任公司选矿厂		4	4	100
41	兰州甘草环保建材股份有限公司		4	3	75
42	兰州西固热电有限责任公司		4	3	75
43	龙泰（集团）有限责任公司铁合金厂		4	4	100
44	平凉祁连山水泥有限公司		4	4	100
45	天水祁连山水泥有限公司		4	4	100
46	窑街劣质煤电厂		4	4	100

续表

序号	国控重点源名称	类型（水/大气/污水处理厂）	监测频次	达标频次	达标排放率/%
47	永登祁连山水泥有限公司	废气	4	4	100
48	张掖市恒达热力燃气有限责任公司		4	4	100
49	张掖市巨龙铁合金有限责任公司		4	4	100
50	张掖市山丹水泥集团有限责任公司		4	4	100
51	中国铝业股份有限公司兰州分公司		4	4	100
52	中国石油兰州石化公司炼油厂		4	4	100
53	中国石油天然气股份有限公司兰州石化分公司		4	4	100
54	中国石油天然气股份有限公司兰州石化分公司化肥厂		4	4	100
55	中国石油天然气股份有限公司庆阳石化分公司		4	4	100
56	中国水电建设集团		4	4	100
57	华亭发电有限责任公司		4	4	100
58	甘肃恒龙铁合金有限公司		0	0	0
59	甘肃荣华实业集团股份有限公司		0	0	0
全省合计					94.30

10个，列入“两控区”的4个城市二氧化硫年均值呈逐年下降趋势，白银、张掖2市稳定达到国家二级标准，兰州市年均值达到二级标准，金昌市二氧化硫年均值自2006年以来，逐年下降。

二、烟尘控制区治理

全省城市烟尘控制区整改开始于1993年。

在大气污染防治中，除对一些重点污染源实施限期治理防治措施外，针对各城市普遍存在的煤烟型大气污染，着重抓全省城市的烟尘控制区创建工作。1990年，全省烟尘控制区面积为176平方千米，覆盖面积占全省城市建成区总面积的58%；到1992年，全省城市烟尘控制区总面积已累计达到244.9平方千米，覆盖面积占建成区总面积的78%。“八五”时期，在实施新的、要求更高的国家炉、窑大气污染物排放标准后，甘肃省按照新标准对原有的烟尘控制区进行全面整改，共治理和改造锅炉和工业窑炉近千台，使之符合新的国家排放标准，在整改合格的烟尘控制区内，炉、窑、灶烟气黑度达到林格曼一级标准的占90%以上，锅炉和工业窑炉烟尘浓度达标率分别达到85%和90%。

截至1995年，全省共治理改造锅炉355台、工业窑炉11座，城市烟尘控制区质量得到进一步提升。金昌市和兰州市区被确定为创建高标准、高质量的烟尘控制示范区，共治理锅炉窑炉207台，烟控区覆盖率分别达到88.2%和97%，炉窑灶烟气黑度达到林格曼一级的占90%，锅炉和工业窑炉烟尘浓度达标率分别为85%和90.6%，为全省城市烟尘控制区的建设和管理提供经验。

1996年与1990年相比，全省工业粉尘的年排放量减少35.8%；工业二氧化硫年排放量减少4.1%；工业烟尘年排放量减少21.6%。大气污染物排放总量得到有效控制。

1997年，兰州、张掖、武威和平凉四市建成烟尘控制达标区，烟控区覆盖率分别达到93.1%、63.5%、68.5%和92%，共治理烟尘超标炉、窑、灶243台（座）。兰州市烟控区内90%以上炉窑烟气黑度达到林格曼一级，锅炉和工业窑炉烟尘浓度达标率为80%以上；其余三市烟控区内80%以上炉窑烟气黑度达到林格曼一级，锅炉和工业窑炉烟尘浓度达标率为70%以上。通过烟控区建设工作，部分城市大气环境质量得到一定的改善。

“十五”期间，全省完成工业废气治理项目196个，继续加强重点工业大气污染源限期治理，完成一批重点污染治理工程。进一步加强全省烟尘控制区建设和管理工作，建成烟尘控制区45个，面积417平方千米。城市集中供热等环保基础设施建设进度明显加快。2005年，兰州市集中供热面积达540万平方米，削减烟尘1 460吨；张掖市集中供热面积260万平方米，削减烟尘573吨；白银市集中供热面积70万平方米，金昌市按计划完成一期工程，建成后供热面积可达332万平方米，二市烟尘排放量削减明显。

“十一五”期间，继续加大有色金属行业烟气综合治理，加快燃煤电厂脱硫工程建设进度，二氧化硫减排成效明显。截至2010年年底，全省建成并发挥二氧化硫减排作用的重点工程 13 个，其中冶炼行业烟气综合治理工程 5 个、钢铁行业二氧化硫治理项目 1 个、燃煤机组脱硫工程 7 个，共计削减二氧化硫 17 万多吨。

在电力行业，列入全省“十一五”减排规划现役燃煤电厂脱硫工程的 7 项，合计 13 台 311 万千瓦。截至 2010 年年底，大唐国际连城发电有限责任公司 $3^{\#}$ 炉、$4^{\#}$ 炉，国电靖远发电有限公司 $2^{\#}$ 炉和 $4^{\#}$ 炉，靖远第二发电有限公司 $6^{\#}$ 炉，华能平凉发电公司 $1^{\#}$~$4^{\#}$ 机组，大唐兰西热电公司 $9^{\#}$ 炉、$10^{\#}$ 炉和国电兰州热电公司 $1^{\#}$ 炉、$2^{\#}$ 炉脱硫工程建成投运，减排二氧化硫 5.3 万吨。

在有色金属行业，金川集团公司投资 2.7 亿元，先后投运铜合成炉烟气治理工程、一期电炉烟气治理工程和一期回转窑烟气治理工程 3 个重点减排项目，削减二氧化硫 6 万多吨。白银集团公司投资 2.48 亿元，建成投运铜冶炼制酸系统污染治理工程，削减二氧化硫 4.5 万吨；投资 2.95 亿元，建成投运铅锌冶炼 ISP 工艺“三废”治理工程，削减二氧化硫 2.2 万吨。

在钢铁行业，酒钢集团公司投资 0.61 亿元，建成投运焦炉煤气脱硫工程，削减二氧化硫 0.4 万吨。

三、“两控区”控制工程

全省二氧化硫控制区包括兰州市区、白银市区、金昌市区和张掖市，面积为 1.32 万平方千米。截至“九五”末期，4 个地区全部完成二氧化硫污染综合防治规划的编制工作，兰州市在继续扩大煤制气用户的同时，积极引进青海天然气工程，并开工建设，年供气 20 亿立方米，2001 年 10 月完工，兰州市的能源结构得到改变。兰州第二热电厂完成喷雾增湿简易脱硫试验项目，脱硫效率达到 50.7%，取得良好的效果。该技术的成功，为其他火电厂的烟气脱硫工作探索一条技术成熟、经济适用的脱硫途径。西固热电结合技术改造，投资 2 亿元对原有环保装置进行改造，同时进行干湿综合脱硫试验，预计脱硫效率 70%。金川公司投资 3.2 亿元，进一步完善闪速炉、转炉和硫酸系统的改造，提高冶炼效率，保证硫酸系统正常运转，1999 年硫酸系统产酸 22 万吨。同时，金化集团公司建成磷二铵工程，年利用硫酸近 14 万吨，确保金川公司硫酸系统的运行。白银公司冶炼厂技术改造工程前期工作按计划顺利开工。

“十五”期间，甘肃省紧紧围绕国务院批复的《两控区酸雨和二氧化硫污染防治“十五”计划》和甘肃省政府批准实施的《甘肃省二氧化硫控制区“十五”污染防治实施计划》，兰州市、白银市、金昌市和张掖市4个二氧化硫控制区污染防治工作力度进一步加强。截至2005年年底，累计投资近20亿元，完成金川公司闪速炉节能降耗技改工程、兰州第二热电厂简易脱硫工程等18项二氧化硫重点治理项目，削减二氧化硫2.38万吨，新增冶炼烟气二氧化硫综合利用量62.9万吨。

“十一五”期间，甘肃城市环境空气质量持续改善，达标城市逐年增多，城市环境空气质量总体呈现上升趋势。2010年，4个“二氧化硫控制区”城市二氧化硫污染程度总体不断下降，其中有3个达到二级标准。但是存在的问题也较突出，兰州市冬季大气污染严重，污染综合指数一直较高；金昌市受工业二氧化硫排放影响，城市环境空气质量连续5年超过国家二级标准；陇南市受颗粒物污染影响，城市环境空气质量连续下降。

为改善城市环境空气质量，各级政府和环保部门以污染减排为抓手，积极开展城市综合治理，不断加大重点城市和二氧化硫控制区污染防治的力度。兰州市出台《兰州市燃煤锅炉污染物排放标准》，开展西固大气污染防治研究，在兰州石化、兰州铝业、大唐兰西热电等企业新上脱硫、脱硝设施10余套；关停34家排污小企业，同时积极推广节能改造和清洁能源生产，实施冬季采暖集中供热和机动车限号通行等措施，坚决查禁生活小燃煤锅炉、油炉。金昌市把企业二氧化硫污染减排作为改善城市环境空气质量的根本性措施，在金川公司新建4套硫酸尾气再治理装置，关闭永昌电厂7台淘汰机组。截至2010年年底，经环保部确认减排量的二氧化硫减排项目共有64项，共削减二氧化硫25.45万吨，全面落实污染减排任务取得显著成效，对改善城市环境空气质量起到明显效果。

四、噪声污染防治

从1993年开始，在省内主要城市创建环境噪声达标小区，小区内各项噪声强度达到国家标准，为居民创造一个安静、舒适的工作生活环境。截至1995年年底，全省共建成环境噪声达标小区32个，累计面积达到80平方千米，占全省城市建成区总面积的22.3%。同时，有针对性地对扰民突出的重点噪声源分期分批进行重点治理，“八五”时期，用于噪声污染治理的投资超过 1 500 万元，比“七五”时期噪声治理投资增加 50%以上。全省锅炉房噪声治理率和达标率均超过 90%。同时，加强对建筑施工噪声的管理，一些主要城市实施夜间建筑施工必须向环保部门申请施工许可证的制度。兰州市坚持在每年的高考期禁止夜间施工措施，受到全市人民的好评。各级环境保护部门加强对社会商业噪声和建筑施工噪声的昼夜检查，以保证噪声防治措施得到落实。对治理难度较大的交通噪声，在全省车辆不断增长、道路等基础设施建设滞后的状况下，公安交通、环保等有关部门一起配合，共同采取人车分流、机动车与非机动车分流、单向通行、禁鸣喇叭、禁止拖拉机进城等一系列措施，努力减缓交通噪声上升趋势。

“九五”期间，城市区域环境噪声污染得到有效控制。兰州、天水、敦煌平均等效声级值为 57~60 分贝（见表 4–1–3）；嘉峪关、金昌、白银达到一级标准，声环境质量良好。交通噪声均在 70 分贝以下（见表 4–1–4）。

表 4–1–3

甘肃省城市区域环境噪声年际变化趋势一览表

城市	1996 年	1997 年	1998 年	1999 年	2000 年	污染趋势
兰州	70.6	69.6	69.4	69.3	69.9	变化不大
天水	72	72.2	71.2	73.5	69.6	变化不大
白银	70.3	71.2	67.1	67.1	69.9	下降
金昌	66.7	67.4	67.2	66.3	66.1	下降
嘉峪关	64.1	66	62.7	64.4	63.8	变化不大
庆阳	68.1	64.3	65.8	72	69.6	上升
平凉	71.2	71.2	73	73.5	72.6	上升
陇南	74.1	74.4	73.5	75.5	72.8	变化不大
定西	77.3	76.5	74.1	77.1	69.8	极显著下降
武威	76.7	72.4	72	69.8	69.4	极显著下降
张掖	71.7	72	73.4	71.4	69.7	变化不大
酒泉	71.8	73.4	70	67.8	67.9	下降
临夏	75.7	76.1	72.8	73.5	71.7	下降
全省	71.6	71.3	70.2	70.4	69.4	显著下降

表 4-1-4

甘肃省城市道路交通噪声年际变化趋势一览表

城市	1996 年	1997 年	1998 年	1999 年	2000 年	污染趋势
兰州	60.8	59.4	59.1	59.7	60	变化不大
天水	58.9	58.2	57.4	56.4	57	显著下降
白银	54.9	53.9	52.1	52.4	53.3	变化不大
金昌	60	51.1	51.8	53.4	53.3	变化不大
嘉峪关	52.7	53.1	52.7	54.2	54.7	上升
庆阳	58.6	60	56	52.6	53.8	下降
平凉	56.8	57.4	59.8	61.7	57.2	变化不大
陇南	57.8	58.1	55.8	60.3	60.6	上升
定西	64	59.9	62.9	57.2	56.8	显著下降
武威	59.7	57.2	56.6	55.2	55.5	显著下降
张掖	54.4	51.7	52.4	52.2	53	变化不大
酒泉	59.7	61.6	60.4	55.5	56.5	下降
临夏	58.7	62.4	57.5	58.4	50.4	下降
全省	58.2	57.2	56.5	56.1	55.6	极显著下降

通过表 4-1-3 可以看出，兰州、天水、嘉峪关、陇南、张掖五地市区域环境噪声变化不大，庆阳、平凉呈上升趋势，其他各地市呈下降趋势，其中定西、武威下降明显。与各地市城市扩容建设大势基本吻合，但总体来看，全省区域环境噪声呈显著下降趋势。

通过表 4-1-4 可以看出，兰州、白银、平凉、张掖城市道路交通噪声变化不大，嘉峪关、陇南呈上升趋势，其余地市呈下降趋势，其中天水、定西、武威下降明显。除与各地市汽车保有量有关外，也与各地市交通污染治理存在一定的关系。总体来看，全省交通噪声污染呈显著下降趋势。

“十五”期间，全省噪声污染治理工作以“安静居住小区”创建为重点，积极开展创建“安静居住小区”活动，切实改善人民群众生活环境质量。

根据国家环保总局《关于开展创举安静居住小区的通知》文件精神，

2003年年初，甘肃省环保局下发《关于转发〈关于开展创建安静居住小区的通知〉的通知》（甘环控发〔2003〕1号），将文件转发各市、州、地及矿区环保局，要求在全省各城市开展“安静居住小区”试点工作。根据甘肃实际，省环保局制定创建安静居住小区的评分标准，指导各地“安静居住小区”试点工作。截至2003年年底，全省8个城市的22个小区开展“安静居住小区”的创建试点工作。嘉峪关市、张掖市的6个小区基本完成安静居住小区的创建工作。

为有效开展创建活动，各地环保局加大宣传教育力度，环保部门、街道及社区相互协调、紧密配合，通过电视、广播、报刊等渠道，利用散发宣传材料、挂横幅、出动工作人员解答群众疑问、开辟宣传专栏等各种形式，就“安静居住小区”创建活动的目的、意义和作用进行广泛的宣传，增强人民群众的环保意识，调动人民群众参与创建活动的热情和积极性。各地环保部门积极指导小区管委会建立相关的环境管理规章制度。针对建筑噪声、流动噪声等声源制定切实可行的管理措施。设立“12369”环保监督电话，鼓励社区居民共同关心生活环境、安静小区创建工作，共同抵制噪声污染，共建安静舒适的优良生活空间。

具体措施包括：对小区内所有噪声污染源进行登记造册，对群众反映强烈的污染源加强监管力度，对超标噪声源下达限期治理计划，切实改善小区内的声环境质量；小区设置机动车禁鸣标志，车辆进入小区车速不得超过15千米/小时，并要求机动车防盗报警装置不得扰民，禁止在小区内设施高音喇叭；对扰民严重的住宅装修建立装修审批制度，要求先申报后装修，并严格控制装修作业时间，对违反规定的居民制定相应的处罚措施；积极扩大绿地面积，因地制宜地种植各类花草树木，有效降低过往车辆带来的交通噪声。

经过环保部门的努力工作，“安静居住小区”创建工作取得阶段性成果，小区声环境质量有所改善，噪声扰民事件明显降低，产生良好的社会影响。

“十一五”期间，甘肃省按照《大气污染防治法》等有关法律法规的规定，不断完善有关机动车污染防治管理制度，在强化油品质量监督管理、积极推广车用清洁能源、确保车辆达标行驶、从源头上减少机动车排气污染的同时，加大机动车噪声污染处罚力度，发动机噪声大大降低，鸣号现象基本绝迹；同时加大娱乐场所整治力度，重点城市娱乐场所安装隔音设备，噪声扰民现象得到根本改观；通过技术改造，生产领域噪声污染降到最低。全省城市区域声环境质量较好以上的有 12 个，2 个属于轻度污染。全省共监测 527.9 千米道路，其中超过 70 分贝的路段长度为 99.245 千米，占监测路段总长度的 18.8%。城市交通干线声环境质量均达到较好以上。

五、机动车尾气治理

“八五”时期，随着全省国民经济的发展，机动车辆不断增加，在一些城市，汽车尾气成为造成低空大气污染的重要因素之一，引起各方面的关注，促使甘肃省汽车尾气污染防治工作开始起步。通过在汽车曲轴箱安装强制通风装置（PCV 阀）等措施控制汽车尾气污染。截至“八五”末，全省共安装 PCV 阀和 PS 净化器约 2 万套，在一定程度上减缓了机动车尾气污染的发展趋势。

“九五”时期，汽车拥有量急剧增加。据统计，“九五”末期，全省拥有各种机动车约 30 万辆，年需求车用汽油约 90 万吨。全省共有各类加油站1 219 个、汽油生产企业 5 家，汽车排放废气污染变为城市大气环境污染严重的重要因素，汽车废气排放的四乙基铅对人体健康具有严重危害。

根据国务院办公厅《关于限期停止生产销售使用车用含铅汽油的通知》精神，省政府精心安排部署，认真贯彻执行，把淘汰含铅汽油、推广无铅汽油工作与全省大气污染防治工作结合起来，与成品油市场整顿、关停土炼油、小炼油工作结合起来，一抓治理源头（炼油企业停止生产含铅汽油、关停小、土炼油），二抓整顿市场，把淘汰含铅汽油列入主要工作内容。

全省五大汽油生产企业按国家要求，于 1998 年年底前全部提前停止生产含铅汽油，生产环保无铅汽油（90# 以上），兰州市于 1999 年 1 月 1 日起率先在全部加油站停止销售含铅汽油，改售无铅汽油；全省其他城市和地区基本按期停止含铅汽油的销售使用，抽查合格率达到 96%。

为加强机动车尾气污染防治工作力度，各级环保部门与公安、交通部门积极配合，开展机动车首检、抽检、路检等工作。2000 年，甘肃省环保局会同有关部门共同制定《甘肃省机动车排气污染管理办法》（送审稿），上报省政府批准实施。

"十一五"期间，甘肃省积极按照《大气污染防治法》等有关法律法规的规定，不断完善有关机动车污染防治管理制度，印发《关于严格控制油品质量减少机动车排气污染的通知》和《关于进一步加强城市机动车污染排放监督管理的通知》。在实现全省车用汽油无铅化的基础上，进一步加大机动车污染防治力度，努力提高车辆定期检测率，强化油品质量监督管理，积极推广车用清洁能源，确保车辆达标行驶，从源头上减少机动车排气污染。通过各级政府、各职能部门的共同努力，机动车尾气污染防治工作取得初步成效。

兰州市先后颁布《兰州市实施防治城区冬季大气污染特殊工程的决定》和《兰州市实施防治城区大气污染特殊工程处罚办法》，对机动车尾气污染防治作出明确规定。在此基础上，兰州市政府发布《关于防治机动车尾气污染的通告》，加强全市机动车尾气排放情况的监督检查工作，并限制农用机动车、大型货运车辆等在市区通行；对不达标车辆限期治理，禁止无机动车尾气合格证车辆上路行驶；完成 6 330 辆机动车清洁能源改造，基本完成所有公交车和出租车的清洁能源改造任务。2010 年，在全省率先出台机动车城区限号行驶的管理制度，有效减少机动车尾气污染物排放。

截至 2009 年年底，全省机动车保有量超过 148 万辆，但尾气污染并没有出现正比例加重局面。机动车尾气污染防治工作成效显著。

第二节 城市饮用水水源保护

一、饮用水水源

甘肃省辖 14 个市（州）城市市区集中式饮用水水源地共 21 个，其中白银、金昌市、临夏回族自治州三市（州）采用地表水作为饮用水水源，日供水量共计 13.9 万吨。天水、定西、武威、张掖、酒泉、嘉峪关、平凉、陇南、甘南九市（州）采用地下水作为饮用水水源，日供水量共计 33.8 万吨。省会兰州市市区日供水量 99 万吨，96%（约 95 万吨）采用黄河地表水作为饮用水水源，其余 4%采用地下水。庆阳市城区日供水量 2.11 万吨，饮用水采用地表水和地下水相结合的方式，比例各占 50%。

二、饮用水水源地保护

“九五”期间，饮用水水源地保护得到日益重视。临夏州对威胁下游地区的硫化炭黑水、盐化含汞废水进行全面治理；《兰州市城市生活饮用水源保护和污染防治办法》由甘肃省人大常委会批准实施，兰州市政府依法对14家污染企业进行搬迁和关闭，投资1 720万元在西新线铺设排污管道，将煤制气厂含酚废水引至饮用水水源取水口下游；白银市对原有饮用水水源取水口进行调整，避免重点工业污染源对饮用水水源的影响。

“十五”期间，甘肃省将饮用水水源保护作为水环境保护工作的首要工作。将14个市（州）所在城市饮用水水源保护区进行合理划分，将饮用水水源保护列入市、县政府的目标责任书。甘肃省人大常委会颁布实施《兰州市城市生活饮用水源保护和污染防治办法》和《甘肃省环境保护条例》，对加强饮用水水源保护做出专门规定，从地方立法和行政法规上加大保护力度。每年开展饮用水水源保护专项执法检查，各地及时清理威胁饮用水水源安全的污染源，在饮用水水源设立标志牌。各级人大和政府有关部门分别进行保护饮用水水源的联合执法检查。兰州市对位于地表水饮用水水源取水口上游的岸门村一带的污染源进行清理，关闭取缔14家废旧大桶经营场所，共清理各类废旧化工料桶3万多个，取缔车辆清洗点6处。严格执法，禁止在水源地一级保护区内新建排污企业，严格控制在二级保护区内新建污染源。庆阳市合水县、华池县对位于饮用水水源一级保护区划范围内的居民实施搬迁。临夏州搬迁位于饮用水水源上游的2家养殖场。天水市政府依法取缔威胁水源安全的丰收化工厂磷肥厂、泰兴铅锌冶炼厂、天水造纸厂等重污染企业，确保供水安全。白银市根据饮用水水源地水质的变化情况，及时调整水源地供给用途，将位于市区主要排污口下游的城市居民生活用水水源，调整为市区工业用水水源，将位于主要排污口上游40千米的白银公司动力厂二水源调整为生活用水和城市公共设施用水水源，避免工业污水对饮用水水源的直接危害，保证用水安全。

根据2004年的监测数据统计，兰州、平凉、金昌、武威等12个市（州）的饮用水水源水质良好，水质达标率为100%；白银市动力公司饮用水水源、白银公司二水源水质达标率分别为92.86%、92.56%，超标污染物为粪大肠菌群、总氮，超标原因主要是上游城市兰州产生的大量城市生活污水；庆阳市巴家嘴沟底水源水质达标率为98.4%，超标污染物为硫化物和总氮，超标原因主要是受到当地地质环境因素的影响，地表水含盐量本底值较高，致使硫化物超标，同时该地区水土流失严重，含氮有机物在水库库区富集，造成总氮超标。

“十一五”期间，先后编制完成《全省城市集中式饮用水水源地环境保护规划》《全省地下水污染防治调查报告》，开展全省城镇和典型乡镇饮用水水源地基础环境更新调查，完成《甘肃省饮用水水源地基础环境调查与评估技术报告》，并通过国家评审。制定并印发《关于进一步加强饮用水水源环境保护工作的通知》（甘环发〔2009〕120号），全面启动全省饮用水保护区划分与调整工作，全省86个区县中85个区县完成划分技术报告，进入审批程序。同时开展饮用水水源保护区环境专项整治工作，对饮用水水源保护区内以及上游地区的化工、造纸、冶炼等重点行业进行全面排查。甘肃省政府投入1 300万元，增加10名人员编制，加强饮用水水源地地表水水质全分析能力建设。甘肃省环境监测中心站具备饮用水水源地水质109项全分析监测能力，为加强环境管理、保障饮用水安全提供有力的技术支撑。15个城市的集中式饮用水水源地水质状况总体良好。

第三节　城市生活垃圾处理

随着城市扩容和工业产品的富集，城市生活垃圾迅速增长，生活垃圾污染日益严重。2000年，城市生活垃圾年产生量高达200多万吨，2010年突破250万吨，垃圾围城现象比较普遍，二次污染严重。塑料包装物和农膜导致的“白色污染”问题十分突出。生活垃圾占用土地、污染环境的状况以及对人们健康的潜在影响也越发明显。

“十五”期间，城市生活垃圾主要采取填埋处理。2004年生活垃圾清运量292.1万吨，处理量113.1万吨，处理率为38.7%；2005年生活垃圾清运量297.8万吨，处理量51.3万吨，处理率仅为17.2%；2006年生活垃圾清运量260万吨，处理量51.7万吨，处理率仅为18.3%。由于利益驱动，部分生活垃圾仍然无法做到“全收集、全处理”。餐厨垃圾大多逃避监管，食物部分被用作猪养殖饲料，油脂部分被二次提炼，返回餐桌，严重影响居民饮食安全。

“十一五”期间，甘肃省加大城市生活垃圾无害化处理力度，着力加强生活垃圾污染防治工作。甘肃省纳入《全国城市生活垃圾无害化处理设施建设“十一五”规划》的无害化垃圾处置设施建设项目共 8 个，截至 2010 年，全省共完成规划内项目 3 个，规划外项目 10 个；新增无害化垃圾处理能力 3 264 吨/日；建立县级生活垃圾无害化处理设施 9 项；日处理能力分别达到 2 613 吨和 652 吨。

具体统计结果见表 4–1–5 和表 4–1–6。

表 4–1–5

甘肃省城市生活垃圾新增处理能力统计

序号	“十一五”期间已建成并投入运行的垃圾处理厂名称	是否纳入《全国城市生活垃圾无害化处理设施建设“十一五”规划》	处理能力/（吨/日）
1	白银市平川区生活垃圾处理工程	是	110
2	定西市生活垃圾填埋场	是	180
3	玉门市生活垃圾填埋场	是	100
4	张掖市甘州区生活垃圾填埋场	否	280
5	武威市凉州区生活垃圾填埋场	否	300
6	酒泉市肃州区生活垃圾填埋场	否	250
7	临夏回族自治州生活垃圾填埋场	否	200
8	陇南市武都区生活垃圾填埋场	否	97
9	合作市生活垃圾填埋场	否	95
10	敦煌市生活垃圾填埋场	否	150
11	嘉峪关市生活垃圾填埋场	否	250
12	金昌市金川区生活垃圾填埋场	否	300
13	白银市白银区生活垃圾填埋场	否	300
合计			2 612

表 4-1-6

甘肃省县城生活垃圾新增处理能力统计

序号	“十一五”期间已建成并投入运行的垃圾处理厂名称	是否纳入《全国城市生活垃圾无害化处理设施建设“十一五”规划》	处理能力/（吨/日）
1	靖远县生活垃圾填埋场	是	60
2	会宁县生活垃圾填埋场	是	90
3	华亭县生活垃圾填埋场	是	100
4	静宁县生活垃圾填埋场	是	98
5	渭源县生活垃圾填埋场	是	53
6	庆城县生活垃圾填埋场	是	65
7	夏河县生活垃圾填埋场	是	50
8	舟曲县生活垃圾填埋场	是	43
9	永靖县生活垃圾填埋场	是	93
合计			652

据 2007—2010 年统计资料，甘肃省生活垃圾年产生总量 4 年间保持在 226.99 万~255.51 万吨，变化不明显。2007—2010 年生活垃圾处置总量与产生总量变化相似，除部分市（州）外，大多数市州处置率都达到 100%。

随着生活垃圾处理设施的进一步完善和监督管理力度的不断加强，城市（镇）生活垃圾污染得到有效遏制，餐厨垃圾回流现象基本杜绝，“白色污染”得到初步控制。

“十一五”期间，甘肃省物价局下发《关于进一步建立和完善城市生活垃圾处理收费制度的意见》，省物价局和省建设厅联合下发《甘肃省物价局甘肃省建设厅关于建立城市生活垃圾处理及收费相关信息统计报告制度的通知》，要求城市生活垃圾垃圾处理费标准实行政府定价；文件中要求，2008 年年底前甘肃省设市城市要全面开展城市生活垃圾处理费，2009 年年底前全省县城力争全面开展城市生活垃圾处理费。截至 2010 年年底，甘肃省 14 个市（州）均已制定完成生活垃圾收费政策。

第二章　大气污染防治

第一节　重点行业污染治理

一、重点污染源及污染排放

1990—1994年，全省国营工业污染负荷占环境污染总负荷的70%以上。全省污染工业企业3 800多户，其中列为国家和省级重点源的211家，占全省环境统计工业企业总数的16%；工业总产值占73%；工业废水排放量占54%；工业燃煤占76%；工业废渣占68%。全省大中型工业企业集中在省辖五市，其工业总产值、固定资产原值、年末环保设施固定资产原值和排污收费金额分别占全省重点企业总数的80.10%、77.95%、89.76%和90.4%，五市中又以兰州为最重要，其工业总产值固定资产原值、年末环保设施固定资产原值和排污收费金额分别占全省的45.72%、49.42%、51.82%和66.78%。

全省重点工业污染源废气中主要污染物分地市排放情况见表4-2-1。由表4-2-1中数据可以看出，五市排放烟尘、二氧化硫、氮氧化物、一氧化碳和氟化物量占全省重点企业总量的比率分别为85.5%、93.8%、85.2%、98.4%和94%。

在全省重点污染源27个行业中，以有色金属冶炼、石油加工、化学工业、黑色金属冶炼和电力蒸汽热水工业为主，其工业总产值、固定资产原值和年末环保设施固定资产原值，占全省重点源总值的比率分别为66.0%、65.5%和87.3%；其次是食品制造业、纺织业、建材非金属制品业和机械工业等。

废气中污染排放量主要集中在电力蒸汽热水工业、有色金属冶炼加工业、黑色金属冶炼加工业、建材非金属矿制品业、化学工业和石油加工工业。以上行业排放的烟尘、二氧化硫、氮氧化物、一氧化碳和氟化物占全省重点源总排放量的比率分别为88.3%、96.1%、89.7%、96.9%和99%。

各污染物的污染源排放量及其所占比例相差悬殊。烟尘排放量集中在西固热电厂、连城电厂、永昌电厂、酒泉钢铁公司，其排放量分别占全省总量

表 4–2–1

甘肃省各地、州、市重点工业污染源主要污染物排放一览表

城市名称	烟尘/万吨	二氧化碳/万吨	氮氧化物/万吨	一氧化碳/万吨	氧化物/吨	合计/万吨	所占百分比/%
合计	15.46	34.89	8.88	14.18	2 733	73.68	100
兰州市	7.1	5.58	3.61	13.69	2 354	30.21	41
嘉峪关市	1.96	0.87	0.43	0.11~	—	3.37	4.6
金昌市	3.01	21.7	1.03	0.06~	—	25.8	35
白银市	0.65	3.95	2.3	0.09	214	7.01	9.5
天水市	0.5	0.65	0.19	0.02~	—	1.36	1.8
酒泉地区	1.33	0.9	0.7	0.06	—	2.99	4.1
张掖地区	0.24	0.41	0.15	0.02	126	0.83	1.1
武威地区	0.07	0.09	0.02	0.01~	—	0.19	0.3
定西地区	0.11	0.09	0.07	0.04	39	0.31	0.4
陇南地区	0.07	0.1	0.02	0.02~	—	0.21	0.3
平凉地区	0.15	0.14	0.13	0.02~	—	0.45	0.7
庆阳地区	0.05	0.11	0.1	0.01~	—	0.26	0.3
临夏州	0.22	0.3	0.13	0.02~	—	0.67	0.9

的 22.12%、16.73%、16.36%、12.14%；二氧化硫排放主要是金川有色金属公司，占全省总量的 58.29%；其次是省内各热电厂，约占 22.57%；氮氧化物集中在各热电厂，约占 71.68%，其中靖远电厂和西固热电厂最多；一氧化碳排放集中在冶金行业，其中兰州钢厂约占 66.78%，连城铝厂、甘肃铝厂、兰州铝厂约占 27.95%；氟化物主要是各铝冶炼厂排放。

从 1995 年开始，甘肃省废气排放总量持续攀升，1997 年达到高位，1998 年稍有下降，但仍在高位运行。1991—1998 年甘肃省工业废气排放情况见图 4–2–1。

1998 年，甘肃省空气环境质量总体水平与 1997 年基本持平，二氧化硫年日均值比上年下降 0.01 毫克/立方米，氮氧化物年日均值与上年持平，大气总悬浮颗粒物年日均值比上年略有上升。由于加强对城市和重点区域环境污染治理，部分城市环境空气质量有所改善，但环境空气污染较为严重。

“十五”时期，工业污染较重局面仍未改变。2005 年甘肃省二氧化硫年均浓度值为 0.038 毫克/立方米，比 2004 年下降 0.010 毫克/立方米。白银、金昌、兰州年均浓度均超过国家二级标准。

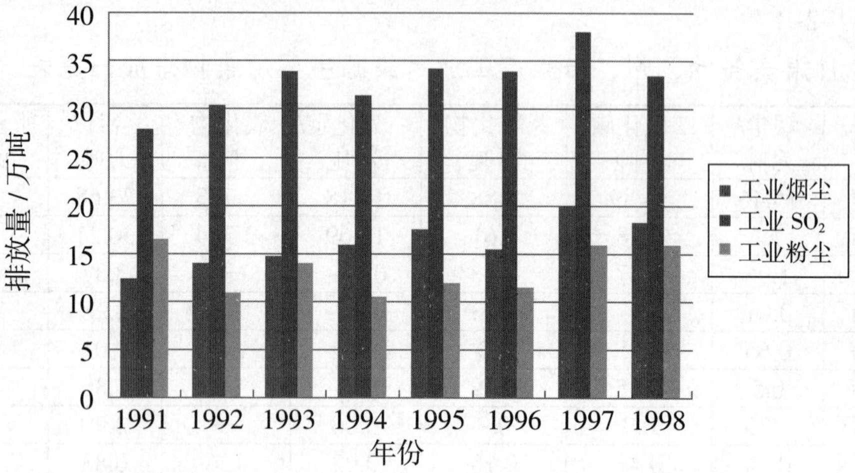

图 4-2-1　1991—1998 年甘肃省工业废气排放情况

2000 年，甘肃省氮氧化物年均值为 0.025 毫克/立方米，城市年均值为 0.008~0.060 毫克/立方米，年均值最高值出现于兰州市。与 1995 年相比，甘肃省年均值下降 38%，兰州、天水、酒泉、张掖等市污染有所减轻。与 1999 年相比，甘肃省年均值下降 21.9%。

“十五”期间，二氧化氮年均值范围为 0.007~0.074 毫克/立方米。2005 年与 2000 年相比，甘肃省二氧化氮总平均值下降 0.004 毫克/立方米，甘肃省可吸入颗粒物年均值范围为 0.089~0.195 毫克/立方米，最高年均值出现于 2002 年（兰州市），超过三级标准 0.30 倍。总悬浮颗粒物年均值范围为 0.133~0.810 毫克/立方米，最高年均值出现于 2001 年（兰州市），超过三级标准 1.7 倍。2001 年甘肃省总悬浮颗粒物污染最重，总平均值为 0.43 毫克/立方米。工业废气等标污染负荷排序见表 4-2-2。

2010 年 4 月，按照《工业污染源普查动态更新调查技术规定》的要求，甘肃省完成 3 381 个工业污染源普查，污染物排放量见表 4-2-3。

据该次污染源普查动态更新调查，甘肃省工业废气中二氧化硫排放量居甘肃省前五位的城市为白银市、兰州市、金昌市、张掖市和嘉峪关市，该五城市二氧化硫排放总量为 378 495.73 吨，占甘肃省二氧化硫排放总量的 80.99%。甘肃省工业废气中氮氧化物排放量居甘肃省前五位的城市为兰州市、白银市、平凉市、嘉峪关市和金昌市，该五市氮氧化物排放总量为 156 936.29 吨，占甘肃省氮氧化物排放总量的 77.00%（见表 4-2-4）。

表 4-2-2

甘肃省工业废气等标污染负荷排序

名次	2001 年	2002 年	2003 年	2004 年	2005 年
1	金川有色金属公司，30.71%	金川有色金属公司，3.54%	金川有色金属公司，20.16%	金川有色金属公司，22.01%	金川集团有限公司，17.41%
2	兰州西固热电有限责任公司，7.68%	白银有色金属公司，19.58%	白银有色金属公司，17.16%	白银有色金属公司，19.72%	白银有色金属公司，16.31%
3	白银有色金属公司，5.31%	兰州西固热电有限责任公司，6.11%	平凉发电有限责任公司，7.81%	平凉发电有限责任公司，6.01%	其他，13.66%
4	永昌电厂，5.08%	甘肃省电力工业局永昌电厂，4.95%	兰州西固热电有限责任公司，5.25%	兰州西固热电有限责任公司，5.56%	华能平凉发电有限责任公司，4.64%
5	酒泉钢铁（集团）	酒泉钢铁（集团）有限责任公司，4.32%	酒泉钢铁（集团）有限责任公司，4.29%	靖远第二发电有限责任公司，4.93%	兰州西固热电有限责任公司，3.74%
6	甘肃靖远第一发电有限责任公司，3.07%	甘肃靖远第一发电有限责任公司，3.01%	靖远第二发电有限公司，4.29%	酒泉钢铁（集团）有限责任公司，4.01%	靖远第二发电有限公司，3.45%
7	甘肃靖远第二发电有限责任公司，2.61%	靖远第二发电有限公司，2.38%	甘肃省电力工业局永昌电厂，4.18%	甘肃电投泳长发电有限公司，3.52%	酒泉钢铁（集团）有限责任公司，3.38%
8	中国石油兰州石化公司化肥厂，1.98%	平凉发电有限公司，1.97%	甘肃靖远第一发电有限责任公司，2.72%	国电靖远发电有限公司，2.88%	国电靖远发电有限公司，2.43%

续表

名次	2001 年	2002 年	2003 年	2004 年	2005 年
9	平凉电厂，1.45%	中国石油兰州石化公司化肥厂，1.69%	中国石油兰州石化公司化肥厂，1.34%	甘肃省电力工业局连城电厂，1.23%	甘肃省电投永昌发电有限责任公司，2.27%
10	甘肃省电力工业公司八零三发电厂，1.31%	甘肃省电力工业局连城电厂，1.64%	甘肃省电力工业局连城电厂，1.33%	景泰县昌盛冶炼有限责任公司，1.11%	甘肃大唐国际发电有限责任公司，2.11%
11	玉门石油管理局，1.24%	玉门石油管理局，1.14%	景泰县昌盛冶炼有限责任公司，1.16%	国电兰州热电厂，1.02%	平凉祁连山水泥有限公司，2.07%
12	甘肃省电力工业局连城电厂，1.21%	甘肃省电力工业公司八零三厂发电厂，1.09%	兰州第二热电厂，1.11%	大唐八零三发电厂，1.01%	大唐连城发电厂，1.08%
13	西北铁合金有限责任公司，1.06%	—	平凉市峡中水泥厂，1.00%	—	—
14	武山水泥厂，1.05%	—	—	—	—

表 4–2–3

甘肃省工业主要污染物排放量统计

统计指标	全省总量	重点调查		其他	
		排放量	比例/%	排放量	比例/%
废水量/万吨	22 486.44	19 522.50	86.82	2 963.94	13.18
化学需氧量/吨	90 243.24	78 191.88	86.65	12 051.36	13.35
氨氮/吨	15 675.84	12 933.08	82.50	2 742.76	17.50
二氧化硫/吨	467 316.89	424 742.86	90.89	42 574.04	9.11
氮氧化物/吨	203 823.94	186 704.07	91.60	17 119.87	8.40

表 4–2–4

甘肃省各地区主要污染物排放总量一览表

城市	COD 排放量		氨氮排放量		SO_2 排放量		NO_x 排放量	
	排放量/吨	比例/%	排放量/吨	比例/%	排放量/吨	比例/%	排放量/吨	比例/%
兰州市	7 115.37	7.88	2 866.18	18.28	103 733.45	22.20	57 602.34	28.26
嘉峪关	3 320.75	3.68	40.51	0.26	24 970.83	5.34	23 696.98	11.63
金昌市	5 398.42	5.98	6 289.55	40.12	91 646.65	19.61	21 503.48	10.55
酒泉市	2 284.33	2.53	37.57	0.24	23 757.91	5.08	5 421.95	2.66
武威市	8 400.49	9.31	69.19	0.44	14 765.61	3.16	3 622.29	1.78
张掖市	27 215.37	30.16	679.63	4.34	44 397.26	9.50	12 930.61	6.34
天水市	698.79	0.77	16.60	0.11	4 070.03	0.87	7 182.40	3.52
白银市	3 104.17	3.44	3 713.55	23.69	113 747.54	24.34	29 614.75	14.53
平凉市	5 624.11	6.23	300.16	1.91	10 663.15	2.28	24 518.74	12.03
庆阳市	2 142.62	2.37	171.66	1.10	5 445.51	1.17	2 329.30	1.14
定西市	9 168.22	10.16	42.59	0.27	4 498.11	0.96	1 206.98	0.59
陇南市	7 040.95	7.80	1 355.03	8.64	19 074.72	4.08	11 753.79	5.77
临夏州	7 979.19	8.84	80.78	0.52	5 622.67	1.20	1 510.48	0.74
甘南州	750.46	0.83	12.83	0.08	923.47	0.20	929.85	0.46
全省	90 243.24	100.00	15 675.83	100.00	467 316.91	100.0	203 823.94	100.00

甘肃省工业废气中二氧化硫排放量较大的行业依次为火力发电、镍钴冶炼、铅锌冶炼、铜冶炼和铝冶炼等行业，其排放量分别占全省排放总量的23.66%、13.79%、12.59%、8.07%和6.74%。

甘肃省工业废气中氮氧化物排放量较大的行业依次为火力发电、水泥制造、炼铁、铅锌冶炼和黏土砖瓦及建筑砌块制造等行业，其排放量分别占全省排放总量的52.54%、11.58%、8.56%、6.08%和5.17%。

从重点企业主要污染物排放情况分析来看，二氧化硫排放量居前几位的企业分别是金川集团有限公司、白银有色集团股份有限公司第三冶炼厂、兰州西固热电有限责任公司、中国铝业股份有限公司兰州分公司、白银有色集团股份有限公司铜业公司和国电靖远发电有限公司等，其排放量分别占全省总量的12.81%、8.69%、6.72%、5.88%、4.72%和4.04%。

氮氧化物排放量居前几位的企业分别是华能平凉发电有限责任公司、酒泉钢铁（集团）有限责任公司、靖远第二发电有限公司、兰州西固热电有限责任公司、中国铝业股份有限公司兰州分公司、国电靖远发电有限公司等，其排放量分别占全省总量的9.69%、8.34%、7.58%、6.80%、5.97%和5.56%。

二、重点污染源污染防治

1993年，工业污染防治取得较大进展。坚持结合技术改造，开展资源、能源的综合利用，对重大污染源实行限期治理，减少“三废”排放量。在对甘肃省工业污染总负荷75%左右的211家重点工业污染企业“对号入座”的基础上，实行“政府下达，责任承包，齐抓共管，奖罚分明”的办法，省政府年内下达第11批省级污染限期治理项目共6项，总投资达1 472万元，完成后年回收价值可达589万元。

1994年，重点污染源治理工作在政府的统一领导下，环保部门实行统一监督管理，企业法人承担污染防治责任，对22家重大污染企业和重点放射源单位进行检查，选择6家重点污染源企业进行排污核查，查处环境违法问题和事故，促进企业的环境管理。省环保局下达西固热电厂10#炉除尘改造等5个项目为第12批省级污染限期治理项目，总投资3 458万元，各地也按计划对59个污染严重、扰民突出的老污染源进行治理。年内有5项省级污染限期治理项目完成并通过验收，环保投资共1 080.3万元。

1995年，对全省211家重点工业污染源实施排污量核查，为重新排定污染源座次奠定基础。完成武威地区和白银市试行发放水污染物排放许可证工作的验收，并在兰州、金昌、天水、嘉峪关开展该项工作，在全省部署开展大气污染物和固体废物噪声排放申报登记工作。作为全省流域污染防治突破点的石油河污染防治迈开步伐。全面实施省政府办公厅批转的地面水环境保护功能类别划分规定。

继续开展限期治理，确定玉门石油管理局水电厂冲灰水治理工程等8个项目为第13批省级污染限期治理项目，项目投资共达4 472万元。甘肃省环保局初选推荐兰州炼油化工总厂工业污水处理厂改造等3个项目申请列入国家第三批污染限期治理项目，总投资1.94亿元。年内建成并验收金川公司污水处理站废水回用工程等5个省级限期治理项目，总投资1 608万元。各地积极推进老污染源治理，据统计，1995年全省共完成限期治理项目242个，总投资达到4 727.5万元，兰州、金昌、白银、嘉峪关等地市污染限期治理工作步伐快，投资大，效果好。

“八五”时期，工业污染防治取得明显成效。全省共投资81 806万元，比“七五”时期的污染治理投资增加22.3%。其中，在大气污染治理上投资30 461万元，占总投资的37.2%；废水治理投资26 599万元，占总投资的32.5%；固体废物治理投资14 859万元，占总投资的18.2%；噪声和其他污染治理投资9 889万元，占总投资的12.1%。“八五”期间共完成省级污染限期治理项目5批31项，实际投资10 500万元，每年可削减粉尘和烟尘14 950吨，削减废水中各类污染物18 854吨，年节水1 000余万吨，产生直接经济效益1 400多万元。

其中，1995年基本完成全省烟尘控制区三年整改任务，共建成88个烟尘控制区，面积达到247.58平方千米。兰州市城关区、金昌市两个监控整改示范区建设取得成果，城关区完成138台锅炉除尘器改造任务，金昌市完成69台锅炉除尘器改造任务；汽车尾气污染监督管理工作迈开步伐，兰州、定西、白银三地市分别安装PCV阀、PS阀的汽车达9 000辆、4 768辆、1 332辆。按新规定部署全省城市环境噪声功能区划工作，建成噪声达标区28个，面积达80.47平方千米，兰州市西固区环境噪声达标示范区国家局试点工作通过验收。

“八五”期间，全省实施以控制污染物排放总量为基础，以改善环境质量为最终目标的排污申报和排污许可证制度。全省对500多个重点污染源实行排放水污染物申报登记，数千家单位实施大气、水、固体废物及噪声的污染物排放申报登记。完成兰州、白银、武威等地的排污许可证试点工作。仅1995年，持有排污许可证的企业在一年中投资达1 011万元，完成污染治理项目12项，年削减废水中各类污染物400吨，节水208万吨，创造直接经济效益719万元。

“九五”期间，在全省国民经济保持较快发展速度、国内生产总值由1995年的533.35亿元增加到2000年的933.00亿元、年均增长9.20%的情况下，全省顺利完成《甘肃省“九五”期间主要污染物排放总量控制计划》目标任务。截至2000年年底，全省二氧化硫、烟尘、工业粉尘、化学需氧量、石油类、重金属等14种主要污染物的排放总量，均比“八五”末期大幅度下降（见表4–2–5）。

表4–2–5

甘肃省“九五”期间总量控制指标完成情况

指标	单位	1995年实际数	2000年环境统计	2000年目标值	2000年比1995年减少/%
二氧化硫	万吨	43.01	36.84	42.30	14.35
烟尘	万吨	35.05	17.05	36.10	51.36
工业粉尘	万吨	16.04	14.54	15.75	9.35
化学需氧量	万吨	15.62	13.65	15.36	12.61
石油类	吨	1465	867	1367	40.82
汞	吨	1.28	0.34	1.26	73.44
镉	吨	18.65	14.75	18.54	20.96
六价铬	吨	14.10	3.44	10.62	75.60
砷	吨	97.65	87.37	96.53	10.53
铅	吨	236	91.70	226	61.14
氰化物	吨	25.01	6.86	24.38	35.08
挥发酚	吨	108.00	70.11	100.00	72.57
氟化物	吨	3 558	3 000	3 800	15.68
工业固体废物	万吨	95.52	67.66	92.36	29.17

甘肃省纳入考核的工业企业共5 306家，实现达标排放的5 037家，达标率为94.93%，完成省政府2000年年初提出的90%工业污染源达标排放的工作目标。其中，纳入国家重点考核工业企业302家，达标率为89.74%；省级重点考核工业企业331家，达标率为90.03%；地市级重点考核工业企业599家，达标率89.32%；县区级重点考核工业企业1 467家，达标率为90.25%。

由于城市环境综合整治的不断深化，重点考核城市兰州、嘉峪关、金昌、白银、天水和敦煌市城市环境质量与“八五”末期相比，基本保持稳定，部分指标有所好转。兰州市环境空气中总悬浮颗粒物尚未达标，但年均值比1995年下降9.4%，二氧化硫与氮氧化物已基本达标。白银、金昌两市总悬浮颗粒物未达标，年均值与1995年基本持平，二氧化硫仍在三级以上，但比1995年分别下降3%和29%，氮氧化物达标。天水、嘉峪关、敦煌三市总悬浮颗粒物尚未达标，二氧化硫、氮氧化物基本达到功能区要求。全省城市空气主要污染物年日均值年际比较见表4–2–6、表4–2–7、表4–2–8、表4–2–9。城市区域环境噪声，兰州、天水、敦煌平均等效声级值为57~60分贝；嘉峪关、金昌、白银达到一级标准，声环境质量良好。交通噪声均在70分贝以下。

表4–2–6

甘肃省各城市二氧化硫年均值（二级标准0.06） 单位：毫克/立方米

城市	1996年	1997年	1998年	1999年	2000年	污染趋势
兰州	0.089	0.071	0.062	0.066	0.059	显著下降
天水	0.039	0.052	0.055	0.022	0.019	下降
白银	0.211	0.214	0.176	0.139	0.174	下降
金昌	0.257	0.239	0.130	0.175	0.112	显著下降
嘉峪关	0.026	0.03	0.005	0.004	0.009	下降
西峰	0.029	0.018	0.028	0.018	0.008	下降
平凉	0.032	0.038	0.030	0.049	0.023	变化不大
武都	0.020	0.023	0.017	0.016	0.007	显著下降
定西	0.027	0.044	0.044	0.040	0.018	变化不大
武威	0.063	0.044	0.080	0.046	0.018	显著下降
张掖	0.138	0.175	0.223	0.142	0.114	变化不大
酒泉	0.025	0.030	0.015	0.100	0.015	变化不大
临夏	0.030	0.034	0.027	0.057	0.021	变化不大
合作	0.049	0.055	0.04	0.037	0.058	变化不大

表 4-2-7

甘肃省各城市氮氧化物年均值（二级标准 0.05） 单位：毫克/立方米

城市	1996 年	1997 年	1998 年	1999 年	2000 年	污染趋势
兰州	0.083	0.065	0.065	0.061	0.006	显著下降
天水	0.036	0.048	0.035	0.023	0.018	显著下降
白银	0.022	0.038	0.02	0.023	0.025	变化不大
金昌	0.027	0.016	0.012	0.15	0.013	下降
嘉峪关	0.014	0.02	0.014	0.018	0.018	变化不大
西峰	0.021	0.023	0.022	0.028	0.013	变化不大
平凉	0.022	0.04	0.031	0.04	0.042	上升
武都	0.018	0.024	0.024	0.037	0.023	变化不大
定西	0.04	0.034	0.029	0.04	0.025	下降
武威	0.04	0.03	0.065	0.04	0.026	变化不大
张掖	0.045	0.046	0.055	0.042	0.026	下降
酒泉	0.031	0.033	0.022	0.033	0.008	变化不大
临夏	0.048	0.037	0.052	0.026	0.031	下降
合作	0.032	0.022	0.031	0.028	0.032	变化不大

表 4-2-8

甘肃省各城市总悬浮颗粒物年均值（二级标准 0.20）单位：毫克/立方米

城市	1996 年	1997 年	1998 年	1999 年	2000 年	污染趋势
兰州	0.60	0.74	0.63	0.66	0.67	变化不大
天水	0.45	0.38	0.40	0.41	0.34	下降
白银	0.46	0.68	0.44	0.54	0.49	变化不大
金昌	0.30	0.29	0.29	0.37	0.38	上升
嘉峪关	0.47	0.47	0.29	0.25	0.31	下降
西峰	0.71	0.48	0.61	0.45	0.51	下降
平凉	0.31	0.40	0.62	0.42	0.45	上升
武都	0.21	0.24	0.28	0.33	0.28	上升
定西	0.30	0.62	0.64	0.71	0.34	变化不大
武威	0.70	0.63	0.70	0.46	0.98	变化不大
张掖	0.59	0.69	0.96	0.88	0.71	上升
酒泉	0.21	0.36	0.43	0.20	0.33	变化不大
临夏	0.63	0.70	0.69	0.44	0.49	下降
合作	0.48	0.32	0.39	0.54	1.11	下降

表 4-2-9

甘肃省主要污染物年际比较　　　　单位：毫克/立方米

年份	二氧化硫	氮氧化物	总悬浮颗粒物
1995	0.069	0.039	0.45
1999	0.066	0.033	0.45
2000	0.046	0.023	0.48

2004 年，在全省国内生产总值同比增加 11%的情况下，国家规定的 6 种主要污染物排放总量比上年平均削减 2.1%，全部控制在计划指标之内。

“十五”期间，不断加大有色、钢铁、石化、轻工和火电等重点行业污染综合整治，完成重点工业废气治理项目 196 个，每年削减各类污染物 1.5 万吨。建成烟尘控制区 45 个，面积达 417 平方千米。加大对环境违法行为的查处和环境安全大检查，立案查处违法企业 1 200 家次，挂牌督办治理企业 300 家。继续加强重点工业大气污染源限期治理，完成一批重点污染治理工程，西固热电厂、白银有色公司等重点企业二氧化硫污染治理进展顺利，以金川公司闪速炉节能降耗综合技术改造和硫酸系统改造为代表的绿色工程重点项目进展顺利，该项目完成投资 2.2 亿元，改造后闪速炉系统镍生产能力由 2 万吨提高到 4 万吨，全公司制酸能力扩大为 48 万吨，二氧化硫年削减能力提高为 38 万吨。白银公司冶炼厂投资 2.49 亿元的环境综合治理及技术改造项目启动建设。建成烟尘控制区 45 个，面积 417 平方千米。循环经济试点工作进展顺利，武威市率先制定循环经济规划，建成 3 个具有示范效应的生态工业园区，建成一批循环经济项目。省环保局、省科技厅推广的 10 项环境科技成果转化示范工程项目被企业广泛应用，加快全省污染治理工作进程。

2000 年，完成省级污染限期治理项目 59 项，投资总额 3.07 亿元，削减大气污染物烟尘 33 401 吨，粉尘 51 033 吨，二氧化硫 2 639 吨。

“十一五”期间，继续加大有色金属行业烟气综合治理，加快燃煤电厂脱硫工程建设进度，二氧化硫减排成效明显。截至 2010 年年底，全省建成并发挥二氧化硫减排作用的重点工程 13 个，其中冶炼行业烟气综合治理工程 5 个、钢铁行业二氧化硫治理项目 1 个、燃煤机组脱硫工程 7 个，共计削减二氧化硫 17 万多吨。

有色金属行业中，金川集团公司投资2.7亿元，先后投运铜合成炉烟气治理工程、一期电炉烟气治理工程和一期回转窑烟气治理工程3个重点减排项目，削减二氧化硫6万多吨。白银集团公司投资2.48亿元，建成投运铜冶炼制酸系统污染治理工程，削减二氧化硫4.5万吨；投资2.95亿元，建成投运铅锌冶炼ISP工艺“三废”治理工程，削减二氧化硫2.2万吨。

在电力行业中，被列入全省“十一五”减排规划现役燃煤电厂脱硫工程共7项，合计13台311万千瓦。截至2010年年底，建成投运的大唐国际连城发电有限责任公司3#炉、4#炉，国电靖远发电有限公司2#炉、4#炉，靖远第二发电有限公司6#炉，华能平凉发电公司1#~4#机组，大唐兰西热电公司9#炉、10#炉，国电兰州热电公司1#炉、2#炉脱硫工程全部完成脱硫任务，共计减排二氧化硫5.3万吨。

在钢铁行业中，酒钢集团公司投资0.61亿元，建成投运焦炉煤气脱硫工程，削减二氧化硫0.4万吨。

为确保完成“十一五”全省二氧化硫减排目标，在加强技术改造的同时，创新完善减排激励约束机制，在电解铝、铁合金、电石、烧碱、水泥、钢铁、黄磷、锌冶炼8个高污染、高耗能行业实施差别电价，对超能耗企业和产品实行惩罚性电价，自2008年4月1日起，对省内安装脱硫设施、通过环保验收、正常运行的所有火电企业实施脱硫电价政策。

“十一五”期间，全省建成并经环保部确认发挥减排作用的二氧化硫减排项目44个，累计削减二氧化硫25.45万吨。其中，电力行业减排项目24项，削减二氧化硫15.16万吨，占59%；非电行业减排项目20个，削减二氧化硫10.29万吨，占41%。2010年全省二氧化硫排放量55.18万吨，比2005年(56.3万吨）下降1.99%，完成“十一五”总量控制目标。

第二节　兰州市大气污染综合整治

一、兰州市大气污染

兰州市大气污染始于20世纪60年代中期，到20世纪80年代初污染已非常严重，被列为全国环境保护重点城市之一。尽管甘肃省和兰州市政府为控制大气污染做出坚持不懈的努力，尤其是20世纪90年代初开始实施的“蓝天计划”工程，在很大程度上遏制了大气质量加速恶化的趋势，但大气污染严重的局面仍未得到根本改观，1998年，兰州被列为全球十大污染城市之一。随着工业化、城市化进程的加快，各种污染源不断增加，污染物的排放量显著加大。1999年，兰州市大气污染总悬浮颗粒物年均浓度为0.60毫克/立方米，二氧化硫年均浓度为0.066毫克/立方米，氮氧化物年均浓度为0.061毫克/立方米，按照当时大气环境质量标准，分别超标3倍、1.1倍、1.2倍。冬季大气污染更加严重，1999年11—12月，兰州市总悬浮颗粒物日均浓度为0.785毫克/立方米，氮氧化物日均浓度为0.093毫克/立方米，分别超标4倍、1.6倍。严重的大气污染成为困扰兰州市民健康和城市发展的首要问题。

横向比较，兰州市的废气排放量在全国各大城市中居中等水平，但污染却是全国乃至全球最重。以1997年为例，其空气污染综合指数居全国污染严重第四，总悬浮颗粒物居全国第一。21世纪初，兰州市空气环境质量有所改善，但是幅度不大，仍徘徊在全国重点污染城市前列。2004年，大气中主要污染物可吸入颗粒物年日均值仍超过国家二级标准0.69倍，二氧化硫年日均值超过国家二级标准0.18倍。2002—2009年3种主要大气污染年均浓度见表4–2–10和图4–2–2。

表4–2–10

兰州市3种主要大气污染年均浓度统计表 单位：毫克/立方米

年份	PM10	SO_2	NO_2
2002	0.199	0.08	0.057
2003	0.174	0.086	0.05
2004	0.172	0.072	0.044
2005	0.157	0.068	0.038
2006	0.192	0.057	0.052
2007	0.129	0.06	0.042
2008	0.132	0.071	0.055
2009	0.15	0.059	0.042

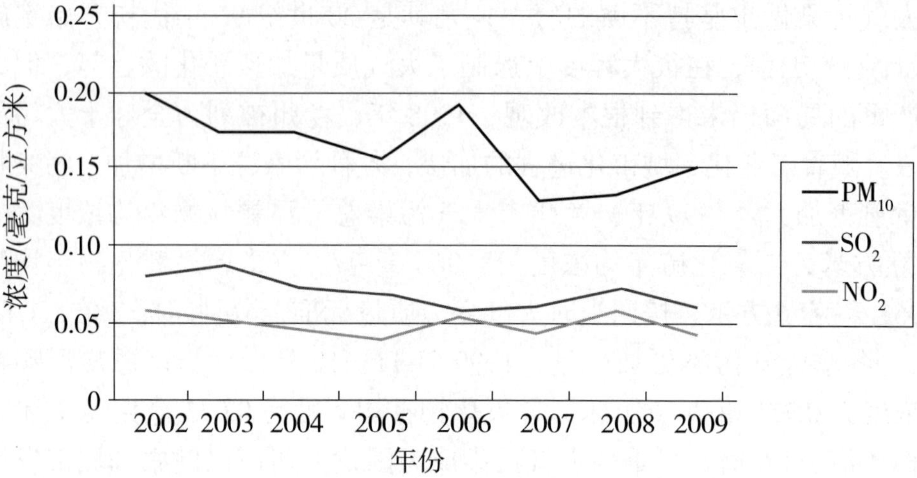

图 4-2-2　兰州市 3 种主要大气污染年均浓度统计

结合表 4-2-10、图 4-2-2 可以看出，2002—2009 年兰州市城区 PM_{10} 年均浓度变化可分为 3 个阶段：PM_{10} 年均浓度在 2002—2005 年呈现明显的下降趋势，由 2002 年的 0.199 毫克/立方米下降到 2005 年的 0.157 毫克/立方米，年均下降 0.014 毫克/立方米；2006 年又急剧上升至 0.192 毫克/立方米，与 2002 年的最高浓度基本持平；在 2007 年和 2008 年又下降到 8 年的相对低值，分别为 0.129 毫克/立方米和 0.132 毫克/立方米，2009 年出现较大的反弹。总体来看，8 年中，PM_{10} 年均浓度均超过国家《环境空气质量标准》（GB 3095—1996）二级标准，说明兰州市城区大气污染物主要为 PM10。2006 年之所以出现强烈反弹，主要是受到沙尘暴及浮尘天气的影响。2006 年，兰州市出现沙尘暴及浮尘天气 13 次，与上年度相比增加 8 次之多，最严重时 PM10 浓度为 5.254 毫克/立方米，是上年度的 5.5 倍，严重影响了兰州市的空气质量；2009 年出现较大反弹，PM10 浓度比上年上升 13.6%。原因有二：一方面是由于该年沙尘暴及浮尘天气的强度相对较强，另一方面是由于“西热东输工程”“天然气管网工程”和城区“污水全收集全处理工程”的全面启动，道路开挖铺设管道，从而造成扬尘，导致可吸入颗粒物的增加。全年共发生 5 次沙尘暴及浮尘天气，分别为 2 月 1 次、3 月 3 次、4 月 1 次，其中 4 次沙尘暴的可吸入颗粒物浓度最高值>1 毫克/立方米，最大浓度达 3.966 毫克/立方米。2008 年同期只有 2 次，沙尘暴的浓度最高值>1 毫克/立方米，最大浓度达1.049毫克/立方米。

从SO_2年均浓度变化情况来看，2002—2009年，兰州市城区SO_2年均浓度在前5年总体上呈现明显的下降趋势，由2002年的0.080毫克/立方米下降到2006年的0.057毫克/立方米，首次达到《环境空气质量标准》（GB 3095—1996）二级标准。而在后3年中，除2008年出现较大反弹外，2007年和2009年均稳定在2006年水平。

从NO_2年均浓度变化情况来看，由2002年的0.057毫克/立方米下降到2005年的0.038毫克/立方米，首次达到《环境空气质量标准》（GB 3095—1996）二级标准；而后4年NO_2年均浓度在2005年的基础上出现较大幅增加，且呈现稳定的波动变化，其波动范围在0.040~0.055毫克/立方米，均超过《环境空气质量标准》（GB 3095—1996）二级标准，尤其在2006年和2008年，NO_2年均浓度分别高达0.052毫克/立方米和0.055毫克/立方米，分别超出《环境空气质量标准》（GB 3095—1996）二级标准0.012毫克/立方米和0.015毫克/立方米。

大气主要污染物年际变化在2010年全国113个环保重点城市污染物年均浓度排名中，兰州市SO_2排第20位，NO_2排第12位，PM10排名第1位，大气污染在全国仍处于最前列。

二、污染源

兰州市地处黄土高原，位于河西走廊下流，气候干旱，植被稀疏。位于兰州北边的九州台是全国乃至世界风成黄土层最厚的地区，再加上河西地区沙尘暴频发，从而造成严重的自然降尘。春季是兰州市沙尘暴的多发期，其中4月出现最多，而浮尘天气一年四季都会出现，从而导致PM10浓度偏高，严重影响了兰州市的空气质量。沙尘暴高峰期，带来比平日高出数倍甚至数十倍的沙尘，致使PM10浓度迅速升高，空气质量严重恶化。

除自然地理因素以外，污染严重的成因主要是工业污染源和生活污染源的贡献。主要工业污染源有：西固区的石油化工基地、热电厂，城关区的钢铁联合区企业、第二热电厂，七里河区的机械制造和煤炭开采企业，红古区的有色金属冶炼，铝厂、煤矿、大型企事业单位采暖锅炉等。所排放的主要污染物包括工业烟尘、粉尘、二氧化硫、一氧化碳、氮氧化物、碳氢化合物等。同时，随着交通运输业的发展，行驶在市区的机动车辆大幅增加，机动车日排一氧化碳、碳氢化合物等有害气体高达数百吨。此外，广泛散布在城区的居民日常生活用炉灶，因其排放高度低、面广、量大且无任何处理，对大气污染的作用不可小觑。

1. 工业污染

图 4-2-3 为兰州市 2002—2009 年工业废气（SO_2、NO_x、烟尘粉尘）排放总量情况。结果表明，8 年间兰州市工业废气年均排放总量达到 13.1 万吨，每平方千米大气污染物排放量高达 10 吨以上，兰州市整个城区大气环境容量为 3 000~4 000 千克。由此可见，8 年间兰州市工业大气污染物排放强度高达大气环境容量的 3 倍左右，工业污染源对兰州市大气污染的贡献作用巨大。兰州市也是中国最早出现光化学烟雾污染的城市。

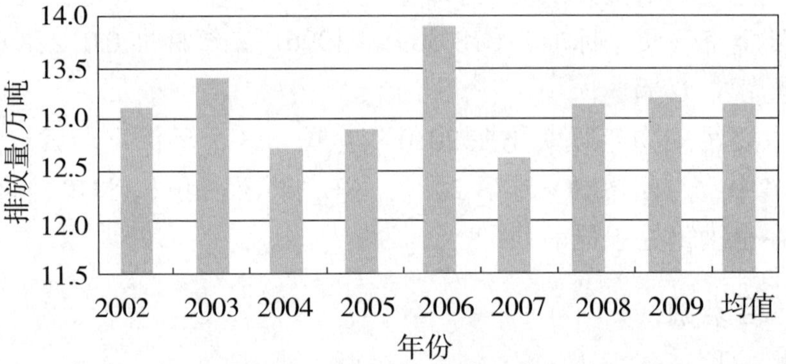

图 4-2-3　2002—2009 年兰州市工业废气排放总量

2. 交通污染

随着兰州市机动车数量的快速增长，机动车尾气污染问题日益突出，对空气质量的影响越来越大。2002 年，兰州市机动车保有量为 16.5 万辆，截至 2009 年年底，机动车已达 33.2 万辆，比 2002 年翻了一番。2002—2009 年，兰州市机动车年均增长率高达 10.5%。机动车尾气排放的主要污染物为 CO、HC、NO_x，其大气分担率分别达到 71.8%、72.9%、33.8%。随着机动车数量的不断攀升，加上兰州城区受狭长地形的限制，城市交通道路的发展跟不上机动车的增长速度，城区车辆拥挤、交通堵塞现象时有发生，造成大气中 NO_x 含量增加，NO_x 浓度升高，导致空气质量恶化。

3. 生活污染

兰州市采暖期为每年的1月、2月、3月、11月、12月。其间，供热企业的锅炉满负荷运转，燃煤量急剧增加，SO_2和烟尘污染物大量增加。同时，兰州市静风频率和逆温频率高，不利于污染物的稀释和扩散，加剧了第一季度、第四季度的大气污染。

大气污染对兰州市经济发展造成巨大损失，并严重威胁着居民的健康。研究表明，2001—2007年，平均每年兰州市大气污染造成的经济损失达23 386万元，占GDP的0.46%。其中，2002年，经济损失高达15.2亿元，占当年GDP的3.93%。兰州市居民健康状况与大气污染因子的相关性最高可达0.91，在大气污染物剧增的采暖期，呼吸系统、眼部疾病的患病率显著上升，免疫功能明显降低。

三、大气污染综合整治

兰州市大气污染受到国际环保组织和国内各级政府的高度关注。1989年11月18日，兰州市第十届人大常委会第十七次会议通过《兰州市实施大气污染防治法办法》，1990年4月28日，甘肃省第七届人大常委会第十四次会议批准实施。兰州市大气污染综合整治工程正式启动，相继开展“蓝天计划”和《防治城区冬季大气污染特殊工程》。“九五”期间，兰州市防治城区冬季大气污染特殊工程各项措施得到进一步落实，省政府与中国科学院合作，投资290万元，启动《兰州市大气污染及对策研究》课题，省环保局和兰州市政府共同编制《兰州市大气污染防治实施方案》。针对2000年11月中下旬由于气象等因素大气质量出现的反复变化，兰州市政府召开紧急会议，制定实施《兰州市在气象条件不利情况下防治大气污染的应急措施》，规定从2000年11月27日至2001年1月30日为防治大气污染的特殊阶段，从而在进一步控制大气污染方面起到积极作用。经过省市环境部门的共同努力，在春夏沙尘暴、浮尘天气增多的不利情况下，实现将空气质量为五级的周数控制在20周以内的目标。

“九五”期间，兰州市环保投资占国内生产总值的比重由1.25%上升到1.67%。1999年、2000年两年把生态环境保护和建设作为实施西部大开发战略的根本与切入点，加强绿化、汽化、热化、阳光和型煤五大工程的建设步伐，截至2000年年底，南北两山绿化面积达22万亩，气化工程发展煤气用户16万多户，热化工程完成投资近2亿元，二热电厂供热面积达到410万平方米，拆除和停运锅炉243台，包括工业生产、生活和其他活动、机动车尾气等造成大气污染防治为主要内容的“特殊工程”实施力度进一步加大，省市政府继续对市区内100家污染严重的企业（设施）在冬季大气污染严重期间实行停产或限产；西固热电厂、二热、兰铝、连铝等一批国有大中型企业通过环保改造、治理和采用清洁生产工艺，初步实现达标排污，全市工业企业排污达标率达93%，依靠科技从根本上治理城区大气污染创造条件。

“十五”期间，兰州市大气污染治理工作力度进一步加大。省政府成立“省防治兰州市大气污染领导小组”，每年召开领导小组会议协调解决重大问题。2002年，省政府批转实施省环保局会同兰州市政府制定的《兰州市大气污染综合防治方案》，省环保局把兰州市大气污染防治作为全省环保工作的重中之重，全力以赴支持、协助市政府抓好各项措施的落实。2001—2004年，在省市财政十分困难的情况下，拿出5 402万元专项资金用于兰州市清洁能源改造和大气污染防治工作，带动投资2.55亿元。

省市联动，认真实施《兰州市大气污染综合防治方案》，大气污染防治取得初步进展。清洁能源改造已经起步，全市累计完成清洁能源改造的炉窑灶达到8 554台（眼），年减少耗煤42万吨，削减烟尘2 793吨、二氧化硫7 390吨。兰石厂、兰州炭素厂、黄河啤酒厂、兰州生物制品研究所等单位完成清洁能源改造工作，截至2004年，天然气年利用量达4.0亿立方米，其中工业用量达2.8亿立方米。居民用户24.5万户，建成机动车天然气加气站4座，完成800辆公交车和100辆出租车天然气改造工作。工业污染防治成效明显，完成兰州铝厂、连城铝厂等一批环保技术改造项目，市区污染大户兰州钢厂和兰州铝业公司电解一厂已经关停，兰州第二热电厂简易脱硫工程投入运行。饮食餐饮、集贸市场、二次扬尘专项整治及集中供热、生态环境建设工作也取得一定进展。城区集中供热面积达到2 811万平方米，集中供热普及率达到34%；南北两山绿化面积达到58万亩，市区绿化面积达到2 444.9公顷，取得明显突破。

经过不懈的努力，兰州市大气环境质量逐步得到改善，2001年大气污染综合指数为155，2002年为125，2003年为112，2004年降至109，大气污染程度逐年减轻。其中，2003年一级（优）和二级（良）的天数达到205天，占全年总天数的56%，比2001年增加86天，五级（重度污染）天数比2001年减少33天。

"十一五"期间，兰州市突出强化"五项整治"（工业企业污染整治、燃煤污染整治、二次扬尘污染整治、餐饮业环境污染整治、机动车尾气污染整治），认真实施"五大工程"（热电联产和集中供热管网工程、清洁能源改造工程、沼气工程、生态绿化工程、城区城中村改造工程），着力解决影响大气环境质量的突出问题。截至2010年年底，共投入15.8亿元，完成西固热电、兰州铝业、兰石化等30多家企业87项污染治理工程，按期关停落后小火电机组，取缔土石灰窑47孔。大力实施热电联产集中供热工程，建成大唐兰州西固热电有限公司2×30万千瓦热电联产项目，实施国电兰州热电有限公司2×30万千瓦热电联产项目，拆除17台总计172蒸吨燃煤锅炉，建成供热主干线16千米、热力站13座，增加供热面积112万平方米。实施《兰州市综合整治城区餐饮业环境污染实施方案》，完成4区3 818项餐饮单位整治任务。积极开展清洁能源"123计划"，共投入资金6亿多元，累计完成6 330辆机动车、9 287台（眼）燃煤锅炉、窑、灶清洁能源改造，年削减燃煤79万吨，削减烟尘排放6 131吨、二氧化硫12 269吨。

"十一五"期间，兰州市先后颁布《兰州市实施防治城区冬季大气污染特殊工程的决定》和《兰州市实施防治城区大气污染特殊工程处罚办法》，对机动车尾气污染防治作出明确规定。在此基础上，兰州市政府还发布《关于防治机动车尾气污染的通告》，加强全市机动车尾气排放情况的监督检查工作，并限制农用机动车、大型货运车辆等在市区通行；对不达标车辆限期治理，禁止无机动车尾气合格证车辆上路行驶；完成6 330辆机动车清洁能源改造，基本完成所有公交车和出租车的清洁能源改造任务。2010年，在全省率先出台机动车城区限号行驶的管理制度，有效减少机动车尾气污染物排放。

经过20多年的不懈努力，兰州市空气污染严重状况得到初步控制，监测结果表明，2010年优良天数比"十五"初期增加104天，总体空气质量逐步好转。

第三章 水污染防治

水污染治理是甘肃省环境污染治理的重中之重。“八五”至“十五”期间，全省水污染治理主要集中在工业废水污染治理和黄河甘肃段污染治理方面，取得显著成效。“十一五”期间，在巩固已有成效的基础上，为改善水环境质量，将造纸行业和小流域治理作为重点。在造纸及纸制品业行业大力实施污染减排和总量控制，关停 67 家小造纸企业的纸浆生产线，对永登县宇华纸业厂、酒泉银星纸业厂等企业进行结构性减排，取得明显效果。在小流域综合治理方面，大力推行退耕还林、退牧还草政策，加强湿地保护、水源涵养等生态建设和土地流失、荒漠化治理，不断增强水源涵养能力。同时，加大城镇污水处理设施建设和城市管网改造的力度。“十一五”期间，城市生活污水处理能力大幅提高，全省生活污水处理设计能力达到 97.6 万吨/日，比 2005 年增加 70.15 万吨/日。兰州市实施城区生活污水“全收集、全处理工程”，共计投资 11 亿元，扩建、新建雁儿湾、安宁、西固和盐场 4 个污水处理厂，完成 357 千米的污水管网建设，使兰州市城区生活污水处理能力达到 54 万吨/日。在重点抓好市一级城市生活污水处理设施建设和管网改造工程的同时，县一级城镇的生活污水处理厂也纷纷上马，城市管网改造和建设同步进行。重视做好饮用水水源地水质安全。把饮用水水源地安全当作“解决好、保护好人民群众的切身利益”的大事来抓。制定全省饮用水水源地保护规划，在进一步做好城市集中式饮用水水源地保护工作的同时，把农村饮用水水源地安全上升到新的高度，从出水现场周围环境到井口安全卫生防护设施等，都采取必要的措施。2009 年，甘肃省政府主要领导特批 1 300 万元专用资金，为省环境监测中心站装备气质联用等大型仪器 10 余台(套)，特准增加 10 名技术人员编制强化水质分析工作，使省环境监测中心站率先实现生活饮用水 109 项全分析，并在省内重点城市开展饮用水水源地 109 项监测和舟曲抢险救灾，保证灾区人民群众饮用水安全中发挥重要作用。

第一节　工业废水污染防治

一、重点工业污染源废水排放

1990—1994 年，甘肃省重点工业污染源废水及其污染物排放量主要集中在省辖市 5 市，5 市排放的工业废水及废水中的悬浮物、化学需氧量、石油类和 7 种有毒污染物的量占全省重污染源总量的比率分别为 79.44%、85.80%、50.74%、81.89%和 58.45%（见表 4–3–1）。

表 4–3–1

甘肃省省辖 5 市及各地州工业污染源污染物排放表

城市名称	工业废水/万吨	悬浮物/万吨	化学需氧量/万吨	石油类/万吨	7 种毒物/吨
合计	19 505	37.53	58 532	983	207
兰州市	10 251	0.71	15 053	557	28
嘉峪关市	1 516	0.63	1 013	32	51
金昌市	1 508	30.24	8 254	128	1
白银市	1 557	0.45	665	60	39
天水市	665	0.17	4 713	28	2
酒泉地区	1 266	3.85	7 530	60	50
张掖地区	730	0.31	11 170	4	3
武威地区	188	0.07	2 613	1	3
定西地区	117	0.06	2 124	1	2
陇南地区	246	0.65	958	1	24
平凉地区	360	0.23	1 419	3	2
庆阳地区	325	0.03	1 088	99	2
临夏州	776	0.22	1 932	8	0

工业废水及其污染物的行业分布也比较集中。悬浮物和化学需氧量多集中在化学工业、石油加工业、造纸及纸制品业、纺织业、电力蒸汽热水产工业和有色金属矿采选业，这些行业占全省重点源总量分别为 98.5%和 82.9%；

镉、铅、砷、汞集中在有色金属、造纸和石油化学工业。

废水中污染物的排放源及其所占比例相差悬殊，汞排放集中在兰州钢厂、白银有色金属公司、兰州炼油厂，其排放量占91%；镉集中在白银有色金属公司，占93.5%；铅排放集中在西和尖崖沟铅锌厂、酒泉钢铁公司和白银有色金属公司，合计占全省的83.5%；砷排放集中在白银有色金属公司和河西化工厂，合计占全省的97.4%；挥发酚集中在玉门石油管理局、酒泉钢铁公司和兰化公司，合计占全省的72.33%；氰化物集中在酒泉钢铁公司和兰化公司，占93.2%；硫化物集中在兰州棉纺厂和兰化公司，占59.3%；氨氮集中在兰化公司，占75.3%；六价铬、石油类等污染排放物相对分散，一般是炼油、化工、机械、纺织、采油等行业排放较多。

废水、废气等标污染负荷比之和按地市分布大小依次排列为：兰州市、金昌市、酒泉地区、白银市、嘉峪关市、张掖地区、天水市、临夏州、武威地区、庆阳地区、陇南地区、平凉地区、定西地区。仅兰州、金昌二市即占总负荷的68.05%（见表4–3–2）。

表4–3–2

甘肃省废水、废气等标污染负荷比

城市名称	废水、废水负荷比之和/%	废气等标污染负荷		废水等标污染负荷	
		负荷值	负荷比/%	负荷值	负荷比/%
兰州市	82.3	2 271 651	43.34	16 770	38.96
金昌市	53.79	1 651 176	31.50	9 593	22.29
白银市	13.62	568 973	10.86	1 189	2.76
嘉峪关市	9.69	166 388	3.17	2 805	6.52
天水市	3.56	94 731	1.81	755	1.75
酒泉地区	15.96	192 261	3.67	5 290	12.29
张掖地区	7.67	79 941	1.53	2 645	6.15
临夏州	3.29	73 529	1.40	815	1.89
庆阳地区	2.24	47 808	0.91	572	1.33
平凉地区	1.87	44 241	0.84	442	1.03
定西地区	1.56	28 377	0.54	437	1.02
陇南地区	1.90	11 062	0.22	733	1.68
武威地区	2.54	11 001	0.21	1 004	2.33

在27个行业中，表4–3–3中所列12个行业，废水、废气污染物等标物污染负荷比已占全部等标污染负荷的98%以上。其中有色金属冶炼加工业、电力蒸汽热水产供业、化学工业、石油加工业、有色金属矿采选业、交通运输设备制造业和造纸及纸制品业7个行业的等标污染负荷比为86.6%。

表4–3–3

甘肃省行业废水、废气污染物等标物污染负荷比

主要工业行业名称	废水、废气污染负荷比之和	废气污染负荷		废水污染负荷	
		负荷值	负荷比/%	负荷值	负荷比/%
有色金属冶炼加工业	40.86	1 987 474	37.92	1 265	2.94
电力蒸汽热水产供业	37.9	1 723 981	32.89	2 158	5.01
石油加工业	25.4	21 649	0.41	10 756	24.89
化学工业	26.64	143 959	2.75	10 284	23.89
有色金属矿采选业	17.05	1 833	0.03	7 325	17.02
造纸及纸制品业	11.89	15 303	0.29	4 804	11.6
交通运输设备制造业	13.37	697 942	13.32	23	0.05
建材非金属矿制品业	5.65	273 399	5.22	184	0.43
黑色金属冶炼加工业	4.55	273 399	5.22	184	0.43
炼焦煤气煤制品业	5.24	45 503	0.87	1 454	3.38
纺织业	4.25	45 503	0.87	1 454	3.38
食品制造业	3.92	48 073	0.92	1 292	3
其他行业	3.28	—	2.13	—	1.15

全省重点污染源废气和废水中污染物等标污染负荷在表中所列的20个企业中的负荷比约为80%。其中负荷比最大的企业依次为金川有色金属公司、兰化公司、西固热电厂、酒泉钢铁公司、永昌电厂、靖远电厂、玉门石油管理局、白银有色金属公司8家企业，其综合等标污染负荷比>62.6%（见表4–3–4）。

废水中污染物以悬浮物、挥发酚、有机污染物为主，其污染负荷比约为75%；废气中污染物以二氧化硫、氧化物、氮氧化物为主，污染负荷比约75%（见表4–3–5）。

1995年，全省废水排放总量为48 094万吨，比1994年增加2 103万

表 4-3-4

甘肃省重点企业污染物等标污染负荷比

重点源企业名称	废水、废气负荷比之和	大气污染等标污染负荷		废水等标污染负荷	
		负荷值	负荷比/%	负荷值	负荷比/%
金川有色金属公司	46.6	1 396 441	30.68	6 853	15.92
兰化公司	>32.21	—	—	13 867	32.21
西固热电厂	>10.19	463 679	10.19	—	—
靖远电厂	>7.23	329 129	7.236	—	—
永昌电厂	8.39	250 155	5.5	1 244	2.89
连城电厂	>4.11	186 989	4.11	—	—
兰州铝厂	>4.52	205 826	4.52	—	—
连城铝厂	>4.19	195 065	4.19	—	—
甘肃铝厂	>2.71	123 162	2.71	—	—
酒泉钢铁公司	8.44	111 396	2.45	2 577	5.99
兰州第二热电厂	>2.27	103 141	2.27	—	—
西北铁合金厂	>2.05	93 260	2.05	—	—
甘肃八零三发电厂	>1.51	68 514	1.51	—	—
白银有色金属公司	5.35	168 811	3.63	742	1.72
玉门石油管理局	6.81	49 121	1.08	2 467	5.73
兰州钢厂	>1.0	39 720	0.87	—	—
张掖地区造纸厂	>3.07	—	—	1 320	3.07
金昌化工总厂	>2.72	—	—	1 169	2.72
兰州棉纺厂	>2.49	—	—	1 072	2.49
张掖地区化肥厂	>2.23	—	—	959	2.23
合计	>158	—	>82.99	—	>74.97

吨，增长 4.57%。其中工业废水排放量为 38 393 万吨，增长 5.5%，万元产值工业废水排放量 122 吨。工业废水中化学需氧量为 60 533 吨，重金属等污染物（包括汞、镉、六价铬、铅）的排放量为 167.7 吨，挥发酚的排放量为 91.8 吨，石油类排放量为 1 325.2 吨。

1996 年、1997 年，全省工业废水排放总量下降明显，分别为 35 343 万

表 4-3-5

甘肃省重点企业废气、废水中主要污染物负荷比

污染物	负荷值	负荷比/%	排序
二氧化硫	2 326 067	53.89	1
氮氧化物	887 233	20.55	2
氟化物	546 516	12.66	3
烟尘	515 508	11.94	4
一氧化碳	35 488	0.82	5
悬浮物	7 506	24.61	6
挥发酚	7 364	24.15	7
化学需氧量	5 853	19.2	8
硫化物	3 692	12.11	9
生化需氧量	2 010	6.59	10
石油类	1 962	6.43	11
砷	619	2.03	12
镉	477	1.56	13
铅	406	1.33	14
氰化物	343	1.12	15
汞	234	0.77	16
六价格	13	0.04	17

吨、35 807.38 万吨，万元产值工业废水排放量分别为 111.7 吨、103.8 吨。但 1998 年又呈恢复式增长，全省废水排放总量突破 1995 年水平，为 49 527 万吨。其中，工业废水排放量为 34 026 万吨，较 1997 年减少 1 781 吨，万元产值工业废水排放量为 94.9 吨/万元，生活污水排放量为 15 501 万吨，较 1997 年增加 1 506 万吨，工业废水处理为 35 865 万吨，处理回用量为 21 872 万吨。

“十五”期间，工业废水排放总量为 96 388.7 万吨，其中达标废水排放量为 70 799.2 万吨，达标率为 73.4%。其间，强化流域水污染防治工作，加大监督检查力度，废水及其主要污染物排放增长的趋势得到有效控制（见图 4-3-1），化学需氧量、氨氮、六价铬、铅、砷、挥发酚、石油类排放量均有较大幅度下降。

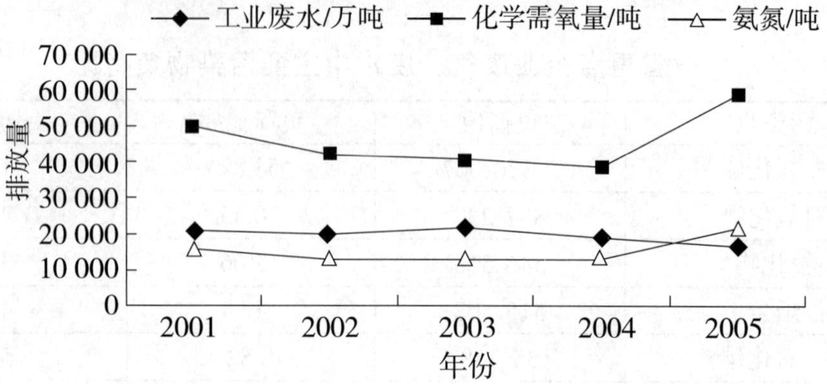

图 4-3-1 工业废水、化学需氧量、氨氮排放年际变化

与“九五”末期相比，工业废水排放量下降 29.4%，废水达标率提高 2.7%。六价铬、铅、挥发酚、氰化物、石油类排放量均有不同程度的减少，由于白银有色金属公司使用高砷原料矿，致使砷的排放量大幅增加。

“十一五”期间，全省工业废水排放量为 15 856 万~16 570 万吨/年，其中兰州和嘉峪关为工业废水排放的主要区域，占全省排放总量的 34.6%~40.9%，其次为白银、金昌和平凉。区域工业废水排放情况见表 4-3-6，区域工业废水排放年际趋势见图 4-3-2。

5 个主要工业废水排放城市中，兰州排放量年际间明显下降，平凉有所上升，其他城市变化不大。

表 4-3-6

甘肃省区域工业废水排放情况一览表　　单位：万吨

排序	2006 年		2007 年		2008 年		2009 年		2010 年	
	城市	排放量	城市	排放量	城市	排放量	城市	排放量	城市	排放量
1	兰州	4 255	兰州	3 725	兰州	3 737	兰州	2 945	兰州	2 566
2	嘉峪关	2 517	嘉峪关	2 460	嘉峪关	2 505	嘉峪关	2 716	嘉峪关	2 529
3	白银	1 615	金昌	1 697	白银	1 767	白银	1 956	白银	1 614
4	金昌	1 613	张掖	1 334	金昌	1 606	金昌	1 851	金昌	1 463
5	张掖	1 091	白银	1 244	酒泉	1 122	平凉	1 458	平凉	1 412
	全省	16 570		15 856		16 405		16 364		15 352

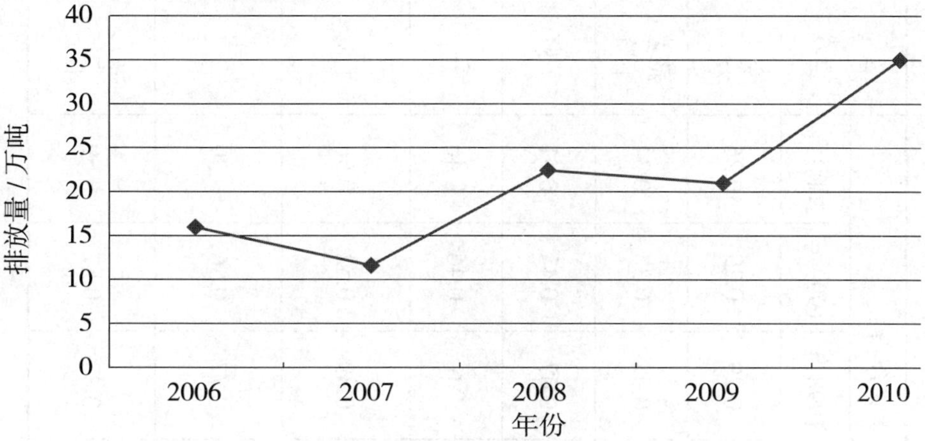

图 4-3-2 “十一五”甘肃省区域工业废水排放年际趋势

二、工业废水治理

“八五”期间，全省在污染治理上共投资 81 806 万元，比“七五”时期的污染治理投资增加了 22.3%。其中废水治理投资 26 599 万元，占总投资的 32.5%。“八五”期间共完成省级污染限期治理项目 5 批 31 项，实际投资 10 500 万元，每年可削减粉尘和烟尘 14 950 吨，削减废水中各类污染物 18 854 吨，年节水 1 000 余万吨，产生直接经济效益 1 400 多万元。

“八五”期间，全省实施以控制污染物排放总量为基础，以改善环境质量为最终目标的排污申报和排污许可证制度。全省 500 多个重点污染源实行排放水污染物申报登记，数千家单位实施污染物排放申报登记。1995 年统计，持有排污许可证的企业在一年中投资 1 011 万元，完成污染治理项目 12 项，年削减废水中各类污染物 400 吨，节水 208 万吨，创造直接经济效益 719 万元。

“九五”时期，省环保局牵头编制《黄河干流（甘肃段）水污染综合整治方案》，该方案包括工业污染源达标工程、生活饮用水保证工程、城市污水处理工程、生态建设工程，所涉及的 21 个重大污染治理项目、16 个重点设施、5 个生态项目逐个落实到有关地区及企业。“九五”期间，投资 2 亿元，完成工业废水治理项目 102 项，减少各类污染物排放约 2 万吨。同时，取缔、关停严重污染环境的小造纸 75 家，小染料 1 家，小制革 57 家，土法漂染 4 家，小电镀 27 家。黄河甘肃段水质逐年好转，兰州段由Ⅳ类变为Ⅲ类，白银段由劣Ⅴ类、Ⅴ类变为Ⅳ类（见表 4-3-7）。

表 4-3-7

“九五”期间黄河甘肃段水质类别及污染程度变化

河段	断面（水域类别）	实测水质类别（主要污染指标）					污染综合指数					污染趋势
		1996 年	1997 年	1998 年	1999 年	2000 年	1996 年	1997 年	1998 年	1999 年	2000 年	
兰州段	扶河桥（Ⅲ）	Ⅰ	Ⅰ	Ⅰ	Ⅱ	Ⅱ	0.29	0.29	0.29	0.29	0.26	变化不大
	新成桥（Ⅲ）	Ⅳ（COD）	Ⅲ	Ⅲ	Ⅲ	Ⅲ	0.48	0.43	0.38	0.38	0.34	显著下降
	包兰桥（Ⅲ）	Ⅴ（酚）	Ⅴ（酚）	Ⅴ（酚）	Ⅳ（酚）	Ⅳ（非、酚）	0.81	0.81	0.67	0.48	0.51	下降
	什川桥（Ⅲ）	—	—	Ⅴ（酚）	Ⅳ（酚）	Ⅲ	—	—	0.6	0.46	0.46	—
白银段	青城桥（Ⅲ）	Ⅴ（油、酚）	劣Ⅴ（阴离子）	Ⅴ（铅）	Ⅳ（COD）	Ⅳ（COD、总磷）	1.21	0.84	0.89	0.52	0.56	下降
	靖远桥（Ⅲ）	Ⅴ（阴离子、酚）	劣Ⅴ（阴离子）	Ⅴ（铅、镉）	Ⅳ（COD、总磷）	Ⅳ（COD、总磷）	1.14	0.88	0.77	0.56	0.59	显著下降
	五佛寺（Ⅲ）	劣Ⅴ（阴离子）	劣Ⅴ（阴离子）	Ⅴ（铅）	Ⅳ（总磷）	Ⅳ（COD、总磷）	0.87	0.91	0.83	0.57	0.59	变化不大

1998年，各地加大依法治污力度，强化以保护城市生活饮用水水源地为重点的专项治理工作。甘肃省编制《黄河甘肃段水污染综合整治方案》，启动黄河流域水污染综合治理工作。年内，全省工业废水处理率为77.29%，工业废水排放达标率为48.8%，工业重复用水率为81.51%，工业废水治理得到加强，全年完成水污染治理项目54个，在建的水污染防治项目68个。全年完成废水治理项目投资8 944.6万元。竣工项目新增废水处理能力为58.6万吨/日。

“十五”期间，继续加大水污染治理。工业废水及其主要污染物排放得到有效控制，化学需氧量、氨氮、六价铬、铅、砷、挥发酚、石油类的排放量有所下降。工业废水中铅的排放来源于黄河和长江流域流经地区的白银和陇南，排放量占总量的45%左右。内陆河化学需氧量的排放源于张掖、武威、平凉，由于加大执法力度，造纸及纸制品业的化学需氧量的排放得到有效控制。

“十一五”期间，甘肃省建成并经环保部确认发挥减排作用的化学需氧量减排项目135个，累计削减化学需氧量6万吨。其中，城市生活污水处理项目16项，削减化学需氧量4.01万吨，占57%；工业废水治理工程项目24个，削减化学需氧量0.82万吨，占12%；结构减排项目93个，削减化学需氧量2.16万吨，占31%。

为确保完成“十一五”全省化学需氧量减排目标，全省狠抓项目建设，以工业废水治理和城市污水处理工程为重点，建成投运城市污水处理设施21个，设计能力97.65万吨/日；以造纸和淀粉行业结构减排为重点，结构减排取得显著成效。共关闭不符合产业政策造纸企业67个、小淀粉企业20家；建立更加有效的监督管理体系，先后制定下发《城镇污水处理厂运行监督管理办法》和《关于进一步规范污染治理设施运行管理台账的通知》，严格执行环保部《关于加强城镇污水处理厂污染减排核查核算工作的通知》（环办〔2008〕90号），督促全省处理规模在2万吨/日的城市生活污水处理厂全面完成中控室和在线监测设施安装联网及数据传输工作；针对全省城镇污水处理厂在运行方面存在的突出问题，通过加大现场督查、实行预警监控等措施，提高污水处理设施运行水平，确保污水处理厂的稳定达标运行。

在工业废水治理工作中，采用高新技术和先进适用技术对重点行业进行改造提升。中石油兰州石化公司、刘化集团公司等主要化工生产企业对工艺原料进行改造，将原料由煤、重油改为天然气后，从源头上避免有毒、有害工业废水对黄河甘肃段的污染，企业的主要工艺、设备和生产指标达到先进水平；对污染严重、治理无望和存在环境安全隐患的企业实行“关、停、迁”。先后关停兰州煤制气厂、搬迁西北永新化工公司、兰州钢厂、兰州助剂厂；先后淘汰中石油兰州石化公司等10多套落后生产工艺和兰州维尼纶公司甲醛生产线。兰州市关停周边各类小造纸企业33家，彻底解决企业对黄河干流的污染。“十一五”期间，共关闭不符合国家产业政策小造纸企业67家、小淀粉企业及加工点154个、小酒精企业1家、小化工企业6家、小铅冶炼企业9家。取缔淘汰3.4万吨/年以下化学制浆、2万吨/年以下黄板纸、1万吨/年以下再生纸企业。加大对黄金非法堆浸矿点查处力度，取缔28家环境污染严重、破坏生态环境的小堆浸矿点；严格建设项目环评审批，在申请的新建项目中，否决9个涉及水污染的项目，有效控制新增污染源；实施清洁生产，推广循环利用。全省102家重点企业开展清洁生产审核并完成评估。通过节约用水，中石油兰州石化公司等一批企业水循环利用率达到90%以上。

2010年，甘肃省化学需氧量实际排放量16.76万吨，比2005年（18.23万吨）削减1.47万吨，削减比例为8.05%，完成“十一五”削减目标。

第二节 黄河甘肃段水污染综合整治

黄河甘肃段水环境保护工作一直是甘肃省环境保护的四项重点工作之一。自1998年起，甘肃省对黄河开展流域综合整治，由省环保局牵头编制《黄河干流（甘肃段）水污染综合整治方案》，2000年2月省政府以甘政发〔2000〕6号文正式批准实施，甘肃省是黄河流域各省中第一个出台水污染综合整治方案的省份。

该方案提出污染防治的整治目标，近期目标是到2000年工业污染源包括乡镇企业达标排放，远期目标是到2010年黄河甘肃段各功能区水环境质量达到《地表水环境质量标准》。并制订2000年水质改善计划和2010年水质达标行动计划。近期安排各类工程项目3项，计划投资约7.4亿元；远期安排各类工程 14 项，计划投资 27.9 亿元。并将“四个工程”（工业污染源达标工程、生活饮用水保证工程、城市废水处理工程、生态建设工程）所涉及的 21 个重大污染治理项目、16 个重点设施、5 个生态项目逐个落实到有关地区及企业。列入该方案的 21 项重点工业污染治理工程进展顺利。

截至“九五”末，黄河玛曲段水质良好，达到Ⅰ类水质要求，临夏段水质相对较差，刘家峡水库库心达到Ⅱ类水质要求，兰州段达到Ⅲ类水质要求，白银段基本达到Ⅴ类水质。

“十五”时期，全省水污染治理工作围绕省政府批准实施的《黄河干流（甘肃段）水污染综合整治方案》和《关于加强黄河甘肃段水污染防治工作意见》，使黄河治污逐步走上了制度化、法制化轨道。5 年间，全省先后投入 14 亿多元用于黄河甘肃流域工业废水和城市生活污水处理工程，年削减各类污染物 28 973 吨。关停黄河兰州段污染大户兰州煤制气厂，消除含酚废水对黄河甘肃段的污染隐患，建成中石油兰州石化公司含硫及催化剂污水治理工程等一批工业废水治理项目；投资 11 亿多元开工建设 12 座污水处理厂，新增城市二级生活污水处理能力 13.2 万吨/日，年削减主要污染物化学需氧量 13 972.2 万吨。此外，通过集中整治三类环境违法行为、积极发展生态农业等有效措施，使黄河甘肃段水质在经济社会快速发展、人口不断增长的情况下仍保持稳定并逐年改善。

尽管如此，由于历史欠账多、污染物总量大、资金投入不足，部分老企业污染治理难度大，管理制度滞后，水污染防治法仍需完善，城市污水处理厂和管网建设困难多，环保部门执法装备严重落后，环保机构缺乏资金等多种原因，黄河治污工作仍然任重道远。

5 年间，该流域用于工业废水和城市生活污水处理工程的投资达 10.04 亿元，沿黄各市关停“十五小”和“新五小”160 多家，共完成 39 项重点工业废水治理项目。黄河接纳废水情况见表 4–3–8。经过不懈努力，在经济社会快速发展、人口不断增长的情况下，黄河甘肃段水质保持稳定并逐年改善（见表 4–3–9），包兰桥、什川桥断面水质由“十五”初期的Ⅳ类提高到Ⅲ类。

通过“十五”期间的艰苦努力，黄河甘肃段 8 个监测断面中，刘家峡、扶河桥、新城桥、靖远桥、五佛寺断面连续 5 年水质达标，包兰桥、什川桥断面水质逐年好转，黄河甘肃段水质按功能区基本实现达标。

表 4–3–8

黄河甘肃段接纳废水情况

年份	排放量/万吨		COD 排放量/吨		氨氮排放量/吨	
	工业废水	生活污水	工业	生活	工业	生活
2001	8 254	7 148	8 230	15 150	4 782.96	4 572.5
2002	7 424	7 378	7 201	26 696	3 965.67	3 431.7
2003	6 941	13 341	8 183	49 629	4 178.43	4 707.9
2004	6 438	13 632	7 600	53 933	4 028.40	4 923.8
2005	6 301	14 383	7 286	54 961	2 852.23	5 510.0

表 4–3–9

黄河甘肃段各监测断面水质状况

年份	黄河兰州段				黄河白银段		
	扶河桥（Ⅲ）	新城桥（Ⅲ）	包兰桥（Ⅲ）	什川桥（Ⅲ）	青城桥（Ⅱ）	靖远桥（Ⅲ）	五佛寺（Ⅲ）
2000	Ⅱ	Ⅱ	Ⅳ 酚	Ⅲ	Ⅲ 化学需氧量	Ⅲ	Ⅲ
2001	Ⅱ	Ⅱ	Ⅳ 酚	Ⅳ 酚	Ⅲ 化学需氧量	Ⅲ	Ⅲ
2002	Ⅱ	Ⅱ	Ⅳ 油	Ⅳ 油	Ⅱ	Ⅲ	Ⅲ
2003	Ⅱ	Ⅱ	Ⅲ	Ⅲ	Ⅲ氨、磷、铅	Ⅲ	Ⅲ
2004	Ⅲ	Ⅲ	Ⅲ	Ⅲ	Ⅲ 氨、铅	Ⅲ	Ⅲ
2005	Ⅱ	Ⅲ	Ⅲ	Ⅲ	Ⅲ氨、磷	Ⅲ	Ⅲ

在黄河甘肃流域 8 个城市建成 13 个污水处理厂，设计规模为 68.7 万吨/日，实际处理量为 43.25 万吨/日。兰州市将城区生活污水“全收集、全处理”作为政府一号工程，采取倒排工期、道路限行等多种措施，保障工程顺利实施，截至 2010 年年底，“全收集”污水管网建设已基本完成，“全处理”雁儿湾污水处理厂改扩建和西固区污水处理厂建设项目完成 90%工程量，盐场污水处理厂建设也在抓紧进行中，2011 年内可建成投运。

“十一五”期间，黄河甘肃段水质逐年好转，实现全河段按功能区稳定达标。根据 2006—2010 年水质监测结果，黄河甘肃段水质不断改善（兰州段水质保持Ⅱ类标准，白银段水质由Ⅲ类提升至 B 类标准），渭河水质保持稳定，国家考核的 6 个断面水质连续 5 年实现按功能区达标。

第四章　固体废物污染防治

第一节　工业固体废物治理

一、工业固体废物排放

甘肃省工业固体废物产生量大，分布广泛，成分复杂，种类繁多，主要产生于石油开采、化工、有色金属冶炼、建材、电力、装备制造等多个行业，主要种类有废矿物、废酸、废碱、废催化剂、含铜、含铅、含锌、含镉等多种废物。

1990—1994 年，全省重点工业污染源工业固体废物产生量主要以尾矿、粉煤灰、锅炉渣、工业垃圾、有色金属渣和其他冶炼渣为主，其总和占全省重点源年产生总量的 94.7%；固体废物综合利用量以粉煤灰、锅炉渣、工业垃圾和其他冶炼渣为主，其总和占全省重点源年利用总量的 87.1%，处理处置量以尾矿、锅炉渣、粉煤灰和工业垃圾为主，其总和占全省重点源年处理处置总量的 82.8%。此外，煤矸石、有机废渣、废无机氟化物、废碱液、废酸液等也有不同程度的利用。

从 1992 年始，工业固体废物产生量呈不断上升趋势。

1992 年 1 200 万吨，1995 年突破 1 400 万吨，1997 年突破 1 600 万吨，1998 年突破 1 700 万吨。1991—1998 年工业固体废弃物产生处理见图 4–4–1。

根据 1991—2010 年统计资料，甘肃省工业固体废物产生量整体呈上升趋势，1992 年产生量为 1 214.26 万吨，2010 年产生量达 3 746.04 万吨，增长 2.08 倍。全省工业固体废物产生量 2003 年突破 2 000 万吨，2007 年突破 3 000 万吨，2010 年突破 3 700 万吨，全省固体废物污染问题日益突出。1991—2002 年，全省工业固体废物综合利用量为 285.07 万~422.58 万吨，2003—2006 年上升为 662.18 万~723.48 万吨，2007—2010 年上升为 1 121.42 万~1 676.33 万吨。1991—2010 年全省工业固体废物贮存量控制在 614.28 万~1 294.18 万吨，整体呈先增大后减小的趋势。1991—2010 年，甘肃省工

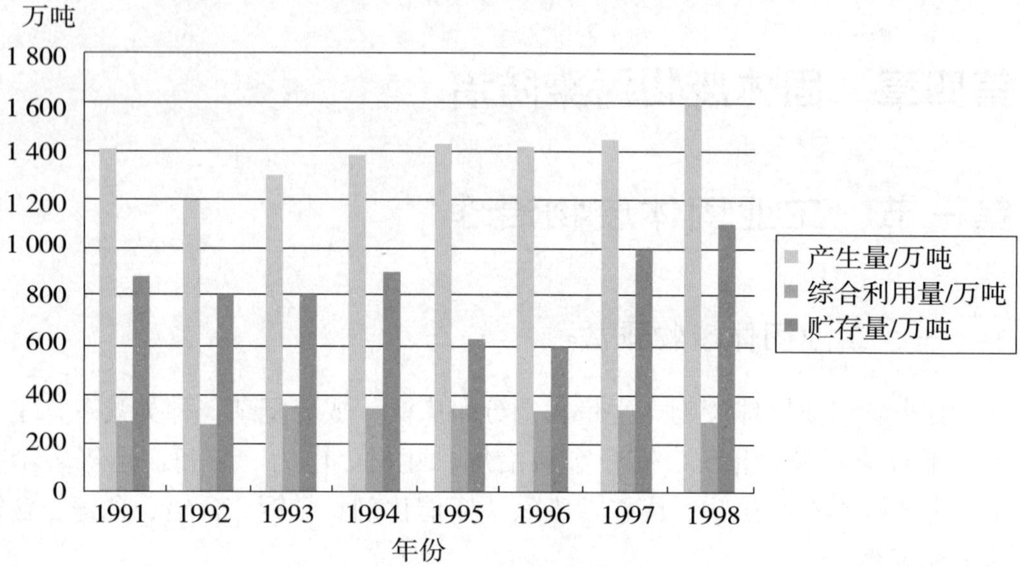

图 4-4-1 1991—1998 年甘肃省工业固体废物产生处理情况

业固体废物产生量、综合利用量、处置量、排放量等情况见表 4-4-1。

表 4-4-1

1991—2010 年甘肃省工业固体废物统计表 单位：万吨

年份	产生量	综合利用量	处置量	排放量	历年堆存总量	占地面积/万立方米
1991	1 400.73	285.07	162	94	13 555	2 140
1992	1 214.26	312.69	118	69	15 068	2 053
1993	1 286.64	363.13	314	83	15 139	2 006
1994	1 355.83	366.14	4106	76	12 118	1 777
1995	1 432.03	376.26	383	67	12 688	1 945
1996	1 435.22	359.79	393	68	13 891	1 860
1997	1 529	404	59	70	14 759	2 033
1998	1 706.8	403	42.1	95.5	19 826.7	2 135.3
1999	1 699.34	438.09	48.83	63.96	18 940.33	2 192.82
2000	1 703.8	397.01	45.00	57.68	19 967.6	2 020.91

续表

年份	产生量	综合利用量	处置量	排放量	历年堆存总量	占地面积万/立方米
2001	1 285.7	363.38	94	40.18	—	—
2002	1 733.9	422.58	244	55.42	—	—
2003	2 072.88	662.18	68	57.54	—	—
2004	2 138.99	713.2	288.51	57	—	—
2005	2 249	678	1481	40.63	—	—
2006	2 590.5	723.48	5 468.69（其中往年处置量4 242.70 吨）	33.73	—	—
2007	3 001.46	1 121.42	1 456.42	24.82	—	—
2008	3 199.12	1 124.27	1 222.77	11.63	—	—
2009	3 150.21	1 072.65	1 216.75	12.31	—	—
2010	3 746.04	1 676.33	1 150.25	11.38	—	—

重点污染源工业固体废弃物分布在 22 个大类中，产生量主要以尾矿渣、粉煤灰、锅炉渣、工业垃圾、有色金属渣和其他冶炼渣为主。1993—1995 年，甘肃省重点污染源废渣产生量分别为 872.73 万吨、1 253.97 万吨和 900.13 万吨，六项主要废渣产生量合计分别占当年废渣产生总量的 94.8%、85.9%和 91.95%。

1999 年，全省工业固体废物产生量为 1 699.3 万吨，万元产值工业固体废料产生量为 5.44 吨。其中，县及县以上工业固体废物产生量为 1 525.3 万吨，占产生总量的 89.8%，比上年减少 7.5 万吨，乡镇工业固体废物产生量为 173.97 万吨，工业固体废物排放量为 63.96 万吨，比上年减少 31.44 万吨（县及县以上工业固体废物排放量 41.04 万吨，乡镇工业固体废物排放量 22.92 万吨），危险废物排放量为 1 1845 吨，比上年增加 4 125 吨。

“十五”期间，工业固体废物产生总量为 9 480.47 万吨，综合利用量 2 799.58 万吨，排放量 232.72 万吨，储存量和处置量分别为 5 402.97 万吨和

1 193.98 万吨。危险废物产生总量为 167.21 万吨，综合利用量为 40.88 万吨，排放量为 0.1 万吨，储存量为 118.0 万吨，处置量为 8.79 万吨。

“十五”期间，工业固体废物（含危险废物）的产生量继续呈上升趋势，同时，工业固体废物的综合利用、储存及处置也逐年增加，危险废物的排放大幅下降。与“九五”末相比，工业固体废物产生量、综合利用量和处置量高于“九五”末期，排放量和储存量低于“九五”末期。危险废物的产生量、综合利用量、储存量高于“九五”末期。“十一五”期间，全省总计产生工业固体废物 15 687.33 万吨，其中，排放量为 93.87 万吨，综合利用量为 5 718.15 万吨，处置量为 6 276.33 万吨，储存量为 3 138.45 万吨，危险废物产生量为 105.72 万吨。工业固体废物排放量上升 24.8%，综合利用量增长 132%，处置量基本保持在 1 220 万吨，危险废物产生量增长 132%。

工业固体废物分布广泛，成分复杂，种类繁多，其中金昌、嘉峪关和兰州产生较多，分别占全省固废产生总量的 28.48%、19.32%和 12.79%。

二、工业废弃物治理

“九五”期间，甘肃省通过签订环保目标责任书，继续加强工业固体废物处置管理。在不断扩大固体废物综合利用的同时，增加投入，加大工业固体废物处置处理力度。

工业废渣的利用量主要以粉煤灰、锅炉渣、工业垃圾、其他冶炼渣和煤矸石为主，1993—1995 年该 5 项主要废渣利用量合计分别为 193.58 万吨、531.68 万吨和 172.70 万吨。五项废渣利用量合计分别占当年废渣利用总量的 93.3%、94.4%和 89.5，利用率最高的是 1994 年，达 44.86%。

工业废渣的处理处置量主要以尾矿、锅炉渣、煤矸石、粉煤灰、工业垃圾和有色金属渣为主，1993—1995 年该六项主要废渣的处置量合计分别为 68.18 万吨、59.4 万吨、34.92 万吨，分别占当年重点源废渣处理处置总量的 93.5%、96.7%、97.5%，处理处置率普遍较低，年均占 5.8%。

从 1993 年开始，甘肃省对业已实行 8 年之久的年度环境保护目标责任制作出重大改变，由每年签订一次责任书改为每 3 年签订一次。在总结、分析省政府及 5 个省辖市完成 5 年任期环境保护目标责任书的基础上，省政府又同 15 个地、市、州（矿区）和 12 个省直工业厅、局（总公司）签订

1993—1995 年度环境保护目标责任书。各市（州）及厅（局）把环境保护责任制与环境规划计划有机结合起来，又分别同所辖县市区和企业、事业单位签订年度责任书（个别地区改为 3 年一签订），从而使省政府确定的环境保护目标与任务落实到基层。根据省环委会办公室抽查、考评，1993 年环境保护责任任务四类 13 项 37 个指标基本完成，工业废渣综合利用量完成 421.7 万吨，为 3 年目标任务的 47.2%。

1995 年，对全省 211 家重点工业污染源实施排污量核查，为重新排定污染源“座次”奠定基础，并在全省部署开展固体废物申报登记。1996 年，全省工业固体废物污染防治工作稳步发展。各地、市、州全面完成排放固体废物申报登记工作。省政府组织检查组对已建成的刘家峡化肥厂废渣综合利用、兰化公司三〇二厂含氮废水治理等 3 个省级限期治理项目进行验收，项目完成投资 1 310 万元，每年可利用煤渣 2 万吨，取得良好的经济效益。

1998 年，全省工业固体废物综合利用率为 23.6%，贮存处置率为 68.6%。全省完成固体废物治理项目 9 个，形成投资 655 万元。竣工项目新增工业固体废物处理能力 26.1 万吨/日。1998 年审批废钢进口项目 1 个，总量 13 000 吨。

1999 年，全省工业固体废物综合利用率为 25.78%，贮存处理率为 66.12%，全年完成固体废物治理项目 16 个，投资 781 万元，新增固体废物处理能力 46.2 万吨/年，审批进口废物项目 8 个，同时开展“甘肃省危险废物集中处理场”建设的前期准备工作。

“十五”期间，在积极开展固体废物常规管理的同时，开展危险废物专项调查和申报登记工作。2004 年，对兰州市周边 4 地区危险废物进行专项核查，2005 年，完成全省危险废物和医疗废物集中处置设施普查工作。2006 年，按照国家环保总局部署，启动实施全省工业危险废物申报登记试点工作及重点行业工业危险废物产生源专项调查工作。

2009 年，工业固体废物综合利用率为 34.05%。为进一步加强固体废物、危险化学品管理工作，对甘肃省危险废物进行专项核查，开展黄河流域沿岸城市危险化学品调查，编制《甘肃省铬渣综合治理可行性方案》，对 6 家铬渣产生企业开展综合整治。

2004 年 4 月 9 日，根据国家环保总局《省级固体废物管理中心建设指导意见》精神，成立甘肃省固体废物管理中心。甘肃省固体废物管理中心作为省环保局下属的事业单位，在省环保局的授权下，履行有关固体废物污染防治的行政管理职能。

“十一五”期间，根据《全国铬渣污染综合整治方案》以及批复新增值，甘肃省共有6家企业治理项目、48.17万吨历史遗留铬渣治理任务。截至2010年年底，甘肃省6家铬盐生产企业中，永登永青化工、张掖锦世化工、张掖民乐富源和嘉峪关民丰化工4家企业完成历史遗留铬渣解毒处理任务，安全处置铬渣38.67万吨，占实际总量48.17万吨的80.28%；白银甘藏银晨和酒泉同福2家企业治理项目历史遗留铬渣解毒工作亦按计划实施。

从区域工业固体废物产生及处置分析，区域工业固体废物产生量最大的城市是金昌和嘉峪关市，其次是白银市、陇南市、兰州市。金昌和嘉峪关市年产生工业固体废物400万吨以上，白银市260万~360万吨，陇南市165万~257万吨，兰州市工业固体废物产生量相对较小，在133万~158万吨。5个城市产生工业固体废物占总量的81.6%~88.6%。

综合利用量最大的是嘉峪关市，年综合利用量在200万吨左右。其次是兰州市，为100万吨左右，白银市60万吨左右，金昌市50万吨以上。4个城市工业固体废物综合利用量占总量的67%~84.9%。

处置量最大的是嘉峪关市，占总量的52%~82.3%。

从行业工业固体废物产生及处置分析，有色金属冶炼业和黑色金属冶炼业、有色金属矿采选业、电力业工业固体废物产生量最大。其中，有色金属冶炼业年产生工业固体废物520万吨以上，黑色金属冶炼业年产生量在450万吨以上，有色金属矿采选业和电力业年产生量在150万吨以上，4个行业产生量占行业总量的68%~84.0%。

综合利用量最大的行业是黑色金属冶炼业和电力业，平均年综合利用量分别在194万吨和100万吨，占行业总量的35.6%~68.0%。黑色金属冶炼业年处置工业固体废物量为150万吨以上，占行业处置量的53%~85.4%，是处置量最大的行业。其次是煤炭开采洗选业。

第二节 医疗废物处理

“十五”以前，甘肃省医疗废物处理比较简单，由于认识有限，对医疗废物仅仅做消毒杀菌处理后，直接混入其他固体废物一同做焚烧或填埋处理。“十五”以来，甘肃省认真按照国家环保总局部署和甘肃省政府批转的《甘肃省环境保护“十五”计划》，以医疗废物和危险废物处置设施能力建设为重点，认真落实《固体废物污染环境防治法》和固体废物各项管理制度，督促各重点城市建立医疗废物集中处置设施，全省医疗废物污染防治工作取得一定成效。

2003 年，配合国家环保总局，在完成《全国医疗废物处置规划》和《全国医疗废物处置设施建设规划表》修改工作，全省医疗卫生机构、医院床位数及医疗废物产生量等情况调查工作的基础上，甘肃省编制完成《甘肃省医疗废物处置规划》；根据国家环保总局和省发展计划委员会要求，督促各市、州、地开展《医疗废物集中处置场建设项目》可行性研究报告的编制工作。

自 2003 年国务院颁布《医疗废物管理条例》以后，甘肃省配合抗击“非典”工作，按照国家统一部署，加强对全省医疗废水和医疗垃圾监管力度，对全省 382 家县级以上医院中的 240 家医院医疗废水和医疗垃圾处理情况展开拉网式检查，并重点对定西、兰州、张掖、陇南、武威等出现“非典”和疑似“非典”病人地区的医院医疗废水和医疗垃圾处置情况进行定期监督监测。经过检查发现，全省医疗废物引起的潜在环境安全问题比较突出，医疗废物的集中处置率较低。截至 2005 年，全省共有医疗卫生机构 7 225 个，医疗机构总床位数 60 336 张。按照医疗卫生机构每床每日产生医疗废物为 0.5 千克核算，每年产生医疗废物约 1.1 万吨，平均日产生量为 30.17 吨。但全省只有兰州市茂源医用垃圾处理有限公司 1 家医疗废物集中处置厂（设计最大处理能力 5 吨/日），其他城市均无医疗废物集中处置中心，全省医疗废物集中处置设施建设相对滞后，特别是各县（区）级医院和所有小诊所医疗废物多数无安全处置设施。

自 2004 年起，甘肃省环保局会同省卫生厅，根据甘肃省医疗废物管理工作实际，督促凡未建成医疗废物集中处置设施的城市制定符合环境保护和卫生要求的医疗废物过渡性处置方案，明确医疗卫生机构、环保部门和卫生部门的责任，确定医疗废物收集、运送、处置方式和处置单位，将医疗废物纳入各级环保部门的日常环境管理工作。每年各级环保部门都要会同当地卫生部门对辖区内各类医疗卫生机构医疗废物产生和处置情况进行专项检查，对各类医疗卫生机构医院废物的流向和处置情况进行跟踪监控，对违法转移、处置医院废物的行为都能坚决依照国家相关法律予以严肃查处。严格执行医疗废物管理培训制度，不定期进行医疗废物管理培训，对医疗机构工作人员开展医疗废物的分类收集等知识进行培训，同时对在医疗废物的产生、收集、运输、贮存等各环节的工作人员进行环境保护管理相关知识培训。在医疗废物的管理工作中，兰州市工作比较规范，制定出台许多加强医疗废物管理和处置工作的相关文件，初步建立较为完善的医疗废物收集、转运、处置和监管体系。

甘肃省建立第一家专业的医疗废物处置机构——兰州茂源医用垃圾处理有限公司。兰州市要求市区内各类医院、卫生机构、诊所对医疗废物实行分类收集，对可回收的针头等医疗废物进行毁形后，由该公司统一回收，实行集中焚烧处理。为解决经费困难，医疗废物处理实行收费有偿处理。由兰州市物价局批准的该处置中心医疗垃圾处理费收费标准为：驻兰州省、市、区、部队、武警、民航、铁路、邮电、厂矿、院校等各级各类医院医用垃圾处理费标准为1.55元/(床·天)，乡（镇)街道卫生院、社区医疗服务站、所（门诊部）医用垃圾处理费标准350元/(年·科目)，性病诊所和防治中心医用垃圾处理费标准为1 200元/(年·单位)，诊治动物疾病的医疗卫生机构医疗废物处理费为900元/年，其他产生医疗废物的医疗废物处理费按2 000元/年收取。

2004年，为认真落实《固体废物污染环境防治法》，加强全省危险废物和医疗废物处置工作，省环保局组织对全省危险废物和医疗废物处置情况进行调查。

根据调查结果，全省医疗机构总床位数61 801张。其中，医院床位数为45 123张，卫生院12 906张，疗养院（所）950张，其他卫生机构2 822张。平均每千人口医院卫生院床位数为2.36张。按照医疗卫生机构每床每天产生医疗废物平均0.5千克估算，全省产生医疗废物1.13万吨，平均日产生量为30.9吨。

自2003年8月开始，全省各地开展各城市医疗废物集中处置设施的建设前期工作。各地项目前期工作启动后，甘肃省环保局配合省发改委，结合国家要求和天津等市医疗废物处置工作经验，共同对全省医疗废物处置场项目建设工作进行研究，制定《甘肃省医疗废物处置技术工艺思路》。

2005年，根据国家有关医疗废物处置技术的新要求，又制定《关于加快全省医疗废物集中处置设施项目建设前期工作有关问题的通知》，进一步明确全省医疗废物处置工艺技术路线，组织有关可研编制单位对各地医疗废物处置设施建设可研报告进行修改，并督促全省13个城市进一步加快医疗废物集中处置设施项目有关前期工作。2005年年底，平凉市、定西市2个城市的可研报告通过国家环保总局环境规划院组织的技术复核，由国家环保总局上报国家发改委申请立项批复。嘉峪关市科研报告上报国家环保总局等待复核，其余10个城市医疗废物集中处置设施项目环评及可研修改工作大部分完成，上报国家环保总局复核。

“十一五”时期，甘肃省纳入《全国危险废物和医疗废物处置设施建设规划》的项目共14个，危险废物和医疗废物处置规模总计4.2万吨/年。14个项目全部实施，其中平凉市医疗废物处置中心通过验收并正式投入运行，甘肃省综合性危险废物处置中心及白银、武威、金昌、酒泉、嘉峪关、定西、天水、庆阳、张掖、临夏、甘南12个市（州）医疗废物处置中心建成并投入试运行，陇南市医疗废物处置中心由于与国家重点工程（兰渝铁路建设）选址冲突，正在开展选址征地及办理工程招标等前期准备工作。具体统计结果见表4-4-2。

表4-4-2

甘肃省医疗废物处置设施建设项目统计

序号	项目名称	项目进展情况				处置能力/(吨/日)
		未开工	在建	已建成	通过验收	
1	白银市医疗废物处置中心项目			√	通过单项验收	3
2	庆阳市医疗废物处置中心项目			√	通过单项验收	3
3	定西市医疗废物处置中心项目			√	通过单项验收	3
4	嘉峪关市医疗废物处置中心项目			√	通过单项验收	3

续表

序号	项目名称	项目进展情况				处置能力/(吨/日)
		未开工	在建	已建成	通过验收	
5	金昌市医疗废物处置中心项目			√	通过单项验收	3
6	天水市医疗废物处置中心项目			√	通过单项验收	3
7	武威市医疗废物处置中心项目			√	通过单项验收	3
8	酒泉市医疗废物处置中心项目			√	通过单项验收	3
9	甘南州医疗废物处置中心项目			√	通过单项验收	3
10	临夏州医疗废物处置中心项目			√	通过单项验收	3
11	张掖市医疗废物处置中心项目			√	通过单项验收	3
12	平凉市医疗废物处置中心项目			√	通过单项验收	3
13	陇南市医疗废物处置中心项目	选址冲突				

“十一五”期间，甘肃省继续加强医疗废物产生、分类、包装、暂存、运输、处理和处置各环节的管理工作，省环境保护厅和卫生厅联合发布《关于加强医疗废物环境管理的通知》（甘环发〔2010〕123号），对医疗废物的经营许可证制度、申报登记、转移计划的实施提出明确要求。截至2010年年底，全省各级医疗卫生机构大多按文件要求逐步完成医疗废物申报登记、管理计划审批、台账管理、转移联单、经营许可、应急预案备案等制度的建立，全省医疗废物管理正在向制度化、规范化、法制化轨道迈进。各级环保、卫生等部门加强合作，定期开展联合执法，先后对未执行医疗废物分类收集、转移联单管理制度的医疗卫生机构进行行政处罚，被处罚单位均限期整改。对未取得医疗废物经营许可证的医疗企业依法取缔，消除医疗废物环境安全隐患，保障全省环境安全。为了进一步加强对医疗卫生机构和医疗废物处置单位人员（包括管理和操作人员）的业务培训，提高医疗废物监管人员素质，提升其工作能力，省环保厅组织省、市医疗废物有关管理部门人员进行管理培训，对医疗废物处置单位相关管理和操作人员进行管理和技术培训。2010年，全省共举办6期“危险（医疗）废物管理持证上岗培训班”，对全社会14家医疗废物集中处置单位56名管理人员和从业人员进行医疗废物管理及持证上岗培训，向考核合格者颁发“甘肃省危险（医疗）废物管理上岗证”，提高医疗废物监管人员素质和处置人员的技术水平。2007—2010年全省医疗废物处置情况见表4–4–3。

表 4-4-3

2007—2010 年甘肃省医疗废物统计

单位：吨

城市	2007 年			2008 年			2009 年			2010 年			主要处置方式
	产生量	处置量	处置率/%	产生量	处置量	处置率/%	产生量	处置量	处置率/%	产生量	处置量	处置率/%	
兰州市	1 345	1 345	100	2 029	2 029	100	2 359	2 359	100	3 101	3 101	100	焚烧
武威市	166.53	166.53	100	182.04	182.04	100	199.7	199.7	100	235.33	235.33	100	高温消毒灭菌、焚烧
平凉市	270.91	207.06	76.43	9.12	9.12	100	24.42	24.42	100	720	142	20	“微波+高温高压蒸汽”复合强化处理工艺
金昌市	156.35	155.45	99.42	144.32	144.32	100	175.82	175.82	100	166.56	154.41	100	送往医疗废物集中处置厂处置
张掖市	239.57	239.57	100	—	—	—	314.06	314.06	100	406.15	406.15	100	高温蒸汽灭菌
嘉峪关市	—	—	—	124	0	0	119	119	100	159	14.88	9.36	高温高压蒸汽灭菌
白银市	1 505.2	1 505.2	100	1 525.3	1 525.3	100	63.38	63.38	100	64.38	64.38	100	高温高压蒸汽灭菌
酒泉市	185.72	185.72	100	169.15	169.15	100	91.4	91.4	100	639.8	639.8	100	高温高压蒸汽灭菌
庆阳市	238.32	238.32	100	881.9	881.9	100	232.08	232.08	100	247.13	247.13	100	高温蒸汽灭菌处理
天水市	51.16	—	—	94.27	—	—	107.1	—	—	107.1	100	93.37	集中处置（高温高压消毒灭菌）
陇南市	—	—	—	64.53	56	86.78	—	—	—	85.016	84.711	99.64	焚烧、填埋
定西市	883	883	100	—	—	—	—	—	—	223.7	191	85.38	高温蒸煮
合　计	5 041.8	4 925.9	—	5 223.7	4 996.9	—	3 686	3 578.9	—	6 155.1	5 380.8	—	

第三节　有害（危险）废物处理

一、危险废物管理

1. 危险废物产生量及处置量

1995 年，《中华人民共和国固体废物污染环境防治法》颁布后，危险废物才有完整统计资料记载。1996—2010 年，甘肃省危险废物产生量、综合利用量情况见表 4–4–4。

自有统计数据以来，全省危险废物产生量 344.3 万吨，综合利用量 105.09 万吨，贮存量 172.06 万吨，处置量 73.85 万吨，排放量 6.516 8 万吨。

表 4–4–4

1996—2010 年全省危险废物统计　　单位：万吨

年份	产生量	综合利用量	贮存量	处置量	排放量
1996	7	4	1	1	1
1997	16	6	8	1	1
1998	20	4.3	14.3	0.6	0.8
1999	13.10	3.62	7.63	0.61	1.18
2000	16.20	4.17	11.09	3.80	1.48
2001	18	5	10.85	1.01	1.05
2002	25	5	19.20	1.12	0.002 3
2003	45	7	36.17	2.50	0.001 5
2004	50	8	40.10	2.95	0.001 5
2005	29	16	11.77	1.21	0.001 5
2006	16	7	0.31	8.99	0
2007	12	9	0.05	2.81	0
2008	22	7	1.15	16.05	0
2009	21	4	1.82	16.37	0
2010	34	15	8.62	13.83	0

陇南市危险废物产生量最大，5 年产生危险废物 9.8 万~40 万吨，占总量的 49.0%~80.1%。其次是兰州市和嘉峪关市。

行业中危险废物产生量最大的是有色金属矿采选业，其产生量逐年增加，平均年产生量为 24 万吨，占行业总量的 49.0%~80.0%。其次是石油加工炼焦及核燃料业。

2003 年，甘肃省环保局配合国家环保总局，完成《全国危险废物处置规划》和《全国危险废物处置场建设项目》的修改工作；重点对兰州石化、金川公司、白银公司等 10 家单位危险废物产生量情况进行调查，在此基础上，结合 2002 年环境统计资料，编制完成《甘肃省危险废物处置规划》；开展全省危险废物处置中心建设项目前期工作；会同开发处、环科院、兰州市及西固区环保局等单位和有关专家，对全省危险废物处置中心拟选厂址进行实地考察和选择；按照国家环保总局的安排和省发展计划委员会的要求，组织并配合清华同方股份公司和省环科院完成甘肃省危险废物处置中心建设项目可行性研究报告和环评报告的编制工作，并通过省发展计划委员会工程咨询中心和省环保局的评估和审查。该项目总投资 1.496 亿元，处理能力 5 万吨/年。其中，填埋处置 3 万吨/年，焚烧处置 1 万吨/年，回收利用 1 万吨/年；完成天水供电局秦安变电站含多氯联苯废旧电容器及其污染物处置转移审批工作，办理该批危险废物转移联单，该批报废含多氯联苯废旧电容器 810 台约 50 吨及其污染物约 100 吨拟运往沈阳环科院进行高温焚烧处置。

在危险化学品管理工作方面，组织开展全省停产、倒闭企业遗留危险废物（或危险化学品）的调查工作，并向总局上报调查结果；完成《废弃危险化学品污染环境防治管理办法》（征求意见稿）的修改工作；与兰州市公安局、兰州天宜化工厂等单位联系，就临夏市农机厂遗留的 59 千克危险化学品氰化钠处置事宜进行协调；向总局上报全省危险化学品安全处置单位名单，推荐并由国家环保总局认定省环科院废物管理中心为甘肃省危险化学品安全处置单位；对兰州石化氰化钠生产装置生产及环保情况进行调查，并上报国家环保总局；开展《甘肃省危险化学品处置场》项目建议书编制工作，并就处置场选址工作进行实地勘察。

2003 年，配合国家环保总局和省毒鼠强专项整治工作小组加强毒鼠强处置环境管理工作。向全省下发《关于加强毒鼠强处置环境监管有关问题的通知》，对全省收缴的毒鼠强进行调查，截至2003年11月13日，全省查处收缴毒鼠强等违禁鼠药1 276千克、水剂1.5万毫升。对全省毒鼠强专业处置单位进行认定，推荐祁连山水泥股份有限公司为甘肃省毒鼠强专业处置单位，并经国家环保总局批准；为增强专业性，组织祁连山水泥股份有限公司参加全国毒鼠强处置技术培训班学习，为全省毒鼠强处置工作进行相关技术准备；组织完成祁连山水泥股份有限公司水泥回转窑焚烧处置设备改造工作；编制完成《全省毒鼠强安全处置工作方案》和《全省毒鼠强处置工作经费预算》，分别上报省政府和省毒鼠强专项整治工作领导小组；按照国家环保总局和省毒鼠强专项整治工作领导小组的要求，对全省收缴的毒鼠强等杀鼠剂进行全过程处置。

2. 进口废物管理

在进口废物环境管理工作方面，完成武威市兰新塑料编织厂要求变更进口代理公司、延长进口废物批准证书有效期限以及增加进口口岸的初审工作，并上报国家环保总局；赴天津，监督协助金川有色金属进出口公司办理进口废镍催化剂货物移交有关手续；完成金川有色金属进出口公司进口冶炼熔渣、浮皮环境风险评价报告书的专家审查和报批工作；转发国家环保总局《关于限制进口类废物环境管理有关问题的通知》，提出甘肃省具体的贯彻意见。全省加强对进口废物许可审批工作，促进企业加强污染防治和守法经营管理，鼓励深度加工综合利用废物资源。截至2010年年底，全省共颁发危险废物和医疗废物经营许可证15家，其中，危险废物经营许可证11家，危险废物收集许可证1家，医疗废物经营许可证3家。危险废物经营持证单位核准总规模共32.17万吨/年，2010年，实际经营规模12.86万吨。

严格按照进口废物许可事项审批操作规范，共审批通过废塑料和废聚乙烯等进口废物10批，共计5 000吨，杜绝国外垃圾违法流入省境。全省共完成21家产废单位危险废物跨省、跨市转移联单的受理、审查和现场监管工作，共发放转移联单679份，安全转移处置危险废物和废弃危险化学品12 273.4吨，有效消除危险废物堆存造成的环境风险，有力保障全省环境安全。

3. 危险废物经营许可

根据《中华人民共和国固体废物污染环境防治法》《危险废物经营许可管

理办法》（国务院令第 408 号）、《危险废物经营单位审查和许可指南》（环保部公告 2009 年第 65 号），甘肃省对危险废物经营许可证实行分级审批制度，年焚烧 1 万吨以上危险废物的；处置含多氯联苯、汞等对环境和人体健康威胁极大的危险废物的；列入《国家危险废物处置设施建设规划的综合性集中处置设施》处置危险废物的单位的危险废物经营许可证由国务院环境保护主管部门审批颁发；医疗废物集中处置单位的危险废物经营许可证由市级环境保护行政主管部门审批颁发；危险废物收集经营活动单位的危险废物收集经营许可证由县级人民政府环境保护主管部门审批颁发。除此以外的危险废物经营许可证由甘肃省环境保护厅审批颁发。

4. 经营单位资质管理

《危险废物经营许可管理办法》《危险废物经营单位审查和许可指南》规定：从事收集、贮存、处置危险废物综合经营活动的单位应有 3 名以上环境工程专业或者相关专业中级以上职称，并有 3 年以上固体废物污染治理经历的技术人员；符合国务院交通主管部门有关危险货物运输安全要求的运输工具；符合国家或者地方环境保护标准和安全要求的包装工具，中转和临时存放设施、设备以及经验收合格的贮存设施、设备；符合国家或者甘肃省危险废物处置设施建设规划，符合国家或者地方环境保护标准和安全要求的处置设施、设备和配套的污染防治设施；与所经营的危险废物类别相适应的处置技术和工艺；保证危险废物经营安全的规章制度、污染防治措施和事故应急救援措施；以填埋方式处置危险废物的，应当依法取得填埋场所的土地使用权。

规定从事收集危险废物经营活动的单位应当有防雨、防渗的运输工具；符合国家或者地方环境保护标准和安全要求的包装工具，中转和临时存放设施、设备；保证危险废物经营安全的规章制度、污染防治措施和事故应急救援措施。

申请领取危险废物经营许可证需提交的资料包括《甘肃省危险废物经营许可证申请表》和许可条件中相关证明材料。

甘肃省环保厅收到申请材料（包括证明材料）后，对申请是否属于受理范围、材料的完整性等进行书面审查，作出受理或不受理的决定。受理后省环保厅组织专家对受理的申请材料（包括证明材料）进行评审，并进行现场核查，提交关于申请材料评审和现场核查的意见。甘肃省环保厅根据专家评审意见及相关公示结果，依法做出审批决定。对符合条件的申请单位，核发《危险废物经营许可证》，并依法发布有关给予颁发危险废物经营许可证的公告。

甘肃省环保厅颁发的危险废物经营许可证，考虑危险废物经营单位的经营范围、经营规模、风险程度等因素，许可证有效期为1~5年。

危险废物经营单位改变危险废物经营方式的，增加危险废物类别的，新建或者改建、扩建原有危险废物经营设施的，经营危险废物超过原批准年经营规模20%以上的应当按照原申请程序，重新申请领取危险废物经营许可证。

从事危险废物收集、贮存、处置、利用的经营单位，危险废物经营许可证有效期满，危险废物经营单位继续从事危险废物经营活动的，应当于危险废物经营许可证有效期满前30个工作日向省环保厅提出续证申请，省环保厅自受理续证申请之日起20个工作日内进行审查。符合发证条件的，予以续证。

危险废物经营单位法人名称变更、单位注册地址变更、法定代表人变更等，应当自工商变更登记之日起15个工作日内，凭工商营业执照，工商部门变更通知书，原危险废物经营许可证正、副本复印件，甘肃省危险废物经营许可证申请表等相关材料向省环保厅申请办理危险废物经营许可证变更手续。

5. 危险废物转移联单制度

根据《危险废物转移联单管理办法》(国家环保总局令第5号)，甘肃省所辖各市（州）人民政府环境保护行政主管部门对本行政区域内联单具体实施监督管理；危险废物产生单位在转移危险废物前，须按照国家有关规定报批危险废物转移计划；经批准后，产生单位应当向移出地环境保护行政主管部门申请领取联单。产生单位应当在危险废物转移前3日内报告移出地环境保护行政主管部门，并同时将预期到达时间报告接受地环境保护行政主管部门。具体流程为：

产生单位将废物交付运输者起运时，产生单位事先按要求在第一联上完成第一部分产生单位栏目填写并加盖公章后，将联单连同废物交付运输者；运输者核实联单内容（主要核实该批次拟转移废物种类、特性、数量是否与联单所载定内容一致）无误后，在第一联上填写联单第二部分运输企业栏之后，将第一联的副联与第二联的正联交还给产生单位；产生单位将第一联副联自留存档（保存期限为5年），第二联的正联在废物起运起2个工作日内寄送移出地设区市级人民政府环境保护行政主管部门留档；运输者运输废物时运输者将联单其余第一联正联、第二联副联、第三联、第四联、第五联等各联随废物一起转移运行；运输者将废物运抵目的地，交付接受单位时，运输者将所承运废物连同联单一起交付接受单位；接受单位须按照联单内容对所接受废物核实验收无误，在第一联上填写第三部分废物接受单位栏并加盖公章后，将第四联自留存档；接受单位将正确填写完毕并加盖公章的联单的第三联交还给运输单位存档；接受单位将第五联自接受废物之日起2日内寄送接受地设区市级人民政府环境保护行政主管部门留档；接受单位将第一联正联及第二联副联自接受废物之日起10日之内寄送废物产生单位；产生单位收到接受单位返还的第一联正联及第二联副联之后，第一联正联自留存档，将第二联副联自收到之日起2日内寄送移出地设区市级人民政府环境保护行政主管部门留档。

上述联单各联留档保存期限均为5年，以贮存为目的的危险废物转移的，其联单保存期限与危险废物贮存期限相同。

2005年，全面启动危险废物处置能力建设工作。对全省危险废物进行专项核查，完成全省危险废物集中处置设施普查。严格执行危险废物转移联单制度和危险废物经营许可证制度，加强对全省危险废物转移和危险废物经营从业单位的管理。认真落实《危险化学品安全管理条例》和《废弃危险化学品污染环境防治办法》，完成全省毒鼠强集中处置工作。

据初步调查，甘肃省危险废物年产生量为49.9万吨，主要为金矿堆浸尾矿、化工铬渣、有色金属冶炼废物等，其中综合利用率为15.6%，处置率为5.9%，贮存率为78.5%。根据全省危险废物集中处置设施建设严重滞后、集中处置率低的实际情况，自2003年12月国务院批复《全国危险废物和医疗废物集中处置设施建设规划》以来，甘肃省加快开展全省危险废物处置中心和13个城市医疗废物处置设施项目建设工作，并取得一定进展。甘肃危险废物处置中心项目计划2007年建成，设计处置规模2.7万吨，总投资12 082万元，2005年12月底，获国家发改委正式批准立项，进入实施阶段；平凉市、定西市2个城市的可研报告通过国家环保总局组织的技术复核。其中，平凉市可研究报告已由国家环保总局上报国家发改委申请立项批复。其他11个城市医疗废物集中处置设施项目环评及可研修改工作大部分完成，加紧开展有关报批工作。

“十一五”期间，根据《全国铬渣污染综合整治方案》以及批复新增值，甘肃省共有6家企业治理项目，48.17万吨历史遗留铬渣治理任务。截至2010年年底，甘肃省6家铬盐生产企业中，永登永青化工、张掖锦世化工、张掖民乐富源和嘉峪关民丰化工4家企业完成历史遗留铬渣解毒处理任务，安全处置铬渣38.67万吨，占实际总量48.17万吨的80.28%。白银甘藏银晨和酒泉同福2家企业治理项目历史遗留铬渣解毒工作也在抓紧实施。为加强管理，组织开展经营性危险废物焚烧单位、废氯化汞触媒产生单位及非经营性危险废物焚烧单位专项检查、抗生素药渣专项检查，严肃查处环境违法行为，对检查中发现的问题提出限期整改要求；督促有关企业加快历史遗留铬渣无害化处置进程，截至2010年，全省6家铬渣污染治理企业已有3家完成遗留铬渣解毒任务。“十一五”期间，甘肃省纳入《全国危险废物和医疗废物处置设施建设规划》的项目共14个，危险废物和医疗废物处置规模总计4.2万吨/年。截至2010年年底，14个项目全部实施，其中甘肃省综合性危险废物处置中心建成并投入试运行。

二、电子废物管理

为了控制和减少废弃电器电子产品对环境造成的污染，提高能源资源利用效率，促进节能减排和循环经济发展，2006年2月，国家信息部颁布《电子信息产品污染控制管理办法》，2007年9月，国家环保总局发布《电子废物污染环境管理办法》，加强电子废物拆解利用处理的环境管理；2009年3月，国务院颁布《废弃电器电子产品回收处理管理条例》，决定2011年1月1日正式实施。2009年6月，国家先后发布《国务院办公厅关于转发发展改革委等部门促进扩大内需鼓励汽车家电以旧换新实施方案的通知》和《家电以旧换新实施办法》，家电以旧换新工作在全国9个试点省市率先开展。

2010年5月31日，商务部等部门《关于印发家电以旧换新推行工作方案的函》中明确家电以旧换新试点工作结束后，继续实施并扩大实施范围，实施截止时间暂定为2011年12月31日。

甘肃省根据国家总体要求，结合甘肃省实际，甘肃省环保部门认真执行国家相关管理政策，不断强化废弃电器电子产品的回收处理工作，并取得积极进展。“十一五”以来，全省在固体废物污染工作中遵循“减量化、资源化、无害化”的原则，逐步加强废弃电器电子产品污染防治工作。2010年，加强对废弃电器电子产品回收和处理企业资质化管理，废弃电器电子产品污染防治被列入固废管理的重要工作。2010年8月，省商务厅根据国家家电以旧换新相关的政策要求，会同省财政厅、省环保厅、省物价局等部门，起草《甘肃省家电以旧换新实施细则》，通过招标确定12家销售企业、10家回收企业和2家定点拆解企业，全省废旧家电以旧换新工作正式启动。其中，10家中标回收企业共布设957个回收网点，分布于全省14个市（州），回收网点通过对家电“以旧换新”淘汰下的旧家电及社会交纳的废弃电器电子产品进行回收，统一交往具有废弃电器电子产品处理资质的单位进行集中处置。自2010年8月家电“以旧换新”在甘肃实施以来，全省回收企业共回收废弃电器电子产品182 749台，其中电视机116 170台、电冰箱25 930台、洗衣机34 001台、空调223台、电脑6 425台。甘肃华壹环保技术服务有限公司、兰州泓翼废旧电子产品拆解加工中心2家企业作为家电“以旧换新”定点拆解企业，处置能力总计达到35.2万台/年，约1.8万吨/年。其中，甘肃华壹环保技术服务有限公司总占地面积3 710平方米，含拆解区810平方米、专用仓储库房2 200平方米，并按国家要求完成环境影响评价，取得危险废物经营许可证，建成废弃电器电子产品收集、贮存车间，分选、拆解车间等工程，拥有拆解专用粉碎机、CRT玻壳分离机、压块机、剥线机、电动拆解机床、专用车辆等设备；兰州泓翼废旧电子产品拆解加工中心厂区占地总面积为4 800平方米，含拆解区面积1 800平方米、专用仓储库房2 000平方米，建成电视机、电脑、空调、洗衣机、电冰箱拆解生产线。

甘肃省家电以旧换新废旧家电回收中标企业（网点）见表4-4-5。

表 4-4-5

甘肃省家电以旧换新废旧家电回收中标企业（网点）名单

市州	回收网点公司名称	回收网点公司名称	回收网点公司名称
兰州市	甘肃国美电器有限公司	海石湾保保电器商行	甘肃毓祥商贸有限公司
	甘肃国美电器有限公司双城门店	海石湾兰海家电回收中心	兰新电器综合市场至尊电器行
	甘肃国美电器有限公司万盛店	海石湾乐邦电子专卖店	兰州海兴城商贸有限公司
	甘肃国美电器有限公司西站店	永登秦川亨通家电家私商行	兰州恒安物业管理有限公司
	甘肃国美电器有限公司银大店	永登泰川恒泰家电家具城	兰州金申商贸有限责任公司
	甘肃国美物流有限公司	永登县红城供销社红市商场	兰州凯鑫商贸有限公司
	爱华家电	永登县家用电器服务中心	兰州赛维达商贸有限公司
	甘肃美的制冷产品销售有限公司	永登县苦水镇富士德家电精品行	兰州市城关区宏宇家电维修部
	红古海石湾保保电器商行	榆中甘草店供销合作社五金柜组	兰州市城关区西维电器服务中心
	兰新电器综合市场中业电器行	榆中隆得利电器商行	兰州万兴通通讯设备有限公司
	兰州成大电气设备有限公司	榆中县高崖供销社龙泉综合门市部	兰州威尔特电器工程技术有限责任公司
	兰州科信电器有限责任公司	张家寺海信专卖店	兰州西海阳光商贸有限公司
	兰州兰新电器综合市场恒瑞电器商行	甘肃长兴恒通电器有限公司海尔专卖店	兰州一诺电器销售有限责任公司
	兰州全昊机电设备有限公司	甘肃长兴恒通电器有限公司海尔专卖西站店	兰州永隆商贸有限公司
	兰州三和秦家用电器有限公司	甘肃长兴恒通电器有限公司西固店	兰州振华机电工程有限公司
	兰州市城关区万通制冷安装维修中心	甘肃吉鑫建筑工程技术有限公司	兰州峥嵘商贸有限公司

续表

市州	回收网点公司名称	回收网点公司名称	回收网点公司名称
兰州市	兰州永发商贸有限公司	甘肃力龙机电工程有限公司	永登华兴商贸有限公司
	窑街鑫达家电厨具总汇	甘肃联众设备工程有限公司	永登秦川东海家电城
	甘肃新春洋暖通科技有限公司	甘肃润德机械成套设备有限公司	榆中恒通电器连锁店
	甘肃新佳音商贸有限公司	甘肃世纪伟业空调设备有限公司	榆中浪淘沙电器有限责任公司
	甘肃卓宇空调设备工程有限公司	甘肃新昌源电器有限公司	重庆新日日顺家电销售公司兰州分公司
	皋兰县供销大楼五金家电批发部	甘肃亚龙电子科技有限责任公司	
庆阳市	合水县虹波家电购物广场	庆阳市科林电器有限责任公司	肖金镇美的专卖店
	华池美的专卖店	庆阳市科林电器有限责任公司	正宁县美的专卖店
	华池县维红精品家电	庆阳市兰烨商贸有限公司	庆阳润林电脑有限公司
	环县金丰供销贸易有限责任公司	庆阳市西峰区宏远电器经销部	庆阳市汇远科技有限公司
	宁县新鑫家电经营部	庆阳电子镇五交化经销部	
张掖市	甘肃国美电器有限公司张掖分公司	陇西玉兴通科技有限公司	张掖市高台县天地创兴电脑经营部
	洪水镇飞达电子城	民乐县科海电脑经营部	张掖市汇通家电维修有限责任公司
	临泽县金田家电城	山丹一路通电脑部	张掖市汇通商贸有限责任公司
	肃南县宏达电器综合门市部	张掖市嘉昶电子有限责任公司	张掖市康怡电子有限责任公司
	天龙五金门市部	张掖市岳盛电子科技有限责任公司	张掖市临泽县自由路腾飞科技

续表

市州	回收网点公司名称	回收网点公司名称	回收网点公司名称
张掖市	张掖市甘州区科健家电维修部	高台县六六福家电有限公司	张掖市山丹县万隆科技电脑公司
	张掖甘州区明珠商贸有限责任公司	高台县荣华电器商场第一经营部	民乐天华广播电视器材销售服务部
	张掖甘州区新升广电电器销售中心	山丹县天琴电器有限责任公司	民乐县天普太阳能专卖店
	高台县鑫兴电器商行	高台县风华电器有限责任公司	民乐县兴民家电部
	高台县英特科技商贸有限公司	瓜州县宏达经贸有限责任公司	山丹新世纪家电销售有限责任公司
	高台县英特科技商贸有限公司	临泽县金田家电城	民乐县玉霞科技服务部
	临夏伊科电脑有限责任公司	民乐县宏兴电器有限责任公司	灵台县新龙科贸有限责任公司
	临泽县飞燕电脑有限责任公司	张掖市创美电器有限公司	张掖市甘州区先锋家电维修部
天水市	甘肃国美电器有限公司天水分公司	天水科丰电脑影像技术有限责任公司的回收	秦安县信远家电销售有限责任公司
	清水龙腾美的专卖	天水三禾数码科技发展有限公司	秦州区新能源太阳能商行
	天水盛大实业有限公司	天水志诚科技有限公司	清水县小平家电
	天水盛大实业有限公司	张家川回族自治县恒鑫计算机科技有限公司	天水鸿泰电器有限责任公司
	甘肃苏宁电器有限公司天水分公司	天水永盛五交化有限公司	天水华阳电器有限公司
	甘谷蓝星电子科技有限责任公司	天水永盛五交化有限公司家电自行车商场	天水金钟商贸有限公司

续表

市州	回收网点公司名称	回收网点公司名称	回收网点公司名称
天水市	积石山县吹麻滩思远电脑销售部	甘谷县光大家电商行	天水永盛五交化有限公司
天水市	秦安县信天科技电脑部	甘谷县好望角商行	武山宏达家电商行
天水市	清水县正天电脑电子经营部	积石山县百福家电有限责任公司	—
酒泉市	甘肃国美电器有限公司酒泉大明步行街店	酒泉苏宁电器有限公司	肃州区总寨镇仁和副食超市
酒泉市	甘肃国美电器有限公司酒泉鑫利店	敦煌辉煌电脑配件部	酒泉市同顺源商贸有限责任公司
酒泉市	敦煌市鑫泰商贸有限公司	敦煌市兄弟科技	酒泉市肃州区磐信科技店
酒泉市	瓜州县元通电器	金塔县亨通家电经销部	酒泉鑫延家电维修有限责任公司
酒泉市	酒泉市创新电器有限责任公司	酒泉市嘉通电器经销部	敦煌市宏源工贸有限公司
酒泉市	酒泉市肃州区恒康电器经营部	酒泉市通宝电器有限责任公司	敦煌市鑫泰商贸有限公司
酒泉市	玉门市百盛电器经营部	玉门市大鹏电器销售中心	—
酒泉市	酒泉苏宁电器有限公司鼓楼连锁店	酒泉市慧友商贸有限公司	—
武威市	甘肃国美电器有限公司武威分公司	民勤县城关蓝天电脑服务部	武威市澳森贸易有限公司
武威市	黄羊镇阳光电器城	武威世纪阳光科技有限责任公司	武威市天祝县浩海科技
武威市	武威百威商贸有限公司	武威市华扬科技有限责任公司	武威市永信电器服务有限公司
武威市	武威黄海商贸有限责任公司	武威市天龙电子科技有限公司	民勤县城关环球无线电服务部
武威市	古浪县金帆电脑销售部	民勤县阳光导航电脑经营部	民勤县城关镇旭东家电

续表

市州	回收网点公司名称	回收网点公司名称	回收网点公司名称
武威市	古浪县金帆电脑销售部	武威市锦宏电脑科技经销部	武威市伊诺计算机网络有限责任公司
	古浪银河计算机网络有限公司	武威市三佳商贸有限公司	陕西大山软件科技有限责任公司武威分公司
	民勤县通达家电公司	武威市飞碟网络计算机有限责任公司张掖市分公司	—
	海韵电脑科技服务中心	武威海尔专卖店	—
金昌市	金川区金川路美的专卖店	金昌市新超群家电商场	金塔县金顺家电有限责任公司
	金川商行	永昌县金博苑电脑服务部	永昌县裕锋商贸有限责任公司
	金戈市场金顺家电行	永昌县朱王堡镇博远电器中心	—
	金珠海家电	金昌培煜商贸有限责任公司	—
白银市	白银德泰益商贸有限公司	会宁县三星家用电器商店	景泰时代科技
	白银恒运商贸有限公司	景泰县美的电器专卖店	白银佳音电器有限公司
	白银市平川区水泉镇民百家电超市	靖远县五合乡登峰家电部	白银凯旋电器有限责任公司
	白银市平川区王家山星美电器超市	靖远中大电器商场	白银蓝星电脑经销部
	白银市平川区银帆电子器材经销部	景泰县长城家电中心	白银普乐商贸有限公司
	会宁县白草塬乡百姓家电商行	白银奔腾电脑服务有限责任公司	白银市平川区声乐电子经销部
	会宁县大沟乡佳乐家电经销部	白银市平川区元通经营部	甘肃长兴恒通电器白银分公司
	会宁县郭城驿镇万顺电器经销店	会宁县赛博商贸有限责任公司	会宁三会商贸有限责任公司
	会宁县河畔镇诚信家电行	会宁县赛博商贸有限责任公司	—

续表

市州	回收网点公司名称	回收网点公司名称	回收网点公司名称
平凉市	甘肃省平凉超人厨具公司	静宁科峰电脑科技苑	泾川县玉都镇诚信家电超市
	华亭县贵族家用电器销售有限责任公司	华亭县永杰商贸有限公司	崇信创惠电脑科技服务部
	静宁县虹声电子器材服务部	静宁彩虹电子器材服务部	崇信县民乐家电门市部
	平凉市天龙电器有限责任公司	平凉宝翔商贸有限责任公司	平凉市宏盛电器有限责任公司
	水洛镇滨河路汉文家电部	平凉市海星电子有限责任公司	平凉市三亚电器有限责任公司
	排洪南路光珲商贸经营部	平凉市崆峒区力源电脑经销部	平凉新世纪工贸开发有限责任公司
	泾川县宏海电器有限责任公司	庄浪博通方正专卖店	平凉鑫海商贸有限责任公司
	静宁晨曦	庄浪水洛镇滨河路星火电脑经销部	庄浪县鸿昇电器销售有限公司
	安口镇 TCL 专卖店	泾川县世恒科技经销部	庄浪县荆城家电经销中心
定西市	漳县家用电器销售中心	临洮县环宇电子科技有限公司	定西市宏林家电有限责任公司
	岷县宝乙龙家电销售部	通渭新世纪	临洮建华家电超市
	渭源百货大楼康佳专卖店	通渭县张琛电脑经销部	临洮县美宁电器经销部
	渭源会川康佳专卖店	陇西金科电脑公司	临洮县平龙美的专卖店
	定西市安定区汇科电脑店	岷县康普电脑经营部	—
	临洮瑞华商贸有限责任公司	定西市广电商城	—
陇南市	成县现代电器商贸有限责任公司	宕昌县昌达电器经营部	武都县电教器材综合经销部
	崇信县万佳电器品牌店	宕昌县海尔润眼电脑专卖店	武都旭宁电器经营部

续表

市州	回收网点公司名称	回收网点公司名称	回收网点公司名称
陇南市	陇南市大华商贸有限责任公司	西和县旭日家电行	康县广平家电中心
	成县支旗鑫博电脑经销部	夏河县兴隆五交化经销部	礼县长天家电城
	徽县伏镇明达电器商行	岷县金鹏电子器材商行	礼县长兴电子商行
	徽县四海家电商行	岷县精诚电器经销部	礼县佳乐家电部
	陇南东盛商贸有限公司	礼县恒佳电脑销售部	两当县科维家电维修中心
	和政县星徽服务中心	礼县恒佳电脑销售部	成县支旗众森科技办公自动服务部
	环县诚合电子科技经销店	宕昌金诚电脑经营部	武都方正科技经营部
	徽县新中关村电脑部	陇南市礼县壹雪科技电脑部	文县民福电脑服务中心
嘉峪关	嘉峪关联智科技商贸有限责任公司	嘉峪关市华旭电器经销部	嘉峪关市金通家电维修中心
	嘉峪关市锐科商贸有限公司	嘉峪关皇都家用电器有限责任公司	嘉峪关市旭青家电有限责任公司
	嘉峪关雄关泰岳电脑有限责任公司	嘉峪关市创鑫商贸有限责任公司	嘉峪关市亚泰商贸有限责任公司
临夏州	临夏市美乐家用电器有限责任公司	广河县华美家电家具店	康乐县展翔电脑平价量贩
	临夏州百顺电器有限公司	临夏惠翔电器	—
	永靖县长乐商贸有限责任公司	永靖县虹宇家电维修部	—
甘南州	临潭县思维科技	舟曲县海龙海尔专卖店	—

第五章 核与辐射污染防治

甘肃省是国家最早的核工业和核试验基地，辖区内核工业和核技术应用项目按照国家核事业发展的整体布局，起步早，发展快。2010 年，甘肃省辖区内在役核设施有 4 家（中核清原公司中低放固体废物西北处置场、中核兰州铀浓缩有限公司、中核四零四有限公司、中核蓝天铀业七零六矿），退役铀矿有七九六矿、七九二尾矿坝、二七九尾矿坝，涉及铀矿的开采水冶系统、铀浓缩、铀转化、放射性废物的处置等行业。

20 世纪 90 年代至今，甘肃省环境保护局按照自身职责和环保部的工作安排开展对所有核设施污染防治工作的监督管理和例行监测。

多年监督性监测结果表明，甘肃省各核设施监测数据与甘肃省环境本底相比无明显变化，表明各核设施运营对周围环境未产生明显放射性污染。

第一节 电离辐射环境污染防治

一、铀矿冶伴生放射性矿辐射污染防治

2007 年，甘肃省对全省污染源进行普查，其中对铀矿冶伴生放射性矿企业进行筛查，对全省筛选出的 477 家矿产资源开采冶炼企业的现场监测表明，γ 剂量率范围为 83.0~3 450.6 纳戈瑞/小时，大部分监测点位的监测值与当地本底值相近。

高出“当地本底值+50 纳戈瑞/小时”的企业数有 24 家，其中 γ 剂量率监测值的最小值为嘉峪关吉财矿业金矿原矿上监测点，监测值为 150.6 纳戈瑞/小时，最大值为白银市甘肃稀土集团尾矿库监测点，监测值为 3 450.6 纳戈瑞/小时。

根据监测结果，所有采样的 24 家企业中，^{238}U 监测值范围为 42.2~294.3 贝克/千克，^{232}Th 监测值范围为 19.0~110.0 贝克/千克，^{226}Ra 监测值范围为 24.5~243.8 贝克/千克。

矿石及主要原材料中 U 和 Th 系核素的比活度大于 0.1 贝克/克的企业有 14 家。

监测采样的 24 家企业分布在 10 个市（州），其中，兰州 2 家、白银 3 家、武威 2 家、酒泉市 6 家、陇南市 3 家、甘南州 1 家、张掖市 2 家、嘉峪关市 2 家、平凉市 2 家、金昌市 1 家。

对普查中列为伴生放射性矿的 24 家企业，甘肃省环保厅加强对其日常放射性污染防治的监督管理，并选择其中 6 家单位开展辐射环境监督性监测工作。

其间，加强对铀矿冶退役治理工程、大亚湾核电站乏燃料运送后处理厂甘肃境内运途安全的监督管理；完成放射性污染物申报登记；会同卫生、公安部门联合开展全省放射源安全管理专项整治，达标掩埋退役铀矿冶放射性尾矿砂 26.5 万吨。

二、核技术利用辐射污染防治

甘肃省有 1 995 家核技术应用单位，涉及探伤、辐照、加速器、医用放射性诊疗、核仪表生产、地质勘探等业务；有 100 多家涉源单位，在用放射源 1 900 多枚。

在日常管理中，甘肃省环保局每年对重点核技术利用单位如中科院近代物理研究所、中石油长庆事业部、天辰辐照 3 个辐照装置开展例行检查和监督性监测工作。

第二节　电磁辐射环境污染防治

20 世纪 90 年代以来，甘肃省产生电磁辐射的设备、设施分布越来越广。与此同时，城市人口、建筑密度不断加大，电磁辐射已成为一种新的城市污染源。随着农村城镇化建设速度不断加快，电磁辐射由大城市迅速向中小城市及农村扩散。

一、电磁辐射设备设施

为全面了解电磁辐射设备设施的数量，为电磁辐射环境监管提供准确数据，从 2007 年开始，国家环境保护总局要求各省环保部门开展电磁辐射申报登记工作。甘肃省从 2007 年开始逐年对全省辖区内电磁辐射设备设施进行变更申报登记。各类设备台数及比例见表 4–5–1。

表 4–5–1

甘肃省电磁辐射设备汇总统计表

序号	种类	类别	设备数量	所占比例/%
1	广播电视	中波广播	49	0.17
		电视调频	315	1.06
		调频广播	92	0.31
		短波台	20	0.07
		长波通信台	3	0.01
		微波转输站	22	0.07
		卫星地球站	15	0.05
		其他	3	0.01
		合计	519	1.75
2	通信系统	通信	7 989	26.99
		雷达	8	0.03
		导航发射设备	17	0.06
		移动通信网	19 753	66.73
		其他	3	26.99
		合计	27 780	93.81
3	工医科	工业高频设备	51	0.17
		科学技术高频设备	0	0.00
		医疗高频设备	40	0.14
		合计	91	0.31
4	高压电力系统	高压输电线	735	2.48
		变压器	477	1.61
		合计	1 212	4.09
总计			29 602	100

由统计结果可知，截至2010年，全省共有各类电磁辐射设备29 602台，其中，广播电视系统519台，占全省电磁辐射设备总数的1.75%；通信系统设备27 780台，占全省电磁辐射设备总数的93.81%；工、科、医系统的电磁辐射设备91台，占全省电磁辐射设备总数的0.31%；高压电力系统的电磁辐射设备1 212台，占全省电磁辐射设备总数的4.09%。通信系统最多，交通系统最少。

从调查的电磁辐射设备功率来看：占首位的是电力系统变电站的变压器，总功率为808 945 970千瓦，占总功率的88.55%；第二位是输电线路，总功率之和为104 353 000千伏安，占总功率的11.42%；第三位是通信、工、科、医电磁设备，功率之和为192 581千瓦，占总功率的0.02%。

二、电磁辐射污染防治措施

基于电磁辐射设备设施分布及环境影响的特点，结合环保法律法规的要求，甘肃省在电磁辐射污染防治上采取技防和人防相结合的原则：

①在技术手段上，采取屏蔽防护、距离防护、时间防护等措施。

②屏蔽防护在一些特殊情况下，采用专业的设施对职业人群进行屏蔽防护，或者对设施本身进行屏蔽，适当降低电磁场强度。

③距离防护电磁场强度随发射源距离增大而急剧减少。所以，增大与辐射源的距离，能有效地起到防护作用。对大型电磁辐射设施，划定规划控制区以保持公众活动区域的较低电磁场水平。

④时间防护尽量缩短受到电磁场暴露的时间，如减少手机通话时间等。

⑤在管理措施方面坚持严格的选址原则和“三同时”制度。

⑥选址原则由于大功率电磁波发射设施，尤其是中波发射台，其产生的电磁辐射衰减较慢，在较大范围内电磁强度仍处高位，但业主所能控制的土地范围有限，所以，必须划定规划控制区（包括控制区和限制发展区两部分），在土地规划部门的配合下，要求在其控制区内，严禁公众进入，而外围的限制发展区内的土地，不得修建居民住房或其他敏感建筑。

⑦“三同时”制度从环境影响评价入手，严格落实“三同时”制度，对发射电磁能的设施有关指标进行管理并采取措施。

第三节　放射性废物库建设

一、旧废物库建设

甘肃省放射性废物库是1988年由国家批准建设的收贮废旧放射源的工程，位于甘肃皋兰县向北6 000米处。1990年开工建设，1991年4月投入运行。工程设计库容为500立方米，其中，固体放射性废物贮存容积为400立方米，固体放射源贮存容积为100立方米。旧废物库安全运行18年，共收贮放射源1 899枚、放射性废物3.5吨，为全省的放射源管理发挥积极作用。由于当时经济条件差，设计相对简单，无航吊设备，只有一简易焊接吊架。收贮的放射源用倒链操作放入地坑，工作人员接触距离近，操作时间长，受辐射剂量大。由于无监控报警装置，仅靠值班人员巡逻、检查，2001年，虽然加装一台简单的无线报警器，但仍然达不到安防的要求。旧废物库连续运行18年，库容已接近饱和，加之盖板厚度不够，源坑盖板表面剂量超标。加之库房年久失修，屋面漏水，基础下沉，墙体出现裂缝，旧废物库无法继续服役。2009年，废物库扩建工程投入运行，经环保部批准，旧废物库正式退役。

二、新废物库建设（甘肃省放射性废物库原地扩建工程）

新放射性废物库是由国家环保局牵头组织实施的全国放射性废物库建设项目的一个子项目，共投资1 399万元，占地100亩，分为主体工程、配套实验室、库区辅助工程及设施建设。

主体工程设计服役50年，建筑面积897平方米，库容量800立方米，包括库坑、吊运大厅以及排风机房、控制室等辅助房间；库内配置安防、消防系统，空气净化设备，库内航吊系统。

配套实验室（与甘肃省辐射环境检测及环境化学分析实验综合楼合建），设计面积为1 000平方米，配备各类监测实验仪器设备。

库区辅助工程及设施包括库区围墙、道路、边坡支护工程。新库设计起点高、配套设施完整，信息化、自动化程度高，工作人员受到的辐射剂量小。

2007 年 12 月 27 日，新库开工建设。2009 年 6 月 19 日，新库基建工程完工。2009 年 7 月 29 日，新库经环保部批准投入试运行。2009 年 8 月 12 日，新库通过环保部组织的环保验收及《辐射许可证》评审，正式运行。

新库的投运，对进一步加强放射源管理，促进甘肃省核技术事业的发展，确保核与辐射环境安全起到积极促进作用。放射性废物（源）坑布局见表 4–5–2。

表 4–5–2

放射性废物（源）坑编号

<table>
<tr><td rowspan="4">排风、净化机房</td><td rowspan="2">Y–A</td><td rowspan="2">Y–B</td><td rowspan="2">Y–C</td><td rowspan="2">Y–D</td><td rowspan="2">Y–E</td><td rowspan="2">Y–F</td><td rowspan="2">Y–G</td><td rowspan="2">Y–H</td><td rowspan="2">Y–I</td><td rowspan="2">F–Q</td><td rowspan="2">F–S</td><td rowspan="2">F–U</td><td rowspan="2">F–W</td><td colspan="3">送风机房</td></tr>
<tr><td rowspan="2">进库通道</td><td>沐浴室</td><td></td></tr>
<tr><td rowspan="2">Y–J</td><td rowspan="2">Y–K</td><td rowspan="2">Y–L</td><td rowspan="2">Y–M</td><td rowspan="2">Y–N</td><td rowspan="2">Y–O</td><td rowspan="2">Y–P</td><td colspan="2" rowspan="2">放射源、废物装卸区</td><td rowspan="2">F–R</td><td rowspan="2">F–T</td><td rowspan="2">F–V</td><td rowspan="2">BY</td><td colspan="2">家庭服更衣室</td></tr>
<tr><td colspan="2">值班室</td><td>通道</td></tr>
</table>

第六章　农村农业污染防治

第一节　农村及农业面源污染

一、乡镇企业污染

“八五”期间，乡镇企业得到较快发展，但环保问题积累较多。环境宣传不到位，环境法制观念淡薄，在项目立项论证过程中未能将环保内容纳入建设内容；主管部门和企业法人对环保工作重视不够，在项目建设中，往往受到建设资金的制约，先搞项目，挤占环保资金。导致环保审批率低、环境污染加重。

1996年，甘肃省环保局、乡镇企业局等单位联合开展乡镇工业企业污染调查。调查表明，全省乡镇工业年废气排放量（标态）为215.43亿立方米，工业废水排放量为2 966万吨，工业固体废物产生量为523.08万吨，分别占全省工业废气、废水和固体废物排放量的8.7%、8.4%和36.5%，且呈逐年上升趋势。据有关专家估算，甘肃受“三废”污染的耕地面积约200万亩，年损失粮食1亿多斤。尤其在一些乡镇企业发达的地区，局部污染非常严重。据调查，兰州市乡镇企业每年有77.4亿立方米废气（标态）排入大气，有282万吨废水排入农田沟渠，有11.6万吨废渣随意堆放。此外，部分城市及东部沿海发达地区重污染企业、“十五小”企业，为了追求最大利润，挺进西部，将厂址转移到农村，作为其无偿排污场所，有的农村随意倾倒、填埋生产、生活垃圾，导致转嫁式污染纠纷逐年增加，全省环境污染出现“城市包围农村”、由城市向农村蔓延和辐射的现象。

二、农业面源污染

1. 农用化学物质污染

“八五”“九五”期间，随着化肥、农药、地膜的大量使用，农用化学物质污染日益加剧。截至2000年，全省农药和其他生物制剂消耗量每年高达

10多万吨，农药外包装废弃物上千万只，对大气、水体、土壤、农作物、环境生物造成的污染无法估计。通过食物链进入人体，导致各类疾病发生，全省每年发生农药中毒近2 000人，因农药致病数万人。据专家预测，有机氯农药停止使用后，危害还将残存5~10年，居民因食用农药残留的蔬菜而中毒的事故屡屡发生。据调查，全国亩施化肥平均为13.9千克，而甘肃省亩均施肥量高达19千克，且利用率仅为30%。不合理和过量施用化肥导致土壤板结，地力下降，大量氮、磷渗入河流、水库。农用地膜对农业的过程性污染也不容忽视。据试验，当亩残留地膜超过1千克时，则影响种子的正常生根、发芽，当亩残留达2.5千克时，可使小麦减产7%左右。据庆阳县有关部门调查，随着地膜覆盖面积的增加，地膜残留量迅速增加，1992年，全县平均亩残留地膜0.15千克，1996年增至0.76千克，较1992年增长5倍，其中亩残留超过1千克的地块高达40%。“八五”末，全省地膜覆盖面积超过200万亩，残留地膜至少5万千克，而地膜的降解周期至少在100年以上。农膜的不及时回收，导致农村“白色污染”的泛滥。

2. 畜禽粪便污染

“九五”末，全省畜禽粪便年产生量为2 000万吨，大大超出工业固体废弃物产生量，加上部分农民对有机肥沃土培田认识不足，投施量减少，畜禽粪便利用率大为降低。据庆阳县农业部门调查，1984年全县平均每亩农家肥施用量为1.34吨，到1999年下降为0.38吨，畜禽粪便消耗仅占年排放量的33.7%，66.3%的粪便变成污染空气、水体、孳生蚊蝇的重要污染源。畜禽粪便污染成为农村新的污染大户。

3. 作物秸秆大量废弃

“九五”期间，全省每年产生作物秸秆900万吨，利用秸秆约3%，其余约970万吨秸秆或被焚烧或堆积在农家房前屋后，秸秆还田难度较大，秸秆利用率低。

根据2009年甘肃省污染源普查动态更新调查，全省农业源化学需氧量排放量为181 430.7吨，平凉、庆阳、天水3个城市化学需氧量排放量居前三位，排放量累计占全省的34.6%。氨氮农业源排放量为6 205.3吨，陇南、天水、庆阳氨氮排放量列前三位，排放量累计占全省的46.9%。总氮农业源排放量为65 806.4吨，庆阳、陇南、天水总氮排放量列前三位，排放量累计占全省的 44.1%。总磷农业源排放量为 3 041.7 吨，陇南、庆阳、平凉总磷排放量列前三位，排放量累计占全省的 46.7%（见表 4–6–1）。

表 4–6–1

甘肃省农业源主要污染物排放总量

单位：吨

城市	化学需氧量	氨氮	总氮	总磷
兰州	9 581.3	287.1	2 835.6	107.9
天水	20 410.9	1 012.1	7 449.2	298.5
白银	11 663.4	529.1	3 808.9	171.5
金昌	3 669.6	134.5	1 620.7	52.9
嘉峪关	2 028.8	36.6	294.9	18.7
张掖	13 302.8	356.7	3 673.3	162.1
酒泉	12 916.6	266.0	3 689.4	166.6
武威	18 348.3	584.9	5 676.2	226.4
定西	12 384.0	469.8	5 646.4	234.2
平凉	21 489.4	327.2	5 516.7	305.3
庆阳	20 847.9	673.1	12 033.1	460.6
陇南	17 330.0	1 224.2	9 515.0	653.9
临夏	11 676.3	202.4	2 847.4	119.7
甘南	5 781.4	101.6	1 199.6	63.4
合计	181 430.7	6 205.3	65 806.4	3 041.7

化学需氧量排放量中，畜禽养殖业占农业源总量的 99.7%，水产养殖业占农业源总量的 0.3%。氨氮排放量中，种植业占农业源总量的 32.0%，畜禽养殖业占农业源总量的 67.6%，水产养殖业占农业源总量的 0.4%。总氮排放量中，种植业占农业源总量的 49.8%，畜禽养殖业占农业源总量的 50.0%，水产养殖业占农业源总量的 0.2%。总磷排放量中，种植业占农业源总量的 45.7%，畜禽养殖业占农业源总量的 53.7%，水产养殖业占农业源总量的 0.6%（见表 4–6–2 和表 4–6–3）。

表 4-6-2

甘肃省畜禽养殖业主要污染物排放量

单位：吨

城市	化学需氧量	氨氮	总氮	总磷
兰州	9 577.3	227.3	1 573.7	74.4
天水	20 392.9	853.6	4 256.1	165.8
白银	11 657.3	431.3	2 218.5	110.5
金昌	3 669.4	101.1	761.4	37.2
嘉峪关	2 028.8	35.2	236.0	15.6
张掖	13 208.0	294.0	2 541.1	121.7
酒泉	12 841.6	226.7	2 408.4	127.1
武威	18 348.3	511.1	4 035.7	178.7
定西	12 359.8	331.4	2 096.0	85.2
平凉	21 431.7	229.3	2 691.6	178.2
庆阳	20 646.8	357.7	4 544.8	213.4
陇南	17 319.6	366.6	2 269.0	189.0
临夏	11 607.5	155.9	2 232.8	87.3
甘南	5 781.4	72.7	1 048.5	47.9
合计	180 870.4	4 193.9	32 913.6	1 632.0

表 4-6-3

甘肃省水产养殖业主要污染物排放量

单位：吨

城市	化学需氧量	氨氮	总氮	总磷
兰州	3.974	0.421	2.468	0.735
天水	17.985	0.838	2.691	0.533
白银	6.134	0.207	0.661	0.141
金昌	0.122	0.007	0.031	0.002
嘉峪关	0	0	0	0
张掖	94.788	4.102	13.171	2.628
酒泉	75.050	3.652	11.705	2.301
武威	0	0	0	0
定西	24.223	1.199	3.853	0.757
平凉	57.690	2.811	9.011	1.775
庆阳	201.130	8.785	28.054	5.659
陇南	10.405	2.312	8.290	1.761
临夏	68.764	3.683	12.533	2.488
甘南	−1.334	−0.025	−0.078	−0.020
合计	558.931	27.992	92.390	18.760

三、农村生活源污染

城镇居民生活源排污根据 2009 年普查统计，全省城镇常住人口 829.5 万人，煤炭消费量 693.48 万吨，天然气消费量 30 166.74 万立方米，生活用水总量 47 526.42 万吨。化学需氧量排放量 198 330.5 吨，氨氮排放量23 477.91 吨，兰州、庆阳、天水三城市该两项污染物排放量均居前三位，累积占生活源总量的 46%。氮氧化物排放量为 21 887.13 吨，二氧化硫排放量为 63 322.17 吨，兰州、张掖、武威该两项污染物排放量均居前三位，累积占生活源总量的 50%以上（见表 4–6–4）。

表 4–6–4

甘肃省城镇居民生活源调查情况统计表

城市	城镇常住人口/万人	煤炭消费量/万吨	天然气消费量/万立方米	生活用水总量/万吨	化学需氧量/吨	氨氮/吨	氮氧化物/吨	二氧化硫/吨
兰州	225.4	154.45	27 894.76	15 290.68	59 278.84	6 640.48	6 775.54	16 735.45
天水	84.3	34.09	0.15	4 302.96	16 082.33	2 245.62	895.58	2 858.71
白银	49.5	26.81	108.00	3 375.53	12 405.55	1 415.92	686.05	2 209.52
金昌	30.8	29.66	0.00	1 663.71	7 634.00	895.73	745.94	2 444.10
嘉峪关	21.7	18.26	40.00	1 793.30	5 917.05	645.22	471.78	1 505.97
酒泉	59.1	42.22	397.88	3 634.50	15 071.63	1 734.55	2 046.56	4 907.97
张掖	38.0	111.13	0.00	2 187.72	10 229.93	1 101.36	2 813.42	9 197.16
武威	56.5	91.15	0.00	3 212.52	11 437.12	1 518.62	2 319.67	7 510.99
定西	40.7	28.35	0.00	2 084.65	8 749.09	1 104.04	717.71	2 335.84
平凉	56.6	50.71	28.36	2 462.29	12 006.90	1 532.36	1 271.83	4 178.53
庆阳	71.2	58.70	0.58	3 117.87	16 939.20	1 990.40	1 475.35	4 836.51
陇南	55.9	18.11	0.00	2 489.74	11 845.95	1 511.86	904.19	2 141.95
临夏	25.7	25.30	1 697.00	1 297.97	7 284.78	746.87	648.33	2 085.20
甘南	14.1	4.54	0.01	612.98	3 448.13	394.88	115.18	374.27
合计	829.5	693.48	30 166.74	47 526.42	198 330.5	23 477.91	21 887.13	63 322.17

2009 年，全省机动车排放总悬浮颗粒物 1.9 万吨、氮氧化物 36.2 万吨、一氧化碳 386.2 万吨、碳氢化合物 40.6 万吨（见表 4–6–5）。

表 4-6-5

甘肃省机动车污染物排放量

城市	总悬浮颗粒物/吨	氮氧化物/吨	一氧化碳/吨	碳氢化合物/吨
兰州	9 747.9	212 957.4	2 445 448.9	245 106.9
天水	456.2	5 909.3	47 699.6	6 408.4
白银	1 291.1	12 276.7	102 951.4	11 973.2
金昌	125.3	32 190.0	650 633.6	52 872.3
嘉峪关	39.8	1 702.1	30 241.8	2 328.5
张掖	513.8	4 860.8	37 845.1	5 732.6
酒泉	184.1	4 237.5	22 664.6	2 617.7
武威	439.3	6 598.1	38 804.5	6 996.2
定西	2 816.5	30 689.2	127 820.7	21 384.7
平凉	957.4	11 920.7	91 832.8	11 850.9
庆阳	618.5	11 900.1	86 237.9	9 473.0
陇南	514.3	6 865.2	83 445.1	13 495.5
临夏	204.6	4 251.3	16 303.9	2 714.5
甘南	1 545.1	15 711.8	80 108.6	13 126.5
合计	19 453.9	362 070.2	3 862 038.5	406 080.9

四、农村生态系统破坏

“九五”末期，甘肃省人均耕地仅 0.14 公顷，大部分可耕地较为贫瘠，垦殖率低，全省每年水土流失面积高达 39.61 万平方千米，占全省土地面积的 87%，每年水土流失造成 10 度以上陡坡地流失表土 8.5 毫米，全省每年输入江河的泥沙 6.44 亿吨，相当于冲走 450 万亩耕地的表土层，全省沙漠及沙漠化土地面积达 305.8 万公顷，约有 66.7 万公顷耕地不同程度地存在沙质荒漠化的威胁，受风沙侵害的农田面积达 21.3 万公顷，受风沙侵害而弃耕的农田累计达 12.67 万公顷，耕地中盐碱面积达到 10.7 万公顷，尚有盐渍化荒地 83 万公顷。

农村水生态失调。“九五”末期，全省人均地表水资源占有量为 2 316 立方米，达不到人均 2 400 立方米的全国水平，地下水可开采量只有 47.3 亿立方米，且分布不均匀。由于过量开采，地下水位下降，有限的水资源被污染的情势日益严重。1999 年，全省监测的 28 条河流中未达标河段 19 条，占 67.8%，61.5%的水库污染较重。1999 年，全省废水排放总量为 4.6 亿吨，大部分未经任何处理直排入环境，全省污水灌溉农田的面积已达30多万公顷，省内有不少河流断流时间越来越长，水资源危机明显加剧。

第二节 农业及农村污染综合治理

一、乡镇企业综合整治

1994年，甘肃省环保局会同省工商局、乡企局、林业厅和人民银行甘肃分行等五部门共同发出《关于加强乡镇企业环境管理和野生动物保护工作的通知》，纠正某些失控现象，重申国务院和省政府的有关规定，明确有关部门分工，加强乡镇企业检查管理。

1995年，下发甘肃省乡镇企业污染控制重点区域和重点企业名单，其中，水污染重点12个县，大气污染重点8个县，引起所在地方政府和环保、乡企部门的重视；加强对批建的11个乡镇企业示范区的环境监督管理，将兰州、金昌、临夏境内的3个示范区作为重点进行检查，对存在的问题提出处理意见。其中，参与环境监理试点的武威市2/3的乡镇企业进行污染治理和技术改造；永登县对26家乡镇企业实行关停转迁。

1996年，为贯彻执行《国务院关于环境保护若干问题的决定》，取缔、关闭、停产15种污染严重企业，甘肃省人民政府第36次常务会议经专门研究，作出“该关闭的经慎重研究后坚决关闭”的决议。甘肃省环保局先后于9月10日、26日两次以内部传真电报向各地、州、市环保局发出紧急通知，就贯彻、执行《国务院关于环境保护若干问题的决定》，依法取缔、关停15种污染严重企业工作提出具体要求，树立环保执法的权威。各地、州、市环保局认真进行安排部署，紧急抽调人员，对当地污染严重企业进行摸底调查，排列出应予取缔、关停的15种企业名单，报有关人民政府批准执行。

甘肃省乡镇企业数量少，但污染严重。企业主要集中在土炼油、土选金和小选矿等行业。各地在摸底调查的基础上，采取严格措施予以取缔和关停。西峰市对土炼厂、土炼炉做到“无设施、无油品”。公安、工商、环保部门联合行动，市政法委书记现场指挥，仅11天时间，即强行拆除土炼炉24台，没收上缴土炼炉24台、储油缶10个、原油6.3吨。强大的威慑力迫使违法活动人员自行拆除土炼炉76台，全市范围内的土炼油被全部取缔，达到“无设施、无油品”要求。

玉门市在该次行动中取缔土炼油36家，摧毁拦油池13个；土选金和小选矿严重的天水市及陇南地区取缔黄金选冶厂133个、铅锌选矿厂112个；兰州市、白银市关停小煤窑121个；金昌市取缔、关停12家造纸厂、土炼焦厂；天水北道区对辖区内16家严重污染环境的土窑燃烧废油毡的企业依法予以取缔、关闭，并要求恢复原貌；庆阳地区共关闭、取缔土炼油131处，其中西峰市公安、环保、工商、计委等部门组成联合清查领导小组，强行拆除土炼油28处33台，在强大的政策宣传下，土炼油经营户自行拆除土炉54处67台。截至1996年9月30日，全省共取缔、关停污染严重企业603家。

1998年，关停、取缔“十五小”企业工作取得新成绩，省境内“十五小”企业基本绝迹。年度内，全省共取缔关停“十五小”企业702家，占应取缔关停总数的96%。乡镇企业污染防治工作不断加强，乡镇企业建设项目的环评审批和“三同时”管理制度引起各有关部门的重视，得到较好执行。年度内，各地、市、州先后完成一批老污染源治理工程，有效地控制对农村环境的污染。

二、农业环境综合整治

“八五”时期，农村环境综合整治工作打开局面。临夏张梁村、庆阳文安村两个生态农业试点顺利通过省级验收，其试点经验被编入全国《生态农业实用技术》蓝本。泾川县被列为全国50个生态农业建设试点县之一。经国家环保局批准，永昌县域为全国城市生态示范区建设试点县之一。省环保局与农业厅配合，督促指导泾川县开展试点工作，编制完成试点规划，举办各乡镇长和有关人员参加的培训班。县委、县政府具体安排落实12项生态工程项目建设，经过实验，收到较好效果。天水市对该年度30个集体乡镇新上建设项目全部执行环境影响评价制度。平凉地区行署明文规定，乡镇企业不准上小造纸、小电镀、土冶炼等严重污染环境的项目，华亭县据此否决原计划新建的河西乡造纸厂、安口镇黄板纸厂项目，许多地方积极推行乡镇企业技术改造、工艺改造、节能降耗和综合利用，先后开展治理老污染源示范工程。

1994 年，国家环保局下发环然〔1994〕664 号文件，要求全国逐步开展自然资源开发建设项目生态环境管理。甘肃省认真贯彻文件精神，一批重大项目，特别是新上马或开工的水利工程均经过环保审批。同时，开展全省矿产资源开发破坏及恢复治理现状调查，取得较为翔实的第一手资料。陇南地区行署针对该区矿产较大规模开发导致生态破坏和河流污染加剧的问题，下发《关于进一步加强铅锌矿产资源开发管理工作的通知》，环保部门派出两个工作组，对该方面问题进行检查整顿，西和县副县长带领检查组查封、关闭 60 组黄金采选点；天水市环保部门先后三次对采金矿区清理整顿，共查封非法矿洞 120 个、小氰化池 23 个，清理矿渣 550 吨，责令 5 家小选厂停止建设和生产；酒泉地区共清理取消小土炼厂、小冶炼、甘草加工、石棉加工等小型企业 34 家；安西、敦煌等县市政府颁布关于加强甘草资源管理保护的规定。

1995 年，环保、农业等部门积极拓展农村环境综合整治工作，泾川农业生态试点县积极落实规划方案，起势良好，建成一批生态建设示范村、组、户；临夏、庆阳两个生态农业试点村的经验得到进一步推广；酒泉地、市环保局在酒泉市果园乡建立融沼气池、人厕、猪舍、温室“四位一体”的庭院生态经济系统示范户共 7 户，取得显著的经济和环境效益，部署在全地区推广。

“九五”时期，甘肃省委、省政府把加强生态环境保护和建设提到重要议事日程，坚持污染防治与生态保护并重、生态保护与生态建设并举的方针。省政府批准《甘肃省生态环境建设规划》和《甘肃省自然保护区发展规划（1996—2010）》。省环保局组织 11 家单位的 100 多位专家，设置水土流失、荒漠化、水资源、森林生态、草原生态、农业生态、生物多样性、矿产资源、煤炭资源、卫星摇感调查 10 个专题，完成《甘肃省生态环境现状及保护对策》研究，通过国家环保总局验收。对特殊生态功能区抢救性保护、对重点资源开发区强制性保护和对生态良好区积极性保护的“三区”保护战略，在全省起步实施。“九五”期间，建立 1 个国家级和 3 个省级生态农业试点县（市），31 个全国生态环境建设试点县，2 个全国生态示范区。

1998 年，农药、化肥、地膜对土地的污染问题开始引起农民和基层政府的关注，通过历次环保执法大检查以及各级政府环保部门严格执法，督查结合，严防死灰复燃。

1999年，开展秸秆禁烧、严禁采集销售发菜、制止滥挖甘草和麻黄草等生态保护执法检查。2000年，甘肃省首次将生态保护纳入省政府同各地市州政府（行署）签订的年度环保目标责任书，促进生态环境保护和建设的较快发展。在全国率先完成生态环境现状调查基础上，开展全省生态环境区划，受到国家环保总局的充分肯定。全省年内完成节水灌溉面积84.9万亩，发展集雨节灌面积58.9万亩，新修梯田138万亩，治理水土流失面积3 085平方千米，解决25万人的饮水困难。建成37个国家级、省级生态试点县（市）和生态示范区，全省建设生态示范工程85项，总投资达5.07亿元。在22个县组织实施“生态家园富民计划”等一批农村能源建设项目，全省新增户用沼气池3 815座，其中“四位一体”生态农业模式棚3 000座，推广太阳灶和省柴节煤灶11.3万户，年新增节约和开发能源量10.7万吨标准煤。在13个县组织实施天然草场恢复与保护项目，完成“三化”草场治理面积510万亩。继续开展秸秆禁烧、严禁采集销售发菜、制止滥挖甘草和麻黄草等生态保护执法检查，省环保局联合有关部门赴甘南、临夏、武威等地进行专项督查。玛曲县成立生态保护稽查大队，年内共截获非法采药者346人，没收非法采药工具300余件、旱獭皮275张、帐篷14顶、毒药1桶、陷阱架13只，查处14起破坏资源、乱捕乱猎的违法案件。

“十五”期间，农业农村生态保护工作面进一步扩大。2002年，坚持保护优先原则，生态环境保护力度进一步加大。全省共建各类生态农业示范园区90多个、各类生态环境保护示范工程117个，较好地发挥了示范带动作用；全省生态功能区划工作进展加快，完成《甘肃省生态功能区划》，把全省划分为3个生态大区、9个生态区、20个生态亚区、68个生态功能区，为全省实现“山川秀美”以及产业结构调整、生产力布局、城镇化发展等提供决策依据；对自然生态保护区进行执法检查63次，查处各类违法案件1 124件，集中整治乱挖虫草、非法采矿、砍伐树木等违法行为，破坏生态环境现象得到有效遏制；加大无公害农产品、绿色食品、有机食品以及“菜篮子”产地的环境监管力度，成立“甘肃省有机食品咨询中心”和“甘肃省菜篮子产地环境安全检测中心”。

根据《国家环境保护“十一五”规划》的要求，甘肃省以农村环境综合整治和生态建设为抓手，以示范项目建设为载体，在全省积极开展以农村基础设施建设、饮用水水源地保护、农业废弃物处置、规模化畜禽养殖污染防治、农村面源污染控制、村容村貌建设、农村生活污水及垃圾处理等为主要内容的农村环境整治工作，切实解决危害农民身体健康和影响农村可持续发展的突出环境问题，扎实推进农村环境保护各项工作。在组织机构方面，建立市、县、乡三级环保监管网络，共建成重点乡镇环保所299个，占全省乡镇的24%，有3 431个行政村设立专（兼）职环保工作人员，占全省行政村的21%。全省共有乡镇环保工作人员、村环保员16 334名，促进环境保护工作向农村延伸。在规划编制和总体布局方面，2008年编制《甘肃省村庄环境综合整治规划》，确定村庄环境综合整治的指导思想、目标和主要任务。在全面完成土壤污染状况调查工作任务的基础上，2010年，着手组织编制《甘肃省"十二五"土壤环境保护规划》。全省14个市、州全部编制完成《农村环境保护规划》，经各市、州政府批转实施并启动相关试点工作。省人民政府办公厅批转省环保局等部门《关于进一步加强农村环境保护工作意见的通知》，不断加大农村环境综合整治力度，充分发挥中央农村环保专项资金的示范带动作用，加快实施确定的治理项目，各地着力推进"清洁水源、清洁能源、清洁田园、清洁家园"的环境友好型农村生产生活方式，开展"三同步"的农村环境保障制度建设，健全"三统筹"的农村环境保护机制，实行"以奖促治、以奖代补"政策措施。

第三节　农村环境治理专项工程

一、农村综合治理

2008—2010年，国家支持甘肃省"以奖促治"和"以奖代补"项目75个，资金6 073万元，加上项目县、乡、村三级的配套资金折合1亿多元用于农村环境综合整治，项目村的环保基础设施得到极大改善。积极加大对农村环境保护的投入力度，在省级环境保护项目资金中，对集中式饮用水水源地污染防治项目、规模化畜禽养殖污染防治项目和农村环境综合整治项目给予资金支持，共计投入6 000多万元。"十一五"末，全省治理行政村535个，占全省行政村总数的3.3%，80万农民受益。

1. 饮用水水源地保护

通过实施“以奖促治”加强农村水源地保护，对山丹县李桥水库、静宁县古城乡杨沟村、民勤县薛百乡、金塔县梧盛村的饮用水水源地进行重点保护，有效地保障农民群众饮水安全。强化对农村饮用水水源保护区的环境监管，截至2010年年底，全省累计投入资金30.15亿元，其中中央预算内投资22.19亿元，省级配套2.7亿元，市县配套及群众投劳折资5.26亿元，建成集中供水工程2 277处，水窖39 155眼，小电井3 404眼，有效解决了全省616.25万农村人口及30万农村学校师生的饮水安全问题。农村自来水普及率由2004年年底的24.8%提高到“十一五”末的51%。对影响全省饮用水水源保护区的104家淀粉类、麦芽类加工企业进行环保专项整治工作，关停10家淀粉类和5家麦芽类加工企业，限期治理15家淀粉类和20家麦芽类加工企业，保障群众饮水安全。平凉市率先在四十里铺镇洪岳村划定全省第一块农村水源地保护区，解决农村饮用水安全问题。

2. 农村生活垃圾处置

在中央“以奖促治”和省级农村综合整治示范项目的基础上，建立以行政村为单元的农村生活垃圾收集、压缩、转运体系，按照“户分类、村收集、镇转运、县处理”的垃圾处理模式，逐步推进县城垃圾处理填埋场的建设。逐年加大对农村垃圾集中点堆放池（箱）、收集中转站、清运车辆的投入，提高农村生活垃圾的集中收集率和无害化处理率。

3. 污水治理

在开展农村环境综合整治工作时，注重农村生产生活污水的处理，鼓励实施农村清洁工程，采取地埋式、三级沉淀式、人工湿地生物净化式、中小型污水净化处理站（场）等项目建设，加快农村生活污水管网设施建设，在人口相对集中的乡镇或行政村因地制宜地建设农村生活污水处理示范工程。配合新农村建设，抓好重点污染治理，加大农村污染减排力度。

整合农牧、农村能源建设部门资金，加强农村改水改厕项目的实施，“十一五”期间，全省共建农村无害化卫生厕所43.28万座，极大地提高了农村生活污水处理率，改善了农村人居环境。

4. 农村地区工业污染环境治理

大力加强对农村地区工业企业的监督管理，严格执行环境影响评价和

“三同时”制度，加快农村产业结构调整和优化升级，淘汰污染严重和落后的生产项目、工艺、设备，防止“十五小”“新五小”等企业在农村地区死灰复燃，推动农村工业向园区集中，防止工业污染向农村扩散转移。

2010年，甘肃省环保系统积极贯彻甘肃省关于“完善扶持特色优势产业和产业化龙头企业座谈会”精神，下发《关于在全省暂缓审批马铃薯、麦芽、草食畜加工、中药村等项目环境影响评价文件的通知》，要求各市（州）对马铃薯、麦芽、草食畜加工、中药材等行业建设项目进行一次全面清理整顿；对所有扩大产能的新、改、扩建和技术改造淀粉类项目，2万吨以下新、改、扩建麦芽类加工项目，中药材加工项目、草食畜加工项目的环评一律暂缓受理、暂缓审批；坚决关停全省1万吨以下淀粉生产线，强化1万吨以上淀粉类加工企业的环境监管；兰州市和天水市加大执法力度，关停取缔一批石灰窑和砖瓦厂，从根本上解决地区工业企业污染问题；鼓励和支持中小企业和乡镇企业进行污染减排的技术改造和产业升级，严格执行企业污染物达标排放和污染物排放总量控制制度，经市政府批复并分年度、分阶段组织实施。

二、土壤污染防治

根据环保部《关于开展全国土壤污染状况调查的通知》精神，甘肃省环保系统严格按照《全国土壤污染状况调查总体方案》，认真开展全省土壤污染状况调查工作。共采集样品5 022个，对3 817个土壤样品进行化验分析，得出201 922个数据，根据调查数据，认真撰写《土壤污染状况调查工作报告》，编制完成《土壤污染状况调查报告》和《质量保证报告》。

其间，加大土壤污染防治力度，积极保护耕地和基本农田土壤安全。先后淘汰一批铅锌选矿企业，依法关闭一批小型铅锌冶炼企业，要求新上的选矿厂必须配套建设环保设施，废气、废水做到达标排放；依法关闭一批非法选金企业，淘汰黄金堆浸选矿工艺，新上企业均配套环保设施，“三废”做到达标排放或零排放；对部分老企业进行技术改造，配套环保设施，逐步规范排污行为，“三废”治理措施得到落实；新上的企业和新规划的工业园区严格执行环境影响评价制度，严把进入园区工矿企业准入关，从源头上防止对耕地的污染。

三、环境优美乡镇建设

“十一五”期间，甘肃省生态示范创建以群众参与为主体，以整治村容村貌、环境卫生为突破口，因地制宜地突出重点，分步实施，示范带动，整体推进，有力地推动全省农村生态环境的保护和改善，有效地促进全省农村生态文明建设。在国家级生态乡镇和村创建方面，甘肃省有5个乡（镇）被环保部命名为“国家级生态乡镇”，6个村被环保部命名为“国家级生态村”。

2010年，按照环境保护部《关于印发〈国家级生态乡镇申报及管理规定（试行）〉的通知》和《国家级生态村创建标准（试行）》中有关申报、公示等程序，上报环保部待批的“国家级生态乡镇”和“国家级生态村”共24个乡（镇）、村；在省级生态乡镇和村创建方面，依据国家相关法规，制定《甘肃省省级环境优美乡镇考核办法》和《甘肃省省级生态村考核验收管理办法》，下发《关于进一步抓好创建“全国环境优美乡镇”和“国家级生态村”工作》的通知，全省各市（州）环保部门上报“省级生态乡镇”和“省级生态村”共39个。甘肃省环保厅经过严格审查，在《甘肃环保网站》向社会公示并组织专家组评审后，确定命名9个乡（镇）为2010年“甘肃省生态乡镇”、13个村为2010年“甘肃省生态村”；在生态建设示范点建设方面，平凉市申报“国家级生态示范区”通过环保部初审待命名；庆阳市政府组织开展申报“国家级生态市”创建活动，编制《庆阳市生态市建设规划（2009—2020）》，确定创建标准及污灌农田进行现场勘察，确定东大沟流域污灌农田6 688.45亩；启动白银市城郊重金属污染土壤治理修复工程，选择白银区四龙镇民勤村三社大土坝65亩弃耕地进行示范修复，使示范区土壤环境质量显著改善；张掖市选择甘州区三闸乡等污灌区开展土壤调查试点工作，提出土壤污染防治对策，实施民乐县基本农田建设项目、顺化乡土壤污染治理项目和张掖市五色建材公司土地复垦项目，有效治理复垦因工矿企业污染而废置的土地；酒泉市从建设项目审批关、污染源治理、排污申报等方面着手，建章立制，确保土壤环境安全。金昌市从环保角度提出区域发展的意见、建议，明确产业发展和工业布局的环境要求，从源头上防范土壤污染环境问题的产生；陇南市对矿产资源进行集约式开采，严把环评审批，配套环保设施，减缓矿产资源开发造成的耕地污染；庆阳市油田开发占用大量耕地和基本农田，该市通过油田固废处置场项目，填埋工业固体废物，减少固体废物对土壤影响，加快井场标准化建设，分级分区对废弃泥浆进行“无害化”处理，减缓陇东油区开采油井严重排污的问题。

四、农村面源污染专项治理

“十一五”以来，累计推广测土配方施肥面积 1.32 亿亩，配方肥施用总量 322.19 万吨，配方肥施用面积达到 5 234 万亩，按方施肥面积 7 957.72 万亩；举办各类培训班 23 124 期（次），培训技术骨干 18.74 万人次，培训农民 562 万人次，培训营销人员 1.97 万人次，发放宣传培训资料 1 056.56 万份，先后使 513.15 万农户得到服务。亩节省化肥 15 千克，亩节本增效 44.47 元，累计节省化肥 19.78 万标吨，总增产粮食 25 亿千克以上，效果显著。

全省新建农村清洁工程示范村 140 个，受益农户 14 784 户 45 536 人；新建田间废弃物收集池 907 座，有机废弃物堆沤池 1 303 座，生活污水净化池 1 401 座；在示范村公共区域设置垃圾收集箱 201 座，为示范农户配发户用垃圾收集桶 8 724 个；新建建设乡村物业管理站 138 个，垃圾处理站 16 座，配备垃圾清运车 20 辆；示范村节约化肥 1 162.16 吨，节约农药 16.63 吨。农村新建沼气池户数 724 950 户，农村沼气占适宜农户的普及率由 2005 年的 5%提高到 2010 年的 33%。

“十一五”以来，甘肃省把草食畜牧业发展行动作为促进农民增收的六大行动之一。2009 年以后，每年通过多渠道筹措省级扶持资金 1.5 亿元，其中将标准化养殖小区建设作为重点内容，省级每年投入 3 000 万元，对牛羊产业大县养殖小区建设给予扶持，新建规模化畜禽养殖小区 2 950 个。为规范养殖小区建设，各地按照省政府办公厅印发的《甘肃省养殖场养殖小区建设规范暨备案管理办法》，从建区选址、养殖规模、饲养管理、生产经营、防疫灭病、废弃物处理等 10 个方面加强养殖小区建设管理，有效地规范养殖小区建设，提高养殖小区的整体生产水平。

2009 年，争取国家专项资金 2 770 万元用于 32 个村镇环境整治。2010 年，争取到中央农村环境综合整治项目 25 个，资金 2 110 万元。全省建成国家级生态乡镇 5 个、生态村 6 个，省级生态乡镇 9 个、生态村 13 个（见表 4–6–6）。

表 4–6–6

甘肃省农村环境

序号	村庄名称	村庄所在地（市/县/乡镇）	所属流域区域	人口/万人	主要环境问题	项目类型	建设内容
一、村庄环境综合整治项目							
1	团结村	嘉峪关市文殊镇		6 508	生活垃圾污染	垃圾	在人口集中区域设置垃圾斗40个，每2户农户门前摆放1个垃圾箱，购置垃圾清运车5台，垃圾压缩车1台；工程设计流程：垃圾收集点—垃圾转运车—垃圾压缩车—城市垃圾处理系统
2	上营村	武威市凉州区长城乡	石羊河	1 241	农村卫生基础设施不配套，村庄“脏、乱、差”突出；无生活污水垃圾处理与环卫设施，生活污染严重；饮用水水源地未实施保护措施，饮水安全存在隐患；畜禽养殖分散，养殖废物未能有效利用，直接影响居住环境质量	综合	①农村分散式饮用水水源地保护：建设截污集雨排水工程，修建隔离设施，栽植界桩、警示牌、宣传栏等标记，并进行生态绿化。②农村生活污水处理：新建农村小型生活污水处理池3个，生活污水经处理后用作农灌或达标排放。③农村生活垃圾处理：建设农村生活垃圾箱20个、垃圾运输车1辆。④畜禽养殖污染治理：在养殖小区配套建设畜禽养殖粪便堆肥场4处，实现畜禽粪便资源化、商品化利用。⑤村容村貌整治：开展以“三清四改”为主要内容的村容村貌整治

综合整治项目一览表

预期目标	起止日期（年月）	投资需求/万元				备注
		合计	自筹	地方政府配套资金	申请专项资金	
		7 930.69	741.86	2 217.42	4971.41	
生活垃圾定点存放清运率达100%；生活垃圾无害化处理率达 100%，实现“户分类、组收集、村转运、市处理”的城乡生产生活垃圾一体化处理模式	2010 年 10 月—2011 年 9 月	197.66	—	66.4	131.26	嘉峪关市为甘肃省环保厅确定的全省农村环境综合整治试点市
农村生活饮用水水质合格率达到 95%以上；生活污水处理率达到 70%以上；生活垃圾定点存放清运率达到100%；生活垃圾无害化处理率达到 80%；畜禽粪便综合利用率达到 90%以上。解决污水排放、村庄污染问题，改善农民居住环境，实现清洁水源、清洁家园、清洁田园与生产发展、生活富裕、生态良好的目标	2010 年 8 月—2011 年 8 月	150.54	32.54	18	100	凉州区为全省人口大区，也是甘肃省环保厅领导年初调研后重点支持的县区

续表

序号	村庄名称	村庄所在地（市/县/乡镇）	所属流域区域	人口/万人	主要环境问题	项目类型	建设内容
3	民乐村	白银市白银区四龙镇	黄河	1 540	①水源地未采取有效保护，措施不到位，存在农药、化肥及禽畜粪便污染。②生活垃圾乱堆乱放，未进行集中收集处置，严重污染环境，影响村容村貌。③畜禽粪便未得到安全处置与综合利用，严重污染环境和饮用水安全	综合	①水源地设置1.5米高的防护栏2 100米，界桩200个，设置各类警示20套；水源地宣传材料。②垃圾装运车1辆；建设垃圾中转站10座，设置垃圾箱100个，垃圾收集板车10辆。③建设畜禽饲养小区，改变人畜混居现象，配套建设沼气池2座、防渗堆肥场1座
4	西关村	张掖市山丹县霍城镇	黑河	2210	饮用水水源存在隐患，生活垃圾、生活污水、畜禽粪便未经处理任意排放	综合	对西关地表饮用水水源地，修建防护栏600米，设置20个保护警示牌，修建800米拦污明渠，维修病危蓄水池2座；新建11个垃圾集中堆放点，10座垃圾暂存点，在主次街道设立垃圾箱80个，购置垃圾运输车2辆；新建水冲式厕所1座，下水接入氧化塘；新建2座畜禽粪便收集池，2座畜禽粪便发酵池，畜禽粪便全部实行有机化处理

预期目标	起止日期(年月)	投资需求/万人				备注
		合计	自筹	地方政府配套资金	申请专项资金	
①通过建设水源地保护设施，对水源地实施保护，自来水普及率达 99%，农村生活饮用水卫生合格率为 90%以上。②生活垃圾统一处理率达 100%，生活垃圾无害化处理率为 70%以上。③科学划定畜禽饲养小区，改变人畜混居现象，对畜禽粪便得到有效处理和综合利用，综合利用率为 70%以上	2010—2011 年	196	—	66	130	—
集中式饮用水水源地水质满足《国家地表水环境质量标准》（GB 3838—2002）或《地下水质量标准》(GB/T 14848—93)的相关要求，村民饮用水卫生合格率≥90%；生活污水处理率≥60%；生活垃圾定点存放清运率达 100%，生活垃圾无害化处理率≥70%；畜禽粪便得到有效处理且综合利用率≥70%	2010 年 6 月—2011 年 11 月	150	—	50	100	—

续表

序号	村庄名称	村庄所在地（市/县/乡镇）	所属流域区域	人口/万人	主要环境问题	项目类型	建设内容
5	嘉峪关村	嘉峪关市峪泉镇		4703	①垃圾收集无设施，处理无措施；②环境治理压力日益的加重，已经成为制约社会经济发展；③各种农业废弃物随处丢弃	垃圾	配备垃圾压缩转运车 1 辆，小型垃圾清运车 7 辆，人力环卫垃圾车 27 辆，封闭式垃圾斗 57 个，配套垃圾铁箱 715 个，农户用垃圾收集桶 2 836 套
6	谢河村	武威市凉州区谢河镇	石羊河	2056	生活污水垃圾污染、畜禽养殖污染、农业面源污染问题突出，村庄环境存在“脏、乱、差”现象	综合	农村生活污水处理；农村生活垃圾处理；畜禽养殖污染治理；村容村貌整治
7	红嘴村	白银市靖远县乌兰镇	黄河	2826	生活垃圾、生活污水、畜禽养殖和农业废弃物任意排放。人畜粪便、生活垃圾和生活污水等废弃物大部分没有得到无害化处理，随意堆放在房前屋后、道路两旁、水塘沟渠或直接排放到河、渠等水体中	综合	采用地埋式污水处理站，利用人力车及小型机动车定时收集垃圾至定点垃圾收集摊点，由专业垃圾转运车转运至垃圾填埋场

预期目标	起止日期(年月)	投资需求/万人				备注
		合计	自筹	地方政府配套资金	申请专项资金	
到 2011 年，使嘉峪关村垃圾污染得到控制，生活垃圾定点存放清运率达 100%；生活垃圾无害化处理率达 70%	2010 年 7—12 月	198.506	—	66.24	132.266	嘉峪关市为省环保厅确定的全省农村环境综合整治试点市
项目实施将使谢河村生活污水及垃圾得到无害化处理，畜禽养殖废物得以资源化利用，村容村貌明显改善。实现清洁家园、清洁田园与生产发展、生活富裕、生态良好的目标	2010 年 8 月—2011 年 8 月	170.7	16.7	15	139	凉州区为全省人口大区，也是甘肃省环保厅领导年初调研后重点支持的县区
生活垃圾定点存放清运率达 100%，生活垃圾无害化处理率≥70%，生活污水处理率不低于 65%	2010 年 8 月—2011 年 12 月	274	77	60	137	—

续表

序号	村庄名称	村庄所在地（市/县/乡镇）	所属流域区域	人口/万人	主要环境问题	项目类型	建设内容
8	中沟村	嘉峪关市新城镇		9070	①垃圾收集无设施，处理无措施；②环境治理压力日益的加重，已经成为制约社会经济发展的重要因素；③各种农业废弃物随处丢弃	垃圾	配备垃圾压缩转运车1辆，小型垃圾清运车7辆，人力环卫垃圾车49辆，封闭式垃圾斗49个，配套垃圾铁箱780个，农户用垃圾收集桶4 480套
9	盐茶村	敦煌市沙洲镇	党河	2113	①垃圾收集无设施，处理无措施；②环境治理压力日益加重，已经成为制约社会经济发展的首要问题；③各种农业废弃物随处丢弃	综合	垃圾密闭清运，安置封闭式垃圾箱，购买压缩式垃圾清运车
10	拐坝桥村	酒泉市肃州区银达镇	黑河流域	2580	没有排水管网，生活污水无序排放，村组垃圾随意乱堆乱放，造成土壤污染；垃圾乱堆乱放产生恶臭，垃圾中的微粒尘土和病原体进入大气中，对大气造成污染；有碍村容村貌的清洁卫生要求	综合	敷设污水管网3千米，砌筑排水检查井60座，新建日处理能力150立方米生化污水处理厂1座；购置1辆垃圾清运车；居民点设露天垃圾收集桶34套，中型垃圾收集点10个，平均转运生活垃圾3吨/日

预期目标	起止日期(年月)	投资需求/万元				备注
		合计	自筹	地方政府配套资金	申请专项资金	
项目区实施垃圾处理工程，生活垃圾定点存放清运率达到100%，生产垃圾和农业废弃物污染无害化处理率达到70%以上	2010年7—12月	248.4	—	83	165.4	嘉峪关市为省环保厅确定的全省农村环境综合整治试点市
生活垃圾定点存放清运率达100%，生活垃圾无害化处理率≥80%	2010—2011年	386	—	236	150	—
生活污水处理率≥60%；生活垃圾定点存放清运率达100%，生活垃圾无害化处理率≥70%	2010年8月—2011年10月	204	18	50	136	—

续表

序号	村庄名称	村庄所在地（市/县/乡镇）	所属流域区域	人口/万人	主要环境问题	项目类型	建设内容
11	曹石村	天水市麦积区伯阳镇	渭河	516	生活垃圾、生活污水、畜禽粪便污染	综合	①建设密闭式垃圾存放池，按照“户分类、村收集、镇转运、区处理”的生活垃圾一体化处理模式，在主要路段村口、巷道设立垃圾分类收集箱50个，垃圾日清运输车辆1辆，手推式垃圾收集车5辆，每日清运垃圾运往密闭式垃圾存放点，并修建通往垃圾填埋场道路1 500米。②建设两处300立方米的污水沉淀池，埋设排污管道3 800米，将生活污水集中净化处理。③建设畜禽粪便无害化处理设施一处
12	上车村	兰州市皋兰县什川镇	黄河	3392	农村生活污水随意排放和固体废弃物、生活垃圾污染严重	综合	①新建240立方米/日污水处理站1座及其配套设施；②新建4.5吨/日垃圾收集转运系统1套
13	铜城村	平凉市崇信县锦屏镇	汭河流域	2478	水源地周围村庄居民对产生的生活垃圾、生活污水随意堆存、排放，农村畜禽养殖等面源污染也较为严重，加之汭河上游工业污水的排放，对农村群众饮用水水质安全造成了隐患	综合	①水源地一级、二级保护区范围内村庄住户垃圾收集处理工程；②水源地雨流、污水导排及处理工程；③水源地围栏隔离、警示标志工程；④水源地保护宣传教育及其他工程

预期目标	起止日期（年月）	投资需求/万元				备注
		合计	自筹	地方政府配套资金	申请专项资金	
将曹石村建成全省环境综合整治示范村，使人与自然生态、环境协调发展，村民饮用水卫生合格率≥90%，根除村内生活污水乱排现象和垃圾乱堆现象，使生活生产垃圾定点清运率达到100%。集中治理生活污水污染问题，使有效处理和综合利用率≥90%以上。通过上述措施，彻底改善曹石村农村人居和农业生态环境，并积极带动全区农村环境综合治理健康发展	2010年6月—2012年1月	198	34	32	132	—
生活污水处理率≥60%；生活垃圾定点存放清运率达到100%，生活垃圾无害化处理率≥70%	2010年5月—2011年5月	166		56	110	—
有效改善水源地水质，水质满足《地表水环境质量标准》（GB 3838—2002）或《地下水质量标准》（GB/T 14848—93）的相关要求，村民饮用水卫生合格率≥90%	2010年6月—2011年5月	124.57	—	42.57	82	—

续表

序号	村庄名称	村庄所在地（市/县/乡镇）	所属流域区域	人口/万人	主要环境问题	项目类型	建设内容
14	王子庄村	酒泉市金塔县中东镇	黑河	1367	①饮用水水源未得到保护；②农村生活垃圾污染；③畜禽养殖污染	综合	①实施饮用水水源地（井）保护项目。在全村5个人饮井新建高标准水井管理房5间，设立铁丝围栏5 000米，设置保护区警示牌5块。②实施生活垃圾处理工程项目。③在全村13个居民集中居住点设置固定小型垃圾桶200个，设置垃圾集中收集房13个。④配备垃圾收集车、填埋车各1辆。⑤实施畜禽粪便污染处理项目。在村养殖小区配套架设固液分离机4台，脱水装置4套
15	布隆吉村	瓜州县布隆吉乡		1722	①饮用水水源地受到污染；②生活污水和垃圾未得到有效处理；③畜禽养殖业污染环境；④人居环境较差	综合	①饮用水水源地污染整治；②生活污水和垃圾处理；③畜禽养殖污染治理；④村庄面源污染整治
16	黄家学村	甘肃省金昌市永昌县城关镇		4975	饮用水水源地污染；生产、生活污水及垃圾污染，畜禽养殖污染、大气污染，致使农村环境质量差，影响农村发展	综合	建设污水处理收集及排水工程，排水管网3千米；实施固体废物垃圾集中收集和处理设施，设置垃圾收集斗20个、地埋式果皮箱20个；购置垃圾车1辆

预期目标	起止日期（年月）	投资需求/万人				备注
		合计	自筹	地方政府配套资金	申请专项资金	
全部工程项目建成投入运行（使用）后，全村饮用水水源得到有效保护和规范化管理，设施健全配套；生活垃圾得到集中处理，定点存放清运率达到100%，集中填埋率达到90%；污水乱倒、乱泼行为得到有效控制；畜禽养殖污染问题得到解决，畜禽粪便综合利用率达到90%；人居环境“脏、乱、差”突出问题得到全面整治	2010年6月—2011年3月	287.25	—	95.75	191.5	“问题村”
通过项目实施使布隆吉村饮用水水源得到保护；生活污水及垃圾得到有效处理；畜禽养殖业污染得到治理；人居环境得到改善	2010年4—12月	239.49	77.49	54	108	—
通过实施农村环保综合整治项目，实现村内农业废弃物循环再生利用，村内生活垃圾集中收集处理，生活污水接入城市排污系统。通过项目治理，彻底改变村内“脏、乱、差”的局面		226	48	28	150	“问题村”

续表

序号	村庄名称	村庄所在地（市/县/乡镇）	所属流域区域	人口/万人	主要环境问题	项目类型	建设内容
17	陈家寨村	武威市凉州区东河乡	石羊河	1690	农村卫生基础设施不配套，村庄“脏、乱、差”现象突出；无生活污水垃圾处理与环卫设施，生活污染严重；畜禽养殖分散，养殖废物未能有效利用，直接影响居住环境质量	综合	①农村生活污水处理：新建农村小型生活污水处理池1个，生活污水经处理后用作农灌或达标排放。②农村生活垃圾处理：建设农村生活垃圾点11个、垃圾运输车2辆。③畜禽养殖污染治理；在养殖小区配套建设畜禽养殖粪便堆肥场5处，实现畜禽粪便资源化、商品化利用。④村容村貌整治：开展以“三清四改”为主要内容的村容村貌整治
18	锦屏村	定西市安定区内官营镇		4132	由于无正规的生活垃圾收集设施，该村居民的生活垃圾、畜禽粪便等随意堆放在道路两旁、田边地头，或直接排放到河渠等水体中，影响农村环境，使饮用水水源水质存在很大隐患。同时，随着该村农药、地膜和化肥的大量过度和不合理使用，致使该区域内土壤中农药、地膜残留、化肥污染加剧，造成农村面源污染	综合	①饮用水水源地保护，设置界桩40个，设置警示标志20个；②生活垃圾处理，建设生活垃圾仓1 013个，垃圾收集集中点14个，简易垃圾填埋场1个，购置压缩密封自卸式垃圾车1辆；③禽畜养殖污染治理。建设发酵槽4条，购置成套机械设备1套，粪便臭气处理设备1台，硬化场地835平方米

预期目标	起止日期(年月)	投资需求/万人				备注
		合计	自筹	地方政府配套资金	申请专项资金	
生活污水处理率达到70%以上；生活垃圾定点存放清运率达到100%；生活垃圾无害化处理率达到80%；畜禽粪便综合利用率达到90%以上。解决村庄污染问题，改善农民居住环境，实现清洁水源、清洁家园、清洁田园与生产发展、生活富裕、生态良好的目标	2010年8月—2011年8月	133	5	10	118	凉州区为全省人口大区，也是甘肃省环保厅领导年初调研后重点支持的县区
满足农村居民生产、生活用水，提高农民的生活水平，保护和改善饮用水水源地水质，保障投资环境和农民生活环境，有力地促进和带动经济的快速发展的目标	2010年6月—2011年12月	165	—	63	102	—

续表

序号	村庄名称	村庄所在地（市/县/乡镇）	所属流域区域	人口/万人	主要环境问题	项目类型	建设内容
19	前村	临夏州积石山县吹麻滩镇	黄河	1835	①饮用水水源未得到保护；②农村生活垃圾污染；③畜禽养殖污染	综合	①实施饮用水水源地（井）保护项目。设立铁丝围栏 7 500 米，设置保护区警示牌 6 块。②实施生活垃圾处理工程项目。在全村 13 个居民集中居住点设置固定小型垃圾桶 150 个，设置垃圾集中收集房 10 个。配备垃圾收集车、填埋车各 1 辆。③实施畜禽粪便污染处理项目。在村养殖小区配套架设固液分离机 4 台、脱水装置 4 套
20	骆驼城村	甘肃省张掖市高台县骆驼城乡	黑河	1224	①生活环境“脏、乱、差”现象严重；②规模养殖场的畜禽粪便污染严重	综合	①生活污水处理设施建设；②生活垃圾处理设施建设；③畜禽养殖污染治理设施建设

预期目标	起止日期(年月)	投资需求/万人				备注
		合计	自筹	地方政府配套资金	申请专项资金	
全部工程项目建成投入运行(使用)后，全村饮用水水源得到有效保护和规范化管理，设施健全配套；生活垃圾得到集中处理，定点存放清运率达到100%，集中填埋率达到90%；污水乱倒、乱泼行为得到有效控制；畜禽粪便综合利用率达到90%	2010年8月—2011年10月	150	—	50	100	扶贫开发工作重点县
项目建成后达到的治理目标为：①生活垃圾定点存放清运率100%；②生活垃圾无害化处理率≥70%；③生活污水处理率≥60%；④畜禽粪便有效处理且综合利用率≥70%	2010年5月—2011年12月	156.3	56.3	—	100	—

续表

序号	村庄名称	村庄所在地（市/县/乡镇）	所属流域区域	人口/万人	主要环境问题	项目类型	建设内容
21	王朗坡村	庆阳市正宁县湫头乡		2346	①生活垃圾露天堆放。该村日产生活垃圾0.7吨，无收集设施和拉运车，全部露天堆放，恶臭难闻，垃圾飞扬，地表水受到污染。②饮用水水源地存在污染隐患。水源地周边50米以内堆放农作物秸秆，散布牛羊粪便，存在污染隐患	综合	①生活垃圾处理。采取“户分类，村收集，乡转运，县处理”的模式，计划购置垃圾桶150个、密封自卸垃圾转运车1辆，建设垃圾转运站1处，购置垃圾压缩机1台。将生活垃圾定点定时收集，转运到正宁县垃圾处理场处置。②饮用水水源保护。划定东庄洼组地表饮用水水源保护区，设置警示标志碑，进行围网隔离，建设拦污明渠，维修水源地蓄水池，清理周边堆放杂物粪便
22	龙泉村	武威市古浪县直滩乡	石羊河流域	1149	农村人均基础设施投入少，配置不均、卫生厕所普及率几乎为零，排水、污水处理等设施基本空白，生活污水乱排乱倒，村庄内生活污水污染严重，生活垃圾和废弃杂物乱堆乱放，畜禽散养，畜禽粪便得不到充分处理	综合	配发垃圾箱251个，设立小型垃圾收集箱28个，购置垃圾箱拉运车1辆，新建小型生活垃圾填埋场1个。新建农村卫生厕所200座。修建沼气池200座。修建畜禽粪便化粪池200座

预期目标	起止日期（年月）	投资需求/万人				备注
		合计	自筹	地方政府配套资金	申请专项资金	
①农村生活垃圾处理：生活污水处理率≥60%；生活垃圾定点存放清运率达100%，生活垃圾无害化处理率≥80%。②农村饮用水水源地保护：集中式饮用水水源地水质满足《地表水环境质量标准》（GB 3838—2002）或《地下水质量标准》（GB/T 14848—93）的相关要求，村民饮用水卫生合格率≥90%	2010年8月—2011年12月	105	—	35	70	—
截至2011年年底，村民饮用水卫生合格率达到90%以上，生活污水处理达到60%，生活垃圾定点存放清运率达到100%，畜禽粪便得到有效处理且综合利用率达到70%，建立市级以上生态村	2010年6月—2011年12月	225.51	5.51	70	150	“问题村”国家扶贫开发工作重点县

续表

序号	村庄名称	村庄所在地（市/县/乡镇）	所属流域区域	人口/万人	主要环境问题	项目类型	建设内容
23	安远村	天祝藏族自治县安远镇	石羊河流域	1084	草场超载过牧严重，草场严重退化。导致植被盖度下降，草场的沙漠化、石漠化现象日益严重，致使该区域生态功能减弱，生态环境逐渐恶化，庄浪河流域源头水源涵养能力下降	综合	①实施饮用水保护项目，设立铁丝围栏5 000米，设置保护区警示牌63块，建设管理房2间；②新建处理能力8吨/日，容量为1万立方米，设计年限10年的垃圾填埋场1个；③设置垃圾桶200个；④配备垃圾收集车、填埋车个1辆，配备固液分离机4台、脱水装置4套
24	鹿鸣村	定西市渭源县五竹镇	渭河	2 241	饮用水水源污染，生活垃圾未处理，畜禽养殖污染严重	综合	隔离围1 457米，警示牌、宣传牌11块。建设垃圾收集点10个，购置垃圾清运车1辆。畜禽养殖废物无害化处理180户

预期目标	起止日期（年月）	投资需求/万人				备注
		合计	自筹	地方政府配套资金	申请专项资金	
通过安远镇安远村农村环境综合整治建设，全部工程项目建成投入运行（使用）后，全村饮用水水源得到有效保护和规范化管理，设施健全配套，生活垃圾得到集中处置，定点存放清运率达到 90%，集中填埋率达到 80%，畜禽养殖污染问题得到解决，畜禽粪便综合利用率达到 90%，人居环境“脏、乱、差”问题得到全面整治	2010—2011 年	150	—	50	100	—
生活垃圾定点存放清运率达 100%，生活垃圾无害化处理率≥80%。集中式饮用水水源地水质满足《地表水环境质量标准》（GB 3838—2002）或《地下水质量标准》（GB/T 14848—93）的相关要求，村民饮用水卫生合格率≥90%，畜禽粪便得到有效处理且综合利用率≥70%	2010 年 3 月—2011 年 11 月	146.06	38.06	10	98	扶贫开发工作重点县

续表

序号	村庄名称	村庄所在地（市/县/乡镇）	所属流域区域	人口/万人	主要环境问题	项目类型	建设内容
25	马力村	天水市武山县马力镇	渭河	2851	生活垃圾因环卫设施不配套等原因，难以及时清运，导致沿镇区段榜沙河河床一线倾倒的垃圾随处可见，严重污染镇区环境、污染渭河主要支流榜沙河水水质	综合	在马力镇马力村建设垃圾池30个，设置垃圾收集桶180个，购买垃圾清运车和垃圾压缩机
26	后杨村	临夏市枹罕镇	黄河	2463	畜禽养殖、生活污水、污染地表水、大夏河水。危害临夏城市发展、影响黄河水质。农村生活垃圾污染，后杨村中没有垃圾收集处理设施，生活垃圾乱堆乱倒	综合	污水处理设施氧化塘6个，2 400平方米，购买垃圾收集运输设备及处理设备
27	山底下村	定西市岷县十里镇		1940	饮用水水源污染，生活垃圾未处理，畜禽养殖污染严重	综合	隔离围1 450米，警示牌、宣传牌9块。建设垃圾收集点10个，安装垃圾桶60个，购置垃圾清运车1辆。建设垃圾填埋场1处，畜禽养殖废物无害化处理120户

预期目标	起止日期(年月)	投资需求/万人				备注
		合计	自筹	地方政府配套资金	申请专项资金	
使该村垃圾收集率达到100%，清运率达到85%以上	2010年8月—2011年11月	147.9	7.9	40	100	—
污水处理率达95%，收集处理100%	2010年7月—2011年10月	160	35	25	100	—
实现饮用水安全达到标准，生活垃圾无害化处理，畜禽养殖废物无害化处理	2010年3月—2011年11月	164.58	46	20	98.58	—

续表

序号	村庄名称	村庄所在地（市/县/乡镇）	所属流域区域	人口/万人	主要环境问题	项目类型	建设内容
28	上陈村	天水市秦安县兴丰乡	渭河流域	1354	饮用水水源存在隐患，生活污水生活垃圾、畜禽粪便未经处理任意排放	综合	对饮用水水源地设置警示标志牌，进行围网隔离，建设拦污堤坝，修建水源管理井房2座；购置垃圾桶30个、垃圾收集车1辆，垃圾转运车1辆，垃圾压缩机1台；村下游修建生活污水处理工程1处；修建2个畜禽养殖小区
29	新联村	定西市漳县大草滩乡		2004	①国家4A级风景旅游区，人口密集区，生活垃圾、污水污染严重。②水资源：水源未得到开发利用，饮用水水源没有得到有效处理	综合	①水源地保护工程；②生活垃圾处理工程；③生活污水处理工程：建设50立方米的沉淀池10座；④畜禽养殖污染源治理工程

预期目标	起止日期(年月)	投资需求/万人				备注
		合计	自筹	地方政府配套资金	申请专项资金	
集中式饮用水水源地水质满足《地表水环境质量标准》(GB 3838—2002)或《地下水质量标准》(GB/T 14848—93)的相关要求，村民饮用水卫生合格率≥90%；生活污水处理率≥60%生活垃圾定点存放清运率100%，生活垃圾无害化处理率≥70%；畜禽粪便得到有效处理且综合利用率≥90%	2010年5月—2011年12月	150	—	50	100	扶贫开发工作是重点
①农村饮用水水源地保护：村庄集中式饮用水水源划定保护区，饮用水水源地水质符合国家标准；村民饮用水卫生合格率≥90%。②生活污水和垃圾处理：生活垃圾定点存放清运率100%，生活垃圾无害化处理率≥70%；生活污水处理率≥60%	2010年1—12月	150	—	50	100	—

续表

序号	村庄名称	村庄所在地（市/县/乡镇）	所属流域区域	人口/万人	主要环境问题	项目类型	建设内容
30	中陶村	武威市民勤县三雷镇	石羊河	1037	农村卫生基础设施不配套，村庄“脏、乱、差”突出；无生活垃圾处理设施，生活污染严重；饮用水水源地未实施保护措施，饮用水安全存在隐患；畜禽养殖分散，养殖废物未能有效利用，直接影响居住环境质量	综合	①农村集中式饮用水水源地保护：建设截污排水工程，修建隔离设施，栽植界桩、警示牌、宣传栏等标记。②农村生活垃圾处理：建设农村生活垃圾收集池12个，配置垃圾箱30个和垃圾运输车。③畜禽养殖污染治理：配套建设畜禽养殖粪便堆肥场4处、沉淀池2个。④农村废弃物综合利用：新建农村废弃物发酵处理池14个、废弃农膜回收点14个，使农业废弃物得到综合利用
31	峡口村	天水市张家川县张川镇		1480	生活垃圾、生活污水和畜禽养殖废水不经处理直接排入后川河库区至水厂段，导致东峡水库饮用水水源及河流水体的污染；农药化肥等非点源污染造成水体的富营养化严重。村内缺乏基本的排水和固体生活垃圾清运处理系统，形成更直接、危害更大的面源污染	综合	①编制张家川县张川镇峡口村村庄建设规划和环境整治规划；②建设村庄集中式饮用水水源区和东峡水库（南岸）保护性警示牌及保护性围栏；③建设分户标准卫生厕所100户、1处标准卫生垃圾池及若干垃圾箱（桶）；④购置垃圾清运车1台，将各垃圾池垃圾集中运至综合垃圾处理池进行集中初级分类处置；⑤建设峡口村综合垃圾处理池，对垃圾进行集中分类处理；⑥建设地埋式处理系统；⑦铺设主排污渠污水管网（管径250毫米水泥管）1 500米

预期目标	起止日期(年月)	投资需求/万人				备注
		合计	自筹	地方政府配套资金	申请专项资金	
农村生活饮用水水质合格率达到95%以上；生活垃圾定点存放清运率达到100%；生活垃圾无害化处理率达到80%；畜禽粪便综合利用率达到95%以上；农业废弃物综合利用率达到90%以上。解决村庄污染问题，改善农民居住环境，实现清洁水源、清洁家园、清洁田园与生产发展、生活富裕、生态良好的目标	2010年8月—2011年10月	150.86	40.86	10	100	
到2011年，通过峡口村农村环境综合整治，该村垃圾收集率、清运率达到95%以上，污水处理率达到95%以上，全面消除该村生产生活对东峡水库水体污染隐患。到2012年，全力巩固农村环境综合整治工作效果，严格农村生活源污染治理，着眼回族文化生活习俗，对村庄、田园、水源进行进一步清理整治，建设村落整治、环境卫生、生态优良、生活便利的示范村	2011年1—12月	150	—	50	100	

续表

序号	村庄名称	村庄所在地（市/县/乡镇）	所属流域区域	人口/万人	主要环境问题	项目类型	建设内容
32	徐碾村	平凉市庄浪县水洛镇	水洛河	2752	①生活垃圾污染；②畜禽养殖污染；③环境基础设施薄弱；④机制不健全	综合	①生活垃圾处理。在全村设置垃圾桶（箱）300个，新建垃圾收集房11个、垃圾中转站4处，购买垃圾车1辆、垃圾转运车2辆；②畜禽养殖污染治理。在全村养殖小区配套架设固液分离机2台、脱水装置2套；③培训及宣传标牌建设。制作宣传牌4块，举行环保培训班4期2000人次
33	王沟圈村	庆阳市镇原县郭原乡	茹河洪河	1719	生活、生产垃圾、污水	综合	垃圾场、氧化塘、保护水源警示标志、保护水源防护栏
34	北关村	平凉市静宁县威戎镇	渭河流域	3190	每年产生7.6万吨生活污水和2.3万吨畜禽粪便长期直排，3万吨左右生活垃圾沿河倾倒，河道挖沙现象严重，农村面源污染加剧。面源污染和土壤污染加剧	综合	①农村饮用水水源地保护：在水源地设立永久性保护标志牌2块，在饮用水水源地设立保护围栏50000米。②农村生活污水和垃圾处理：对全村787户3190人产生的生活污水进行拦截沉淀，建设生活污水截流渠及防渗沉淀氧化池4处。配套可移动垃圾箱20个，设立垃圾收集桶50个，购置环卫清洁工具10套、人力三轮车10辆、垃圾转运车2辆。③畜禽养殖污染治理

预期目标	起止日期（年月）	投资需求/万人				备注
		合计	自筹	地方政府配套资金	申请专项资金	
通过该项目的实施，环境保护设施健全配套，生活垃圾得到集中处理生活垃圾定点存放清运率达到100%，集中填埋率达到90%，无害化处理率达到85%以上；畜禽养殖污染问题得到解决，畜禽粪便综合利用率达到90%以上，人居环境“脏、乱、差”问题得到全面整治	2010年4月—2011年8月	168	—	68	100	—
生活垃圾定点存放清运率100%；生活垃圾无害化处理率≥70%；生产生活污水处理率≥70%	2010年1月—2011年8月	152	12	40	100	扶贫开发工作重点县
①北关村饮用水水源地水质满足《地表水环境质量标准》（GB 3838—2002）或《地下水质量标准》（GB/T 14848—93）的相关要求，村民饮用水卫生合格率≥90%。②生活垃圾定点存放清运率达100%，生活垃圾无害化处理率≥70%。③畜禽粪便得到有效处理且综合利用率≥70%	2010年5月—2011年10月	150	30	20	100	—

续表

序号	村庄名称	村庄所在地（市/县/乡镇）	所属流域区域	人口/万人	主要环境问题	项目类型	建设内容
35	泰安村	白银市景泰县红水镇		5170	生活垃圾、污水污染严重，目前因无处理设施，无法有效治理。畜禽粪便污染和饮水污染，目前正在治理解决	综合	建设日处理300吨生活污水的地埋式污水处理设施，建设污水收集分支管网8 200米；购置户内垃圾桶600个，户外垃圾箱100个，垃圾收集手推车8辆，压缩封闭自卸式垃圾转运车1辆，建设垃圾收集储池8座
36	种田村	白银市平川区种田乡	黄河	2696	①饮用水受到农药、化肥及禽畜粪便污染，水源呈弱酸性且含磷超标。②生活污水和生活垃圾没有收集处理设施，污染严重	综合	①对人饮浅井周边半径30米禁区内的厕所、化粪池和养殖场全部搬出，并设置水源保护区标志。②建设日处理能力为200吨的人工湿地生活污水处理系统（含2座厌氧化粪池和2座湿地）。建设直径 ϕ50厘米、总长度为2 500米的纳污管网。③新建垃圾处理中转房3座（20平方米/座）。购置垃圾收集板车6辆。购置并发放清洁桶1 000个。新建固定式永久性垃圾收集池10座。购置垃圾转运车1辆

预期目标	起止日期（年月）	投资需求/万人				备注
		合计	自筹	地方政府配套资金	申请专项资金	
生活垃圾定点存放清运率达达 100%，生活垃圾无害化处理率达到 75%以上；生污水处理率达到 65%；畜禽粪便有效处理，综合利用率达到 70%以上，村民饮用水卫生合格率达到 95%以上	2010 年 3 月—2011 年 12 月	150	36. 62	50	100	
①对饮用水水源保护区内排污口拆除率达 100%，自来水入管网化达 100%，农村生活饮用水卫生合格率为 90%以上；②生活垃圾统一收集处理率达 100%，生活污水处理率达 70%，生活垃圾无害化处理率达 70%以上	2010—2011 年	176.26	—	76.26	100	

续表

序号	村庄名称	村庄所在地（市/县/乡镇）	所属流域区域	人口/万人	主要环境问题	项目类型	建设内容
37	红堡子村	白银市会宁县郭城驿镇		4278	农村生活垃圾污染问题较突出，农业生产废弃物综合利用率低	综合	配套生活垃圾箱50个和压缩式垃圾清运车1辆，建设一座集中污水处理设施，设计能力近期300吨/日，远期800吨/日
38	大鸭村	张掖市临泽县鸭暖乡	黑河	598户2142人	生活垃圾露天堆放和村镇污水处理困难	综合	①生活垃圾处理。采取“户分类、村收集、乡转运、县处理”的模式，计划新建垃圾池12座、垃圾集中转运站1座，购置垃圾桶100个、人力垃圾清运车10辆、垃圾转运车1辆，将生活垃圾集中转运到临泽县垃圾处理场处理。②排污工程建设。铺设排污主管3千米，修建检查井、雨水井各30个，生物氧化池300立方米
39	王官村	张掖市民乐县六坝镇	黑河	1873	①污水未经处理直接排放；②没有生活垃圾收集和处理设施；③畜禽养殖污染严重	综合	①生活污水处理设施建设：新建14 000平方米人工湿地1处，厌氧池1座，铺设DN200污水管道4.1千米；②生活垃圾处理设施建设：购置垃圾桶50个，垃圾运输车2辆；③畜禽养殖污染治理设施建设：修建干粪堆积场8个，购置固液分离机10台

预期目标	起止日期（年月）	投资需求/万人				备注
		合计	自筹	地方政府配套资金	申请专项资金	
农村生活垃圾定点存放清运率达到 100%，生活垃圾无害化率达到 80%以上，生活污水处理率不低于 85%，改善农户能源结构，改善村民生产生活环境	2010—2011 年	150	5	45	100	—
①农村生活垃圾处理：生活垃圾定点存放清运率达到 100%，生活垃圾无害化处理率≥80%。②农村污水集中排放率≥80%，污水处理率达到 100%	2010 年 6 月—2011 年 12 月	156	—	51.3	104.7	—
垃圾无害化处理率不低于 85%；垃圾定点存放清运率 100%；生活污水处理率达 80%以上；畜禽粪便综合利用率达 85%以上	2010 年 5 月—2011 年 12 月	163.5	23.5	40	100	—

续表

序号	村庄名称	村庄所在地（市/县/乡镇）	所属流域区域	人口/万人	主要环境问题	项目类型	建设内容
40	岷州村	酒泉市玉门市柳湖乡	疏勒河	1346	①分散式畜禽养殖废弃物对环境的污染。②生活垃圾无处理，“脏、乱、差”现象普遍存在。③生活污水随意倾倒，污染周边环境，病菌蚊虫滋生，危害群众身心健康，影响了居住环境，制约了经济的发展进程	综合	①对分散式养殖废弃物进行治理，推广沼气入户，利用沼气技术治理畜禽养殖污染。②配置垃圾集中收集、转运设备，建设中转站，形成村收集、乡转运、市处理的处理模式
41	上古村	临夏州永靖县太极镇	黄河	4028	①人地矛盾突出，生活环境压力大；②农村面源污染；③农膜残留造成“白色污染”；④集镇生活污染；⑤工业污染；⑥人为环境污染	综合	①“饮水工程”设立标志牌和界桩，对饮用水水源水质有影响的企业限期整改或关停搬迁。②“生活工程”设置水源保护区标志，建设水源周边截污工程。生活垃圾采取定点存放、统一收集、定时清运、简易卫生填埋处理

预期目标	起止日期（年月）	投资需求/万人				备注
		合计	自筹	地方政府配套资金	申请专项资金	
畜禽粪便得到有效处理且综合利用率≥80%，沼气入户率达到80%；生活垃圾无害化处理率≥70%	2010年8月—2011年5月	150	13	37	100	—
环境污染趋势得到有效控制，基本解决“脏、乱、差”问题，为建设“清洁水源、清洁家园、清洁田园”的社会主义新农村，全力打造中国西部休闲水乡，全面建设小康社会、和谐社会提供环境安全保障	2010—2011年	110	—	50	60	—

续表

序号	村庄名称	村庄所在地（市/县/乡镇）	所属流域区域	人口/万人	主要环境问题	项目类型	建设内容
42	团结村	定西市陇西县巩昌镇	渭河	2890	①基础设施严重滞后，环境问题日渐突出。大量的污水直接排放在道路上，严重影响了生活环境。人口居住相对集中，污水和垃圾污染严重。②没有真正形成环境治理保护的长效工作机制，缺乏最基础的生活垃圾处理设施	综合	①垃圾处理工程计划在团结村建设垃圾集中收集台10个；垃圾桶60个，需资金3万元；配备垃圾清运车2辆，需资金30万元；垃圾压缩车1台需资金15万元。合计共需资金58万元。②生活污水处理工程：配套双侧排水边沟和污水收集管网，改变生活污水乱排乱倒的现象，将村内生活污水通过收集管网统一收集，最后进入城镇生活污水收集管网，进入城镇污水处理厂，经过处理，达标排放
43	西坡村	甘肃省金昌市金川区宁远堡镇		3195	落后的村庄布局、凌乱的村庄环境、饮用水污染、生产、生活垃圾污染、畜禽养殖污染、大气污染	综合	开展生活垃圾处理，污水排放工程、畜禽污染治理与废弃物综合利用项目

预期目标	起止日期（年月）	投资需求/万人				备注
		合计	自筹	地方政府配套资金	申请专项资金	
农村生活污水：生活污水处理率≥60%；通过生活污水收集管网改造，将污水统一处理后进入城镇生活污水收集管网，最后进入城镇污水处理厂，经过处理，达标排放；农村生活垃圾处理：生活垃圾定点存放清运率达100%，生活垃圾无害化处理率≥70%	2010年6月—2011年5月	170	20	50	100	—
村域生态环境得到一定改善与提高、生态系统功能得到初步恢复，生活垃圾得到及时收集、转送，无害化处理率达100%；生活污水经处理后排入城市下水管网；畜禽养殖与居民住宅分离，养殖粪便实行干清粪工艺，集中收集处理	2010年8月—2011年12月	250	100	50	100	—

第四篇 污染防治

续表

序号	村庄名称	村庄所在地（市/县/乡镇）	所属流域区域	人口/万人	主要环境问题	项目类型	建设内容
44	东岔村	酒泉市金塔县航天镇	黑河	2456	饮用水水源保护、农村生活垃圾污染和畜禽养殖污染问题	综合	①实施开发区下水末端治理项目。在开发区新建容积为40立方米的污水收集池5个，250立方米的污水净化池1个，将每天产生的130吨生活污水经沉淀处理后重复利用。②实施生活垃圾处理工程项目。③实施饮用水水源地（井）保护项目。在全村5个人饮井新建高标准水源井管理房5间，设立铁丝围栏5 000米，设置保护区警示牌5块。④实施畜禽粪便污染处理项目。在3个集中养殖小区配套建设三级化粪池9个，配套架设固液分离机4台，脱水装置4套
45	关街村	甘南州临潭县冶力关镇	洮河	1065	①农村饮用水安全受到严重威胁。②农村生活污染加剧。③畜禽养殖及农业生产废弃物污染日益突出	综合	饮用水水源地设置规范的标志牌、建立生活垃圾收集站，配垃圾箱，购置垃圾转运设施。实行畜禽养殖污染治理与废弃物综合利用

预期目标	起止日期（年月）	投资需求/万人				备注
		合计	自筹	地方政府配套资金	申请专项资金	
全部工程项目建成投入运行（使用）后，全村饮用水水源地（井）全部得到有效保护和规范化管理，设施健全配套；生活垃圾得到集中处理，定点存放清运率达到100%，集中填埋率达到100%；污水乱倒、乱泼行为得到有效控制；畜禽养殖污染问题得到解决，畜禽粪便综合利用率达到90%；人居环境“脏、乱、差”问题得到全面整治	2010年7月—2011年3月	150	—	50	100	—
村民饮用水卫生合格率≥90%，饮用水水质达标；有效处理且综合利用率≥70%；实现生活垃圾定点存放清运率达100%，生活垃圾无害化处理率≥70%；实现生活污水达标排放，生活污水处理率≥60%	2010年6月—2011年11月	113.6	—	37.9	75.7	—

第四节　农业废弃物综合利用管理

根据《国家环境保护“十一五”规划》的要求，甘肃省以农村环境综合整治和生态建设为抓手，以示范项目建设为载体，在全省积极开展以农村基础设施建设、饮用水水源地保护、农业废弃物处置、规模化畜禽养殖污染防治、农村面源污染控制、村容村貌建设、农村生活污水及垃圾处理等为主要内容的农村环境整治工作，切实解决危害农民身体健康和影响农村可持续发展的突出环境问题，扎实推进农村环境保护各项工作。在组织机构方面，建立市、县、乡三级环保监管网络，共建成重点乡镇环保所 299 个，占全省乡镇的 24%，有 3 431 个行政村设立专（兼）职环保工作人员，占全省行政村的 21%。全省共有乡镇环保工作人员、村环保员 16 334 名。促进环境保护工作向农村延伸。在规划编制和总体布局方面，2008 年编制《甘肃省村庄环境综合整治规划》，确定村庄环境综合整治的指导思想、目标和主要任务。在全面完成全省土壤污染状况调查工作任务的基础上，2010 年着手组织编制《甘肃省“十二五”土壤环境保护规划》。全省 14 个市、州全部编制完成《农村环境保护规划》，经各市、州政府批转实施并启动相关试点工作。

2008—2010 年，国家支持甘肃省“以奖促治”和“以奖代补”项目 75 个，资金 6 073 万元，加上项目县、乡、村三级的配套资金 1 亿多元用于农村环境综合整治，极大地改善了项目村的环保基础设施。同时，加大对农村环境保护的投入力度，在省级环境保护项目资金中，对集中式饮用水水源地污染防治项目、规模化畜禽养殖污染防治项目和农村环境综合整治项目给予资金支持，共计投入 6 000 多万元。“十一五”末期，全省治理行政村 535 个，占全省行政村总数的 3.3%，80 万农民受益（见表 4–6–7、表 4–6–8、表 4–6–9）。

通过实施“以奖促治”加强农村水源地保护，对山丹县李桥水库、静宁县古城乡杨沟村、民勤县薛百乡、金塔县梧盛村的饮用水水源地进行重点保护，有效地保障农民群众饮水安全。强化对农村饮用水水源保护区的环境监管，截至 2010 年年底，全省累计投入资金 30.15 亿元，其中，中央预算内投资 22.19 亿元，省级配套 2.7 亿元，市县配套及群众投劳折资 5.26 亿元，

表 4-6-7

2008 年甘肃省中央农村环境综合整治项目村统计

序　号	市　州	县　区	项目村
1	酒泉市	敦煌市	阳关镇龙勒村
2			莫高镇三危村
3		瓜州县	双塔乡金河村
4	张掖市	临泽县	新华镇西街村
5		山丹县	位奇镇芦堡村
6	平凉市	灵台县	什字镇水晶村
7	武威市	天祝县	华藏寺镇红大口中心村
8	陇南市	礼　县	盐官镇新合村
9	甘南州	舟曲县	立节乡雍瓦拉尕村
10		卓尼县	木耳镇木耳村
11	临夏州	临夏县	刁祁乡尕沟村
12	天水市	甘谷县	大像山镇黄窑村
13		张家川县	木河乡木河村
14	庆阳市	华池县	怀安乡怀安村

表 4-6-8

2009 年甘肃省中央农村环境综合整治项目村统计

序　号	市　州	县　区	项目村
1	天水市	张家川县	张棉乡张棉村
2		秦州区	天水镇咀头村
3	嘉峪关市	市辖区	文殊镇石桥村
4	酒泉市	肃州区	清水镇清水村
5			总寨镇三奇堡村
6		玉门市	下西号乡石河子村
7		敦煌市	七里镇铁家堡村
8		金塔县	东坝镇悟盛村

续表

序　号	市　州	县　区	项目村
9	张掖市	甘州区	小满镇康宁村
10			上秦镇李家湾村
11			长安乡前进村
12		临泽县	新华镇大寨村
13			板桥镇友好村
14		山丹县	李桥乡高庙村
15	武威市	凉州区	黄羊镇广场村
16		民勤县	薛百乡五星村
17		古浪县	黄花滩乡黄花滩村
18			黑松驿镇小坡村
19	定西市	安定区	鲁家沟镇太平村
20		渭源县	会川镇南沟村
21	庆阳市	环　县	环城镇北郭塬村
22		正宁县	榆林子镇中巷村
23		镇原县	孟坝镇王湾村
24	临夏州	和政县	吊滩乡狼土泉村
25		永靖县	太极镇中庄村
26		东乡县	达板镇达板村
27	甘南州	卓尼县	木耳镇大扎村
28		夏河县	王格尔塘镇王格尔塘村
29		临潭县	冶力关镇池沟村
30	平凉市	静宁县	古城乡杨沟村
31		庄浪县	良邑乡良邑村
32		崇信县	黄花乡凉水泉村

表 4-6-9

2010 年甘肃中央农村环境综合整治项目村统计

序 号	市 州	县 区	项目村
1	嘉峪关市	市辖区	文殊镇团结村
2		市辖区	峪泉镇嘉峪关村
3		市辖区	新城镇中沟村
4	武威市	凉州区	长城乡上营村
5			谢河镇谢河村
6			东河乡陈家寨村
7		民勤县	三雷镇中陶村
8		天祝县	安远镇安远村
9	白银市	白银区	四龙镇民乐村
10	张掖市	山丹县	霍城镇西关村
11		高台县	骆驼城乡骆驼城村
12	酒泉市	金塔县	中东镇王子庄村
13		瓜州县	布隆吉乡布隆吉村
14		肃州区	银达镇拐坝桥村
15	天水市	麦积区	伯阳镇曹石村
16		武山县	马力镇马力村
17		秦安县	兴丰乡上陈村
18		张家川县	张川镇峡口村
19	兰州市	皋兰县	什川镇上车村
20	金昌市	永昌县	城关镇黄家学村
21	定西市	安定区	内官营镇锦屏村
22		渭源县	五竹镇鹿鸣村
23		岷 县	十里镇山底下村
24	平凉市	庄浪县	水洛镇徐碾村
25	庆阳市	正宁县	湫头乡王朗坡村

建成集中供水工程 2 277 处，水窖 39 155 眼，小电井 3 404 眼，有效解决了全省 616.25 万农村人口及 30 万农村学校师生的饮用水安全问题。农村自来水普及率由 2004 年年底的 24.8%提高到目前的 51%。对影响全省饮用水水源保护区的 104 家淀粉类、麦芽类加工企业进行环保专项整治工作，关停 10 家淀粉类和 5 家麦芽类加工企业，限期治理 15 家淀粉类和 20 家麦芽类加工企业，保障群众饮用水安全。平凉市率先在四十里铺镇洪岳村划定了全省第一块农村水水源地保护区，解决农村饮用水安全问题。

在中央“以奖促治”和省级农村综合整治示范项目基础上，建立以行政村为单元的农村生活垃圾收集、压缩、转运体系，按照“户分类、村收集、镇转运、县处理”的垃圾处理模式，逐步推进县城垃圾处理填埋场的建设。并逐年加大对农村垃圾集中点堆放池（箱）、收集中转站、清运车辆的投入，极大地提高了农村生活垃圾的集中收集率和无害化处理率。

在开展农村环境综合整治工作时，注重农村生产生活污水的处理，鼓励实施农村清洁工程，采取地埋式、三级沉淀式、人工湿地生物净化式、中小型污水净化处理站（场）等项目建设，加快农村生活污水管网设施建设，在人口相对集中的乡镇或行政村因地制宜地建设农村生活污水处理示范工程。配合新农村建设，抓好重点污染治理，加大农村污染减排力度，整合农牧、农村能源建设部门资金，加强农村改水改厕项目的实施，“十一五”期间，全省共建农村无害化卫生厕所 43.28 万座，极大地提高了农村生活污水处理率，改善了农村人居环境。

第七章　环境标准与污染治理成果

第一节　环境标准

一、环境标准修订和意见征集

“八五”“九五”时期，甘肃省严格按照国家标准实施环境监测和环境执法。“九五”末期，开始针对省情对相关国家标准进行调整。

1999年，共征订国家环境标准29套，向地、州、市和局机关配发标准899个。组织人员对《国家污染物排放标准体系调整方案（征求意见稿）》结合甘肃省实际进行修改，提出意见和建议，并上报国家环保总局，对国家强制执行的有关环境标准进行转发。

2010年，组织相关单位，按期修订完成《铅锌冶炼业污染防治技术政策（征求意见稿）》等80项国家有关环境保护技术规范和环境保护标准征求意见稿的修改上报工作。

二、《兰州市锅炉大气污染物排放标准》(DB 62/1922—2010)

为贯彻《中华人民共和国环境保护法》和《中华人民共和国大气污染防治法》，控制锅炉大气污染物排放，保护和改善兰州市环境空气质量，依据《兰州市“十一五”期间主要污染物总量减排工作实施方案》和《兰州市城区燃煤锅炉清洁能源改造实施方案》，根据省质量技术监督局的地方标准修订计划，经广泛调研，对兰州市地理环境、产业结构和能源类型、污染参数的充分调查，参考兄弟省市排放标准，编制甘肃省地方标准《兰州市锅炉大气污染物排放标准》(见表4-7-1、表4-7-2、表4-7-3)。

编制工作开始于2009年2月，7月5日形成《兰州市锅炉大气污染排放标准(草稿)》，后经过8次大的修改，8月5日形成《兰州市锅炉大气污染排放标准（讨论稿）》及标准编制说明（讨论稿）。8月14日、8月26日邀请相关单位和专家召开2次意见征求会，收集到修改意见17条。同时，

表 4-7-1

甘肃省新标准与国家标准相比排放限值的变化

<table>
<tr><th colspan="2" rowspan="2">锅炉类别</th><th colspan="3" rowspan="2">适用区域</th><th colspan="2">烟尘排放浓度/(毫克/立方米)</th></tr>
<tr><th>Ⅰ时段</th><th>Ⅱ时段</th></tr>
<tr><td rowspan="11">燃煤锅炉</td><td rowspan="3">自然通风锅炉(<0.7 兆瓦或 1 吨/小时)</td><td rowspan="2">国家标准</td><td colspan="2">一类区</td><td>100</td><td>80</td></tr>
<tr><td colspan="2">二类区、三类区</td><td>150</td><td>120</td></tr>
<tr><td>新标准</td><td colspan="2">所有区域</td><td>80（与国标一类区Ⅰ时段 100 相比下降了 20%；与国家二类区、三类区Ⅰ时段 150 相比下降 46.7%）</td><td>50（与国标一类区Ⅱ时段 80 相比下降了 38%；与国家二类区、三类区Ⅱ时段 120 相比下降 58%）</td></tr>
<tr><td rowspan="8">其他锅炉</td><td rowspan="3">国家标准</td><td colspan="2">一类区</td><td>100</td><td>80</td></tr>
<tr><td colspan="2">二类区</td><td>250</td><td>200</td></tr>
<tr><td colspan="2">三类区</td><td>350</td><td>250</td></tr>
<tr><td rowspan="4">新标准</td><td colspan="2">一类区</td><td>120（与国标一类区Ⅰ时段 100 相比下降了 20%）</td><td>50（与国标一类区Ⅱ时段 80 相比下降了 38%）</td></tr>
<tr><td rowspan="2">二类</td><td>A 区</td><td>120（与国标二类区Ⅰ时段 250 相比下降了 52%）</td><td>80（与国标二类区Ⅲ时段 200 相比下降了 60%）</td></tr>
<tr><td>B 区</td><td>150（与国标二类区Ⅰ时段 250 相比下降了 40%）</td><td>120（与国标二类区Ⅱ时段 200 相比下降了 40%）</td></tr>
<tr><td colspan="2">三类区</td><td>150（与国标三类区Ⅰ时段 350 相比下降了 57%）</td><td>120（与国标二类区Ⅱ时段 250 相比下降了 40%）</td></tr>
</table>

表 4–7–2

甘肃省新标准和各城市地方标准烟尘排放浓度限值的对比

标准	Ⅰ时段	Ⅱ时段
国标	一类区：100；二类区：250；三类区：350	一类区：80；二类区：200；三类区：250
石家庄	A、B 区：50；C 区：100	A、B 区：50；C 区：100
北京	50	30
上海	按国标	A 区：禁排，B 区：120
乌鲁木齐	A 区：100；B 区：100（≥20 吨/小时），150（<20 吨/小时）	A 区：50（改、扩建）；B 区：80
太原	<0.7 兆瓦：一类区 80、二类区 120、三类区 120；循环流化床锅炉及沸腾炉：一类区禁排、二类区 200、三类区 250；其他锅炉：一类类区 80、二类区 120、三类区 250	<0.7 兆瓦：一类区 50、二类区 100、三类区 100；循环流化床锅炉及沸腾炉：一类区禁排、二类区 200、三类区 200；其他锅炉：一类区 50、二类区 100、三类区 200
天津	在用锅炉：150；新改建锅炉：100（≤7 兆瓦），80（>7 兆瓦）	≤7 兆瓦：在用锅炉 A 区禁排，B 区 100，新改建锅炉 100；>7 兆瓦：80
兰州	<0.7 兆瓦：所有区域，80；其他锅炉：一类区 80、二类区 A 区 120、二类区 B 区 150、三类区 200	<0.7 兆瓦：所有区域，50；其他锅炉：一类区 50、二类区 A 区 80、二类区 B 区 120、三类区 150

8 月 10 日—9 月 10 日在兰州市环保局网站上进行网上意见征求活动，收集到反馈意见 4 条，经对反馈意见归纳整理和修改、校对，于 9 月 12 日形成《兰州市锅炉大气污染物排放标准(送审稿)》和标准编制说明（送审稿），9 月 15 日，提交审定委员会审定。10 月，正式提交甘肃省质量技术监督局申请报批。2010 年 1 月 11 日，甘肃省质量技术监督局正式发布，2010 年 8 月 11 日正式实施。

表 4-7-3

甘肃省新标准与国家标准相比 SO_2 排放限值的变化

<table>
<tr><th colspan="2" rowspan="2">锅炉类别</th><th colspan="3" rowspan="2">适用区域</th><th colspan="2">SO2 排放浓度/(毫克/立方米)</th></tr>
<tr><th>Ⅰ时段</th><th>Ⅱ时段</th></tr>
<tr><td rowspan="7">燃煤锅炉</td><td rowspan="2">自然通风锅炉(<0.7 兆瓦或 1 吨/小时)</td><td>国家标准</td><td colspan="2">全部区域</td><td>1 200</td><td>900</td></tr>
<tr><td>新标准</td><td colspan="2">全部区域</td><td>900(与国标全部区域Ⅰ时段 1 200 相比，下降了 25%)</td><td>900(与国标全部区域Ⅱ时段 900 相比没有下降)</td></tr>
<tr><td rowspan="5">其他锅炉</td><td>国家标准</td><td colspan="2">全部区域</td><td>1 200</td><td>900</td></tr>
<tr><td rowspan="4">新标准</td><td colspan="2"></td><td>900(与国标一类区Ⅰ时段 1 200 相比下降了 25%)</td><td>500(与国标一类区Ⅱ时段 900 相比下降 44%)</td></tr>
<tr><td rowspan="2">二类区</td><td>A 区</td><td>900(与国标二类区Ⅰ时段 1 200 相比下降了 25%)</td><td>500(与国标二类区Ⅱ时段 900 相比下降 44%)</td></tr>
<tr><td>B 区</td><td>900(与国标二类区Ⅰ时段 1 200 相比下降了 25%)</td><td>700(与国标二类区Ⅱ时段 900 相比下降 22%)</td></tr>
<tr><td colspan="2">三类区</td><td>900(与国标三类区Ⅰ时段 1 200 相比下降了 25%)</td><td>700(与国标三类区Ⅱ时段 900 相比下降 22%)</td></tr>
</table>

新制定的《兰州市锅炉污染物排放标准》是地方强制性标准，是贯彻实施《兰州市人民政府关于落实科学发展观加强环境保护的实施意见》和《兰州市环境保护“十一五”规划》完成污染物排放总量控制指标、确保兰州市主城区“十一五”环境保护规划目标实现的必要保证。

该标准指标体系以国家标准为基础，指标限值或与同期国家标准相当或严于同期国家标准，保持和国家标准的衔接，既是国家标准的继承也是创新。

该标准将兰州市行政区内锅炉划分为两个时段：Ⅰ时段：本标准实施之日前建成使用的锅炉。Ⅱ时段：本标准实施之日后建成（含扩建、改建、更新）使用的锅炉。

该标准中一类区、二类区、三类区的划分执行兰州市人民政府制定的《兰州市环境空气质量功能区域划分方案》，二类区又划分为 A、B 两个区域：

A 区是指二类区中的城关区、七里河区、安宁区、西固区四个区（以兰州市现行的行政区划为准）；

B 区是指二类区中除 A 区以外的其他区域。

该地方标准的烟尘排放浓度限值和国家标准相比，比国家标准更严格，主要表现在排放浓度限值的变化量，具体数据见表 4–7–1。

该标准烟尘排放浓度限值与其他城市地方标准相比，有严有松，限值适当，与石家庄标准相当。其中主要城区数据的确定不仅考虑到兰州市锅炉用户改进锅炉运行效率或采用优质煤种的经济效益，还考虑到兰州市采用新标准后所带来的环境效益，因此综合最大效益平衡的分析，最终确定兰州市燃煤锅炉烟尘排放浓度限值为 80~150 毫克/立方米。

燃油和燃气锅炉烟尘排放浓度限值主要参考《环境保护产品技术要求中小型燃油、燃气锅炉》(HJ/T 287—2006）中的数据要求。其中，燃油锅炉烟尘排放浓度限值为 50~80 毫克/立方米，燃气锅炉烟尘排放浓度限值为 20~50 毫克/立方米。

与国家标准相比，该标准在兰州不同区域根据锅炉类型执行不同的 SO_2 排放浓度限值标准较国家标准更严格，主要表现在排放浓度限值的变化量。

该标准适用于燃煤、燃油、燃气工业、生活锅炉。采用水煤浆等清洁能源为燃料的锅炉，按照该标准中燃煤锅炉的污染物排放控制要求执行。

该标准主要对燃煤锅炉烟尘、二氧化硫、氮氧化物及烟气黑度、烟囱高度等指标进行控制，同时对监测操作规范及其他管理也作出技术规定。

第二节　污染治理成果

一、“八五”时期污染治理成果

“八五”时期，全省在污染治理上共投资 81 806 万元，比“七五”时期的污染治理投资增加222.3%。其中，在大气污染治理上投资30 461万元，占总投资的37.2%；废水治理投资26 599万元，占总投资的32.5%；固体废物治理投资14 859万元，占总投资的18.2%；噪声和其他污染治理投资9 889万元，占总投资的12.1%。经过5年的努力，全省的工业废水处理率由1990年的32.6%提高到65.9%；工业废气净化处理率由5%提高到60%；工业固体废物处理利用率由84.4%提高到95.3%。污染控制登上一个新的台阶。

“八五”时期，全省污染治理主要力量集中在工业“三废”减排方面，污染物总量控制初见成效。1995年与1990年相比，全省工业废水年排放量由1990年的3.88亿吨降至3.84亿吨；工业废水中的化学需氧量排放量由1990年的6.51万吨降至6.05万吨，石油类年排放量由1990年的1 794吨降至1 325吨。全省每年未经处理利用而排入环境的工业固体废物由1990年的177万吨降至67万吨。全省历年累计堆存的工业固体废物由1990年的1.35亿吨降至1.27亿吨，占地面积也由2 111万平方米降至1 945万平方米。全省工业粉尘的年排放量由1990年的19万吨降至12.2万吨，工业二氧化硫的年排放量由1990年的36.2万吨降至34.7万吨，工业烟尘的年排放量也由22.7万吨降至17.8万吨。对比说明，“八五”时期，甘肃省工业“三废”中一些主要项目的排放总量基本控制在“七五”的水平上，部分指标有明显削减。甘肃省污染治理和控制工作取得一定成绩，但上述统计未包括乡镇企业和非工业污染源，而该部分污染源的排放总量在“八五”时期都呈增长态势。因此，污染物总量控制的任务仍然相当艰巨。

二、“九五”时期污染治理成果

“九五”时期，甘肃省着眼重点地区和重大环境问题，以污染物总量控制为龙头，以工业污染源达标为基础，以改善环境质量为目的，将“一控双达标”作为环境保护中心工作。积极推进以兰州市大气污染综合防治、黄河甘肃段水污染综合整治、“两控区”污染综合防治、祁连山生态环境保护为主体的“四个一”工程，不断增加治理项目和投资。

“九五”期间共安排各类治理项目数1 127个，治理项目投资17.456亿元。据不完全统计，到“九五”末期全省环保投入占国内生产总值的

0.8%，5 年平均为 0.75%，比“八五”平均提高 0.13 个百分点。同时，污染物总量控制力度加大，取得较为明显的成效，到“九五”末期，人口比 1996 年增加 4.4%，纳入环境统计的企业工业总产值增加 12.2%；工业废水排放量比“九五”初期的 1996 年下降 32.7%，废水总量下降为 18.1%，工业废水处理量增加 32.0%，化学需氧量排放量降幅为 9.0%；工业废气净化处理量增加 26.7%，烟尘和二氧化硫排放量分别下降 21.2%、8.8%。这充分说明由于环境管理力度的加强，工业技术改造步伐加快和社会环境意识的逐步提高，环境污染并未随着经济的增长和工业化水平的提高而同步加重，使人口、经济和环保协调发展。

1996 年，国务院《关于环境保护若干问题的决定》中明确提出“一控双达标”工作目标。甘肃省政府要求到 2000 年，全省所有工业污染源排放污染物要基本达到国家规定的标准；14 种主要污染物排放总量控制在国家规定的排放总量指标内；5 个省辖市及敦煌市的环境空气、地面水环境质量按功能区分别达到国家规定的标准。实现这一艰巨的环境保护目标是有效遏制环境恶化趋势，实现“九五”环境保护目标，促进经济结构调整，转变经济增长方式，实施可持续发展和西部大开发战略的一项重大举措，也是促进环境质量改善，保护人民群众身体健康的根本性措施。数年间，各级环保部门齐心协力，通过加强组织领导、广泛宣传动员、调整产业（能源）结构、淘汰落后生产工艺和设备、强化重点污染源治理、严格环保执法等强有力的措施，与各职能部门通力合作，使全省的“一控双达标”工作取得显著成效。

“九五”期间，全省国内生产总值由 1995 年的 553 亿元上升到 2000 年的 983 亿元（预计值），增加 77.8%。14 种主要污染物排放总量全部控制在预定指标以内，其中二氧化硫、烟尘、工业粉尘、化学需氧量等主要污染物排放总量 2000 年年底比“八五”末期下降 5%~20%。

为保证主要污染物总量控制指标的完成，制定《甘肃省跨世纪绿色工程行动规划》，共有 77 项治理项目，计划投资 90.95 亿元，其中，大气污染防治项目 29 项，水污染防治项目 27 项，固体废物防治项目 7 项，生态环境保护项目 9 项，臭氧层保护项目 2 项，环境监督管理能力建设项目 3 项。2000 年年底，竣工完成 38 项，完成投资 1 783 亿元，年削减二氧化硫 7 626 吨、烟尘86.95万吨、工业粉尘3.7万吨、化学需氧量5 196吨、重金属275.35吨、破坏臭氧层气体（CFCs）503.5吨。在建项目39项，完成投资35.3亿元。

全省纳入考核的工业污染企业5 306家，实现达标排放的5 037家，达标率为94.9%，实现90%的规定目标；纳入国家重点考核的工业污染企业302家，实现达标排放的271家，达标率为89.7%。

各地、州（市）及甘肃矿区的达标率均超过90%，其中，甘肃矿区达到100%，金昌市、酒泉地区、平凉地区、陇南地区、定西地区和临夏州超过95%。

纳入考核的5 306家工业污染企业的主要污染指标中，废水和废气排放达标率分别为59.9%和67.6%，化学需氧量、烟尘、粉尘和二氧化硫的削减量分别为3.586万吨、42.35万吨、16.80万吨和18.66万吨。

纳入国家重点考核的302家工业污染企业的主要污染指标中，废水和废气排放达标率分别为62.7%和66.0%，化学需氧量、烟尘、粉尘和二氧化硫的削减量分别为1.37万吨、36.68万吨、10.19万吨和17.26万吨。

甘肃省被列入“全国210家重点企业”的13家企业中，酒泉钢铁公司、中国石油兰州炼化公司、长庆石油勘探局、银光化学工业公司、蓝星兰州机械厂实现达标；兰州连城铝厂、兰州铝业股份有限公司、金川有色金属公司、永登水泥厂加强企业技术改造；甘肃稀土公司污染治理项目按计划进度施工；中国石油兰州石化公司、蓝星兰州日化厂完成治理方案设计。全省经过治理达标的企业4 286家，占达标企业总数的85.1%；加大依法关停力度，全省关停“十五小”“新五小”和淘汰落后生产工艺及自然停产企业751家，占达标企业总数的14.9%，保证全省实现工业污染企业达标工作目标。

环境空气质量按功能区基本达标的有嘉峪关市和敦煌市；地表水环境质量按功能区达标的有兰州市、白银市、金昌市、嘉峪关市和敦煌市；空气和地下水环境质量按功能区基本达标的有嘉峪关市和敦煌市。

面对日益加重的城市噪声污染，1996年，完成全省城市区域环境噪声适用区划分工作和噪声监测点位的调整认定工作。全省共完成区划面积43万平方米，其中一类区面积11.67万平方米，二类区面积15.578万平方米，三类区面积13.98万平方米，四类区面积1.762万平方米。共调整认定监测点位 2 005 个，其中区域环境噪声监测点位 1 486 个，交通噪声监测点位 447 个，固定源噪声监测点位 72 个。该基础工作为执行国家新的“城市区域环境噪声标准”提供必备条件，为今后全省的噪声管理工作、噪声达标区的建设工作及噪声纠纷处理工作提供依据。

三、“十五”时期污染治理成果

2001—2004 年，全省环境保护投入继续增加，抓住国家实施西部大开发战略和推进城市化进程的有利机遇，各级政府积极争取国债资金，加大环保投资力度。2001 年、2002 年、2003 年、2004 年环保投入占全省国内生产总值（GDP）比例分别为 0.86%、1.16%、1.37%、1.52%。2004 年投入比例（1.50%）较“九五”末的 2000 年（0.82%）提高 0.68 个百分点。全省共完成废水治理项目 81 个，新增废水处理能力 41.2 万吨/日；工业废气中二氧化硫去除率为 58.88%，烟尘去除率为 94.66%，工业粉尘回收率为 83.01%，完成大气污染治理项目 70 个，新增废气处理能力（标态）365.31 万立方米/小时。

二氧化硫污染区防治工作取得新进展，完成兰州第二热电厂简易脱硫工程；金川公司形成与火法冶炼生产系统配套的年产 50 万吨硫酸和 3 万吨亚硫酸钠生产设施以及相应的储、运、销系统；白银公司投资 2.48 亿元，全面启动铜冶炼制酸系统污染治理工程。2005 年，“国列二氧化硫控制区”四城市二氧化硫得到一定控制，年均值比 2004 年均有所下降。

全省烟控区建设和管理得到进一步加强。临夏、定西烟尘控制区建设工作取得较大进展，其中临夏基本具备烟尘控制区建设达标条件。

兰州市大气污染防治工作取得明显成效，兰州市以推广使用天然气为重点，积极改善能源结构，加快燃煤污染整治。建成国电兰州热电厂、兰州西固及兰西热电厂有限公司烟气在线监测装置，严格控制入炉煤硫含量。对市区重点单位冬季大气污染防治工作进行检查，大气污染严重时，对企业部分生产设施实施限产、停产措施。2005 年，兰州市实施清洁能源改造“123 计划”初见成效。通过努力，兰州市大气环境质量明显改善，呈逐年好转趋势。

2001—2005 年，全省 GDP 平均每年增长 11%，环境空气污染综合指数和地表水污染综合指数明显下降。2005年，甘肃省环境空气污染综合指数为2.09，地表水污染综合指数3.68，分别比2000年下降39.4%和41.5%。

“十五”期间，天然气的使用量逐年增加，清洁能源的使用对改善城市空气质量起到积极作用。年度间全省工业废气及主要污染物排放量有不同程度增长。工业废气及主要污染物的排放以工业企业比较集中的兰州市、白银市、嘉峪关市和金昌市排放量最大，这4个城市是工业废气排放重点治理区域。

工业废气重点污染行业是电力业、有色金属冶炼业、黑色金属冶炼业、非金属矿采选业，重污染企业是金川有色金属公司和白银有色金属公司，这4个行业和企业是工业废气污染治理的重点。

“两控区”4个城市中，兰州市和金昌市二氧化硫的排放有所下降，白银市和张掖市二氧化硫的排放持续上升，污染治理任务十分艰巨。

工业废水及其主要污染物的排放得到有效控制，化学需氧量、氨氮、六价镉、铅、砷、挥发酚、石油类的排放量有所下降。工业废水中铅的排放来源于黄河和长江流域流经地区的白银和陇南，排放量占总量的45%左右。内陆河化学需氧量的排放源于张掖、武威、平凉，由于加大执法力度，造纸及纸制品业的化学需氧量的排放得到有效控制。

金昌化工（集团）有限责任公司、甘肃稀土集团有限责任公司、白银有色金属公司、酒泉钢铁（集团）有限责任公司、中国石油兰州石化公司等企业是工业废水污染重点治理企业。

工业固体废物产生量上升的同时，综合利用量、储存量及处置量也逐年增加。工业固体废物的产生主要以金昌市和嘉峪关市为主，其次是白银市、陇南市和兰州市；行业中有色金属冶炼业和黑色金属冶炼业、有色金属矿采选业、电力业的产生量最大。嘉峪关市、兰州市、白银市、金昌市的黑色金属冶炼业电力业综合利用量最大。嘉峪关市的黑色金属冶炼业处置量最大。

危险废物的排放大幅下降。危险废物的产生以陇南和有色金属矿采选业为主，占总量的52%以上；综合利用量和处置量则以兰州市和石油加工及核燃料业为主。全省危险废物的集中处置逐年递增。

环保执法力度不断加强，污染防治取得显著成效。“十五”期间，甘肃省不断加大有色、钢铁、石化、轻工和火电等重点行业污染的综合整治，完成重点工业废水治理项目9个、工业废气治理项目196个，每年削减各类污染物1.5万吨。城市环境基础设施建设得到加强，建成城市生活污水处理厂20座，城市生活垃圾厂23座，新增城市生活污水管网1 320多千米，建成烟尘控制区45个，面积达417平方千米。加大对环境违法行为的查处和环境安全大检查，立案查处违法企业1 200家次，挂牌督办污染企业300家。“十五”期间，甘肃省经济快速增长的同时，污染物排放总量没有同步增长，重点区域和重点流域的环境质量有所改善。

四、“十一五”时期污染治理成果

“十一五”是甘肃污染治理力度最大，投入最多，污染减排效果最为明显的5年。“十一五”期间，全省经济增长速度每年都在10%以上，GDP从2006年的2 275亿元增长到2010年的4 119.46亿元。与此同时，加大污染减排和总量控制力度，全省完成并经环保部确认的污染减排量项目179项，共计削减二氧化硫24.45万吨、化学需氧量6.99万吨。两项指标分别比“十五”末下降1.99%和8.05%。污染减排任务全面完成，其他污染物排放总量也得到较好控制。但是，甘肃环保还存在不少潜在的环境风险。2006年曾出现徽县血铅事件，“十一五”期间曾发生危险废物非法转移和抛弃事件，陇南铅、锌尾矿坝和危险废物储存等还存在不少环境隐患，个别企业超标排放和偷排污染物的现象时有发生，监管的难度在不断增大。

“十一五”期间，国家给甘肃省下达的污染减排目标是：“到2010年，全省二氧化硫排放总量控制在2005年的56.3万吨之内（其中，火电行业不超过19万吨），化学需氧量排放总量控制在16.8万吨，削减率为7.7%（其中，黄河流域控制在13万吨，削减率9.1%）。”

截至2010年，全省二氧化硫排放量55.18万吨（其中，火电行业排放量16.59万吨），比2005年下降1.99%；化学需氧量排放量16.76万吨（其中，黄河流域排放量10.67万吨），比2005年下降8.05%。国家给甘肃下达的“十一五”污染减排任务全面完成，两项约束指标均达到总量控制目标。“十一五”期间减排目标完成情况见表4-7-4。

1. 重点行业污染减排

电力、热力的生产和供应业，有色金属冶炼业、黑色金属冶炼业、非金

表 4-7-4

“十一五”期间甘肃省减排目标完成情况

年份	二氧化硫排放量/万吨	年份	二氧化硫排放量/万吨
2005	56.3	2008	50.15
2006	54.6	2009	50.03
2007	52.32	2010	55.18

属矿物制品业（建材）、化学原料制造业、造纸行业是甘肃省主要污染物排放行业。“十一五”以来，造纸行业是甘肃省化学需氧量减排成效最大的行业，2010 年与 2006 年相比，全行业削减化学需氧量 20 708.03 吨，占全省已减排总量的 29.6%，其次是化学原料制造业，2010 年与 2005 年相比，全行业削减化学需氧量 18 583.3 吨，占全省已减排总量的 26.5%，其他行业如电力、热力的生产和供应业、有色金属冶炼业、非金属矿物制品业（建材）、石油加工业、造纸行业、纺织行业、石油天然气开采行业等均有不同程度的下降，黑色金属冶炼业、饮料制造业化学需氧量排放量有所增加。

有色金属冶炼业二氧化硫减排成效最大，2010 年比 2005 年削减 117 962.28 吨，占全省已减排总量的 46.3%，其次是电力、热力的生产和供应业，削减 560 182.75 吨。其他行业如造纸、纺织、石油天然气开采业等均有所下降，黑色金属冶炼业、非金属矿物制品业（建材）、石油加工业、化学原料制造业、农副食品加工业二氧化硫排放量有所增加。“十一五”期间甘肃省主要行业分年度主要污染物排污情况见表 4-7-5。

2. 约束性指标排放量分布区域

全省二氧化硫、化学需氧量排放主要集中在兰州、嘉峪关、金昌、白银、天水、武威、张掖、平凉、酒泉九市。2010 年 9 市化学需氧量排放量 131 406.75 吨，占全省排放量的 78.4%；二氧化硫排放量 496 412.22 吨，占全省排放量的 90.1%。化学需氧量排放量前 5 名的地区是兰州、张掖、天水、白银、武威市，5 市化学需氧量排放量 98 515.61 吨，占全省排放量的 58.8%；二氧化硫排放量前 5 名的地区是白银、兰州、金昌、平凉和张掖，5 市二氧化硫排放量 396 394.14 吨，占全省排放量的 71.8%。“十一五”期间甘肃省各地区分年度主要污染物排放情况详见表 4-7-6。

表 4-7-5

“十一五”期间甘肃省主要行业分年度主要污染物排污情况

行业名称	化学需氧量排放量 / 吨						二氧化硫排放量 / 吨					
	2005 年	2006 年	2007 年	2008 年	2009 年	2010 年	2005 年	2006 年	2007 年	2008 年	2009 年	2010 年
电力、热力的生产和供应	776.75	1 001.23	610.52	487.07	440.23	377.44	204 695.81	174 020.53	144 467.76	149 791.31	121 011.83	148 513.06
黑色金属冶炼	746.73	941.14	996.73	933.27	1 734.25	1 791.40	18 079.61	28 492.49	18 003.08	30 211.55	29 525.88	26 106.86
有色金属冶炼	4 992.00	4 753.33	3 103.82	2 917.53	2 387.41	2 274.96	209 805	183 413.80	83 655.14	74 122.52	63 522.87	91 842.72
非金属矿物制品业（建材）	266.45	271.33	188.75	228.87	247.86	190.19	23 277.31	24 022.94	16 150.75	12 823.14	26 918.42	23 746.72
石油加工	1 172.32	1 952.99	1 282.17	1 041.9	838.07	766.48	3 743.11	4 824.95	6 894.01	5 949.50	7 860.08	3 208.45
化学原料制造	22 324.76	2 445.41	3 065.99	2 855.05	3 741.46	3 814.68	10 022.27	16 131.01	13 176.82	12 156.11	10 992.96	13 926.63
造纸	10 639.83	28 387.1	17 415.69	15 578.69	8 958.91	7 679.07	5 717.13	3 181.97	1 851.74	2 089.06	1 017.52	1 482.68
纺织	517.49	425.60	364.93	352.05	177.10	234.24	723.79	311.74	439.17	383.59	159.76	119.90
农副食品加工	7 784.12	4 126.92	3 937.15	6 444.25	5 794.47	7 888.04	2 119.51	2 904.18	1 568.16	2 916.64	2 925.17	2 941.24
饮料制造	2 871.21	2 106.18	2 491.37	1 933.33	7 000.68	6 615.40	1 447.12	1 528.99	1 549.94	1 217.39	1 319.34	1 955.21
石油天然气开采	581.10	309.12	336.35	416.46	394.36	384.07	7 420.58	5 463.94	5 613.03	6 648.62	6 710.79	5 683.53
合计	52 672.76	46 720.35	33 793.47	33 188.47	31 714.8	32 015.97	487 051.20	444 296.50	293 369.60	298 309.40	271 964.60	319 527.00

表 4-7-6

“十一五”期间甘肃省各地区分年度主要污染物排放情况

地区	化学需氧量排放量/吨						二氧化硫排放量/吨					
	2005 年	2006 年	2007 年	2008 年	2009 年	2010 年	2005 年	2006 年	2007 年	2008 年	2009 年	2010 年
甘肃省	182 298.9	178 082.1	174 142.7	170 541.6	168 097.18	167 569.86	562 552.3	546 029.5	523 249.99	501 536.33	500 305.71	551 784.94
兰州市	50 194.24	51 215.87	51 720.67	49 054.01	47 897.00	46 800.00	71 167.27	83 900.35	78 186.98	82 108.21	80 930.00	96 400.00
嘉峪关市	1 618.08	1 998.24	2 676.49	1 659.45	2 841.91	3 691.6	164 975.8	19 464.5	19 328.1	18 692	19 191.99	24 997.80
金昌市	6 752.35	12 514.6	12 560.6	11 191.08	9 600.00	7 600.00	122 594.9	109 037.8	98 725	86 909.69	88 289.34	90 000.00
白银市	12 052.35	12 039.24	11 839.96	11 977.36	10 980.05	11 600.21	146 173.6	142 616.1	138 935.64	121 658 56	119 715.58	114 997.28
天水市	13 613.64	11 832.26	10 936.62	11 041.06	11 486.01	12 500.19	8 315.44	20 005.05	22 697.35	21 156.43	21 399.04	25 000.23
武威市	11 729.64	7 896.63	8 598.5	8 952.89	9 471.99	11 315.21	7 038.09	19 518.53	17 337.17	19 783.06	21 803.79	24 019.98
张掖市	14 618.74	22 137.34	21 375.97	20 960.11	18 379.37	16 400.00	12 387.1	24 786.88	22 300.43	23 696.03	23 881.22	29 999.86
平凉市	11 576.86	12 959.77	12 392.22	11 800	11 185.14	10 599.54	48 097.95	63 425.26	62 388.4	62 740.62	57 648.00	64 997.12
酒泉市	11 340.16	9 461.79	7 647.75	9 018	9 500.00	10 900.00	11 036.41	20 031	19 356.11	21 368	22 483.00	26 000.06
庆阳市	7 790.52	9 240.1	8 868.1	8 391.12	8 155.80	7 999.68	4 181.34	5 539.61	5 305.6	5 402.25	5 615.64	9 999.70
定西市	5 602.99	6 438.55	6 296.99	5 897.21	5 784.40	6 200.05	2 999.74	4 903.43	4 882.97	4 813.15	5 699.97	8 000.07
陇南市	5 921.14	8 697.76	8 363.53	9 280.53	9 645.00	8 227.61	4 072.36	8 858.08	8 241.77	8 249.79	8 249.00	9 004.84
临夏回族自治州	5 540.63	6 883.19	6 882.4	6 524.42	6 500.00	6 699.99	7 803	1 7965.9	17 945.52	17 619.55	18 606.00	20 000.00
甘南藏族自治州	2 672.49	2 910.29	2 968.82	3 113.07	3 971.99	4 400.00	1 397.08	998.89	2 933.04	2 897.95	2 351.98	4 000.00
甘肃矿区	1 275.39	1 856.45	1 014.06	1 681.25	2 698.51	2 800.00	3 403.36	4 978.11	4 685.9	4 441.06	4 441.16	4 400.00
其他	20 000	—	—	—	—		95 360	—	—	—		—

3. 总量控制落实

根据《甘肃省"十一五"主要污染物减排规划》，"十一五"期间，甘肃省规划实施112项污染减排工程，总投资76.16亿元。其中二氧化硫减排工程17项，投资35.68亿元，削减二氧化硫21.1万吨；化学需氧量减排工程95项，投资40.48亿元，削减化学需氧量9.8万吨，关停小火电机组29台（77.5万千瓦）、关停相关企业或企业集群74个、淘汰落后水泥产能总量为386.8万吨（50条生产线）。截至2010年，已完成规划项目89项，占规划项目总数的79.5%，完成投资58.01亿元，占规划总投资的76.1%，二氧化硫减排项目15项，完成率为88.2%；化学需氧量减排项目74项，完成率77.8%。

截至2010年，经环保部确认减排量的污染减排项目共有179项，其中工程减排项目56项，结构减排项目123项，共削减二氧化硫25.45万吨，削减化学需氧量6.99万吨。经环保部核查确认减排量的项目中，有规划内污染减排工程项目43项，总投资31.499 6亿元。二氧化硫减排项目9个，削减二氧化硫17.07万吨；化学需氧量减排项目34个，削减化学需氧量4.69万吨。环保部核查确认减排量减排规划项目基本情况详见表4–7–7。

表4–7–7

环保部核查确认甘肃省减排量减排规划项目基本情况汇总

主要污染物		项目数/个	投资/万元	削减量/万吨
	火电	5	65 684	7.16
二氧化硫	非电	4	36 150	9.91
	小计	9	101 834	17.07
	工业	16	41 275	0.75
化学需氧量	生活	18	171 887	3.94
	小计	34	213 162	4.69
	合 计	43	213 162	—

在二氧化硫减排方面，火电行业工程减排项目10项，装机容量558.1万千瓦，削减二氧化硫11.78万吨；火电行业结构减排项目14项，装机容量95.3万千瓦，削减二氧化硫3.38万吨；非电力行业工程减排项目4项，

总投资 52 250 万元，削减二氧化硫 9.91 万吨，非电力行业结构减排项目 16 项，削减二氧化硫 0.38 万吨。按照减排量的贡献率排序，分别为火电行业工程减排量占 46.3%，非电力行业工程减排量占 38.9%，火电行业结构减排量占 13.3%，非电力结构减排量占 1.5%。甘肃省“十一五”期间国家确认的二氧化硫减排项目统计表见表 4–7–8，国家确认化学需氧量减排项目统计表见表 4–7–9，二氧化硫减排按照减排量的贡献率见图 4–7–1，化学需氧量减排量的贡献率见图 4–7–2。

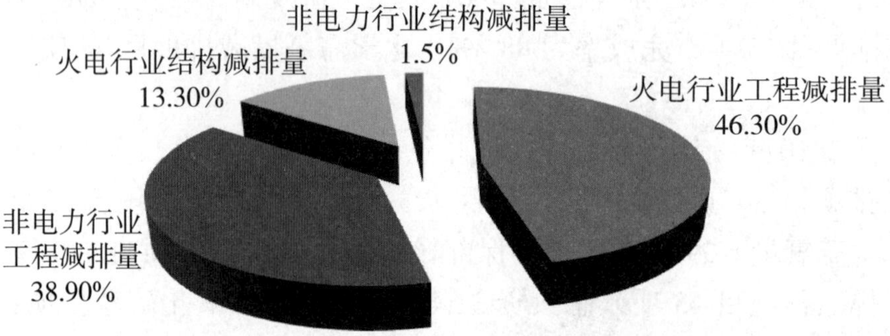

图 4–7–1　甘肃省二氧化硫减排按照减排量的贡献率

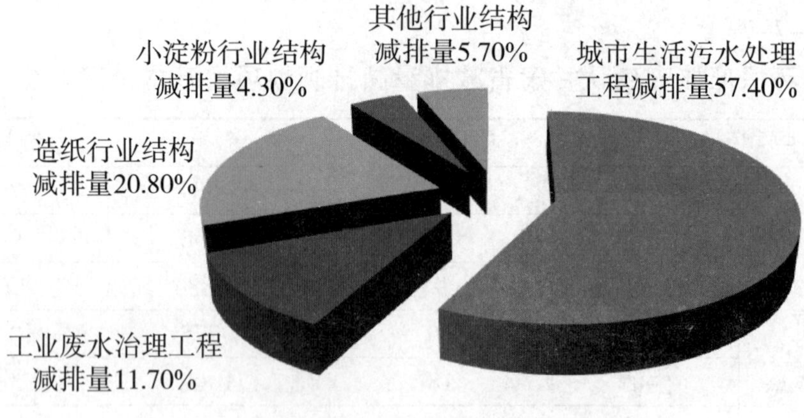

图 4–7–2　甘肃省化学需氧量减排量的贡献率

在化学需氧量减排方面，城市生活污水处理项目 18 项，削减化学需氧量 4.01 万吨；工业废水减排项目 24 项，削减化学需氧量 0.82 万吨；造纸行业结构减排项目 67 项，削减化学需氧量 1.45 万吨；淀粉行业结构减排项目 20 项，削减化学需氧量 0.30 万吨；其他行业结构减排项目 6 项，削减化学

表 4-7-8

甘肃省“十一五”期间国家确认的二氧化硫减排项目统计

减排类型	机组	项目数/个	2006 年减排量/吨	2007 年减排量/吨	2008 年减排量/吨	2009 年减排量/吨	2010 年减排量/吨	总减排量/吨	所占比例/%
火电行业	32	10	10 160	23 887	4 778	27 916.61	51 062.24	117 803.85	46.3
非电力行业	—	4	22 000	22 026	55 085.09	—	—	99 111.09	38.9
火电行业结构	32	14	—	5 796	5 262.87	2 049	20 656.13	33 764	13.3
非电力行业结构	—	16	—	3 302.489	532.44	—	—	3 834.929	1.5
合 计	64	44	32 160	55 011.489	65 658.4	29 965.61	71 718.37	25 4513.869	100

表 4-7-9

甘肃省“十一五”期间国家确认化学需氧量减排项目统计

减排类型	项目数/个	2006 年减排量/吨	2007 年减排量/吨	2008 年减排量/吨	2009 年减排量/吨	2010 年减排量/吨	总减排量/吨	所占比例/%
城市污水处理	18	11 785	4 623.05	6 974.27	9 344.84	7 405.57	40 132.73	57.4
工业废水治理	24	5 808	227.07	997.84	429.91	726.88	8 189.70	11.7
造纸行业结构	67	—	6 358.86	4 775.91	3 256	159	145 49.77	20.8
小淀粉行业结构	20	—	1 258.7	40.2	854	881.27	3 034.17	4.3
其他行业结构	6	—	143.42	10.19	25	3 808.16	3 986.77	5.7
合 计	135	1 7593	12 611.1	12 798.41	13 909.75	12 980.88	69 893.14	100

需氧量 0.40 万吨。按照减排量的贡献率排序，分别为城市生活污水处理工程减排量占 57.4%，造纸行业结构减排量占 20.8%，工业废水治理工程减排量占 11.7%，小淀粉等行业结构减排量占 4.3%，其他行业减排量占 5.7%。

在结构减排方面，关闭不符合国家产业政策小造纸企业 67 家、小淀粉企业及加工点 160 个、小酒精企业 1 家、小化工企业 6 家、小铅冶炼企业 9 家、小石灰企业和石灰窑 297 家，关停小火电机组 104.408 万千瓦。此外，还关闭一批不符合国家产业政策的小钢铁、小水泥、小焦炭、小砖瓦、小电石及小铁合金等企业，2007—2008 年关闭小电石企业 12 家、小铁合金企业 44 家。在工程减排方面，一是以有色金属行业烟气综合治理和燃煤电厂脱硫工程建设为重点，二氧化硫减排取得显著成效。全省已建成脱硫设施的现役燃煤火电机组和新建机组 1 255.1 万千瓦，占总装机容量的 92.1%。二是以工业废水治理和城市污水处理工程为重点，化学需氧量减排取得实效。全省已建成投运并发挥减排作用的有兰州新西部维尼纶有限公司等 24 个重点工业废水治理项目和金昌市等 18 个城市生活污水处理工程。上述重点减排项目的陆续实施，确保了全省主要污染物总量减排年度任务的顺利完成。

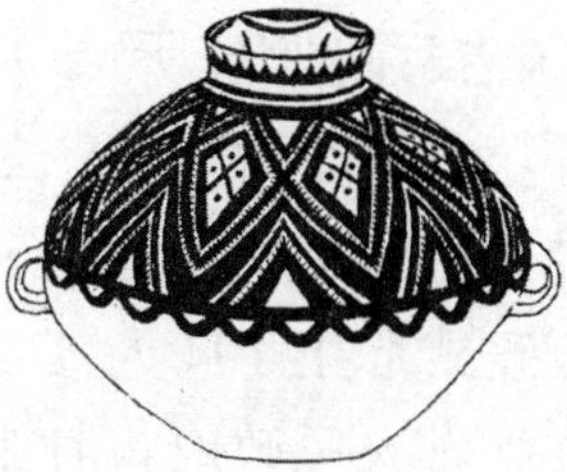

第五篇　环境保护管理

GAN SU SHENG ZHI · HUAN JING BAO HU ZHI

第一章　环境保护管理机构

第一节　甘肃省环境保护厅机构沿革

1991年，甘肃省环保局为省政府工作部门。1990年9月，赵力德任局长；1993年3月，张坤任局长。

1995年5月16日，中共甘肃省委、甘肃省人民政府下发《关于省级党政机构设置及有关问题的通知》（省委发〔1995〕19号），决定保留省环保局，并列入省政府组成部门。

2000年5月13日，中共甘肃省委、甘肃省人民政府下发《关于甘肃人民政府机构设置及有关问题的通知》（省委发〔2000〕24号），将省环保局列入省政府直属机构。截至2007年5月底，根据省政府批准的“三定”方案，省环保局内设机构为：办公室、人事教育处、规划财务处、政策法规宣教处、科技监测处、污染控制处、开发建设与辐射管理处、自然生态保护处和直属单位党委、监察室。局机关共有人员编制 54 名。省环保局直属单位有甘肃省环境监测中心站、甘肃省环境科学设计研究院、甘肃省环境监察局(原甘肃省环境监理所)、甘肃省辐射环境监理站、甘肃省环境信息中心、甘肃省环境宣传教育中心、甘肃省固体废物管理中心、甘肃省环境保护产业协会（甘肃省环境科学学会)、甘肃省环保局统建二号办公楼管理处，直属单位共有正式职工 194 人。

甘肃省人民政府将甘肃省环境保护局重新确定为省政府主管全省环境保护工作的职能部门。截至 2009 年 6 月底，内设办公室、人事教育处、规划财务处、政策法规宣教处、科技监测处、污染控制处、开发建设与辐射管理处、自然生态保护处 8 个职能处（室），另按规定设置机关党委、监察室。局机关共有人员编制 54 名。直属单位包括省环境监测中心站、省环境科学设计研究院、省环境监察局、省核与辐射安全局（原省辐射环境监理站)、省环境信息中心、省环境宣传教育中心、省固体废物管理中心、省环境保护产业协会（省环境科学学会)、省环保局统建二号办公楼管理处 9 家单位。2007 年 12 月，经省编办批准成立省环境工程评估中心。

2009 年 6 月，甘肃省政府机构改革中，组建甘肃省环境保护厅，加挂甘肃省核安全局牌子。新组建的省环境保护厅是主管全省环境保护工作的省政府组成部门。

甘肃省环保厅直属单位包括省环境监测中心站、省环境科学设计研究院、省环境监察局、省核与辐射安全局、省环境信息中心、省环境宣传教育中心、省固体废物管理中心、省环境工程评估中心、省环境保护产业协会(甘肃省环境科学学会) 9 家单位。

2010 年 4 月，经甘肃省编办批准，将甘肃敦煌阳关国家级自然保护区管理局调整为省环保厅直属事业单位。2010 年 6 月，经省编办批准，将甘肃安西极旱荒漠国家级自然保护区管理处调整为省环保厅直属事业单位，并更名为甘肃安西极旱荒漠国家级自然保护区管理局。2010 年 11 月，经省编办批准，成立省环境应急与事故调查中心。2010 年 12 月，经省编办批准，撤销省环保局统建二号办公楼管理处，成立省环境保护厅机关后勤服务中心。

第二节　甘肃省环境保护厅直属机构

一、环境监察局

2007年3月，经甘肃省机构编制委员会甘机编办通字〔2007〕30号文批准，“甘肃省环境监理所”更名为“甘肃省环境监察局”，核定人员编制27名，配备局长1名，副局长2名。

甘肃省环境监察局下设办公室、环境监察一科、环境监察二科、排污费征收稽查科、信访和行政处罚科、监控中心6个科室。

主要职责：贯彻环境保护法律、法规、政策和规章，负责环境保护行政处罚工作，依法对辖区内单位或个人执行环境保护法规的情况进行现场监督、检查；负责主要污染物管理减排的现场核查；负责300兆瓦火电企业排污量与排污费征收、300兆瓦火电企业国控重点污染源自动监控系统的验收与有效性审核；受理环境事件公众举报，负责生态破坏事件、环境污染事故、纠纷的调查处理和突发性事件的环境应急现场处理工作；负责生态环境、农村环保的执法监察；负责环境监察稽查工作；负责建设项目“三同时”执行情况的现场监察工作；建立企业环境监督员制度，并组织实施；负责对污染源自动监控系统的建设、运行和维护等进行检查；负责环境监察人员的业务培训以及承担上级部门委托的其他任务。

二、甘肃省环境监测中心站（见第三篇第一章第一节）

三、甘肃省环境科学设计研究院（见第七篇第一章第一节）

四、甘肃省核与辐射安全局

甘肃省核与辐射安全中心是省环保厅承担核与辐射安全监管技术保障工作的直属事业单位。1992年，经甘肃省编委批准，定名为“甘肃省放射环境监理站”，挂靠省环保研究所；2001年3月，经甘肃省编委批准，正式独立设置，并更名为“甘肃省辐射环境监理站”。2008年4月，更名为“甘肃省核与辐射安全局”。内设办公室、电离辐射监测科、电磁辐射监测科、放射性废物管理科、辐射环境监察科、技术评估科共6个科室。

主要职责：负责全省辐射环境监测网的管理和全省辐射环境质量监测，分析、报告全省辐射环境质量状况和变化趋势；承担全省境内的核设施、铀（钍）矿及伴生放射性矿、放射性同位素与射线装置、电磁辐射项目等污染源的监督性监测；负责伴有辐射建设项目的环评现状监测和竣工验收监测；对放射性物质运输活动过程中的环境安全开展监测；负责辐射污染事故污染状况监测，辐射环境事故应急响应中的应急监测和技术保障，参与事故的调查处理及事故后的环境恢复监督监测，参与解决因辐射污染引起的民事纠纷；承担全省核与辐射类建设项目环境影响评价文件的审评、辐射安全许可证申报文件的技术审查及相关政策研究和咨询；开展辐射环境领域的科研及辐射环保的宣传教育，组织专业技术培训和上岗考核等工作；对市级辐射环境监管监测机构进行业务指导，督促、指导辖区内核设施、铀矿冶运营单位和核技术利用单位开展自主监测；受省环保厅委托开展全省辐射环境监察工作；负责甘肃省放射性废物库管理运行及全省废旧放射源、放射性废物收贮工作。

五、甘肃省环境信息中心

甘肃省环境信息中心成立于1995年3月，为县级事业单位，隶属甘肃省环保厅，负责全省环境信息系统建设、收集、存储、加工处理、开发利用环境信息。核定事业编制10名，领导职数2名，经费由甘肃省环保局解决。2006年，根据甘机编办通字〔2006〕22号文，重新核定为财政全额拨款事业单位，编制不变，内设综合办公室、系统运维室和应用技术室3个科室。截至2010年12月，实有工作人员7人，其中管理人员2人，专业技术人员5人（高级职称1人，中级职称3人，初级职称3人）。

六、甘肃省环境宣传教育中心

甘肃省环境宣传教育中心成立于1982年9月7日，根据《关于环境保护监测站西固分站编制的通知》（甘机编办通字〔1982〕40号），核定事业编制6名。1985年5月，根据甘肃省环境保护局《关于将省监测站西固分站更名为甘肃省环境保护干部培训中心的决定的通知》（甘环〔1985〕032号），更名为“甘肃省环境保护干部培训中心”。1999年，根据甘肃省机构编制委员会办公室《关于给甘肃省环境保护干部培训中心调整编制的通知》(甘机编办通字〔1999〕028号)，调整后人员编制增加至16名（其中自收自支3名）。2000年，根据甘肃省机构编制委员会办公室《关于机构更名的通知》)(甘机编办通字〔2000〕008号)，甘肃省环境保护干部培训中心更名为甘肃省环境宣传教育中心，性质、规格、经费不变。2010年，根据甘肃省机构编制委员会办公室《关于省环境宣传教育中心机构编制的通知》（甘机编办通字〔2010〕98号)，核定处级领导职数2名（其中主任1名、副主任1名)，保留原核定的编制13名事业编制，3名自收自支编制核销。

甘肃省环境宣传教育中心专业技术人员3名，其中副高级1名，中级1名，初级1名。

七、甘肃省固体废物管理中心

2007年3月4日，根据甘肃省机构编制委员会办公室甘机编办通字〔2007〕29号文件精神，决定成立甘肃省固体废物管理中心，中心为事业性质，县级建制。核定事业编制8名，领导职数2名，负责全省固体废物环境管理工作。

主要职责：负责全省固体（危险）废物申报登记管理，建立全省固体废物管理档案及数据库；管理全省固体废物和危险废物转移、交换、处置等活动；管理全省危险（医疗）废物处置单位及其设施运行；参与危险废物经营许可证及废物进出口审批；协助处置突发性危险废物、危险化学品污染事故；开展固体废物管理人员培训。

八、甘肃省环境工程评估中心

2007年12月，经省机构编制委员会办公室甘机编办通字〔2007〕117号文，成立甘肃省环境工程评估中心，为事业性质（自收自支），县级建制，核定事业编制7名，领导职数2名。

主要职责：负责开发建设、自然资源开发建设项目（以下统称建设项目）环境影响技术评估、咨询业务，为环境保护行政主管部门决策提供科学依据；负责建设项目环境影响后评估；承担建设项目清洁生产技术审核、评估；承担建设项目环保设施、措施评估和建设项目环保设施竣工验收的技术评估；承担城市、经济开放区、高新技术开发区、区域总体规划环境影响技术评估；开展发展战略、重大经济政策与规划、重大项目的环境影响调查研究，从环保角度为决策提供对策建议；协助主管部门对在甘肃省开展业务的环评机构进行日常监督和考核；负责全省环境影响评估专家的管理和考核；负责建立省内环境影响评价基础数据库，开展环境影响评价技术方法、数值模拟、复核验算等基础性研究工作；开展地方建设项目环境管理技术政策及相关科学技术研究工作；开展全省范围内的环评从业人员技术指导和培训；承担省环保厅交办的其他工作。

九、甘肃省环境保护产业协会（甘肃省环境科学学会）

甘肃省环境保护产业协会成立于1992年6月24日，其前身为1988年8月28日成立的甘肃省环保工业协会，隶属甘肃省环境保护局。登记管理机关是甘肃省民政厅民间组织管理局，协会接受上述部门的领导、业务指导和监督管理。

甘肃省环保产业协会是甘肃省环境保护科研、设备生产、工程设计、施工、自然保护与资源利用、开发经营、服务等方面的企事业单位以及有关管理部门和个人自愿组成的社会经济技术团体，依法登记，具有社团法人资格的环保产业行业组织，拥有会员单位60多家、个人会员60余人。

协会设立甘肃省环保产业专家委员会及甘肃省环保产业专家库，开展环保技术、产品的评审、环境污染防治工程资质评审、技术咨询和技术服务工作。

甘肃省环境保护厅总工程师齐永强兼任学会理事长。

学会每年开展“甘肃省环境科学技术奖”的评审工作。

学会各专业委员会开展学术交流，活跃学术思想，推动自主创新，促进学科发展。组织环境科技工作者开展重大环境问题调查研究，科学论证，为制定环保发展战略、方针政策、规划计划提供咨询服务和技术信息支持。开展民间环境科技交流，建立和加强各地区各学会组织间的交流与合作。开展科普教育宣传特别是农村科普工作和青少年环境科技教育活动，普及环境科学知识。

协会、学会创办有季刊《甘肃省环保产业暨环境科学通讯》，宣传环保政策法规、标准、新技术、新产品、交流经验、介绍会员单位。

十、甘肃敦煌阳关国家级自然保护区管理局

阳关保护区管理局成立于1992年，1994年晋升为省级自然保护区，2009年晋升为国家级自然保护区。原属甘肃省林业厅领导，2010年4月，改归甘肃省环保厅领导。主要负责荒漠区中特殊成因内陆河流生态系统的保护、野生动植物资源的保护、生态与生物多样性监测、自然资源调查、国家级自然保护区方针政策宣传教育、自然保护科普知识宣传教育、自然保护区生态旅游开发等工作。

十一、甘肃省安西极旱荒漠国家级自然保护区管理局

1987年6月，根据甘肃省人民政府甘政发〔1987〕89号文，建立省级安西荒漠戈壁草地自然保护区。保护区设管理处，为副县级事业单位，由安西县统一领导，省环保局和省畜牧厅给予业务指导。该处与安西县草原工作站合并，“一套人马，两块牌子”。1990年7月6日，根据安政发〔1990〕122号文，批准保护区管理处设置行政办公室、自然资源保护科、安西县草原工作站。

1992年12月27日，根据国务院国函〔1992〕166号文，批准保护区由省级自然保护区晋升为国家级自然保护区，并更名为“甘肃安西极旱荒漠国家级自然保护区”。

2010年6月，保护区管理处改由省环境保护厅直接管理，更名为“甘肃安西极旱荒漠国家级自然保护区管理局”，为省环保厅下属事业单位，处级建制，保留原核定事业编制21名，核定处级领导职数2名。

十二、甘肃省环境应急与事故调查中心

2010年11月30日，甘肃省编办下发《关于成立省环境应急与事故调查中心的通知》（甘机编办通字〔2010〕114号），批准成立甘肃省环境应急与事故调查中心，为省环保厅下属处级建制事业单位，核定事业编制10名，处级领导职数3名。

主要职责：承担全省环境污染事故的预测和预警工作；收集报告、通报、发布环境污染和预警信息；组织实施环境应急响应、调查和处置环境污染事故；调查和评估生态环境污染程度；督促全省环境应急预案制定，指导环境应急演练，开展应急人员培训等工作。

附：甘肃省环保局历任领导干部

局长：
关守信（1979.12—1981.10）
石敏媛（女，1983.10—1985.11）
张普光（1985.12—1990.09）
赵力德（1990.09—1993.03）
张　坤（1993.03—1996.12）
田炳申（1996.12—2000.05）
赵伟民（2000.05—2007.11）
副局长：
崔国权（1979.06—1983.05）
石敏媛（女，1979.08—1983.08；1985.12—1994.11）
赵力德（1985.12—1990.09）
陈天华（1987.02—1998.12）
田炳申（1991.04—1996.12）
吴仁铭（1987.10—1999.03）
赵伟民（1996.12—2000.05）
王新中（1998.04—2008.11）
王家勋（1999.11—2001.03）
张政民（2000.01—2009.06）
张剑鸣（2000.08—2003.12）
楼洪鑫（2005.05—2006.12）
武德凯（2007.06—2009.06）

第二章　污染物控制减排与突发事件应急

第一节　“一控双达标”

1996年，国务院和省政府《关于环境保护若干问题的决定》中明确提出“一控双达标”工作目标。依照目标要求，到2000年，甘肃省所有工业污染源排放污染物要基本达到国家规定的标准；14种主要污染物排放总量控制在国家规定的排放总量指标内；5个省辖市及敦煌市的环境空气、地面水环境质量按功能区分别达到国家规定的标准，以有效遏制甘肃省环境恶化趋势，实现“九五”环境保护目标，促进经济结构调整，转变经济增长方式，实施可持续发展和西部大开发战略，促进环境质量改善，保护人民群众身体健康。

1. 污染物排放控制

“九五”期间，全省国内生产总值由1995年的553亿元上升到2000年的983亿元（预计值），增加77.8%。14种主要污染物排放总量全部控制在预定指标以内，其中二氧化硫、烟尘、工业粉尘、化学需氧量等主要污染物排放总量，到2000年年底比“八五”末期下降5%~20%。

为保证总量控制指标的完成，制定《甘肃省跨世纪绿色工程行动规划》，共有77项治理项目，计划投资90.95亿元，其中大气污染防治项目29项，水污染防治项目27项，固体废物防治项目7项，生态环境保护项目9项，臭氧层保护项目2项，环境监督管理能力建设项目3项。2000年年底，已竣工完成38项，完成投资17.83亿元，年削减二氧化硫7 626吨、烟尘86.95万吨、工业粉尘3.7万吨、化学需氧量5 196吨、重金属275.35吨、破坏臭氧层气体（CFCs）503.5吨。在建项目39项，已完成投资35.3亿元。

2. 工业污染源达标排放

全省纳入考核的工业污染企业有5 306家，实现达标排放的5 037家，达标率为94.9%，实现90%的规定目标。纳入国家重点考核的工业污染企业302家，实现达标排放的271家，达标率为89.7%。

各地、州（市）及甘肃矿区的达标率均超过90%，其中甘肃矿区达到100%，金昌市、酒泉地区、平凉地区、陇南地区、定西地区和临夏州超过95%。

纳入考核的5 306家工业污染企业的主要污染指标中，废水和废气排放达标率分别为59.9%和67.6%，化学需氧量、烟尘、粉尘和二氧化硫的削减量分别为3.586万吨、42.35万吨、16.80万吨和18.66万吨。

纳入国家重点考核的302家工业污染企业的主要污染指标中，废水和废气排放达标率分别为62.7%和66.0%，化学需氧量、烟尘、粉尘和二氧化硫的削减量分别为1.37万吨、36.68万吨、10.19万吨和17.26万吨。

3. 国家重点企业达标

全省有13家企业被列为“全国210家重点企业”，其中，酒泉钢铁公司、中国石油兰州炼化公司、长庆石油勘探局、银光化学工业公司、蓝星兰州机械厂实现达标；兰州连城铝厂、兰州铝业股份有限公司、金川有色金属公司、永登水泥厂结合企业技术改造，加快治理项目施工；甘肃稀土公司的污染治理项目也按进度进行；中国石油兰州石化公司、蓝星兰州日化厂完成治理方案设计。

工业污染企业达标工作目标的完成，一方面是由于加强对污染源的监督管理，加大治理力度，全省经过治理达标的企业有4 286家，占达标企业总数的85.1%；另一方面是由于加大依法关停力度，全省共关停“十五小”“新五小”和淘汰落后生产工艺及自然停产企业751家，占达标企业总数的14.9%。

4. 落后工艺设备淘汰

“九五”期间，按照国家有关产业政策，淘汰和关停603家技术落后、浪费资源、质量低劣、污染环境和不符合安全生产条件的小水泥、小煤矿、小玻璃、小电炉、小火力发电等企业。全省共关闭矿井638处、压产463.6万吨；淘汰小水泥企业115家（总生产能力126.6万吨/年）、8家小玻璃企业（年生产能力86万重量箱）；关停9台小火电机组；清理取缔土炼油296家；淘汰3台（计6吨）转炉、4台（计8吨电炉）和1套轧机。从2000年7月1日起，全省1 219个加油站全部销售无铅汽油，合格率达98%。

全省实现工业污染企业达标工作目标，取得环境保护阶段性工作成果。

为“九五”环保目标的实现做出突出贡献，为污染源从目前的单因子达标向污染物全面达标转变创造条件。

5. 重点城市环境功能区达标

环境空气质量按功能区基本达标的有嘉峪关市和敦煌市，兰州市和白银市则达到市政府制定的阶设性目标；天水市、金昌市空气环境质量未达国家规定的标准；地表水环境质量按功能区达标的有兰州市、白银市、金昌市、嘉峪关市和敦煌市，天水市未达到国家规定的标准；空气和地下水环境质量按功能区都基本达标的有嘉峪关市和敦煌市。

“十五”时期，甘肃省紧紧抓住西部大开发的有利时机，落实国务院重点流域水污染防治工作会议精神，深化“一控双达标”工作，工业生产中发展循环经济，推进清洁生产。围绕 2003 年国务院的“两重”会议精神，加快重点污染源治理步伐，完成中石油兰州石化公司动力厂污水处理厂扩建、催化剂污水治理等一批重点工程。据初步统计，“十五”期间，全省共完成工业污染治理项目 17 个，投资 3.06 亿元，每年削减各类污染物 3.5 万吨。据 2004 年统计结果，全省工业废水排放量 18 292.8 万吨，达标排放量 13 390.4 万吨，工业废水达标率达到 73.2%，工业污染治理工作正从目标总量控制向容量总量控制转变。完成全省地表水环境容量测算，并通过国家环保总局组织的审核验收，为下一步有效开展容量总量控制工作和排污许可证工作奠定基础。全省每年将主要污染物总量指标纳入政府目标责任书，分解落实到市（州），其中 7 个地州市开展排污许可证试点。在全省国民经济年均增长 9%的情况下，全省化学需氧量、氨氮等主要水污染物排放总量分别比“九五”末期下降 8.6%和 3.6%。

6. 化学需氧量减排

“十一五”期间，国家给甘肃省下达的化学需氧量减排目标是：“到 2010 年年底，全省化学需氧量排放总量控制在 16.8 万吨，在 2005 年的基础上削减 1.4 万吨，削减比例为 7.7%。”

“十一五”以来，甘肃省已建成并经环保部确认发挥减排作用的化学需氧量减排项目 135 个，累计削减化学需氧量 6.99 万吨。其中，城市生活污水处理项目 16 个，削减化学需氧量 4.01 万吨，占 57%；工业废水治理工程项目 24 个，削减化学需氧量 0.82 万吨，占 12%；结构减排项目 93 项，削减化学需氧量 2.16 万吨，占 31%。其中，2010 年全省化学需氧量排放量 16.76 万吨，比 2005 年（18.23 万吨）削减 1.47 万吨，削减总量下降 8.05%，完成“十一五”削减目标。

第二节　总量控制和污染减排

一、污染减排工作规划

2007 年 5 月，甘肃省环保局依据《甘肃省国民经济和社会发展第十一个五年规划纲要》和《关于印发〈主要污染物总量减排计划编制指南(试行)〉的通知》(环发〔2007〕90 号)，开展“十一五”污染物总量减排实施方案的编制工作。5 月 21 日，召开全省节能减排电视电话会议。会议上，省长徐守盛发表《突出重点，狠抓落实，确保实现节能减排目标任务》的重要讲话，对全省节能减排工作进行动员和安排部署。5 月 25 日，由省环保局制定的《甘肃省 2007 年主要污染物总量减排计划》经省政府同意批转各地执行。

为全面落实污染减排工作任务，7 月 6—9 日，甘肃省环保局组织召开全省污染减排工作研讨暨培训会议。

9 月 6 日，甘肃省人民政府印发《关于成立甘肃省节能减排工作领导小组的通知》（甘政发〔2007〕45 号），决定成立由省委副书记、省长徐守盛任组长，省委常委、副省长杨志明任副组长，省经委、发改委、环保局等相关部门主要负责人为成员的全省节能减排工作领导小组，以加强对全省节能减排工作的领导。

2008 年 2 月 27 日，甘肃省政府办公厅正式批转省环保局编制的《甘肃省“十一五”主要污染物总量减排规划》。该规划以 2005 年为基准年，规划到 2010 年，甘肃省二氧化硫排放总量控制在 56.3 万吨，其中火电行业不超过 19 万吨，静态削减率为 0；化学需氧量排放总量控制在 16.8 万吨，静态削减率为 7.7%，其中黄河甘肃流域控制在 13 万吨，削减率为 9.1%。3 月 28 日，甘肃省人民政府印发《甘肃省 2008 年主要污染物减排计划》（甘政发〔2008〕16 号）的通知，确定 2008 年全省化学需氧量减排项目 44 个、二氧化硫减排项目 14 个；计划将二氧化硫、化学需氧量排放总量分别控制在

51.27万吨和17.15万吨以内，分别比2007年排放总量下降2%和1.5%；计划削减二氧化硫3.59万吨，削减化学需氧量1.14万吨。8月7日，省政府召开全省节能减排工作领导小组会议，听取上半年全省节能减排工作汇报，分析面临的形势和存在的问题，对后期工作进行安排部署。为进一步促进全省污染减排工作的顺利实施，及时掌握工作进展，确保完成“十一五”减排目标，甘肃省政府要求从8月开始，实行污染减排工作进展情况月调度督察制度。2008年11月14日至2009年2月底，对全省14个市、州及甘肃矿区办事处2008年度污染减排工作完成情况进行年度考核。

2009年2月15日，省环保局在兰州饭店组织召开全省污染减排突出问题任务分解工作会议。省环保局巡视员王新中就全省污染减排突出问题进行通报，针对解决突出问题进行任务分解和工作部署。省政府有关部门、各市州环保局、有关重点企业、省环保局各单位负责人参加会议。

2009年7月29日，在定量评估和定性评估的基础上，甘肃省编制完成《甘肃省环境保护“十一五”规划中期评估报告》（以下简称《报告》）。《报告》显示，2006—2008年，在甘肃省工业化进程进一步加快、全省生产总值年均增长11.3%、第二产业所占比重提高2.9个百分点的前提下，甘肃省万元GDP能耗下降比例分别为2.61%、4.09%和4.53%，化学需氧量和二氧化硫两大污染物排放总量连续3年双下降，年均分别下降2.15%和3.79%。《报告》显示，《甘肃省环境保护“十一五”规划》确定的污染减排、环境质量、污染防治、环保管理能力四大类14项指标中，9项指标达到或超过预期进度，占64.3%；5项指标进展滞后，占35.7%。“4322”环境保护目标进展顺利，大部分指标对照完成。“四个达标”中完成三个，河流水质、饮用水水源地水质和声环境质量项目完成，大气环境除陇南市外均达到国家二级标准；“三个控制”基本得到有效控制；“两个改善”中，兰州、白银、金昌、张掖等城市空气质量得以改善；渭河水质达标，但石羊河、泾河、马莲河河流水质仍未有效改善。“两个确保”全面完成。全省核与辐射环境安全，污染减排任务顺利完成，全省二氧化硫和化学需氧量排放总量连续3年实现双下降，提前完成“十一五”二氧化硫减排任务。

8月31日，甘肃省人民政府在兰州市七里河安宁污水处理厂召开全省污染减排重点项目现场推进会，副省长石军到会并发表重要讲话。省政府副秘书长负建民、省直有关部门负责同志和兰州等5个市（州）政府的分管领导，以及省市有关部门及兰州市七里河安宁污水处理厂等8家重点企业的负责人共50余人参加会议。会议现场检查兰州市七里河安宁污水处理厂建设及运行情况，省环保厅领导向大会通报2009年上半年环保部对甘肃省污染减排核查反馈意见和全省污染减排形势，兰州市政府和酒泉市政府分别就如何加快重点城市污水处理项目建设，确保按时完成污染减排任务做了发言。

2010年5月6日，甘肃省环境保护厅污染物排放总量控制处下发《关于做好2010年污染减排工作和全省主要污染物减排计划项目调度工作的通知》（甘环总量发〔2010〕1号），要求各地于每月结束后的5日内，将本地区上月有关化学需氧量减排、二氧化硫减排及污染减排“三大体系”建设月度进展表（Excel格式）及减排情况说明材料报送省厅，各地污染减排重点项目进展情况于每季度结束后2日内报送省厅。逾期未报的，甘肃省环保厅将在向省政府上报的环保目标责任书季度通报中视为未完成，并在核算各地区年度减排量时，视该地区该月内无新增减排措施，不予计算减排量。同日，甘肃省环境保护厅污染物排放总量控制处下发《关于进一步做好2010年全省污染减排重点项目减排设施运行管理台账工作的通知》（甘环总量发〔2010〕2号），要求凡列入《2010年全省主要污染物减排计划》的有关城市生活污水处理厂、燃煤电厂等重点减排项目和2010年全省新建及结转“三同时”燃煤电厂，必须按照甘肃省环境保护厅《关于进一步规范污染治理设施运行管理台账的通知》（甘环监局〔2009〕71号）要求，尽快建立和完善相关减排设施运行管理台账。并公布需要报送减排设施运行管理台账的2010年全省重点减排项目名单。5月17日，甘肃省环境保护厅完成《“十二五”主要污染物总量控制规划编制技术指南（征求意见稿）》。

2010年6月3日，甘肃省环境保护厅下发《关于协助做好2010年上半年国家污染减排核查准备工作的函》（甘环函发〔2010〕68号），要求各地组织相关部门和企业做好国家污染减排现场核查准备工作，加强污染减排设施运行管理，及时向核查组提供有关减排设施运行管理台账和本地区主要污染物总量减排监测体系建设等相关考核资料。

2010年8月27日，甘肃省政府下发《关于对污染减排重点项目实施预警监控的通知》（以下简称《通知》），决定从同年8月开始，对甘肃省污染减排重点项目实行预警监控，并采取相应的调控措施。《通知》确定实行污染减排重点项目预警监控的范围包括全省10个市（州）的26个污染减排重点项目。预警警示分为蓝色、黄色、橙色和红色4种。对建设项目进展缓慢、已建成运行不正常的污染减排重点项目，进行蓝色预警警示；对环保部和甘肃省环保厅督查发现的存在突出问题的污染减排重点项目，进行黄色警示；对未按期完成整改要求已进行黄色预警警示的污染减排重点项目，进行橙色预警警示；对10月仍然没有完成整改任务的污染减排重点项目，进行红色预警警示。《通知》明确规定，从8月起甘肃省政府对兰州、金昌、天水等10个市（州）的19个污染减排重点项目进行蓝色预警警示，对兰州、酒泉、陇南3个市的7个污染减排重点项目进行黄色预警警示。根据预警警示级别，甘肃省政府有关部门将对受警示项目所属单位和所在市（州）采取通报、整改、挂牌整改、停止新建项目审批权和实行区域限批等一系列惩处措施。《通知》要求各市（州）政府、各有关部门和项目所属单位要强化组织领导、强化工作落实，各有关部门要强化监督考核，进行行政问责，确保预警监控措施的顺利实施。

2010年9月25—30日，根据省政府安排，省环保厅结合三季度全省环保目标责任书及污染减排督查工作，对有关市（州）和企业落实《甘肃省人民政府关于对污染减排重点项目实施预警监控的通知》情况进行现场检查和督察。从现场检查和督查情况来看，各地和各相关企业均已按照省政府要求和制定的整改方案，开展相关整改工作，部分预警项目整改工作取得一定成效。其中，19个蓝色预警项目已基本完成整改任务的14个，占预警项目的73.68%，其余5个项目还在继续整改之中。7个黄色预警污染减排项目中已基本达到整改要求的有3个。同时，为进一步做好全省污染减排工作，督促全省污染减排预警项目尽快发挥减排作用，甘肃省环保厅配合省政府行政效能第三督察组和环保部西北督查中心，分别于9月6日—10月15日、10月9—20日，对兰州、白银、天水、庆阳4市落实年度污染减排工作情况和兰州、白银、张掖、武威、金昌、临夏6市（州）下半年污染减排重点项目建设及运行情况进行督察。

2010年11月23日，甘肃省环保厅完成《全省“十二五”主要污染物总量控制规划（初稿）》（以下简称《规划》）编制工作。在《规划》初稿的编制过程中，甘肃省环保厅充分考虑“十二五”期间全省经济社会发展对主要污染排放总量指标的需求，特别是循环经济发展基地、河西新能源基地、陇东煤电化基地和有色冶金新材料基地四大基地对主要污染物总量控制指标的需求。同时，为保证在经济快速发展的同时，确保全省主要污染物排放总量继续得到有效控制，甘肃省环保厅组织各地对“十二五”污染减排项目进行充分挖潜，在此基础上，初步确定并向环保部上报“十二五”期间甘肃省二氧化硫、化学需氧量、氮氧化物和氨氮4项主要污染物排放总量控制指标。“十二五”期间，甘肃省初步规划实施的污染减排项目共789个，规划总投资115.96亿元。其中，规划实施的大气物污染减排项目392个，投资44.25亿元，预计削减二氧化硫14.22万吨，削减氮氧化物10.33万吨；规划实施的水污染物减排项目397个，投资71.71亿元，预计削减化学需氧量14.45万吨，氨氮1.6万吨。

为加强污染减排工作控制管理，2010年甘肃省环保厅新设立主要污染物排放总量控制处。

二、污染减排工作成效

“九五”“十五”期间，随着全省乡镇企业的蓬勃发展和工业企业改革，甘肃经济保持长期两位数高速发展。随着循环经济的大力推广和清洁生产的认真实施，以及环境保护意识的加强，节能减排工作初见成效。2006年，在全省经济增长11.4%的情况之下，二氧化硫排放总量为54.6万吨，比2005年削减1.7万吨，削减率为3.02%；化学需氧量排放总量为17.8万吨，比2005年削减0.4万吨，削减率为2.2%。

“十一五”期间，国家环保总局给甘肃省下达的主要污染物总量指标是：到2010年二氧化硫排放量控制在56.3万吨（其中电力行业控制在19万吨）；化学需氧量控制在16.8万吨（其中黄河流域削减1.3万吨）。要完成以上目标需削减二氧化硫15.4万吨、化学需氧量8.98万吨。

根据《甘肃省“十一五”环境保护规划》和2007年目标任务：2007年全省二氧化硫、化学需氧量排放总量计划在2006年基础上分别削减2%以上。完成27个重点减排工程，削减二氧化硫9.41万吨，削减化学需氧量4.37万吨。

经过全省上下一致努力，2007年度二氧化硫排放量52.32万吨，化学需氧量排放量 17.41 万吨，分别比 2005 年下降 7.07%和 4.35%。二氧化硫排放量比 2006 年（54.6 万吨）下降 4.18%；化学需氧量排放量比 2006 年（17.8 万吨）下降 2.2%。完成年初省政府确定的两项主要污染物减排 2%的目标。全省 14 个市（州）及甘肃矿区均完成污染减排年度目标任务。其中，金昌市、白银市、张掖市和天水市两项主要污染物排放总量减排比例在 2%以上。全省 11 个地区的两项主要污染物排放总量有所下降或未新增排放量，其余地区主要污染物排放总量均控制在 2007 年度计划指标之内。2007 年，全省各地共完成二氧化硫减排项目 89 个，化学需氧量减排项目 71 个。其中，建成并投用脱硫设施的燃煤机组 10 台，装机容量 257 万千瓦；关停 10 万千瓦以下小火电机组 9 台，装机容量 27.8 万千瓦；新增城市生活污水处理能力 23 万吨/日，新增实际处理生活污水量 10 万吨/日；关停造纸麦草制浆生产线和企业 70 家，产能 22.87 万吨/年。

根据甘肃省 2008 年度减排目标：全省二氧化硫排放总量计划控制在 51.27 万吨以内，削减率为 2%；全省化学需氧量排放总量计划控制在 17.15 万吨以内，削减率为 1.5%。计划削减二氧化硫 3.59 万吨，其中存量 1.05 万吨，增量 2.54 万吨；削减化学需氧量 1.14 万吨，其中存量 0.26 万吨，增量 0.88 万吨。为保证完成 2008 年污染减排目标任务，计划安排化学需氧量减排项目 44 个，其中工程减排项目 39 个，结构减排项目 1 个，管理减排项目 4；二氧化硫减排项目 14 个，其中，工程减排项目 4 个，结构减排项目 4 个，管理减排项目 6 个。据年度统计，全省二氧化硫排放量 50.15 万吨，比 2007 年下降 4.17%，比 2005 年下降 10.95%；化学需氧量排放量 17.05 万吨，比 2007 年下降 2.06%，比 2005 年下降 6.31%。在结构减排方面，全省关闭不符合国家产业政策小造纸企业 65 家、小淀粉企业及加工点 146 家、小酒精企业 1 家、小化工企业 6 家、小铅冶炼企业 9 家、小石灰企业和石灰窑 297 家，关停小火电机组 23 台 51.9 万千瓦。同时关闭一批不符合国家产业政策的小钢铁、小水泥、小焦炭、小电石及小铁合金等企业，仅 2007—2008 年，就关闭小电石企业 12 家、小铁合金企业 44 家。在工程减排方面，一是以有色金属行业烟气综合治理和燃煤电厂脱硫工程建设为重点，二氧化硫减排取得显著成效。截至 2008 年年底，全省建成并发挥二氧化硫减排作用的重点减排工程 12 项。全省建成脱硫设施的现役燃煤火电机组和新建机组 645 万千瓦，占全省现有火电装机容量的72.2%。二是以工业废水治理和城市污水处理工程为重点，化学需氧量减排取得实效。截至2008年年底，全省建成投运并发挥减排作用的有平凉百兴集团公司废水治理工程等20个重点工业废水治理项目和金昌市等15个城市生活污水处理工程。

根据甘肃省政府2009年减排计划目标，全省二氧化硫排放总量计划控制在51.15万吨以内，比2008年（50.15万吨）上升2%；化学需氧量排放总量计划控制在16.79万吨以内，比2008年（17.05万吨）下降1.5%。为保证完成年度污染减排目标任务，计划安排化学需氧量减排项目52个，其中，工程减排项目43个，结构减排项目2个，管理减排项目7个；二氧化硫减排项目18项，其中，工程减排项目7个，结构减排项目4个，管理减排项目7个。经过努力，2009年度全省二氧化硫排放量为50.03万吨，比2008年（50.15万吨）下降0.24%，比2005年下降11.14%；化学需氧量排放量为16.82万吨，比2008年（17.05万吨）下降1.33%，比2005年下降7.56%。经省环保厅核查确认，2009年，各市（州）发挥减排效益的污染减排项目共54个。其中，二氧化硫减排项目22个，化学需氧量减排项目32个，共减排二氧化硫6.243 8万吨，减排化学需氧量1.329 6万吨。与2008年相比，全省有3个城市的两项主要污染物排放总量双下降，有3个市（州）的二氧化硫排放量有所下降，有8个市（州）的化学需氧量排放量有所下降。

根据甘肃省政府2010年减排计划目标，全省二氧化硫将控制在55.60万吨（其中火电行业不超过17.58万吨），静态削减0.66万吨，削减比例为1.17%；化学需氧量将控制在16.65万吨，静态削减总量1.58万吨，削减比例8.67%（其中黄河甘肃流域静态削减1.38万吨，削减比例为11.43%）。2010年度内，甘肃省坚持环保优先方针，以改善环境质量、维护环境安全为根本，继续深入推进重点流域区域污染防治、农村环境保护和生态环境保护工作，不断强化环境监督管理与环境预警体系，确保全省主要污染物减排目标顺利完成，总体环境质量不断改善。

“两控区”城市二氧化硫污染情况列入国家“二氧化硫控制区”的4个城市中，兰州市、白银市、张掖市二氧化硫年均值已达到国家二级标准；金昌市二氧化硫超过二级标准，但逐年减轻。4个城市二氧化硫年均值与2005年相比均有不同程度的下降，二氧化硫污染有所减轻。金昌市二氧化硫年均值逐年下降，2010 年年均值与 2005 年相比下降 34.8%；白银市、张掖市二氧化硫污染呈现先降后升的趋势，在 2008 年年均浓度最低，2009 年、2010 年有所上升，但与 2005 年相比，二氧化硫年均值分别下降 69.5%和 32.8%；兰州市，2010 年年均值与 2005 年相比下降 16.2%。全省发挥减排作用的污染减排项目 25 个，其中化学需氧量减排项目 17 个，二氧化硫减排项目 8 个，共削减二氧化硫 5.44 万吨，削减化学需氧量 1.171 万吨。

截至 2010 年，全省二氧化硫排放量 55.18 万吨（其中，火电行业排放量 16.59 万吨），比 2005 年下降 1.99%；化学需氧量排放量为 16.76 万吨(其中，黄河流域排放量为 10.67 万吨)，比 2005 年下降 8.05%。国家给甘肃下达的“十一五”污染减排任务全面完成，两项约束性指标均达到总量控制目标。“十一五”期间减排目标完成情况详见表 5–2–1。

表 5–2–1

“十一五”期间甘肃省减排目标完成情况

年度	二氧化硫	化学需氧量	年度	二氧化硫	化学需氧量
2005	56.3	18.23	2008	50.15	17.05
2006	54.6	17.8	2009	50.03	16.82
2007	52.32	17.41	2010	55.18	16.76

三、重点行业污染减排

电力、热力的生产和供应业，有色金属冶炼业、黑色金属冶炼业、非金属矿物制品业（建材）、化学原料制造业、造纸行业、化学原料制造业是甘肃省主要污染物排放行业。“十一五”以来，造纸行业是甘肃省化学需氧量减排成效最大行业，2010 年与 2006 年相比，全行业削减化学需氧量 20 708.03 吨，占全省已减排总量的 29.6%；其次是化学原料制造业，2010 年与 2005 年相比，全行业削减化学需氧量 18 583.3 吨，占全省已减排总量的 26.5%，其他行业如电力、热力的生产和供应业、有色金属冶炼业、非金属矿物制品业（建材）、石油加工业、造纸行业、纺织行业、石油天然气开采行业等均有不同程度的下降，黑色金属冶炼业、饮料制造业化学需氧量排放量有所增加。

有色金属冶炼业二氧化硫减排成效最大，2010年削减117 962.28吨，占全省已减排总量的46.3%，其次是电力、热力的生产和供应业，削减56 182.75吨。“十一五”期间甘肃省主要行业分年度主要污染物排污情况见表5–2–2。

表5–2–2

“十一五”期间甘肃省主要行业分年度主要污染物排污情况

行业名称	化学需氧量排放量/吨					
	2005年	2006年	2007年	2008年	2009年	2010年
电力、热力的生产和供应	776.75	1 001.23	610.52	487.07	440.23	377.44
黑色金属冶炼	746.73	941.14	996.73	933.27	1 734.25	1 791.40
有色金属冶炼	4 992.00	4 753.33	3 103.82	2 917.53	2 387.41	2 274.96
非金属矿物制品业（建材）	266.45	271.33	188.75	228.87	247.86	190.19
石油加工	1 172.32	1 952.99	1 282.17	1 041.9	838.07	766.48
化学原料制造	22 324.76	2 445.41	3 065.99	2 855.05	3 741.46	3 814.68
造纸	10 639.83	28 387.1	17 415.69	15 578.69	8 958.91	7 679.07
纺织	517.49	425.60	364.93	352.05	177.1	234.24
农副食品加工	7 784.12	4 126.92	3 937.15	6 444.25	5 794.47	7 888.04
饮料制造	2 871.21	2 106.18	2 491.37	1 933.33	7 000.68	6 615.40
石油天然气开采	581.10	309.12	336.35	416.46	394.36	384.07
合计	52 672.76	46 720.35	33 793.47	33 188.47	31 714.8	32 015.97

甘肃省二氧化硫、化学需氧量排放主要集中在兰州、嘉峪关、金昌、白银、天水、武威、张掖、平凉、酒泉9市。2010年，9市化学需氧量排放量为131 406.75吨，占全省排放量的78.4%；二氧化硫排放量为496 412.22吨，占全省排放量的90.1%。化学需氧量排放量前5名的地区是兰州、张掖、天水、白银、武威市，5市排放化学需氧量为98 515.61吨，占全省排放量的58.8%；二氧化硫排放量前5名的地区是白银、兰州、金昌、平凉和张掖，5市二氧化硫排放量为396 394.14吨，占全省排放量的71.8%。

四、总量控制

“九五”期间，《甘肃省“九五”期间主要污染物排放总量控制计划》

目标任务大部分得到落实。到2000年年底，全省二氧化硫、烟尘、工业粉尘、化学需氧量、石油类、重金属等14种主要污染物的排放总量分别比“八五”末期大幅下降（见表5–2–3）。

表5–2–3

“九五”期间甘肃省总量控制指标完成情况

指标	单位	1995年实际数	2000年环境统计	2000年目标值	2000年比1995年减少/%
二氧化硫	万吨	43.01	36.84	42.30	14.35
烟尘	万吨	35.05	17.05	36.10	51.36
工业粉尘	万吨	16.04	14.54	15.75	9.35
化学需氧量	万吨	15.62	13.65	15.36	12.61
石油类	吨	1 465	867	1 367	40.82
汞	吨	1.28	0.34	1.26	73.44
镉	吨	18.65	14.75	18.54	20.91
六价铬	吨	14.10	3.44	10.62	75.60
砷	吨	97.65	87.37	96.53	10.53
铅	吨	236	91.70	226	61.14
氰化物	吨	25.01	6.86	24.38	72.57
挥发酚	吨	108.00	70.11	100.00	35.08
氟化物	吨	3 558	3 000	3 800	15.68
工业固体废物	万吨	95.52	67.66	92.36	29.17

根据《甘肃省“十一五”主要污染物减排规划》（以下简称《规划》），“十一五”期间，甘肃省规划实施112个污染减排工程，总投资76.16亿元。其中二氧化硫减排工程17个，投资35.68亿元，削减二氧化硫21.1万吨；化学需氧量减排工程95个，投资40.48亿元，削减化学需氧量9.8万吨；关停小火电机组29台（77.5万千瓦），关停相关企业或企业集群74个，淘汰落后水泥产能总量为386.8万吨（50条生产线）。截至2010年，共完成《规划》项目89个，占规划项目总数的79.5%；完成投资58.01亿元，占《规划》总投资的76.1%；二氧化硫减排项目15个，完成率为88.2%；化学需氧量减排项目74个，完成率为77.8%。“十一五”期间甘肃省各地区分年度主要污染物排放情况见表5–2–4。

表 5-2-4

“十一五”期间甘肃省各地区分年度主要污染物排放情况

地区	化学需氧量排放量 / 吨						二氧化硫排放量 / 吨					
	2005 年	2006 年	2007 年	2008 年	2009 年	2010 年	2005 年	2006 年	2007 年	2008 年	2009 年	2010 年
甘肃省	182 298.9	178 082.1	174 142.7	170 541.6	168 097.18	167 569.86	562 552.3	546 029.5	523 249.99	501 536.33	500 305.71	551 784.94
兰州市	50 194.24	51 215.87	51 720.67	49 054.01	47 897.00	46 800.00	71 167.27	83 900.35	78 186.98	82 108.21	80 930.00	96 400.00
嘉峪关市	1 618.08	1 998.24	2 676.49	1 659.45	2 841.91	3 691.6	16 497.58	19 464.5	19 328.1	18 692	19 191.99	24 997.80
金昌市	6 752.35	12 514.6	12 560.6	11 191.08	9 600.00	7 600.00	122 594.9	109 037.8	98 725	86 909.69	88 289.34	90 000.00
白银市	12 052.35	12 039.24	11 839.96	11 977.36	10 980.05	11 600.21	146 173.6	142 616.1	138 935.64	121 658.56	119 715.58	114 997.28
天水市	13 613.64	11 832.26	10 936.62	11 041.06	11 486.01	12 500.19	8 315.44	20 005.05	22 697.35	21 156.43	21 399.04	25 000.23
武威市	11 729.64	7 896.63	8 598.5	8 952.89	9 471.99	11 315.21	7 038.09	19 518.53	17 337.17	19 783.06	21 803.79	24 019.98
张掖市	14 618.74	22 137.34	21 375.97	20 960.11	18 379.37	16 400.00	12 387.1	24 786.88	22 300.43	23 696.03	23 881.22	29 999.86
平凉市	11 576.86	12 959.77	12 392.22	11 800	11 185.14	10 599.54	48 097.95	63 425.26	62 388.4	62 740.62	57 648.00	64 997.12
酒泉市	11 340.16	9 461.79	7 647.75	9 018	9 500.00	10 900.00	11 036.41	20 031	19 356.11	21 368	22 483.00	26 000.06
庆阳市	7 790.52	9 240.1	8 868.1	8 391.12	8 155.80	7 999.68	4 181.34	5 539.61	5 305.6	5 402.25	5 615.64	9 999.70
定西市	5 602.99	6 438.55	6 296.99	5 897.21	5 784.40	6 200.05	2 999.74	4 903.43	4 882.97	4 813.15	5 699.97	8 000.07
陇南市	5 921.14	8 697.76	8 363.53	9 280.53	9 645.00	8 227.61	4 072.36	8 858.08	8 241.77	8 249.79	8 249.00	9 004.84
临夏回族自治州	5 540.63	6 883.19	6 882.4	6 524.42	6 500.00	6 699.99	7 803	17 965.9	17 945.52	17 619.55	18 606.00	20 000.00
甘南藏族自治州	2 672.49	2 910.29	2 968.82	3 113.07	3 971.99	4 400.00	1 397.08	998.89	2 933.04	2 897.95	2 351.98	4 000.00
甘肃矿区	1 275.39	1 856.45	1 014.06	1 681.25	2 698.51	2 800.00	3 403.36	4 978.11	4 685.9	4 441.06	4 441.16	4 400.00
其他	20 000	—	—	—	—	—	95 360	—	—	—	—	—

截至 2010 年，经环保部确认减排量的污染减排项目共有 179 个，其中工程减排项目 56 个，结构减排项目 123 个，共削减二氧化硫 25.45 万吨，削减化学需氧量 6.99 万吨。经环保部核查确认减排量的项目中，有《规划》内污染减排工程项目 43 个，总投资 31.499 6 亿元。二氧化硫减排项目 9 个，削减二氧化硫 17.07 万吨；化学需氧量减排项目 34 个，削减化学需氧量 4.69 万吨。环保部核查确认减排量减排规划项目基本情况见表 5–2–5。

表 5–2–5

环保部核查确认甘肃省减排量减排规划项目基本情况汇总

主要污染物	项目数/个	投资/万元	削减量/万吨
二氧化硫	9	101 834	17.07
火电	5	65 684	7.16
非电	4	36 150	9.91
化学需氧量	34	213 162	4.69
工业	16	41 275	0.75
生活	18	171 887	3.94
合 计	86	629 992	—

在二氧化硫减排方面，火电行业工程减排项目 10 个，装机容量 558.1 万千瓦，削减二氧化硫 11.78 万吨；火电行业结构减排项目 14 个，装机容量 95.3 万千瓦，削减二氧化硫 3.38 万吨；非电力行业工程减排项目 4 个，总投资 52 250 万元，削减二氧化硫 9.91 万吨，非电力行业结构减排项目16 项，削减二氧化硫 0.38 万吨。按照减排量的贡献率排序，分别为火电行业工程减排量占 46.3%，非电力行业工程减排量占 38.9%，火电行业结构减排量占 13.3%，非电力结构减排量占 1.5%。甘肃省“十一五”期间国家确认的二氧化硫减排项目统计表见表 5–2–6，国家确认化学需氧量减排项目统计表见表 5–2–7，二氧化硫减排按照减排量的贡献率见图 5–2–1，化学需氧量减排量的贡献率见图 5–2–2。

在化学需氧量减排方面，城市生活污水处理项目 18 个，削减化学需氧量 4.01 万吨；工业废水减排项目 24 个，削减化学需氧量 0.82 万吨；造纸行业结构减排项目 67 个，削减化学需氧量 1.45 万吨；淀粉行业结构减排项目

表 5-2-6

甘肃省“十一五”期间国家确认的二氧化硫减排项目统计

减排类型	机组	项目数/个	2006 年减排量/吨	2007 年减排量/吨	2008 年减排量/吨	2009 年减排量/吨	2010 年减排量/吨	总减排量/吨	所占比例/%
火电行业	32	10	10 160	23 887	4 778	27 916.61	51 062.24	117 803.85	46.3
非电力行业	—	4	22 000	22 026	55 085.09	—	—	99 111.09	38.9
火电行业结构	32	14	—	5 796	5 262.87	2 049	20 656.13	33 764	13.3
非电力行业结构	—	16	—	3 302.489	532.44	—	—	3 834.929	1.5
合 计	64	44	32 160	55 011.489	65 658.4	29 965.61	71 718.37	254 513.869	100

表 5-2-7

甘肃省“十一五”期间国家确认化学需氧量减排项目统计

减排类型	项目数/个	2006 年减排量/吨	2007 年减排量/吨	2008 年减排量/吨	2009 年减排量/吨	2010 年减排量/吨	总减排量/吨	所占比例/%
城市污水处理	18	11 785	4 623.05	6 974.27	9 344.84	7 405.57	40 132.73	57.4
工业废水治理	24	5 808	227.07	997.84	429.91	726.88	8 189.70	11.7
造纸行业结构	67	—	6 358.86	4 775.91	3 256	159	14 549.77	20.8
小淀粉行业结构	20	—	1 258.7	40.2	854	881.27	3 034.17	4.3
其他行业结构	6	—	143.42	10.19	25	3 808.16	3 986.77	5.7
合 计	135	17 593	12 611.1	12 798.41	13 909.75	12 980.88	69 893.14	100

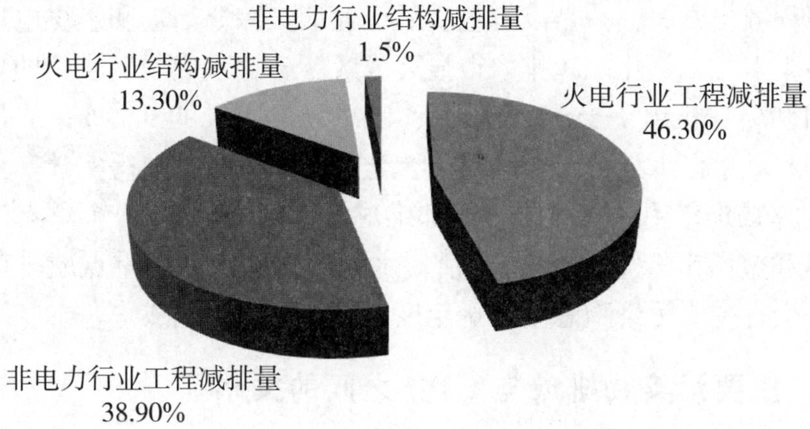

图 5-2-1　甘肃省二氧化硫减排按照减排量的贡献率

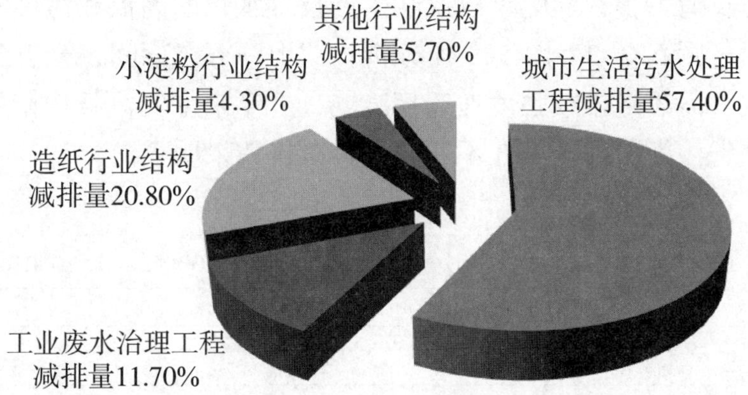

图 5-2-2　甘肃省化学需氧量减排量的贡献率

20 项，削减化学需氧量 0.30 万吨；其他行业结构减排项目 6 项，削减化学需氧量 0.40 万吨。按照减排量的贡献率排序，分别为城市生活污水处理工程减排量占 57.4%，造纸行业结构减排量占 20.80%，工业废水治理工程减排量占 11.70%，小淀粉等行业结构减排量占 4.30%，其他行业减排量占 5.70%。

在结构减排方面，甘肃省关闭不符合国家产业政策小造纸企业 67 家、小淀粉企业及加工点 160 家、小酒精企业 1 家、小化工企业 6 家、小铅冶炼企业 9 家、小石灰企业和石灰窑 297 个，关停小火电机组 104.408 万千瓦。此外，还关闭一批不符合国家产业政策的小钢铁、小水泥、小焦炭、小砖瓦、小电石及小铁合金等企业，2007—2008 年关闭小电石企业 12 家、小铁合金企业 44 家。

在工程减排方面，一是以有色金属行业烟气综合治理和燃煤电厂脱硫工程建设为重点，二氧化硫减排取得显著成效。全省建成脱硫设施的现役燃煤火电机组和新建机组 1 255.1 万千瓦，占总装机容量的 92.1%；二是以工业废水治理和城市污水处理工程为重点，化学需氧量减排取得实效。全省建成投运并发挥减排作用的有兰州新西部维尼纶有限公司等 24 个重点工业废水治理项目和金昌市等 18 个城市生活污水处理工程。由于重点减排项目的陆续实施，全省主要污染物总量减排年度任务得以顺利完成。

五、主要污染物排放与 GDP 之间的关系

通过对单位 GDP 的污染物排放量计算分析，可以反映单位新创造经济价值的环境负荷大小，同时可以反映生产技术水平的高低和污染物治理能力的大小。通过图 5–2–3、图 5–2–4 分析，“十一五”期间，全省各市、州二氧化硫和化学需氧量排放强度在逐年减弱，五年来主要污染物排放强度的变化，表明全省污染治理能力在不断提升，减排效果明显。

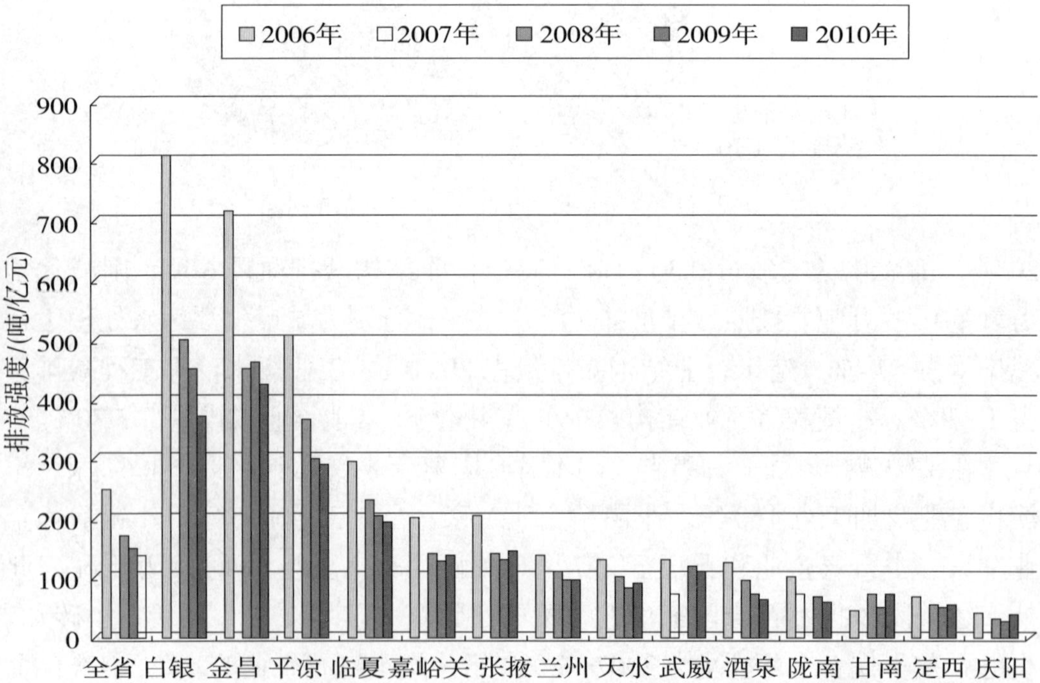

图 5–2–3 “十一五”期间甘肃省各市（州）二氧化硫排放强度变化

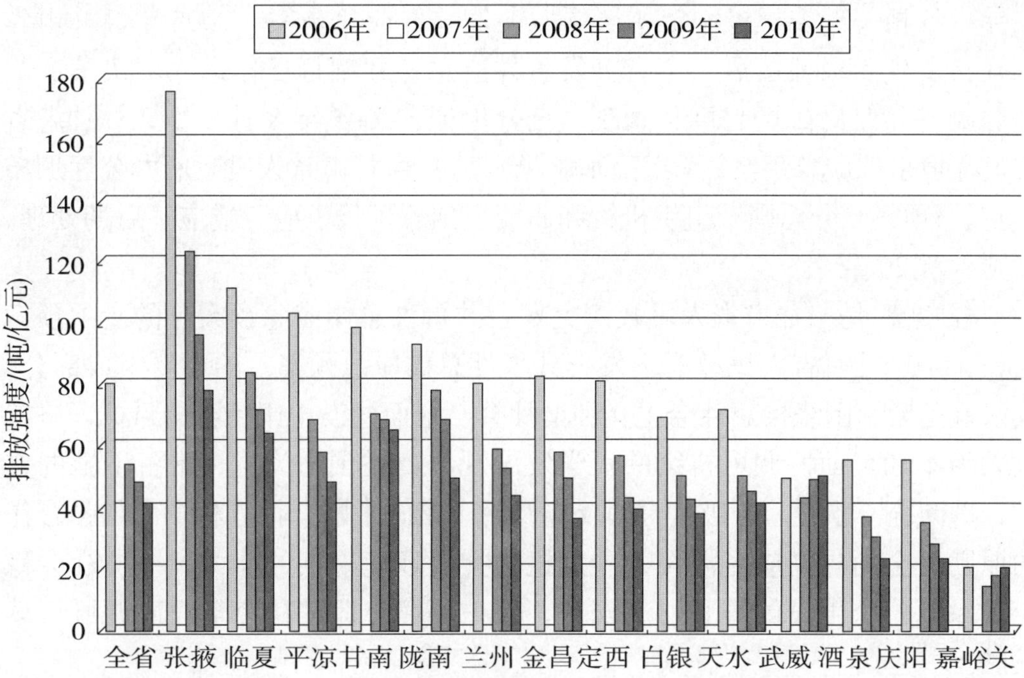

图 5-2-4 “十一五”期间甘肃省各市（州）化学需氧量排放强度变化

截至2010年，甘肃省二氧化硫排放总量为55.18万吨（火电行业排放量16.59万吨），化学需氧量排放总量为16.76万吨（黄河流域排放量10.67万吨）。经环保部确认的污染减排量项目179个，共计削减二氧化硫25.45万吨、化学需氧量6.99万吨，两项指标分别比“十一五”末期下降1.99%和8.05%。国家给甘肃下达的“到2010年，全省二氧化硫排放总量控制在2005年的56.3万吨之内（其中火电行业不超过19万吨），化学需氧量排放总量控制在16.8万吨，削减率为7.7%（其中黄河流域控制在13万吨，削减率为9.1%）”的减排任务全面完成，两项约束性指标全部达到削减目标。

第三节　突发环境事件应急预案

2003年，全国暴发SARS公共卫生安全事件，引起全国上下极度恐慌，造成巨大的社会危害和社会损失。同时引起中央高层和相关部门的高度重视和深刻反思。于是，各种突发事件应急工作预防被提上议事日程，由国务院主导，各相关部委积极制定所属领域突发事件应急预案。2005年，甘肃省永登县发生5级地震后，全省突发事件应急预案制订工作进入"快车道"。经甘肃省环保局认真起草、修改，充分论证，2005年8月3日，《甘肃省突发环境事件应急预案》（以下简称《预案》）由甘肃省人民政府办公厅颁布实施。《预案》分总则、组织机构和职责、预测预报、应急响应、后期处理、附则六章20条。

《预案》是《甘肃省人民政府突发公共事件总体应急预案》的专项预案之一，是《甘肃省人民政府突发公共事件总体应急预案》的重要组成部分，其宗旨是紧紧围绕构建社会主义和谐社会、全面建设小康社会的目标，坚持以人为本和全面协调可持续的科学发展观，遵循预防为主、常备不懈的方针，贯彻统一领导、分级负责、反应及时、措施果断、依靠科学、加强合作的原则，全面提高应对涉及公共危机的突发环境事件的能力，维护社会稳定，保障公众生命健康和财产安全，保护环境，促进社会全面协调可持续发展。

《预案》提出成立甘肃省突发环境事件应急指挥部，负责领导、组织和协调全省突发环境事件应急工作。由主管副省长任总指挥，省政府主管副秘书长和省环保局局长任副总指挥，省公安厅、省财政厅、省建设厅、省交通厅、省水利厅、省农牧厅、省林业厅、省卫生厅、省气象局等有关部门和单位的主要负责人为成员。

突发环境事件应急队伍主要由环境监理部门、核与辐射监理部门和环境监测部门组成，指挥部办公室设在省环保局，主要负责省应急指挥部的日常工作，协调联络省应急指挥部各成员单位，组织协调、落实全省的突发环境事件应急工作。

《预案》提出各类污染事件的处置措施。水环境污染事件的处置，按国家环保总局制定的《黄河敏感河段水环境应急预案》及相关水域水环境污染事件应急预案组织实施；危险化学品及废弃化学品污染事件的处置，按国家环保总局制定的《危险化学品、废弃化学品突发环境保护事件应急预案》组织实施；城市光化学烟雾污染事件的处置，按国家环保总局制定的《城市光化学烟雾污染事件应急预案》组织实施；生物物种安全环境事件的处置，按国家环保总局制定的《生物物种安全环境应急预案》组织实施；船舶、港口污染突发事件的处置，按交通部制定的《中国船舶污染应急计划》组织实施；放射性同位素、放射源、放射性废物辐射事件的处置，按国家环保总局制定的《核与辐射突发事件应急预案》组织实施。

应急响应规定，突发环境事件发生后，地方各级人民政府应当在接到报告后1小时内向上一级人民政府报告。省人民政府在接到报告后1小时内，向国务院及国家环保总局报告。突发环境事件应急响应坚持属地原则。按突发环境事件的可控性、严重程度和影响范围，突发环境事件的应急响应分为特大（Ⅰ级响应）、重大（Ⅱ级响应）、较大（Ⅲ级响应）、一般（Ⅳ级响应）四级。突发环境事件已经发生，达到Ⅳ级预警标准时，由县级人民政府负责发布预警公告；达到Ⅲ级预警标准时，由市（州）人民政府负责发布预警公告；达到Ⅱ级预警标准时，由省人民政府负责发布预警公告；达到Ⅰ级预警标准时，由省人民政府根据国务院授权负责发布预警公告。超出本级应急处置能力时，应及时请求上一级应急求援指挥机构启动上一级应急预案。Ⅰ级应急响应由省应急指挥部请求全国环境保护部际联席会议启动国家突发环境事件应急预案。

《预案》同时确定应急准备、应急救援、处置措施、应急终止等程序。

《预案》为全省突发环境事件的快速高效处置奠定了基础。嗣后，各基层环保部门按照省局统一部署，均制定各属地应急预案，在未来环境事件处置中发挥积极作用。

“十一五”期间，甘肃省积极应对环境突发事故，妥善处置徽县血铅事件、中石油兰州石油化工厂316罐区爆炸事故、兰州飞龙化工公司挥发性有机物泄漏、汶川地震、舟曲特大山洪泥石流灾害、“8·12”天水秦州区、陇南成县洪水灾害、“12·6”硝酸罐车泄漏等30多起环境突发事件，有效保障环境安全。特别是在应对舟曲特大山洪泥石流灾害和陇南成县洪水灾害中，第一时间启动环境突发事件应急预案；省、市、县三级环境监察人员第一时间进入救灾现场；实施24小时领导带班值守制度；全面开展环境隐患排查；及时向省抢险救灾指挥部、后方指挥部报送信息、建议。在重大灾害面前，充分体现环境监察人员科学应对、快速反应和不畏艰难、无私奉献的工作品质，得到各级领导的高度评价。

“十一五”期间，甘肃省环境监察系统开展饮用水水源地保护区、重金属、尾矿库、重点行业企业环境安全隐患以及危险化学品排查，督促重点污染企业开展环境污染隐患自查，制定环境应急预案。加强环境应急管理培训，建立环境应急常备机制和环境应急值班制度，初步落实应急人员、装备、物资和措施，确保预警机制到位，做到防患于未然。进一步加强环境应急管理工作，落实编制与人员，2010年年底，正式成立甘肃省环境应急与事故调查中心。建立健全省、市、县三级环境保护部门和安全监管部门应急联动工作机制，与陕西、青海、宁夏等七省（区）签订《共同应对水污染备忘录》。

第三章 排污许可与排污费征收管理

长期以来，甘肃省排污费征收管理采用属地分级管理模式。由于排污费管理和使用的属地分割、收费管理使用比较分散，导致征管混乱、作用式微。“八五”期间，全省实施以控制污染物排放总量为基础，以改善环境质量为最终目标的排污申报和排污许可证制度。首先在兰州、白银、武威等地进行试点。白银市对23家国家重点企业发放排放水污染物临时许可证，其中发证的6家企业年减少废水排放量32万吨，去除COD 120吨，取得明显的环境与经济效益，为全省开展排放水污染物许可证工作提供经验。该制度经完善后在全省推广。截至1995年年底，全省有500多个重点污染源实行排放水污染物申报登记，数千家单位实施大气、水、固体废物及噪声的污染物排放申报登记。持有排污许可证的企业在1995年度投资1 011万元，完成污染治理项目12个，年削减废水中各类污染物400吨，节水208万吨，创造直接经济效益719万元。

第一节 排污费征收管理制度

一、申报登记及排污许可

长期以来，甘肃省对污染源的管理主要是浓度控制，在一段时间的污染控制中起到一定作用。然而，仅仅靠浓度控制无法起到根本性作用，难以控制污染物排放量，难以实现用较少的投资最大限度地削减污染物，对污染物实行生产全过程控制注意不够。为解决根本问题，“八五”时期，甘肃省在全省实施以控制污染物排放总量为基础、以改善环境质量为最终目标的排污申报和排污许可证制度。截至“八五”末期，全省有500多个重点污染源实行排放水污染物申报登记，数千家单位实施大气、水、固体废物及噪声的污染物排放申报登记，完成兰州、白银、武威等地的排污许可证试点工作。通过实施排污申报和排污许可证制度，企业不再只盯着最终排污口，而是更加注重通过工艺改造、节能降耗和生产全过程控制来自觉控制污染物的排放量，污染治理项目大部分做到环境效益、社会效益和经济效益的统一。据1995年统计，持有排污许可证的企业在一年中即投资1 011万元，完成污染治理项目12个，项目每年可以削减回收铅、钢、砷等重全属280吨、化学耗氧量120吨，节水208万吨，创造直接经济效益719万元。

甘肃省在1992年完成水污染物申报登记的基础上，从1995年8月实施排放大气、固体废物、噪声污染物申报登记工作，于1998年5月完成全省排污申报登记工作，1998年11月25日，通过国家环境保护总局验收。通过排污申报登记工作，基本摸清全省污染源分布状况和排放规律，建立全面的污染源数据库，并把排污申报登记与其他制度或措施有机结合起来，利用申报登记成果为环境管理服务。申报登记成果在2000年工业污染源达标排放、二氧化硫控制区污染防治、污染物总量控制、黄河干流水污染综合防治、重点工业污染源管理、兰州市冬季大气污染防治和兰州市大气污染综合防治、建设项目管理、排污收费等方面已得到广泛利用。

截至2000年，共办理排放水污染物申报登记的企业数为1 056家、大气污染物申报登记的企业数为1 597家；发放排放水污染物许可证的企业数为359家，发放排放大气污染物许可证的企业数为625家；全省共计发放排放水污染物许可证1 655份，发放排放大气污染物许可证1 016份。

二、排污费征管制度化建设

“九五”至“十一五”期间，甘肃省排污费征管工作经历全面推进、巩固发展、制度改革、深化发展四个阶段。

1. 全面推进阶段（1991—1994年）

全省各级环境监理机构得到扩充和强化，同时确立全省排污收费三级管理、二级征收的模式。各地环境监理机构开展以强化排污费征收、拓宽现场执法职能为重点的环境监理标准化建设，排污费征收人员进一步得到加强。排污收费工作也取得不菲成绩，收费额由1985年的全省年征收不足2 000万元发展到“八五”期间征收额4 000多万元，增长近3倍。

2. 巩固发展阶段（1995—2002年）

由于排污收费与机构建设的良性循环，环境监理队伍建设得到迅猛发展，大部分县级环保机构从城建或土地部门脱离，成立单独的环境保护局，下设环境监理站。环境监理队伍的充实使各地排污费征收工作进入逐年稳定增长阶段。截至2002年年底，全省排污费收费总额首次突破亿元大关，共征收1.1亿元排污费，较1994年增长175%。

3. 制度改革阶段（2003—2004年）

2003年1月2日，国务院颁布《排污费征收使用管理条例》（以下简称《条例》），排污费征收真正实现由污染物超标收费向总量排污收费的过渡，同时确立排污费三级收费管理体制。为实现排污收费新老制度的顺利过渡，省环保局组织召开全省排污收费制度改革座谈会，认真研讨应对措施，并向政府主管领导进行专题汇报，并按照政府的要求，开展广泛宣传，加强与财政、人事、编委、物价、银行等多部门的配合，及时解决新制度实施后征收工作中的困难和问题，同时，积极协助各级环境监察部门解决机构、人员、编制以及纳入财政预算等问题，为全面落实新制度的实施奠定良好的基础。通过全省各级环保部门的努力，排污收费制度改革得到顺利实施。2003年全省排污费征收额为1.37亿元，较2002年增长24%；2004年征收额为1.69亿元，较2002年增长50%。

4. 深化发展阶段（2005—2008年）

2005年，随着《排污费征收使用管理条例》的颁布实施，排污费征收进一步得到规范和完善，全省排污费征收总额实现新的突破，征收领域得到更大程度地拓宽。2005年，全省共征收排污费1.89亿元，较2004年增长12%；2006年，全省共征收排污费1.97亿元，较2004年增长17%：2007年，全省共征收排污费2.17亿元，较2004年增长28%；2008年，全省共征收排污费2.35亿元，较2004年增长40%。

“十一五”期间，排污收费工作逐步迈上法制化、规范化轨道，全面征收城市污水、生活垃圾、危险废物和医疗废物处理处置费及放射性废物收储费。加大排污费征收和稽查力度，进一步完善排污收费制度。

在污水处理收费方面，甘肃省政府批转甘肃省发展改革委、甘肃省建设厅、甘肃省环保局等部门制定的《关于促进全省城市污水处理项目建设及产业化运营的意见》，甘肃省物价局出台《甘肃省污水处理收费管理暂行办法》《关于进一步发挥价格杠杆作用落实污水处理收费政策的通知》和《关于进一步加大污水处理费调整改革力度促进工作任务落实的通知》，不断完善污水处理收费政策，提高污水收费标准，积极推进甘肃省城市污水处理项目建设市场化运营。截至2010年年底，全省14个市（州）平均收费标准已从“十五”的不足0.3元/吨提高到0.74元/立方米。其中，2006年以来调整的13个市（州）平均标准达到0.766元/立方米。

在生活垃圾处理收费方面，甘肃省物价局下发《关于进一步建立和完善城市生活垃圾处理收费制度的意见》，甘肃省物价局和甘肃省建设厅联合下发《甘肃省物价局、甘肃省建设厅关于建立城市生活垃圾处理及收费相关信息统计报告制度的通知》。文件要求城市生活垃圾处理费标准实行政府定价，2008年年底前全省设市城市全面开展城市生活垃圾处理费征收，2009年年底前力争全面开展城市生活垃圾处理费征收。截至2010年年底，全省14个市（州）制定完成生活垃圾收费政策，城市生活垃圾处理费全面征收。

2007年，全省各级环境监察机构基本建立起排污费“三级”审核制度，建立健全排污费档案管理制度，实行一户一档，量、费清楚，确保排污费及时收缴入库。甘肃省环境保护厅进一步加大现场核查和审核力度，建立健全污染源排污申报基础档案，实现污染源排污申报登记的动态管理。责成各市（州）全面掌握辖区内污染源状况，摸清各类污染源的分布和动态变化，为申报核定工作提供依据；规范审核核定工作的标准和要求，按照工作程序审核排污申报报表；省环境监察局要求各级环境监察机构充分用好《排污费征收管理系统软件》，建立健全污染源动态数据库。省环境监察局抽调部分企业专业技术人员和部分市（州）的环境监察业务骨干组成会审组，对全省排污申报工作进行汇审。对20多家国控重点企业污染物排放情况进行现场审核。环监部门积极配合各级财政、审计、物价部门开展自查自纠工作，对提出的问题认真进行整改，规范排污费征收。省环境监察局对8家30万千瓦以上电厂实施每季度一次的燃煤硫抽检工作，对脱硫设施运行情况进行多次暗查，为排污费征收提供可靠依据。

2010年3月，甘肃省环境保护厅抽调全省业务骨干对全省2009年度排污申报核定、排污费征收及国库数据库进行年审。同时，为做好“十二五”污染减排前期工作，特别是有利于脱硝和脱氮的项目实施，省环监局会同厅规划财务处提出对装机容量30万千瓦以上燃煤发电企业排污费征收政策的调整建议，全面开展环境监察试点和排污费专项稽查工作，将兰州、庆阳、金昌市列入环境监察稽查试点城市，率先开展环境监察业务稽查；同时，将排污费稽查工作纳入《全省环境监察稽查第一批试点工作方案》，重点稽查规范执行国家及地方收费法律法规情况和是否严格按照排污费的征收流程，包括从排污申报、审核、核定、复核、计征排污费、复议、对账、催缴等工作环节的规范性，是否实现全过程计算机管理等。

第二节 环保投入与排污费征收管理

一、环保投入

“八五”期间，全省用于污染治理的投资81 806万元，比“七五”时期增加22.3%。其中，大气污染治理方面投资30 461万元，占总投资的37.2%；废水治理投资26 599万元，占总投资的32.5%；固体废物治理投资14 859万元，占总投资的18.2%；噪声和其他污染治理投资9 889万元，占总投资的12.1%。5年间，共完成省级污染限期治理项目5批31项，实际投资10 500万元，每年削减粉尘和烟尘14 950吨，削减废水中各类污染物18 854吨，年节水1 000余万吨，产生直接经济效益1 400多万元。

“八五”期间全省排污收费总额比“七五”期间增加1倍多，超额43%完成“八五”计划指标。1995年排污收费额及开征户分别比上年增加44%和31%。

1996年，全省排污收费及开征户超额完成年度计划指标，分别比上年增加21.41%和20.48%。

1997年，全省排污费征收总额与开征户与1996年相比分别增长2.16%和18.31%。1989—1995年开征户征收额见图5-3-1。1990—1997年全省排污费征收情况见图5-3-2。

“九五”期间，全省环境保护项目1 548项，累计投资达到34.29亿元（包括“三同时”、老污染源治理项目、城市环保基础设施项目等），环境保护投入占国内生产总值的比例，由“八五”期间年均0.64%提高到“九五”期间平均0.8%。其中，《甘肃省跨世纪绿色工程规划》项目竣工38个，累计完成投资17.83亿元，占计划完成项目的88.3%（见表5-3-1）。

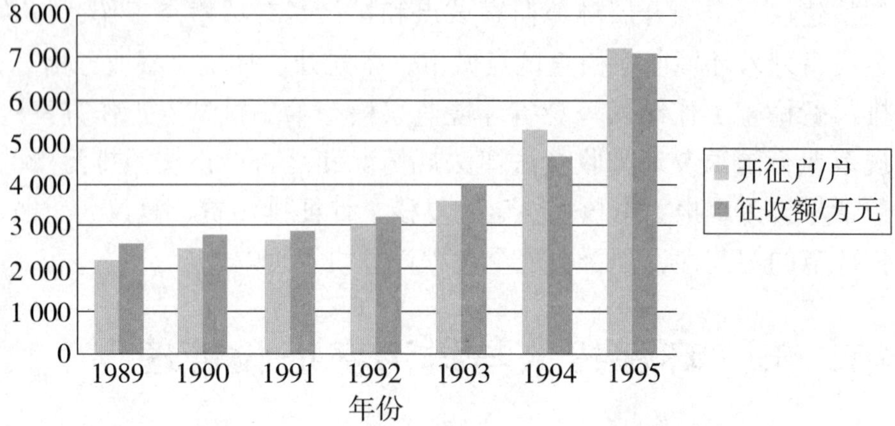

图 5-3-1　1989—1995 年甘肃省排污费开征户、征收额

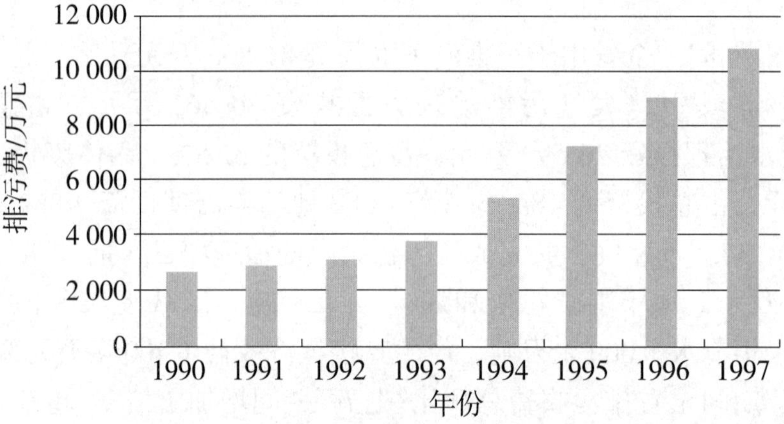

图 5-3-2　1990—1997 年甘肃省排污费征收情况

表 5-3-1

“九五”期间甘肃省环境保护污染治理投资情况　　单位：万元

年份	污染治理项目投资总额	其中				
		废水治理	废气治理	固体废物治理	噪声治理	其他治理
1996	20 800.0	3 339.9	15 371.8	1 322.3	111.0	655.0
1997	22 454.8	3 462.7	14 044.7	889.2	80.8	3 977.4
1998	21 332.5	8 944.6	7 994.4	655.0	150.2	3 588.3
1999	45 628.1	22 506.5	6 380.0	781.3	132.5	15 827.8
2000	6 346.9	12 143.7	36 218.3	12 439.0	49.0	4 396.9
总计	174 562.3	50 397.4	80 009.2	16 086.8	523.5	28 445.4

1998年和1999年，利用中央财政增发国债资金，加大城市环保基础设施投资力度，实施兰州市供热管网、煤气管网、污水处理、天水市垃圾处理、武都县污水处理、嘉峪关市煤气工程等环保基础设施建设，对污染物排放总量的削减起到积极的推动作用。仅1999年，全省安排污染治理投入5 355万元，实施82个项目治理。其中，省政府30次常委会决定省财政用于环保治理的资金在1998年的基础之上，再增加50%。甘肃省环保局下达3批环境污染治理补助资金及28个项目3 712万元省长专项预备金计划和省级污染治理贷款资金计划，共安排18个项目1 343万元。

“十五”期间，全省环境保护投入继续增加，甘肃省抓住国家实施西部大开发战略和推进城市化进程的有利机遇，各级政府积极争取国债资金，加大环保投资力度。5年间，环保总投入7.18亿元，年度投入分别占全省国内生产总值（GDP）的0.86%、1.16%、1.37%、1.52%，1.61%。其中，2005年全省环保总投资为28.17亿元，比2000年的8.06亿元增加20.11亿元，是2000年的3.49倍，环境保护投资指数达到1.61%，比2000年增加0.79个百分点。

“十一五”期间，全省加大环保基础设施投资力度。环境保护专项资金使用以“保障重点工作、突出污染减排”为指导思想，通过发挥专项资金的带动作用，拉动全省环保重点项目投入，推进重点工作实施。5年间，全省环保总投入14.47亿元。其中，国家投入8.95亿元，省级投入5.52亿元（见表5–3–2）。

表5–3–2

2004—2010年甘肃省工业污染治理投资一览表

年份	完成工业污染治理投资/万元						竣工项目/个
	总投资	废水	废气	固体废物	噪声	其他	
2004	59 881	19 309	25 214	2 159	175	13 024	171
2005	66 610	13 884	49 290	1 404	84	1 948	165
2006	136 468	20 605	105 493	7 183	123	3 063	302
2007	149 087	64 990	45 919	8 250	83	29 844	302
2008	118 436	46 778	61 522	8 044	17	2 074	246
2009	123 302	56 649	51 173	13 314	511	1 656	154
2010	146 483	26 166	104 552	5 593	19	10 154	120

2008年，由于专项资金的倾斜，环保机构能力建设得到彻底改观。在下达的各类环境保护专项资金2.38亿元中，用于市县级环境监测和环境监察能力建设项目的1.05亿元；用于重点污染治理项目1.33亿元。全省36个环境监察机构的环境执法车辆、现场取证设备全部到位；省级和12个市（州）级环境监控中心建成并投入试运行；67%的国控重点污染源在线自动监测项目已安装完毕。在短时间内完成91个拉动内需和节能减排国债项目的环评审批工作，项目总投资110亿元。

二、治理专项基金有偿使用

甘肃省从1980年施行排污收费制度以来，截至1994年，累计征收排污费2.53亿元，带动其他资金用于环境保护达4.64亿元，安排污染治理项目共1 889项，收到较好的环境和经济效益。但在治理补助资金使用过程中，按缴纳排污费单位实行80%的比例定向无偿补助，形成治理资金使用分散，治理专项基金整体效益降低，甚至产生挤占、挪用，或以缴纳排污费买排污权的现象。为了纠正类似情况的发生，依照国务院《污染源治理专项基金有偿使用暂行办法》，1989年省政府发布《甘肃省污染源治理专项基金有偿使用实施办法》，对省管企业的排污费由原来的无偿补助，部分地（30%）改为有偿贷款。

污染治理贷款项目按规定，由污染治理企业申请项目贷款。环保部门对申请贷款项目进行方案审查，组织项目的经济、技术和效益可行性论证，决定立项，签订项目工作责任书。然后，根据合同要求委托“基金”开户的省工行对立项单位进行验资、发贷、收贷。治理项目竣工后，由环保部门会同企业主管部门组织验收。对项目完成好的酌情给予少量适当的贷款本金豁免，以鼓励企业治理污染的积极性。

经过数年的实践，全省污染源治理基金有偿使用的效果良好，重点项目所需资金得到保障，形成的一整套运行机制具备信托投资管理体制的雏形，初步实现基金滚动积累，增加环保投入的目标。从1989年实行治理补助资金部分“拨改贷”以来，共建立污染源治理专项贷款基金1 860万元，其中贷出资金1 680万元投向38个污染治理项目。通过严格管理，引出企业污染治理自筹资金3 210万元，不但保证治理项目所需资金，减少排污量，而且获得年经济效益500多万元。

污染治理补助资金的部分有偿使用，显示出环保投资体制改革的必要和积极作用：污染源治理资金变分散投资为集中，治理工程投资额相当于拨款补助的2.4倍，引出企业自筹资金相当于拨款补助的3.1倍；企业治理污染的积极性和责任感明显增强，治理资金到位，方案落实，按期竣工率高达96%，比拨款补助项目提高31.7%；改变以往只放不收的状况，增加污染治理基金的滚动积累，截至1993年年底，贷款到期资金597万元，办理延期还贷的75万元，部分奖励豁免的68万元，贷款回收率达72.5%，增加污染治理基金36万元。环保基金由投资机构管理，贷款项目方案的选择，工程投资的预、决算，审核治理单位的信贷评估，效益的检查等微观管理工作得到进一步加强，使环保部门得以从宏观和微观两个方面强化环境监督管理。

三、排污费征收

1991—2010年20年间，全省共征收企业排污费24.48亿元，为重点行业、重点领域环境污染治理提供资金支持。

“八五”期间，排污收费工作取得突破性进展。全省共征收排污费2.16亿元，比“七五”增加1倍多，超额43%完成“八五”计划指标。其中，从1993年起，全省排污收费增长较快。1993年，排污收费开征户达到3 624户，收费额达到3 951万元，分别比上年增长19%、11.5%，年度内安排污染治理资金2 846万元。据统计，1984—1993年，全省累计征收排污费2.31亿元，带动其他资金用于环保4.32亿元，共安排污染治理项目1 697个。

1994年，全省排污收费开征户突破5 000户大关，比上年度大幅增加。全年征收金额达4 723.88万元，比上年增加约20.2%，其中县属以下企业收费超过600万元，比上年增加2倍多；1995年，全省排污收费开征户达到5 800户，征收金额达5 800万元，县属以下企业收费超过600万元。

1999年，全省全年征收排污费总额达到9 256万元，比1998年增长11.17%，其中省级排污费征收额为5 187.24万元，开征户为1 094户。全省有28个县市区及排污费征收达到30万元以上，试点城市二氧化硫排污费征收额达到3 449.22万元，超任务指标37.96%，比1998年增长25%。

2000年是国有大中型企业实现脱困的关键年，也是实现所有污染源企业“一控双达标”的期限年。为保证排污收费工作取得新突破，全省各级环境监理部门采取切实有效的措施，继续加大排污费征收工作宣传力度，抓好排污费征收政策和标准的落实。省环境监理所结合征收稽查工作，加强全省政策、标准的指导工作，定期通报各地排污费征收进展情况。通过努力，金昌、白银、兰州、平凉、甘南等地、市（州）排污费征收总额较往年有较大增长，其中，金昌、白银、兰州等市分别比任务指标增收334万元、427万元、110万元。年度内，全省排污收费取得历史性突破，全省共计征收排污费10 404.86万元，开征户达15 240户。排污费征收总额较1999年增长12.32%，首次跨越亿元大关。

兰州市城关区环境监理站针对全区污染点源量大面广的特点，在辖区内成立4个环境监理派出所，分片包干，责任到人，结合排污许可证的发放工作，对建筑施工噪声、第三产业采取地毯式的环境执法和排污费的征收，征收工作取得新的突破，全年征收额达到450多万元，列全省各县（市、区）征收总额之首。

针对第三产业排污费征收。省环境监理所及时印发《关于征收餐饮娱乐服务行业排污费有关问题的通知》，制定污染物排放浓度值下发各地执行，促进各地县级排污费的征收。

在排污费清欠方面，加大重点企业排污费征收核查和清欠工作力度。白银市组成专门的清欠排污费小组，厘清辖区拖欠排污费企业名单，以行政、法律等手段，共清欠白银公司等单位排污费650多万元；兰州市集中两个月时间，共清欠部分中小企业1998年排污费30多万元、1999年排污费100多万元。

2001年，全省各级环保部门及其环境监理机构，强化执法意识，依法开展征收，摸清征收家底，加大检查力度，在“全面”和“足额”上狠下功夫，以排污申报和检查为基础，强化第三产业和中小企业征收，加大违法行为的查处力度，全年共征收排污费1.08亿元，比2000年增加413万元，开征户16 062户，比2000年增加822户。其中，省级排污费征收5 816万元，二氧化硫排污费征收3 500万元，超额完成任务指标。

2002年，全省各级环境监理部门强化排污申报、排污核查等基础工作，进一步加大排污费征收力度，提高排污费征收面和征收率，做到全面、足额征收排污费。经过全省各级环境监理部门的共同努力，全省排污费征收全面超额完成省局下达的各项任务指标。2002 年年度内，排污费征收总额达到 1.13 亿元，开征户 15 843 户，完成任务比例达 115.65%，超任务指标 1 705.14 万元。其中，省级排污费征收 5 823.2 万元，二氧化硫排污费 3 361 万元。

2006 年度内，全省排污费突破 2 亿元大关。2006 年年度内，共征收二氧化硫排污费 3 476.59 余万元，全省排污费征收总额达到 2.16 亿元。

2008 年，组织开展对上年度排污申报核定及排污费征收工作年度汇审。通过交叉审核的形式，对全省 2007 年度排污申报及排污费征收季报、年报进行现场汇审，对 86 家国控重点企业和 17 家污水处理厂排污申报登记、申报核定、排污费征收工作进行认真审核，建立和完善国控重点企业数据库。安排部署全省排污费稽查工作。省局排污申报登记和排污费审核工作荣获环境保护部环境监察局组织评比三等奖。2008 年年度内，全省共征收排污费 2.35 亿元，其中省级二氧化硫排污费 1 600 万元，均按照规定上缴国库。

2009 年，组织开展 2008 年度排污申报核定及排污费征收工作年度汇审。通过交叉审核的形式，对全省 2008 年度排污申报及排污费征收季报、年报进行现场汇审，对国控重点企业排污申报登记、申报核定、排污费征收工作进行审核，建立和完善国控重点企业数据库。安排部署全省排污费稽查工作。年度内，全省共征收排污费 2.11 亿元，其中省级二氧化硫排污费 2 500 万元，均按照规定上缴国库（见表 5-3-3）。

表 5-3-3

1991—2010 年甘肃省排污费征收一览表

年度	共计征收/万元	开征户/户
1991	2 827.71	—
1992	3 176.76	—
1993	3 951.35	—
1994	4 723.88	—
1995	5 800.00	—
1996	7 041.64	8 540

续表

年度	共计征收/万元	开征户
1997	7 193	10 104
1998	8 326.25	12 141
1999	9 256	12 396
2000	10 404.86	15 240
2001	10 800	—
2002	11 300	—
2003	13 800	—
2004	16 900	16 870
2005	19 000	15 553
2006	21 600	15 554
2007	22 800	11 765
2008	23 500	9 900
2009	21 100	9 926
2010	21 300	8 489

第四章　循环经济与清洁生产

第一节　循环经济与清洁生产的时代需求

一、甘肃省资源开发利用特点

甘肃省作为中国西部一个经济欠发达、经济发展又对自然资源高度依赖的地区，与发达地区的差距既表现在经济总量、人均国内生产总值上，也表现在经济增长方式的粗放及严重依赖、消耗自然资源上。

甘肃省自然资源相对薄弱，探明煤炭保有贮量、石油贮量3.6亿吨，人均水资源量在全国平均占有量人均水平相对较低。在关系国计民生的45种主要矿产资源中，铁、铅、锌等主要矿产资源后备资源短缺的问题比较突出。经济的发展要求能源、资源的持续投入，这将增加甘肃经济发展日益增长的资源需求和资源难以为继之间的矛盾，制约经济的发展。

甘肃资源开发浪费严重，存在重开发、轻保护，只开发、不保护，甚至盲目开发、严重破坏资源的现象。传统生产方式以高开采、低利用、高排放为特征，许多有用的成分无法充分利用，被当作废物排放，产生的资源废弃物增多，在造成资源浪费的同时，对环境也造成不利影响。究其原因，主要是矿权市场管理不完善的原因。2004年以前，甘肃省矿产资源管理无规划可依，矿产资源的开发利用均属于地方政府管制下的行为，没有从市场化的角度完善矿权市场建设，从而造成效率的缺失。并且矿补费征收在甘肃一直被忽略，既减少企业矿产资源开发的成本，也不利于构建资源开发的集约化模式。在资源禀赋和开采方式上的缺陷降低甘肃省矿产资源供给的可持续性，制约经济社会的发展。

甘肃省虽然资金匮乏，但其工业经济又是一个以能源、原材料生产为主的高耗能重型结构，能耗强度和能源利用水平目前在国内处于落后地位。2005年，甘肃每万元GDP耗煤2.28吨，比全国平均水平GDP每万元耗煤1.22吨高出85%；规模以上万元工业增加值能耗4.99吨标准煤，比全国平均水平2.59吨标准煤高出92.7%；甘肃省每万元生产总值的二氧化硫排放量34.3千克，是全国平均水平14千克的2.45倍；化学需氧量排放量9.46千克，比全国平均水平6.75千克高出40%。况且，国内能耗与发达国家相比本处于高位，万元GDP能耗是日本的8倍、欧盟的4.5倍、世界平均水平的2.2倍。因此，综观甘肃省资源开发现状，在资源利用效率上，甘肃不但与全国平均水平存在较大的差距，而且单位能耗的产出远远落后于世界先进水平。

二、建立循环经济产业体系的必要性

经纵横向比较研究及对世界新经济理论、新经济增长方式的科学分析，甘肃省充分认识到：必须制定科学的、可持续的经济增长模式。而制定科学的、可持续的经济增长模式应该从两方面入手：以循环经济理念为指导，构建生态工业体系，坚持开发与节约并举，增强可持续发展能力；资源的开发和使用中注重在现有储量下找到资源产出与可持续供给的平衡点；增加投入，加大资源勘查力度，找到更多的资源，为经济发展提供资源储备；整顿和规范矿产资源开发秩序，依法管理利用资源；积极开发利用水能、风能、太阳能等洁净能源。加快转变经济增长方式，加速工业由高耗能、高耗材、高污染、资源输出型向节能、环保、精深加工方向转变，推进资源型城市转型；抓住国家继续加强和改善宏观调控的机遇，推进经济结构的战略性调整；在加快发展的同时，进一步提高增长的质量和效益，建设一批节能、节水、资源综合利用的重大项目，在冶金、水泥、化工等行业选择一批有条件的企业开展清洁生产试点。

加强地方科技创新体系建设。以“3R”原则为循环经济指标体系的理论架构具有理论和现实的科学性，“3R”原则即减量化、再利用和资源化，“3R”原则的实现离不开科技的支撑。因此，大力发展循环经济必须加大科技投入。甘肃省规划在保证对中科院白银高技术产业园、兰州高新技术创新园、定西国家农业科技园区、张掖农业高新技术产业示范园以及武威黄羊农业科技示范园等科技园区投入的基础上，进一步建设高新技术产业园区和大学科技园区，并依托甘肃省优势科技资源，大力发展高科技产业，将科技优势转化为产业优势，从资源减量、回收、再利用三个层面提高资源利用效率。

在发展中完善循环经济制度体系。在社会实践中，甘肃探索从块状区域推动循环经济发展，从共生企业和产业间推动循环经济发展，组织上下游企业开展梯级循环利用工业固废；在重点企业间推动循环经济发展。通过实践，政府管理层和参与企业普遍认识到，以上有限范围和短期的探索远远不够，应该加快制定发展循环经济的中长期规划，在项目补助资金安排计划中加大对循环经济项目的支持。

在循环经济探索发展中也存在严重的滞后和困难。甘肃政府部门对发展循环经济的激励政策和支持资金匮乏，尤其在节能方面尚未制定相关的优惠政策，资源综合利用方面虽然出台部分优惠政策，但主要集中在水泥、墙体材料等少数建材产品领域，实际能够享受优惠政策的范围很小，总体的激励力度远远不够。认知矛盾和 GDP 主义惯性也是影响循环经济快速发展的制约因素。与一般普通项目相比，多数节能资源综合利用项目社会效益和环境效益明显，但经济效益相对较差。在现有市场经济和企业经营机制条件下，该部分项目的融资渠道有限，项目实施难度很大，多数企业投资节能资源综合利用项目缺乏积极性。因此，政府部门应对在发展循环经济过程中经济综合部门和资源环境部门各自职能予以明确，同时注重抓好政府管理机构自身能力建设问题。逐步建立公平竞争、政策统一的循环经济发展协调机制。

第二节　循环经济

一、循环经济理论

循环经济（Cyclic Economy）即物质循环流动型经济，是指在人、自然资源和科学技术的大系统内，在资源投入、企业生产、产品消费及其废弃的全过程中，把传统的依赖资源消耗的线形增长的经济，转变为依靠生态型资源循环来发展的经济。该理论于 20 世纪 60 年代提出，主要应用于化工、经济、社会等领域。21 世纪初，面对经济高速发展导致的资源浪费和资源枯竭的矛盾，中国借鉴德国和日本的可持续发展经验，开始研究和推广循环经济模式。2002 年 6 月、2008 年 8 月，全国人大常委会先后通过《清洁生产促进法》《循环经济促进法》，在全国范围内全面启动循环经济和清洁生产工作。

循环经济本质上是生态经济，倡导的是一种与环境和谐的经济发展模式。它要求把经济活动组织成一个“资源—产品—再生资源”的反馈式流程，其特征是低开采、高利用、低排放。所有的物质和能源要能在这个不断进行的经济循环中得到合理和持久的利用，把经济活动对自然环境的影响降到最小。

循环经济也是一种经济发展模式的革命，在循环经济发展的各个层面上，国外已经进行成功的探索。循环经济的模式大致分为两种：一种是以美国、加拿大等国为代表的污染预防型，即资源节约型立法模式，将集约经营、清洁生产等纳入预防污染、节约资源的法律框架，具有环境资源法属性。另一种是以德国、日本等国为代表的资源循环型，将能源资源的综合利用与循环再生法制化，具有经济法属性，两者的共同实质都是将能量资源的综合利用和废弃物资源化再循环纳入法制轨道，前者侧重于生产消费过程的资源消耗和污染防治，后者侧重于资源循环利用的生产消费模式。随着循环经济的发展和立法的完善，两者必然归于统一。

相对于发达国家，中国的循环经济研究大部分还局限于探索阶段，循环经济发展的具体操作相对滞后于经济发展，导致各地在盲目追求 GDP 的同时，极大地牺牲了环境资源。中国的循环经济虽然起步较晚，但发展迅速，并在中国各实践领域取得阶段性的成果。各地根据实际建立很多生态工业示范园区，其中的典范是广西贵糖模式。园区内通过配置资源，使废弃物得到有效利用，减少环境污染。在实施绿色科技和教育服务方面，国家加强相关宣传，印发大量有关循环经济的知识读本。在发展绿色商业服务方面，政府制定一系列措施，促进废旧产品回收利用，加强绿色消费管理，同时在商业经营机构中树立有利于节约资源和保护环境的理念。在推行绿色公共管理服务方面，制定一系列法律和政策，规范社会生产和消费行为。在实践中，国家号召各省根据自身的实际情况，选择合适的循环经济发展模式，从企业、区域和社会三个层面加以推行，实现经济的可持续发展。

二、甘肃省循环经济理论实践

在西部大开发的背景下，甘肃经济实现持续快速发展，人民生活不断改善。但作为一个资源型经济大省，甘肃经济快速增长是以资源浪费和环境破坏为代价的，经济增长和社会发展越来越贴近资源和环境的约束边界。粗放的增长方式维持其可持续性的空间越来越小。经济发展与资源环境的矛盾日趋尖锐。

面对中国西部“生态透支”换取高GDP发展的粗放经济形态，甘肃省政府积极响应中央循环经济战略决策，认真部署循环经济可持续发展问题。

2004年8月，甘肃省环保局首次提出发展循环经济的工作思路。同年，由省环保局领导带队、由兰州大学陈兴鹏教授等专家和省环保局有关处室负责人组成调查组，多次深入到嘉峪关市、武威市进行调研；召开不同类型的报告会、研讨会10多场，研讨甘肃发展循环经济的途径；按照减量化、资源化、再利用的原则，提出编制循环经济规划，实现节能、减污、增效的“五化原则”：

生产清洁化原则　按照减量化、资源化、再利用的原则，采取改进设计、使用清洁的能源和原料、采用先进的工艺技术与设备、改善管理、综合利用、源头削减等措施，提高资源利用效率，减少或者避免在生产、服务和产品使用过程中污染物的产生和排放，实现资源投入最小化和废弃物的最小排放，以减轻或消除对人类健康和环境的危害。

产业循环化原则　以生态学原理为基础，以产业链为纽带，以形成产业的有机集群为目标，模拟自然生态系统运行方式和规律，发展生态工业园，改进企业落后的生产工艺流程，实现资源共享和产品互换，使园区内的一家企业的废弃物成为另一家企业的资源，提高资源综合利用率，实现源头治理，尽可能地把污染物消除在生产过程中，争取向“零排放”的目标迈进，实现节能、减污、增效。

生活环保化原则　坚持以人为本，以生态、保健、美观为导向，引导消费行为，倡导绿色消费、绿色文明，鼓励使用再生产品、绿色产品和环境标志产品，规范人们的环保行为，营造优美环境。

生态良性化原则　以自然资源和环境的承载力为基础，以实现人与自然环境的和谐为目标，以水为脉、以绿为基，坚持走生态立省之路，把农村的退耕还林、城市周边的荒漠化治理同城市的绿化美化协调起来，推进生产、消费模式的生态化，统筹协调工业与农业、生产与消费、城市与农村的环境保护，防止环境污染，努力实现自然生态系统和社会经济系统的良性循环，为子孙后代留下充足的发展条件和发展空间。

社会生态化原则　以制度创新、决策创新、公众参与为导向，倡导生态价值观和生态伦理观，建立自觉保护环境、促进人类自身文明发展的机制，使生活质量、人口素质及健康水平与社会进步、经济发展相适应，营造安全、舒适的社会环境。

2005 年，甘肃省环保局指导武威、嘉峪关、金昌市、白银等试点城市编制和实施循环经济试点规划和实施方案。2006 年，武威、嘉峪关两市循环经济发展规划通过国家环保总局评审，省环保局、省经委把武威市、嘉峪关市列为全省第一批循环经济试点城市。同年，国家环保总局批准武威市、嘉峪关市作为全国循环经济试点城市，加强指导，整体推进试点工作。

在循环经济试点工作中，省环保局运用《甘肃省循环经济发展模式研究》最新研究成果对各试点城市加强分类指导。截至 2007 年年底，全省循环经济试点城市由武威市、嘉峪关市两市拓展到白银市、平凉市、金昌市、兰州市西固区 6 城市进行，起步良好。

金昌市是全国 108 个重点缺水城市和 13 个资源性缺水城市之一，水资源短缺和工业废弃物污染是困扰金昌市经济发展的突出环境问题。金昌市政府坚持以环境保护为抓手，以提高中水回用、二氧化硫回收制酸工程等技术改造项目为重点，加大循环经济技术研究，在共伴生矿资源的综合回收利用方面，具备能够提取回收 15 种伴生矿元素中的 12 种元素的技术工艺和能力；镍综合能耗、铜冶炼综合能耗均达到国际先进水平，为发展循环经济贮备一批先进的技术。2007 年，全市能源消耗总量为 284 万吨标准煤，万元 GDP 能耗为 1.79 吨标准煤，同比下降 8.67%；万元工业增加值能耗为 2.07 吨标准煤，同比下降 8.81%；二氧化硫排放量同比减少 0.54 万吨，下降 5.38%，化学需氧量削减 6.50%，实现节能、减排、增效的目标，全市空气质量出现历史性拐点，全年空气质量优良天数达到 288 天，占总天数的 78.9%，首要污染物二氧化硫年均值从历史最高值 0.208 毫克/立方米下降到 2007 年的 0.084 毫克/立方米，首次达到国家三级标准，实现历史性突破。短短的 3 年时间，金昌市摘掉长期以来空气污染严重的“黑帽子”，为金昌市的经济发展培育新的增长点。

武威、嘉峪关、白银、平凉、兰州市西固区等循环经济试点工作在面粉加工、食品加工、造纸、酿造、轻纺、印染、化工、建材等行业呈现出循环经济的雏形，特别是在污水资源化、固体废弃物综合利用等方面取得一些成功的经验。

2007 年，按照全省循环经济工作会议，省环保厅积极参与全省循环经济规划的编制、修订工作。会同省经委完成平凉崆峒区、嘉峪关市循环经济规划评审工作。组织协调武威、嘉峪关、白银等市循环经济试点工作。

2009 年 12 月 24 日，国务院下发《国务院关于甘肃省循环经济总体规划的批复》（国函〔2009〕150 号）和《国家发展改革委关于印发甘肃省循环经济总体规划的通知》（发改环资〔2010〕61 号），按照《国务院办公厅关于进一步支持甘肃经济社会发展的若干意见》（国办发〔2010〕29 号）精神，甘肃省认真研究部署循环经济示范区建设工作，建设七大循环经济基地，改造提升 36 个开发区，打造 16 条循环经济产业链，培育 100 户循环经济示范企业，实施 72 类循环经济重点项目。省环保厅在规划环评、项目环评等方面建立有利于循环经济建设项目审批的制度，开通绿色通道，通过简化手续、提高效率，积极推动循环型农业、工业和社会体系（包括循环服务业体系）三大体系构建，完成农业污染控制、农村环境整治、规模化养殖小区废弃物综合利用，开展企业清洁生产审核、机动车污染控制，开展绿色学校、社区创建工作。2010 年年初，《甘肃省人民政府办公厅关于分解实施循环经济总体规划主要任务的通知》（甘政办发〔2010〕65 号）下发，标志着全省循环经济工作全面展开。

第三节　清洁生产

一、清洁生产试点

“八五”时期，甘肃省积极促进企业通过清洁生产和结合工艺改革、技术改造、节能降耗进行污染治理，取得显著成效。1995 年与 1990 年相比，全省工业万元产值“三废”排放量明显降低，每万元产值工业废水排放量由 267 吨降至 122 吨，排放量减少 54%；每万元产值工业废气排放量（标态）由 13.3 万立方米降至 7.7 万立方米，排放量减少 42.1%；每万元产值工业固体废弃物排放量由 6.1 吨降至 4.5 吨，排放量减少 26.2%。在经济快速增长的同时，企业通过在清洁生产、技术改造、节能降耗等污染治理方面所做的大量工作，污染没有同步增长。特别是金川有色金属公司污水处理站废水回用工程、酒泉钢铁公司转炉废水处理回用工程等污染治理项目，不仅大大削减了污染物的排放量，而且缓解了长期困扰企业发展的生产用水资源紧张的老大难问题。污染治理与发展生产取得很好的统一。

1996 年，甘肃省首先在酿造、化工、冶金、制造等行业选择 6 家企业开展清洁生产审核试点工作。因各项配套政策缺位和各方面条件的限制，试点工作进展缓慢，收效甚微。

1998 年，省环保局、省经委制定下发《关于印发甘肃省关于推进清洁生产的若干意见的通知》，成立甘肃省清洁生产指导中心，挂牌甘肃省环境保护研究所（现甘肃省环境科学设计研究院），组织开展全省清洁生产技术服务与指导工作。

作为一种新的经济理论和新的生产发展模式，甘肃省清洁生产实践开始于“十五”时期。2002 年，甘肃省环保局、省经委确定“金川有色金属公司”为全省首批清洁生产审核试点企业进行试点。由省环保局立项、省清洁生产指导中心编制《甘肃省有色金属选矿企业清洁生产试点审核工作方案》《选矿业清洁生产指南》和《选矿行业清洁生产技术要求》。同年，由国家环保局立项、省清洁生产指导中心完成《清洁生产标准·镍选矿行业》研制，2007 年由国家环保总局、国家技术监督局颁布实施。

2003 年，《中华人民共和国清洁生产促进法》颁布后，全省清洁生产工作出现重大转机。2005 年，甘肃省政府办公厅转发《省经委、环保局、科技厅、财政厅等部门关于贯彻实施〈关于加快推行清洁生产的意见〉的通知》（以下简称《通知》）。《通知》从 11 个方面提出甘肃省加快贯彻实施《清洁生产促进法》的意见，对加快甘肃实施循环经济和清洁生产步伐起到重要的推动作用。2005 年 4 月 19 日，甘肃省经委和省环保局在调查研究的基础上，通过对全省各行业企业的摸底，经各市（州）推荐、省上筛选，第一批确定酒钢集团公司等 27 家企业（园区）为全省首批清洁生产试点单位，开展清洁生产试点工作。11 月 21 日，扩大清洁生产审核工作试点范围，确定中石油兰州石化分公司等 73 家企业（园区）为全省第二批清洁生产试点单位，开展清洁生产试点工作。至此，清洁生产、循环经济试点在武威、嘉峪关等6城市100多家企业大面积试点。其中，金川公司、白银公司等有色金属企业试点成效显著，经过科技攻关和长期实践，在共伴生矿资源的综合回收利用方面，能够提取回收15种伴生元素中的12种元素；金川公司二氧化硫回收制酸工程项目，通过提高废气的综合利用，减少二氧化硫排放。经过一年试点，有27家试点企业完成清洁生产审核评估。

2006年，全省把清洁生产审核工作纳入政府环保工作目标责任书。2006年年初，省长同市（州）长签订责任书，年终结合环保责任书考核一并考核。同年，在日本政府和科技部清洁生产发展机制援助项目的资助下，由省科技厅牵头，省环保局、省经委配合编写的《甘肃省清洁生产审核指南》一书发行，该书成为指导甘肃开展清洁生产审核工作的第一个规范性文献。

为加强清洁生产审核人才队伍建设，甘肃省举办由国家环保总局、陶氏化学公司清洁生产示范项目资助的首期3省区（青海、宁夏、甘肃）培训班，对42名学员进行培训，颁发培训证书。培训班结束后，国家清洁生产审核示范项目办公室在深入企业调查的基础上，确定武威市全圣造纸厂、古浪县鑫森精细化工有限公司为国家环保总局清洁生产示范合作项目资助的清洁生产审核企业，并组织有关专家进驻该两家企业，进行强制性清洁生产审核试点工作。配合省科技厅开展日本政府清洁生产人力资源培训试点工作，完成第一批试点企业清洁生产审核。有3家试点企业的清洁生产审核报告通过省经济委员会和省环境保护局组织的验收。

二、清洁生产推广

2006年，甘肃省环保局和省经济委员会联合下发《关于在全省开展强制性清洁生产审核工作的通知》，标志着全省清洁生产进入全面推进阶段。从该年起，职能部门每年针对污染重、耗能高、群众反映强烈、代表性强的企业，按程序筛选一到两批强制性清洁生产企业的名单，正式发文并通过媒体向社会公布，起到向公众宣传和促使企业接受公众监督的双重作用。同时要求企业在名单公布后30天内，将企业的基本情况、环境管理和审核原因等信息在当地媒体公布，强化企业的清洁生产责任，使企业将责任转化为开展清洁生产的动力。翌年，经省环保局、省经委审核，将实施强制性清洁生产审核的17家企事业单位的名单向社会公布。对列入强审名单的企业，省、市、县三级环保部门全力推进，新建、改建、扩建、搬迁的企业全部开展清洁生产审核工作。加大第一类、第二类重点企业及单位产品综合能耗、水耗超过规定标准的企业开展清洁生产审核工作力度，使清洁生产审核工作的宣传拓展深入更多行业和企业。

2007年4月，由省环保局主持举办“陕、甘、宁、青清洁生产审核师培训班”，省环保局王新中副局长代表甘肃省出席开学典礼仪式，并发表讲话。讲话指出：清洁生产是企业实现节能、减污、增效和污染物总量减排目标任务的一项重要措施。各级环保部门要重点加强“双超双有”企业强制性审核工作，全省要通过国家环保总局清洁生产示范合作项目和科技部清洁生产发展机制资助项目平台，全面推进重点企业强制性清洁生产审核工作，坚持做到四个结合（要与污染物总量减排工作结合、要与重点污染源普查工作结合、要与生态工业示范基地建设结合、要把制度建设与规范管理结合），通过建立清洁生产审核技术支撑体系、清洁生产审核工作体系、清洁生产审核报告书评审体系，建立完善甘肃清洁生产审核制度，全面推进“双超双有”企业强制性清洁生产审核工作。

2007年以来，甘肃省环保局制定下发《关于印发重点污染企业清洁生产审核程序的规定的通知》，明确提出企业实施清洁生产的责任主体与环保部门的监管职能。同年，依据环保部公布的两批38种重点审核有毒有害物质名录，甘肃省环境保护局制定下发《甘肃省“双超双有”企事业单位强制性清洁生产审核实施办法》，分两批公示69家“双超双有”企业名单和《清洁生产强制性审核实施方案》，刘化集团、兰州西固电厂、永登祁连水泥集团、金川水泥集团、玉门油田水电厂5家“双超双有”企业首批通过强制性清洁生产审核，全面推进“双超双有”企业强制性清洁生产审核工作，加快企业清洁生产技术改造的步伐。

2008年，清洁生产审核企业延伸到省域全部14个市、州，范围涉及化工、造纸、啤酒、电镀、建材、冶金、石化、电力、制药、采矿、烟草、机械制造、皮革等十几个行业。在全面总结经验的基础上，颁布实施《甘肃省“双超双有”企事业单位强制性清洁生产审核实施办法》，加强对企事业单位清洁生产审核工作的管理，细化和规范环保部门、咨询服务机构、企业在清洁生产审核工作中的职责、权利和义务。为了强化各级政府在清洁生产审核工作中的职责，从2008年起，将重点企业清洁生产审核工作作为一项考核指标，纳入省政府年度环保目标责任书，将当年清洁生产审核工作任务，以省政府环保目标责任书的方式分解到各市、州，落实到各部门，深入到每家企业。为了加强对市、州环保部门在报告初审阶段的规范和指导，省环保厅专门下发《关于规范强制性清洁生产审核报告初审意见的通知》。为开展审核工作提供人员和技术支持，协助国家清洁生产中心在兰州举办两期清洁生产审核师培训班，137人通过考核，获得国家清洁生产审核师资格。

同年，根据《中华人民共和国清洁生产促进法》，经甘肃省环保局审核，下发《关于公布甘肃省2008年强制性清洁生产审核企事业单位名单的通知》（甘环科发〔2008〕14号）和《关于公布甘肃省2008年第二批强制性清洁生产审核企事业单位名单的通知》（甘环科发〔2008〕16号），公布52家企业开展强制性清洁生产审核工作。截至2008年年底，已公布的52家强制性清洁生产审核企业中完成审核报告评估的企业共8家，当年共削减化学需氧量1 182.84吨、二氧化硫554.46吨、粉尘4 885.07吨；减少废气排放量（标态）5 718.04万立方米，减少固体废物4.268万吨；每年节约水611.39万吨，节电2 754.32万千瓦时，节煤3.6万吨；产生经济效益9 060.991万元。

2009年，根据环境保护部《关于进一步加强重点企业清洁生产审核工作的通知》（环发〔2008〕60号）的要求，甘肃省环保厅下发《关于开展甘肃省强制性清洁生产审核咨询服务机构年度考核评审的通知》（甘环函发〔2009〕39号），要求全省从事强制性清洁生产审核咨询服务工作的机构，必须参加由甘肃省环境保护厅组织的年度业务考核和资格认定工作。经甘肃省环境保护厅考核和认定，将符合条件的16家甘肃省强制性清洁生产审核咨询服务机构名单予以公布。当年全省39家重点企业清洁生产审核评估工作全部完成。39家企业产生清洁生产方案1 296项，实施1 139项，投入资金61 625.53万元。实施清洁生产方案削减主要污染物二氧化硫5 062.49吨、化学需氧量1 193.21吨，减少排放废水5 867.58万吨、氨氮362.5吨、废气标态30 185万立方米、粉尘3 239.5吨、烟尘4 895.2吨、一般固体废物232 373吨、危险固体废物63 095吨，取得较好的环境效益。在经济效益方面，节水1 327.035 8万吨，节电7 471.190 1万度，节煤144.528 5万吨，节油 4.721 万吨，取得经济效益 38 598.777 万元。

2009 年，通过审核评估的 44 家重点企业共产生清洁生产方案 1 369 项，实施 1 194 项，投入资金 79 433.62 万元。实施清洁生产方案累计削减二氧化硫 2 261.1 吨，化学需氧量 954.7 吨。同时，减少废水排放 3 564.778 万吨，减少排放氨氮 682.8 吨、废气标态 260.01 万立方米、粉尘 2 003 吨、烟尘 5 129.2 吨、一般固体废物 79 667 吨、危险固体废物 484.5 吨，取得较好的环境效益。累计节水 813.050 5 万吨，节电 33 600.334 万度，节煤 11.097 6 万吨，节油 0.568 万吨，取得经济效益 37 064.772 万元。清洁生产和节能减排工作取得阶段性成果。

三、重点企业清洁生产专家库建设

为加快推进全省强制性清洁生产审核工作，按照环境环保部《关于深入推进重点企业清洁生产的通知》（环发〔2010〕54 号）要求，2010 年 12 月 9 日，依据《国家清洁生产审核暂行办法》第 20 条的规定，在个人自愿申报、单位推荐的基础上，经甘肃省环境保护厅审核，下发《关于公布甘肃省重点企业清洁生产专家库专家名单的通知》（甘环科发〔2010〕51 号），向社会公布 100 名清洁生产专家（见表 5-4-3）。

表 5-4-1

甘肃省强制性清洁生产审核企业名单公布及评估验收情况汇总

序号	所属市州	2007 年	2008 年	2009 年	2010 年	小计
1	兰州市	2	14	3	14	34
2	兰州新区	0	0	0	0	0
3	嘉峪关市	0	2	2	4	8
4	酒泉市	2	0	2	8	12
5	张掖市	3	6	2	13	24
6	武威市	2	4	2	4	12
7	金昌市	0	6	1	6	13
8	白银市	2	8	4	16	30
9	定西市	0	2	0	3	5

续表

序号	所属市州	2007 年	2008 年	2009 年	2010 年	小计
10	庆阳市	0	4	3	4	11
11	平凉市	0	2	1	5	8
12	天水市	1	1	3	6	11
13	陇南市	2	1	1	16	20
14	临夏州	0	2	7	10	19
15	甘南州	1	0	1	2	4
16	甘肃矿区	2	0	0	0	2
	总计	17	52	32	111	213

表 5-4-2

2007—2010 年甘肃省强审企业统计（共公布 9 批 317 家）

年 度	第一批/家	第二批/家	合计/家
2005	27	73	100
2007	17		17
2008	49	3	52
2009	32（重复 4 家）	4	36（重复 4 家）
2010	20	92（重复 1 家）	112（重复 1 家）
总计	145（重复 4 家）	172（重复 1 家）	317（重复 5 家）

表 5-4-3

甘肃省重点企业清洁生产专家库专家名单（按姓氏笔画排序）

姓名	工作单位	从事专业	职称
于宏兵	南开大学节能与清洁生产研究中心	清洁生产	教授
万景峰	甘肃省工信委员会循环经济处	能源/循环经济	工程师
马万奎	甘肃省环境保护产业协会	环保/产业	高级工程师/审核师
马普利	西北矿冶研究院	化工/环评	高级工程师
马新民	兰州科环企业管理咨询公司	环境监测	高级工程师
王　浩	甘肃省建筑科学研究院	建材/节能/环检	高级工程师
王小雄	中石油石化研究院兰州化工研究中心	水处理/清洁生产	高级工程师
王有乐	兰州大学资源环境学院	环境工程	教授/审核师
王社宁	甘肃省发改委环资处	环境工程/水处理	高级工程师
王治业	甘肃省科学院生物研究所	微生物工程	高级工程师
王春梅	甘肃省节能总公司	工程设计/咨询	高级工程师
孔致祥	甘肃省环境科学设计研究院	清洁生产/环评	工程师/审核师
石　磊	甘肃省发改委环资处	矿山机械	高级工程师
田斌守	甘肃省建材科研设计院	建筑材料/节能	高级工程师
白　强	甘肃省工业和信息化委员会	能源管理	高级工程师
冯　起	中科院寒旱所	旱区水资源/环境	研究员/教授
师大同	甘肃省环保产业协会	给排水/暖通	高级工程师
朱晓霞	张掖市环境监测站	环境检测	高级工程师
朱爱会	甘肃刘化集团公司	环境管理	高级工程师
任增茂	甘肃省建材科研设计院	建筑材料	高级工程师
刘　兰	甘肃省化工研究院	化工	高级工程师
刘　昕	甘肃农业大学食品科学与工程学院	农畜产品工程/发酵	高级实验师
刘　麟	张掖市环境监测站	环评/清洁生产	高级工程师
刘元科	金昌化学工业集团有限公司	选矿	高级工程师

续表

姓名	工作单位	从事专业	职称
刘发强	中石油兰州化工研究中心	环保技术研发/清洁生产	高级工程师
刘旭东	中国市政工程西北设计研究院有限公司	建筑	高级工程师
刘宗平	甘肃省水利工程质量与安全管理中心	水资源/水环境	高级工程师
刘钢潮	兰州煤矿设计院	工程设计	高级工程师
刘新德	玉门油田公司炼油化工总厂	有机化工/环境	工程师
祁国平	甘肃省轻工研究院	轻工/造纸	高级工程师
孙立伟	甘肃省轻工业联合会	轻工/食品	高级酿酒师
孙树勋	甘肃省建筑科学研究院	环境/节能/工程	高级工程师
孙彩琴	嘉峪关市环境监测站	环境检测	高级工程师
李　忠	甘肃瓮福化工有限责任公司	化工	高级工程师
李　梅	甘肃金昌化工集团公司	化工	高级工程师
李开文	酒钢集团环保办公室	环保管理	高级工程师
李玉忠	甘肃省轻工研究院	轻工/食品/发酵	高级工程师
李旭红	甘肃省环保产业协会	环保	高级工程师
李忠国	兰州凯特环境技术工程有限公司	有色金属冶炼/环境	副教授
李彦锋	兰州大学化学化工学院	高分子材料/环境	教授
李晓民	临夏州工业研究所	工程咨询	高级工程师
李鸿洲	甘肃省化工研究院	精细化工	高级工程师
杨　帆	酒钢公司环保办	环境管理	高级工程师
杨　晖	甘肃省科学院生物研究所	生物技术	研究员
杨映塘	甘肃省建材科研设计院	建材/咨询/技术服务	高级工程师
杨富民	甘肃农业大学食品科学与工程学院	食品加工	教授
吴国振	甘肃省工信委员会循环经济处	能源/循环经济	高级工程师
吴彩霞	兰州朗德技术服务咨询有限公司	环境管理	高级工程师

续表

姓名	工作单位	从事专业	职称
何进忠	金昌市环境科学研究所	环评/清洁生产	高级工程师/审核师
张　凡	甘肃省环境科学设计研究院	环评/清洁生产	高级工程师
张　围	兰州煤矿设计研究院	环评/环境	高级工程师
张　潜	甘肃省水资源委员会办公室	水资源管理	高级工程师
张永茂	农产品贮藏加工研究所	果蔬加工及处理	研究员
张永显	甘肃省皮革塑料研究所	塑料/皮革/橡胶	高级工程师
张有明	西北师大化工学院	化工	教授
张兴林	甘肃省固体废物管理中心	固废管理	高级工程师
张国清	天水市环境监测站	环境监测	高级工程师
张定军	甘肃省皮革塑料研究所	塑料/皮革/橡胶	高级工程师
张素娣	西北矿冶研究院	材料/机械/环评	高级工程师
张道侠	兰州煤矿设计院	环境工程	高级工程师
张鹏云	甘肃省化工研究院	精细化工	高级工程师
陈天仁	河西学院	食品工程	教授
陈治采	甘肃省工程咨询中心	工程咨询	高级工程师
邵继新	甘肃省建材科研设计院	土木工程/建筑材料	高级工程师
武春云	甘肃省工业和信息化委员会	能源/循环经济	副科
拓　钊	甘肃省冶金有色工业协会	科技管理/行业规划	高级工程师
金一凡	甘肃省环保产业协会	环保产业管理	工程师
周剑平	甘肃省科学院	微生物工程	研究员
郑世琪	天水市环境监测站	环境保护	高级工程师
赵　煜	甘肃省轻工研究院	轻化工/生物医药	高级工程师
赵文芳	天水市环境监测站	环境监测	高级工程师
赵连彪	甘肃农业大学	化学/清洁生产	副教授
赵起政	甘肃省轻工研究院	轻化工	高级工程师
赵益民	兰州惠华企业管理咨询有限公司	工商管理	高级咨询师

续表

姓名	工作单位	从事专业	职称
胡建华	甘肃省轻纺工业设计院有限责任公司	食品工程/工程经济	高级工程师
柯贞东	甘肃省机械科学研究院	机械设计与制造	高级工程师/总工
查　飞	西北师范大学化学化工学院	化工工艺	教授
姜　鑫	甘肃省工信委员会循环经济处	能源/循环经济	高级会计师
秦小银	甘肃省轻工业联合会	轻纺行业管理	审核师
秦恒春	甘肃省节能监察中心	机械设计/节能管理	高级工程师
班省华	甘肃省轻工研究院	化工机械/工程咨询	高级工程师
袁培温	兰州有色冶金设计研究院有限公司	环境工程/给排水	高级工程师
晋小军	甘肃农业大学农学院	旱农与药用植物	研究员
党廷俊	窑街煤电集团甘肃工程设计（咨询）有限责任公司	采矿工程	高级工程师/总工
唐红梅	天水市环境监测站	环境监测	高级工程师
唐振芳	天水市环境监测站	环境监测	工程师
曹　兴	甘肃省环境监察局	环境监察	工程师
曹学臣	金昌化学工业集团有限公司	化工工艺	工程师
曹振元	甘肃省轻工业联合会	纺织行业管理	高级工程师
常　锋	张掖市环境监测站	环境检测/清洁生产	高级工程师
阎春生	兰州大学	环评/医药/食品	副教授
梁　锐	甘肃省化工研究院	采矿/民爆	高级工程师
寇明杰	甘肃省机械科学研究院	农业机械设计	高级工程师
彭正和	甘肃省洗涤行业协会	洗染业节能环保	洗衣师
彭　涛	甘肃省轻工研究院	轻工/食品/发酵	高级工程师

续表

姓名	工作单位	从事专业	职称
韩少平	甘肃省机械科学研究院	机械设计/科技管理	高级工程师
粟渝军	甘肃省冶金工业协会	冶金/行业管理	高级工程师
焦光联	甘肃省膜科学技术研究院	生物/膜分离技术	副研究员
谢宗平	河西学院	生物工程	教授
赛　勇	甘肃省发改委环资处	计算机科学与技术	工程师
薄立新	甘肃省建材科研设计院	建材	高级工程师

第五章　自然生态保护管理

第一节　生态环境保护

一、生态环境破坏

人口总量急剧扩大。中华人民共和国成立以来，甘肃省农村人口总量急剧增加，尤其是农牧交错地区，人口年均增长率为30‰以上，人口密度由1949年的每平方千米10人增加到20世纪初的约60人。随着人口的增长，牲畜头数猛增，草场水源负荷越来越重，造成生态环境的严重超载。

自然生态恶化，林草减少，灾害加重。全省森林覆盖率仅为9.37%，低于全国13.92%的平均水平，加上农田草地的季节性覆盖，全省土地植被覆盖率仅有23%左右，是全国植被状况较差的地区之一。祁连山保护区内的灌木林地已由20世纪50年代的55.49万公顷减少到1995年的29.45万公顷，减少47%。由于祁连山植被的破坏，从祁连山发源的56条内陆河出山口径流量已从解放初的78亿立方米减少到65亿立方米。草地覆盖率只有39.4%。1981年以来，全省天然草地减少8.5万公顷，全省草地中度以上退化的约占天然草地总面积的33%。时有天然草地中带有荒漠化性质的草地比重高达38.5%，全省牧区实际载畜量大大超过理论载畜能力，由于森林草原生态平衡遭到严重破坏，由此而导致泥石流、沙尘暴等自然灾害频繁发生。据甘肃省环境监测中心站监测，1994年以来，甘肃省累计发生沙尘暴18次，其中2000年3月、4月在全省11个地区，不同程度地出现9次沙尘暴和4次扬沙天气，大气总悬浮颗粒物超标4.6~141.9倍。1993年5月5日，河西地区出现历史上罕见的特大沙尘暴，横扫面积110平方千米，造成85人死亡，31人失踪，200多人受伤。

甘肃省生物多样性较为丰富，但由于人为捕杀、滥用农药、环境变化等因素影响，喜鹊、乌鸦、啄木鸟、猫头鹰等鼠虫害天敌逐年减少，各种病虫害加剧。

“十一五”期间，全省生态环境恶化形势依然严峻。生态环境先天不足，加上人为破坏，生态恶化趋势尚未停止。森林资源进一步减少，全省森林覆盖率仅为9.37%，低于全国13.9%的平均水平；草原退化面积占总面积的35.39%；水土流失严重，沙漠化威胁加大，沙尘暴发生频率增高，强度加大，损失严重。能耗高、工艺落后、污染重的乡镇企业，给农村环境带来新的问题。矿产资源的乱采滥挖，不仅造成资源浪费，还导致山川、河流、农田的污染。农村生态环境继续受到农药、化肥、地膜的污染。

二、区域生态环境恶化

1. 大夏河水质污染

20世纪初，大夏河（临夏段）水质受到沿岸工业污水和生活污水以及城市垃圾的污染，据统计，大夏河（临夏段）重点工业污染源有9家，年排放工业污水28.72万吨，年处理污水量9.64万吨，处理率仅为33.6%；年排放城市生活污水量为265万吨，由于临夏县生活污水处理场、临夏市污水处理场尚未建成，大夏河（临夏段）城市生活污水未经处理直接排放。据州环境监测站每年枯水期、丰水期、平水期三期水质27项监测，经过对其中21项主要污染因子进行质量评价，大夏河临夏段水质污染严重，水质污染主要污染物为化学需氧量、生化需氧量、硫酸盐指数、挥发酚、pH离子洗涤剂、氮、非离子氮、粪大肠菌群等，2002年，大夏河（临夏段）粪大肠菌群污染面源广，超标严重，河段最大值超标1.3倍，实测水质为劣Ⅳ类。

2. 河西地区生态环境污染

河西地区人口由1949年的170.87万人增至1995年的440.76万人，年均增长率为0.020 8；耕地总面积由51.71万公顷增至63.40万公顷，年均增长率为0.004 4；人均占有耕地由0.303公顷降至0.144公顷，年均递减率为0.016 0，人口压力显著增加。人口密度分布不尽合理。1980—1997年，地下水供水量增长率为36.3%；用水量增幅为1.16%，其中，农牧用水量减少，工业用水量增幅较大（为21%），城市和农村生活用水量也有所增加；农业灌溉用水仍然是用水大户，灌溉亩均用水额为816立方米。工业产品万元产值用水额为253立方米/万元，高于全省均值225立方米/万元。疏勒河中下游1997年地下水位下降2~5米（与1980年相比），黑河水系平均下降3~5

米；石羊河流域20世纪70年代中期每年超采地下水1亿~3亿立方米，20世纪80年代初地下水位普遍下降5~10米，武威盆地南部地下水位下降达10~20米；民勤盆地地下水位普遍下降15米，荒漠植被死亡，土地荒漠化。河西地区是全省沙漠化土地和盐渍化土壤主要分布地，走廊西段是沙漠化发展最快、最严重的地区，年均发展速度为1.47%，绿洲生态系统破坏严重、植物资源锐减，风沙活动频繁。超采地下水、灌溉方式和灌溉制度不合理等无疑是加剧土壤盐渍化的重要因素，民勤盆地北部盐渍化面积到1992年增至40万公顷。毁林、毁草开荒，特别是涵养水源的森林、草地被严重破坏，加剧土壤侵蚀，风力侵蚀、沙尘暴天气发生频率逐年增加。

河西粮播面积占全省的15%，但粮食产量则由占全省的1/5增至1/3，是全省重要的商品粮基地。1997年，每公顷耕地化肥施用量为1 066千克；据测算，2010年，化肥投入水平将达到1 698.72千克/公顷。化肥投入量的加大。使土壤有机质含量降低，出现土壤板结现象，化肥肥效降低，生产成本升高，局部地下水受到NO_3–N和NO_2–N污染，农作物产品也受到NO_3–N的污染。在1992年检测的12种蔬菜中，除番茄、辣椒、萝卜NO_3–N的样本检出率为85.7%~93.5%外，其余9种均为100%，莴笋中NO_3–N含量超标，韭菜、番瓜和茄子超标率也较高，同时产生氟污染、土壤Cd污染等问题，其影响进入人类食物网，危害人类健康。

20世纪80年代前，由于有机氯农药的大量施用，严重地污染了土壤和农产品，80年代中后期的检测中仍有检出。据预测，截至2010年，农药投入强度将达143千克/公顷。在单一的化学防治手段下，缺乏物理防治和生物防治，将使病虫鼠草害的抗药性增强、种类增加、发生程度严重，天敌减少，农作物品种丧失抗性，从而形成恶性循环，农药也进入人类食物网而危害身体健康。

随着地膜覆盖技术的应用，带来潜在的白色污染。20世纪90年代以来，河西地区塑膜覆盖量达1.05万吨，覆盖面积12.17万公顷，占全省第一。12.5%~25%的地膜残留在耕地中，使土壤理化性状恶化、作物减产；弃之于田间道旁的废膜常使家畜吞食后死亡。据估算，该区粮食由此减产约9 376.04吨，损失约512.49万元。

酒泉灌区为全省最大的污灌区，污灌面积约18 250公顷。用石油河水灌溉的农田下渗水引起地下水污染和农田生态环境的污染，造成死苗、籽粒不实、污染物（如重金属等）在农产品中富集、土壤微生物减少、土地次生盐渍化等一系列问题。

3. 甘南地区生态环境恶化

甘南地区为全国六大牧区之一，草地类型繁多，区系复杂，但80%的草地分布在海拔2 500米以上甘南高原，气候高寒阴湿，草地以高寒草甸和山地灌丛草甸为主体，日照不足、热量有限，牧草生长缓慢，枯草期长，加上保持草地生态环境各结构要素基本功能和综合功能缺损、能量流动受阻等客观因素，总体表现为生态脆弱、产量小而低、枯草期长、牧草供给替代性差，加上草地相互分离，造成诸多不利因素。

20世纪初，牧区人口剧增，大片草地被开垦、占用，草地面积逐年减少，天然草地被割裂得支离破碎，岛状如城镇、矿区、村落裸地不断涌现膨胀，草地承受的压力逐年增大，原有的生态平衡被打破，退化日益严重。据调查，产草量平均下降75%以上，中度退化下降48%，轻度为29%；植物群落组成和性状变坏，优良牧草渐渐消失，劣质、有毒害草增加；植物种群的多样性、土壤肥力下降，水土流失严重；动物区系简单化，小型啮齿动物和部分有害昆虫数量猛增，鼠害尤为严重。家畜成为动物区系的主体、载畜量增加3倍。

超载过牧、利用过度、脆弱的生态自身平衡被打破，草原退化严重。草原生态环境基本呈恶性循环状态，逐步向荒漠化方向逆转演替。其中，玛曲沙区沙漠化进程急速发展扩大。

玛曲沙区是21世纪前后发展扩大的位于海拔3 400米以上的高寒区，属草原荒漠化类型，由于草场超载，植被破坏严重，土壤长期得不到有机质的补充，加上高寒气候，沿黄河两岸部分地段基本丧失牧草生长功能，沙砾含量急剧上升。作为黄河上游第一弯，黄河上游青海来水70%经过玛曲，由于沙化严重，被河水冲刷的沙砾剖面深达数十米，给下游水库淤积和黄河含砂量增大带来严重的隐患。

4. 石羊河流域生态危机

由于上游来水锐减和荒漠化特别是沙漠化威胁，武威石羊河流域出现严重生态危机。民勤成为中国特级告急的生态危机区。石羊河流域与中国北方其他内陆河流域（西北干旱脆弱生态区）相比，提前进入环境安全危险期。整个流域呈现出沙尘暴频发，沙漠向绿洲推进，农区向牧区、林区推进，冰川萎缩，灌木减少，雪线上升的生态恶化趋势。从下游民勤来看，其主要标志是："湖干、水荒—林枯、草衰—流沙、流人"。由于种种原因，民勤年地表水入境量由20世纪50年代的5.42亿立方米下降到2000年的1.8亿立方米，连续30年年超采地下水3亿多立方米（年提取约6亿立方米），地下水位以每年0.4~1.0米的速度下降，地下水位最深已达30米，迫使湖泊湿地干枯，湖区30万亩农田弃耕（生产性水荒）；全县395万亩草地退化，58万亩林地沙化，13.5万亩沙枣林枯梢，35万亩红柳等天然植被衰亡（生态性水荒）；全县14万人和18万头牲畜饮水困难（生活性水荒）。致使生态灾害（流沙）频繁发生，特别是大风和沙尘暴天气明显增多（全县年均风沙数达139天，8级以上大风日29天，沙尘暴日37天）。流沙以每年3~4米的速度侵蚀绿洲，91.5%的土地荒漠化，生态灾害性移民（流人）大量涌现，20世纪末10年间，仅湖区外流人口即达2.6万多人。整个区域和流域生态环境的不断恶化，严重潜伏着民勤盆地被风沙掩埋、腾格里和巴丹吉林两大沙漠汇合的生态危机。严重的生态危机影响整个国家的生态安全，自2001年以来，国务院总理温家宝曾先后六次批示"绝不能让民勤成为第二个罗布泊"。

三、生态环境保护

"八五"期间，自然保护区管理工作得到加强。1992年，正式颁发《甘肃省自然保护区管理办法》，成立省级自然保护区评审委员会；建立省级敦煌南湖湿地候鸟自然保护区，安西极旱荒漠自然保护区升格为国家级自然保护区。截至1995年年底，全省自然保护区由"七五"末期的24个增加到34个，总面积由245.7万公顷增加到483.5万公顷，占全省土地总面积的比例由5.4%提高到10.64%。其中，国家级保护区4个，地方级保护区30个。为履行《生物多样性保护》国际公约，编报《张掖蓝马鸡繁育中心综合发展规划》《酒泉甘草固沙实验》《安西野马训养繁育中心建设》等项目建议书，被国家列为《国家生物多样性保护》行动计划的预选项目。

"九五"时期，生态环境保护和建设被列入甘肃省实施西部大开发的重要内容。从1998年10月1日起，全面启动天然林保护工程，使宝贵的天然林资源得到有效保护；退耕还林（草）120万亩；初步治理水土流失面积6万平方千米；采集发菜、乱挖甘草等破坏植被行为得到有效遏制；建立1个国家级和3个省级生态农业试点县（市）、31个全国生态环境建设试点县、2个全国生态示范区。

自然保护区建设与管理和生物多样性保护工作取得新的进展。全省累计建立各类自然保护区35个，自然保护区面积达到504万公顷，占省国土面积的11.1%。普氏野马回归自然项目在安西极旱荒漠国家级自然保护区顺利实施，一期建设通过国家环保总局验收。武威濒危物种繁育中心及张掖蓝马鸡繁育中心建设规模扩大，种群数量增加。

其中，1992年野生动植物和自然保护区保护管理执法工作取得显著成效。结合环境执法大检查，重点对临夏、夏河皮毛市场销售野生动物皮张、康县乱捕倒卖大鲵、武都县倒卖大熊猫皮张，肃南乱捕、驯养马鹿等问题进行调查和严肃处理。据统计，1988—1992年，全省共查处乱捕滥猎、倒卖、偷运国家一级、二级保护动物案件20余起，涉案近400人次。

1994年上报的“中国安西野马基地”和“中国蓝马鸡繁育基地”两个生物多样性保护项目国内外专家在审定中认为均符合国际公约，对于保护生物多样性、扩大野生动物人工繁殖种群数量有重要意义，被列为全球环境基金援助项目预选项目。

2000年，经过周密筹备，正式启动全省生态功能区划工作。为加强自然保护区评审工作，对甘肃省自然保护区评审委员会进行调整和补充。12月15日，在兰州举行由19名委员组成的第二届评审委员会成立大会，评审委员会年内组织完成对景泰黄河石林、永登连城等13个自然保护区的申报审查和评审工作。2000年，甘肃省首次将生态保护纳入省政府同各地、市（州）政府（行署）签订的年度环保目标责任书，促进生态环境保护和建设的较快发展。在全国率先完成生态环境现状调查的基础上，开展全省生态环境区划，受到国家环保总局的充分肯定。启动和实施黑河上中游和黄河玛曲两个国家生态功能保护区的建设试点工作，并被列入国家“十五”计划，国家环保总局拨专项经费累计280万元。黑河流域综合治理工程顺利启动，当年向下游分水6.38亿立方米。全省年内完成节水灌溉面积84.9万亩，发展集雨节灌面积58.9万亩，新修梯田138万亩，治理水土流失面积3 085平方千米，解决了25万人的饮水困难的问题。天然林保护取得新进展，完成造林封育86.2万亩，退耕还林还草98.1万亩，占国家下达计划的109%。建成37个国家级、省级生态试点县（市）和生态示范区，全省建设生态示范工程85项，总投资达5.07亿元。在22个县组织实施“生态家园富民计划”等一批农村能源建设项目，全省新增户用沼气池3 815座，其中“四位一体”生态农业模式棚3 000座，推广太阳灶和省柴节煤灶11.3万户，年新增节约和开发能源量10.7万吨标准煤。在13个县组织实施天然草场恢复与保护项目，完成“三化”草场治理面积510万亩。

全省生物多样性和自然保护区建设与管理取得较大进展。国土资源部批准敦煌雅丹地貌、刘家峡恐龙足印群2个国家级地质公园和省政府批准7个省级自然保护区，并向国务院报送甘肃敦煌、民勤连古城、平凉崆峒山3个晋升国家级自然保护区的材料，从而使全省自然保护区总数增至40个，自然保护区面积占国土面积比例由2000年的11.7%提高到17.8%。安西国家级自然保护区普氏野马回归自然项目（第一阶段）经过多方努力，实现预期目标，数量也由10匹增至15匹，顺利通过国家环保总局组织的专项验收。

继续开展秸秆禁烧、严禁采集销售发菜、制止滥挖甘草、麻黄草等生态保护执法检查，省环保局联合有关部门到甘南、临夏、武威等地进行专项督查。玛曲县成立生态保护稽查大队，年内共截获非法采药者346人，没收非法采药工具300余件、旱獭皮275张、帐篷14顶、毒药1桶、陷阱架13只、查处14起破坏资源、乱捕乱猎的违法案件。

“十五”期间，完成《甘肃省生态功能区划》，将全省生态环境划为3个生态大区、9个生态区、20个生态亚区、67个生态功能区，为全省实现“山川秀美”以及产业结构调整、生产力布局、城镇化发展等提供决策依据。截至2005年年底，各类自然保护区总数达58个，占全省国土总面积的23.1%，高于全国平均14.8%的水平，保护区在增加的同时，保护区类型也更加齐全。其中，黑河上中游、黄河玛曲两个国家级生态功能保护区完成《可行性研究报告》并上报国家，国家环保总局将该两个生态功能保护区列入2006年全国试点的第一批计划中。

“十一五”期间，认真贯彻落实国家七部委下发的《关于加强自然保护区调整管理工作的通知》精神，严格按程序办理涉及保护区的建立、调整和晋升事项。按程序建立天水秦州大鲵省级自然保护区，调整甘肃肃北马鬃山北山羊省级自然保护区功能区划，上报漳县秦岭细鳞鲑省级自然保护区晋升国家级自然保护区相关材料。“十一五”以来，共建立省级保护区5个，调整保护区范围和功能区划12个，由省级晋升国家级自然保护区5个。截至2010年10月，全省共建立自然保护区59个，总面积9 762 188公顷，占全省国土面积的23%。其中，国家级自然保护区15个，面积7 199 620公顷；省级40个，面积2 447 668公顷；县级4个，面积114 900公顷。从保护区的类型来看，有30个保护区属自然生态系统类型，26个属野生动物类型，3个属自然遗迹类型。形成分部门管理和环保部门综合管理的管理模式，保护区的保护、科研、宣传教育、资源可持续利用等方面的工作也逐步展开。通过严格管理、规范制度，野生动、植物资源得到有效保护，有力促进全省自然保护区建设事业的发展，为改善全省生态环境起到重要作用。

根据环保部《关于组织开展庆祝国际生物多样性年的通知》要求，配合2010年国际生物多样性年“生物多样性是生命，生物多样性就是我们的生命”（Biodiversity is life，Biodiversity is ourlife）主题，提高公众对生物多性样重要性认识，省环保厅及时制定《甘肃省开展庆祝国际生物多样性年活动方案》，组织安排全省庆祝活动内容。组织召开“甘肃省生物多样性保护研讨及培训会议”，邀请省政府办公厅秘书五处、省发改委、建设厅、国土厅、林业厅、农牧厅、农业环保站、农业执法总队，省动管局、水保局等相关厅局领导和部分院校、科研单位的专家教授以及各市州生态工作负责同志参加会议。在会上，进一步强调甘肃省在全国生物多样性保护中的重要地位，分析省境生物多样性保护现状与对策，邀请部分生态专家进行技术培训，为下一步更好地开展生物多样性保护工作奠定坚实的基础。

四、荒漠化（沙化）治理

甘肃省是全国荒漠化面积较大、分布较广、危害最严重的省份之一，平均每年因土地荒漠化和沙化造成的经济损失约5.1亿元。严重的荒漠化和沙化，挤占人类生存的空间，恶化发展环境，加剧贫困，危害社会稳定，成为甘肃省最为严重的生态问题之一，制约着经济社会可持续发展。21世纪初，民勤沙化威胁引起国务院和温家宝总理的高度重视，多次督促甘肃省政府加强研究和治理。但由于自然原因和经济发展的深刻矛盾，荒漠化（沙化）治理成效甚微。

“十五”时期，根据国家建设生态文明的科学发展观，荒漠化治理特别是防沙治沙工作引起甘肃省委、省政府的高度重视，省林业厅根据荒漠化和沙化监测结果，对荒漠化成因和下一步荒漠化防治对策进行系统研究，总体方针是：依法防治、科学防治和综合防治。按照生态建设的自然规律，实行能封则封、能治则治、亦林则林、亦草则草的办法，实施工程治理；开展“三禁”，即禁止滥樵采、禁止滥放牧、禁止滥开垦；优化政策机制，明晰产权，落实林权制度改革的各项要求，使治理者得到实惠；严格落实地方各级政府防沙治沙责任制，加大有效监督，加强合作，实行综合治理。

经过数十年的综合治理，特别是“十五”以来治理力度的加大，荒漠化（沙化）治理成效日益显著。截至“十一五”末期，荒漠化、沙化土地面积持续减少。2009 年与 2004 年相比，全省荒漠化和沙化土地面积净减少 1 349 平方千米和 1 121 平方千米。5 年间，荒漠化极重度减少 2 884.64 平方千米，重度减少 1 138.44 平方千米；沙化极重度减少 5 140.67 平方千米。

全省沙化土地植被平均盖度由 2004 年的 14.56%提高到 2009 年的 16.87%，5 年间提高 2.31%。

经过不懈的努力，全省土地荒漠化和沙化趋势整体得到初步遏制，荒漠化和沙化土地面积持续减少，但局部地区仍有扩展，荒漠化沙化防治工作任重道远。监测结果显示，民勤和敦煌的荒漠化呈递减趋势。其中，民勤县荒漠化土地与上一时期相比，荒漠化土地总面积减至 144.52 万公顷，减少 764.6 公顷，年递减率为 0.01%；沙化土地总面积为 122.05 万公顷，减少 4 293.7 公顷，年递减率为 0.07%。

敦煌市荒漠化土地面积减少 3 816.8 公顷，年递减率为 0.038%：沙化土地总面积为 186.15 万公顷，减少 8 955.5 公顷，年递减率为 0.48%。

“十一五”末期，国家发改委、国家林业局批复石羊河流域启动实施两个防沙治沙和生态修复工程，对黑河流域，国家批准扶持实施节水工程，效果比较良好。疏勒河流域国家批准在敦煌及敦煌以东地区实施生态环境治理工程，总投资 47 亿多元。各项工作的实施和落实，三大流域的荒漠化现状将会得到全面改善。

第二节 自然保护区管理

一、自然保护区

甘肃省自然保护区建设始于1963年，由于受到各级政府的重视和支持，截至“八五”末期，全省拥有森林生态系统、荒漠生态系统、高原生态系统、野生动物等各种类型自然保护区34个。其中国家级自然保护区4个，地方级自然保护区30个，保护区总面积达483.5万公顷，占全省国土总面积的10.6%。自然保护区由“七五”时期的24个增加到34个，总面积由246.70万公顷增至483.5万公顷。大量自然保护区的建立，有效地保护了甘肃省的自然生态环境和自然资源，使一些典型的森林生态系统，如天然林、老云杉林、红桦林、青冈次生林、紫果云杉林、青海云杉林、水源涵养林及一些珍贵树种得以保存和发展。特别是祁连山国家级自然保护区的建立，使祁连山的森林资源得到有效保护，森林面积不断扩大，从而增强水源涵养能力，调节区域气候，保持水土。1992年建立的安西极旱荒漠国家级自然保护区，有效地保护了戈壁草场，使本来就脆弱的荒漠生态环境得到休养生息。由于该保护区有计划、有目的地对戈壁草场进行分片封育、分类保护，使区域性的环境恶化得到控制，同时为治理和改造荒漠戈壁作出示范。一些珍稀的野生动物，如大熊猫、金丝猴、扭角羚、野骆驼、白唇鹿等，由于较好地保护它们赖以生存的栖息环境，减少人为的猎捕和干扰，使甘肃省的珍稀野生动物有些种类免遭灭绝，有些种类在种群数量上有较大发展，如安南坝自然保护区的野骆驼，由建保护区前的70余峰发展到近400余峰；分布在盐池湾自然保护区的白唇鹿1976年调查时仅有300只左右，“八五”末期达到2 500多只；肃北、肃南、阿克塞县境内的盘羊，1976年仅有几百只，“八五”末期达到5 500余只；白水江国家级自然保护区内大熊猫分布仍有100只，种群数量发展稳定；兴隆山国家级自然保护区林麝数量超过100多只，陇南的扭角羚、金丝猴常可见几十只乃至上百只的大群；黄河兰州段以前见不到候鸟的踪影，从1983年起，每年冬季都有候鸟前来越冬，多时达30多个种类数千只。

为进一步保护珍稀野生动物资源，保存物种的遗传基因，在张掖建立蓝马鸡繁育中心，在武威建立濒危动物繁育中心。两个繁育中心经过几年来的科研和实践，对蓝马鸡、普氏野马和高鼻羚等珍稀野生动物进行人工驯养和繁育，取得可喜成绩。目前，蓝马鸡繁育中心共有雪鸡、血雉、蓝马鸡 120 多只，濒危动物繁育中心人工驯养一定数量的普氏野马、野驴、野骆驼、金丝猴、扭角羚、白臀鹿、高鼻羚羊等珍稀野生动物。两个繁育中心的建立及随着人工驯养繁殖珍稀野生动物的种类不断增加，不仅有效地保护珍稀野生动物的种群数量，更重要的是保存物种的遗传基因。因此，甘肃省的自然保护工作呈现新的局面。

截至 2005 年 12 月底，全省共建立自然保护区 58 个，总面积 9 798 421.4 公顷，占全省国土总面积的 23.01%。其中，国家级 10 个，总面积 5 073 292 公顷；省级 44 个 4 610 229 公顷；县级 4 个 114 900 公顷。设立管理机构 40 个；管理人员 1 784 人（其中专业技术人员 498 人）。已建珍稀濒危动物人工繁殖场 8 处，已建珍稀濒危植物引种栽培场 4 处。

“十一五”时期，对自然保护区进行甄别、合并和级别提升。截至 2010 年，全省共建立各级各类省级以上自然保护区 56 个，总面积 8 773 055 万公顷，约占全省国土面积的 20.6%。其中，国家级 20 个，省级 36 个。按照《中华人民共和国自然保护区条例》和《甘肃省自然保护区管理条例》有关规定，形成行业分部门管理和环保部门综合管理的模式。

全省已建的自然保护区，按主管部门划分：环保系统 2 个，林业系统 45 个，农牧系统 6 个，国土系统 3 个；按管理局所在地划分：全省除嘉峪关市没有以外，其余市（州）均有涉及。其中，兰州 2 个，金昌 1 个，白银 5 个，天水 2 个，武威 2 个，张掖 3 个，酒泉 14 个，平凉 1 个，庆阳 1 个，定西 5 个，陇南 9 个，临夏 4 个，甘南 7 个；按自然保护区类型与级别划分（GB/T 14529—93）：26 个属自然生态系统类别，27 个属野生生物类别，3 个属自然遗迹类别；按照《甘肃省生态功能区划》划分：河东湿润、半湿润生态区分布有 24 个，河西干旱、半干旱生态区分布有 12 个，青藏高原东北部高寒生态区分布有 20 个；按照批建时间划分：20 世纪 80 年代及以前建立 7 个，20 世纪 90 年代建立 11 个，21 世纪前 10 年建立 33 个，其余 5 个为

2010年以后建立。

1999年，甘肃省颁布实施《甘肃省自然保护区管理条例》。此外，甘肃省按照国家对自然保护区“一区一规”发展思路，先后出台《甘肃祁连山国家级自然保护区管理条例》(1997年)、《甘肃白水江国家级自然保护区管理条例》(2000年)、《甘肃兴隆山国家级自然保护区管理条例》(2001年)、《甘肃省莲花山国家级自然保护区管理条例》(2006年)、《甘肃安西极旱荒漠国家级自然保护区管理条例》(2008年)，《连城国家级自然保护区条例》已完成省人大常委会审核。一些有条件的国家级自然保护区正在积极研究出台相关法规，如敦煌阳关和民勤连古城等已上报省人大常委会，开展立法工作。2004—2010年自然保护区建设情况见表5-5-1。

表5-5-1

甘肃省自然保护区建设基本情况

年 份	自然保护区数量/个		自然保护区面积/万公顷		自然保护区占辖区面积比重/%
	全部	国家级	全部	国家级	
2004	50	8	870.3	500.9	19.1
2005	54	10	925.0	507.3	20.3
2006	57	13	988.4	686.1	21.7
2007	57	13	987.7	686.1	21.7
2008	57	13	754.1	443.8	16.5
2009	58	15	734.4	478.4	16.2
2010	59	15	734.7	478.4	16.2

二、自然保护区建设与管理

全省已建的自然保护区主要分布在保护价值大、生态高度敏感的区域，大熊猫、川金丝猴、雪豹、野骆驼等珍稀濒危野生动物生存环境，祁连山、秦岭西段、甘南湿地等重要水源涵养区已全部纳入自然保护区网络，生物多样性保护和生态环境质量改善效益已逐步显现，尤其是21世纪前10年建立的33个保护区，有力地推动了自然保护区工作的深入开展，有效地缓解了全省生态环境恶化现状。

甘肃省自然保护区管理体制基本顺畅，各保护区管理局（站）能够按照行业部门主要管理和环保部门综合监管的要求，加强日常建设与管理，部分自然保护区还实行保护区管理局和地方政府双重管理的机制。各级政府对自然保护区工作全力支持，从人力、财力、物力等方面不断加大投入，从自然保护区基础调查数据来看，全省自然保护区均有管理机构，管理人员总数约 4 200 多人；20 个国家级自然保护区管理局均有独立管理机构，其中有 17 个管理级别为正县级（漳县珍稀水生生物正科级、黄河首曲副科级、天水珍稀水生野生动物副县级），人员资费全部纳入省级财政预算中。根据《国家级自然区规范化建设和管理导则》相关指标，全省 80%以上的国家级自然保护区已达到规范化建设目标。

为加强社会大环保意识，甘肃省环保、林业、国土等相关部门坚持每年以“5·22”国际生物多样性日和“六五”世界环境日等保护日宣传活动为契机，通过报纸、电视、网络和社区服务等方式，加强对自然保护区工作重要性的舆论宣传，努力营造公众学习保护知识、提升保护意识和参与保护行动的良好氛围。结合甘肃省精准扶贫和“双联”行动，坚持把扶贫工作与生态环境保护相结合，通过采取劳务输出、实施生态保护项目、定点帮扶和资金技术支持等方式，助推自然保护区内群众由“输血向造血转变”，实现脱贫致富，有效地缓解了经济发展与生态保护的矛盾。

21 世纪初，国务院和各部委相继出台一系列关于做好自然保护区管理工作的通知，对自然保护区管理工作提出更新、更高的要求。甘肃省也进一步加大自然保护区的建设力度，严格按照程序办理自然保护区建立、调整和晋升工作，认真履行省级自然保护区评审委员会工作制度，召开自然保护区评审委员会工作会议，及时总结工作经验、查排突出问题、研究解决措施，帮助自然保护区科学健康发展。

随着生态文明建设水平的不断提高，自然保护区工作呈现由管护型向科研型转变，科研监测能力的提高为自然保护区发展提供核心驱动力。据调查，全省自然保护区管理人员中，专业技术人员有近 800 人，约占管理人员总数的 19%，平均每个自然保护区为 13 人。依托自然保护区，甘肃省先后完成《甘肃省珍稀保护植物调查及保护措施》《甘肃省珍稀保护脊椎动物调查及保护措施》《甘肃省生物多样性调查与评价》《甘肃省生物多样性保护战略与行动计划（2011—2030）》和《甘肃省自然保护区基础调查》等课题。启动《甘肃省生物多样性保护优先区域保护规划》编制工作，积极争取国家在生物多样性保护重大工程方面的资金和技术支持，自然保护区发展已进入健康、科学的良性轨道。

“十一五”期间，甘肃省不断加大自然保护区管理力度，以资源管护为重点，建立反应迅速、运转灵活、指导有力的综合管理体系。按照自下而上“四步走”的方法，每年开展自然保护区管理与建设环保专项监督检查工作。重点针对祁连山自然保护区被约谈的问题，开展一系列整治工作。省环保厅联合省直6部门开展全省自然保护区污染防治和生态保护专项检查，检查出全省60个自然保护区9大类87个存在的问题，并对检查出的问题提出整改建议和时限要求；通过对全省涉及自然保护区建设项目摸排，初步建立涉及自然保护区建设项目数据库，实施动态管理；每年对国家级自然保护区开展卫星遥感核查整改工作，督促自然保护区解决好突出问题。严格按照自然保护区管理相关条例，禁止在核心区、缓冲区建设任何生产设施，针对部分自然保护区内人员出入频繁、火源管理难度大、火灾隐患多的特点，指导完善局、站、乡、村、护林员和县、乡、村、组双轨管护责任制。

第三节　生态保护措施

一、生态环境保护立法

“九五”期间，由于加大生态保护的立法工作，生态与资源保护的地方性法规逐步健全。1996年，结合水土保持监督执法实际，对《甘肃省实施〈水土保持法〉办法》进行修改和补充。1997年，颁布《甘肃省基本农田保护条例》《甘肃祁连山国家级自然保护区管理条例》《甘南州野生动物保护条例》。1998年，颁布实施《甘肃省自然保护区管理条例》。2000年，颁布《甘肃省地质环境保护管理条例》和《甘肃白水江国家级自然保护区管理条例》。地方性法规的相继出台，对依法有效保护自然环境和自然资源起到重要作用。

“十一五”以来，根据《甘肃省生态功能区划》成果，在全省范围内进一步推进生态功能区划编制工作，指导省内有条件的市、州开展本地区生态功能区划编制，并在金昌市率先完成《金昌市生态功能区划》编制试点工作；与省发改委一同研讨甘肃生态主体功能框架，参与《甘肃省生态功能主体区规划》的具体编制工作；组织专家赴甘肃藏区考察，完成《甘肃藏区生态建设与环境保护研究报告》。报告全面介绍甘肃藏区生态建设与环境保护基本情况，分析存在的困难和问题，重点围绕甘肃藏区生态保护和环境治理工程、濒危野生动植物保护、应对气候变化、人工影响天气、地质灾害防治、建立生态补偿机制等方面，提出工作思路和工作重点。

二、重要生态功能区保护

甘肃省地处西北内陆，位于中国大陆地理中心，同时也是中国唯一兼有三大自然区的省份，生态系统类型多样，野生动植物种类丰富。根据甘肃省生态环境现状特征、分异规律、敏感性和生态服务功能的重要性，《甘肃省生态功能区划》将全省划分为 3 个生态区、20 个生态亚区和 67 个生态功能区。从自然保护区类型来看，截至 2010 年年底，已建自然保护区中有 30 个保护区属自然生态系统类型，26 个属野生动物类型，3 个属自然遗迹类型，基本将全省生态功能区划内典型自然生态系统、国家重点保护野生动植物物种及重要自然遗迹划入自然保护区保护范围。

“十一五”期间，甘肃省高度重视生态功能保护区的生态保护与建设，加快开展甘肃甘南国家级生态功能保护区建设试点工作，并继续推动黑河中上游生态功能区保护区建设。同时，为遏制敦煌盆地生态恶化趋势，防止土地荒漠化，保护历史文化名城和世界文化遗产——莫高窟，积极筹建甘肃敦煌国家级生态功能保护区。

2006 年 6 月，甘肃省就甘肃玛曲国家级生态功能保护区建设立项向环保部进行专题汇报。同年 8 月，国家环保总局吴小青副局长、万本太总工专程赴甘南州进行实地考察，并听取汇报。2007 年，省环保厅就甘南国家生态功能保护区建立与国务院秘书局、国家环保总局生态司进一步协调，同年国家发改委正式批准。同年 11 月，为贯彻落实胡锦涛总书记等中央领导的重要批示精神，编制《甘肃藏区经济社会发展政策措施综合研究报告》，为甘肃藏区经济社会发展指明方向。

甘南黄河重要水源补给生态功能区的生态保护和建设项目是甘肃省“十一五”规划的十大重点工程之一。在编制完成《甘肃甘南黄河重要水源补给生态功能区生态保护与建设规划》的基础上，于2007年投资44.51亿元，建设内容包括生态保护与修复工程、农牧民生活生产设施建设、生态保护支撑体系建设三大工程17个子项目的甘南黄河重要水源补给生态功能区生态保护与建设规划项目正式启动，标志着甘南黄河重要水源补给生态功能区生态保护与建设工作全面展开。

“十一五”期间，甘肃省张掖市把黑河中上游生态功能区的保护与建设作为主要内容，提出保护建设的具体项目和指标。同时把祁连山、黑河的生态环境保护纳入“三位一体”考核范围，完善监管体制，加大执法力度，建立联席会议机制和督办查处机制，环保、发改、建设、林业、农业、水利、畜牧、国土、工商等部门联动，齐抓共管，提升生态保护和建设水平。根据黑河流域湿地面积逐渐扩大的实际，为便于湿地资源的集中连片管理，扩大野生动物特别是鸟类的栖息地面积和加强黑河中游地区湿地的环境保护，经甘肃省人民政府批准，将高台黑河湿地保护区保护范围由高台县扩至张掖市甘州区、临泽县、高台县三县区，将保护区面积由3.56万公顷调整扩大为4.12万公顷，将保护区名称由“甘肃高台黑河湿地省级自然保护区”变更为“甘肃张掖黑河湿地省级自然保护区”。“十一五”末期，甘肃张掖黑河湿地省级自然保护区已通过国家评审，准备晋升为国家级自然保护区。

为认真贯彻落实温家宝总理的重要批示，2006年以来，对敦煌的生态环境进行调研，编制完成《甘肃敦煌国家级生态功能保护区建设规划》，并积极协调，努力争取国家尽快批准开展党河流域甘肃敦煌国家级生态功能保护区建设试点工作。“十一五”期间，省环保局向环保部提出建议，将甘肃省长江流域设立国家级长江流域上游（甘肃水源）水源保护功能区，并在甘肃省武威市民勤县做好建立国家级防风固沙生态功能保护区的准备工作。

“十一五”期间，全省共建立省级保护区3个（博峪河、康县大鲵、秦州大鲵），调整保护区范围和功能区划12个（多儿、白龙江阿夏、太子山、文县大鲵、白水江、裕河金丝猴、昌马河、张掖黑河湿地、敦煌南湖、漳县秦岭细鳞鲑、博峪河、子午岭），由省级晋升为国家级的5个（盐池湾、安南坝野骆驼、敦煌阳关、小陇山、洮河）。截至2010年12月，全省共建立自然保护区 59 个，总面积 9 762 188 万公顷，占全省国土面积的 23%。其中，国家级自然保护区 15 个，面积 719.97 万公顷；省级 40 个，面积 2 447 668 公顷；县级 4 个，面积 114 900 公顷。为提高人民生活水平，实现既有利于生态保护，又不阻碍当地经济发展，通过严格管理、规范制度，有效地保护当地的野生动、植物资源，有力地促进当地自然保护区建设事业的发展，对改善甘肃省生态环境起到重要作用。

根据国家级保护区一区一法要求，2008 年 5 月，省人大常委会通过《甘肃安西极旱荒漠国家级自然保护区管理条例》，截至 2010 年年底，全省已先后颁布实施祁连山、白水江、兴隆山、莲花山、连城、甘肃安西极旱荒漠 6 个国家级自然保护区管理条例。省林业系统 10 个国家级自然保护区和 1 个省级自然保护区被省政府依法确认行政执法主体资格，并开展行政执法活动。省政府公告确认保留的行政许可事项，涉及自然保护工作的有 26 项，占省级林业行政许可事项总数的 48.14%，自然保护区、野生动植物、湿地管理行政许可事项在省政府政务大厅公开受理。通过不断完善各类规章制度，使自然保护区管理工作实现有章可循、有法可依，为甘肃省保护区管理工作实现正规化、法制化打下坚实的法律基础。

依据《中华人民共和国自然保护区条例》《国家级自然保护区规范化建设和管理导则（试行）》及《甘肃省自然保护区管理条例》等法律法规，甘肃省不断加强自然保护区管理机构和管理队伍建设，截至 2010 年年底，全省 15 个国家级自然保护区，大部分被核定为全额拨款事业编制。市、县级自然保护区管理机构都明确相应的级别。各级自然保护区管理局、处、站、所相继建立或正在建立，初步形成省、市（县）、保护区三级行政管理体系，为自然保护区的建设提供组织保证。同时，各自然保护区行政主管部门积极吸引专业人才，努力转变自然保护区技术人员匮乏的现状，加强现有管理人员的培训学习；根据甘肃省经济基础薄弱、自然保护区较多的现状，“十一五”以来，甘肃省努力争取国家专项资金支持，并积极协调各级地方政府和国土、林业、农牧等自然保护区行政主管部门，加快国家级自然保护区建设步伐，完善管护设施建设，加大科学研究和宣传教育力度。同时，对部分自然保护区进行清理整顿，彻底解决一批不符合国家规定权限批准建立、土地权属不明、保护区界限不清的历史遗留问题，为自然保护区走上规范化建设与管理道路扫清障碍。

三、生物多样性保护

“十一五”以来，生物多样性保护工作得到全面加强。在专业保护管理的同时，不断加大社会宣传，努力营造生态文明最广泛的社会基础。结合每年“六五”世界环境日，通过发放宣传册、现场介绍、答疑解惑、举办专题研讨会等方式，向社会宣传生态环境保护的相关知识，努力提高公众对生态环境保护、生物多样性保护工作重要性的认识。与有关大专院校开展野生动物保护宣传活动及环保部生物多样性保护纪念活动。按照环保部印发的《全国生物物种资源保护与利用规划纲要》通知精神，编制《甘肃省生物物种资源保护与利用规划》的实施方案。

2010年，根据环保部《关于组织开展庆祝国际生物多样性年的通知》要求，甘肃省环保厅及时制定生物多样性活动方案，并与甘肃省发改委、国土资源、建设、农牧、林业厅、省动管局、兰州大学、西北师范大学等相关单位，就如何开展好庆祝国际生物多样性年活动和加强甘肃省生物多样性保护和生物安全管理，防止物种流失和外来物种入侵进行深入研讨。

由甘肃省环保厅牵头、协同省内有关大专院校和科研部门联合开展《甘肃生物多样性调查与评价试点》编制工作，组织大专院校、科研单位开展全省生物多样性调查工作，已完成初稿。针对全省生物多样性保护经费投入不足、发展受到制约、发展缓慢的现实，“十一五”以来，省环保部门联合相关行业部门和科研院所，积极探索研究构建全省外来物种生态影响监控和安全防治体系，加快应急机制的建设与实施。

“十一五”期间，甘肃省环保厅逐步加大生态保护的执法力度，协调省林业厅、国土厅、农牧厅等相关单位，集中处理一批长期得不到解决的问题。对甘南、定西等地的矿山企业进行专项检查，并对个别严重违反环保法律法规的企业进行严厉的处罚。多次对洮河、白龙江、白水江、大通河、逆水河等河段开发的水电站进行监督检查，发现问题，及时要求整改，收到良好效果；指导长庆油田编制油田开发保护与污染治理规划，得到中石油的资金支持；对陇南市、天水市、甘南州整顿和规范矿产资源开发秩序“回头看”行动进行专项督查，对礼县李坝金矿部分企业非法开采矿产资源，破坏环境问题进行查处；配合环保部有关部门对西气东输二线工程穿越甘肃嘉峪关市饮用水水源保护区、安西极旱荒漠国家级自然保护区湿地的情况进行现场调查、核实，并向环保部和省政府上报调查处理报告；对个别未完成前期行政审批、擅自开工建设的公司进行查处；对盐池湾、雅丹地貌、黄河石林、小陇山、贵清山等自然保护区进行检查，取缔不符合《保护区管理条例》的建设项目，对旅游开发提出严格的限制要求。

四、生态保护措施

“九五”期间，全省生态保护工作取得长足进步，基本扭转长期以来生态保护工作的被动局面，并在重点工作中取得突破性进展。第一次系统地完成对全省生态环境全面调查和综合评价工作。该项工作调查内容涉及全省主要的10个方面的生态问题，通过摸清20世纪80年代初和90年代末两个时段生态现状本底，分析近20年生态环境的变化及趋势、原因，提出进一步治理和保护生态环境的对策、措施和建议，完成110万字的《甘肃省生态环境状况及保护对策》报告。该项工作的完成，标志着甘肃省生态环境状况的本底已基本查清。

为保证可持续发展战略的实施，甘肃省委、省政府高瞻远瞩，面对重重困难和各种压力，果断采取有力措施，从1998年10月1日起，在白龙江等10个国有林区全面停止国有天然林采伐、启动国有天然林资源保护工程。该重大决策是甘肃省生态环境保护史上的一次重大转折，标志着全省林业的发展进入一个新的历史时期。

颁布实施《甘肃省生态环境建设规划（1999—2050年）》。该规划是甘肃省首次颁布的全省生态环境建设规划，也是今后50年生态环境建设与保护工作的指导性和纲领性文件，其颁布为实现“再造山川秀美的甘肃新山河”提供强有力的措施和技术保证。

为适应全省生态保护监管工作的形势和需要，先后建立肃北、碌曲、康县、泾川、民勤5个生态环境监理站。生态环境监理站的建立，对强化生态环境保护工作起到重要的作用，为拓展生态保护工作奠定基础。

为减轻自然灾害，保持区域生态平衡，确保重要区域的生态环境安全，报请国家成立3个国家级重要生态功能保护区，即黄河首曲湿地水源涵养重要生态保护区、黑河源头水源涵养重要生态功能保护区、黑河中游荒漠绿洲重要生态功能保护区。

“九五”期间，实现节水灌溉面积73.33万公顷，占有效灌溉面积的61.8%，发展集雨补灌面积15.33万公顷。各城市划定城市生活饮用水水源保护区，确保居民用水安全。国土整治得到加强。治理水土流失面积605.95万公顷，其中“三田”建设累计151.79万公顷，条田58.60万公顷，农耕措施1.28万公顷，水保林239.15万公顷，荒坡种草累计87.38万公顷，封山育林42.33万公顷，封坡育草25.07万公顷。

全省义务植树3.34亿林，完成造林595万公顷，其中经济林61.5万公顷，森林覆盖率达到9.04%，使林业生态面貌发生较大变化。完成森林病虫害防治80万公顷，育苗4.1万公顷，天然林资源保护工程全面启动，退耕还林还草成活率达到84.3%，实现林业产业持续健康发展。全省牧业县共落实草场承包面积占总量的67.9%。累计围栏草地面积26.7万公顷，改良草地23.3万公顷。

全省共划定重点（基本）农田保护区（片）21.56万个，保护面积222.73万公顷，占总耕地面积的44.6%。农田灌溉面积已达97.26万公顷。“九五”期间，开展多次规模较大的矿山环境清理整顿，仅陇南地区就关闭非法采矿点334个，整改有问题的矿硐240个。全省煤炭行业关井压产工作中，全面完成国家下达关井520处、压产400万吨的任务。

“十一五”期间，甘肃省高度重视生态功能保护区的生态保护与建设，加快开展甘肃甘南国家级生态功能保护区建设试点工作，并继续推动黑河中上游生态功能区保护区建设。同时，为遏制敦煌盆地生态恶化趋势、防止土地荒漠化、保护历史文化名城和世界文化遗产——莫高窟，积极筹建甘肃敦煌国家级生态功能保护区。

“十一五”以来，在省委、省政府的正确领导下，全省保护区建设迈上科学化、正规化、法制化建设的轨道，自然保护区建设迈上新台阶。全省共建立省级保护区3个（博峪河、康县大鲵、秦州大鲵、），调整保护区范围和功能区划12个，由省级晋升国家级自然保护区5个，截至2010年12月，全省共建立自然保护区59个，总面积734.68万公顷，有力地促进了当地自然保护区建设事业的发展，对改善全省生态环境起到重要作用。

截至2010年年底，全省15个国家级自然保护区大部分被核定为全额拨款事业编制。市、县级自然保护区管理机构亦明确相应的级别。各级自然保护区管理局、处、站、所相继建立或正在建立，初步形成省、市（县）、保护区三级行政管理体系，为自然保护区的建设提供组织保证。同时，对部分自然保护区进行清理整顿，彻底解决一批不符合国家规定权限批准建立、土地权属不明、保护区界限不清的历史遗留问题，为全省自然保护区走上规范化建设与管理的道路扫清障碍。

第四节　生态功能区划管理

《甘肃省生态功能区划》于2001年在全国范围内率先开展实施，是在甘肃省生态环境现状调查、《甘肃自然区划》等环境保护研究成果的基础上，配合遥感卫星影像解译资料完成。2003年7月，国家环保总局组织有关专家和甘肃省有关政府部门、高等院校、科研院所的26人对《甘肃省生态功能区划》进行技术评审。

《甘肃省生态功能区划》将全省生态环境划为3个生态大区、9个生态区、20个生态亚区、67个生态功能区，为甘肃省实现“山川秀美”以及产业结构调整、生产力布局、城镇化发展等提供决策依据。截至2005年年底，各类自然保护区总数达58个，占全省国土总面积的23.1%，高于全国平均14.8%的水平，保护区在增加的同时，保护区类型也更加齐全。

“十一五”期间，根据《甘肃省生态功能区划》成果，在全省范围内进一步推进生态功能区划编制工作，指导省内有条件的市、州开展本地区生态功能区划编制，并在金昌市率先完成《金昌市生态功能区划》编制试点工作；组织专家赴甘肃藏区考察，完成《甘肃藏区生态建设与环境保护研究报告》。

第五节　水土流失及荒漠化防治

“九五”时期，由于水土流失防治工作的扎实推进，全省水土流失日趋严重局面有所缓解。

据《甘肃省水土流失防治规划》，截至“九五”末期，全省水土流失总面积下降为 386 190.4 平方千米，占全省土地总面积的 84.99%。其中，水力侵蚀面积 148 097.17 平方千米，占全省土地总面积的 38.3%；风力侵蚀面积 220 599.3 平方千米，占全省土地总面积的 57.1%；融冻侵蚀面积 17 493.93 平方千米，占全省土地总面积的 4.5%。

在流域分布上，黄河流域水蚀面积 11 727.79 平方千米，占流域总面积 148 075 平方千米的 75.05%；长江流域水蚀面积 21 820.43 平方千米，占流域总面积 38 385 平方千米的 56.85%；内陆河流域侵蚀面积 253 242.18 平方千米，占流域总面积 267 940 平方千米的 94.51%。其中，内陆河流域风力、融冻侵蚀面积 241 134.93 平方千米，占内陆河流域面积的 89%。1980 年、1988 年、1998 年黄河流域水土流失情况见表 5–5–2。1998 年和 1980 年、1988 年相比，全省水土流失面积和黄河流域水土流失面积均有不同程度的下降。

表 5–5–2

黄河流域水土流失面积比较　　单位：平方千米

项目	流域		全省合计	黄河流域
土地总面积			454 403	145 136
水土流失面积	1980 年	小计	395 440	112 534
		水蚀	171 798	112 534
		风蚀	223 642	—
	1988 年	小计	389 231.93	111 286.97
		水蚀	148 097	111 286.97
		风蚀	223 641	—
		冻融	17 493.93	—
	比 1980 年增、减		–6 208.07	–1 247.03
	1998 年	小计	379 425.5	102 622.4
		水蚀	138 290.57	102 623.4
		风蚀	223 641	—
		其他	17 493.93	—
	比 1998 年增、减		–9 806.43	–8 664.57

从水土流失的区域分布来看，20 世纪八九十年代水土流失分布的大格局未出现大的变化，仍然是以陇东泾河流域和陇中渭河流域为重点侵蚀区。

但从侵蚀强度来看，强度和极强度侵蚀区则主要分布在马莲河庆阳以上流域以及其支流东川河和柔远河、蒲河姚新庄以上流域。而渭河干流及其支流则呈平稳的减少趋势；中部地区的祖厉河流域也呈平稳减少趋势。

“十五”时期，根据国家建设生态文明的科学发展观，荒漠化治理特别是防沙治沙工作引起甘肃省委、省政府的高度重视，省林业厅根据第四次荒漠化和沙化监测结果，对荒漠化成因和下一步荒漠化防治对策进行系统研究，总的方针是：依法防治、科学防治和综合防治。按照生态建设的自然规律，实行能封则封、能治则治、亦林则林、亦草则草的办法，实施工程治理；开展“三禁”，即禁止滥樵采、禁止滥放牧、禁止滥开垦；优化政策机制，明晰产权，落实林权制度改革的各项要求，使治理者得到实惠；严格落实地方各级政府防沙治沙责任制，加大有效监督，加强合作，实行综合治理。

经过数十年综合治理，特别是“十五”以来治理力度的加大，荒漠化（沙化）治理成效日益显著。截至“十一五”末，荒漠化、沙化土地面积持续减少。2009 年与 2004 年相比，全省荒漠化和沙化土地面积净减少 1 349 平方千米和 1 121 平方千米。

经过有效治理，全省荒漠化、沙化土地程度明显减轻。5 年间，荒漠化极重度减少 2 884.64 平方千米，重度减少 1 138.44 平方千米；沙化极重度减少 5 140.67 平方千米。植被状况进一步改善。全省沙化土地植被平均盖度由 2004 年的 14.56%提高到 2009 年的 16.87%，5 年间提高 2.31%。

经过不懈的努力，全省土地荒漠化和沙化趋势整体得到初步遏制，荒漠化和沙化土地面积持续减少，但局部地区仍有扩展，荒漠化、沙化防治工作任重道远。监测结果显示，民勤和敦煌的荒漠化呈递减趋势。其中，民勤县荒漠化土地与上一时期相比，荒漠化土地总面积减至 144.52 万公顷，减少 764.6 公顷，年递减率为 0.01%；沙化土地总面积为 122.05 万公顷，减少 4 293.7 公顷，年递减率为 0.07%；敦煌市荒漠化土地面积减少 3 816.8 公顷，年递减率为 0.038%：沙化土地总面积为 186.15 万公顷，减少 8 955.5 公顷，年递减率为 0.48%。

“十一五”末期，国家发改委、国家林业局批复石羊河流域启动实施两个防沙治沙和生态修复工程，对黑河流域，国家批准扶持实施节水工程，效果比较良好。疏勒河流域国家批准在敦煌及敦煌以东地区实施生态环境治理工程，总投资47亿多元。随着各项工作的实施和落实，三大流域的荒漠化现状将会得到全面改善。

但从总体上看，形势仍不容乐观。2007年7月1日至2010年年底，甘肃省依照国家统一部署开展第二次全国国土资源调查。根据调查结果，甘肃省水土流水及水土流失治理形势仍然严峻。据甘肃省国土资源厅公布的数据，全省水土流失面积广、强度大。

截至“十一五”末期，甘肃全省水土流失总面积达7.28万平方千米，其中年侵蚀模数大于5 000吨/平方千米的强度水蚀面积为14.65万平方千米，年侵蚀模数大于15 000吨/平方千米的剧烈水蚀面积为3.67万平方千米，占全国同类面积的89%。

总体来看，严重的水土流失，形成甘肃山地千沟万壑、光山秃岭的景象，甘肃输入黄河下游的泥沙多年平均为4.92亿吨，其中有4亿吨淤积在黄河下游的河道上，平均每年淤高10厘米，造成下游河床高出两岸地面3~10厘米，最高处达到15厘米，成为举世闻名的地上悬河，1亿多人口受到洪水的严重威胁，甘肃省每年流入黄河的泥沙相当于尼罗河、密西西比河、亚马孙河和长江四条大河输沙量的总和。

水土流失速度快。每年流失土层1厘米，流失速度比形成速度快100~400倍，甘肃土地在240万年前形成时，每100年沉积1厘米土，最厚处达400米。土壤是一种不可再生资源，据科学研究推算，在自然状态下，要形成1厘米厚的土壤，需要1.2万~4万年，即形成1厘米厚的土层，需要120~400年。

水土流失，给甘肃的自然环境和人民生活造成严重的危害。土壤肥力降低，土地退化严重。据水土保持部门观测，在甘肃常年平均流失的16亿吨泥沙中，含有氮磷钾总量约4 000万吨，致使甘肃地区生产能力大大降低，甚至失去生产能力，从而导致和加剧贫困。同时人口大幅增加，毁林开荒，进一步加剧土地的退化，水土流失使坡耕地为跑水、跑土、跑肥的三跑田，致使土地日益贫瘠，而且使土壤理化性状恶化，土地的透水性、持水力下降，加剧干旱的发展；农田破坏更加严重。由于水土流失的加剧，致使山地沟壑发展速度十分惊人，其沟壑密度一般在2~5千米/平方千米以上，部分地方可达6~8千米/平方千米以上，切割深度可达100~200米以上，地面裂度多为 20%~50%，最高可达 65%以上，意味着沟壑面积越来越大，农田面积被肢解得越来越小，农田破坏越来越严重。气候条件更加恶劣。随着甘肃省水土流失的加剧，林草地所占比例严重下降，乱砍滥伐现象使原本恶劣的气候条件更加严重，而气候条件的恶劣，进一步加剧水土流失，形成恶性循环。

第六章　放射性污染源管理

第一节　管理制度

一、审批备案管理

2003 年，《中华人民共和国放射性污染防治法》颁布以后，放射源审批由卫生部分移交至环保部门，由省环保厅负责对放射源转让、转移进行审批备案。2004—2010 年，共审批备案放射源转让、转移备案 1 400 多份。通过放射源转让、转移审批备案，加强放射源安全管理，保障全省辐射环境安全。

《中华人民共和国放射性污染防治法》对“核技术利用的放射性污染防治”做出专门规定。2003 年 12 月 8 日，中央编委下发《关于放射源安全监管部门职责分工的通知》（中央编办发〔2003〕17 号）文件，对放射源安全监管部门职责进行分工。

2005 年 9 月 14 日，国务院颁布《放射性同位素与射线装置安全和防护条例》（国务院令第 449 号），其中规定放射性同位素审批备案管理相关规定。

2006 年 1 月 18 日，国家环境保护总局颁布《放射性同位素与射线装置安全许可管理办法》（国家环境保护总局令第 31 号），其中对“进出口、转让、转移活动的审批预备案”进行规定。

2008 年 12 月 6 日，环境保护部对《放射性同位素与射线装置安全许可管理办法》（环境保护部令第 3 号）进行修订。

2009 年 12 月，“国家核技术利用辐射安全管理系统”上线试运行。

2010 年 4 月 26 日，为使各辐射工作单位掌握“全国核技术利用辐射安全申报系统”的使用，确保该系统基础数据的准确性，甘肃省核与辐射安全局针对全省各辐射工作单位，举办一期“全国核技术利用辐射安全申报系统”使用培训班。

2010 年 5 月 1 日起，甘肃省所有辐射安全许可证申请、放射性同位素转让、进出口及异地使用申请业务均实行网上申报。

2010年6月，“国家核技术利用辐射安全管理系统”全面投入使用。

二、放射性废物库管理

省核与辐射安全局依据《中华人民共和国放射性污染防治法》《放射性同位素与射线装置安全和防护条例》（国务院令第449号）、《放射性同位素与射线装置安全许可管理办法》（国家环境保护总局令第31号，2008年修订）等法律法规进一步完善废物库各项制度。制定《放射性废物库值班员职责》《放射性废物库轮流值班制度》《吊车运行管理和操作程序》《通风净化设备安全运行管理规定》《放射性废物库废源（废物）收贮程序》等各项制度。建立严格的值班考勤考核和出入簿册监督检查，加强人员培训，保证废物库的安全运转，杜绝一切事故的发生。

第二节　运输管理及废物库环境整治

一、放射性废物运输管理

随着西北放射性废物处置场的建设和投用，甘肃省已逐渐成为全国放射性废物的集中处置地。放射性废物在甘肃的运输和处置，无疑对省域辐射环境和生态环境形成潜在威胁，对甘肃核与辐射监管、核与辐射事故应急处置能力提出更高的要求。2010年，为保证上海世博会的顺利召开，大量放射性废物运往西北处置场。为保证进入甘肃省的放射性废物货包辐射水平满足相关标准的要求，在其途经兰州时省核安全局组织监测人员对其进行监测。由于甘肃东西狭长，放射性废物监测难以做到跟踪监测，而市（州）尚无监测能力，放射性废物运输过程中的核与辐射事故应急存在巨大的风险。

二、废物库区域生态环境整治

甘肃省核与辐射安全局把做好废物库及周边区域绿化工作作为一项重要工作。自2010年起，积极向甘肃省林业厅争取退耕还林工程项目，依据国家林业局《退耕还林工程作业设计技术规定》，甘肃省发改委、甘肃省林业厅《关于下达退耕还林工程配套荒山荒地造林2010年中央预算内投资计划的通知》，甘肃省林业厅《关于对省环境保护厅2010年退耕还林工程实施方案的审核意见》，专题研究、部署该项工程，组织专人负责该项工程。同时结合当地自然条件，与劳务承包公司在承包合同中重点标明工程质量和必须完成的工作量。

2010年秋季，利用雨水较多、利于树种发芽的时机，购买柠条等树种，与劳务公司签订合同额为23万元的劳务合同，由劳务公司雇佣劳力严格按照整地、播种、管护等造林的技术要求进行荒山造林。造林人员按照放苗、补种、除草、幼林保护几个环节按部就班工作，加强日常管护，保证绿化效果。

第三节　核与辐射事故应急

一、放射源失控及核辐射事故应急处置预案

甘肃省辐射环境监理站于2005年7月28日制定《放射源失控及核辐射事故应急处置预案》。预案分总则、组织机构和职责、预案的启动与实施、附则四个部分。其中，总则包括法律依据、突发事件界限、适用区域、报告制度、事故等级、事故类型预测、突发事故处置原则7个部分。其法律依据是《中华人民共和国放射性污染防治法》《放射性同位素与射线装置放射防护条例》《甘肃省突发核与辐射事故专项应急预案》及其他法律、法规；突发事故界限是甘肃省内及甘肃省城市放射性废物库放射源丢失、被盗、失控或者放射性同位素和射线装置失控及不可预见的突发性核辐射污染事故；适用区域是甘肃省域内使用、运输、闲置放射源，放射性同位素和射线装置、辐射污染不可预见的一切突发性事故，以及省城市放射性废物库突发性事故。

报告制度规定，涉源单位及省城市放射性废物库发现放射源丢失、失控、被盗或放射性同位素和射线装置失控，应在1小时内向省辐射站站长汇报，接到事故报告后，辐射站应立即报告省环保局及上级相关的事故处理负责机关。一般事故的处理负责机关是省环保局、公安厅和卫生厅。较大、重大和特大事故的处理负责机关是甘肃省人民政府突发性核与辐射事故专项应

急预案指挥部。事故单位应在 6 小时内将书面报告报送至省环保局、公安厅、卫生厅，不能在短期内处理完毕的事故其详细的或进一步的后续报告应按事故处理机关的要求及时报送。

预案事故等级分为特大事故、重大事故、较大事故、一般事故。放射源丢失、被盗、失控，造成大范围严重辐射污染后果或者射线装置失控导致人员伤亡，按照《甘肃省突发核与辐射事故专项应急预案》分类、等级执行。

根据甘肃省拥有使用放射源同位素种类、活度及数量及废物库和其他核设施状况预测事故类型：发生Ⅳ类、Ⅴ类放射源丢失、被盗、失控或者放射性同位素和射线装置失控的为一般事故；发生Ⅲ类放射源丢失、被盗、失控或者放射性同位素和射线装置失控的较大事故；发生Ⅰ类、Ⅱ类放射源丢失、被盗、失控或者放射性同位素和射线装置失控的重大事故。

突发事故的处置包括统一领导原则、减少危害原则和快速高效原则。

预案规定，甘肃省辐射突发事故应急处理领导机构为“甘肃省核与辐射事故应急指挥部”，甘肃省核与辐射安全局作为应急监测单位，设有“甘肃省核与辐射安全局放射源失控及核辐射事故应急处置领导小组”（以下简称领导小组）。领导小组应根据突发事故情况，向上级报告，确定事故等级并采取措施，由省环保局对外发布预警等级信息。

接到事故报告后，甘肃省核与辐射安全局放射源失控及核辐射事故应急处置领导小组按照指令启动“甘肃省核与辐射安全局放射源失控及核辐射事故应急处置预案”程序；现场处置人员必须在半小时内出发赶赴现场（节假日 1 小时以内），并佩戴必要的个人防护装备，监测人员及相关人员应同步上岗，随身准备好必要器材和监测仪器，相关人员及时调出有关资料；领导小组应立即组织人员携带放射监测仪器，赶赴事故现场，定点、定员开展监测，核查事故情况和判定事故类型级别，在较短时间内核实其放射源同位素种类、活度及数量，迅速确定放射源污染源点位、污染范围和污染程度，对事故做出评估。提供可采取的消除隐患的技术措施方案，并在采取有效个人安全防护措施的情况下，组织有关人员清除污染源。核污染每天监测一次，每天向上级部门提交一份监测结果报告，直至环境质量恢复正常水平。

二、重大安全事故

1. 天水甘谷水泥厂放射源丢失事故

事故时间：2005 年 10 月 8 日

事故地点：天水市甘谷县水泥厂

应用领域：料位计

事故级别：一般辐射事故

事故类型：Ⅳ类放射源丢失

2005 年 10 月 8 日，天水甘谷水泥厂发现一枚使用放射性核素 ^{137}Cs 的料位计丢失，查找 3 天后无果。10 月 10 日上午，向公安局报案，10 月 11 日下午，通知县环保局及上级环保部门。随后，省环保局辐射环境监理站安排专业人员到达现场，省站根据类比认为丢失的为使用放射性核素 ^{137}Cs 的料位计，一般为毫居级，虽然是活度比较小的放射源，但仍有可能造成严重后果。随后，安排技术人员携带仪器于次日到达现场，与公安部门一起开展查找工作，并在电视台登出消息进行悬赏。但本案一直没能告破。

调查认为，该次事故是放射源使用单位对放射源危害性认识不足、管理不善，料位计安装在敞开场所被盗引起的。

2. 兰州阿干石佛水泥有限责任公司放射源丢失事故

事故时间：2008 年 1 月 10 日

事故地点：甘肃省兰州市阿干石佛水泥有限责任公司院内

应用领域：料位计、密度计、核子秤

事故级别：一般辐射事故

事故类型：Ⅳ类放射源丢失

兰州阿干石佛水泥有限责任公司（以下简称石佛水泥公司），无证使用 10 枚放射源，分别为 9 枚 ^{137}Cs 放射源（Ⅳ类放射源，7 枚用于料位计，1 枚用于密度计，1 枚用于核子秤）和 1 枚 ^{238}Pu 放射源（Ⅴ类放射源，用于实验室分析仪）。该公司由于生产能力小、工艺落后等原因，长期处于停产状态。2007 年 9 月，甘肃省核与辐射安全局对该公司进行检查时要求，含放射源装置拆除前必须报告省环保局并安全送贮。2007 年 10 月，该公司破产拍卖，并移交兰州市七里河区发改委进行企业厂房拆除。在厂房拆除前，石佛水泥公司和七里河区发改委既未对10枚放射源进行安全处置，也未向环保部门报告放射源的相关情况。2008年1月10日，七里河区环保局监察人员在巡查中发现石佛水泥公司正在进行全面拆除，立即向上级部门汇报，甘肃省核与辐射安全局和相关部门到达事故现场后，发现该公司除尘器装置已拆除完毕，而安装在除尘设备上的料位计（含放射源）已不知去向，经现场查找、监测，确认现场遗留4枚放射源（3枚料位计用放射源和1枚实验室分析仪用放射源），其余6枚^{137}Cs放射源（Ⅳ类放射源）丢失。

事故发生后，甘肃省核与辐射安全局迅速启动辐射事故应急预案，派出专业技术人员赶赴现场，对现场遗留的4枚放射源进行安全收贮，并成立以省、市、区三级公安部门牵头，环保部门技术支持的事故调查小组，对丢失的6枚^{137}Cs放射源（Ⅳ类放射源）进行追查。追查期间，省公安厅、省环保局分别向青海、湖南、浙江、河南等省份发出协查函。在青海省辐射站、青海省公安厅的协助下，于1月11日在西宁钢厂非钢料堆中找回2枚丢失的^{137}Cs放射源。其余4枚^{137}Cs放射源未找回。事故发生后，兰州市七里河区政府对责任单位、责任人进行严肃处理。

经调查认为，该企业在甘肃省核与辐射安全局要求其安全送贮放射源后仍在破产、拍卖、移交、拆除各过程未向环保部门报告征求意见，也未对原有10枚放射源先行安全处置。企业内部管理混乱，未落实放射源安全保卫制度；负责人责任心不强，辐射安全意识淡薄导致事故发生。

此次放射源丢失事故发生后，一度在社会上引起不良影响，造成一定的社会影响，后经科学宣传、正确引导，及时消除不良影响。

三、灾害应急

1. 汶川地震应急

2008年汶川地震对甘肃省陇南、甘南灾区核与辐射环保设施、核与辐射监测监管能力造成严重破坏，并暴露出甘肃省核与辐射检测仪器设备、监管能力和应急手段的薄弱。为尽快恢复和重建灾区核与辐射环境监测监管和应急能力，确保甘肃核与辐射环境安全，根据《汶川地震灾后恢复重建生态修复专项规划——核与辐射环境安全保障项目》的批复内容，省环保局制定《汶川地震灾后恢复重建生态修复专项规划　核与辐射环境安全保障工程项目甘肃省实施方案》，申请总投资预算 5 781.8 万元。该实施方案于 2009 年 10 月由省发改委批准通过，原定于 2010 年 12 月实施完成。但由于该方案配套资金没有落实，严重影响该方案的实施和甘肃灾区核与辐射监测监管和应急能力的恢复重建。

该实施方案以陇南地区和甘南州的舟曲县两个重灾区为重点，以恢复重建陇南市和甘南州的环境监测站为主，增加核与辐射监测监管能力的办公用房、人员编制、基本仪器设备配备，但由于资金未到位，灾区目前仍存在“用房少、人员少、仪器少”的“三少”情况，核与辐射安全监管能力薄弱，无法满足日常监测监管要求。

由于核与辐射事故应急专用设备未到位，缺乏必要的应急车辆、监测仪器、通信设备和防护设备，灾区严重缺乏应对重大突发环境事件的能力。尤其在舟曲特大泥石流灾害中，作为汶川地震重灾区的舟曲县再一次严重受灾。由于核工业七九二矿库处于舟曲上游的迭部县，一旦七九二矿出现问题将严重影响灾区的辐射环境安全。同时，由于甘南州缺乏辐射环境应急仪器和设备，无法及时对七九二矿和白龙江流域实施应急监测和分析，只能靠甘肃省环保厅连夜赶赴现场开展辐射环境应急，暴露出灾区辐射环境应急力量的薄弱。

实施方案中包括对地震灾区及受地震波及地区存在安全隐患的核设施和废旧放射源进行收贮的项目至今仍未落实。甘南、陇南存在两处退役核设施以及部分破产倒闭企业闲置的废旧放射源。退役核设施的治理措施有待完善，废旧放射源由于企业无法承担收贮费用而无法收贮。由于项目资金未到位，该部分工作无法按期完成，存在极大的核与辐射安全隐患。

2. 舟曲泥石流应急

2010 年 8 月 7 日凌晨 4 时许，甘肃省甘南州舟曲县发生特大泥石流地质灾害。事故发生后，甘肃省环保厅前方工作组即刻前往舟曲，随即兵分两路，其中核与辐射工作组继续连夜赶往七九二矿进行检查监测，排查隐患。8 月 10 日，甘肃省环保厅副厅长张政民参加完省救灾指挥部工作会议后，立即连夜带队赶赴迭部县，检查七九二矿安全，并就秋季多雨季节有强暴雨降水过程的情况下，如何确保七九二矿安全提出几点要求。8 月 12 日，甘肃省环保厅由领导带队赶往迭部县，带领省核与辐射工作组，对七九二矿就汛期环境安全工作进行检查指导。8月17日，甘肃省环保厅副厅长董光国带领赴舟曲前方工作组（第二批）及监测组对中核集团甘肃龙江铀业公司（原七九二矿）尾矿库工作进行检查、监测，并提出力保核与辐射环境安全的要求。监测数据表明，七九二矿γ剂量率水平、坝体渗水水体中铀浓度、舟曲堰塞湖水体中铀浓度、总α、总β放射性水平均符合国家相关标准，及时反馈灾区辐射环境，以数据证明灾区的核与辐射安全。在抗洪救灾期间，核与辐射组及时同核安全司监测应急处积极沟通，信息畅通，使环保部能及时了解前方情况，对前方救灾提供科学指导，并向社会公布救灾信息，有力支持救灾工作。

8月11日晚至12日，陇南市境内突发暴雨，多地发生山洪、泥石流等地质灾害，按省环保厅要求，省核安全局再次赶赴219大队礼县中川铀矿床退役治理工程现场进行环境安全检查，并制定应对措施。8月15日，按照环保部和甘肃省环保厅的要求，甘肃省核安全局会议安排部署对全省重点核设施及铀矿尾矿库进行全面监测排查。8月16日，甘肃省核安全局工作人员和青海省辐射环境管理站增援人员组成的工作组兵分四路奔赴全省各地，开始对重点核设施和铀矿尾矿库进行环境隐患排查和监测。工作组严格按照辐射环境监测技术规范进行现场监测和采样，共采集土样10份、水样30桶，取得现场监测数据若干。

其间，甘肃省核安全局制定全省应急监测方案，兵分四路奔赴中核四零四有限责任公司、中核五零四厂、中低放固体废物西北处置场、中核七零六矿、二七九厂尾矿库、七九二矿和甘肃核地质二一九大队进行环境隐患排查和监测，主要对核设施周围地表水中的总α、总β、^{90}Sr、Pu、^{137}Cs、水体中的U含量、环境γ辐射剂量率、地下水中放射性核素、总α、总β、土壤中放射性核素的监测，氡浓度的监测，水中放射性核素U、Th、^{226}Ra、^{40}K及∑α、∑β的放射性比活度等进行监测和分析。工作组严格按照辐射环境监测技术规范进行现场监测和采样，积极排查，消除一切隐患。

第七章　环境评价管理

第一节　项目审批管理

甘肃省环保厅严格按照国家关于环境评价和审批的有关规定，认真落实环评“三同时”制度。1990—2010 年，共计批复建设项目环评文件 1 894 份。其中新建项目共计 943 个，改建项目共计 364 个，扩建项目共计 542 个（见表 5–7–1 和表 5–7–2）。

表 5–7–1

1990—2010 年甘肃省建设项目行业分类情况统计

年份	石油	化工	采矿	造纸	水利	水泥	轻纺	电力	城医	交通	机电	其他	合计
1990	0	0	1	0	0	0	0	1	0	0	0	0	2
1991	2	0	3	0	0	0	2	0	1	0	0	2	10
1992	3	5	2	0	2	0	1	2	0	2	1	0	18
1993	4	5	4	0	2	0	4	0	0	0	0	0	19
1994	1	0	1	0	2	2	2	0	0	0	0	4	12
1995	1	6	11	0	0	1	2	0	2	2	0	11	36
1996	0	1	1	0	1	0	2	0	0	0	0	4	9
1997	2	6	5	1	0	0	3	1	0	1	0	4	23
1998	0	3	0	0	0	0	2	0	0	0	0	4	9
1999	2	7	7	1	3	0	0	1	12	5	0	1	39
2000	3	3	4	0	3	1	1	0	3	0	0	4	22
2001	5	11	17	0	14	5	6	2	14	16	8	38	136
2002	5	8	18	0	12	14	2	4	30	2	0	15	110
2003	3	15	24	0	17	7	2	4	27	3	0	17	119
2004	2	20	27	2	29	7	1	9	13	14	0	19	143
2005	12	15	40	1	23	3	3	4	25	15	1	8	150
2006	17	18	34	1	11	0	1	21	29	16	1	24	173

续表

年份	石油	化工	采矿	造纸	水利	水泥	轻纺	电力	城医	交通	机电	其他	合计
2007	17	32	54	1	30	6	4	15	38	6	1	24	228
2008	9	18	69	2	4	7	3	10	14	11	0	22	169
2009	7	30	78	2	10	6	6	24	38	13	0	13	227
2010	4	9	81	1	9	1	4	33	33	8	1	11	195
合计	99	212	481	12	172	60	51	131	279	114	13	225	1 849

表 5–7–2

1991—2010 年甘肃省新建、改建、扩建项目环境影响评价情况统计

年份	新建	改建	扩建	合计
1991	2	5	3	10
1992	8	4	6	18
1993	7	3	9	19
1994	5	1	6	12
1995	5	10	21	36
1996	0	1	8	9
1997	1	0	22	23
1998	2	2	5	9
1999	5	3	31	39
2000	8	1	13	22
2001	86	34	16	136
2002	63	40	7	110
2003	88	28	3	119
2004	95	39	9	143
2005	105	31	14	150
2006	127	29	17	173
2007	114	27	87	228
2008	43	29	97	169
2009	86	36	105	227
2010	93	41	61	195
合计	943	364	540	1 847

从项目数量上看，1991—2010 年建设项目总体呈上升趋势，特别是 2001 年之后，建设项目数量呈直线上升。从行业分类上看，全省建设项目主要集中在石油、化工、采矿、水利和城市建设及医药卫生等方面，其中采矿和化工行业为全省最大的两个支柱产业，2001 年之后，项目数量呈现出整体急速上升的趋势。

从环评质量上看，大多数环评项目均能按照国家相关标准从严评价、批复建设，但由于一段时间地方发展的急功近利、GDP 主义化导致的行政干扰，部分环评项目存在放宽标准的现象，特别是在采矿、水泥、电力、造纸等方面，造成陇南地区、祁连山地区一定程度的生态破坏和环境污染。

第二节 项目环境影响评价

“八五”时期，根据项目审批和管理权限，省监测站开展“建设项目竣工环保设施验收”监测工作（限期治理项目监测、排污申报监测、排污核查监测、污染纠纷仲裁监测，见表5–7–3），为管理部门验收、决策和发放生产许可证提供依据。

表 5–7–3

1991—1995 年甘肃省环保设施验收监测项目一览表

年份	监测项目名称
1991	兰州炼油厂 250 万吨/年常减压蒸馏装置
	兰州炭素厂二期扩建工程
1992	国营八〇五厂第二异氰酸酯工程
	兰州第二热电厂一期工程
	兰州化学工业公司线性低密度聚乙烯五效蒸发、SNA、丙烯腈、苯乙烯装置白银铝厂一期工程
1993	对兰州、天水锅炉生产厂家的产品初始浓度排放的监测
	兰州维尼纶厂电石分厂电石生产废气治理改造前的监测
	二〇五厂二期工程验收
	白银硫酸厂污染仲裁调查
	酒泉锅炉厂烟尘监测
	兰石厂“七五”规划验收

续表

年份	监测项目名称
1994	武山水泥厂窑电收尘装置
	西北油漆厂废水处理装置
	二〇五厂沥青烟改造
	兰钢化铁炉除尘装置限期治理项目
	兰化橡胶厂 ABS 装置
	兰炼 3 000 吨/年超稳 Y 形分子筛装置
	武山水泥厂 $2^{\#}$ 窑“三同时”建设项目
1995	兰炼常减压装置改造
	兰炼无灰分散剂改造项目
	兰炼丁烷脱沥青装置竣工环保设施验收
	兰钢 $5^{\#}$ 电炉环保验收
	宝川铝厂工程竣工环保设施验收
	靖远电厂竣工环保设施验收
	二七九厂万吨冰晶石生产线环保设施验收
	白银公司西北铅锌厂环保项目验收
	甘肃锑厂新建工程环保设施验收
	甘肃稀土公司万吨碳酸稀土工程竣工环保设施验收
	四〇四厂环保项目验收

第六篇　环境监察与执法

第一章　环境保护法治建设

第一节　环保立法

“八五”期间，甘肃省初步建立环保政策法规体系，巩固和发展环保执法队伍，开展全省大规模的环保执法检查，环境保护工作逐步进入法制化轨道。截至1995年年底，全省制定实施《甘肃省环境保护条例》等环境保护法规、规章、规范性文件近60项，使环境管理初步做到有法可依、有章可循。全省各地、州、市和81个县（市、区）成立环境监理站，监理人员达528人，由环境管理、监理、监测三部分组成的环保执法监督体系初具规模。

“九五”期间，甘肃省人大常委会对《甘肃省环境保护条例》进行修订，颁布《甘肃省自然保护区管理条例》和《祁连山国家级自然保护区管理条例》等法规，省政府制定印发《甘肃省人民政府关于环境保护若干问题的决定》及《黄河甘肃段水污染防治方案》；兰州市人大常委会制定《兰州市城市生活饮用水水源保护和污染防治办法》，审议批准《兰州市实施防治城区冬季大气污染特殊工程》。

1994年8月3日，甘肃省第八届人大常委会第十次会议讨论通过《甘肃省环境保护条例》，是甘肃省第一部符合省情兼具综合性、针对性、实用性的地方性法规，为甘肃省环保工作提供可操作性较强的法律武器。

1995年，经省政府批准，省环保局与省经贸委联合下发《甘肃省重点工业污染源环境管理办法》；省政府办公厅印发《甘肃省地面水环境保护功能类别划分规定》；省环保局印发《污染源现场监督检查办法》《污染防治设施管理办法》及省环保局有关部门联合下发两个规范性文件共4项规范性文件。

为了使环境管理工作走上法治轨道，用法律法规来引导、推动、保障环保工作的进行，省环保局在立法工作中制定并印发《甘肃省开发建设项目环境影响评价招标管理办法（试行）》《甘肃省建设项目环境保护设施竣工验收管理规定》《甘肃省环境监理站标准化建设的规定》《关于加强乡镇企业排污收费工作的通知》《甘肃省环境保护局内环境统计工作管理办法》五份规范性文件。各地市先后颁发1项地方规章、8份规范性文件。从1994年6月起，在全省统一启用规范的执法文书。酒泉、张掖、武威3个地区和张掖市、玉门市、兰州市七里河区相继成立环保巡回法庭或执行庭，使环境执法进一步强化。截至1995年年底，全省制定实施环境保护法规、规章、规范性文件近60项。

“九五”期间，甘肃环境立法保护工作继续加强。1996年，以国家有关法律条令为依据，对全省自1979年以来印发各地实行的57项环境保护地方性法规、规章、规范性文件进行清理。为加强管理，制定《甘肃省环保产品管理暂行办法》《关于组织乡镇企业实施“1345”污染治理工程的通知》《甘肃省乡镇企业污染源环境管理办法》《甘肃省自然保护区管理条例》和《祁连山国家级自然保护区管理条例》5份规范性文件。

1997年，甘肃省第八届人大常委会第29次会议通过修正案，对《甘肃省环境保护条例》进行修改。省政府发布决定，对历年来颁发的8项环保规章进行修改完善。1997年2月，省人民政府制定颁发《关于环境保护若干问题的决定》《黄河甘肃段水污染防治方案》；为保护城市生活饮用水水源、防治水污染，兰州市人大常委会制定《兰州市城市生活饮用水水源保护和污染防治办法》，审议批准《兰州市实施防治城区冬季大气污染特殊工程》；兰州市人民政府颁发《关于环境保护若干问题的决定》。其他各地、州、市也制定部分环境规范性文件。

2000 年，省人大常委会审议通过并颁布《甘肃白水江国家级自然保护区管理条例》。省环境保护局对《甘肃省地质环境管理条例》等 18 项法规、规章、规范性文件进行审核修改；会同省政府法制局进行《甘肃省防治机动车排气污染管理办法》《甘肃省辐射环境保护管理办法》的立法协调、论证与修改；对 15 项环境行政法规、4 件规范性文件进行清理上报，制定印发《甘肃省环境保护局规范性文件管理规定》。

“十五”以来，在国家环保总局的指导下，甘肃省环境保护政策法制工作在广泛调研的基础上，经科学分析、专家论证，认真分析地域特点，讲求法规针对性和实效性，取得新的成果。

2001 年，根据甘肃省政府 2001 年立法工作计划，省环保局会同省政府法制办对《甘肃省辐射环境保护管理办法》进行多次协调修改，经法制办会议审议通过，正式提交省政府常务会议待审。为适应西部大开发、加入世界贸易组织和规范市场秩序，开展地方性环保法规、规章和政策措施的清理，共清理法规 2 项、规章 4 项、政策文件 16 份，按规定上报省人大常委会和省政府。同时，对 36 项审批事项进行清理，取消 20 项。

2002 年，《甘肃省生态环境保护条例》《甘肃省河西水环境保护条例》立法工作全面展开。省环境保护局获得 2002 年全省环境政策法制工作先进集体。

2005 年，起草完成甘肃省环境保护局《关于促进个体私营等非公有制经济发展的实施办法（试行）》（以下简称《办法》），2005 年 7 月 25 日正式印发。该《办法》共十五条，确定“积极促进、大力支持、改善服务、正确引导、逐步规范”的基本原则，引起广泛关注；经充分调研，拟订向国合会秘书处（国家环保总局）提交的甘肃省专题汇报，即“关于《第三届中国环境与发展国际合作委员会第三次会议给中国政府的政策建议》中有关环境保护方面采纳情况的汇报”，共 6 个方面。

为妥善解决油田开发的生态保护和水污染问题、促进可持续发展，省环保局配合省人大常委会从2003年起，经过两年多的时间，经过多次调研、论证、协调修改，2006年1月8日，省人大常委会第二十次会议审议通过并发布《甘肃省石油勘探开发生态环境保护条例》，条例明文规定实行油田开发生态补偿制度，以地方立法的形式对国家有关生态补偿的政策做出规定，是为该立法的最突出的特点和创新之处。

为加强安西极旱荒漠国家级自然保护区的建设和管理，2004年，省人大常委会将《甘肃安西极旱荒漠国家级自然保护区管理条例》列入立法计划。2005年完成《甘肃省全民义务植树条例(征求意见稿)》《甘肃省实施文物保护法办法》《兰州市大气污染防治条例》《甘肃省政府投资项目暂行办法》《甘肃省农产品质量安全条例》《水污染防治法（修订草案)》《畜牧法(草案)》《临夏州刘家峡库区生态环境建设保护条例》《兰州市高新技术产业开发区条例》《甘肃省安全生产条例》等18项法规、规章的审核、修改和意见反馈。

根据依法行政的要求，甘肃完善行政决策机制，设立建设项目环境影响评价专家库，成立环保局机关建设项目环境影响评价审查委员会，在项目环评审批工作中，建立专家论证、公众参与的行政决策工作机制，保障行政决策的科学和规范。依照《行政处罚法》的规定，进一步规范执法程序。就省环境监理所行政执法权限、行政处罚权限，以委托方式进行明确，对当事人按照简易程序给予警告或者罚款的处罚，由环境监理人员当场作出处罚决定，对当事人依法处以5万元以下的罚款，由省环境监理所按照法定程序做出处罚决定，抄送环保局政策法规处备案，接受监督检查。要求执行公务的环境监理人员必须经过省环保局和省政府法制办的统一培训考核，持有省政府核发的行政执法证件，并严格遵守国家有关规定，从而进一步理顺环境监督执法机制。

“十一五”期间，甘肃省制定出台《甘肃省污水处理费收费管理暂行办法》《关于促进全省城市污水处理项目建设及产业化运营的意见》和《关于进一步建立和完善城市生活垃圾处理收费制度的意见》，不断加大污水处理标准调整力度和垃圾处理的规范管理，积极推进全省城市污水处理项目和垃圾处置项目实施。

“十一五”期间，甘肃省环境保护工作进一步加强，环境保护地方立法取得较大进展。省人大常委会先后制定《甘肃省石油勘探开发生态环境保护条例》《甘肃安西极旱荒漠国家级自然保护区管理条例》等一系列环保法规；为全面贯彻落实科学发展观、促进甘肃省经济社会又好又快发展，省委、省政府办公厅印发《关于建立健全环境保护约束激励机制的意见》《甘肃省人民政府关于落实科学发展观加强环境保护的意见》；省政府办公厅批转《省环保局等部门关于进一步加强农村环境保护工作意见的通知》等规章和政策文件。

甘肃省政府下发《甘肃省人民政府关于对污染减排重点项目实施预警监控的通知》，建立预警监控机制。加强与相邻省份跨省界、跨流域水污染防治协商工作，在2008年7省区联动的基础上，又与10个省区签署《十一省（区）环保厅（局）共同应对区域环境污染及突发事件框架协议》，进一步完善联防联控机制。

兰州市颁布《兰州市实施防治城区冬季大气污染特殊工程的决定》和《兰州市实施防治城区大气污染特殊工程处罚办法》，着力解决影响兰州市环境空气问题。不断完善有关机动车污染防治管理制度，印发《关于严格控制油品质量减少机动车排气污染的通知》和《关于进一步加强城市机动车污染排放监督管理的通知》，兰州市政府发布《关于防治机动车尾气污染的通告》，对机动车尾气污染防治做出明确规定，进一步加大机动车污染防治力度。

“十一五”期间，甘肃省出台《甘肃省危险废物行政许可事项办理规程》等规范性文件，并结合本省实际，草拟《甘肃省危险废物污染防治管理暂行办法》等规范性文件，对申报登记、转移联单、经营许可证制度的实施等提出明确要求。编制《甘肃省铬渣综合治理可行性方案》，对6家铬渣产生企业开展综合整治。

2009年，重新制定《甘肃省建设项目环境影响评价文件分级审批规定》，下发《关于加强建设项目环境管理工作程序的通知》，规范执行重大项目审查委员会制度。《分级审批规定》对甘肃省的环保分级审批制度进行调整，将有色金属冶炼、钢铁、电石、铁合金、焦炭、造纸、石化、化工、电镀等行业对环境影响较大的建设项目全部收归省级环保部门审批，一般污染较轻的行业下放市（州）环保部门审批，实现严控污染和服务发展的“双赢”。

在把好环评审批质量关的同时，不断优化程序，提高效率。重大项目实行环保厅局长负责制，所有项目实行限时办结制，建立审批窗口服务和提前介入制度。从2008年起，所有项目的受理均通过省政府政务大厅统一办理。环境影响报告书的审批时间由法律规定的60个工作日提前到30个工作日；环境影响报告表的审批时间由法律规定的30个工作日提前到15个工作日。

在取得成绩的同时，甘肃省环境保护的地方立法中还存在明显不足：现有的环保法规体系不够完善，尚缺乏流域水污染治理、污染物总量控制、农村环境保护等方面的法规规章；部分环保法规由于颁布较早，需要修订完善，如《甘肃省环境保护条例》1994年由甘肃省人大常委会颁布，虽经1997年修改，但部分条款已不适合实际要求，需要修改；现有的环保法规部分制度还需进一步细化。

第二节　地方性法规选介

一、《甘肃省环境保护条例》

《甘肃省环境保护条例》于1997年9月29日由甘肃省第八届人民代表大会常务委员会第二十九次会议通过。共分总则、管理职责、环境监督管理、保护和改善生态环境、防治环境污染和其他公害、法律责任、附则七章五十九条。条例明确制定的目的是“保护和改善生活环境与生态环境，防治污染和其他公害，保障人体健康，促进经济和社会发展”；基本方针是：坚持预防为主，防治结合，全面规划，合理布局，综合治理；实行“谁开发谁保护，谁污染谁治理，谁破坏谁恢复，谁利用谁补偿”原则；规定各级人民政府对本行政区域的环境质量负责，乡人民政府、街道办事处应当由专（兼）职人员管理环境保护工作，由行业管理部门对本行业的环境保护工作实施监督检查；在环境监督管理中实行目标责任制，环境保护目标的完成情况作为评定政府成绩的依据之一；明确对造成环境严重污染的企业事业单位实行限期治理，对排放污染物的企业事业单位和个体经营者实行排污许可证制度，对环境有影响的建设项目执行环境影响报告书审批制度；禁止将国外、境外和省外有毒有害废物转移到本省内处置；并明确11类违法行为的法律责任和处罚标准。该条例的颁布大大推进了甘肃环境保护工作的法制化进程。

二、《甘肃省自然保护区管理条例》

《甘肃省自然保护区管理条例》于 1999 年 9 月 26 日经甘肃省第九届人民代表大会常务委员会第十二次会议通过并公布。条例共 30 条。其目的是加强自然保护区的建设和管理，保护自然环境和自然资源。条例规定：自然保护区的建设与管理应坚持全面规划、依法保护、科学管理、合理利用、持续发展的原则；县级以上人民政府应加强对自然保护区工作的领导，采取有利于发展自然保护区的政策和措施，将自然保护区的发展规划纳入国民经济和社会发展计划；自然保护区实行综合管理与分部门管理相结合的管理体制；县级以上人民政府环境保护行政主管部门是自然保护区的综合管理部门；林业、农业、水利、文化、建设、地质矿产等行政主管部门是分部门管理自然保护区的行政主管部门。条例明确自然保护区管理机构的管理职责和建立自然保护区的条件及划界范围；明确在自然保护区范围内各种社会活动和建设投资活动的行为规范；禁止在保护区从事砍伐、狩猎、捕捞、采药、开垦、烧荒、开矿、采石、挖沙、取土等活动；禁止倾倒废弃物、排放污水；明确法律责任和处罚限度，特别规定对国家公务人员、自然保护区管理人员滥用职权、玩忽职守、徇私舞弊，致使自然保护区环境资源遭到破坏，情节较轻的，由其所在单位或者上级机关给予行政处分；构成犯罪的，依法追究刑事责任。条例的颁布对甘肃自然环境和自然资源的保护提供法律保障，特别是对生物多样性的保护起到积极作用。

三、《甘肃省石油勘探开发生态环境保护条例》

《甘肃省石油勘探开发生态环境保护条例》于 2006 年 1 月 8 日由甘肃省第十届人民代表大会常务委员会第二十次会议通过并公布，自 2006 年 3 月 1 日起施行。条例共三十七条。其制定目的是加强石油勘探开发生态环境保护，促进油田生产与区域可持续发展；坚持保护优先、预防为主、防治结合和“谁开发谁保护，谁受益谁补偿，谁破坏谁恢复，谁污染谁治理”的原则；建立保护工作责任制，由县级以上人民政府对本区域油田生态环境质量负责，油田生产单位应当按照当地人民政府生态环境保护规划，制定生态环境保护方案，落实生态环境保护措施；油田新建、改建、扩建项目应当进行环境影响评价，落实“三同时”制度；严禁非法采油、炼油、保障油田生态环境安全，依法维护油田开发秩序；实行排污许可、清洁生产；制定应急预案；实行水源地保护；自然保护区内禁止进行油田勘探开发生产活动；已经开发生产并造成损害的，应当采取补救措施，限期治理；建立油田开发生态补偿机制。同时，制定罚则和处罚限额。条例的制定为规范和发展石油勘探及石油生产，保护区域生态环境和社会环境提供法律保障。

四、《甘肃省安西极旱荒漠国家级自然保护区管理条例》

《甘肃省安西极旱荒漠国家级自然保护区管理条例》于2008年5月29日经甘肃省第十一届人大常委会第三次会议通过并颁布，自8月1日起实行，共三十条。其目的是加强甘肃安西极旱荒漠国家级自然保护区的建设和管理，有效保护荒漠植被和珍稀、濒危野生动植物资源及生物多样性。条例划定总面积80万公顷。坚持全面规划、科学管理、保护优先、合理利用、持续发展的原则，并妥善处理好与当地经济社会发展和居民生产生活的关系。条例规定省环境保护行政主管部门为保护区的主管部门，保护区所在地县级以上人民政府农牧、林业、水利、文物、旅游等部门应当依照各自职责做好保护区的保护和管理工作，并确定五项保护职责。

禁止任何单位和个人进入核心区，确因科学研究需要必须进入核心区从事观测、调查活动的，应当事先向保护区管理机构提交申请和活动计划；禁止在缓冲区开展旅游和生产经营活动。确需从事非破坏性的科学研究、教学实习和标本采集活动的，应当报经保护区管理机构批准后方可进行；禁止在实验区建设污染环境、破坏资源或者景观的生产设施；禁止在核心区和缓冲区拍摄影视和开展大型实景演艺活动；经批准的建设项目穿越或者占用实验区的，建设单位应当对保护区予以补偿；禁止任何单位和个人破坏、侵占、买卖或者以其他形式非法转让保护区的土地；禁止在保护区猎杀、非法猎捕受保护的野生动物。同时，制定罚则和处罚限额。

第二章　环境监察

第一节　环境监察队伍建设

一、行政执法责任制

执法责任制是实现依法行政、规范执法活动的重要方式，也是贯彻国务院《全面推进依法行政实施纲要》、建设法治政府的一项重要任务和举措。甘肃省1998年实施行政执法责任制，省环保局成立由“一把手”局长任组长的行政执法责任制工作领导小组，制定印发省环保局行政执法责任制实施方案，将负责贯彻执行的法律法规、规章涉及的执法职责分解落实到各执法处室和执法岗位，共分解落实执法责任74条，明确执法标准，并将依法行政、执法责任制、政务公开等有关内容和要求纳入局领导和机关各处室签订的机关工作目标责任书，实行目标管理，列入年度公务员考核内容进行考评。2002年，根据机构改革职能调整情况，再次对局机关执法责任制进行调整完善。

2006年上半年，根据省政府关于推行行政执法责任制的有关要求，省环保局再次对环保部门的行政执法依据进行全面梳理。按照省依法行政领导小组办公室示范格式要求，执法依据主要由行政执法主体性质、行政执法主体职能配置、行政执法依据目录、行政执法依据具体分类四部分组成。经过严密细致的工作，共梳理行政执法主体3个，局机关为法定行政机关，环境监理所、辐射环境监理站为行政委托组织；职能配置以机构改革中省政府批准的省环保局职能为准，执法依据以现行有效的法律法规为准，其中环保法律8项，行政法规8项，地方性法规3项，部门规章27项；行政执法依据具体分类梳理为行政许可11项，行政处罚42项，行政强制2项，行政征收2项，行政调解1项。同时编印《甘肃省环境保护局行政执法责任制资料汇编》，发放到各处室和直属单位执法人员。

为加强对执法行为的监督，省环保局制定环境保护行政执法责任制度、行政执法错案与过错责任追究办法、规范性文件管理规定、行政处罚工作程序、行政复议工作程序、环保系统机关工作人员廉洁从政规定等制度文件；与省监察厅、省纪检委联合制定印发《关于违反环境保护法律法规纪律处分暂行规定)》；实施一次性告知、首问责任、限时办结等办事制度；全省环保部门按照国家环保总局编制的执法文书格式，统一行政执法文书，实施规范性文件备案制度、重大行政处罚备案制度、行政处罚统计制度、行政处罚案卷归档制度等执法监督制度。各市（州）环保局全部开通“12369”环保举报电话，以方便群众及时举报环境违法行为。

为适应加入 WTO 和市场经济发展的要求，加强行政执法规范化建设，提高执法效能，推进依法行政，服务发展，服务社会。2001 年 8 月，省环保局以兰州市城关区环保局为试点单位开展创建环境法制服务平台工作，其内容包括政务公开、规范执法程序、公众参与、社会监督、完善执法监督制度、加强执法能力建设、创建文明行业、服务社会等。金昌市环保局从 2002 年作为市级试点单位，按照省环保局的部署亦开展创建环境法制服务平台工作。创建工作突出强调转变政府职能、规范环境执法、提高效率、服务经济社会。

各市、州环保部门逐步推行实施执法责任制，加强行政执法制度建设，健全监督制约机制。白银市环保局制定出台白银市环保局行政执法规定、行政执法目标考评办法、执法过错责任追究制度、行政执法人员纪律、环境监察人员行为规范、监察人员“十不准”“八遵守”等规范和制度，并将行政执法的任务、内容、指标纳入全市环保目标责任书，把执法责任制的具体目标分解到科室，执法任务落实到人，规定具体的量化指标，每年进行检查考核，还聘请 9 名环保行风监督员，赋予其对环保执法工作的监督职责，保障行政执法工作的顺利实施和行政执法责任制的落实。庆阳市环保局从建立公平、公正、快捷、高效的执法环境入手，在实践中积极探索，建立健全专家咨询论证制度、公众参与制度、政务公开制度、首问负责制度、责任追究制度、行政处罚听证制度和执法责任制度，形成一套完整的内部监督制度体系。在工作中，对敏感的环境事项及时向社会公布或通过举行座谈会、听证会、论证会等形式广泛听取意见，将依法决策、科学决策、民主决策纳入环保重大行政决策和行政执法的全过程，制定《市环保局行政过错和影响机关效能行为责任追究制》，有效保障公平、公正执法。

二、环境执法机构

甘肃省环境监察机构由20世纪80年代的排污收费站（所）、环境监理站（所）逐渐演变而来。

“八五”时期是全省环境监察队伍发展的关键时期。1991年7月，哈尔滨第二次全国排污收费工作会议上，国家环保局适时地提出在全国建立一支统一的环境监督执法队伍的要求。甘肃省迅速做出反应，于1991年11月召开全省有各级环保局长参加的排污收费工作会议。会议要求全省认真总结经验，转变工作职能，强化现场监督，扩大执法领域，在排污收费队伍基础上，积极稳妥地推行环境监理员制度。经过省环保局局长办公会议，地、州、市环保局局长会议多次讨论，针对环境监理队伍建设中的问题，决定把属于现场监督管理的职责从局机关中分离出来，以加强环境执法能力、提高环境执法绩效。全省地、县环境监理机构由1991年占行政区划数的53.3%和31.4%的比例分别发展到1995年的100%和93%，环境监理员由169人发展到638人，增长3.8倍。执法领域不断扩大，执法力度不断加强。5年中，全省环保部门自身建设使用环保补助资金5 833.34万元，其中用于环境监理机构建设投资近900万元，有力地支持了环境监理队伍的发展。全省97个环境监理站（所），从内部规章制度、执法程序和法律文书到工作台账和档案建设，完全符合要求的达标监理站26个，合格监理站25个，向标准化建站方向发展势头良好。

1996年，以环境监理试点工作带动环境监理队伍建设。1996年年初，省环保局下达第三批环境监理试点单位名单，在总结以往试点工作的基础上，就环境监理试点工作领域的拓展做出新的尝试，首次在五个县开展生态环境监理试点，肃北、康县、碌曲、武山、泾川、民勤、景泰、临洮等县在监理试点工作中领导重视、组织得力，均成立副科级的环境监理站，做到试点方案、机构建设、人员配备、规章制定、档案建设和监督执法工作五落实。肃北县在试点工作中，突出草原环境现状，以保护、改善草原生态环境为重点，以治理矿山企业污染和草原植被乱采滥挖为突破口，加大监督执法力度，建立内部运行管理机制，在促进全县经济持续、稳定、发展的同时，有力地保护矿产资源和草原资源；康县在试点工作中，注重试点成效，以梅园原始森林生态环境保护为重点，对园内的野生动植物资源进行详细的摸底调查，积极配合林业、渔政、土地、矿产、公安等部门加大环境保护宣传力度，严厉查处乱挖乱捕行为；碌曲县在试点工作中，注重经济发展的同时，对环境资源的保护，在森林、植被、林场、两区（尕海鸟类保护区、则岔石林保护区）的保护上，依靠各乡自发地组织群众对破坏环境资源的行为及时加以制止。据年底检查及初步验收，10家试点单位按省局要求基本上完成试点的任务，生态环境监理试点工作成果得到国家环保局的充分肯定。

自1998年7月1日起，全省环保行政执法人员全部实施持证执法。全省环保部门还积极开展行政复议工作，通过审理复议案件，维护环保部门依法行使职权，保护公民、法人和其他组织的合法权益。

“十五”期间，基本完成机构名称和职能的最终确定：甘肃省环保厅、兰州市设立环境监察局，隶属省（市）环保局，独立行使环境监察职能；地市设立环境监察支队，县（区）设立环境监察大队，在市（县）环保局领导下，行使环境监察职能。主要工作职能包括环境监察、排污费征收稽查、信访和行政处罚。

“十一五”期间，随着市场经济机制的建立和西部大开发战略的实施，甘肃省环境管理和现场执法监督工作量逐年增大。甘肃省根据环境保护部对环境监察机构和队伍建设的要求，在全省各级人民政府和各级环保部门的重视和支持下，环境监察机构规范化和标准化建设取得一定的成效。截至2010年年底，全省共有环境监察机构101个，其中省级1个，为县级建制；市级14个（不包括甘肃矿区），其中，兰州市为正县级建制，白银、张掖、平凉、天水、金昌、庆阳、定西、甘南为副县级建制，其余均为科级建制；县（市、区）级86个，大部分为科级或为副科级建制，实现省、市、县三级环境监察机构全覆盖。共有人员编制1 810人，实有环境监察人员1 870人。大专以上学历1 582人，占总人数的85%。

为全面贯彻落实国家环保总局《关于进一步加强环境监察工作若干意见的通知》（环发〔1999〕141号）文件精神，甘肃省各级环境监察结构不断加强环境监察标准化建设工作。截至“十五”末期，全省101个环境监察机构执法能力硬件全部达到国家相应标准，共有71个环境监察机构达到并通过环境监察机构标准化建设相应标准验收。通过环境监察标准化建设，规范环境监察结构，交通工具、现场取证仪器设备、通信工具等得到明显改善。

第二节　环境监督检查

一、常规监督检查

“八五”时期，全省环境监督管理的执法力度不断加强，各级各类污染源至少每月检查一次。截至1995年年底，中央、省属企业，地、市属企业，县、区属企业三级隶属关系单位污染治理设施运行率分别达到95%、75%、60%，比“七五”末期分别提高8.4%、10.2%、12.17%。其中，1994年，省环监系统继续强化现场监督检查，污染治理设施运转率得到很大提高。省属企业达85%以上，提高5%，地市属企业达60%以上，提高8.4%，县乡属企业达15%以上，提高12%。1995年，中央和省属企业环保设施运转率达到95%以上，合格率为80%，地、市、州企业环保设施运转率为75%左右，合格率为60%。嘉峪关市环保局对105家单位10个方面的问题进行重点检查，共查处违反环保法规问题17件，特别是对污染大户酒泉钢铁公司各二级厂矿排污环节和污染防治设施进行定期详细的监督检查，保证污染排放的有效控制。兰州市环保局、工商局、专业化办公室共同对13家电镀厂进行检查，对其中11家予以查封处理。该市有关部门根据群众的强烈反映，把沥青烟污染严重的兰州光华交电材料厂搬迁出市区。

1996年，加强对污染源的现场监督检查。年度内，中央、省属企业污染设施运行率达92.35%，地、市属企业设施运行率达86.21%，县、乡属企业设施运行率达72.89%，设施完好率、达标率均较往年有所提高。作为全国排污口规范化整治试点单位的兰州市，对全市400多家排污单位建立排污口监督管理档案，竖立排污口标志426块；按国务院决定，各级环境监理部门积极配合有关单位坚决取缔、关闭“十五小”企业，在工作中敢于碰硬，树立环保执法的权威。陇南地区对碧口镇大气污染防治、六巷河流域水污染防治等重点区域加大监督检查力度；天水北道区对辖区内16家严重污染环境的土窑燃烧废油毡的企业依法做出予以取缔、关闭、恢复原貌的决定；白银市结合全市烟尘控制区达标建设，根据群众反映的“热点”“难点”问题进行六次较大规模的环境督查活动；庆阳地区加强对“土炼油”监督检查，共关闭、取缔土炼油131处；西峰市公安、环保、工商、计委等部门组成联合清查领导小组，强行拆除土炼油28处33台，在强大政策宣传下，土炼油经营户自行拆除土炉54处67台。

1997年，根据国家环保局《关于一九九七年环境监理工作要点》和全省环保局长会议的部署，认真贯彻“深化制度改革，加快队伍发展，抓紧执法力度，健全管理体制，提高总体效益”的环境监理工作方针，结合环境监理工作开展的现状和“三查二调一收费”的工作职责，以贯彻落实国家环境经济政策，强化排污费征收为主要手段，以“三查”工作为重点，积极稳妥地推进全省环境监理工作。

为进一步加强环境监理执法工作，强化环境监理监督约束机制，解决环境监理执法不力和不到位的问题，甘肃省正式颁布《甘肃省环境监理执法稽查办法》，确定稽查工作实施的内容、方法、程序等。兰州、白银、平凉、张掖、酒泉结合各自工作实际，制定具体的实施细则。兰州市开展对铁路、部队、电镀、轻纺、饮食、医疗6个行业的专项稽查巡查工作；白银、金昌、平凉、张掖等地市按稽查有关规定，对各县、区环境监理执法、排污收费、设施管理等情况进行全面稽查。甘肃省监理所首次对7个地市及部分县（市）的环境监理执法情况进行稽查。从稽查情况来看，大部分地市环境监理执法力度较强，建立较为严格的执法工作程序，同时也对部分地市在排污费票据管理、乡镇企业排污收费等方面的问题提出整改意见：针对张掖地区环境监理工作的开展及排污收费中存在的问题下发稽查结果通报；针对定西地区环境监理工作执法不力、内部管理不善等问题，省监理所进行专项稽查，并首次下达地区站限期整改通知。

1997年，各地区普遍加大污染源现场监督检查工作的执法力度。加强排污单位的排污申报和核定工作，各地对所有排污单位基本上做到逐月申报。天水市对全市80家单位开展水污染物申报登记，对42家重点污染源进行现场核查，增加水平衡图填报。加大环境“热点”“难点”问题的监督检查力度，针对社会生活噪声扰民问题，金昌、白银、酒泉、天水、嘉峪关、临夏等地区结合噪声达标区等环境建设，根据群众反映的“热点”“难点”

问题进行多次较大规模的环境督察活动。兰州、天水、白银在高考期间建立昼夜噪声检查巡查制度。加强对乡镇企业和第三产业的环境监督管理，按甘肃省环保局统一部署，各地监理站积极配合有关部门对属于国家取缔、关闭的“十五小”企业进行一次全面的突击性检查。白银、甘南、酒泉、武威等地区对在检查中发现的“以停代取、以停代关”以及将取缔、关停期限推迟等违规现象依法做出严肃处理。加强对污染治理设施运转情况的监督检查，各地严格按照《甘肃省污染治理设施监督管理办法》，对设施逐个进行检查登记，建立设施管理台账，建立对重点污染设施基本上做到一月一监察、对一般污染设施两月一监察的工作制度，兰州、酒泉、白银、平凉、金昌均制定污染设施考核评比办法，白银市在全市范围内开展“污染处理设施创优达标活动”，评出10家“环境污染防治设施管理先进单位”；兰州市加大对污染设施的巡查频率，全年共对1 210个污染源实施检查13 176人次，检查污染处理设施2 577（套）次，对部分设施管理不善的单位进行严肃的处理。据统计，1997年中央、省属企业污染设施完好率达到95%以上，运行率达92%；地、市属企业设施完好率达到87%，运行率达85.21%；县、乡属企业和第三产业设施的完好率达到73%，运行率达到68%以上。做好排污口规范化整治工作，兰州市作为全国排污口规范化整治试点单位，对排污口按要求和标准进行规范整治，对全市400多家排污单位建立排污口监督管理档案，竖立排污口标志426块，制定整治规划和分年度实施计划，排污口规范化整治工作取得明显成效，顺利通过省环保局组织的验收，为全省全面实施排污口规范化整治工作提供经验。临夏、天水、白银、平凉、庆阳、酒泉等大部分地区结合各自污染源情况，专题研究，安排部署，制定开展排污口规范化试点工作实施意见，并制订分年度实施计划。省监理所对省内5家重点源的7套废气、8套废水治理设施进行抽查考核，从抽查情况来看，各污染治理设施的完好率、运行率都较为正常，岗位记录、设施运行情况记录齐全。

1997年，甘肃省环保局首次在碌曲县、肃北县开展以草原、资源保护为主，康县以植被森林保护为主，民勤县以防止沙漠化为主，泾川县以绿化农业生态保护为主的生态保护试点工作。

1997年，全省餐饮娱乐服务行业噪声及第三产业、乡镇企业污染纠纷案件较往年有所增加。各地环境监理部门本着实事求是、客观公正的原则，深入污染现场调查研究，认真做好环境污染信访纠纷的查处、调解工作。

1998年，甘肃省环保局会同省监察厅、计委等部门，并邀请省人大环资委参加，于4月下旬至5月上旬对全省14个地、市、州及甘肃矿区学习贯彻中央座谈会精神、落实国务院及省政府《决定》情况和1997年度环保目标责任书完成情况进行全面检查，共检查38个县（市、区）、86家企业、4个自然保护区和4处水源地。促进限期治理污染和重点环境问题的解决，查处一批环境违法案件。年内，制定印发《甘肃省环保局执法责任制实施方案》，成立工作领导小组。

稳步推行排污许可证制度，全面开展水、气、渣、声排污申报登记及许可证审查发放工作，甘肃省的排污申报登记工作于11月25日通过国家环保总局的正式验收，全省共有6 850家排污单位完成申报登记，其中县以上工业企业1 815家，乡镇街道企业1 626家，医院及事业单位1 651家，第三产业1 722家，涉及40个行业。

1998年，全省范围内共发生环境污染事故65次，直接经济损失124.81万元。其中，特大事故3次，损失35.7万元；重大事故2次，损失11.75万元；较大事故4次，损失42.7万元；一般事故44次，损失34.66万元；农作物受害面积1 443 830.945平方米，自然保护区受害面积500 000平方米，污染事故罚款总额为13.62万元，污染事故赔偿款总额88.73万元。

1999年，全省各级环境监理部门共对污染处理设施进行16 000多次现场检查，全省设施平均运行率达到81%，其中中央、省属企业环保设施完好率达到97%，运行率达到94%。全省计划整治排污口2 968个，实际完成排污口整治3 504个，全省安装流量计34台，兰州市西固区3家重点污染源企业开展污染源自动监控试点工作，其监控系统与国家环保总局连通，成为总局试点之一。全年各级环境监理部门共检查各类建设项目2 000多次，对不执行建设项目环境保护规定的企业依法进行处理，对污染源限期治理项目普遍开展监督检查，全省共对近800个限期治理项目实施现场检查6 500多次排污许可证，现场监督检查4 000多次，共查处违法问题781件，处罚金额174万元。

2000年，全省环境监理系统根据“三查二调一收费”的工作职责，有重点地开展“三同时”执行情况、限期治理完成情况、污染物排放总量控制、排污许可证、污染设施管理、排污口规范化整治、“新五小”企业关停等项工作的检查活动。进一步加强重点污染企业和污染处理设施的现场监督检查，保证重点污染源每月检查一次、一般污染源每两月检查一次。据统计，2000 年全省各级环境监理部门共对各类污染处理设施进行 16 633 次现场检查，全省污染处理设施平均运行率达到 83%。加强排污口规范化整治步伐，全省共规范化整治排污口 4 765 个，占计划整治数的 88.2%。金昌、甘肃矿区、嘉峪关、天水、武威等地市全面完成重点污染源的排污口整治、立标、建档等工作。

成立“两考”期间环境噪声监督管理领导小组，在“两考”期间建立 24 小时值班制度，向建筑施工单位、商业网点、文化娱乐场所下发限定作业营业时间和防止噪声污染通告，并充分利用当地广播、电视、报刊等新闻媒介，对“两考”期间控制噪声污染进行宣传，同时加大昼夜的巡回检查频次。据统计，“两考”期间，全省共受理投诉举报电话 1 549 个，实施夜间巡查6 398 人次，出动车辆 831 台次，取缔街头卡拉 OK 等扰民噪声点 46 处，对 155 家有擅自夜间施工的建筑单位依法进行行政处罚。

加大对“三同时”项目、限期治理完成情况的现场监督检查力度。兰州市共对 1999—2000 年省、市两级政府下达的所有限期治理项目进行 110 多次现场监督检查，对 6 户未完成治理任务的市属企业下达行政处罚决定书。甘肃省环境监察局对 9 家未完成限期治理的省属企业下达行政处罚决定。全省各级环境监理部门共实施“三同时”项目现场监督检查 1 079 次，限期治理项目完成情况现场监督检查 5 775 次，排污许可证现场监督检查 5 123 次；继续巩固取缔“十五小”工作成果，各地环境监理部门在巩固以往取缔“十五小”成果的基础上，加大对“新五小”企业的现场监督检查频次。

2001 年，省境内共发生环境污染事故 114 起（其中重大污染事故即沙尘暴污染 2 起），造成直接经济损失 3 414.4 万元，查处 114 起，查处率达 100%；污染事故赔偿总额 79.48 万元，罚款总额 48.03 万元。

2001 年，全省环境监理系统开展“三同时”、限期治理、污染物排放总量控制、排污许可证、污染设施管理、排污口规范化整治、“新五小”企业关停等项工作的现场监督检查活动。全省各级环境监理部门共对各类污染处理设施进行 16 215 次现场检查。据统计，全省污染处理设施平均运行率达到92%，完好率达到87%以上。全省共规范化整治排污口2 849个，排污口立标6 203个，占计划整治数的100%，金昌、白银、天水、兰州等市在部分重点污染源企业安装污染设施自动监控系统。为了加强中考、高考期间的噪声监督管理，省环保局向各地市（州）发出文件，提出要求，各地市（州）公布举报投诉电话，建立24小时值班制度，据统计，“两考”期间全省共受理投诉举报1 158个，实施夜间巡查13 423人次，罚款24.44万元。此外，全省各级环境监理部门共实施“三同时”现场监督检查2 091次，限期治理项目完成现场督查3 000次，排污许可证现场监督检查7 748次。全省14个地市（州）于10月底以前全部开通“12369”环保举报电话，并制定实施相应的管理、受理、查处、回复制度。

根据国务院统一部署和省政府安排，省环保局会同省经贸委、监察厅、林业厅等部门共同开展全省性严查环境违法行为专项检查。全省共出动7 794人次，对3 192家企业进行检查，共发现397起各类环境违法行为，全部得到查处，对其中82家企业实施关闭取缔，要求67家企业停产治理。

虽然全省的环境保护工作取得一定成就，但环境形势依然严峻，不容乐观。从总体上看，生态环境恶化的趋势初步得到遏制，部分地区有所改善，部分地区仍在恶化。甘肃省原本生态环境严重脆弱，工业和城市又处于“结构型污染”状态，在西部大开发战略加快实施的情况下，城乡环境承受的压力进一步加大。兰州等重点城市的大气污染仍然突出，黄河等主要河流的水污染防治任务艰巨，核安全和辐射环境保护的问题已提上日程，沙尘暴和扬尘天气灾害威胁日益加重。随着环境问题的普遍化、复杂化和全社会环境意识的提高，广大人民群众对加强环境保护的要求和呼声日益强烈。

2002年，全省共出动检查人员11 846人次，对4 720家企业进行检查，共立案查处613家企业，已结案企业数523家：依法淘汰和取缔不符合国家产业政策和规定的小水泥企业123户，淘汰落后生产能力152万吨；淘汰小玻璃企业10户，压缩生产能力121万重量箱；关停9家5 000吨以下小造纸企业，查处泾川县王村造纸厂和宁县和盛造纸厂死灰复燃问题，两厂被彻底关闭；对全省17家5 000吨以上生产能力的草浆造纸企业结合产业结构和布局调整，关停取缔属于“污染转移项目”的张掖万金纸业公司，合并平凉市包装纸板厂和平凉市宝马纸业公司；庆阳地区取缔17处“小土炼油”；

陇南地区西和县清理取缔480多个非法矿点，刑事拘留7人；定西地委、行署联合整治岷县村民联名反映的鹿峰金矿污染环境问题，经整治，所在企业达到达标排放，并进行环境整治，杜绝环境潜在污染；关闭甘肃临泽钢厂、山丹清泉钢厂、兰州大滩钢厂、张掖华通钢厂和嘉峪关城区钢厂5家“小钢铁”企业，取缔兰州腾达型材厂、首峰金属制品厂和榕航钢铁制品厂3家“小轧钢”企业；对甘肃通达果汁有限公司、天水长城果汁有限公司、平凉福利皮革厂、榆中贡马水泥厂等企业超标排污和违反“三同时”企业，由当地政府责令停产整顿、补办环保手续。全年接待、妥善处理和解决群众信访和上访案件1 000余件。

2003年，对违反《建设项目环境保护管理条例》、未依法进行环评和实行“三同时”、严重影响人民群众身体健康的建设项目，死灰复燃的“十五小”“新五小”企业，原国家经贸委要求于2002年年底以前淘汰而未淘汰的污染严重、危害人民群众身体健康的生产能力、工艺和产品，重点区域、重点流域、重点行业、重点企业、群众反映突出的环境污染问题进行清理整顿。全省共出动16 700人次，检查企业2 300家，立案查处257家。全年共发生各类环境污染纠纷119件，有7 803起信访和2万多个环保举报电话得到及时查处。

2004年，重点查处群众反映强烈、影响社会稳定的环境污染和生态破坏问题，黄河、石羊河、渭河等流域违法排污问题，黑河、石羊河、泾河流域小造纸污染反弹问题，陇南地区尾矿坝安全运行问题，重点企业、上市公司污染设施正常运行和足额缴纳排污费问题，城市污水处理厂、垃圾处理场不正常运行问题，医疗垃圾、废弃危险化学品污染等问题，建设项目违反环境影响评价法问题，干扰、阻挠环境执法的“土政策”问题，2003年专项行动中已立案未结案的违法排污企业等九大环境问题。集中整治城市污水和垃圾处理、畜禽养殖、钢铁、电石、硅铁、水泥等企业环境污染和矿山开发的生态破坏问题，制止环境违法行为， 纠正一批环保“土政策”，提高环评和“三同时”执行率。全省共出动23 000 人次，检查企业1 500家，立案查处335家，挂牌督办200多家。

2005年，对纺织、印染企业，连片反弹地区，集中式饮用水水源地，重点行业企业进行集中检查。全省共出动19 000多人次，检查企业4 500多家，立案查处违法企业260家，挂牌督办150家。清理“土政策”纠正41件，取缔关闭“十五小”“新五小”和淘汰落后生产工艺及设备企业400多家。完成一批重点治理工程，解决一些热点难点问题，兰州、金昌和白银等重点城市和重点流域环境质量明显改善。

各级环保部门结合执法检查，加大对环境违法行为的查处。2003—2005年，全省各级环保部门依法做出的行政处罚决定分别为740件、952件、1 017件。2000年6月，省环保局直接行使处罚权，依法对8家未完成限期治理任务的企业给予行政处罚。2002年5月，对谎报二氧化硫排放总量的白银有色金属公司处以5万元罚款，并将其违法行为进行通报，对负有监管职责的有关地方环保部门也予以通报批评。2003年6月，对擅自停运污染处理设施、含油废水造成黄河水污染的兰州机车厂和中石化兰州石化公司分别处以10万元罚款。2006年上半年，甘肃省环保局对兰州卷烟厂天水分厂、酒钢集团榆中钢铁公司、甘肃银光聚银化工有限公司3家企业建设项目未依法办理环评审批手续的违法行为分别处以10万元罚款，并责令限期补办有关手续。

2006年，针对全省突出的环境问题，组织开展一系列重点整治工作：开展集中整治饮用水水源地排污口工作，保证饮用水水源地排污口达标排放；开展污染隐患环境安全大检查，通过排查，确定中石化兰州分公司、金川公司等11家安全隐患重点防范的单位，督促中石化兰州分公司、白银公司等企业建设应急设施，各地编制《突发环境事件应急预案》，并进行应急演练；对落后生产工艺企业进行集中整治，开展以造纸、电石、铁合金、冶炼企业为重点的专项核查，共取缔、关闭小造纸及落后生产工艺等“十五小”企业410多家，其中、关闭不符合国家产业政策的电石铁合金企业54家；集中对建设项目环境违法行为进行整治。对2003年《环境影响评价法》实施以来全省建设项目执行环保法律法规情况进行检查，重点是化工、冶炼、造纸、印染、公路等行业，对51家违法企业实施停产整治；开展重点区域环境违法行为检查，重点对黄河、渭河、泾河、黑河、石羊河、嘉陵江上游等流域水污染问题进行检查；集中对全省工业园区环境违法行为进行整治。

2007年，集中整治饮用水水源保护区内的环境违法行为。通过整治，对全省16个城市的28个饮用水水源地管理现状进行全面清查取缔，共取缔饮用水水源地一级保护区排污口 68 个，取缔关闭二级保护区内 2000 年以来新建、扩建建设项目 9 个，整改未达标排污企业 21 家。

集中整治工业园区环境违法行为，重点对园区规划环评、建设项目环保“三同时”制度执行情况和环境违法问题进行清查和整治，通过整治，207 个项目补办环评，149 个项目通过环保验收。加大兰州市高新开发区和白银市工业园区“流域限批”后督察工作，对兰州市高新技术产业开发区园内 166 个建设项目进行清查，环评执行率达到 95.18%。

集中整治影响人民群众健康的重点行业。对涉铅的开采、冶炼、加工和回收企业进行全面检查清理，开展专项整治；对未经批准擅自投产建设庆阳市合水县亚泰利冶炼公司和正宁县恒强铅业公司依法进行取缔。继续开展造纸行业专项整治，核实造纸行业的企业数量、生产能力、水耗以及 COD 排放量和减排量，分类查清关停、取缔无治理设施、不能稳定达标排放的企业数量、产能和污染物排放量，共对 33 家造纸企业（其中化学制浆造纸企业 1 家，再生纸造纸企业 32 家）进行关停；巩固电石铁合金行业专项整治取得的成效，督促兰州市、白银市等电石铁合金集中地区开展电石铁合金行业专项整治，要求在 2007 年内安装在线监控装置，对擅自停运污染防治设施的给予高限处罚。

2007 年，全省共出动 22 237 人次，对全省 7 741 家企业进行检查，其中立案查处 390 家企业，结案 218 家。

2008 年，继续加强专项督察工作，督促平凉市政府取缔崆峒区峡门乡 138 座石灰窑；关停淀粉、麦芽类加工企业 29 家；进一步加大对全省放射源的监管力度，对火炬传递路经的敦煌、嘉峪关、兰州等城市进行全面排查，加大对废旧放射源、放射性废物和铀矿山尾矿库安全监管力度。2008 年，全省共出动环境执法人员 21 073 人次，对 7 306 家企业进行现场检查，立案查处环境违法单位 168 家，环境问题挂牌督办 75 家，办理环保投诉举报 2 210 件。

2009 年，专项行动取得阶段性成果。全省以环保“专项行动”为手段，以解决突出环境问题为重点，人民群众环境权益得到保障。

加强现场执法力度，集中对国控重点污染源、重点减排项目、突出环境问题和环境信访案件等进行督查督办。严格执行环保后督察制度，通过下达环境监察建议书，督促各地对环境违法问题进行整改。积极开展污染隐患排查，重点对饮用水水源地、钢铁、涉砷行业、重金属污染企业进行专项检查，有效预防环境污染事故的发生。全省共出动环境执法人员4.5万人次，检查企业10 032家次，立案查处违法企业117家，结案108家；对72家环境问题突出的企业进行挂牌督办。

不断加强核与辐射环境监管，加强专业队伍建设，引进专业人才，着力推进市州辐射环境监管机构标准化建设。省放射性废物库扩建工程竣工并通过国家验收，新增5个省级重点核设施预警监测系统，建立兰州市重点核设施监测系统数据传输中心。下放部分辐射环境管理权限，完善全省辐射环境国控点，完成重点单位的监督性现场监测和采样工作。对《中国青年报》刊登的平凉市居民区辐射投诉事件进行现场查处，澄清事实，维护群众利益。共受理电磁辐射污染投诉124起，收贮废放射源142枚，全部得到妥善处理。

加强国家、省级环境督办案件查处力度，对国家和省委、省政府交办的17起重大环境案件进行认真办理，特别是落实温家宝总理和李克强副总理关于对西气东输二线工程穿越嘉峪关市水源保护区的批示要求，责成相关单位停止违法行为，并追究有关人员责任；针对华能集团甘肃核桃峪煤矿未批先建违法事件，要求企业立即停止施工，落实整改措施；及时查处国家和省政府领导批示的甘南安多水泥厂、临夏州东乡县硅铁企业、方大炭素集团等污染问题；对环保部查出的省内部分电厂脱硫设施运行不正常问题，按照省政府领导的批示，及时进行查处和整改。

2010年，继续扩大专项督察工作成果，全省共出动执法人员33 698人次，检查企业11 368家，立案查处165家，结案80家。对存在突出问题的7家污水处理厂进行省级挂牌督察，各市、州对13家环境问题突出企业进行挂牌督办。在全省101家国控污染源企业安装227台污染源在线自动监测仪。

2010年，对列入第二批全国生态环境监察试点的天水市麦积区、庆阳市西峰区、敦煌市、肃北县4个试点地区进行考核验收，拓展环境监察执法领域。

二、专项督察（检查）

“八五”至“十一五”期间，甘肃省按照国务院、国家环保总局总体部署，针对不同阶段存在的环境热点问题展开一系列专项督察（检查）活动，促进环境保护良性发展。从2007年开始，国家环保总局在全国开展为时3年三项（饮用水水源保护区内的环境违法行为、工业园区环境违法行为、影响人民群众健康的重点行业）专项督察行动。甘肃省根据国家环保总局专项督察行动安排，认真部署，积极开展专项整治行动监督检查。

1. 环境资源保护执法检查

1994年，按照全国人大、国务院的要求，从省情出发，甘肃省人大常委会、省政府继续把环境执法大检查列为重点工作，直接部署，具体要求。6—7月，由省人大常委会牵头分别对武威、定西、平凉、庆阳4个地区进行环境资源保护执法检查，对1993年检查过的兰州、金昌、酒泉、张掖4个地市进行跟踪检查，共计检查8个地市、12个县区、54家企事业单位。其中，企业29家，城市基础设施15个，自然生态保护区7个，经济开发区2个，居民点1个，共检查六类38个问题，还增加对重大污染企业执行环保法情况的检查。据不完全统计，查处各类违法案件216起，依法给予处罚，处理各类污染投诉案件279件、污染纠纷65件。兰州市检查群众反映强烈的夜间施工噪声单位230多家，处罚19家。定西地区对无法改造的草酸厂做出停产决定。

1995年，由甘肃省人大常委会、省政府牵头，由甘肃省人大环资委、省环保局等九个部门的负责人及工作人员参加，组织两个检查组，对6个地、市、州的环境与资源保护执法情况进行检查，共检查19个县（市、区）45家企事业单位、14个城市环境综合整治项目、4个经济开发区、3个林场、2个自然保护区、2个草场、4个乡村、2处水源保护地，召开各种座谈会议32次。据不完全统计，全年共处理环保违法案件191件，调解处理污染纠纷68件，关闭污染严重的企业12家，搬迁污染企业4家，300多个污染点源经过治理达到排放标准或减轻污染。

同年7月，全国环境与资源保护执法检查团对甘肃省进行检查，重点检查9项内容，并对兰州、金昌、酒泉等6个地市和25家单位进行重点抽查。

国家执法检查团充分肯定甘肃省在环境与资源和保护法制工作中所取得的成绩，同时也提出存在的问题和建议，省环保局组织各地对省内71个主要环境问题进行跟踪检查。

1996年，由甘肃省人大常委会、省政府领导人员组成的省环保执法检查组利用近一个月时间，先后对兰州、酒泉、张掖、武威等地、市进行重点检查。共检查10个县（市、区）、21家企事业单位、6个林场（站），察看2条河流、2处水库、3处水源保护地，召开各种座谈会19次，重点考察和研究祁连山水源涵养林的保护问题。检查组对金塔县鸳鸯池、解放村两水库的水体污染问题进行深入调查，对酒泉市造纸厂4 000吨老系统生产线提出停产治理的要求，同时对新系统的污水排放也提出治理要求。

针对甘肃省第九届人大第一次会议常委会和代表关于兰州市大气污染防治工作的建议和意见，1998年9月，省人大代表环境保护视察组专题视察。针对视察意见，经省、市、区（县）三级政府分别批准，对兰州市100家企业实行停产或限产措施（其中中央在兰和省属企业9家）。该措施在1998年冬季可减少排放大气污染物量分别为：烟尘4 200吨，二氧化硫3 250吨，工业粉尘700吨。是在省人大常委会和人民代表的监督支持下，甘肃省环境执法取得的一个重大突破。1998年度内，二热供热管网建设大大加速，实现集中供热面积140万平方米；新发展煤气用户近万户；煤炭市场整顿管理、千家万户小火炉的监督管理、饮食网点炉灶的治理改造及机动车尾气污染防治等工作均取得较大成就。

2000年，按照国务院的要求，省政府发出《关于禁止采集销售发菜和制止滥挖甘草麻黄草的通知》，省环境保护局牵头组织省计划委员会、经济贸易委员会、公安厅、兰州海关等9个部门召开协调会议，并与省监察厅、农牧厅、工商局、草原监理总站等共同组成工作组，对武威地区、白银市等重点地区进行现场督察，河西各地市和其他地区亦开展该专项工作，查处存在的问题。据统计，全省共查扣发菜709千克、甘草2 460千克，出动检查人员3 928人次，出动车辆233台次，检查市场、交易点568个、经营户6 018户，取缔非法经营户9户，立案查处7户。

2002年5月8日，国家环保总局召开“严查环境违法行为遏制污染反弹”电视电话会议，传达国务院对甘肃省部分地区重复建设和污染反弹问题的通报，在全省上下引起极大的震动。省政府紧接着召开全省电视电话会议，要求各级党委、政府坚决贯彻落实全国电视电话会议精神和国办通报提出的具体要求。会后，省政府及时印发《甘肃省严肃查处环境违法行为遏制污染反弹工作方案》，从组织领导、查处重点、时间安排、工作要求等方面做出具体部署。从6月1日起，甘肃省政府组织省政府办公厅、经贸委、监察厅、环保局、轻纺行业办、建材行业办等部门组成三个联合检查组，赴河西、陇东和中部地区，对重点地市展开“严查”工作。

兰州市永登县已关停小水泥企业擅自恢复生产问题是该次检查的重点之一。2001年9月，新华社记者在国内动态清样上曝光，受到“严查”领导小组全省通报批评。虽然地方政府对23家违法复产企业采取吊销执照、断电、拆除设备等措施，但仍未从根本上解决问题。国务院办公厅通报下发后，永登县于5月29日至6月10日，由县政府两名副县长分别带领环保、乡企、经贸、监察、公安、技术监督、工商等部门和乡镇干部组成的两个专项整治工作组，率50多名专业爆破人员，分南北两片，分别开展拆除土立窑工作。面对个别小水泥企业业主的不配合，甚至辱骂、恐吓以及部分群众的围攻，工作组耐心细致地做业主和群众的思想工作，正面引导，依法拆除，61家应关停取缔的小水泥企业窑体全部被拆毁（炸毁49座，拆除12座），永登县小水泥长期悬而未决的污染问题得到彻底根治。截至2002年年底，全省累计出动检查人员10 256人次，对3 083家企业进行检查，共立案查处437家企业，结案企业数377家。“严查”工作取得了初步成果。

2003年，黄河兰州段、石羊河民勤段等部分地段先后发生5起影响较大的环境污染事件。按照国家六部委联合省纪委、省经贸委、省监察厅等有关部门在全省范围内开展历时5个月的清理整顿不法排污企业保障群众健康环保行动，全省出动1.4万人次，检查污染企业1 831家，立案查处640家，关停、取缔小水泥6家、小造纸29家、小炼油21家、小轧钢30家，追究各类违法行为责任人11人。进行现场执法检查3.5万次，其中暗访1 000余次，查处各类环境污染事故36次。

2003年，根据甘肃省政府的安排部署，甘肃省环保系统开展以水污染防治法执行情况为主要内容的执法检查工作。2005年，按照甘肃省人大常委会的要求，又组织开展水污染防治法执法检查工作，以饮用水水源地的保护、重点区域和流域污染整治及污染企业的治理情况作为检查重点，分动员部署、自查自纠和重点抽查三个阶段进行。7月中旬，由甘肃省人大环资委和省环保局领导带队，分三个组对各市（州）执法检查工作进行全面监督检查。通过执法检查，推动突出环境问题的解决，促进环境污染治理。

兰州市政府通过开展执法检查对饮用水水源地进行专项治理，对水源保护区内的各类违法排污企业进行清理整顿。白银市根据饮用水水源地水质的变化情况，及时调整水源地的供给用途，将位于市区主要排污口下游的城市居民生活用水的水源调整为市区工业用水水源，将位于主要排污口上游40千米的白银公司动力厂二水源调整为生活用水和城市公共设施用水水源，避免工业污水对饮用水水源的直接危害，保证用水安全。天水市依法取缔威胁水源安全的天水丰收化工厂磷肥厂、泰兴铅锌冶炼厂、天水造纸厂等重污染企业，对193家严重污染环境的"十五小"企业进行关闭，督促企业筹集资金，完成红梅绒线、天宏化工、长城果汁等61项重污染治理工程；庆阳市加强石油开发环境保护现场监督执法，制定《庆阳市石油勘探开发产能建设项目环境保护管理办法》《庆阳市油田井场建设环境保护管理办法》《关于进一步加强和规范石油开发环境监督管理和服务支持工作的实施意见》三个规范性文件，对油田开发中钻、试、采环节防治和井场标准化建设等提出明确要求。

定西市根据省市人大关于开展水污染防治执法检查的工作要求，开展重点流域（渭河、洮河、漳河）的水污染防治和综合整治工作，查处关停陇西造纸厂等违反环保法律法规的企业30多家，依法关闭和取缔渭河和洮河沿岸的小作坊式淀粉加工点，有效地减少水污染物的排放。

2. 城市污水处理厂、造纸企业和垃圾填埋场专项检查

2010年3月19—29日，甘肃省环保局配合西北环保督察中心对兰州、白银、金昌、武威、张掖、酒泉、嘉峪关、天水、定西、平凉和庆阳市11家市城市污水处理厂和造纸企业进行暗查，检查企业40家，其中城市污水处理厂14座、造纸企业25家、淀粉加工企业1家。抽测28家企业水样，其中，15家超标排放，占抽测企业的54%。针对检查中发现的问题，省环保局分别向关市州政府和环保局下达环境监察建议书，要求对环境违法行为依法予以处罚并限期整改，并将检查情况在全省进行通报。

重点对各地城市污水处理厂污水处理水量、主要污染物去除情况、污泥处置情况和在线监控设施安装运行等情况进行检查；严肃查处擅自停运、超标排污等环境违法行为，确保污水处理厂正常运行和达标排放；对污水处理厂及其配套管网没有按要求建成或建成后不能正常运行的，继续列为省级环境问题挂牌督办单位，限期解决。

对全省 15 家正常生产、4 家长期停产和 2006 年以来关闭的 87 家造纸企业全面进行后督察。经检查，87 家已关停的造纸企业未发现死灰复燃的现象，对正常生产但污染物超标排放的企业提出整治要求。

检查发现，全省 36 家垃圾填埋场大部分没有通过环保审批和验收，只是进行简易填埋；大部分没有采取防渗措施和雨污分流，部分产生滤液的垃圾填埋场未建渗滤液处理工艺设施，对渗滤液 COD、氨氮浓度未进行监测，部分垃圾填埋场存在渗滤液直排污染环境的问题。经过检查，将该领域问题作为甘肃省下一阶段整改的重点。

3. 燃煤电厂和有色冶金行业烟气脱硫设施和烟气综合治理设施专项检查

2010 年 3—10 月，甘肃省环保局共组织 5 次现场环境抽查，重点检查电石铁合金行业污染治理设施运行情况、燃煤电厂和有色冶金行业烟气脱硫设施和烟气综合治理设施运行情况。对擅自停运污染治理设施的 9 家铁合金企业和未正常使用污染治理设施的靖远第二发电厂做出行政处罚。

4. 钢铁、涉砷行业专项检查

2009 年，对酒泉钢铁（集团）有限责任公司、榆中钢铁有限责任公司、金昌铁业（集团）有限责任公司 3 家规模以上钢铁企业，从环评审批、“三同时”和环保设施运行等方面进行全面检查，经检查，全省钢铁企业环保手续齐全，基本能做到达标排放。省环保厅下发《关于进一步加强对涉砷企业环境监管的通知》，各地开展涉砷企业排查，对涉砷企业存在的问题进行全面清查和整治。

5. 重金属污染企业排查

根据环保部等国务院九部门《关于深入开展重金属污染企业专项检查的通知》要求，2009 年，甘肃省开展重金属污染企业专项检查，制定工作方案，下发开展专项检查的通知，提出工作要求。此前，省环保厅根据全国重金属污染防治工作会议精神，结合甘肃省工作实际，编制完成《甘肃省重金属污染防治规划（2009—2015年）》初稿。截至年底，全省对涉及重金属的企业完成摸底调查，对检查中发现的问题要求企业立即采取整改措施。

6. 对取缔的非法涉油厂点进行环保检查

2009年，根据环保部环监局《关于对2009年全国油气田及输油气管道安全保护工作部际联系会议挂牌查处取缔的非法涉油厂点进行环保检查的函》要求，省环保局协同庆阳市环保局对庆城县锦北石化有限公司、镇原县开边原油脱水厂进行现场监察。检查发现，以上2户企业自关停取缔以来均无反弹或者恢复生产的迹象，已不具备生产条件。

7. 尾矿库环境隐患排查整治

2009年，根据环保部办公厅《关于加强尾矿库环境隐患排查整治工作的通知》要求，省环保系统扎实开展全省尾矿库环境隐患排查工作，进一步加大对尾矿库环境违法行为的查处力度，督促和指导企业编制完善尾矿库环境安全应急预案，提高应急能力；建立健全环境安全管理规章制度，提高企业法人和管理人员的环境安全意识。对存在环境安全隐患的尾矿库，特别是对安全监管部门评估为病库、危库、险库的尾矿库，要求当地环保部门加大现场检查频次，严防发生环境污染事件，确保环境安全。

8. 秋季秸秆禁烧检查

2009年，根据环保部办公厅《关于做好2009年秋季秸秆禁烧工作的通知》精神，全省各地成立秸秆禁烧领导小组，全面开展秸秆禁烧现场检查工作，及时查处和有效制止露天焚烧秸秆行为。

9. 整治违法排污企业保障群众健康环保专项检查

2010年，根据国务院九部门《关于2010年深入开展整治违法排污企业保障群众健康环保专项行动的通知》（环发〔2010〕44号）精神，4月以来，省环保厅、发展改革委、工信委等十部门紧紧围绕保民生、保稳定、促发展的总要求，继续深入开展整治违法排污企业保障群众健康环保专项行动（以下简称环保专项行动），对危害群众健康和影响可持续发展的突出环境问题进行集中整治，取得显著成效。截至11月底，全省共出动执法人员33 698人次，检查企业11 369家次。其中，立案查处165家，结案80家，省环保厅、省监察厅对存在突出问题的7家污水处理厂进行挂牌督办，各市（州）也对13家环境问题突出企业进行挂牌督办。

10. 重金属排放企业环境违法问题检查

2010 年，各地按照国家和甘肃省要求，结合实际制定重金属排放企业专项整治排查方案，认真组织开展排查工作。在重金属排查中，全省共出动环境执法人员 2 548 人（次），检查重金属排放企业 152 家，共查处环境违法企业 18 家（停产整治 1 家，限期治理 11 家，经济处罚 4 家，依法取缔关闭 2 家）。针对金川集团公司白烟灰综合利用项目、白银公司铜业公司含砷酸性废水达标治理技术改造项目，积极制定方案，并纳入《甘肃省重金属防治规划》；针对酒泉同福化工有限责任公司铬渣挂牌督办问题，甘肃省环保厅会同省发改委、省工信委联合召开协调会，部署铬渣解毒工作。在全面排查的基础上，对重金属企业存在的环境问题进行集中整治，督促有关企业制订整改方案，加强督促指导，确保落实整改措施，消除环境污染隐患，确保环境安全。同时，督促企业提升污染治理水平，规范原料、产品、废弃物堆放场和排放口，建立和完善重金属污染突发事件应急预案，开展环境应急演练。

三、重点案件后督察

2008 年 4 月初，根据环境保护部《关于开展重点案件后督察工作检查的通知》要求，甘肃省环保局及时下发《关于对重点环保案件开展环保后督察的紧急通知》，对全省开展环保后督察工作进行部署，确定工作重点和重点督察单位，重点对 2003 年以来群众反映强烈、领导关注、重复上访的突出环境问题，2005 年以来国家、省、市挂牌督办的环境违法问题和中办、国办环保督察中要求解决的突出环境问题整治落实情况进行重点督察。重点对兰州、白银、武威、临夏等市州电石铁合金、火电厂污染防治设施运行情况进行抽查。4 月下旬，配合环境保护部环保后督察组对兰州、白银、武威、平凉等市环保后督察工作开展情况进行督察。通过后督察，兰州市完成国家挂牌督办的新西部维尼纶公司、兰州九州乳业有限公司、流域限批的兰州高新技术开发区的 24 个项目、兰州爱客豆制品实业有限责任公司等企业和城市污水处理厂的整治任务。上年度关闭的 31 家造纸企业和石灰土立窑已全部关停到位，没有出现污染反弹。白银市“中办、国办”督察和流域限批要求整改的 22 家企业中，甘肃稀土公司、白银雨润肉类制品公司等 21 家企业完成整改任务，白银奥星公司于 2007 年 7 月 20 日停产并按法律程序关停。

第三章　限期治理与污染案件处理

第一节　限期治理

20 世纪 90 年代初，工业污染防治成效显著，老污染源限期治理取得较大进展。1978—1994 年，省级污染限期治理项目共下达 12 批 145 项，总投资 4.25 亿元；共完成 121 项，完成投资 2.35 亿元。项目的完成，每年减少各种污染排放量 31.1 万吨，金属粉尘、水泥粉尘得到一定量的回收，起到节能、节水等作用，实现直接经济效益 2 800 多万元。各地市的限期治理项目和全省的老污染源治理项目在 10 年间达到 3 900 多项，投资 8 亿多元。

1995 年，全省共完成污染限期治理项目 230 个，总投资 4 475.5 万元。其中完成省级污染限期治理项目 5 个，投资 1 608 万元，每年可以减少烟尘和化学需氧量等污染物排放量 5 000 余吨，节约新鲜水 560 万吨，创造直接经济效益 180 余万元。

1995 年，省政府下达第十三批省级污染限期治理项目 8 个，计划投资4 472 万元。治理项目完成后，每年可以削减粉末煤、炭黑、化学需氧量、石油等污染物排放量 9 200 吨，节约新鲜水 300 多万吨，创造直接经济效益 300 多万元。

1995 年，完成白银、武威两个全省排放水污染物许可证试点验收工作，对全省推行排污许可证制度有着积极的示范和指导意义。两地市给 32 家企业发放排污许可证。据统计，持证企业一年中共投资 1 011 万元，完成废水治理项目 12 个，每年可以回收铅、铜、砷等污染物 280 吨，削减化学需氧量 120 吨，节水 208 万吨，创造直接经济效应 719 万元。

“八五”时期，甘肃省对位于环境保护重点区域和兰州、白银、金昌、嘉峪关等中心城市的突出污染源继续坚持有计划、分期分批地进行污染限期治理。经甘肃省政府授权和批准，共下达省级污染限期治理项目 5 批 35 个，计划投资 13 247.7 万元。其中水污染治理项目 17 个，计划投资 6 680.2 万元，占总投资的 50.4%；大气污染治理项目 10 个，计划投资 5 025.5

万元，占总投资的37.9%；固体废物治理项目7个，计划投资1 442 万元，占总投资的10.9%；噪声污染治理项目1个，计划投资100万元，占总投资的0.8%。截至1995年年底，已完成省级污染限期治理项目31个，占下达项目总数的88.6%，实际投资约10 500万元。该部分治理项目的完成，每年可以削减粉尘和烟尘14 950吨、沥青烟110吨，削减废水中化学耗氧量500吨、氟化物300吨、石油类700吨、酚554吨、硫酸300吨，削减镍、铅、铜等重金属500多吨、悬浮物16 000 吨，每年可节水1 000余万吨，回收铁泥2 500吨，回收铜等贵重金属数百吨，产生直接经济效益1 400多万元。

除了对重点污染源下达省级污染限期治理项目，全省各地、州、市、县、区还对当地污染严重的污染源分别下达限期治理任务，仅1995 年全省各地就完成污染限期治理项目230个，投资4 475.5万元。

通过对污染源实施限期治理，较快地完成一批污染严重、扰民突出污染源的治理任务。

“九五”时期，全省共安排污染限期治理项目212项，“九五”末，完成113项（废水治理项目54项、废气治理项目59项），在建89项，撤项10项。共有3批1个技术改造项目获得29.3亿元国家贴息贷款，酒钢公司、金川公司、兰州铝厂、连城铝厂等一大批环境效益和经济效益俱佳的项目资金得到落实，带动投资50多亿元。自1997年以来，省环境保护局为金川公司安排污染治理补助资金9批3 973万元、安排污染治理贷款资金2批400万元，为白银公司安排污染治理补助资金19项2 076万元、安排污染治理贷款资金2批382万元。其中1996年成绩最为显著。

1996年，下达第十四批省级污染限期治理项目7个，计划投资29 590万元。治理项目完成后，每年可以削减化学需氧量2 600多吨、悬浮物近15 000吨、酸雾（标态）3亿立方米、粉尘2 000多吨，节约新鲜水3 600万吨，创造经济效益近千万元。年度内，完成省级污染限期治理项目3个，投资1 310万元，每年可以利用煤渣2万吨，回收利用废水25万吨，回收氨3 300吨，创造经济效益360余万元。

1996年，全省共治理改造烟尘超标排放的炉、窑300多台（座），使城市烟尘控制区的质量进一步提高。白银、天水、嘉峪关三市建成烟尘控制达

表 6-3-1

甘肃省第十三批省级限期治理项目

序号	单位	项目	效益	投资	完成时间
1	玉门石油管理局	水电厂除灰水治理	建排灰场，杜绝粉煤灰排向石油河，年少排灰 6 000 吨	1 200 万元	1998 年
2	玉门石油管理局	采油厂采油污水回收处理回注	年回注水 30 万吨，去除油 5 吨，COD 20 余吨，节约新水 30 万吨	1 000 万元	1998 年
3	刘家峡化肥厂	炭黑回收	年少向黄河排炭黑 2 600 吨	225 万元	1996 年
4	兰州铁路分局	白银机务段含油污水土处理工程	年削减石油 10 吨，COD 100 吨	57 万元	1996 年
5	连城电厂	除灰系统处理工程	改湿法排灰为干法排灰，为利用粉煤灰创造条件，去除灰水污染，年节支 200 万元	450 万元	1996 年
6	金川公司	污水处理站废水回用二期工程	年利用废水 300 万吨	450 万元	1996 年
7	兰化公司	动力厂原油车间含油废水处理设施改造	出水石油类控制在 60 毫克/升，年削减石油类 60 吨	350 万元	1996 年
8	白银公司	东大沟废水处理工程完善	新增回用水 6 000 吨/日，削减污染物 200 吨/年	740 万元	1998 年
9	合计			4 472 万元	

标区，烟控区覆盖率分别达到77%、90.8%、74.2%，炉窑灶烟气黑度达到林格曼一级的占80%以上，三城市锅炉和工业窑炉烟尘浓度达标率分别为79.5%、82%和80%。

1996年度内，全省开发建设项目登记备案39项，审批环境影响报告书（表）215项。环境影响报告书（表）执行率为94.4%。全年竣工建设项目92项，其中，应执行“三同时”项目73个，已执行“三同时”项目68个，“三同时”制度执行率为93.2%。

1997年是实施“2000年工业污染源达标排放”工作的第一年。经甘肃省政府同意，由省环保局、省经贸委公布中央在甘、省属及三资企业污染物超标排放的125家单位名单。省环保局下达省管超标企业全面达标第一批限期治理计划，共56家单位83个项目，需投资51 017.34万元，年削减化学需氧量5 717吨、悬浮物23 252吨、重金属92.97吨、烟尘及粉尘40 846吨、二氧化硫5 700吨、烃类22 000吨、氟化物97.25吨。一批投资大的污染治理项目也按计划实施。全省各地、州、市环保局也分别下达超标排放污染物单位限期治理项目计划。由于甘肃省是以能源、原材料工业为主的产业结构，老企业多，污染重，经济效益普遍较低，资金筹措困难，许多污染治理项目进展缓慢。

1998年，甘肃省政府下达的第一批省管达标限期治理项目共83个，总投资5.1亿元，第三批国家级环境污染限期治理项目中甘肃省3大项。截至1998年年底，省管项目中，有14个完工，36个抓紧实施的国家项目全部启动。第四季度，甘肃省环保局制订省管超标企业第二批污染限期治理项目计划，共47家单位67个项目，需总投资5.3亿元，项目完成后可削减各类污染物26 732.15吨。各地、州、市亦分期下达实施限期治理计划。

1999年，全省共对近800个限期治理项目实施现场检查6 500多次排污许可证，现场监督检查4 000多次，在全省各级环境监理部门实施的各种现场监督检查中，共查处违法问题781件，处罚金额174万元。

2000年，严格执行国家规定，配合开展建材、电力、煤炭、冶金、化工、轻工等行业和企业关停与淘汰落后生产工艺、产品的工作，完成一批重点污染源技术改造和限期治理项目。完成省级污染限期治理项目59个，投资总额3.07亿元，削减大气污染物烟尘33 401吨、粉尘51 033吨、二氧化硫 2 639 吨，削减各类废水污染物共计 91 810 吨。甘肃省环保局对 9 家未完成限期治理的省属企业下达行政处罚决定。全省各级环境监理部门对限期治理项目完成情况现场监督检查 5 775 次，排污许可证现场监督检查 5 123 次；兰州市共对 1999—2000 年省、市两级政府下达的所有限期治理项目进行 110 多次现场监督检查，对 6 户未完成治理任务的市属企业下达行政处罚决定书。

2002 年，共完成污染源限期治理项目 3 337 个，完成投资 3.74 亿元。2003 年，下达污染源达标限期治理项目 163 个，完成 122 个，完成率为 74.8%，总投资 1.77 亿元。此后，随着技术改造项目的实施、企业产品的升级换代，工业环境污染出现新常态，限期治理逐渐被挂牌督办代替。

第二节　污染案件处理

为规范环境行政处罚的实施，监督和保障环境保护主管部门依法行使职权，维护公共利益和社会秩序，保护公民、法人或者其他组织的合法权益，1999 年，国家环保总局根据《中华人民共和国行政处罚法》及有关法律、法规，制定《环境保护行政处罚办法》。2003 年，国家环保总局对《环境保护行政处罚办法》进行修订。省、市、县三级环境保护部门严格执行环保行政处罚办法，对环境污染案件予以处罚。2007—2010 年，全省环境行政处罚案件共计 618 起，处罚金额共计 1 456 万元，其中省级直接处罚 43 起，处罚金额 603 万元。

一、重大污染事件处理

1. 天水虹鳟鱼养殖试验场污染事故处理

1994 年 11 月 29 日上午 7 时 30 分—9 时 30 分，天水市东山渔场池养虹鳟鱼突然大量死亡。在接到事故报告后，各有关部门先后赶赴现场，并成立专门调查小组。调查工作围绕着投毒、鱼病、污染 3 个方面进行调查。经过抽样化验、现场勘察、沿水源跟踪监测等工作，初步确定是一起环境污染事故。造成池内鱼群大量死亡的原因是水中含有大量的氰化物，致鱼群急性中毒死亡。在确定事故性质以后，依照天水北道区环境办公室要求，北道区政府从 12 月 7 日起将调查组改由北道区环境办公室牵头，公安部门配合进行深入的调查。调查组先后对 16 个村庄 17 个选金场点进行调查，走访 50 多名群众，取样 11 次 37 份，现场勘察 12 次，取得材料、笔录 92 份 157 页，照片资料 55 张。历时 25 天，圆满完成调查任务。引起东山渔场死鱼事故的污染物为堆放在颍川河河滩上的选金废渣，东山渔场位于颍川河下游，主要用水来源于颍川河床下地下渗水，在地下水不足的情况下地表水与地下水混合使用，取水口设在渔场上游 500 米处。事故发生的前两天天水地区下雨引起河水上涨，堆放在上游的含氰废渣受雨水冲刷冲入离渔场取水口约 2 米处的沙坑之内，通过渔场取水口进入渔池造成鱼群大量死亡，死亡时间集中在 7:30—9:30，1 小时后鱼池恢复，鱼群停止死亡。经沿河察看，渔场上游 800 米处有野生鱼群死亡现象，经取水样分析上游 3.2 千米为污染区，下游没有污染。经公安机关协助，抓获犯罪嫌疑人。

东山渔场事故引起天水市各级政府及有关部门的高度重视，天水市政府于 12 月 26 日召开常委会，专题研究该次污染事故，做出对全市选金矿点进行清理整顿的决定，并要求所保留的选金场点废水循环利用，矿渣集中堆放，以杜绝污染事故的发生。

2. 玉门市赤金镇农田灌溉污染事件

1995 年 5 月 9 日至 7 月 26 日，玉门市赤金镇农田灌溉期间发生污染事件，经酒泉地区环保局组织调查，造成农田污染的原因是玉门石油管理局炼化总厂含油污水超标排放，玉门石油管理局兴玉公司石油制品厂在排污口下游修建收油池，因管理不善，高浓度含污油池水泄漏并冲垮下游河坝个体户修建的西河炼油厂、兴文炼油厂、曙光炼油厂三个收油池，大量高浓度含油污水排入石油河，农民用石油河水灌溉，导致 621.82 亩农田受到不同程度污染，造成直接经济损失共计 177 789.93 元。酒泉地区环保局经实地检查及责任认定，要求农户经济损失分别由玉门石油管理局、西河炼油厂、兴文炼油厂、曙光炼油厂进行赔偿。

3. 兰州市煤制气厂污染环境事件

兰州市煤制气厂长年向黄河排放污染物，造成兰州市自来水公司一水厂取水口设施的污染，并发生环境污染事故。1995 年 5 月 19 日，依照《中华人民共和国环境保护法》的有关规定，甘肃省环保局第九次局务会研究决定，对兰州市煤制气厂处以5万元的罚款。

4. 刘家峡化肥厂重油污染事件

刘家峡化肥厂重油外排黄河，造成对兰州自来水公司水厂取水设施污染的环境污染事故。1995年5月19日，根据甘肃省环保局第九次局务会研究决定，依照《中华人民共和国环境保护法》的有关规定，对刘家峡化肥厂处以10万元人民币罚款，样品分析费用9 000元由刘化厂承担。

5. 甘肃陇兴有色金属有限公司 SO_2 直排事件

1999年6月17日，西和县境内的甘肃陇兴有色金属有限公司（年生产能力1万吨粗铅），未严格执行“三同时”制度，在环保设施不完善的情况下投入试生产，导致铅冶炼过程中大量 SO_2 气体直排。当日凌晨至上午，适值所在局域处于静风、大雾、小雨等特殊气象天气，形成厂区周围的酸雨条件。酸雨造成厂区周围西峪乡上寨、下城两村农作物不同程度地受到损害。事发当日，受害群众情绪激愤，数百人聚集在该厂周围，张贴标语，要求赔偿，企业停产，引发较为严重的厂群纠纷。事发后，西和县委、县政府主要领导第一时间赶赴事发地点，疏导群众，调解厂群矛盾，布置紧急处置办法，采用有力措施并上报地委、行署。6月29日，省环保局责令省环境监理所组员赴西和县进行调查了解，并协助指导处理。经调查确认，陇兴公司应对该次污染事故负全责，对环境污染事故造成的损害进行赔偿，并接受环保部门的处罚，对现有环保设施进行整改，并完善脱硫设施，做到达标生产。

6. 平凉市石灰土立窑污染事件

平凉市石灰土立窑污染问题突出，虽经多次整改，但由于利益驱动，污染问题依然突出，是群众重复投诉的重点。2008年4月16日，由甘肃省环保局领导带队，甘肃省环监局会同平凉市环保局对崆峒区峡门乡石灰土立窑污染问题进行查处。平凉市原有石灰土立窑138座，其中，崆峒区134座，静宁县4座，均属《产业结构调整指导目录（2005年本）》明令淘汰的产业，在石灰烧制过程中，大气污染十分严重。甘肃省环监局要求平凉市政府立即按照国家产业政策对石灰土立窑进行取缔关闭。平凉市政府下发《关于关停取缔全市石灰土立窑的通知》，市、县（区）分别成立石灰土立窑专项整治领导小组，截至5月20日，138孔石灰土立窑全部关停取缔，省环监局向环境保护部和省政府上报石灰土立窑查处工作总结。

7. 西气东输二线工程管道穿越饮用水水源地、自然保护区问题查处

2008年，根据国家和省领导批示，甘肃省环监局对中石油天然气股份有限公司西气东输二线工程管道穿越嘉峪关市饮用水水源地和安西极旱荒漠自然保护区的环境违法行为进行现场调查取证，为国家和省上妥善处理西气东输二线工程环境违法问题提供基础资料。根据调查结果和处理意见，省政府责令嘉峪关市政府对全市饮用水水源保护区进行科学调整和区划，截至2008年年底，完成保护区调整方案的技术评审工作；嘉峪关市对相关责任人处以免职和通报处分。责令中石油天然气股份有限公司聘请专家组，对西气东输二线管道穿越自然保护区情况进行实地勘察，根据专家组勘察意见，责成中石油天然气股份有限公司制定管道穿越自然保护区大泉、小泉湿地整改方案，恢复和保护自然保护区生态环境。

8. 葫芦河流域污染状况调查

针对《国内动态清样》（第51期）反映的葫芦河流域污染问题，2009年第一季度，甘肃省环保局先后配合环保部环监局、环保部污防司和西北督查中心对葫芦河流域污染防治工作进行实地调研。同时，组织天水和平凉市环境执法人员开展流域污染调查，督促流域内各级政府和环保部门齐抓共管、协调配合，建立流域上、下游联动机制，从源头上治理污染；督促葫芦河流域3县加快污水处理厂建设进度，降低生活污水对葫芦河水质的影响。截至2009年年底，天水市和平凉市规模以下淀粉加工企业被全面关停，仅有的几家规模化淀粉加工企业基本停产。据12月平凉市水质监测结果，葫芦河甘肃省入境断面水质仍超标严重，水质超标的主要原因是上游宁夏回族自治区固原市部分淀粉加工企业仍在生产。

9. 靖远第二发电公司擅自开启脱硫设施烟道旁路违法事件

2009年，针对靖远第二发电公司擅自开启脱硫设施烟道旁路的违法行为，甘肃省环保厅、省物价局、兰州电监办、电力公司进行联合检查，省环保厅对该公司进行处罚，依法追缴差额排污费493.02万元；省物价局完成脱硫电价扣减的调查取证工作，按程序依法扣缴脱硫电价。公司董事会对21位企业负责人和相关责任人采取撤职、记过处分、留岗察看、扣除绩效工资等处罚措施，企业总经理被降职调离。

为进一步加强对全省燃煤发电企业的监管，严防此类事件再次发生，甘肃省下发《关于进一步加强燃煤发电企业环境监管的通知》，要求各燃煤发电企业查找脱硫设施运行中存在的问题，及时整改，确保设施稳定运行和达标排放，并严格执行设施停运申请和报告制度。省环保厅印发《甘肃省燃煤发电厂运行监督管理办法》，加大对环保设施运行效果的考核力度。甘肃省环保厅、发改委、工信委、兰州电监办和省电力公司制定《甘肃省电网并网燃煤机组脱硫监测平台建设方案》，并组织专家进行评审，由省电力公司负责监测平台项目建设的前期工作。为加强对燃煤发电企业脱硫设施的在线监控，省环保厅争取省财政专项资金，计划给各燃煤发电企业脱硫设施旁路烟道开关、石膏车间和烟囱加装视频监控设施。

10. 环保部挂牌督办案件查处

根据环保部西北督查中心提供资料，“十一五”期间，甘肃省有3家企业被列为国家挂牌督办企业，分别是兰州高新技术开发区项目（24个建设项目）、兰州百美纸业有限公司、酒泉同福化工有限公司。

兰州市高新技术产业开发区项目（24个建设项目）被环保部列入2007年挂牌督办案件，已全部完成整改。24家企业完成环境影响评价，并通过环保审批和验收，18家企业经整改后通过环保竣工验收并追缴排污费。

兰州百美纸业有限公司被环保部列入2006年挂牌督办案件。该企业由于不符合产业政策，长期违法生产，超标排污，于2008年被关闭。

酒泉同福化工有限公司2010年被环保部列入挂牌督办企业。经整改，该企业已关闭铬盐生产线，由于资金筹措未到位，企业仅对铬渣堆场采取防风、防渗、防水处理。2010年12月13日，由省环保厅牵头，召开酒泉同福化工有限公司铬渣处置协调会，会议要求公司尽快将编制的可研报告和环评文件报相关部门审批，同时由省发改委负责筹措资金，申请国家铬渣处理专项资金，尽快开展遗留铬渣解毒工作，整改工作正在进行中。

二、行政处罚

1. 对玉门石油管理局炼油厂原油泄漏污染事故的处罚

1995年2月28日下午，酒泉地区环保局接到玉门市环保局电话，报告玉门石油局炼油厂原油泄漏，造成污染事故。酒泉地区环保局立即派监理人员前往现场调查处理。事故原因：1995 年 2 月 26 日 16 时，一直径 23.6 米、高度 4.7 米、内贮深度 1.5 米有 600 多吨新疆产轻质原油的贮油罐底部突然撕裂，内贮原油全部泄漏，沿着下水道流向戈壁滩，造成原油污染事故。环保部门在认定事故责任的基础上依法对玉门石油管理局炼油厂做出行政处罚。

2. 兰州飞龙化工有限责任公司总挥发性有机物泄漏事件

2009 年 9 月 8 日凌晨 2 时左右，兰州飞龙化工有限责任公司总挥发性有机物意外泄漏，省、市环保部门立即调集环境监察、监测人员及环境应急监测车辆赶赴事故现场，配合西固区政府开展环境污染调查和监测工作，妥善处置环境污染事件，并做出行政处罚。

在向环保部上报处置情况的同时，要求各地认真吸取此次环境污染事件的经验教训，全面加强环境监管，清除各类环境污染隐患：加大对饮用水水源、重点流域和重点区域、重点行业和环境安全管理基础薄弱的重点企业、尾矿库环境安全隐患以及铬渣等危险化学品的环境监管；对辖区内非法生产的企业进行拉网式检查，一旦发现一律停产，该取缔的一律关停取缔；对辖区内危险化学品生产和危险废物处置的企业进行拉网式检查，排除污染隐患；严格督促辖区内各重点污染源单位开展环境污染隐患自查，确保隐患单位整改措施、责任和预警机制到位，将环境污染事件消灭在萌芽状态。

3. 对窑街矿务局水泥厂污染限期治理项目逾期未完成治理任务的处罚

窑街矿务局水泥厂窑尾除尘工程是第六批省级污染限期治理项目，原定于 1989 年完成，后因资金不落实延期至 1992 年完成，但该限期治理项目一直未按要求进行。根据《中华人民共和国大气污染防治法》的有关规定，逾期未完成限期治理任务的企业，除加倍征收超标排污费外并可处以 1 万元以上 10 万元以下罚款。考虑到该厂经营情况不佳等一些实际困难，1995 年，甘肃省环保局决定暂不加倍征收超标排污费，处以 1 万元罚款，将限期治理项目的限期延长至 1997 年年底完成。

4. 对陇西皮革厂污染限期治理项目逾期未完成治理任务的处罚

陇西皮革厂是渭河上游主要污染企业之一，下游群众反映强烈。该厂废水处理工程被列为第七批省级污染限期治理项目，应于 1992 年完成。该厂污水处理工程列入限期治理项目后，先后完成废水处理工艺的小试和中试工作；通过添加助剂减少三价铬排放量，原料皮由盐板皮改为兰湿皮，大大减少污染物的排放量。但是限期治理项目没有按要求完成。考虑到该厂在减轻污染上做出一定努力，同时经济效益欠佳，1995年，甘肃省环保局决定将限期治理项目的期限延长至1997年年底完成，在未完成治理任务之前所排污水加倍征收超标排污费，暂不罚款。

5. 对盐锅峡化工厂污染限期治理项目逾期未完成治理任务的处罚

盐锅峡化工厂污水处理工程是省政府下达的第七批省级限期治理项目，应于1992年完成。该厂1990年完成厂区清污分流一期工程之后，污水处理工程处于停工状态，未能按限期要求完成。按照《中华人民共和国水污染防治法》的有关规定，逾期未完成限期治理任务的企业，应征收两倍以上超标排污费并可处以1万元以上10万元以下罚款。考虑到该厂三角债困扰严重等一些客观困难，省环保局决定暂不加倍征收超标排污费，处以1万元罚款，将限期治理项目的限期延长至1997年年底完成。

6. 对武南化工厂生产磷肥废气污染的处罚

1995年10月16日15时，武南西区300多铁路退休职工及家属在武南镇集体上访，要求解决武南化工厂生产磷肥废气对武南西区的污染。10月18日上午，地、市环保局一行四人受武威行署、市政府委托，赴武南调查、座谈。与武南铁路分局领导、武南化工厂领导共同听取群众代表的意见，并到受污染群众院落、磷肥生产现场及治理现场进行现场察看。经察看分析，认为武南化工厂于20世纪70年代建厂，当时环境意识差，没有城镇规划，周围没有居民和学校。随着社会经济的发展，人口的增加，现距化工厂北侧300米左右为居民区，东北500米左右为铁路学校；该厂在磷肥生产中含氟废气污染确实存在，武南化工厂磷肥生产系土法生产，工艺落后，人工露天搅拌，瞬间排气量大，为无组织排放，排放时间为晨8时左右和晚22至24时，严重污染了群众的工作和生活环境。

鉴于武南化工厂在磷肥生产中含氟废气严重污染群众的工作和生活环境。根据《中华人民共和国环境保护法》第二十四条、第三十二条，《中华人民共和国大气污染防治法》第十六条的规定，武威地区环保局对武南化工厂生产磷肥停产治理。

7.石羊河泾河流域纸业水污染清理整顿

2003 年，武威石羊河、红崖山水库水污染事件被中央电视台《焦点访谈》栏目曝光后，受到国家环保总局、甘肃省委、省政府和省环保局的高度重视，引起新闻媒体和广大群众的关注。国家环保总局对石羊河流域环境污染问题进行现场检查，针对存在的问题，下达《关于查处石羊河流域有关环境污染问题的监察通知》。甘肃省人大常委会、省政府、省环保局多次组织检查组对查处情况进行检查，省环保局向武威市政府下达监察通知，要求武威市加强污染源监督管理，关停小造纸企业。

武威市 11 家造纸企业，属《国务院关于环境保护若干问题的决定》规定取缔的 8 家，被全部吊销营业执照，断水断电，蒸球落地；利用废纸造纸企业 3 家，因废水超标排放，被全部关闭。

金昌市 6 家造纸企业，属《国务院关于环境保护若干问题的决定》规定取缔的 3 家，被全部断水断电，蒸球落地；2 家利用废纸造纸企业因废水超标排放，被全部关闭。对生产能力 1.5 万吨/年的宇华造纸厂实施停产治理。

武威市政府责成凉州区政府对重点污染企业荣华实业公司下达味精生产线停产的决定，污水处理厂加快施工进度，于 9 月底投入试运行。武威皇台酒业集团污水处理厂进行设备安装，武威纸业公司制浆车间被关闭，进行搬迁扩建。

8. 对兰州卷烟厂天水分厂环境违法行为处理

兰州卷烟厂天水分厂自投产以来，造成噪声等环境污染，周围群众反映强烈，先后信访到省、市政府和国家环保总局。甘肃省环保局接到信访投诉后，会同天水市环保局赴现场调查。经调查，周围群众反映情况属实，该厂由于项目在可研阶段未进行环境影响评价工作，导致厂区平面布置和主要生产设备布局不合理，新建生产车间与小陇山林业局家属楼距离较近，经天水市环境监测站监测，厂界噪声昼间基本达到国家标准，夜间超标。在认定污染责任的基础上，2005 年 8 月 4 日，甘肃省环保局做出整改要求和行政处罚：兰州卷烟厂天水分厂技术改造项目前期未履行环境影响评价手续，违反《中华人民共和国环境影响评价法》，依据本法第三十一条，责令限期补办环评手续，并在一个月内向省环保局报批该技改项目环境影响报告书，制定切实可行的污染治理方案，力争做到各项污染物达标排放；

鉴于该厂环境违法行为，依据《中华人民共和国环境影响评价法》第三十一条的规定，决定对该厂处以10万元罚款；在技改项目整改期间，该厂要加强环境管理，做好有关上访居民的安抚工作，要采取多种手段，尽量化解与周围群众矛盾，说服群众支持企业的环境污染治理工作，保证不再继续发生上访事件。

2010年，甘肃省环境污染事件处罚见表6–3–2。

表6–3–2

2010年甘肃省环境污染事件处罚一览表

2010年环境违法事件通报及处理结果

序号	文号	督办事由	督办单位	整改方案
1	甘环监察发〔2010〕15号	烧结机除尘设施除尘效率低，不能达到排放标准	酒钢集团榆中钢铁有限公司	2010年年底前完成对烧结机除尘设施的治理任务，确保做到达标排放
2	甘环监察发〔2010〕16号	重金属冶炼废水长期超标，下游污水灌溉20余年，污灌区受镉、铅等重金属污染的土地超过2万亩	白银有色集团股份有限公司	对重金属废水进行治理，2010年年底之前实现达标排放
3	甘环监察发〔2010〕17号	2005年以前堆存的16万吨历史遗留铬渣还未进行处置，每年新生产铬渣1万多吨	白银甘藏银晨铬盐化工有限责任公司	2010年年底前实现所有历史堆存铬渣无害化处置
4	甘环监察发〔2010〕18号	历史遗留铬渣还未进行处置	酒泉同福化工有限责任公司	2010年年底前实现所有历史堆存铬渣无害化处置

续表

2010年环境违法事件通报及处理结果				
序号	文号	督办事由	督办单位	整改方案
5	甘环监察发〔2010〕19号	硫酸雾治理工程没有按国家要求的时限完工，硫酸雾污染的问题仍未解决；历史遗留硝基化合物污染土壤15万立方米至今未处置	甘肃银光化学有限公司	责成该公司加快硫酸雾治理工程进度；按照国家要求的时限完成治理工程设施安装调试并开始试运行；尽快制定切实可行的硝基化合物污染土壤处置方案，妥善对污染土壤进行处理，严防造成新的污染
6	甘环监局发〔2010〕19号	脱硫系统原烟气CEMS比对监测二氧化硫比对结果不达标，净烟气CEMS比对监测氧量比对结果不达标	甘肃大唐西固热电有限公司	2010年11月26日前改正以上违法行为；完成整改后，重新申请开展数据有效性审核；2010年11月28日之前将整改情况及有效性审核申请报告甘肃省环保厅
7	甘环监察发〔2010〕33号	①进出水没有在线监控设备，无法上报在线监测和流量数据； ②没有加氯消毒工序 ③系格栅工序处理效果不好，渣滓进入初沉池影响污水处理效果； ④3个曝气池浓度均偏低，污泥产生量少，泥水比不符合要求	雁儿湾污水处理厂	①从5月15日开始，委托有资质的环境监测机构对进、出水COD、氨氮指标进行采样监测，每天监测频次不少于4次，间隔不得超过6小时，并向省、市环境监控中心上报日监测结果

续表

2010年环境违法事件通报及处理结果				
序号	文号	督办事由	督办单位	整改方案
7	甘环监察发〔2010〕33号		雁儿湾污水处理厂	②于5月底前加装进、出水口流量计，恢复加氯毒工序，达到国家污染减排核查规定；③加强对细格栅、3个曝气池等处理工序的运行维护管理，提高水质处理效果，确保污水处理设施正常运行和处理水质达标排放
8	甘环监察发〔2010〕41号	徽县金徽酒业有限公司设计能力1 000吨/日污水处理工程由于征地的原因，该工程进度缓慢。徽县人民政府于2010年2月5日以《徽县人民政府关于金徽酒业集团有限责任公司污水处理工程限期竣工运行的通知》(徽政发〔2010〕16号）对该公司下发限期竣工并投入使用的通知，限该公司污水处理项目在2010年4月30日前竣工并投入使用。督察组现场督察时，该工程尚未建成投运，废水长期超标排放	陇南市环境保护局	①徽县金徽酒业有限公司按期完成治理任务，逾期未完成，建议徽县人民政府下达停产治理决定；②由陇南市环保局重新核定该公司2010年1—5月排污费，并依法征收或处罚；③对徽县监察大队大队长杜小桢在该次检查中业务不熟、提供情况不实的问题，建议对该同志调整工作岗位，另安排业务能力强的人员担任大队

续表

2010 年环境违法事件通报及处理结果				
序号	文号	督办事由	督办单位	整改方案
8	甘环监察发〔2010〕41 号		陇南市环境保护局	长职务； ④陇南市环保局核算该企业在设施停运期间的排污费，并依法征收或处罚
9	甘环监察发〔2010〕41 号	白银公司厂坝铅锌矿尾矿库溢流水外排，污水处理站未经环保部门批准擅自停运进行改造，废水超标排放	白银市环境保护局	白银公司厂坝铅锌矿污染防治设施擅自停运的问题，由白银市环保局依法进行处理；由白银公司厂坝铅锌矿专程赴西北督察中心进行汇报，说明情况后将做进一步处理并将处理情况于 2010 年 6 月 5 报告甘肃省环保厅
10	甘环发〔2010〕58 号	①2 个曝气池缺氧段推进器损坏，厌氧污泥上浮，4 个曝气池均存在污泥膨胀现象； ②8 个终沉池表层均有浮泥，部分浮泥随处理终水外排； ③排水口在线监控设备未通过验收； ④超越管线外排口有污水直排现象； ⑤ 加氯间一直未使用	兰州市人民政府	①督促兰州七里河—安宁污水处理厂于 5 月 20 日前完成整改，确保顺利通过国家上半年污染减排核查，不能影响全省污染减排工作； ②兰州市责令有关部门加强对该污水处理厂的运行监管，确保该污水处理厂稳定运行和达标排放，切实发挥污染减排效益

续表

2010年环境违法事件通报及处理结果				
序号	文号	督办事由	督办单位	整改方案
11	甘环监局发〔2010〕01号	自动监控设施的监测数据超出比对监测数据标准限值，未通过自动监测数据有效性审核	华能平凉发电有限责任公司	根据《国家监控企业污染源自动监测数据有效性审核办法》第十四条的规定，责令该公司于2010年4月15日前完成改正工作
12	甘环监局发〔2010〕2号	经查，中国铝业股份有限公司兰州分公司3×300兆瓦电厂自动监控系统存在安装位置不符合国家规范要求、数值多次出现漂移，安装的南京卓成科技公司自动监控系统未通过环保部环境监测仪器质量监督检验中心适用性检测	中国铝业股份有限公司兰州分公司	责令中国铝业股份有限公司兰州分公司于2010年4月30日将自动监控系统更换为通过环保部环境监测仪器质量监督检验中心适用性检测合格并经甘肃省环保厅招标确认的产品，完成所有整改工作
13	甘环监局发〔2010〕3号	甘肃电投张掖发电有限责任公司2×300兆瓦自备电厂存在自动监控设施无数据处理系统、安装不规范、自动监测设备未通过环保部环境监测仪器质量监督检验中心认证、数据采集仪未达到《污染源在线自动监控（监测）数据采集传输仪技术要求》（HJ/T 477—2009）规范要求、人工监测平台不规范	甘肃电投张掖发电有限责任公司	甘肃电投张掖发电有限责任公司于2010年4月30日前完成自动监控系统整改，并通过验收

续表

2010 年环境违法事件通报及处理结果

序号	文号	督办事由	督办单位	整改方案
14	甘环监局发〔2010〕4 号	甘肃大唐国际连城发电有限责任公司 2×300 兆瓦自备电厂存在手工比对监测孔不规范、在线监测设备未通过环保部环境监测仪器质量监督检验中心认证、净烟气监测平台需进一步改进	甘肃大唐国际连城发电有限责任公司	于 2010 年 4 月 30 日前完成自动监控系统整改，并通过验收
15	甘环监局发〔2010〕5 号	甘肃电投金昌发电有限责任公司 2×300 兆瓦自备电厂存在手工比对监测孔位于自动设备之前、人工监测平台不规范	甘肃电投金昌发电有限责任公司	于 2010 年 4 月 30 日前完成自动监控系统整改，并通过验收
16	甘环监局发〔2010〕6 号	酒泉钢铁（集团）有限公司 2×300 兆瓦自备电厂存在自动监控设施安装位置不规范、无手工比对监测孔、自动监控系统不完整、监控因子不全、人工监测平台不规范	酒泉钢铁（集团）有限公司	于 2010 年 4 月 30 日前完成自动监控系统整改，并通过验收
17	甘环监局发〔2010〕7 号	2010 年 1 月，环保部污染减排第 20 核查组发现大唐甘谷发电厂 2009 年 11 月数据显示 20—21 日排放 SO_2 超标，GH 运行不正常，有漏风现象	大唐甘谷发电厂	大唐甘谷发电厂严格对照环保部核查组提出的问题和整改要求，务必于 2010 年 3 月底前完成整改任务。省厅将对整改情况进行后督察，对逾期完不成整改任务的，按国家有关规定进行处罚

续表

2010年环境违法事件通报及处理结果				
序号	文号	督办事由	督办单位	整改方案
18	甘环监局发〔2010〕7号	金川集团有限公司2×300兆瓦自备电厂存在4套自动监控设施无数据处理系统、监测站房建设不规范、手工比对监测孔位于自动监控设备之前等问题	金川集团有限公司	责令该公司于2010年4月30日前完成自动监控系统整改，并通过验收
19	甘环监局发〔2010〕8号	2010年1月，环保部污染减排第20核查组发现安定区污水处理厂进水COD浓度偏高，部分时段COD进水浓度达500毫克/升以上	安定区污水处理厂	该厂严格对照环保部核查组提出的问题和整改要求，务必于2010年3月底前完成整改任务。甘肃省环保厅将对整改情况进行后督察
20	甘环监局发〔2010〕8号	经查，白银有色集团股份有限公司：①水质监测结果表明，外排废水中砷、镉超过《污水综合排放标准》(GB 8978—1996)；②废水自动监控设施安装不规范，自动监控设施长期未与环保部门联网，未进行验收和数据有效性审核；③废水处理设施运行管理不规范，运行管理档案不健全，运行控制参数不清；	白银有色集团股份有限公司	

续表

2010年环境违法事件通报及处理结果

序号	文号	督办事由	督办单位	整改方案
20	甘环监局发〔2010〕8号	④地下污水管网走向不明，且年久失修，存在渗漏现象，导致车间排放口和东大沟总排口水质差异较大	白银有色集团股份有限公司	
21	甘环监局发〔2010〕9号	永靖县污水处理厂中控室无法调阅历史曲线	永靖县污水处理厂	务必于2010年3月底前完成整改任务。甘肃省环保厅将对整改情况进行后督察
22	甘环监局发〔2010〕9号	金昌市在开展金昌化工（集团）有限责任公司、金昌市污水处理厂、金昌水泥（集团）有限责任公司、金昌铁业（集团）有限责任公司及金川集团有限公司的在线设备验收工作后，未按要求上报《国家重点监控企业污染源自动监测设备验收表》及《甘肃省污染源在线监控设备联网信息登记表》	金昌市环境监察支队	支队于2010年5月30日前将通过验收的《国家重点监控企业污染源自动监测设备验收表》及《甘肃省污染源在线监控设备联网信息登记表》报送省厅备案
23	甘环监局发〔2010〕10号	雁儿湾污水处理厂进口未安装流量计和COD在线监测设备，出口累计流量显示不准确，没有中控室	雁儿湾污水处理厂	务必于2010年3月底前完成整改任务。省厅将对整改情况进行后督察，对逾期完不成整改任务的，按国家有关规定进行处罚

续表

2010年环境违法事件通报及处理结果

序号	文号	督办事由	督办单位	整改方案
24	甘环监局发〔2010〕10号	平凉市在开展对中国水电集团华亭发电公司、甘肃华明电力股份有限责任公司、平凉百兴集团、平凉宝马纸业、平凉祁连山水泥公司、华亭县豫华冶金炉料有限责任公司、平凉天雨污水处理厂的在线设备验收工作中，未按要求上报《国家重点监控企业污染源自动监测设备验收表》及《甘肃省污染源在线监控设备联网信息登记表》；华亭煤业集团未通过污染源自动监测系统现场端验收工作	平凉市环境监察支队	责令该市环监支队于5月30日前按照《甘肃省污染源自动监测系统现场端竣工验收管理办法》，重新上报《国家重点监控企业污染源自动监测设备验收表》及《甘肃省污染源在线监控设备联网信息登记表》备案
25	甘环监局发〔2010〕11号	2010年1月，环保部污染减排第20核查组发现庆阳市污水处理厂进水COD浓度偏高，部分时段COD进水浓度达700毫克/升以上	庆阳市污水处理厂	责令该厂严格对照环保部核查组提出的问题和整改要求，务必于2010年3月底前完成整改任务。省环保厅将对整改情况进行后督察
26	甘环监局发〔2010〕11号	酒泉市在上报酒泉银星纸业有限责任公司、玉门市污水处理厂（玉门市正源水厂）、敦煌市污水处理厂及青海油田敦煌基地污水处理厂自动监控系统的	酒泉市环境监察支队	责令该支队于2010年5月30日补齐相关资料，并报省环保厅备案

续表

2010 年环境违法事件通报及处理结果

序号	文号	督办事由	督办单位	整改方案
26	甘环监局发〔2010〕11 号	《国家重点监控企业污染源自动检测设备验收表》中，存在缺失填报《在线监测系统验收监测报告》，在《国控企业污染源自动检测设备比对监测结果表》中未填写监测方法，不符合填报要求	酒泉市环境监察支队	责令该支队于 2010 年 5 月 30 日补齐相关资料，并报省环保厅备案
27	甘环监局发〔2010〕12 号	2010 年 1 月，环保部污染减排第 20 核查组发现临夏市污水处理厂 2009 年 8 月 1—31 日出水水质有超标现象	临夏市污水处理厂	该厂务必于 2010 年 3 月底前完成整改任务。甘肃省环保厅将对整改情况进行后督察
28	甘环监局发〔2010〕12 号	天水市所开展的对天水东方纸业有限公司、天水市污水处理厂、天水祁连山水泥（集团）有限责任公司的在线设备验收工作中，未按要求上报《国控企业污染源自动检测设备比对监测结果表》	天水市环境监察支队	责令该支队于 2010 年 5 月 30 日前比对监测报告、将《国控企业污染源自动检测设备比对监测结果表》及《甘肃省污染源在线监控设备联网信息登记表》报送甘肃省环保厅备案

第三节　投诉及人大政协提案议案办理情况

“八五”时期，共办理群众来信来访近 3 000 件，接待信访近千人次，处理环境污染事故纠纷 250 多起。其中，1994 年，接待环境问题的信访案件 315 件，办理 310 件，办结率达 98.4%。

1995 年，全国环境与资源保护检查团甘肃分团执法检查期间，甘肃省环保局信访接待室共收到信访热线电话 30 人次，除 3 次重复外，共反映环境问题 27 件。其中，烟尘污染 8 件，工业粉尘污染 1 件，废水污染 3 件，社会噪声污染 8 件，其他有关绿化、环卫等 6 件，工作问题 1 件。在全部反映的 27 件环境问题中，属于环保部门查办的 21 件，经省环保部门认真督办落实，全部办理完毕。查处结果如下：

1. 烟尘及工业粉尘污染

多年来久拖未决的靖兰食品厂受白银肥厂硫酸分厂污染一案，由省人大环资委召开联合办公会议，根据张劳儒的法律申诉，会议决定由省高级人民法院督促白银市中级人民法院于 8 月裁决完毕；两处乡村办硅铁厂烟尘污染问题，因未办环保审批手续，已查封停产；建筑材料厂的粉尘污染已经安装布袋除尘器；两污染问题找不到污染源，情况不实，其余问题做出行政处罚和停业整顿处理。

2. 工业废水污染

临洮县医院已安装处理装置次氯酸钠消毒。盐锅峡化工厂外排废水达标。关于兰州市段家滩污水沟已纳入城市综合整治项目，短期不能解决。

3. 社会噪声污染

采取三项施：限制夜间建筑工，规定舞厅营业时间，对超标排放进行收费和处罚整顿。

4. 其他环境问题

关于反映部分城市改造中大量砍树一事，市规划局、园林局和县城建局均有统筹考虑；环境卫生问题由环卫局负责解决。

1996 年，全省共处理污染信访 1 740 余件，污染事故 92 起，全省环境污染信访、纠纷结案率、立档率均达到 100%，对污染事故、纠纷基本上做到办理及时，事事有答复，件件有着落。

1997 年，全省共收到及接待群众来信来访 993 封、915 人次，环境监理部门对污染信访案件的办复率、查处率均达到 100%，当年结案 959 封，结案率达到 97%；全省共办理各级人大代表、政协委员关于环境保护的建议、议案、提案 119 件，当年办理答复 112 件，办复率达到 94%。

1998 年，全省共处理群众来信 1 386 封，其中属于环境污染纠纷类 1 349 封，批评建议 12 封，反映其他问题的 25 封，当年处理 1 378 封，查处率达 100%，结案率及办复率均为 99.5%；全省共接待群众来访 638 批 858 人次，其中所反映的问题属环境污染纠纷的 628 批，批评建议 6 批，其他 4 批，当年处理 615 批，查处率达 100%，办复率达 96%；省环保局全年共办理省人大代表、政协委员关于环境保护的建议、议案、提案 11 件，当年办理答复 11 件，办复率达到 100%。

2000 年“两考”期间，全省共受理投诉举报电话 1 549 个，实施夜间巡查 6 398 人次，出动车辆 831 台次，取缔街头卡拉 OK 等扰民噪声点 46 处，对 155 家有擅自夜间施工的建筑单位依法进行行政处罚。

2001 年，共受理群众来信 4 061 封，同比上升 52.1%。反映环境污染与生态破坏类问题的案件 4 146 件，其中反映水污染问题的 298 件；反映大气污染问题的 1 484 件；反映固体废物污染问题的 71 件；反映噪声污染问题的 2 257 件；反映化学品、农药、化肥污染问题的 1 件；反映放射性污染问题的 4 件；反映电磁辐射污染问题的 7 件；反映生态环境破坏问题的 5 件；反映其他污染问题的 19 件。共接待群众来访 516 批，794 人次。查处来访案件 516 批。其中反映噪声污染问题的 212 批，占 41.09%，其次为大气污染问题，占 40.5%。全年共办理人大代表建议、政协委员提案 209 件。其中甘肃省环境保护局按要求办理答复 11 件省人大代表、省政协委员关于环境保护的建议、议案和提案。信访问题全部得到查处，查处率达 100%，办复率达 99.5%。

2002 年，全年共发生各类环境污染纠纷 119 件，有 7 803 起信访和 2 万多个环保举报电话得到及时查处。

2003 年全年共发生各类环境污染纠纷 110 多件，有 7 800 多起信访和 2 万多个环保举报电话得到及时查处。

2007 年，接到环保热线投诉 2 298 件，受理 2 298 件，办结 2 298 件。

2008 年，办理环保投诉举报 2 210 件，全部办结。其中，省环保局直接受理或转办群众来信 52 件、举报电话 55 件，接待群众上访 4 批 9 人次。督查督办环境保护部、省政府等上级部门督办的环境信访案件 27 件，协调查处跨区域环境案件 2 件。

2009 年，甘肃省环保系统进一步完善环境信访举报受理投诉机制，保障“12369”环保投诉热线畅通，建立网上受理投诉渠道；严肃查处群众反映强烈的环境污染案件，及时开展重点信访、重复信访案件的回访工作，对群众多次投诉、屡查屡犯的以及社会影响大的典型环境违法案件，通过下达环境监察建议书或处罚决定等形式限期予以解决。为做好预防和应对突发环境事件，杜绝因环境纠纷引起的进京上访和因环境问题引发的群体性事件，确保新中国成立 60 周年庆典活动期间环境安全。9 月 7 日，召开全省环境信访工作会议，要求各地进一步提高认识，加强组织领导，集中开展环境信访和污染隐患排查活动，加强环境信访案件受理和查处工作，及时妥善处理环境信访案件，把矛盾化解在当地、问题解决在基层，避免重复上访和越级上访。全省接待群众来访 410 批 569 人次，共收到群众来信 665 封，受理“12369”环保投诉电话 3 474 件。查处率达 100%，结案率达 98%。其中，省环保局直接受理或转办群众来信 40 余封、电话举报 42 件，接待群众上访 5 批 10 人次；督察督办环境保护部、省政府等上级部门督办的环境信访案件 25 件，协调查处跨区域环境案件 2 件。

2010 年共收到群众来信 665 封，接待群众来访 410 批近 600 人次，受理“12369”环保投诉电话近 3 500 件。

1991—2010 年人大代表、政协委员重要提案议案办理情况见表 6-3-3、表 6-3-4。

表 6-3-3

1991—2010 年甘肃省人大代表重要议案办理情况一览表

年份	议案号	议案代表	议案名称	办理情况	备注（未办原因）
1993	195	丹智草、杨九次日	《要求妥善处理“七九二”矿污染问题的意见》	①关于国营七九二矿对周围环境污染问题。调查组通过调查、取样分析、对比计算，认为七九二矿对其周围环境如迭部县城、江巴沟一带不存在严重放射性污染问题。 ②七九二矿生产防护区内个别地方受到放射性污染。造成这种污染的原因：一是在于现有工艺技术水平限制；二是该矿内部管理问题；三是当地群众屡次进入水冶厂防护区，拿走渡槽盖板，向渡槽内投放石块杂物，致使废水外溢。 ③关于加强管理、防上污染问题。要求甘南州环保部门、迭部县有关部门与七九二矿共同努力，采取有力措施，尽快付诸实施	

续表

年份	议案号	议案代表	议案名称	办理情况	备注（未办原因）
1993	455	曹宗周	《陇西铝厂应限期治理污染的意见》	①责成陇西铝厂集中人力、物力、筹集资金，尽快建成环保设施，防治氟化物对周围环境的污染，并由省环保局对陇西铝厂排放污染物实行征收排污费措施；②组织有关单位进行审查，并下发文件通知其必须做好的四项工作	—
1994	66	秦大河	《关于组织我省科学家“讨论河西地区经济发展与环境保护、水资源合理开发相协调，走高速、持续发展道路研究”申请国家列项的提案》	与甘肃省科委多次联系，该委已向国家科委申请筹建西部资源环境科学研究中心	—
	42	马进遥、丁明昌、颜宗伯、王发杰、王建梅、赵群、方永铭、付绍琪、韩哲民、孙矿生	《关于请求解决治理广通河水质污染资金的议案》	未办理	乡镇企业排污费由县级环保部门依法征收、管理并安排使用，不上交州、省环保局，因此省环保局无法解决该方面的资金问题

续表

年份	议案号	议案代表	议案名称	办理情况	备注(未办原因)
1994	20	兴昌、齐康然等	《关于再次请求解决天祝县东坪乡连城铝厂氟污染问题的议案》	①由局长带领有关人员到该厂调研办案，帮助制订污染防治“九五”规划； ②对省内受连城铝厂氟污染的部分地区进行经济赔偿，其中对天祝县东坪乡的污染赔偿金额定为每年4.5万元	
	288	阎帅家、张文汉、李峰、陈桂梅、段宏英	《关于申请解决镇原茹河污染的建议》	由县环保部门将排污费用于污染源治理，污染严重的企业事业单位由县人民政府责令其如期完成治理项目	
1995	492	余文成	《关于长庆局、庆华厂等企业排污收费划归我县征收的建议》	未办理	按照《甘肃省关于征收超标污染费工作的若干规定》要求，建议涉及管理权限问题，权限不可能下放
	356	巴依尔	《建议肃北县盐池湾高原珍稀动物自然保护区列入国家级自然保护区》	未办理	盐池湾自然保护区上级业务主管部门为省林业厅，须由省林业厅提出申请

续表

年份	议案号	议案代表	议案名称	办理情况	备注（未办原因）
1995	150	孙矿生	《关于请求加强环保监测、减轻永靖县黄河两岸环境污染的意见》	正在着手治理	—
	7	张宦廷等	《将兰州市环境治理工程纳入全省重点建设项目计划》	兰州市环境治理工程利用第四批贷款项目共80亿日元贷款，待两国政府正式签字后，即可实施	—
	23	王怀公	《关于白银矿区环境保护的建议》	对工艺技术进行改造，污染源进行综合整治，责成白银市环保部门进一步强化环境管理，加速污染治理步伐	—
	493	余文成	《关于环境污染严重危害人民生产问题的建议》	①责成地、县环保部门进一步加大执法力度；②督促油田把污染防治工作纳入企业技术改造，纳入生产经营；③完善油田矿区	—
	198	马玉贵	《关心一下窑街地区人民的身心健康》	①进一步提高窑街地区各企业的环保设施运行率、达标率；②加快工业窑炉和锅炉治理；③经常督促检查、强化管理大通河沿岸各单位的医院污水处理设施	—

续表

年份	议案号	议案代表	议案名称	办理情况	备注（未办原因）
1995	311	许彩君	《关于妥善解决焦化厂废气污染严重的建议》	未办理	煤气工程属城建部门管辖
	483	乔华北	《关于治理陇西铝厂污染的建议》	责成定西地区、陇西县环保局加强对陇西铝厂的监督检查，进一步强化环境管理，依法征收超标排污费	—
1996	465	郭富才	《请求省上环保部门帮助治理石油河污染问题》	为保证治理项目资金，甘肃省环保局已安排下达环保补助资金 120 万元，其他项目今后所需环保补助资金省环保局也将按规定及时安排下达	—
	62	马尚英等	《关于请求尽快将临夏市污水处理厂列入计划投资建设的议案》	①严格执行环境保护法规，实施污染物排放总量控制计划；②对老污染源实行限期治理；③坚决执行《国务院关于环境保护若干问题的决定》和省政府的要求	—
	196	马玉贵	《关于治理大通河污染问题的建议》	主要污水排放单位的医院污水均已全部得到治理，工业污水部分符合环保要求	—

续表

年份	议案号	议案代表	议案名称	办理情况	备注（未办原因）
1996	7	陈永章、崔中林等	《关于解决深沟、元帽沟以及西固福利区工业、生活污水问题》	对西固地区主要工业废水污染物进行总量控制	—
	229	马忠仆	《关于建议嘉峪关市污水处理、回收和再利用示范工程的建议》	澳方专家来嘉峪关市现场考察，并与嘉峪关市政府、甘肃省环保局达成协议	—
	462	曹天福	《关于治理讨赖河水质污染问题的意见》	召开局务会议专题研究，将其列为1996年全省环保执法检查重点内容	—

表 6-3-4

1991—2010 年甘肃省政协委员重要提案办理情况一览表

年份	提案号	提案代表	提案名称	办理情况
1993	288	陈述之	《陇西铝厂应限期治理污染的提案》	①责成陇西铝厂集中人力、物力、筹集资金，尽快建成环保设施，防治氟化物对周围环境的污染。并由省环保局对陇西铝厂排放污染物实行征收排污费措施； ②组织有关单位进行审查，并下发文件通知其必须做好的四项工作
1994	386	陈述之	《建议有关部门督促陇西铝厂切实落实环保治污措施》	对陇西铝厂给予严肃批评，依法进行处罚，请定西地区环保部门严格监督管理

续表

年份	提案号	提案代表	提案名称	办理情况
1994	72	张志乐、刘燕等	《关于加快“二热”管网配套设施治理兰州大气污染问题的议案》	明确“二热”管网的资金筹措
	286	杨察科、李生望	《关于再次请求解决天祝县东坪乡连城铝厂氟污染问题的议案》	①由局长带领有关人员到该厂调研办案，帮助制订污染防治“九五”规划； ②对省内受连城铝厂氟污染的部分地区进行经济赔偿，其中对天祝县东坪乡的污染赔偿金额定为每年4.5万元
	33	马瑞莲、王建梅等	《关于请求将大夏河污染防治工程列入省计划的议案》	全力以赴推进城市环境综合整治和流域污染防治
1995	374	旦巴	《关于进一步加强两交一优农业环境污染监测的提案》	实施各项环境保护法律、法规，不断强化环境保护执法监督
1996	482	杨拯美、高葆英	《关于治理武南化工厂排放废气造成的环境污染问题》	①对硫酸生产装置进行技术改造； ②由武威市政府就对普通过磷酸钙生产装置的污染进行治理下达为1996年限期治理项目
	263	袁第锐	《请将治理兰州市大气污染列入远景规划，逐步予以解决》	①加大环保投入比例，优先安排“蓝天工程”项目； ②改善市区燃料结构； ③加快集中供热建设； ④加强尾气监管提高城市绿环覆盖率

续表

年份	提案号	提案代表	提案名称	办理情况
1996	250	孙崇绍	《关于实施蓝天计划应采取更有力措施案》	①加大环保投入比例，优先安排“蓝天工程”项目； ②改善市区燃料结构； ③加快集中供热建设； ④加强尾气监管提高城市绿环覆盖率
	208	窦云岑	《关于治理河西化工厂废水污染案》	①在河西化工厂污水排放的渣场下端尽快建成拦水筑坝，以减少污水在戈壁滩漫流的面积； ②为了彻底整治含砷污水，厂方要尽快与有关科研单位联系含砷污水处理方案与可靠方法，于1997年上半年完成可行性论证； ③待可行性论证通过后，厂方应立即着手治理工程的设计并从速施工，力争1997—1998年度完成污水治理工程
	132	谢壮初、李才高、唐应荣	《关于根治金塔鸳鸯池水库水质污染问题的建议》	酒泉市政府责令造纸厂老系统于6月20日停产治理
	234	谢壮初、李道德、何宽奇	《关于“防治鸳鸯池水库水源严重污染”的提案》	酒泉市政府责令造纸厂老系统于6月20日停产治理
	222	李天昌、吴国瑞、邵明、黄本忠、马以念	《关于打开兰州东部大青山通风口，实施“蓝天工程”案》	①在完成的有关大青山水冲淤沟及开发工程评估论证中积极参与并给予支持配合； ②计划列入“陇原环保世纪行”宣传报道活动范畴

第七篇　环境科研与环保产业

第一章　科技管理

第一节　科研机构与管理体系

一、科研机构

1. 甘肃省环境科学设计研究院

1975年，根据甘编〔1975〕40号文，成立甘肃省环境保护研究所，隶属甘肃省科技厅。1980年，划归原甘肃省环境保护局直属。2002年，更名为甘肃省环境科学设计研究院，为正县级建制。

截至2010年，总编制数89人，在职职工74名。其中，专业技术人员59人，占职工总人数的80%。技术人员由大气物理、大气化学、地质、地理、环境工程、冶金、机械、电力、环境医学、农业生态、环境放射、计算机、环境卫生等环境相关专业构成。内设综合办、物业办、科研所、评价所、工程所、清洁生产指导中心、ISO 14000中心、生态所、规划所9个部室。

甘肃省环科院主要从事环境影响评价、环境基础研究、环境应用技术推广、环境污染治理工程咨询设计、环境规划编制、资源能源综合利用技术研究、生态环境保护、水土保持、节能减排研究及应用技术推广等方面科研和技术服务工作。

2. 中国科学院寒区旱区环境与工程研究所

中国科学院寒区旱区环境与工程研究所（以下简称寒旱所）组建于1999年，是按照中国科学院“知识创新工程试点工作”的战略布局要求，由原中国科学院兰州冰川冻土研究所、原中国科学院兰州沙漠研究所和原中国科学院兰州高原大气物理研究所根据学科定位，机构调整，研究领域交叉融合等原则整合而成。设博士后流动站1个、博士点1个（一级学科）、硕士点1个（一级学科）。共有在职职工645人，其中，中国科学院院士3人，科研人员347人，科技支撑人员160人。正高级技术人员93人，副高级技术人员146人，进创新岗位人员473人，国家“百千万人才”工程入选者7人，中国科学院“百人计划”入选者34人，国家“杰出青年科学基金”获得者14人，国家“西部之光人才计划”入选者81人。

寒旱所共有在研项目947个，主持国家重点基础研究发展计划（973）项目7个，主持科技部科技支撑计划项目6项；主持国家自然科学基金项目462个，承担国家自然科学基金重大研究计划重点项目8个，承担国际合作项目4个，承担院重点部署项目5个、战略性先导科技专项A类8个，B类2个。新增国家自然科学基金委杰出青年基金获得者1人，国家自然科学基金委优秀青年基金获得者1人。

研究所一面促进科学研究的同时，一面也对学科进行综合集成，促进重大成果的产出。50余年来，已承担国家“973”“863”、国家攻关、重点基金及国家地方的其他科研项目3 000余个。获得国家科技进步特等奖3项，国家科技进步一等奖3项，国家自然科学一等奖1项，国家自然科学，科技进步和技术发明二等奖18项，省部级特等奖4项，一等奖38项，二等奖90余项。

3. 中国地震局兰州地震研究所

中国地震局兰州地震研究所是由原中国科学院兰州地球物理研究所、兰州地质研究所和地质部西北地震地质大队于1970年合并组建而成的，是中国最早从事地震科学研究的单位之一，也是中国西部唯一一所从事地震科学综合研究的专门机构。兰州地震研究所是中国地震局（原国家地震局）直属科研机构。是国务院学位委员会批准的首批硕士研究生培养和学位授予单位之一，有固体地球物理学和构造地质学两个硕士学位授权点，一个土木工程共建博士点，现有博士生导师5人，硕士生导师25人。拥有多手段的地震监测预报网络和野外实习台站、相当规模的实验室、图书馆、先进仪器设备，主办《地震工程学报》(原《西北地震学报》)，为培养高质量研究生提供条件保障。

在地震科学基础研究方面，本所重视具有区域特色的学科建设。地震科学基础研究涵盖与之有关的各学科领域。地电学科为全国牵头单位，黄土动力学学科在全国处于领先地位，地下流体学科为全国监测技术人才培养基地，强震机理和预报技术、地震学、地震地质、工程地质也在全国具有一定的优势和地位，先后获得国家和省部级科技进步奖89项。2000年以来，承担国家级、省部级课题及国际合作项目近60个，取得一大批在国内外具有开创性的研究成果，先后获得国家、省部级、厅局级等科技进步奖100多项，其中在黄土动力学及其地震工程研究在国际上占有一席之地，国内居领先地位，先后获得国家科技攻关、科技部公益性项目、国家自然基金和重大专项等多项资助，科研成果分别获得2001—2002年度国家科技进步二等奖。2002年以来，不断深化科技体制改革，整合优化科技资源，组建兰州科技创新基地。依托区域优势，瞄准世界地震科学前沿，重点建设以黄土地震工程学、电磁学、地震地质学、地震学、地震工程学、地下流体等特色学科为主体，中国地震局黄土地震工程开放实验室为基础的科技创新体系，支撑引领甘肃省防震减灾事业发展。创办有《地震工程学报》学术期刊。

改革开放以来，本单位积极开展国际交流与合作，先后同20多个国家和地区在多学科领域开展了科技交往，其中与法国、美国、日本、俄罗斯、新西兰、奥地利、联邦德国、英国、比利时、瑞典、韩国、朝鲜、泰国等国签署官方和民间合作协议，派遣各类出国人员达140多人次，接待来华人员200多人次。同时成立“西部地球科学与防灾工程论坛”，组织省内外知名专家学者开展学术交流。组织“西部防震减灾学术研讨会”和“国际湿陷性土地区岩土灾害专题讨论会”等大型学术活动。通过合作与交流，学习和引进国外地震科研的新思路、新技术、新方法和新成果，在地震科研、监测预报中起到重要作用，并取得重要进展和突破。

4. 兰州大学大气科学学院

兰州大学大气科学学院的前身是1971年成立的兰州大学地质地理系气象学专业，1978年成为中国首批硕士学位授权点，1986年获博士学位授予权。2004年7月，正式成立兰州大学大气科学学院，是中国西部地区唯一的多层次气象学教学与科研人才培养基地，地质地理系气象学专业是甘肃省首批批准的重点学科。现设有大气科学博士后科研流动站1个，大气科学二级学科博士点和硕士点各3个，分别是气象学、大气物理学与大气环境、应用气象学。有4个研究所和2个中心，即气象学研究所、大气物理与大气环境研究所、环境变化研究所、大气遥感研究所、兰州大学环境质量评价研究中心、教学实验中心。学院聘请许多国内外著名学者担任学院“兰州大学萃英讲席教授”和兼职教授，其中包括中国科学院大气物理研究所符淙斌院士、巢纪平院士、吕达仁院士，中国气象局许健民院士、陈联寿院士、丁一汇院士，美国华盛顿大学大气科学系付强教授等人。

学院主要科学研究方向：气候动力学和气候预测、大气动力学模拟、大气遥感与资料同化、干旱气候和灾害气象、环境评价与污染防治、大气扩散、大气气溶胶与气候、环境气象预报、全球变化与陆面过程、医疗气象学等。2005年，主持承担科技部国家重大基础科学研究（973）项目“北方干旱与人类适应”第一课题，在此基础上，通过学校“985工程”二期建设经费的资助，在兰州大学建立第一个现代化半干旱气候与环境观测站，该观测站已被批准加入国际二期CEOP（Coordinated Enhanced Observation Period）项目，成为参加此计划的全球协同加强观测站之一。该站涵盖气候、生态、水文、遥感和社会学等领域，将在气候变化、土地利用、水资源利用、工业及城市污染、区域能量和水分循环及沙尘暴等方面开展研究，为西北干旱化趋势预测、评估和对策研究提供观测依据，同时也为“有序人类”活动的开展及生态效益评估提供实验平台。

二、科研管理体系

甘肃省在环境保护工作中，紧紧抓住国家各时期环境保护工作方针政策，加强环境科研工作力度，加大环境科研投入，加强环境科研管理。20年间，通过环境科研立项、环境科研资金投入、环境科研成果评选，充分调动广大科研工作者的积极性；通过环保科技推广，全面促进全省环保事业发展，为建设环境友好型社会做出贡献。

2006年全国环保科技大会召开以来，甘肃省环境保护厅在省委、省政府的正确领导下，在环保部科技司的悉心指导下，以增强科技创新能力、推进环境保护历史性转变和为西北乃至全国的重要生态屏障提供强大的科技支撑为己任，认真总结全省环保科技工作，全面贯彻落实全国第六次环保大会和全国环保科技大会精神，顺利完成“十一五”环保科技工作任务。

“十一五”期间，全省环境科技工作以“创新、转化、产业化”为思路，突出“强管理、育项目、扶企业”重点。紧紧围绕推进环境科技进步，发展环保产业，促进循环经济，开展强制性清洁生产审核，制修订和贯彻执行国家环境保护标准，开展环境污染治理设施运营资质审查备案和环境科学素质普及等重点工作，“科技兴环保战略”，较好地完成“十一五”环保科技各项工作任务。

全省围绕污染减排核心工作，推进企业抓好环保先进实用技术的应用和提升，积极开展清洁生产和技术改造，发展循环经济，全面提高污染防治技术水平和企业生产工艺设备水平。在污染减排工作中，充分发挥科技支撑和引领作用，把技术应用作为推进工程减排的重要措施和手段，与企业技改、治污工程建设等措施共同实施，协调一致，形成合力，通过科技进步，保证减排目标的实现，提升企业的技术水平和效益。

组织完成国家环境保护公益性行业科研专项项目的申报工作。向环保部公益性行业科研专项办公室，推荐《甘肃省涉重金属企业信息管理系统研发》等7项环境保护技术项目。兰州大学《石化尾水处理技术》和甘肃省环境科学设计研究院《旧干电池污染控制指标体系及技术规范研究》项目被环保部列为公益项目，共补助资金654万元。兰州市环境监测站《兰州市城市空气质量达标方案研究》项目被环保部列为《重污染城市空气质量达标策略与关键支撑技术研究》公益项目子课题，补助资金60万元。甘肃省环境科学设计研究院与中国矿业大学合作项目《有色金属冶炼重点行业重金属污染控制与管理支撑技术研究》项目被环保部列为公益项目，补助资金 34 万元。

在环保部科技司组织的“汶川地震灾后恢复重建生态修复科研示范”项目审报中，全省有 7 个示范区域、示范点被环保部和科技部确定为灾后重建科研示范点。

为了加强黄河中上游水污染防治，着力解决黄河中上游流域水污染防治的重点、难点问题，根据环保部科函〔2009〕46 号文件精神，组织省内各科研院所征求意见，汇总后上报 10 个科技需求项目。根据《关于请报送水专项“十二五”科技需求的通知》（水专项办函〔2009〕47 号）精神要求，为了着力研究解决黄河流域“十二五”水环境综合整治和饮用水安全保障难点问题，在“十一五”水专项增补项目工作中，及时向水专项管理办公室共申报课题 5 个，子课题 21 个。

1. 科研项目申报管理

按年度组织完成“甘肃省‘环境杯’科技奖”评奖活动，“十一五”期间，共评选出 82 项获奖成果（一等奖 20 项、二等奖 30 项、三等奖 32 项），向甘肃省科技厅推荐上报环境科研项目 50 项，参加甘肃省科技进步奖评选，其中获得甘肃省科技进步二等奖 1 项，三等奖 4 项。在 2009 年度国家环境保护科学技术奖评选中，甘肃省环境监测中心站完成的《甘肃省铁合金、电石行业污染减排监督监测评价指标体系及示范研究》荣获三等奖。

2. 地方环保科研项目组织管理

安排和实施全省环境科研计划项目。各单位申报课题 62 项，筛选确定《甘肃省环县六价铬污染防治技术研究》和《兰州市餐厨垃圾资源化处理环境效益研究科研项目》等 33 个科研项目予以立项，落实省厅管理环境科研计划项目经费 94 万元。

3. 国家环境保护重点实验室建设、科技人才培养、科技成果在环保实际工作的应用

组织省内有关单位按年度推荐国家先进污染防治示范技术和国家鼓励发展的环境保护技术 4 个项目。《蛋白变性提取技术处理马铃薯淀粉生产废水示范工程研究》项目所依托的技术路线“提取蛋白——废水后续处理”符合《国家先进污染防治技术示范名录》的要求，被纳入 2010 年度《国家先进污染防治技术示范名录》。

民营环保科技公司——甘肃省金桥水务集团经过艰苦努力，在政府扶助和凭借自身在市场中科技成果转化优势，有15项科技成果获得省部级“科学技术进步奖”一等奖、二等奖、三等奖，该部分专利技术与成果100%转化为生产力，广泛应用于近百项给水、排水和污水处理工程。2008年被甘肃省科技厅、财政厅、省国税局批准为“甘肃省高新技术企业”，公司举办全国性的《高浊度水净化及污水资源化应用技术高峰论坛》和《中美环保与节能装备应用技术交流观摩会》，先后与美国、丹麦、西班牙、以色列等国家进行技术交流合作。获得科学院院士流动工作站。

4. 环境科普工作

甘肃省环保厅制定下发《关于加强全省环境保护科普工作的意见》，同时根据《环保部关于开展国家环保科普基地申报与评审工作的通知》精神，经研究决定，推荐甘肃省安西极旱荒漠自然保护区等6家单位为甘肃省创建国家环保科普基地。

5. 实施环保标准体系建设工程

为改善兰州市空气环境质量，组织制定甘肃省地方环境质量标准《兰州市锅炉大气污染排放标准》，成为首个在环保部备案的地方性环境标准。组织相关单位做好环境标准修订工作，按期修订完成《铅锌冶炼业污染防治技术政策（征求意见稿）》等170多项国家有关环境保护技术规范和环境保护标准征求意见稿的修改上报工作。加强国家新颁布的环境标准的学习宣传和实施工作，对颁布的58项清洁生产标准在清洁生产审核工作中对企业进行对标审核和管理，有效地提高清洁生产审核效果。

6. 实施环境技术管理体系建设工程

2009年和2010年连续两年举办甘肃环保与节能技术设备博览会，每届均有省内外200余家企业和参展商参展。同时举行环保与节能新技术、新装备、新产品推介会与国家环保产业协会专家报告会，推动环境科研成果在全省的市场应用力度。

完成“十一五”期间环境污染治理设施运营单位129名从业人员的上岗培训、对全省环境污染治理设施运营资质单位进行年度考核工作，考核结果已上报环境保护部。

为了做好“十二五”氮氧化物减排基础性工作，对全省在用机动车环保定期检验机构基本情况进行摸底调查，并在2010年对全省在用机动车检测机构开展环保定期检测资质进行委托，共对36家环检机构的47条尾气检测线进行资质委托，同时对全省在用机动车环保定期检测机构的105名尾气检测人员进行培训。

7. 环境健康工作

甘肃省卫生厅与联合国环境规划署（UNEP）、西班牙政府联合开展环境与健康合作项目，外国专家提出人口较多的发展中国家对广大的人群实施健康预防、宣传教育是开展环境与健康管理最有效的手段。2007年度，协商《人与环境》报开设“环境保护科技知识ABC栏目”，积极编写宣传稿件，加强环境与健康科普知识宣传。认真开展环境健康调查研究工作，认真落实环保部下发的《环境健康行动计划》、环境与健康管理工作及调研和检查，并深入到兰州市榆中县、陇南市徽县听取政府有关部门的汇报，查阅相关资料，调查全省环境与健康管理工作情况。

8. 完善科学决策机制

在项目的科研、立项中采用科学决策机制，依靠专家咨询机构开展咨询和评估，确保项目的可靠可行。专家主要依靠省内高校、科研院所、科技厅专家库的专家。组织专家对科研项目进行筛选、立项、鉴定工作。科技管理部门负责整合科技力量，组织开展各高校、院所、企业之间的科研合作，跨行业、跨地区合作。

第二节　科研项目管理（项目与经费）

1991年，甘肃省环保局共补助经费27万元，安排《泾河平凉段水污染防治规划研究》等13项科研项目研究，年度项目届期全部完成。其中，省环境保护研究所白书明、任秀英、孙骞、赵国芳、杨良完成的《兰州市生物样品中放射性核素浓度及居民年摄入量研究》和省环境监测中心站罗威琳、严永秀、李抗美、韦春、贾雪旗完成的《全省十二个城市煤烟型污染大气环境监测优化布点的研究》获得年度甘肃省科技进步三等奖。

1992年，甘肃省环保局共补助经费18.5万元，安排《兰州城区冬季空气污染预报及研究》等5项科研项目研究。省环保所和兰州医学院邱瑞骥、袁宝珊、高建力、敬宪科、赵晓红完成的《黄河兰州段水中化学污染物及其诱变性鉴定和防治措施研究》，省环保所、兰州大学大气科学系和兰州市环境监测站张煦、乔世俊、 赵爱平、朱丽霞、余金香完成的《兰州市城区大气污染物排放标准的研究》获得年度甘肃省科技进步三等奖。

1993 年，甘肃省环保局共补助经费 15.8 万元，安排《光催化技术治理有机工业废水》等 7 项科研项目研究。省环境监测中心站王生朴、王神来、连兵、贾雪旗、牛武江完成的《渭河甘肃段水环境污染防治与对策研究》获得年度甘肃省科技进步三等奖。

1994 年，甘肃省环保局共补助经费 15.8 万元，安排《甘肃省放射性污染管理措施研究》等 9 项科研项目研究。

1995 年，甘肃省环保局共补助经费 14.9 万元，安排“重点工业污染源定量管理”及“炭黑的开发利用”等 8 项环保科研课题研究。对“大夏河污染防治对策”等 15 项科研项目进行科技鉴定，通过省科委的技术鉴定，“金川公司老尾矿库的综合治理”以及“甘肃省污染治理设施技术经济评价”两个项目通过国家环保局组织的成果鉴定。

1996 年，甘肃省环保局共补助经费 15 万元，安排《河西地区荒漠绿洲持续发展生态恢复和重建前期工作》等 9 个科研项目研究。由省环保局推荐的甘肃农大动物医学系和省卫生防疫站刘宗平、赵仲礼、马卓、李文范、程雪峰、曲莉、刘芳完成的《白银矿区重金属环境污染对运行健康影响的调查》获得 1995 年甘肃省科技进步二等奖，省环保所杨良年、任双梅、甄继祺、朱丽霞、窦立宝完成的《甘肃省有毒化学品调查与研究》，省环保所、北京劳动保护研究所和西北师范大学蒋宪玲、刘生海、徐守堂、李文会、卢子扬完成的《塑料热合机电磁辐射污染治理改造技术研究》获得 1995 年甘肃省科技进步三等奖。

1997 年，甘肃省环保局共补助经费 35.5 万元，安排《铅锌冶炼尾气治理》等 14 项环境科研项目研究。省环保研究所和兰州大学魏群、王根绪丁启夏、张惠昌完成的《黑河流域水资源优化利用及生态环境建设》获得年度甘肃省科技进步三等奖。

1998 年，甘肃省环保局共补助经费 28 万元，安排《燃烧锅炉资源在用除尘器性能调查与评价》等 21 项环境科研项目研究，有 7 项成果获得全省环境科技进步奖，其中环境监测科研成果为省级首次评奖。甘肃省环境监测中心站段爱玲、刘文君、高兰珍、李玉梅完成的《有毒化学品应急监测技术研究》获得年度甘肃省科技进步三等奖。

为了使全省环保科研方向逐步转向科研与开发相结合的方向，加强科研项目的指导性和实用性，1999年年初，省环保局对环保科研课题的申报和立项提出三条原则：适应环保工作的要求，研究解决突出的环境问题；起点要高，实用性强、不搞重复性研究，有可推广的前景；对环境问题有前瞻性预测，为环境管理提供科学的决策依据。本着该三项原则，省环保局对26家科研单位申报的98个环境科研项目，聘请专家审查筛选，初步确定38个项目，经最终讨论确定27个有针对性的科研项目作为1999年度全省环保科研计划下达。项目涉及水、大气、噪声治理技术和生态保护、生物多样性、遥感和监测技术开发等7个方向的研究，补助科研经费332.5万元。同时对科研课题实行法人责任制，将研究任务落实到项目承担单位，不与个人发生经济和责任关系；与承担单位签订双向科研合同，以保证科研项目自始至终纳入管理渠道。

2001年，甘肃省环保研究所等20余家科研单位申报《炭黑的开发利用及其在废水处理中的应用》等课题80项，经审核最终安排《微电解法处理工业废水设备研制及应用》等21项课题为省局项目选题。经结题，省环保局杨泽恩、张波、赵伟民、张军、白志红、伍光和、王新中、田炳申完成的《甘肃省生态环境状况及保持对策研究》获得年度甘肃省科技进步二等奖；省环保研究所田裘学、周伶芝、王端、田竹梅、田蕴惠、曹晋军完成的《兰州市大气污染对儿童肺功能的影响研究》，由省环保局推荐的甘肃工业大学王有乐、敬宪科、齐明亮、翟均、蔺谦完成的《印染废水污染治理技术示范研究》获得年度甘肃省科技进步三等奖。

2002年，甘肃省环保研究所等27家科研单位申报《废旧塑料的回收综合利用研究》等课题100项，经审核最终安排《粉煤灰混凝剂的开发应用研究》等课题19项为省局立项课题。经结题，省环保局污控处和省环境监测中心站赵伟民、张剑鸣、王生朴、史复有、徐延文、宋伟宏完成的《黄河干流（甘肃段）水污染综合治理方案》，兰州大学和省环保产业协会李彦锋、叶正芳、李明峰、周林成、李柏年、张树江、姜鸿基、马鹏程、马万奎完成的《大孔载体制备及其固化微生物处理废水的研究》获得年度甘肃省科技进步二等奖；省环保局推荐的甘肃工业大学王瑛、冯辉霞、范宗良、徐惠、李绍勇、王刚、陈明义完成的《干旱地区城市绿化带废水微灌技术应用研究》，省环保研究所卢子扬、许宝泉、高建力、吴承璋、柴小军、王晓云、陶燕完成的《超临界液体萃取法处理及回收废水和固体废弃物中难分解有害化学物质的技术研究》获得年度甘肃省科技进步三等奖。

2003年，甘肃省环保局补助经费16万元，确定省环境监测中心站等11家单位申报的《甘肃省食用农产品产地环境背景调查、监测技术规范及污染防治对策研究》等18项环境科研项目为省厅立项课题。经结题，省环境监测中心站李晓红、刘晓强、常沁春、姜永波、牛耘、王汝滨、齐永强完成的《甘肃省沙尘暴尘源分析及地面监测技术研究》获得2003年甘肃省科技进步二等奖；省环保局推荐的兰州市环境保护研究所和兰州大学生命科学学院彭学兰、孙荣高、王吉瑛、房维和、王秉洁、庞晓燕、任振武完成的《酵母融合子净化有机废水试验研究》，省核与辐射环境监理站王新中、汪源、白书明、任秀英、葛宏英、苏永杰、宗凌完成的《迭部沟铀矿资源开发利用后辐射环境质量水平与治理措施研究》，省环保局推荐的兰州交通大学董文魁、陈学民、王九思、许力、伏小勇、陈永志、王寿江完成的《一种高效制备纯二氧化氯的新方法、装置及其应用研究》获得年度甘肃省科技进步三等奖。

2004年，甘肃省环保局补助经费41万元，对省环境科学设计研究院等21家单位申报的《污灌农田重金属污染防治及土壤修复技术研究》等34个环境科研项目认真筛选，确定18个环境科研项目为省局立项课题。经结题，省环保局推荐的省环境科学设计研究院乔世俊、赵爱平、徐小莲、刘纯亭、刘虎臣、张政民完成的《有机工业废水高级催化氧化技术应用研究》获得年度甘肃省科技进步二等奖；省环保局推荐的省核与辐射环境监理站王新中、白书明、苏永杰、宗凌、任秀英、葛宏英完成的《甘肃省核应急监测点位布设与监测技术研究》，省环境监测中心站朱文萍、段爱玲、高宏、申田、张正煜、徐发凯完成的《黄河兰州段水体中有机污染物环境承载力研究》，兰州市环境监测站和兰州中心气象台王庆梅、杨民、孙凤安、李文莉、张英俊、奚立宗、杨成林完成的《兰州空气质量预报模式研究》获得年度甘肃省科技进步三等奖。

2005年，甘肃省环保局补助经费26.5万元，确定兰州大学等11家单位申报的《甘肃循环经济模式研究》等11个环境科研项目为省局立项课题。经结题，省环境监测中心站黄维、刘文君、赵红、常沁春、陆萌、白亮、王玉兰完成的《室内环境空气质量研究》，兰州交通大学李志恒、董文魁、许力、钟金魁、任宗礼、柴兰琴、白亮完成的《环保型煤（蜂窝煤）的研制及其应用》，兰州交通大学张金萍、李德生、陈永志、李生彬、王宝山、贾小宁、于连群完成的《饮食业油烟净化新工艺的研究》，甘肃金桥给排水设计与工程有限公司邱熔处、胡文森、王刚、鲁耀东、刘兴奎、朱万益、王爱莲完成的《生物曝气池用于城市污水深度处理出水回用的研究》等4个项目获得年度甘肃省科技进步三等奖。

20世纪90年代以来，甘肃省加大环境科研成果推广的力度。2002年，省环保局结合全省环境保护实际推广自主研发的21项环保适用技术，被企业广泛应用。2005年，甘肃省环境保护局、甘肃省科学技术厅以甘环〔2005〕75号文推广10个拥有自主知识产权的环境科研成果转化示范工程项目（见表7–3–1），大部分成果转化为科普资源和直接生产力。其中，甘肃金桥水科技集团公司研发的《生物曝气滤池用于城市污水深度处理出水回用的研究》、兰州金新色包装有限公司研制的《JF60D—600智能环保系列纸纱复合纸袋机》、兰州环保科技公司研制的《化学需氧量（COD）在线快速监测仪》三项成果实现产业化生产。

“十五”以来，加快环境监测科研工作。甘肃省环境保护局运用监测科研成果先后制定“沙尘暴”监测、“菜篮子”基地环境监测、酸雨监测、室内空气质量监测、铁合金电石企业环境监测、突发性污染事故环境应急监测等10多项监测技术规范，为全面加强全省环境监测质量管理提供技术支持。特别是甘肃省环境监测中心站2006年完成的《甘肃省环境质量变化趋势及总量控制对策研究》和甘肃省环保局政策法规处、科技监测处、环境宣传教育中心完成的《甘肃省生态（绿色）文明单位技术指标体系及应用研究》成果，为编制《甘肃省“十一五”环境保护规划》和《甘肃省绿色文明单位创建规划》提供技术支撑。

2006年，科研管理工作在积极申报科研立项的同时，继续加大科技成果的推广应用，取得较好的示范效应。组织完成2007年度科研项目推荐申报工作，其中，向国家环境保护总局推荐环境保护科研项目4项，向省科技厅推荐上报4个（省科技厅立项2个）。加强10个环境科技成果转化示范工程项目推广应用，重点协调兰州大学榆中校区、西北民族大学榆中校区污水资源化示范工程建设和兰州金安绿色包装公司环保科技产品转化与应用等工作。兰州大学榆中校区、西北民族大学榆中校区污水资源化示范工程，基本实现污水“零排放”，得到省科技厅领导的大力支持，加大成果推广应用的力度。省环保局联合省科技厅等部门重点推广的由省局组织完成的10个环保科研成果转化示范工程项目，为加快全省污染治理起到示范作用，项目中有5个示范工程成果已转化为直接生产力。其中，拥有自主知识产权的《COD在线快速监测仪》《生物曝气滤池用于城市污水深度处理出水回用的研究》《JF6D—600智能环保型系列纸纱复合制袋机》《大孔载体制备及其固定化微生物处理废水的研究》4项环保科技成果实现产业化生产，成为甘肃省环保科技骨干企业的拳头产品。兰州金安新包装有限公司开发研制的《F6D—600智能环保型系列纸纱复合制袋机》及绿色环保包装纸袋产品走出国门，远销韩国、日本、美国、印度尼西亚、越南等国家和地区。向省科技厅推荐上报环境科研项目9个，其中，省环境监测中心站李晓红、王宝禄、罗灵萍、王婷、常峰完成的《甘肃省“菜篮子”蔬菜基地环境安全与污染防治技术研究》，省环保局推荐的河西学院和甘肃农业大学刘金荣、谢晓蓉、蒋志荣、白小明、贾生海、张红菊、安力完成的《河西走廊干旱荒漠绿洲地区优质草坪建植技术体系的研究》获得年度甘肃省科技进步三等奖。

2007年，由甘肃省环境科学设计研究院编制的《镍选矿行业清洁生产标准》于2007年2月6日通过国家环境保护总局科技标准司的审核。该标准的编制是为了更好地贯彻落实《中华人民共和国清洁生产促进法》和国务院《关于落实科学发展观　加强环境保护的决定》，强化工业污染防治工作。其实施将有利于淘汰高污染、高消耗及落后的镍选矿生产工艺、设备，促进镍选矿企业采用无污染、低污染的先进生产工艺、设备，促使企业进一步采取节能、降耗的措施，从而使镍选矿行业走上高效、低污染的发展道路。该标准由国家环保总局于2007年8月1日发布，2007年10月1日实施。其将会对镍选矿行业清洁生产起到指导和推动作用。

由甘肃省环境科学设计研究院编制的《青海省西宁市河道防洪治理工程环境影响报告书》于2007年9月3日通过国家环保总局环境工程评估中心的审核（环审〔2007〕299号）。该工程是根据《青海省西宁市防洪规划报告》《西宁市国民经济和社会发展第十一个五年规划》，结合《西宁市城市总体规划》，对市区规划防洪治理河段继续进行整治，并与已建成和在建的防洪工程相连接，形成完整的河道防洪体系，主要建设任务是对湟水河、南川河、北川河市区段河道河山洪沟道进行防洪治理，充分发挥其整体防洪效益，提高主城区防御洪水的能力，将防洪标准由目前不足30年一遇提高到50~100年一遇。该工程的兴建对西宁市城市建设以及经济社会发展是十分必要的，具有较好的社会效益与环境效益，是省环科院在外省承担国家局审批的第一项大型水利工程环评工作。

由甘肃省环境科学设计研究院编制的《陇东地区石油开发发展规划环境影响评价研究》2007年获得省环境科技杯二等奖。该课题以陇东地区石油开发“十五”规划为例，从区域和规划的宏观层次，对如何开展区域产业发展规划的环境影响评价进行探索性研究。系统总结规划环境影响评价的共性理论和具体方法，包括规划相容性分析、历史分析、前后对比分析、典型分析、累积环境影响分析、区域环境承载力分析、幕景分析、多元统计分析。并将系列方法运用于石油开发规划环境影响评价的若干重点题目当中，包括战略环境评价理论与方法、发展规划分析与环境影响识别、规划对区域水环境影响评价、规划对区域环境风险格式影响分析、规划对区域社会经济影响评价、规划区域环境承载力分析、规划区域环保策略制定。研究成果可在区域石油开发规划或其他产业发展规划的环境影响评价和战略环境评价的新领域中得到应用。该课题主要完成人员：刘生海，王成元。

由甘肃省环境科学设计研究院编制的《污灌农田重金属污染回顾性评价及土壤修复技术研究》2007年获得环境科技进步奖三等奖。该课题对近30年来白银地区污灌农田的重金属污染状况、时空分布、变化趋势进行回顾性评价；收集20世纪80年代以来相关研究的成果资料，对大量研究成果进行综述分析；进行土壤中Cu、Cd、Pb、Zn的形态分级及可溶态、碳酸盐态、氧化物态、有机态、残渣态分离实验；总结理论研究上的创新成果；归纳土壤重金属污染特性。对于白银地区污灌土壤重金属污染治理提出指导性意见。该课题的理论及推广从建设社会主义新农村战略高度出发，通过综合规划目标要求，分别具体立项，以项目带动，依靠科技力量，落实保护土壤资源，改善土壤质量的实施方案。实际执行中实施产学研结合的方针、逐步推进，将在5~10年中取得成效。该课题是省环科院科研工作者在收集20世纪80年代以来相关研究的成果资料的基础上，对大量研究成果进行综述分析，通过反复试验得出的结论。

由甘肃省环境科学设计研究院、甘肃农业大学合作完成的《大中型无脊椎动物作为土壤环境重金属污染监测指标的研究》2007年获得环境科技进步二等奖。该课题研究甘肃省白银市郊长期污水灌溉农田的重金属污染状况和土壤大中型无脊椎动物群落多样性；探讨土壤大中型无脊椎动物类群个体数量的季节动态及其与重金属污染的相关关系；初步分析大中型无脊椎动物的四项指标与土壤环境质量指标（综合污染指数、土壤有机质、土壤总磷、土壤pH）的对应关系；建立土壤重金属综合污染指数、Cd污染指数和As污染指数与蜱螨目和弹尾目的个体数量、群落多样性指数的相关模型。

2007年，甘肃省环保科研机构联合社会科研院所、大专院校，组织开展《甘肃省循环经济发展模式研究》《甘肃省生态（绿色）文明单位技术指标体系与应用研究》等10多个重大环保科研项目。其中省局立项独立完成的4项环保技术成果通过省科技厅成果鉴定，2项成果获国际先进水平，2项成果获国内领先水平，填补国内空白。经积极争取，省政府项目清理办公室恢复省局设立的“甘肃省环境科学技术奖”，加大环保科技成果奖励的力度。全省共评出“甘肃省环境科学技术奖”11项（一等奖3项、二等奖5项、三等奖3项）。其中 3项成果获年度甘肃省政府科技进步奖（二等奖1项、三等奖2项）。同时，制定下发《甘肃省铁合金、电石行业市场准入环保核查暨项目竣工环境保护验收监测技术规范（试行）》三项技术规定，规范全省铁合金、电石行业环保建设项目竣工验收监测评价技术，为环境管理和科学决策提供技术支撑。

2008年，国家社会公益性环保项目、甘肃省科技支撑计划项目、甘肃省自然科学研究基金计划项目、国际科技合作计划项目、省科技创新项目、国家环境标准计划项目对《干旱区绿洲土壤重金属污染风险评估与管理技术研目》（项目编号：20089098）和《废旧电池中镍的回收分离技术及新工艺研究》等14个科研项目进行资助，共计564万元。经结题，甘肃省环境监测中心站张宁、张健、徐敏、李晓燕、王玉存、李利安、安澜完成的《1990—2007年兰州冬季大气气溶胶水溶性无机离子变化规律研究》获得年度甘肃省科技进步三等奖。由省环科院进行的《有效生物菌绿化法在草原沙化治理中的推广应用研究课题》于2008年8月25日在甘肃省科技厅立项，该项目采用甘肃源岗农林开发有限公司研制成功并在陡坡、荒地取得实际应用并初见成效的有效生物菌绿化法，通过进一步改进，配制适宜在甘南草原推广应用的绿化配方，建设示范工程，抑制甘南草原“三化”。

2009年，向环保部、科技部申报科研项目2个，批准1个（《旧干电池污染控制指标体系及技术规范研究》）；向省科技厅、工信委申报课题4项，批准2项（《引水式电站风险评估及监管技术研究》《新型高效节能高级催化氧化水处理技术研究》）。在年度“甘肃省‘环境杯’科技奖”评奖活动中，有22项成果获奖（一等奖11项、二等奖6项、三等奖5项）。向省科技厅推荐上报环境科研项目8个，获得甘肃省科技进步二等奖1项、三等奖4项。其中，兰州交通大学薛林贵、张宝芹、张国锦、刘改兰、李师翁、唐德平、常思静、赵旭、景春娥完成的《螺旋藻对增强UV-B协迫的响应及其应用研究》获得年度甘肃省科技进步二等奖。

积极配合国家汶川灾后生态恢复和水专项科研项目研究的组织实施。在环保部科技司组织的“汶川地震灾后恢复重建生态修复科研示范”项目审报中，甘肃省有6个示范区域/示范点被确定为灾后重建科研示范点，后追加甘肃成县润峰公司垮塌尾矿库污染土地处理及综合利用技术与示范项目，项目总资金1.5亿元；根据环保部科函〔2009〕46号精神，为了加强黄河中上游水污染防治，着力解决黄河中上游流域水污染防治的重点、难点问题，省局组织省内各科研院所进行意见征求，汇总后上报10个科技需求项目。

根据《关于请报送水专项“十二五”科技需求的通知》（水专项办函〔2009〕47号）精神要求，为了着力研究解决黄河流域“十二五”水环境综合整治和饮用水安全保障的重点、难点问题，省局组织省内各科研院所，结合全省在环境治理工作中急切需要解决的实际问题，制定甘肃省“十二五”科技规划，为全省的环境科技发展厘清思路，制定方向。在“十一五”水专项增补项目工作中，及时向水专项管理办公室申报2个项目（包含7个子项目）：黄河兰州段重点污染源控制及污水再生利用资源化关键技术研究与示范项目，项目申请总经费 2 380 万元；黄河中上游资源枯竭型城市重金属污染对城市转型的影响及对策，项目申请总经费 2 460 万元。

2009 年， 由甘肃省环科院编制的《甘肃省饮用水水源地环境禀赋及安全评估研究》获得甘肃省环境科学技术奖二等奖，该课题重点调查饮用水水源地环境基础信息，全面评估饮用水水源地环境质量、环境建设与环境管理状况，建立全省饮用水水源地环境状况安全评估体系；统筹协调总量减排、污染源普查、水环境功能区划等相关环境管理工作，综合分析饮用水水源地基础建设、环境管理、污染预防、污染治理及应急保障等一系列问题；选择典型污染源对饮用水水源地的环境安全影响，分类研究污染防治对策。项目成果主要包括五个方面：全省水源地基本信息、水源地基础环境状况、水源地污染源状况、水源地监管情况、水源地评估结果。通过课题研究，查明甘肃省城镇和典型乡镇饮用水水源地环境基础状况，建立并完善甘肃省集中式饮用水水源地基础信息，同时对甘肃省饮用水水源地环境状况及安全进行科学的评估，从而为饮用水水源地污染防治管理工作提供支持，为构建环境友好型社会提供技术政策支撑。该课题主要完成人：葛建团。

由甘肃省环科院编制的《国电兰州热电有限责任公司清洁生产审核报告》2009 年获得甘肃省环境科学技术奖三等奖。省经委、省环保厅联合下文，同意《国电兰州热电有限责任公司清洁生产审核报告》通过验收，标志着国电兰热公司正式成为甘肃省经委批准的清洁生产企业。该课题主要完成人员：孔致祥、张凡、乔明。

由甘肃省环科院编制的《甘肃通达果汁有限公司清洁生产审核报告》2010 年获得甘肃省环境科学技术奖二等奖。该课题主要完成人员：孔致祥、张凡、乔明。

由甘肃省环境科学设计研究院编制完成《甘肃兰州市城市交通项目环境影响报告书》，较好地实现“以人为本、公交优先”的交通改善战略，符合兰州市城市总体规划的要求。该项目的建设有利于完善城区道路网；工程运营后，可提高路网通行能力，满足近远期交通增长的需要，缓解城市交通压力，消除交通盲点，促进沿线的物业开发及城市经济的发展，从而促进区域地块的开发建设。

由甘肃省环科院、兰州大学化学化工学院合作完成的《废干电池中镍的回收分离技术及新工艺研究》获得2009年甘肃省环境科学技术奖一等奖，2010年获得甘肃省科学技术进步奖三等奖。该课题以一次性废干电池为研究对象，对废干电池含镍种类、废干电池中镍的分布及含量等进行调查研究，提出废干电池中镍的回收分离技术方法与工艺，并研制得到高附加值的镍化合物产品的样品，为甘肃省危险废物处置中心的废干电池资源化与无害化处置中试工程提供技术依据。该课题主要完成人员：高发奎、葛建团、张树蔚、高贵华、周静。

2010年，由甘肃省环科院完成的《工业废水高级催化氧化技术开发研究》获得2010年甘肃省环境科学技术奖二等奖。该项目2004年由省科技厅组织鉴定，达到国际先进水平，2005年获省科技进步二等奖。该课题组1997年开始研制高级催化剂，2000年研制一种利用锅炉煤渣、添加活性组分的高级催化剂，在实验室进行大量实验，并采集不同类型的工业废水进行降解实验，废水中COD、氨氮去除率和脱色率等都达到排放标准后于2001年向省环保局申请立项，当年省环保局立项（编号为GH2002-1）资助经费3万元。研制小量催化剂和小型实验装置，先后在永昌县造纸厂、高台造纸厂和兰州助剂厂进行现场实验，出水均能达到排放标准。该课题主要完成人员：乔世俊、王海山、柴小军、赵慧宏、徐小莲、温飞、乔明、张凡、张政民、马婷婷。

2010年，在国家环境保护公益性行业科研专项项目的申报工作中，甘肃省环保厅与省环科院、兰州理工大学、甘肃省固体废物中心等单位紧密结合全省环境保护重点工作和突出环境问题，向环保部公益性行业科研专项办公室推荐《研究资源化建筑垃圾、保护环境、节能减排、发展循环经济》《我国欠发达地区清洁生产审核促进机制研究——以甘肃省为例》《农村禽畜粪便—秸秆—果蔬废弃物与生活污水集中能源化处理关键技术与设备研发》《甘肃省涉重金属企业信息管理系统研发》《基于GIS和大气污染模式的环境空气质量评估》《高浊度地表水与微污染水净化处理技术研究》《甘肃省重金属汞的污染现状调查及对策研究》7个环境保护技术项目。经评选，兰州大学《石化尾水处理技术》、省环科院《旧干电池污染控制指标体系及技术规范研究》、省环科院与中国矿业大学合作项目《有色金属冶炼重点行业重金属污染控制与管理支撑技术研究》被环保部列为公益项目，分别补助资金436万元、178万元、34万元；兰州市环境监测站《兰州市城市空气质量达标方案研究》项目被环保部列为《重污染城市空气质量达标策略与关键支撑技术研究》公益项目子课题，补助资金60万元。

2010年，甘肃省环科院等14家单位共申报《甘肃省环县六价铬污染防治技术研究》等科研课题32项，经省环保厅科技标准处组织人员审查，确定《甘肃省涉重金属企业环境动态管理系统研发》等16项环境科研课题为立项课题，并补助科研经费40万元。组织开展年度省环境科技奖评审及表彰活动，共有16项成果获奖（一等奖3项、二等奖7项、三等奖6项）。向省科技厅推荐10个项目参选，其中甘肃省环境监测中心站刘文君、连兵、罗钟梅、常毅、李珉完成的《甘肃省地表水容量及污染防治研究》获得甘肃省科技进步三等奖。

继续组织国家环境保护公益性行业科研专项项目的申报工作。甘肃省环保厅与兰州理工大学、省环科院、省固体废物中心等单位紧密协作，结合全省环境保护重点工作和中心任务以及突出环境问题，向环保部公益性行业科研专项办公室推荐《甘肃省涉重金属企业信息管理系统研发》《基于GIS和大气污染模式的环境空气质量评估》《研究资源化建筑垃圾、保护环境、节能减排、发展循环经济》《我国欠发达地区清洁生产审核促进机制研究——以甘肃省为例》《农村禽畜粪便—秸秆—果蔬废弃物与生活污水集中能源化处理关键技术与设备研发》《高浊度地表水与微污染水净化处理技术研究》《甘肃省重金属汞的污染现状调查及对策研究》7个环境保护技术项目。

根据国家环境保护部办公厅《关于推荐2010年度国家先进污染防治示范技术和国家鼓励发展的环境保护技术的通知》（环办函〔2010〕136号）精神，省厅组织省内有关单位完成《XCG草浆造纸黑液除硅碱回收工艺技术与装置系统（改造型）》《微生物胞外酶催化引发剂在污水处理中的应用》《LTWXJ炉内喷添加剂及尾气水循环脱硫技术》3个项目，补报《蛋白变性提取技术处理马铃薯淀粉生产废水示范工程研究》项目。其中，《蛋白变性提取技术处理马铃薯淀粉生产废水示范工程研究》项目所依托的技术路线“提取蛋白——废水后续处理”符合《国家先进污染防治技术示范名录》的要求，被纳入2010年度《国家先进污染防治技术示范名录》。

省环保厅积极组织省环保产业协会举办“甘肃环保与节能技术设备博览会”。同时，举行环保与节能新技术、新装备、新产品推介会与国家环保产业协会专家报告会，省内外200余家企业和参展商参展，百余种环保新技术、新装备、新产品得到推介，推动环境科研成果在甘肃的市场应用力度。

第三节　科技奖励

为了鼓励做出突出成绩和贡献的环保科技工作者，甘肃省环保局从1988年开始设立环境科技进步奖，经省科技厅审查批准并报科技部备案。2001年改为“甘肃省‘环境杯’科技奖”，2008年更名为“甘肃省环境科技奖”。

1987年以来，甘肃省环保厅（局）共组织完成环境科研成果275项，其中有232项环境科研成果获甘肃省环境科技进步奖和甘肃省“环境杯”科技奖，44项科研成果获甘肃省科技进步奖。1991—2010年甘肃省科技进步奖重点获奖项目见表7-1-1。

表 7-1-1

1991—2010 年甘肃省科技进步奖获奖项目一览表

序号	项目名称	完成单位	主要完成人员	发奖部门	甘肃省科技进步奖	
					获奖时间	获奖等次
1	兰州市生物样品中放射性核素浓度及居民年摄入量研究	甘肃省环境保护研究所	白书明、任秀英等	甘肃省科委	1991 年	三等奖
2	黄河兰州段水中化学污染物诱边性鉴定和防治措施研究	甘肃省环境保护研究所 兰州医学院	田裘学、周伶芝等	甘肃省科委	1992 年	三等奖
3	渭河甘肃段水环境污染防治与对策研究	甘肃省环境监测中心站	王生朴、牛武江、连兵、贾雪旗、王福来等	甘肃省科委	1993 年	三等奖
4	蓝马鸡人工繁育技术研究	张掖蓝马鸡饲养繁殖场	薛军、孙永福等	甘肃省科委	1995 年	三等奖
5	甘肃省有毒化学品调查与研究	甘肃省环境保护研究所	杨良年、赵国芳、任双梅、朱丽霞等	甘肃省科委	1996 年	三等奖
6	兰州市蔬菜生产区农药污染现状、污染规律及其综合防治研究	甘肃省环境保护研究所	雷虎兰、徐宝泉、孔致祥、杨晓辉、张树蔚等	甘肃省科委	1996 年	三等奖
7	甘肃省生态环境状况调查及对策研究	甘肃省环境保护局	杨泽恩、张波、赵伟民、张军、白志宏、伍光和、王新中、田炳申等	甘肃省科技厅	2001 年	二等奖

续表

序号	项目名称	完成单位	主要完成人员	发奖部门	甘肃省科技进步奖	
					获奖时间	获奖等次
8	兰州大气污染对儿童肺功能的影响研究	甘肃省环境保护研究所	田裘学、周伶芝、王瑞、田竹梅、田蕰惠、曹晋军等	甘肃省科技厅	2001 年	三等奖
9	印染废水治理技术示范研究	甘肃工业大学 甘肃省环境保护研究所	王有乐、敬宪科、齐明亮、翟均、蔺谦、赵文超、郭琳等	甘肃省科委	2001 年	三等奖
10	超临界流体萃取法处理及回收废水和固体废弃物中难分解有害化学物质的技术研究	甘肃省环境保护研究所	卢子扬、许宝泉、高建力、吴承章、柴小军、王晓云、陶燕等	甘肃省科技厅	2002 年	三等奖
11	黄河干流（甘肃段）水体污染综合治理方案	甘肃省环保局污染控制处 甘肃省环境监测中心站	赵伟民、张剑鸣、王生朴、史复有、徐延文、宋伟宏等	省科技厅	2002 年	二等奖
12	大孔载体制备及其固定化微生物处理废水的研究	兰州大学 甘肃省环保产业协会	李彦峰、叶正芳、李明峰、周林成、李柏年、张树江、姜鸿基、马鹏程、马万奎等	甘肃省科技厅	2002 年	二等奖
13	水中有机污染物的光催化降解技术研究	西北师范大学	陈慧、苏碧桃、安太成、金兴龙、房彦军、杨瑞强等	甘肃省科技厅	2002 年	三等奖

续表

序号	项目名称	完成单位	主要完成人员	发奖部门	甘肃省科技进步奖	
					获奖时间	获奖等次
14	干旱地区城市绿化带废水微灌应用技术研究	甘肃工业大学	王瑛、冯辉霞、范宗良、徐惠、李绍勇、王刚、陈明义等	甘肃省科技厅	2002 年	三等奖
15	甘肃省沙尘暴尘源分析及地面监测技术研究	甘肃省环境监测中心站	李晓红、刘晓强、常沁春、姜永波、牛耘、王汝滨、齐永强等	甘肃省科技厅	2003 年	二等奖
16	酵母融合子净化有机废水实验研究	兰州市环境保护研究所 兰州大学生命科学学院	孙荣高、彭学兰、王吉瑛、房维和、王秉洁、庞晓燕、任振武、李兰等	甘肃省科技厅	一等奖	三等奖
17	迭部沟铀矿资源开发利用后辐射环境质量水平与污染措施研究	甘肃省辐射环境监理站	王新中、王源、白书明、任秀英、葛宏英、苏永杰、宗凌等	甘肃省科技厅	2003 年	三等奖
18	一种高效制备纯二氧化氯的新方法、装置及其应用研究	兰州交通大学	董文魁、陈学民、王九思、许力、伏小勇、陈永志、王寿江等	甘肃省科技厅	2003 年	三等奖

续表

序号	项目名称	完成单位	主要完成人员	发奖部门	甘肃省科技进步奖	
					获奖时间	获奖等次
19	甘肃省污染物排放总量控制与发展综合机制研究	兰州交通大学环境学院、甘肃省环保局计财处	邵克文、赵伟民、裴元生、周强、常正国、田朝晖、苑省三、贾永安、牛剑平、张波、杨勇等	甘肃省科技厅	2004年	三等奖
20	甘肃省核应急监测点位设置与监测技术研究	甘肃省辐射环境监理站	王新中、白书明、苏永辉、宗凌、任秀英、葛宏英、汪源、梁兰庆等	甘肃省科技厅	2004年	三等奖
21	有机工业废水高级催化氧化技术应用研究	甘肃省环境科学设计研究院	乔世俊、赵爱萍、徐小莲、刘纯亭、张政民、刘虎臣等	甘肃省科技厅	2004年	二等奖
22	黄河兰州段水体中有机污染环境承载能力研究	甘肃省环境监测中心站	朱文萍、段爱玲、高宏、申田、张正煜、徐发凯等	甘肃省科技厅	2004年	三等奖
23	室内环境空气污染研究	甘肃省环境监测中心站	黄维、刘文君、赵红、常沁春、陆荫、白亮、王玉兰	甘肃省科技厅	2004年	三等奖

续表

序号	项目名称	完成单位	主要完成人员	发奖部门	甘肃省科技进步奖	
					获奖时间	获奖等次
24	兰州大气污染及对策研究	中科院兰州分院寒旱所、甘肃省环境保护局、兰州大学等	吕世华、田炳申、陈玉春、朱学义、王式功、李耀辉、祁国伟、卢子扬、安兴琴	甘肃省科技厅	2004年	二等奖
25	兰州市空气质量预报模式应用研究	兰州市环境监测站、兰州中心气象局	王庆梅、杨民、孙凤安、李文莉、张英俊、奚立宗、杨成林、于周锁等	甘肃省科技厅	2004年	三等奖
26	生物曝气滤池用于城市污水深度处理出水回用的研究	甘肃金桥给排水设计与工程有限公司	王继武、邱熔处、王刚、鲁耀东、刘兴奎、朱万益、王爱莲、聂维明、胡建明、俄娣、窦静萍等	甘肃省科技厅	2005年	三等奖
27	饮食业油烟净化新工艺研究	兰州交通大学	张进萍、李德生、陈永志、王宝山、于连群	甘肃省科技厅	2005年	三等奖
28	环保型蜂窝煤的研制及应用研究	兰州交通大学	李志恒、董温魁、许力、钟金魁、任宗礼、柴兰琴、白亮等	甘肃省科技厅	2005年	二等奖

续表

序号	项目名称	完成单位	主要完成人员	发奖部门	甘肃省科技进步奖	
					获奖时间	获奖等次
29	西北地区城市污水资源化工程研究	兰州交通大学、甘肃省农业科学研究院、庆阳市西峰区政府	完颜华、邱熔处、郭天文、齐雪柏、郭永杰、魏东海、陈银萍、杨兴儒、王俊峰、胡纯玲、水春雨等	甘肃省科技厅	2006年	二等奖
30	甘肃省“菜篮子”蔬菜基地环境安全及污染防治技术研究	甘肃省环境监测中心站、甘肃省环保局科技监测处	李晓红、王宝禄、罗玲萍、王婷、常峰等	甘肃省科技厅	2006年	三等奖
31	河西走廊干旱荒漠绿洲地区优质草坪建植技术体系的研究	河西学院/甘肃农业大学	刘金荣、谢小荣、白小明、贾生海、纪英、秦嘉海等	甘肃省科技厅	2006年	三等奖
32	甘肃省环境质量变化趋势及污染物排放总量控制研究	甘肃省环境监测中心站	何仲德、王宝禄、姜永波、罗钟梅、康颖琦、冯建民、张正煜、常毅、王婷等	甘肃省科技厅	2007年	二等奖
33	可完全生物降解聚天冬氨酸的研究与应用	兰州交通大学	董文魁、赵丽、柴兰琴、任宗礼、钟金魁、许力、崔科等	甘肃省科技厅	2007年	三等奖

续表

序号	项目名称	完成单位	主要完成人员	发奖部门	甘肃省科技进步奖	
					获奖时间	获奖等次
34	兰州市西固区域环境十年变化趋势的研究	甘肃省环境监测中心站	韦春、黄维、刘文君	甘肃省科技厅	2007年	三等奖
35	陇东地区石油开发发展规划环境影响评价研究	甘肃省环境科学设计研究院	刘生海、王成元	甘肃省科技厅	2007年	省环境科技杯二等奖
36	污灌农田重金属污染回顾性评价及土壤修复技术研究	甘肃省环境科学设计研究院	卢子扬、王爱平	甘肃省科技厅	2007年	环境科技进步奖三等奖
37	大中型无脊椎动物作为土壤环境重金属污染监测指标的研究	甘肃省环境科学设计研究院、甘肃农业大学	卢子扬、王爱平	甘肃省科技厅	2007年	环境科技进步二等奖
38	甘肃省饮用水水源地环境禀赋及安全评估研究	甘肃省环境科学设计研究院	葛建团、张凡、王爱平、温飞、陶华旸、乔明、何淼、何乐萍	甘肃省科技厅	2009年	环境科学技术奖二等奖
39	废干电池中镍的回收分离技术及新工艺研究	甘肃省环境科学设计研究院 兰州大学化学化工学院	高发奎、葛建团、张树蔚、高贵华、周静	甘肃省科技厅	2009年	环境科学技术奖一等奖
40	清洁生产标准镍选矿行业	甘肃省环境科学设计研究院	孔致祥、乔明、张凡	甘肃省科技厅	2009年	环境科学技术奖二等奖

续表

序号	项目名称	完成单位	主要完成人员	发奖部门	甘肃省科技进步奖	
					获奖时间	获奖等次
41	国电兰州热电有限责任公司清洁生产审核报告	甘肃省环境科学设计研究院	孔致祥、乔明、豆豆	甘肃省科技厅	2009年	环境科学技术奖三等奖
42	废干电池中镍的回收分离技术	甘肃省环境科学设计研究院	高发奎、葛建团、张树蔚、高贵华、周静	甘肃省科技厅	2010年	科学技术进步奖三等奖
43	工业废水高级催化氧化技术开发	甘肃省环境科学设计研究院	乔世俊、王海山、柴小军、赵慧宏、徐小莲、温飞、乔明、张凡、张政民、马婷婷	甘肃省科技厅	2010年	环境科学技术奖二等奖
44	甘肃通达果汁有限公司清洁生产审核报告	甘肃省环境科学设计研究院	孔致祥、乔明	甘肃省科技厅	2010年	环境科学技术奖二等奖

第二章　科研成果

第一节　科学基础理论及应用技术

“九五”至“十一五”时期，环境管理学研究主要是采用信息时代所提供的新的管理理念和手段，利用人工智能技术，寻求建立新的信息管理系统和科学的行业标准，包括战略对策研究、循环经济研究、有毒化学品控制管理系统研究、污染物排放总量控制系统研究、人工神经网络在管理中的应用、清洁生产行业标准等。

一、　环境质量变化趋势与总量控制研究(2005)

2005 年，由甘肃省环境保护局立项，甘肃省环境监测中心站承担完成《甘肃省环境质量变化趋势及总量控制研究》。参加人员有何仲德、王宝禄、姜永波、罗钟梅、康颖琦、冯建民、张正煜、常毅、王婷等。该课题对全省2001—2005 年环境质量状况进行调查，共获得 300 多万个有效环境质量监测数据，摸清全省主要污染物的排放总量，建立污染源数据库；提出和建立甘肃省环境质量监测评价技术指标体系与评价模式；分析重点污染源污染物的形态、分布时空、变化规律及环境质量变化趋势；提出污染物总量控制技术指标及应对技术措施，为全面加强全省环境保护和编制全省污染物减排工作规划提供科学依据。

2005 年，该成果通过甘肃省科技厅组织的技术鉴定，成果达到国内领先水平。2006 年，分别获甘肃省“环境杯”科技奖一等奖、甘肃省科技进步二等奖。

二、区域环境变化趋势分析研究(2005)

2005 年，甘肃省环境保护局立项，甘肃省环境监测中心站承担完成《兰州市西固区域环境十年变化趋势的研究》，参加人员有韦春、黄维、刘文君等。该课题运用 10 年来的环境监测数据，系统地分析了石油化工区主要污染物的来源、分布时空、排放规律；建立综合评价模式，对该区的大气环境质量、水环境质量、生态环境质量、土壤环境质量、声环境质量分别进行评价和10年环境质量变化趋势分析；为加强兰州市西固区域环境污染综合治理和编制污染物减排工作规划提供科学依据。

2005年，该成果通过甘肃省科技厅组织的技术鉴定，成果达到国内领先水平。2006年，分别获甘肃省“环境杯”科技奖二等奖、甘肃省科技进步三等奖。

三、环境质量现状分析及对策研究(2005)

2005年，甘肃省环境保护局、甘肃省环境监测中心站完成《甘肃省2001—2005年环境质量报告书》编写工作。参加编写人员有王新中、王宝禄、韦春、何仲德、姜永波、罗钟梅、康颖琦、冯建民、张正煜、常毅、王婷、李小红、张正煜、白书明、宗凌等。该报告书共分基本情况、工业污染源、城市空气质量、沙尘暴及酸雨、水环境质量、城市声环境质量、辐射环境质量、生态环境质量、结论九章。全书约94 000多字。报告根据甘肃省2001—2005年的环境监测结果，运用300多万个有效监测数据，综合分析主要污染物的来源、排放量及影响环境质量的主要因素，找出全省环境质量变化的规律及发展趋势，提出“十一五”改善全省环境质量状况的技术措施及建议，为环境管理和编制《甘肃省“十一五”环境保护发展规划》提供依据。

2006年，《甘肃省2001—2005年环境质量报告书》被国家环保总局评为2001—2005年全国优秀环境质量报告书二等奖。

四、循环经济发展模式研究(2005—2007)

2005年甘肃省环境保护局立项，兰州大学、甘肃省环境保护局完成《甘肃省循环经济发展模式研究》。参加人员有陈兴鹏、张政民、刘庆广、薛冰、王伟、张子龙、苗红、 张华等。该研究提出甘肃省循环经济系统由区域、城市、园区、企业、社会等经济元组成，丰富循环经济的科学内涵；提出点、线、面结合，分层次构建“极点带动、轴心突破、通贯全省”的区域循环经济关联模式；建立企业群的CAS模式，提出生态系统稳定性公式，为生态工业园区设计四种模式，提出产品生态设计 pugh 选择矩阵、简化生命周期评价矩阵和靶图模式，设计企业清洁生产的相关模式；提出城市产业循环体系、城市生态工业网络体系和城市循环经济基础体系；设计循环经济社会模式，系统地将循环经济发展与三个文明建设联系起来，提出循环经济发展要通过三个转变，推进三个转型。

2007 年 10 月，通过甘肃省科学技术厅组织的成果鉴定，成果达国内领先水平，研究成果被武威、白银、平凉、金昌等城市运用于编制循环经济试点规划与实施方案中。

五、甘肃可持续发展研究(2010)（见第八篇第一章第四节）

六、优先控制有毒化学品管理信息系统研究(1997)

该研究主要技术特点是在数学模式上采用稀疏矩阵法，减少存贮空间；采用动态数据链形式，将不同类型、不定长度的数据按动态、静态分别存放，便于进行横向和纵向的数据延伸；采用全屏幕下拉菜单，操作非常方便。该系统具有数据维护、数据统计、图形显示、数据提取以及系统的管理和维护等主要功能。

该项目 1997 年获得甘肃省环保科技进步二等奖。项目完成单位：甘肃省环境保护研究所。

七、污染物排放总量控制动态管理系统及软件开发(2001)

大气污染源数据不仅包括所排放各种污染物数量的多少，而且包括其排放所在地理位置数据。同样的污染物排放量，由于其所在地理位置不同，在气象条件影响下，其污染程度与范围将有所不同。是为大气污染源的地理空间特性。大气污染源的地理空间特性决定大气污染物排放总量控制必须采用定量与空间分析相结合的综合地理思维工具——地理信息系统（GIS）。大气污染物排放总量控制不仅要进行污染源的定量分析，如计算排放量大小，而且要进行空间分析，如计算排放量与环境浓度关系。GIS 正是这种结合的完美体现，GIS 以数据表示空间分布数字和图形融为一体，支持数字思维与空间思维同时进行，相比传统的地图分析和仅仅对统计数据的定量分析方法有质的改进。

该系统是总量控制方法走向实践的必要手段，是实现大气环境科学管理和决策的关键，具有重大的现实意义。

该课题2001年获得甘肃省“环境杯”科技奖三等奖。课题完成单位：甘肃省环境保护研究所。课题参加人员：曹晋军、郭玲玲、赵慧宏。

八、人工神经网络在环境管理中的应用研究(2002)

该课题从环境质量评价、环境预测、大气颗粒物源解析及优化布点四个方面对人工神经网络（ANN）在环境科学领域的应用现状进行综述。可以看出人工神经网络方法在环境质量评价、环境预测、大气颗粒物源解析及优化布点等方面较常规数学方法具有相当的优越性；可以预见人工神经网络方法在环境科学领域必将具有巨大的实用价值和广阔的应用前景。

该课题2002年获得甘肃省“环境杯”科技奖三等奖。课题完成单位：甘肃省环境保护研究所。课题参加人员：郭玲玲、曹晋军、赵慧宏。

九、镍选矿行业清洁生产标准(2007)

该标准的编制是为了更好地贯彻落实《中华人民共和国清洁生产促进法》和国务院《关于落实科学发展观加强环境保护的决定》，强化工业污染防治工作。其实施将有利于淘汰高污染、高消耗及落后的镍选矿生产工艺、设备，促进镍选矿企业采用无污染、低污染的先进生产工艺、设备，促使企业进一步采取节能、降耗的措施，从而使镍选矿行业走上高效、低污染的发展道路。该标准已由国家环保总局2007年8月1日发布，2007年10月1日起实施。其颁布实施将会对镍选矿行业清洁生产起到指导和推动作用。

该标准完成单位：甘肃省环境科学设计研究院。该标准2007年2月6日通过国家环境保护总局科技标准司的审核。

十、清洁生产镍选矿行业标准(2009)

为贯彻《中华人民共和国环境保护法》和《中华人民共和国清洁生产促进法》，保护环境，为镍选矿生产企业开展清洁生产提供技术支持和导向，制定该标准。该标准规定清洁生产的一般要求。标准将清洁生产指标分为五类，即生产工艺与装备要求、资源能源利用指标、污染物产生指标（末端处理前）、废物回收利用指标和环境管理要求。该标准适用于镍选矿（本标准所称镍选矿是指镍矿石从碎矿作业—磨浮作业—精选作业—尾矿处置的全过程）企业清洁生产审核和清洁生产潜力与机会的判断，以及清洁生产绩效评定和清洁生产绩效公告制度。

该标准2009年获得甘肃省环境科学技术奖二等奖。项目完成单位：甘肃省环境科学设计研究院。项目主要完成人员：孔致祥。

第二节　环境污染防治对策研究

面对工业化特别是工矿企业发展所带来的环境污染日益严重的局面，“九五”至“十一五”时期环境污染防治研究侧重于黄河兰州段、大夏河甘肃段水污染防治对策研究，兰州大气污染对策研究和矿冶业放射性污染防治研究，取得十多项研究成果。

一、兰州大气污染及对策研究(1999—2003)

1999—2003年，甘肃省科学技术厅立项，中科院兰州分院寒旱所、省环境保护局、兰州大学、省气象局等单位完成《兰州大气污染及对策研究》，课题经费为290万元，成果整体水平达国内领先。参加人员主要有吕世华、田炳申、陈玉春、朱学义、王式功、李耀辉、祁国伟、卢子扬、安兴琴、王新中等。该课题研究共分11个子课题，运用历年环境监测数据和气象学、环境科学、环境统计学、环境信息学原理，从兰州地区大气、工业废气排放、工业废气污染治理、产业结构调整、环境监测、环境管理等方面进行综合区域分析评价，解析影响兰州地区大气环境的主要污染物成分、来源、时空分布、排放总量、危害及变化趋势；结合兰州地区特殊的地理环境和大气环境条件，提出兰州大气污染综合防治对策措施，以加快产业结构调整，优化大气环境促进经济发展的总体框架；借鉴发达国家的先进经验，提出兰州地区大气环境质量预测预报模式。该研究拓展兰州地区大气环境科学研究的理论基础和领域，大气环境质量预测预报模式等研究成果被省、市环境保护部门推广应用。2004年，该成果获甘肃省科技进步二等奖。

二、沙尘暴尘源分析及地面监测技术研究(2002—2003)

2002年，甘肃省环境保护局立项，甘肃省环境监测中心站完成《甘肃省沙尘暴尘源分析及地面监测技术研究》。参加研究的主要人员有李晓红、刘晓强、常沁春、姜永波、牛耘、王汝滨、齐永强等。该研究对甘肃省沙尘暴尘源形成的原因、源头、规模等进行系统地分析，在现场踏勘的基础上对地面监测点位、采样方法进行科学论证，并与卫星遥感技术进行对比试验，研制出地面沙尘暴尘源采样器和地面监测技术。该研究弥补我国现行的沙尘暴地面监测技术不规范等缺陷。

2003年，通过甘肃省科技厅组织的技术成果鉴定，成果达到国内领先水平。2004年，分别获甘肃省“环境杯”科技一等奖、甘肃省科技进步二等奖。其成果被国家环境保护总局在全国推广应用。

三、兰州市自来水中放射性水平及控制措施研究(1990—1991)

该课题对兰州市饮用水及水源水中总α、总β放射性和放射性核素进行监测，摸清兰州市饮用水中放射性现状水平和水源中放射性物质的来源及浓度变化趋势。对水处理设施及不同混药剂和吸附剂对放射性核素净化效果及水体中悬浮物对放射性核素的吸附转移规律，提出控制饮用水放射性污染的预防措施及特定环境下的应急办法。通过不同实验室、不同方法对同一水样测量结果的对比和用主要放射性核素浓度计算验证总α测量结果的方法，筛选并确定适合兰州市水样的总α、总β测量方法，为测量结果的准确性和可比性提供可靠的技术条件。

该课题结合实际需要选题，实用性强，采用的测试手段先进可靠，数据准确，对国内同类研究具有一定的指导意义。该项目荣获省环保科技进步三等奖。

完成单位：甘肃省环境保护研究所；协作单位：兰州市自来水公司水质科。主要研究人员：赵国芳、杨效忠、白书明、杜心颖、孙骞、徐仁英、杨孟明、任秀英。

四、大夏河甘肃段水环境污染防治及其对策研究(1991—1994)

该课题对甘肃省黄河流域的大夏河甘肃段进行全面深入研究，从污染源、水体现状、水生生物、卫生防疫指标、环境容量、总量控制规划等方面进行综合分析研究，其中水生生物和卫生防疫指标在河流中指示污染的研究，省内未见报道；概率稀释模型应用于水污染环境容量与总量控制方面的研究，国内虽有文献报道，但未见将该模型应用于大夏河流域的研究报道；合作对策模型应用于河流水污染防治，国内未见文献报道，均具有首创性和较强的实用性。该研究从大夏河流域污染实际情况出发，在近期、远期目标值下预测污染发展状况的基础上提出污染防治规划，对总量控制规划进行深入实际的综合研究。

大夏河是甘肃临夏、甘南两个少数民族自治州“两岸三县一市”43个乡（镇）工农业发展、居民生活的宝贵水源，流域居民有80多万人，有百万亩草原、70多万亩良田靠大夏河灌溉，由于刘家峡水库的水质直接受到大夏河水质的影响，也由于近年来大夏河流域的污染源大增，水质的污染严重影响甘肃省少数民族地区工农业生产的发展和人民群众的生活，省地、市、县人大代表多次提出议案呼吁治理大夏河的污染问题。因此，该研究成果有着政治、经济、社会环境多方面的效益和价值。该成果不仅可用于污染源监督管理，还可以为经济发展提供科学依据，更重要的是可以为大夏河流域水环境规划及综合整治提供决策依据。成果中提出的分组联合建立污水治理工程的方案，与单独建立污水处理设施相比可节约费用2 516.3万元，具有良好的可操作性。为下一步实施甘肃省环保九年和十年规划以及跨世纪的绿色行动计划和“5522”工程中甘肃省内重点防治5条河流污染综合治理重大举措提供翔实可靠的科学依据和具体方案。

该项目荣获省环保科技进步二等奖，属国内领先水平，填补省内空白。

完成单位：甘肃省环境保护研究所。主要研究人员：张凡、刘怀高、赵峰、金德美、赵文超、马润章。

五、甘肃省有毒化学品调查与研究(1991—1993)

有毒化学品污染已成为世界各国极其关注的七大环境问题之一。该项研究一是对全省化学品生产、使用、贮运、销售及进口情况做全面调查，摸清现状；二是在众多的化学品中，筛选出对生态环境、人类健康危害较大或潜在危害较大、行政管理部门应优先管理和控制的有毒化学品，对总体控制有毒化学品的污染提供有效方法。该成果实用性较强，具有较大的环境、社会及经济效益，居于国内领先水平。

该项目荣获省环保科技进步一等奖。完成单位：甘肃省环境保护研究所。主要研究人员：杨良年、任双梅、甄继祺、朱丽霞、窦立宝。

六、金昌市放射性污染调查研究(1998—2001)

该课题是对放射性污染物的主要危害放射性核素通过自身的衰变放出的α、β和γ射线的研究，这些射线能使人的机体内起着重要作用的各种分子变得不稳定，化学键断裂，分子被电离生成新的分子，引起遗传变异或诱发癌症，这种人体受过量的放射线照射所得的疾病被称为“放射病”，最常见的放射病就是“白血病”，即“血癌”。除对人身的危害外，对其他生物也会产生损伤和致病效应。

该课题2001年获得甘肃省科技进步三等奖。课题完成单位：甘肃省环境保护研究所。课题主要完成人员：葛宏英、汪源、潘竞福、宋晰宇、乔红群。

七、甘肃省伴生矿放射性矿物资源开发利用中固体废物处置技术研究(2002)

我国冶金工业快速发展，促使矿山的开发力度加大，随之产生大量伴生矿放射性矿物资源开发利用中固体废物。该课题通过甘肃省伴生矿放射性矿物资源开发利用中固体废物处置技术以及矿山固体废弃物危害的研究，对了解矿山固体废弃物的处理与再利用具有重要的意义，并提出有效治理矿山废物和资源再利用的有效方法。

该课题2002年获得省环境杯科技奖二等奖。课题完成单位：甘肃省环境保护研究所。课题协作单位：甘肃省辐射站。课题主要完成人员：王新中、宗凌、窦立宝、苏永杰。

八、迭部沟铀矿资源开发利用后辐射环境质量水平与治理措施研究(2004)

该课题为保护环境、合理开发矿产资源，对放射性本底值较高的矿床做放射性 γ 辐射水平调查，划出对人体有危害的高辐射区，并提出在矿山开采中可能引发的放射性危害的防护措施。

该课题 2004 年获得甘肃省科技进步三等奖。课题完成单位：甘肃省环境科学设计研究院。课题协作单位：甘肃省辐射站。课题主要完成人员：王新中、汪源、白书明、任秀英、葛宏英、苏永杰、宗凌、常宏。

九、兰州市城区大气总悬浮颗粒物污染来源研究

该项目为兰州市大气污染治理对策研究子课题，是与中科院兰州分院的合作项目，主要是对兰州市城区环境空气中的总悬浮颗粒物（TSP）进行污染源的源解析，得出主要污染源对 TSP 的平均贡献率。

该项目 2004 年获得甘肃省科技进步二等奖、省环境杯科技奖二等奖。项目完成单位：甘肃省环境科学设计研究院。项目主要完成人员：魏群、卢子扬、乔世俊、王力洁、陆燕誉、赵仲礼。

十、兰州大气污染综合防治对策研究(2004)

该项目是兰州市大气污染治理对策研究子课题，是与中科院兰州分院的合作项目。随着城市化进程的加快以及工业结构的日益复杂，全国环境空气污染状况和特征都发生显著的变化。城市地区多种大气污染物高强度集中排放，导致城市环境空气质量显著下降，进而引起城市群和区域性复合型大气污染问题的发生。城市作为人口相对集中的地区，其环境空气质量关乎大众的身心健康和社会安全，同时由于城市也是城市群大气污染的主体和核心，因此城市环境空气质量的改善应成为“十二五”期间大气污染防治工作的重点。总结以往经验和教训，适时创新城市空气质量管理思路将有效加快未来城市空气质量改善的进程。

该项目 2004 年获得甘肃省科技进步二等奖。项目完成单位：甘肃省环境科学设计研究院。项目主要完成人员：甄继祺、田炳申、王新中。

十一、甘肃省放射性排污费计算模式与收费标准研究(2005)

排污收费标准是中国排污收费制度的核心。设计一个与市场经济相适应的新的排污收费标准，是改革中国排污收费制度的重要前提条件。该标准在分析现行的排污收费标准基础上，提出满足不同政策需求的若干种排污收费标准方案，并进行多方案比较。

该项目2005年获得市级科技进步一等奖。项目完成单位：甘肃省环境科学设计研究院。项目协作单位：甘肃省辐射站。项目主要完成人员：白书明、陈爱民、杨福明、崔剑雄、宁炳、宗凌。

第三节　环境医学研究

环境医学研究在甘肃起步于20世纪80年代，主要集中在环境污染对人体健康的影响和生物抗病技术研究方面。该研究领域具有很大的探索空间。

一、大气污染对儿童肺功能影响研究(1998—2001)

1988—2001年，甘肃省环境保护研究所承担，兰州铁路局第一小学、榆中街小学协作完成中、美合作项目《兰州市大气污染对儿童肺功能影响研究》。课题经费来源：美方资助50万美元。主要参加人员：田裘学、周伶芝、王瑞、田竹梅、田蕴惠、曹晋军等。

1998年，中美两国国家环境保护局共同签署的中美环保科技协作课题，分别在全国四城市同步进行，《大气污染对儿童肺功能影响研究》是其中之一。该课题为前瞻性研究项目，通过10年对兰州铁路局第一小学、榆中街小学等学校的儿童群体健康状况跟踪调查，研究结果表明，大气总颗粒悬浮物中$PM_{2.5}$对人体健康造成严重危害，尤其是对儿童健康危害极大。该研究成果为制定兰州地区大气污染综合治理方案和大气环境标准提供技术支撑，为进一步研究环境医学奠定理论基础。

2000年，通过甘肃省科学技术厅组织的技术成果鉴定，成果达国内领先水平。2001年，该成果获甘肃省环保局环境科学进步奖二等奖、甘肃省科技进步奖三等奖。

同年，甘肃省环科院完成的《铅污染对儿童健康的影响调查研究》等课题，研究结果表明：铅污染严重影响人体健康，尤其是对妇女、儿童的身体健康危害极大，特别是对妇女妊娠期、孕期、哺乳期身心健康影响极大。甘肃省环保局运用该研究成果，加强大气污染综合防治工作，为编制甘肃省环境保护规划和大气污染防治对策提供技术支撑。

二、室内污染与防治研究(2002)

人的一生 80%的时间在室内度过，室内空气质量对人体健康至关重要。20 世纪 90 年代后，由于装修造成的室内污染纠纷逐年增多，为了加强和规范全省室内环境保护工作，2003 年甘肃省环境保护局立项，甘肃省环境监测中心站完成《室内污染与防治研究》。参加人员：黄维、刘文君、赵红、常沁春、陆 荫、白亮、王玉兰等。该课题研究系统地分析室内污染物的种类、来源及其危害，提出室内空气质量监测评价的技术规范与模式，以及防治室内污染的对策措施。研究结果表明，新装修的家庭居室中常见的有害物质有 300 多种，其中对人体健康危害最大的有 20 多种，氨、甲醛、苯、氡、有机挥发物“五大”毒气成为危害人类健康的“五大杀手”。省环境保护局运用该研究成果，2003—2005 年对兰州市新装修的 600 户民宅居室和 300 多家餐饮、酒吧、网吧等公共娱乐场所的室内空气质量检测结果表明，室内污染物均严重超标。其中，甲醛超标占 90%以上，苯、总有机挥发物、氨超标 30%以上。甲醛、苯为致癌物质。室内装修、厨房油烟、生活垃圾、电磁辐射、饲养宠物等都可能造成室内空气污染，其污染物主要来自建筑墙体材料、室内装修和装修材料、室内使用的家具三个方面。

2004 年，甘肃省环境保护局运用该研究成果制定下发《甘肃省室内空气质量环境监测技术规范》，成立甘肃省环保局室内污染与防治咨询服务中心，会同省质量技术监督局认证获得室内监测能力资质的 16 家环境监测机构，指导全省全面开展室内空气质量监测工作。同年，甘肃省环境保护局、甘肃省质量技术监督局联合组织获得室内空气质量监测资质的 8 家监测机构，对兰州火车站候车室、兰州汽车东站候车室、兰州中川机场候机室、兰州体育馆、兰州黄河剧院、兰州国芳百盛商场等大型公共场所室内空气质量进行抽测，公布室内环境质量状况。抽测结果表明，所抽测的大型公共场所室内空气质量基本良好，但新装修的餐饮店、网吧等公共场所室内甲醛、总有机物污染依然严重。针对存在的问题提出整改措施。

该研究成果，2002 年通过甘肃省科学技术厅组织的技术成果鉴定，成果达国内领先水平。2003 年获甘肃省“环境杯”科技二等奖，2004 年获甘肃省科技进步三等奖。

三、定西地区生态破坏对妇女健康影响研究（2001）

该项目 2001 年获得甘肃省“环境杯”科技奖三等奖。

项目完成单位：甘肃省环境保护研究所。

项目主要完成人员：康玲。

四、从甘草废渣中提取抗癌成分技术研究（2002）

该课题确定从甘草废渣中提取抗癌成分是一条可行的途径。课题经对比研究，认为许多中草药都具有抗细菌和抗真菌作用，但是中草药中所含成分复杂，甚至某些中药还含有有毒成分，因此必须对药材进行去粗取精的提炼，以提高中药制剂质量和临床疗效。目前，无论是国内还是国外，提取中草药化学成分的方法主要采用热提取法（煎煮法、回流提取法）和浸泡提取法（渗漉法、冷浸法）等常规提取法。这些常规方法均有许多不足之处，如煎煮法和回流法虽然可以方便地进行工业化生产，但是溶媒用量很大、耗时长，且容易破坏热敏成分和氧化成分；渗漉法虽然不用加热，但是周期长；冷浸法则是最原始的提取方法，溶媒用量大，耗时太长，提取率也很低。提取操作是制备现代中药制剂的重要环节，过去不被人们重视的活性成分如微量元素及多糖等也被考虑其中。该课题就一些新技术在中药化学成分提取工艺中的优势及应用做出探讨。

该课题 2002 年获得甘肃省“环境杯”科技奖二等奖。课题完成单位：甘肃省环境保护研究所。课题主要完成人员：高发奎、张树蔚、杨晓辉、高贵华、卢子扬。

五、空气污染对呼吸健康影响研究（2003）

甘肃省环境科学设计研究院是课题参加单位之一。课题认为：呼吸道是空气中悬浮颗粒物和其他有害物质进入人体的主要途径之一，呼吸系统是大气污染物直接作用的靶器官。流行病学观察认为短期暴露于户外，颗粒物可增加上呼吸道疾病的发病率；大气污染对呼吸系统损伤的确切病理机制虽不完全明了，但气态和颗粒污染物均能加重上下气道的潜在病理生理变化；活性氧簇的生成及其如何导致炎症反应是倍受关注的重要机制，氧化应激还可促发氧化、还原反应敏感的信号通路，以协同方式激活前炎性细胞因子、化学因子和黏附受体的表达。另外，PM、O_3等可以在气道表面生成免疫介导物过敏毒素 C3a，诱导气道高反应性。

国内外的大量研究表明：大气污染与许多健康效应直接或间接相关，可对人体呼吸、循环、免疫、神经等多个系统产生不良影响，造成肺功能下降、心血管疾病发生率和死亡率升高。该课题通过分析大气污染物主要组成成分，综合大气污染物与呼吸健康的资料，以获取主要大气污染物健康效应的可能机制，并总结大气污染物的研究方向，为今后开展此类研究提出建议。

该课题于 2003 年获得北京市科学技术奖二等奖。课题参与单位：甘肃省环境科学设计研究院。课题主要参加人员：田裘学、周伶芝、王瑞。

第四节　环境生态学研究

环境生态学研究是环境科学研究的重要领域。该时期甘肃省生态科学研究主要侧重于生态环境污染防治和恢复重建方面。

一、生态调查及对策研究(1999—2000)

1999—2000 年，甘肃省环境保护局立项并完成《甘肃省生态环境状况调查及对策研究》。2000 年，通过甘肃省科学技术厅组织的技术成果鉴定，研究成果达到国内领先水平。参加人员：杨泽恩、张波、赵伟民、张军、白志宏、伍光和、王新中、田炳申等。该研究系统地对全省生态环境状况展开调查，运用研究成果编制全省生态保护规划和功能区划，提出的加强生态保护的对策建议，被全省各级环保部门广泛应用，为编制和实施平凉市、清水县、广河县、永昌县国家生态示范市县建设规划和试点工作方案奠定基础。

2001 年，分别获甘肃省“环境杯”科技奖一等奖、甘肃省科技进步二等奖。

二、“菜篮子”蔬菜基地环境安全及污染防治对策研究(2005)

2005 年甘肃省环境保护局立项，甘肃省环境监测中心站、张掖市环境监测站、临夏州环境监测站完成《甘肃省“菜篮子”蔬菜基地环境安全及防治技术研究》。参加人员：李晓红、王宝禄、罗玲萍、王婷、常峰等。

该研究首次对全省 73 个“菜篮子”蔬菜基地生产量、产地、种类、品种及环境质量状况进行调查评价；系统地解析全省“菜篮子”蔬菜基地主要污染物的种类、排放量、排放方式及来源；建立 73 个蔬菜生产基地环境档案；编制“菜篮子”蔬菜基地环境监测评价模式及技术规范；提出“菜篮子”蔬菜基地环境安全防范技术与措施，规范全省“菜篮子”蔬菜基地环境监测评价工作。省环保局运用该研究成果，在指导兰州、金昌、庆阳、张掖、武威、临夏、白银 6 城市开展“菜篮子”蔬菜基地环境监测试点工作的基础上，制定和实施《关于开展全省食用农产品生产基地环境监测工作的意见》《甘肃省“菜篮子”蔬菜生产基地环境监测技术规范》，全面开展“菜篮子”蔬菜生产基地环境监测工作，为积极推进全省“菜篮子”蔬菜生产基地环境安全，发展“绿色农业”“无公害农业”“有机农业”食用农产品基地环境建设提供技术支撑。

2005 年，通过甘肃省科学技术厅组织的技术成果鉴定，研究成果达到国内领先水平。2006 年，分别获甘肃省“环境杯”科技奖一等奖、甘肃省科技进步奖三等奖。

三、生态(绿色)文明单位技术指标体系研究(2007)

为了加强和规范全省绿色文明单位活动，加快推进绿色文明建设，甘肃省科学技术厅立项，从 2002 年开始，甘肃省环境保护局政策法规处、科技监测处，甘肃省环境宣传教育中心，于 2007 年完成《甘肃省生态绿色文明单位技术指标体系及应用研究》。2007 年 12 月，通过甘肃省科学技术厅组织的技术鉴定，成果达国内领先水平。参加人员：张谈贵、王伟、杨霞、胡煜军、相军伟、颉喜东、武成智、王宝禄等。

该项目研究运用生态文明环保的最新理念，把环境保护与精神文明、生态文明建设有机地结合在一起，系统地阐述生态绿色文明建设的科学内涵及特征；提出和建立甘肃省生态绿色文明单位技术指标体系、考核指标体系、公众参与服务平台模式，量化考核评价指标，规范管理；探讨和建立长效工作机制、公众参与机制、宣传舆论机制、保障机制四大机制；研究建立生态（绿色）文明单位建设、考核、反馈等信息系统，增强社会监督、公众监督的透明度，系统性、理论性、学术性、针对性、可操作性强。

该研究成果被甘肃省精神文明委、甘肃省环委会在全省推广应用。2004年，甘肃省环委会、省文明委运用该研究成果制定颁发《甘肃省生态(绿色)文明单位建设管理办法》《甘肃省生态(绿色)文明单位考核评估标准》，加大成果推广示范的力度。截至2007年年底，全省共建成国家级绿色单位8个，省级生态绿色文明单位113家，环境效益、社会效益、经济效益显著。

该研究拓展全省环境科学研究的领域，对加快推进甘肃资源节约型、环境友好型社会建设起到示范和推动作用，研究成果达到国内领先水平，有广泛的推广应用价值。

四、张梁生态村模式研究(1990—1991)

该课题从甘肃省干旱半干旱地区农牧过渡带生态环境脆弱、农业系统功能失调的实际出发，通过对“临夏张梁村”农业持续发展制约因素的分析研究，应用生态学原理和现代科技方法，通过对提高农业生态系统整体生产力的途径和最佳农业生态模式的研究，呼吁建立多层级、多结构、多功能的集约化综合农业生态体系，促进农业生产；从解决生活能源入手，以开发新能源为中心环节突出养殖业，以新的经营方式促进农业发展，增加经济效益，优化生态环境。

该研究对张梁农业生态系统建设的模型设计与优化研究成果，为今后系统结构的优化与调控指明方向。

该研究经专家评定，认为在本省生态农业模式研究中具有开拓性意义，对农业脆弱带的生态农业建设具有重大理论与实际意义，达到国内该领域研究的先进水平，在广泛深度和系统研究性方面达到国内领先水平。

该项目荣获省环保科技进步三等奖。完成单位：甘肃省环境保护研究所。主要研究人员：郝敬丹、刘兴文、许宝泉、雷虎兰、陈钢、孔致祥、高发奎、张树蔚、杨晓辉、田蕴蕙、马润章。

五、全省农村饮用水水源调查(1991—1992)

该研究在大量资料调查的基础上，有重点地对一些地区农村饮用水水源进行现场调查，经过大量资料的综合研究，全面系统地论述甘肃农村饮用水水源的环境水文地质条件和水源分布特征，划分饮用水水源类型，对饮用水水资源的供需平衡进行计算分析；按不同地区、不同水源类型和不同供水方式进行水质评价；对部分地区主要水源的污染和破坏现状做出科学评价，为制定甘肃农村社会、经济、环境协调发展计划与规划提供科学依据。

该项目荣获甘肃省环保科技进步三等奖。完成单位：甘肃省环境保护研究所、甘肃省水利厅农水处。协作单位：甘肃省地矿局环境水文地质工程地质总站。主要研究人员：王有乐、单忠莲、李取岳、商日媛、裴凤琴。

六、泾河平凉段水环境污染综合防治规划(1990—1993)

该研究运用系统工程的原理，建立适合经济发展水平较低、污染严重、治理能力有限地区的区域水污染控制规划指标体系和总体规划模型，首次提出“水污染控制多目标组合规划模型”及其计算机软件；在水质模型研究中，提出利用河流断面例行监测数据进行参数识别的方法；对造纸、皮革和电镀行业的废水治理进行对策研究；在对污染现状全面分析和预测的基础上，制定泾河平凉段水环境功能划分方案。

该项目荣获甘肃省环保科技进步二等奖。完成单位：甘肃省环境保护研究所。主要研究人员：王有乐、裴凤琴、倪平、成世昌、高世明。

七、黑河流域水资源优化利用及生态环境建设（1997)

该课题通过分析流域内水土资源现状及开发潜力，提出合理的水土资源开发利用模式及人口迁移机制，并预测分析水利工程及土地开发可能引起的生态环境变化，为制定科学的工农业生产布局及上下游水资源合理分配方案、优化利用水土资源提供科学依据。

该课题 1997 年获得甘肃省环保科技进步二等奖、甘肃省科技进步三等奖。课题完成单位：甘肃省环境保护研究所。

八、草地系统生态环境监测指标体系研究(2004)

该课题认为：草地生态系统对人类的生存与发展具有极其重要的意义。草地不仅是部分地区的生态屏障，也是发展民族经济和畜牧业的基础。由于超载放牧、开沟排水、陡坡开荒，草原植被和生态遭到严重破坏；在一些本已进行退耕还林还草的地方，重新复垦，重蹈恶性循环的覆辙，其结果不仅使国家的巨大投入付之东流，无法实现退耕还林还草的目的和效果，而且导致生态环境进一步恶化。因此，必须对退耕还林还草项目的实施进行全面、系统的评估，及时准确地发现退耕中存在的问题及是否偏离预期目标，从而进行政策调整、方案调整，使退耕还林还草项目达到生态、经济、社会效益的协调统一，最终达到保护环境、实现可持续发展的目标。该课题尝试研究维持草地生态系统稳定性、水源涵养、保土及改良土壤方面的一些成功的监测评价体系。

该课题 2004 年获得甘肃省“环境杯”科技奖三等奖。课题完成单位：甘肃省环境科学设计研究院。课题主要完成人员：卢子扬、张松林、王爱平、董庆士、张凡等。

九、西部古丝绸之路甘肃段旅游生态环境恢复与重建研究(2005)

该项目为科技部项目。课题研究认为：生态旅游是在全球面临生态危机、环境恶化、可持续发展成为人类共识的大背景下产生的，是作为旅游业可持续发展的一种模式而出现的。因此，生态旅游必须强调其教育功能，使之唤醒人类珍惜爱护自然环境及人类美好生活家园的意识。是否实现其教育功能是甄别生态旅游资源的先决条件。从这个意义上说，生态旅游资源不仅应包括保存完好、环境幽美的“国家公园”“自然保护区”，而且应包括一些退化的生态系统，作为反面典型，不应该排除在生态旅游资源的范畴之外。甘肃河西地区的沙漠、戈壁、草原等，诸多退化的景观给人们提供的不应只是简单的粗犷之美，更应注重挖掘反面典型的教育意义，让旅游者在更深、更高的层次上思考和理解自然，达到生态环境教育的目的。

该项目 2005 年获得省环境科技奖一等奖。项目完成单位：甘肃省环境科学设计研究院。项目主要完成人员：卢子扬、许宝泉、妙旭华、陶华旸、孔致祥、窦立宝、刘纯亭、丁启夏、管东红、马永红。

第五节　应用技术研究

一、甘肃省铁合金、电石行业环境监督监测评价指标体系及应用研究（2005）

2005年甘肃省环境保护局立项，甘肃省环境监测中心站完成《甘肃省铁合金、电石行业环境监督监测评价指标体系及应用研究》。参加人员：连兵、常沁春、孔凡彬、包新荣、赵玉龙、崔永峰、万东、李珉、寇力斐等。该研究通过对省内近200家铁合金、电石企业产能分布、国家相关产业政策执行和市场准入情况、资源及能源消耗情况分析，建立全省铁合金、电石企业环境基本情况信息库；研究其排污特征，建立全省该行业污染源动态档案；提出核实计算该行业排污系数及其特征污染物排放总量（产能排放总量）；提出企业生产过程中的节能对策和措施，对企业各类环保设施的运行效果及技术参数进行评价分析；建立该行业污染减排监督监测与评价指标体系，提出该行业监测技术规范、污染物减排措施的示范性优化方案与环境监控、监管对策及污染源在线监测、监控方案等。2007年12月，该成果通过甘肃省科技厅组织的技术成果鉴定，成果达到国际先进水平。研究成果已被省环境保护局推广应用，规范全省铁合金、电石企业环境监测评价工作。

二、冬季大气水溶胶水溶性无机离子变化规律研究（1990—2007）

为了加强和规范兰州市大气污染防治工作，1990年，甘肃省环境保护局立项，甘肃省环境监测中心站1990—2007年开展《兰州冬季大气水溶胶水溶性无机离子变化规律研究》。参加人员：张宁、张健、徐敏、李晓燕、王玉存、李利平等。

该研究于1990年使用离子色谱法对兰州大气水溶胶14种水溶性无机离子进行分析研究。2007年又在同一季节、同一采样点，对相隔17年兰州大气水溶胶水溶物状况进行比较研究。研究结果表明，兰州冬季大气气溶胶的水溶性离子构成和排序发生明显变化，正由“硫酸—钙”污染型向多元型方向转变。同时还对兰州市春节燃放烟花爆竹期间造成局地严重大气污染进行研究，研究结果表明：除夕夜集中大量燃放烟花爆竹时，会使大气气溶胶水溶性离子迅速上升，14 种被测离子中上升幅度明显的是 K^+、SO_4^{2-}、NO_3^-，气溶胶中 TSP 上升 5.5%，PM_{10} 上升 55.1%，细粒子污染物显著加重。

该研究为环境医学、城市环境管理和污染减排提供理论依据。2005 年通过甘肃省科技厅组织的成果鉴定，成果达到国际先进先水平。

三、《废旧电池无害化处理及综合利用技术研究》(2001)

2001 年，由甘肃省科技厅、甘肃省环境保护局立项，甘肃省环境科学设计研究院、兰州大学完成《废旧电池无害化处理及综合利用技术研究》。2002 年，通过甘肃省科学技术厅组织的技术成果鉴定，成果整体水平达到国内领先水平，部分成果达到国际先进水平。2003 年获甘肃省“环境杯”科技奖一等奖。参加人员：高发奎、陈兴国、胡志德、张树蔚、杨晓辉、高贵花等。

该项目研究取得以下两方面的重大成果。第一，废旧干电池无害化处置技术：设计废旧电池处置过程中不可利用的碎纸屑、碎塑料等焚烧处置工艺技术，可达到危险废物国家焚烧标准要求；提出不可再生利用的废电解质、净化废水过程中所产生的污泥等固废填埋技术，可达到危险废物国家焚烧标准要求；研制合成新型聚硫氯化铝铁净水剂（PAFCs），进行废电池处理过程中产生的废水净化处理试验，净化后的废水中汞、铅、铜、锰、镉等重金属元素含量达到《污水综合排放标准》。第二，废旧干电池回收重金属资源化工艺技术：采用两种湿法回收处理工艺技术，分别获得 99%ZnO 和 99% $ZnSO_4·7H_2O$，采用电解沉积法制取高纯锌（>99.9%）；设计两种从铜帽分离和回收铜、锌的新方法，采用锌粉还原法，得到纯度为 85%海绵铜和 97%的 Zn，电解沉积法取得高纯铜片(99.9%)；设计从碳粉中分离和回收锰、锌的湿法新方法，提取纯度为 85%的 MnO 和 99%的 $Zn(OH)_2$；提出碳粉的钝化技术，提取的碳粉达到油墨用炭黑和橡胶工业添加剂技术要求。

四、甘草废渣生产浸膏技术(1998)

该项目以生产75%甘草酸后排出的甘草废渣为原料，以提取、分离、浓缩等工艺过程生产浸膏制品，为甘草废渣的综合利用开创新路。中试生产出的产品符合国家药典规定的要求。产品含有抗癌和治疗艾滋病的成分，在医药行业有广阔的应用前景。该技术工艺简单、合理、投资小、见效快。

该项目1998年获得省环保科技进步二等奖。项目完成单位：甘肃省环境保护研究所。

五、电磁辐射防护涂料研究(1999)

该课题1999年获得省环保科技进步三等奖、省环境科技进步三等奖。

课题完成单位：甘肃省环境保护研究所。

六、用超临界流体技术制备食用香精研究/芫荽籽油超临界萃取技术研究(2001)

该课题为省科委、环保局课题。课题利用超临界流体萃取技术从紫苏籽中提取含有高品位α-亚麻酸的紫苏油新产品，同时还从芹菜、花椒中制取出高级天然食用香精。该工艺与原有的水蒸气蒸馏法、压榨法、溶剂萃取法相比具有工艺简单、提取时间短、热敏物质无破坏、产品得率高、质量好、对环境友好等特点，达到国内领先水平。

该课题2001年获得甘肃省“环境杯”科技奖一等奖。课题完成单位：甘肃省环境保护研究所。课题主要完成人员：卢子扬、许宝泉、高建力、吴晓、柴小军。

第六节　环境评价研究

一、陇东地区石油开发产业发展规划环境影响评价研究(2006)

该研究旨在以陇东地区石油开发“十五”规划为例，探讨区域规划宏观层次战略环境评价（SEA）的理论思路与评价方法。

该项目获得2006年甘肃省“环境杯”科技奖二等奖。项目完成单位：甘肃省环境科学设计研究院。项目主要完成人员：刘铁军。

二、陇东地区石油开发发展规划环境影响评价研究(2007)

该课题以陇东地区石油开发“十五”规划为例，从区域和规划的宏观层次，对如何开展区域产业发展规划的环境影响评价进行探索性研究。系统总结规划环境影响评价的共性理论和具体方法，包括规划相容性分析、历史分析、前后对比分析、典型分析、累积环境影响分析、区域环境承载力分析、幕景分析、多元统计分析。并将研究方法运用于石油开发规划环境影响评价的若干重点题目当中，包括战略环境评价理论与方法、发展规划分析与环境影响识别、规划对区域水环境影响评价、规划对区域环境风险格式影响分析、规划对区域社会经济影响评价、规划区域环境承载力分析、规划区域环保策略制定。研究成果可在区域石油开发规划或其他产业发展规划的环境影响评价和战略环境评价的新领域中得到应用。

该课题2007年获得甘肃省“环境杯”科技杯二等奖。课题完成单位：甘肃省环境科学设计研究院。课题主要完成人员：刘生海、王成元。

三、甘肃省饮用水水源地环境禀赋及安全评估研究(2009)

该课题重点调查饮用水水源地环境基础信息，全面评估饮用水水源地环境质量、环境建设与环境管理状况，建立全省饮用水水源地环境状况安全评估体系；统筹协调总量减排、污染源普查、水环境功能区划等相关环境管理工作；综合分析饮用水水源地基础建设、环境管理、污染预防、污染治理及应急保障等一系列问题；选择典型污染源对饮用水水源地的环境安全影响，分类研究污染防治对策。项目成果主要包括五个方面：全省水源地基本信息、水源地基础环境状况、水源地污染源状况、水源地监管情况、水源地评估结果。通过课题研究，查明甘肃省城镇和典型乡镇饮用水水源地环境基础状况，建立并完善甘肃省集中式饮用水水源地基础信息，同时对甘肃省饮用水水源地环境状况及安全进行科学评估，为饮用水水源地污染防治管理工作提供支持，为构建环境友好型社会提供技术政策支撑。

该课题2009年获得甘肃省“环境杯”科学技术奖二等奖。课题完成单位：甘肃省环境科学设计研究院。课题主要完成人：葛建团。

第七节　污染防治技术及设备研究

一、大孔载体制备及其固定化微生物处理废水的研究(2002)

2000 年甘肃省环境保护局立项，兰州大学、甘肃省环保产业协会完成《大孔载体制备及其固定化微生物处理废水的研究》。该研究立足于固定化微生物处理废水这一国际学术前沿，设计合成系列化高性能大孔网状载体和高性能大孔网状纳米复合载体，借助载体结合法固定化微生物菌群、以所得固定化高效微生物菌群（ImmobiIzed Microbe，IM）为核心元件，并结合废水生物原理及方法研制开发的系列化全新及高效的污水处理技术。该技术适应于化工、炼油、酿造、食品加工、焦化、印染、造纸、制革、制药及生活污水处理，COD 去除率达 98%、氨氮去除率达 97%、挥发酚去除率 98%，环境效益、经济效益、社会效益显著。原创性技术成果《大孔载体制备及其固定化微生物处理废水的研究》已于 2001 年通过甘肃省科学技术厅组织的技术成果鉴定，成果达国际先进水平。原创性研究获国家发明专利 1 项（中国发明专利号：CN1353184，2002），第二代、第三代技术获国家发明专利各 3 项，中国发明专利号：ZL022141723.7，2002；ZL02129972.2，2002；ZL02143060.8，2002；ZL200310121064.9，2003；ZL00410073482，2004；A200610042685.1，2006）。

2003 年，分别获甘肃省“环境杯”科技奖一等奖、甘肃省科技进步二等奖。2002 年被列为国家科技成果重点推广计划（2002EC000415），2005 年被甘肃省环境保护局、甘肃省科学技术厅列为全省环境科技成果转化示范工程项目。参加研究的人员：李彦峰、叶正芳、李明峰、周林成、李柏年、张树江、姜鸿基、马鹏程、马万奎。

二、有机工业废水高级催化氧化技术应用研究(2001)

2001 年，甘肃省环境保护局立项，甘肃省环境科学设计研究院完成《有机工业废水高级催化氧化技术应用研究》。该研究以锅炉炉渣为载体，复合金属化合物为助剂的高级催化氧化技术，COD 去除率达 83%以上，脱色率达95%以上，运行费用低。参加研究人员：乔世俊、赵爱萍、徐小莲、刘纯亭、刘虎成、张政民等。

2003年，通过省科学技术厅组织的技术成果鉴定，成果水平达到同类研究的国际先进水平。2004年获甘肃省“环境杯”科技奖一等奖、甘肃省科技进步二等奖，被甘肃省科学技术厅列为甘肃省“十五”重大科技成果项目。

三、辐射环境保护技术研究(2003)

2003年，甘肃省环境保护局立项，甘肃省辐射环境监理站完成《甘肃省核应急监测点位设置与监测技术研究》课题。该研究经过对大量的辐射环境质量监测、试验等工作，提出优化部设全省企业核应急监测站和核设施监测点；建立七个监测点的辐射环境量水平与公众受辐射人均年有效剂量档案；筛选全省监测网络核应急监测源项目；进行环境介质中放射性核素迁移变化研究；建立并推荐一套适用甘肃省可能出现的核与辐射事故快速监测方法；提出全省核与辐射应急制定原则。研究成果被全省核与辐射环境监测机构广泛应用。

2003年，通过甘肃省科学技术厅组织的技术成果鉴定，成果达国内领先水平。2004年，获甘肃省“环境杯”科技奖一等奖、甘肃省科技进步三等奖，被甘肃省科学技术厅列为甘肃省“十五”重大科技成果项目。参加研究人员：王新中、白书明、苏永辉、宗凌、任秀英、葛宏英、汪源、梁兰庆。

四、不同高度大气飘尘中有机污染物组成和生物效应对比试验(1991)

该项科研成果采集5~150米高度的飘尘样品，对飘尘上所吸附的有机污染物进行分离和定性定量分析，做出生物效应实验。在上述实验的基础上，分析研究有机污染物的时空变化规律及其潜在危害性，并对有效防治提出具体措施和建议。该项科研成果所获得的兰州市区有机污染物时空变化规律及生物相应实验基础资料为兰州市城市规划和环境管理提供科学依据。

该项目荣获国家环保局科技进步三等奖。完成单位：甘肃省环境保护研究所。主要研究人员：田裘学、周伶芝。

五、塑料热合机电磁辐射污染技术研究(1991—1994)

该技术立足于塑料热合机电磁辐射污染治理，治理后的热合机作业区电磁辐射强度达到和低于 GB 8702—88 中职业照射标准 $E \leqslant 27/M$，$A \leqslant 0.07$ 安/米的要求，远区在≥20 米外不干扰电视正常接收机通信质量。该技术实用性强，推广应用能有效地解决热合机电磁辐射污染问题，稍加变动就可应用于其他射频设备的电磁辐射污染治理，具有一定的社会、环境、经济效益。

该课题研究成果可解决塑料热合机的电磁泄漏污染问题，减轻对作业人员身体健康的危害和对环境的污染干扰；可为环境保护管理部门提供技术支持，是合理的塑料热合机电磁辐射污染治理技术。

该项目荣获甘肃省 1995 年环保科技进步二等奖。完成单位：甘肃省环境保护研究所。协作单位：北京市劳保科研所、西北师大电子技术研究室。主要研究人员：蒋宪玲、刘生海、徐守堂、李文会、卢子扬。

六、酒泉市城市环境遥感实验研究(1991—1993)

该项成果首次提出热力景观结构和热源强度的概念，总结应用热红外图像和没有热图像的情况下，利用其他遥感资料研究城市热环境的方法，具有明显的效果。

项目采用遥感技术对酒泉市城区环境进行试验研究，获得较丰富的环境信息，为大面积环境调查探索出一条新路。全省各城市均有较丰富的彩红外航空像片，及时应用，不仅可以保持信息的现实性，而且可以探索并建立环境遥感新方法，为大面积环境调查探索出一条新路，从而为保护、控制和治理环境提供科学依据。项目组在目前尚无先例可借鉴的情况下，率先利用遥感多信息源，对酒泉市城市生态环境进行调查、研究与成图，取得可喜的成果。该项成果 1993 年 11 月通过省科委委托省环保局主持的鉴定。

该项目荣获甘肃省环保科技进步二等奖。完成单位：甘肃省环境保护研究所。协作单位：兰州大学、酒泉市环境保护局、省测绘局。主要研究人员：郦桂芬，马鸿良，李雄。

七、甘肃省污染治理设施技术经济评价研究(1991—1993)

该课题对分布在甘肃省 14 个地、州、市的 313 家企业所属的 666 套治理设施进行调研，就其投资费用及经济效果、治理技术应用效果进行分析。应用多种数学方法，建立治理设施评选的“指标集”和“环境污染控制工程群体评价模型”及“污染控制工程优化模型”，率先提出“功效系数法”；评价筛选出甘肃省最佳治理技术 15 项；对治理技术及治理资金发展需求方向进行预测研究。

该项目荣获甘肃省环保科技进步三等奖。完成单位：甘肃省环境保护研究所。主要研究人员：王爱平、刘怀高、马永红、刘晓明、赵和平。

八、超临界流体技术处理废水及固体废弃物中难分解化学物质的研究(2001)

随着固体废弃物带来的环境问题的日益严重和自然资源的日益紧张，对各类固体废物处理技术的研究不断深入，人们迫切需要找到一种较为绿色、环保的固体废物处理技术。近年来，基于超临界流体技术环境友好的性质，超临界流体技术在固体废弃物回收处理中的应用吸引许多专家学者的关注和研究。该课题顺应社会广泛需求，针对超临界流体技术处理固体废物的基本原理，总结出在处理废水及固体废物中难分解化学物质的超临界流体技术。

该课题 2001 年获得甘肃省“环境杯”科技奖二等奖；2002 年获得甘肃省科技进步三等奖。课题完成单位：甘肃省环境保护研究所。课题主要完成人员：卢子扬、许宝泉、高建力、吴晓、柴小军。

九、有机工业废水高级催化氧化技术研究(2004)

随着化学工业的高速发展，有机废水排放量逐年增加，废水中有机物的种类也越来越多。这些有机物只有少部分在自然环境中能自行降解，大部分都是难降解的物质，对生态环境和人体健康有一定程度的危害。含有机物的工业废水的处理方法有吸附法、生化法和混凝沉降法等。从 20 世纪 70 年代起，人们开始在处理有机废水过程中利用催化剂，最初试用常温常压下用光敏化材料为催化剂，催化废水中有机物的降解，后又以过渡金属为催化剂，在氧化剂存在的条件下催化、氧化降解有机物。20世纪80年代中期，开始采用贵金属为催化剂，在高温高压条件下使废水中的有机物完全氧化，并同时回收热能。该课题对上述3种方法进行比较分析，并简介其催化作用机理。

该课题2004年获得甘肃省科技进步二等奖。课题完成单位：甘肃省环境科学设计研究院。课题主要完成人员：乔世俊、赵爱平、徐小莲、刘纯亭、刘虎臣、张政民。

第三章　新技术推广应用与环保产业

第一节　新技术研究及推广

一、新技术研究

1. 印染废水治理技术示范研究

中国是纺织印染的第一大国，而纺织印染行业又是工业废水排放的大户，约占整个工业废水排放量的35%。全国纺织工业废水经过处理的约占30%，其中达到排放标准的仅占上述数值的30%左右，而其余大部分皆未能实现稳定达标排放。由此而造成的生态破坏及经济损失不可估量，因而要实现印染行业的可持续发展，必须首先解决印染行业的污染问题。印染废水由于有机物含量高、色度大、可生化性差，水质水量变化大，成为难处理工业废水之一。该课题介绍印染废水的来源和特点，处理的技术和方法，综述几年来各种处理技术取得的成就，指出今后在处理印染废水的可行性方法及展望。

该课题于2002年获得甘肃省“环境杯”科技奖三等奖。

课题完成单位：甘肃省环境科学设计研究院。

课题主要完成人员：王有乐、敬献科、齐明亮。

2. 用天然矿土处理铅锌尾矿废水技术研究

甘肃是中国四太矿业省之一，就铅锌选矿厂而言，大小共有几十家，主要集中在成县和徽县境内，每天有数千吨选矿废水经尾矿坝后排出，污染着当地的河流及环境。针对该问题，课题组用天然矿土对铅锌选矿废水的处理技术进行研究。关于铅锌选矿废水的治理技术研究已有不少报道 ，其处理技术主要有絮凝沉降法、生物接触氧化法等，已有的方法要建设废水处理设施，存在投资大、工艺复杂、运行费用高等缺点，对服务年限短的小厂很不经济。用天然矿土处理铅锌选矿废水技术，不需要建设废水处理设施，仅在尾矿泵池加入天然矿土，靠泵、管道内的冲击混合以及在尾矿库中的流动，靠物理化学吸附净化污染物，最后使负载天然矿土与尾矿一同沉积在尾矿库中，即可达到净化污染物的目的。该技术具有投资少、可就地取材、运行费用低等优点，适合小型铅锌选矿厂的尾矿废水处理。

该课题于2003年获得甘肃省“环境杯”科技奖三等奖。

3. 2005年甘肃省核应急监测点位布设与检测技术研究

核事故主要是指那些有可能对广大公众造成异常照射的超临界事故或（和）放射性物质严重泄漏事故。核事故应急是指为了控制或者缓解核事故、减轻核事故后果而采取的不同于正常秩序和正常工作程序的紧急行动，在核事故发生时实施应急干预。“干预”是指在核事故或辐射应急情况下，为了避免或减少公众可能受到的剂量而采取的防护行动和措施。

该课题于2005年获得甘肃省科技进步三等奖。

课题写作单位：甘肃省辐射站。

课题完成单位：甘肃省环境科学设计研究院。

课题主要完成人员：王新中、白书明、任秀英、葛宏英、苏永杰、宗凌、汪源。

4. 2005年废电池综合利用与无害化处置技术研究

该课题为省科委课题。电池是人们日常生活中最常用的商品之一，随着科学技术的进步及人民生活水平的提高，人们对各种电池的需求量也日益增大，中国是电池的生产和消费大国，目前，全国的电池生产企业约有350家，各类电池年生产能力150亿~160亿只，消费量为70亿只，消费量平均每年以10%的幅度增长。随意丢弃电池，不仅污染环境、危害人体健康，而且浪费资源。该课题对废电池的综合利用提出合理化建议，对废电池处理提供技术支持。

该课题于2005年获得甘肃省环境科技奖一等奖。

课题完成单位：甘肃省环境科学设计研究院。

课题主要完成人员：高发奎、张树蔚、杨晓辉、高贵华、贾润萍、陈钢。

5. 2007年污灌农田重金属污染回顾性评价及土壤修复技术研究

该课题对近30年来白银地区污灌农田的重金属污染状况、时空分布、变化趋势进行回顾性评价；收集20世纪80年代以来相关研究的成果资料，对大量研究成果进行综述分析；进行土壤中Cu、Cd、Pb、Zn的形态分级及可溶态、碳酸盐态、氧化物态、有机态、残渣态分离实验；总结理论研究上的创新成果；归纳土壤重金属污染特性。对于白银地区污灌土壤重金属污染治理提出指导性意见。该课题的理论及推广从建设社会主义新农村战略高度出发，通过综合规划目标要求，分别具体立项，以项目带动，依靠科技力量，落实保护土壤资源，改善土壤质量的实施方案。实际执行中实施产学研结合的方针、逐步推进，将在5~10年中取得成效。该课题是省环科院科研工作者在收集20世纪80年代以来相关研究的成果资料的基础上，对大量研究成果进行综述分析，通过反复试验得出的结论，该课题的获奖将对省环科院今后的科研发展工作起到一定的推动作用。

该课题于2007年获得甘肃省环境科技进步奖三等奖。

课题完成单位：甘肃省环境科学设计研究院。

6. 大中型无脊椎动物作为土壤环境重金属污染监测指标的研究

该课题研究甘肃省白银市郊长期污水灌溉农田的重金属污染状况和土壤大中型无脊椎动物群落多样性；探讨土壤大中型无脊椎动物类群个体数量的季节动态及其与重金属污染的相关关系；初步分析大中型无脊椎动物的四项指标与土壤环境质量指标（综合污染指数、土壤有机质、土壤总磷、土壤pH）的对应关系；建立土壤重金属综合污染指数、Cd污染指数和As污染指数与蜱螨目和弹尾目的个体数量、群落多样性指数的相关模型。

该课题于2007年获得甘肃省环境科技进步奖。

课题完成单位：甘肃省环境科学设计研究院。

课题协作单位：甘肃农业大学。

7. 有效生物菌绿化法在草原沙化治理中的推广应用研究课题

该项目采用甘肃源岗农林开发有限公司研制成功并已在陡坡、荒地取得实际应用并初见成效的有效生物菌绿化法，通过进一步改进，配制适宜在甘南草原推广应用的绿化配方，建设示范工程，抑制甘南草原“三化”。

该课题于2008年8月25日在甘肃省科技厅立项。

课题完成单位：甘肃省环境科学设计研究院。

8. 废干电池中镍的回收分离技术及新工艺研究

该课题以一次性废干电池为研究对象，对废干电池含镍种类、废干电池中镍的分布及含量等进行调查研究，提出废干电池中镍的回收分离技术方法与工艺，并研制得到高附加值的镍化合物产品的样品，为甘肃省危险废物处置中心的废干电池资源化与无害化处置中试工程提供技术依据。

该课题于2009年获得甘肃省环境科学技术奖一等奖，2010年获得甘肃省科学技术进步三等奖。

课题完成单位：甘肃省环境科学设计研究院、兰州大学化学化工学院。

课题主要完成人员：高发奎、葛建团、张树蔚、高贵华、周静。

9. 工业废水高级催化氧化技术开发研究

该课题组1997年开始研制高级催化剂，2000年研制一种利用锅炉煤渣、添加活性组分的高级催化剂，在实验室进行大量实验，并采集不同类型的工业废水进行降解实验，废水中COD、氨氮去除率和脱色率等都达到排放标准后于2001年向省环保局申请立项，当年省环保局立项（编号为GH2002-1）资助经费3万元。研制小量催化剂和小型实验装置，先后在永昌县造纸厂、高台造纸厂和兰州助剂厂进行现场实验，出水均能达到排放标准。2004年由甘肃省科技厅组织鉴定达到国际先进水平，2005年获甘肃省科技进步二等奖，2010年获甘肃省科技进步二等奖。

课题完成单位：甘肃省环境科学设计研究院。

课题主要完成人员：乔世俊、王海山、柴小军、赵慧宏、徐小莲、温飞、乔明、张凡、张政民、马婷婷。

二、实用技术示范工程

1987年以来，甘肃省加大环境科研成果推广的力度。2002年，省环保局结合全省环境保护实际推广自主研发的21项环保适用技术，被企业广泛应用。2005年，甘肃省环境保护局、甘肃省科学技术厅以甘环〔2005〕75号文推广10个拥有自主知识产权的环境科研成果转化示范工程项目（见表7-3-1），大部分成果转化为科普资源和直接生产力。其中，甘肃金桥水科技集团公司研发的《生物曝气滤池用于城市污水深度处理出水回用的研究》、兰州金新色包装有限公司研制的《JF60D—600智能环保系列纸纱复合纸袋机》、兰州环保科技公司研制的《化学需氧量（COD）在线快速监测仪》三项成果实现产业化生产。

“十五”以来，加快环境监测科研工作。甘肃省环境保护局运用监测科研成果先后制定“沙尘暴”监测、“菜篮子”基地环境监测、酸雨监测、室

表 7-3-1

甘肃省环境科技成果转化示范工程项目表

序号	项目名称	应用范围及应用情况	成果水平	获奖情况	组织鉴定单位	鉴定时间(年)	技术持有单位
1	大孔载体制备及固定生物处理废水技术推广应用研究	用于城市生活污水处理及中水回用	国际先进水平	2003年获甘肃省“环境杯”科技奖一等奖、甘肃省科学技术进步二等奖	甘肃省科技厅	2001	兰州大学
2	LTMXJ型炉内添加剂及尾气水循环脱硫技术研究	用于工业窑炉废气中二氧化硫处理与回收利用	国内领先水平	科技部重点推广污染物减排技术项目	甘肃省科技厅	2001	临泽县金鑫化工厂
3	有机废水高级催化氧化技术研究	用于高浓度有机工业废水处理	国内先进水平	2004年获甘肃省“环境杯”科技奖一等奖、甘肃省科学技术进步二等奖	甘肃省科技厅	2003	甘肃省环境科学设计研究院
4	生物曝气滤池用于城市污水深度处理出水回用的研究	用于城市生活污水深度处理及资源化	国内领先水平	2005年获甘肃省“环境杯”科技奖一等奖、甘肃省科学技术进步三等奖	甘肃省科技厅	2004	甘肃金桥水科技集团公司
5	饮食业油烟净化工艺研究	用于餐饮业厨房油烟污染治理	国际先进水平	2005年获甘肃省“环境杯”科技奖一等奖、甘肃省科学技术进步三等奖	甘肃省科技厅	2004	兰州交通大学

续表

序号	项目名称	应用范围及应用情况	成果水平	获奖情况	组织鉴定单位	鉴定时间（年）	技术持有单位
6	JF60D—600智能环保系列纸纱复合纸袋机	用于制作绿色环保包装纸袋	国内领先水平	2005年获甘肃省“环境杯”科学技术二等奖	甘肃省科技厅	2004	兰州金安新包装有限公司
7	西北地区城市污水资源化工程研究	用于城市生活污水处理及污水资源化利用	国际先进水平	2006年获甘肃省“环境杯”科技奖一等奖、甘肃省科学技术进步二等奖	甘肃省科技厅	2005	兰州交通大学、甘肃省农科院、西峰市政府
8	甘肃省沙尘暴尘源分析与沙尘暴地面监测技术研究	用于环境监测	国内领先水平	2003年获甘肃省“环境杯”科技奖一等奖、甘肃省科学技术进步二等奖	甘肃省科技厅	2002	甘肃省环境监测中心站
9	化学需氧量（COD）在线快速监测仪	用于环境监测	国内先进水平	2004年获甘肃省“环境杯”科学技术二等奖	甘肃省科技厅	2001	兰州莲花环保科技有限公司
10	焦粉成型技术研究	用于工业窑炉烟尘处理	国内领先水平	2002年获甘肃省“环境杯”科学技术二等奖	甘肃省科技厅	2000	兰州理工大学

内空气质量监测、铁合金电石企业环境监测、突发性污染事故环境应急监测等10多项监测技术规范，为全面加强全省环境监测质量管理提供技术支持。特别是甘肃省环境监测中心站2006年完成的《甘肃省环境质量变化趋势与总量控制对策研究》和甘肃省环保局政策法规处、科技监测处、环境宣传教育中心完成的《甘肃省生态（绿色）文明单位技术指标体系及应用研究》成果，为编制《甘肃省“十一五”环境保护规划》和《甘肃省绿色文明单位创建规划》提供技术支撑。

第二节　环保产业

一、环保产业发展

为了强化全省环境研究机构建设，加强环保产业发展，甘肃省成立环境工程研究室，整顿成立产业协会。

“八五”时期，全省环保产业初具规模。1995年，甘肃省环保局会同省计委、省经贸委、省科委和省统计局，对全省环保产业基本情况进行调查，基本摸清全省环保产业发展的现状和存在的问题。调查结果显示，全省从事环保产业生产、科研施工的企事业单位47家，从业人员11 787人。1993年产值2.44亿元，利润1.15亿元。年度内，组织13项产品，参加9月国家环保局主办的全国第二届环保产业展览暨第四届国际环保博览会，展示甘肃省环保产业取得的成绩。同时组织会员单位开发环保新技术新产品4项，推广治理效果好，经济实用的环保新技术新产品6项，为环境污染治理提供必要的技术和物质保障。其中，KFH电除尘器、LWP-XJ工业炉窑综合治理技术、消烟节能除垢剂在烟尘治理及烟控区建设中发挥积极作用；PCV阀、PS型净化器对汽车尾气治理取得成效；常温快速发蓝液对机械行业金属表面处理收到良好的环境效益。

1997年，编制完成《甘肃省环保产业“九五”计划及2010年发展规划》，对45家65项环保产品进行认定，颁发“环保推荐证”53项；积极引进新技术、新产品，有3项技术、产品在全省推广实施，对甘肃省环境污染治理起到积极作用。

2000 年，按照国家环保总局要求，甘肃省环保局、省经贸委组织开展甘肃省环境保护相关产业基本情况大规模调查，由省环保产业协会负责完成《甘肃省环境保护相关产业基本情况调查报告》《甘肃省环保产业发展纲要》。调查表明，全省环保产业包括环保技术开发、环保产品生产、洁净产品生产、产品经营销售、工程设计施工、环保咨询服务、资源综合利用、自然生态保护等诸多领域，为综合性新兴产业。截至 2000 年年底，全省环保产业拥有固定资产总值 547 084.7 万元，年产值 122 726.3 万元，年利润 1 903.8 万元，环保产业年产值占全省 GDP 的 1.3%。从事环保产业活动的单位 249 家，其中企业 160 家、事业 89 家。企事业单位中，专营单位 171 家，兼营单位 78 家。环保产业从业人数 17 420 人，其中企业单位 15 210 人，事业单位 2 210 人。环保产业队伍中，中级以上专业技术人员 1 888 人，占职工人数的 11%。

在环保产业各领域构成方面，环保产品生产单位 51 家，年产值 27 335.2 万元；技术服务 93 家，年产值 3 947.7 万元；废弃物综合利用 88 家，年产值81 966.6 万元；自然生态保护 45 家，年产值 3 894.4 万元；洁净产品生产 16 家，年产值 5 582.4 万元。

省内主要产品类别包括水污染治理设备、空气污染治理设备、固体废物处理处置设备、噪声与振动控制设备、环境监测仪器、环保专用药剂、材料等类。其中，空气治理产品包括静电除尘器、袋式除尘器、湿式脱硫除尘器；汽油车尾气净化设备和有害工业废气净化设备；水污染治理设备包括物理、化学和物化相分离设备、生物法活性污泥和生物滤池处理设备、自由降膜板式蒸发设备以及载体制备，固定化微生物、曝气机、潜水泵等。另外，还包括防噪降噪设备材料、水处理药剂、脱硫固硫剂、易回收维纶水溶水泥包装袋、无磷低毒清洗剂、汽车免拆清洗剂等。

在环保产业年产值地域分布方面，兰州市 73 963.5 万元，天水市 550.5 万元，白银市 3 994 万元，金昌市 14 516.7 万元，嘉峪关市 1 419.8 万元，酒泉地区 4 270.8 万元，张掖地区 6 023.5 万元，武威地区 960.2 万元，临夏州2 670.8 万元，平凉地区 2 211.4 万元，其他地区较少。其中，兰州市年产值占全省的 40%，从业人员占全省的 52%。

在甘肃省环保局的积极推动下，酒泉钢铁集团公司中板厂和高线厂顺利通过ISO 14000环境管理体系咨询和认证工作，获得甘肃省首份ISO 14000环境管理体系证书。与此同时，省环保局组织完成对全省15家上市公司及有关二级公司环保情况的年度现场核查工作。省环保产业协会还对33家企业的55项产品进行评审，颁发《甘肃省环境保护产品推荐证》，并对13家企业的15项产品进行年检换证。

2002年8月2—5日，在兰州举行首届西部绿色环保成果、技术暨产品博览会。博览会得到省委、省政府、省政协和各有关部门的高度重视和大力支持，参展单位多、展品和门类丰富、参会人员广、成交量大是该次博览会的特点。共有88家单位参展，成交量达768万元。

2009年和2010年连续两年举办甘肃环保与节能技术设备博览会，每届均有省内外200余家企业和参展商参展，同时举行环保与节能新技术、新装备、新产品推介会与国家环保产业协会专家报告会，推动环境科研成果在省内市场的应用力度。甘肃省环境保护推荐产品见表7-3-2。

表7-3-2

甘肃省环境保护推荐产品一览表（1996—2007年）

序号	企业名称	环保产品名称	发证日期	证号	单位地址
1	兰州黄河锅炉厂	汽水两用锅炉双层炉排常压锅炉	1997.5.14	97002	兰州市城关区盐场堡红柳滩2号
2	白银昌春常压公司	常压热水锅炉	1997.5.12	97007	白银市王岘西路38号
3	天水云龙建筑材料厂	脱硫除垢节能剂	1997.5.12	97008	天水红山路甲51-1号
4	兰州春风锅炉厂	双层炉排正反烧无压锅炉	1997.5.12	97015	兰州市安宁区邱家湾128号
5	兰州明星炉料厂	清灰剂、除渣剂、脱氧剂	1997.5.12	97016	兰州市安宁东路37号
6	酒泉锅炉厂	热水锅炉、蒸汽锅炉	1997.5.12	97019	酒泉市公园路121号
7	天水锅炉厂	蒸汽、热水锅炉	1997.5.19	97022	天水秦城区长开路1号

续表

序号	企业名称	环保产品名称	发证日期	证号	单位地址
8	兰州双杰精细化工公司	高效内燃机免拆清洗剂	1997.6.28	97025	兰州市七里河区环形东路高家咀71号
9	兰州蓝清环保技术设备改造中心	双级侧激式烟气净化装置	1997.9.10	97032	兰州市火车站东路19号
10	兰州机器制配厂	立式汽水两用炉、立式组合节能生活锅炉	1997.9.10	97033	兰州市东岗东路1512号
11	甘肃建鹏实业发展公司	高性能点火导线	1997.9.10	97038	兰州市东岗西路387号
12	兰州星海工贸有限公司	常压生活锅炉、家庭采暖炊用炉	1997.9.10	97039	兰州158信箱28分箱
13	兰州金环锅炉厂(省建二中综合厂)	热超导无压消烟立式采暖炊用炉	1997.9.10	97040	兰州市西固合水东路43号
14	甘肃省环保所职工技术协会	双级自激式烟气净化器	1997.9.10	97041	省统办二号楼
15	水电四局环保设备厂	高效除尘脱硫净化器	1997.9.10	97042	兰州河口南2–1号
16	兰州金安新技术公司	维纶水溶纱复合水泥包装袋、制袋机	1998.3.2	98–2	兰州市安宁区费家营万新路120号
17	兰州兴科防水材料有限公司	高聚物SBS改性沥青防水卷材	1998.3.2	98–5	兰州市七里河北街1号
18	蓝星化学清洗集团公司敦煌公司	CLSR2型双回龙常压热水锅炉	1998.3.2	98–7	甘肃敦煌市党河北路31号
19	兰州英格环境技术有限公司	“碧波灵”净水剂	1998.6.19	98–15	兰州市滩尖子3号

续表

序号	企业名称	环保产品名称	发证日期	证号	单位地址
20	兰州科华环境清洗技术公司	SCJ-双级侧激式烟气净化装置	1998.6.30	98-16	兰州市城关区火车站东路19号
21	兰州蓝庆环保工程公司	双级组合式烟气净化器	1998.7.2	98-18	兰州市七里河区西津路161号
22	天水新奇生活锅炉厂	新奇懒汉茶炉	1998.7.2	98-22	天水市北道区新建巷17号
23	兰州多用铝制茶炉有限公司	铝制常压锅炉	1998.7.2	98-25	兰州市西固区范坪28号
24	兰州通用生活锅炉厂	双层炉排正反烧无压锅炉	1998.7.2	98-26	兰州市七里河区崔家崖迎门滩2号
25	张掖地区矿业化工总公司	聚合氯化铝	1998.7.2	98-28	张掖市大衙门街49号
26	兰州无机盐联合化工厂	节煤消烟添加剂	1998.7.2	98-29	兰州市七里河区西果园肖家庄
27	天津东方暖通设备制造公司	立式燃油（气）、卧式燃油（气）、热水锅炉	1998.7.2	98-30	天津市津南区咸水路东三公里处
28	兰州文力锅炉有限公司	常压热水锅炉	1998.7.2	98-31	兰州市上徐家湾43号
29	武威市永河锅炉厂	“焱神牌”多用常压锅炉	1998.7.2	98-32	甘肃省武威市
30	兰州声威科工贸有限责任公司	刺孔板消声结构噪声控制装置	1998.7.24	98-34	—

续表

序号	企业名称	环保产品名称	发证日期	证号	单位地址
31	天水长达电热电器厂	长达牌真空管太阳能热水器	1998.9.22	98-35	天水市北道区甘泉工业小区
32	甘肃翔宇环境技术有限公司	“华清牌”系列二氧化氯复合消毒剂发生器	1998.11.13	98-40	兰州市城关区南昌路872号
33	甘肃博奥科技开发中心	FL-686A型旋叶负压制粉机	1998.11.13	98-41	兰州市城关区段家滩153号
34	兰州仁和实业公司	无机硅酸盐保温材料	1998.11.13	98-43	兰州市七里河区工林路305号
35	兰州环保设备厂	高效、低阻组合式锅炉烟气脱硫装置系列	1998.11.13	98-44	兰州市城关区东岗西路395号
36	兰州铁道学院兰环公司	LHC自冲式水浴除尘器	1998.7.24		兰州铁道学院611号
37	甘肃绿色环保水处理工程有限公司	LNJ大禹牌农村家用净水器及净水药剂	1999.4.26	99-05	兰州市平凉路308号
38	兰州铁道学院兰环公司	LHC自冲式水浴除尘器	1999.4.26	99-07	兰州铁道学院611号
39	兰州科吉热能工程有限责任公司	CLHG、CLSG常压热水锅炉	1999.4.26	99-12	兰州市小雁滩463号
40	甘肃日升锅炉制造有限公司	日升牌CWN-V系列常压燃油热水锅炉	1999.4.26	99-13	兰州市安宁区安宁东路214号
41	兰州自动化密封有限责任公司	气液隔离浮球	1999.4.26	99-18	兰州东岗西路324号

续表

序号	企业名称	环保产品名称	发证日期	证号	单位地址
42	甘肃省现代企业服务中心	SMOG-HOG 静电沉淀分离器、SCPD 油水分离器	1999.4.26	99-19	兰州市城关区金昌路 8 号
43	甘肃泰环物资有限责任公司	SK 系列空气净化器	1999.4.26	99-21	兰州市城关区南稍门外 20 号
44	兰州宁港实业有限公司	蒸汽、热水锅炉	1999.5.20	99-23	兰州天水路 366 号
45	兰州锅炉厂	DZL 系列蒸汽锅炉、SZL 热水锅炉	1999.5.31	99-30	兰州市西固区先锋路 16 号
46	白银西区继祥锅炉制造厂	常压热水锅炉	1999.7.19	99-31	白银市建设北路 88 号
47	甘肃瀚太水处理工程有限公司	“瀚太”纯水设备、“瀚太”灌装生产线	1999.7.19	99-40	白银市西区纬二路
48	甘肃快快锅炉设备有限公司	科诺 CLHS、CWNS 系列燃油（气）锅炉	1999.9.20	99041	—
49	甘肃和泰工贸有限公司	SZJ-2 型双组自激式烟气净化器机组	1999.9.20	99042	兰州市城关区解放门
50	武威煤矿机械配件厂	常压立式水管固定炉排锅炉	1999.9.28	99047	武威市北关西路 36 号
51	兰州热能设备工程有限公司	LST、LSF 武汉瑞星皓欧中央热水设备	1999.11.28	99053	兰州市光华街 58 号

续表

序号	企业名称	环保产品名称	发证日期	证号	单位地址
52	天水东方表面处理新技术开发中心	钢铁常温快速发蓝系列	1999.11.28	99054	天水市北道区前进北路11号
53	白银市包银锅炉厂	CLSDG常压立式热水锅炉	1999.11.28	99055	白银市公园路
54	兰州商贸惠源有限公司	908二氧化氯消毒剂发生器	1999.11.28	99057	兰州市张掖路190号
55	兰州金属复合材料工业公司	板栅脱硫除尘器≤35T	2000.2.20	200001	兰州市七里河区敦煌路426号
56	兰州市七里河区湖滩乡企业总公司	噪声控制产品	2000.4.13	200004	兰州市七里河柳家营5号
57	甘肃酒泉神鹿锅炉辅机厂	CLSC常压热水锅炉、DZL热水锅炉	2000.4.13	200006	甘肃酒泉
58	积石山花岗岩制品厂	—	2000.4.13	200007	甘肃省积石山县中咀岭
59	甘肃省环境污染治理工程公司	SXT湿法消烟除尘脱硫装置	2000.5.31	200015	兰州市平凉路463号
60	兰州英格环境工程技术有限公司	污水合并处理净化槽	2000.7.7	200016	兰州市大沙坪525号
61	兰州标点科技发展有限公司	意大利ECOMAX系列热水锅炉	2000.7.7	200018	兰州市合政路158号（金轮大厦612室）
62	白银蓝天环保技术开发有限公司	XJW循环式脱硫除尘器	2000.7.7	200019	白银市白银区公园路432号

续表

序号	企业名称	环保产品名称	发证日期	证号	单位地址
63	江苏宜兴市高塍环保器材厂	BSⅡ-50气浮水处理设备、MDS生活污水处理设备、YXD-11消毒剂发生器	2000.7.7	200021	宜兴市高塍镇
64	兰州亚力美水性漆经营部	亚力美水性木器漆	2000.10.25	200030	兰州市南昌路348号
65	甘肃鑫怡化工有限责任公司	固（脱）硫添加剂固（脱）硫催化剂	2000.10.25	200032	甘肃省临泽县工业开发区
66	甘肃西兰实业股份有限公司	SFD06水溶纱复合包装制袋机组、水溶纱复合水泥包装袋	2000.10.25	200033	兰州市城关区团结新村133号
67	山东安丘汶瑞机械制造有限公司	MD脉冲袋式除尘器	2000.10.25	200034	山东安丘潍徐南路232号
68	甘肃金城资源利用工程有限公司	餐饮炉灶、工业窑炉	2000.10.25	200036	兰州市七里河崔家崖营门滩22号
69	兰州锐来尔燃气设备有限公司	RADZANT壁挂炉	2000.12.1	200039	兰州市敦煌路338号
70	甘肃泓泰实业有限公司	①双纵（横）水管链炉排热水（蒸汽锅炉）SZL、SHL、DZL；②单纵水（火）管蜗壳式链条炉排热水（蒸汽）锅	2001.4.2	200101	兰州市秦安路亚盛大厦东五楼

续表

序号	企业名称	环保产品名称	发证日期	证号	单位地址
71	甘肃泓泰实业有限公司	WNS 卧式内燃燃油（气）热水（蒸汽）锅炉 1-6T	2001.4.2	200102	兰州市秦安路亚盛大厦东五楼
72	甘肃金桥水处理技术承包公司	TR-QF-A 溶气自动装置	2001.5.8	200130	兰州市中央广场信生大厦 6 层
73	甘肃金桥水处理技术承包公司	CYC-A 气浮反冲自动控制装置	2001.5.8	200131	兰州市中央广场信生大厦 7 层
74	甘肃省武威水泵厂	“天梯山”牌秸秆环保气化炉	2001.5.30	200133A	—
75	甘肃华清环保技术有限公司	SKL 湿法烟气净化设备	2001.6.22	200132	兰州市段家滩 518 号
76	兰州尼奥现代采暖工程有限公司	MH 尼奥智能红外低温辐射电热膜	2001.6.22	200144	—
77	甘肃中矿热能设备有限公司	利华、赫斯特、大震系列全自动燃油锅炉	2001.6.22	200145	兰州市中山路 3 号民安大厦
78	甘肃中矿热能设备有限公司	利华、赫斯特、大震系列全自动燃气锅炉	2001.6.22	200146	兰州市中山路 4 号民安大厦
79	宜兴市杨子环保实业公司兰州分公司	粉尘回收装置	2001.8.27	200152	兰州市定西南路 313 号
80	兰州瑞玛化机有限公司	蓄热式氧化器	2001.8.27	200153	兰州市西固区合水路 3 号

续表

序号	企业名称	环保产品名称	发证日期	证号	单位地址
81	兰州创源热力技术设备有限公司	燃油燃烧器	2001.8.27	200154	兰州市安宁区桃林路60号
82	兰州创源热力技术设备有限公司	燃气燃烧器	2001.8.27	200155	兰州市安宁区桃林路61号
83	兰州保乐锅炉设备有限公司	N U-WAY“力威”牌、BALTUR“百德”牌锅炉燃烧器	2002.2.10	200201	兰州市金昌路91号二楼
84	中铁西北科学研究院	XHF-T型地下除汞装置	2002.3.6	200202	兰州民主东路365号
85	兰州连华环保科技有限公司	COD水质自动监测仪（5B-5）	2002.3.23	200213	兰州市西固东路名苑2号楼
86	酒钢房地产环保建材工业园	多层聚乙烯复合防水卷材	2002.3.23	200214	甘肃省嘉峪关市胜利北路33号
87	兰州有色建筑新技术实业开发公司	建筑结构胶粘剂(YS-J型)	2002.3.23	200218	兰州市段家滩774号
88	甘肃瑞安热能工程有限公司	意大利加利安利—利华燃气锅炉	2002.5.31	200227	兰州市城关区中山路3号民安大厦B塔22层
89	河北华林机械设备有限公司	燃气热水锅炉	2002.5.31	200228	河北省黄骅市西环路8号
90	兰州科近环保技术有限公司	喷淋式高压静电沥青烟气净化装置	2002.5.31	200234	兰州市南昌路363号

续表

序号	企业名称	环保产品名称	发证日期	证号	单位地址
91	兰州蓝庆环境保护工程有限公司	麻石水膜、水浴除尘器	2002.5.31	200235	兰州市七里河西津西路红太阳宾馆312号
92	兰州标点科技发展有限公司	全自动燃气热水锅炉	2002.9.10	200244	兰州市中路子38号电力投资大厦1609室
93	兰州金龙锅炉有限责任公司	立式常压燃气热水锅炉	2002.9.10	200245	兰州市七里河区工林路383号
94	甘肃武威水泵厂	环保节能煤气发生器	2002.9.10	200249	武威市凉州区黄羊镇发展路52号
95	兰州广懋商贸有限公司	美国爱人爱家清洁去味剂	2002.9.10	200250	兰州市城关区中路子6号
96	甘肃省环境监测科技公司	甲醛消除剂	2002.9.10	200251	兰州市统办二号楼
97	酒钢（集团）机械制造公司	环保型井盖	2002.9.10	200252	嘉峪关市酒钢机械制造公司
98	甘肃亚太电子有限公司	环保先锋燃油优化器	2002.9.10	200240	兰州市滨河路697号
99	广州西西比恩贸易发展有限公司兰州办事处	超级森罗比克（汽油改质气化强力促进器）	2003.3.29	200302	兰州市酒泉路世纪广场A座B楼6号
100	国营四七一厂	燃气蒸汽锅炉（WNS≤25t/h）	2003.3.29	200303	兰州市158信箱

续表

序号	企业名称	环保产品名称	发证日期	证号	单位地址
101	扬州晨光锅炉有限公司	燃气热水锅炉（WNS≤7MW）	2003.3.29	200307	兰州市合政路156号金轮大厦542室(办)
102	甘肃省西峰市环保器材厂	噪声控制产品（LHQ系列）	2003.3.29	200315	甘肃省庆阳市西峰区温泉乡米堡村
103	甘肃长城绿阳太阳能有限公司	太阳能热水器“绿阳”牌	2003.3.29	200317	兰州市安宁区福兴路11号
104	兰州瑞迪石化科技有限公司	汽油清净剂RHY2302	2003.9.16	GHCZ 2003–20	兰州高新产业开发区
105	甘肃嘉峪关市瑞鑫锅炉厂	“瑞鑫”牌双层炉排常压燃煤热水锅炉CLSS≤1.05	2003.9.16	GHCZ 2003–32	嘉峪关市嘉东工业园
106	兰州盛达环保设备有限公司	二氧化氯混合消毒剂发生器	2004.3.6	GHCZ 2004–02	兰州市城关区泰生大厦西11楼
107	兰州天际环境保护有限公司	一体化生活污水处理设备及技术	2004.3.6	GHCZ 2004–05	兰州市铁院新村112号
108	兰州金龙锅炉有限责任公司	烟气净化器SL型≤4t	2004.3.6	GHCZ 2004–06	兰州雁滩416号
109	兰州苏兰工业污染治理有限责任公司	高架式冲击水浴除器SL–Ⅱ型	2004.3.6	GHCZ 2004–07	兰州市城关区红山根东路111号
110	白银三通锅炉安装维修厂	“三通”牌惯性冲击水浴组合式烟气净化器	2004.3.6	GHCZ 2004–09	白银市白银区公园路463号

续表

序号	企业名称	环保产品名称	发证日期	证号	单位地址
111	甘肃兰泰环境保护有限公司	净水宝 RS-28B、E、D、I	2004.4.17	GHCZ 2004-11	兰州市雁滩工业城南二区二号楼
112	兰州大明酒店设备用品有限公司	“普威”牌 PYJ-JD 型油烟净化器	2004.4.17	GHCZ 2004-13	兰州市城关区雁滩安居小区北门
113	武威市康发环保工程有限责任公司	冲击旋风贮水式脱硫除尘器	2004.5.17	GHCZ 2004-14	武威市南关西路 13 号
114	甘肃省庆阳市鼎新环保有限公司	二氧化氯发生器 CPF-5000 系列	2004.6.11	GHCZ 2004-17	西峰市东大街 2 号
115	甘肃新正平经贸有限公司	钢结构水浴除尘器	2004.7.2	GHCZ 2004-20	兰州市城关区鼓楼巷 89 号
116	兰州顺达环保器材厂	噪声控制系列产品	2004.8.2	GHCZ 2004-23	兰州市西固区河口街 65 号
117	兰州京润环保科技有限公司	静电法油烟净化器	2004.8.2	GHCZ 2004-24	兰州市城关区民主东路 111 号 5 层
118	甘肃中天创业商用设备有限责任公司	“同方”牌静电法油烟净化器	2004.8.2	GHCZ 2004-25	兰州市城关区滩尖子 268 号
119	甘肃省武威水泵厂	“天梯山”牌袋式系列除尘器	2004.8.2	GHCZ 2004-26	—
120	景泰良宇环保节能设备有限公司	矿热炉袋式脉冲除尘器	2004.8.2	GHCZ 2004-27	—
121	天水大鹏锅炉制造有限公司	常压燃煤热水锅炉	2004.10.9	GHCZ 2004-30	—

续表

序号	企业名称	环保产品名称	发证日期	证号	单位地址
122	兰州天际环境保护有限公司	污水处理设备	2004.11.9	GHCZ 2004–32	—
123	兰州银兰安惠工贸有限公司	免漆门及线条	2005.1.19	GHCZ 2005–03	兰州市西固区清水街 15 号
124	兰州兆鸿源环保科技有限公司	“兆”牌汽油清净剂	2005.2.22	GHCZ 2005–04	兰州市城关区平凉路 507 号 4 楼 416 号
125	兰州天际环境保护有限公司	隔声屏障材料及技术	2005.3.22	GHCZ 2005–07	—
126	兰州圣地奥建材有限公司	玻璃钢整体化粪池 HFRPF1–8	2005.5.12	GHCZ 2005–10	兰州市城关区小达坪 1 号 B5
127	兰州华扬嘉誉商贸有限责任公司	造纸助剂（BS 系列双重助留增白剂、混凝剂、特效显白剂、脱墨剂）	2005.5.12	GHCZ 2005–11	兰州市统办二号楼 502 室
128	嘉峪关龙生环保设备有限责任公司	袋式除尘器 PPW、LFX Ⅱ/M、LFEF Ⅲ、LCPM 系列	2005.5.12	GHCZ 2005–13	—
129	兰州大宏设备制造有限公司	正压大布袋分室反吹类除尘器 ZDF– Ⅰ型	2005.5.30	GHCZ 2005–14	兰州市七里河西津西路 1157 号
130	甘肃中科环保技术有限公司	炭素焙烧烟气净化喷淋冷却式电捕焦油装置（电场面积 10~70m^2）	2005.6.2	GHCZ 2005–16	兰州市庆阳路 235 号广星大厦 A 座 14A

续表

序号	企业名称	环保产品名称	发证日期	证号	单位地址
131	甘肃华奕电子科技有限责任公司	纳米光触媒杀菌空气清洁剂“清大·美洁”牌	2005.6.2	GHCZ 2005-17	兰州市张掖路61号（泰生大厦B座14层）
132	兰州亨利锅炉成套设备有限公司	“福诺”牌燃气热水锅炉≤7MW、20t/h	2005.6.24	GHCZ 2005-19	兰州市城关区五泉路4号（旅游培训中心6楼）
133	兰州泰得燃烧设备工程有限公司	“天鹿”牌燃气热水锅炉WNS≤7MW	2005.6.28	GHCZ 2005-20	兰州市城关区临夏路279号
134	甘肃阳光威玛热能科技有限公司	盛博大气式燃气热水锅炉AAE、CLSS、ZG、SG、MG≤7MW	2005.6.28	GHCZ 2005-21	兰州市城关区兰林路48号
135	兰州广亿电子科技有限公司	法国“德地氏”燃气热水锅炉WNS≤7MW	205.6.28	GHCZ 2005-22	兰州市城关区民勤街62号
136	兰州双泰工贸有限公司	青岛“法罗力”燃气热水锅炉WNS≤14MW	2005.6.28	GHCZ 2005-23	—
137	甘肃百淼生物环保水处理工程有限公司	微生物处理污水技术BP-TM系列	2005.7.8	GHCZ 2005-29	兰州市城关区庆阳路169号
138	甘肃省环境监测科技公司	美国热电污染源烟气连续自动监测系统	2005.7.8	GHCZ 2005-30	—

续表

序号	企业名称	环保产品名称	发证日期	证号	单位地址
139	兰州标点科技发展有限公司	意大利ICI燃气承压热水锅炉RED、TNG系列≤7MW	2005.7.21	GHCZ 2005-32	兰州市南昌路501号
140	兰州吉锋热能设备有限公司	扬州“正宇”系列燃气热水锅炉WNS型≤7MW	2005.7.21	GHCZ 2005-33	兰州市城关区郑家台45号201室
141	兰州新力热能动力工程有限公司	BUDERUS燃气热水锅炉GE515/615、S825	2005.7.21	GHCZ 2005-37	兰州市白银路1508号（甘肃新闻大厦）
142	兰州科元热能工程有限责任公司	组合式脱硫除尘器TS/B型	2005.9.30	GHCZ 2005-52	兰州市城关区雁西路1234号
143	甘肃经纬环境工程技术有限公司	有机与生活污水处理设备GJW-ⅡS-50~2400 m^3/h	2005.9.30	GHCZ 2005-60	兰州市城关区天水南路461号
144	甘肃省膜科学技术研究院	膜集成技术深度处理石化工业排放水设备LA-MSF-01	2006.5.9	GHCZ 2006-05	兰州市段家滩1272号
145	兰州汉氏环境技术工程有限公司	复合曝气管DADS	2006.5.26	GHCZ 2006-06	—
146	武威市永河锅炉厂	“焱神”牌多用常压热水锅炉CLSG≤1.4MW	2006.7.6	GHCZ 2006-08	甘肃省武威市
147	嘉峪关市宇天环保设备商贸中心	反吹风布袋除尘器TFC、LFEF系列	2006.9.8	GHCZ 2006-15	嘉峪关市312号国道铁路新村加油站对面

续表

序号	企业名称	环保产品名称	发证日期	证号	单位地址
148	兰州绿康商贸有限公司	多功能活氧机 JQ-6m	2006.9.8	GHCZ 2006-17	兰州市城关区白银路 109 号 2-1-2
149	兰州科源环保技术装备工程有限公司	“燕”牌高效脱硫湿式除尘器 SZL≤40t	2005.3.22	GHCJ 2005-04	—
150	兰州金龙锅炉有限责任公司	卧式常压燃气热水锅炉 CWNS≤2.8MW	2005.3.22	GHCJ 2005-09	—
151	兰州金焰锅炉有限公司	常压燃煤热水锅炉 CLSG 型≤2.8MW	2005.3.22	GHCJ 2005-12	兰州市西固区庄浪路 216 号
152	甘肃翔宇环境技术有限公司	袋式系列除尘器 XYBD8-50C C 系列	2005.5.12	GHCJ 2005-14	—
153	白银市包银锅炉厂	立式常压燃煤热水锅炉 CLSD≤1.4MW	2005.11.14	GHCJ 2005-23	—
154	兰州连华环保科技有限公司	COD 水质自动监测仪 5B-5	2005.11.19	GHCJ 2005-24	—
155	兰州金安新技术有限责任公司	复合包装制袋机 纸纱复合包装袋 JF 系列	2005.11.26	GHCJ 2005-25	—
156	兰州瑞迪石化科技有限公司	汽油清净 RHY2302	2005.12.1	GHCJ 2005-26	—
157	兰州来马石化产品有限公司	多效柴油清净剂	2005.12.1	GHCJ 2005-28	—
158	嘉峪关市瑞鑫锅炉厂	“瑞鑫”牌双层炉排常压燃煤热水锅炉 CLSS、CLSG≤1.05MW	2005.12.29	GHCJ 2005-30	—

续表

序号	企业名称	环保产品名称	发证日期	证号	单位地址
159	兰州科元热能工程有限责任公司	常压燃煤热水锅炉CLHS、CLSG≤1.4MW	2006.1.18	GHCJ 2006-01	—
160	兰州环保器材厂	噪声控制产品	2006.2.24	GHCJ 2006-02	兰州河口
161	甘肃科近环保技术有限公司	喷淋式高压静电沥青烟气净化装置	2006.2.28	GHCJ 2006-03	兰州市南昌路363号
162	兰州苏兰工业污染治理有限责任公司	工业窑炉环保综合治理技术LZJ系列	2006.3.24	GHCJ 2006-04	—
163	临夏环保设备厂	"常晴"牌水浴除尘器CQSW/GJ-A≤6t/h	2006.5.9	GHCJ 2006-06	临夏红台
164	兰州声威科工贸有限责任公司	刺孔板消声结构噪声控制装置JSJnTA-B JSQnQ	2006.5.26	GHCJ 2006-07	—
165	兰州天际环境保护有限公司	一体化生活污水处理设备及技术	2006.7.15	GHCJ 2006-08	—
166	中国石油兰州石油化工公司、北京长信万林科技有限公司	汽油清净助燃剂	2007.1.17	兰炼 MAZ100	兰州市西固区兰炼街1号
167	中国石油兰州石油化工公司、北京长信万林科技有限公司	柴油清净助燃剂	2007.1.17	兰炼 MAZ200	兰州市西固区兰炼街1号
168	酒泉华茂化工建材有限公司	锅炉脱硫除尘剂	2007.3.22	HM-T	—

续表

序号	企业名称	环保产品名称	发证日期	证号	单位地址
169	兰州贵希尔久安输配设备有限公司	燃煤用脱硫助燃清焦洁净剂	2007.4.11	—	兰州市城关区民主西路 7 号 1401 室
170	兰州银鹏环保设备有限公司	工业窑炉环保综合治理技术	2007.4.12	LZT 系列	兰州红山根东路 105 号
171	甘肃国建物资贸易有限公司	二氧化氯发生器（化学法）	2007.6.15	GF200–300g/h	—
172	兰州裕盛实业有限公司	油烟净化器	2007.11.15	GT2008	兰州市城关区东李家湾 171 号
173	兰州蓝天环保锅炉辅机厂	水浴式除尘器	2008.1.12	1~20t/h	兰州市城关区雁儿湾 50 号
174	甘肃明日能源设备有限公司	常压燃气热水锅炉	2008.07.01	WNS≤14MW	兰州市城关区南昌路 820 号

二、甘肃省环境保护产业协会

1982 年，经甘肃省环保局批准，设立甘肃省环境科学学会。1986 年，经省经济委员会批复，成立中国环境保护工业协会甘肃分会。1989 年，根据甘编〔1989〕115 号文，明确甘肃省环境科学学会和中国环境保护工业协会甘肃分会合署办公，为自收自支事业编制。1994 年，随着环保产业的发展，国家环保工业协会更名为中国环保产业协会，甘肃省召开第一次环境保护产业协会会员代表大会，经甘肃省民间组织管理局登记注册，正式更名为“甘肃省环境保护产业协会”，其原“甘肃省环境科学学会”名称不变。“两会”合署办公，“一套人马，两块牌子”，承担全省环保产业行业管理和环境科学交流等工作。

甘肃省环境保护产业协会是经甘肃省编委正式批准设立的省直自收自支

事业单位，县级建制，隶属省环保局主管。人员编制 5 名，实有 6 人（招聘 1 人）。其中，管理人员 1 人，工程技术人员 3 人，工勤人员 1 人，财务 1 人。现配备领导人数 1 人，无内设科室。

按照环保产业协会章程，甘肃省环保产业协会是在甘肃省环保局的领导下，负责全省环保产业（以及相关产业）的发展规划和行业管理，主要职责包括：受省环保局委托，对全省环保产业进行行业管理；贯彻执行我国环境保护方针，政策和环境保护产业政策以及有关规定，协助政府部门制定环保产业发展规划。接受委托，授权开展地方环保产业行业标准制定，建立环保产业行业管理的标准体系，为领导机关和有关部门提供咨询服务和建议；制定行业规章和公约，协调企业之间的关系，推动横向经济联合，促进经济、信息技术与人才交流合作；受政府有关部门委托，在业务主管部门支持下，会同有关部门对环保产品组织鉴定；参与对环保产品和污染治理工程进行监督、检查、评比和认定；加强环保市场管理，协助政府打击假冒伪劣环保产品，组织评选本省本行业的名优产品，并向省内外推广国优、省优环保产品；开展技术交流活动，组织技术攻关、技术开发，推广新技术、新工艺、新设备、新材料、监制环保产品。大力推广环保产业的科学技术进步，提高环保产业的管理水平；开展环保产业科技、生产、开发、市场经营方面的调查研究和综合分析，提供国内外环保产业的科技情报和信息；协助政府有关部门开展一年一度的甘肃省“环境杯”科技奖的评审工作。

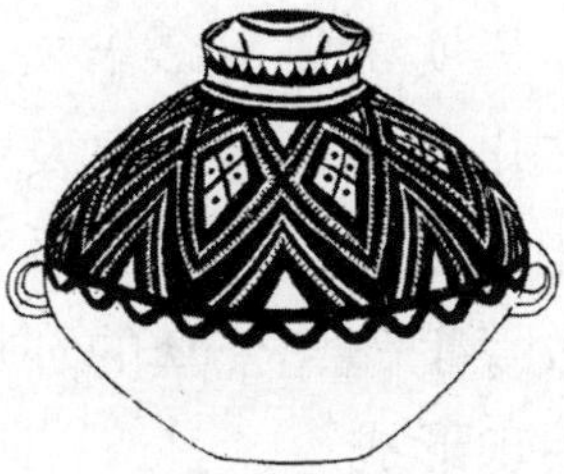

第八篇　环境保护宣传与对外交流

第一章　环境保护宣传

“八五”期间，甘肃省环保宣传工作紧紧围绕中央各阶段、各年度工作重点，围绕甘肃省环境保护工作会议精神，展开深入广泛的宣传活动。通过宣传国家环保法律法规、环境保护先进事迹，揭露环境污染问题，在加强社会环保意识的同时，不断激发社会公众的环境保护参与度。“九五”时期，全省认真贯彻《全国环境保护宣传教育纲要》，初步形成部门联合、公众参与的宣传教育机制，大学、中学、小学环境教育得到加强，创建“绿色学校”活动深入开展。连续多年的“陇原环保世纪行”活动，强化舆论监督，宣传先进典型，揭露和批评违法行为，促进各类环境保护法律法规的贯彻执行。

自“十一五”宣教规划实施以来，甘肃省按照“总体策划、分级负责、上下联动、整体推进”的要求，把环保宣教工作作为全面完成环保目标任务的重要措施，及早安排，精心组织，落实措施，完善机制。甘肃省环保厅建立由主要领导负总责，分管领导具体抓，宣教处牵头组织指导、协调、规划和督查，甘肃省环境宣教中心具体承办相关事宜的环保宣教机制。各市、州环保局都成立由环保、宣传、教育、广电等部门组成的领导小组，落实措施、靠实责任。多年来，甘肃省各级环保部门主动协调和配合宣传、新闻、文化、教育等部门及妇联、工会、团委、科协等社会团体，发挥他们的职能和优势，开展一系列富有成效的活动。有效地推动甘肃省环境保护宣传教育工作，公众的环境意识和环境法制观念逐步增强，公众参与机制正在逐步形成。

第一节　世界环境日主题宣传

甘肃省坚持开展以“六五”世界环境日为重点的大型宣传活动，带动经常性宣传工作。在活动的策划实施中充分体现“环保生活化、生活环保化”的理念。每年“六五”世界环境日期间，省宣传、环保部门和各市（州）、县（区）围绕联合国环境规划署和环保部确定的主题，组织开展形式多样、丰富多彩的宣传活动。系列活动整体凸显出四个特点：突出主题，围绕污染减排、环境友好、生态文明、建设和谐社会等中心工作开展活动；引导舆论，积极联合新闻媒体开展宣传，省政府和部分市（州）政府新闻办、环保局联合举行新闻发布会，发布环境状况及环境保护工作情况；广泛参与，政府、企业、学校、社区、村镇联动，充分体现“环保生活化、生活环保化”的宣传活动，使广大干部群众都能以合适和简便的方式了解并参与环保；创新载体，在利用传统媒介开展宣传的基础上充分利用互联网、手机短信等形式开展环保宣传。世界环境日主要宣传活动见表 8–1–1。

同时，充分利用“4·22”地球日及“9·16”臭氧日等各种机会，在全省范围内组织新闻采访报道、座谈会、中小学生环保征文、演讲比赛、清除“白色”污染和列车环保宣传等形式多样、丰富多彩的环境保护宣传教育活动。全省共开展宣传活动近 300 项。

表 8-1-1

甘肃省世界环境日主要宣传活动一览表

时 间	活动内容
1991 年	世界环境日主题：气候变化——需要全球合作（Limate Change-Need for Global Partnership） 全省 14 个地、市（州）和甘肃矿区在“六五”世界环境日期间，组织开展宣传活动，用板报专栏、标语、横幅、图片和街头宣传、电影专场等宣传手段，进行环境保护知识竞赛、报告会和座谈会形式，全省有百万群众受到环境保护宣传教育
1992 年	世界环境日主题：只有一个地球——关心与共享（Only One Earth-Care and Share） 甘肃省环保局和共青团甘肃省委成立甘肃省环境保护宣传教育活动领导小组，围绕世界环境日，省环教办组织开展大型宣传日、宣传月活动，开展环境知识咨询、主题队日、主题团日、学术报告、组队进行文艺演讲巡回演出等活动
1993 年	世界环境日主题：贫穷与环境——摆脱恶性循环（Poverty and the Environment-Breaking the Vicious Circle） 甘肃省环保局、生活环境报社、《西部摄影报》社、省青年摄影家协会共同举办全省环境摄影比赛并在省上展出。开展第六届甘肃“环境好新闻”征文大奖赛，27 家新闻单位选送 110 篇（条、组）环境新闻稿件
1994 年	世界环境日主题：同一个地球，同一个家庭（One Earth One Family） 6 月，甘肃省人大卢克俭主任亲自为“甘肃环保行”题词，“甘肃环保行”历时半年，40 人（次），4 次行程 1 万千米，发稿 200 余篇，整个活动期间电视上有像，广播中有声，报纸上有文，成为甘肃省环境宣传活动史无前例的第一次

续表

时 间	活动内容
1995 年	世界环境日主题：各国人民联合起来，创造更加美好的世界（We the Peoples: United for the Global Environment） 6 月 5 日，甘肃省环保局、兰州铁路局在兰州火车站广场联合召开“六五”世界环境日纪念大会，省市领导给青年志愿者授旗，5 000 余人参加大会，散发各类宣传品 4 万份。大会结束后，省、市领导率领千余人上铁路沿线清除固体废物。 7 月 7—18 日，由国务院环委会委员、化工部副部长贺国强为团长，全国环保执法检查团来甘肃省检查，检查组先后在兰州市、威武地区、金昌市、张掖地区、嘉峪关市、酒泉地区的 34 个企业（事业）单位检查环境保护工作。 甘肃省环保局和兰州铁路局在旅客列车上（76 次、148 次、178 次、78 次、501 次）开展列车“环保行”宣传活动，回收环境意识调查表 2 万余份。 表彰“甘肃环保行”好新闻暨第八届甘肃“环境好新闻”，本次评选活动共评选出“甘肃环保行”好新闻暨第八届甘肃“环境好新闻”42 篇（组），进行表彰和奖励。 甘肃省环保局在全省中小学举办“我需要地球、地球需要我”环保征文比赛活动
1996 年	世界环境日主题：我们的地球、居住地、家园（Our Earth，Our Habitat，Our Home） 6 月 5 日，甘肃省环保局、兰州市环保局、兰州市城关区政府在兰州东方红广场联合召开“六五”世界环境日纪念大会，4 万余人参加大会，散发各类宣传品 10 万份

续表

时 间	活动内容
1997 年	世界环境日主题：为了地球上的生命（For Life on Earth） 6 月 4 日，甘肃省环保局、兰州市环保局、兰州市城关区政府在兰州东方红广场联合召开“六五”世界环境日纪念大会，2 万余人参加大会，散发各类宣传品 10 万份。会后，近 1 000 余人乘宣传车沿城区绕行开展环境宣传活动。 6 月 5 日，甘肃省环保局机关 40 余人前往平凉市与市政府联合开展“六五”世界环境日“我们的地球、居住地、家园”大型群众性文艺演出、环境保护知识竞赛宣传活动，全市有 10 万群众受到环境保护宣传教育
1998 年	世界环境日主题：为了地球的生命，拯救我们的海洋（For Life on Earth-Save Our Seas） 6 月 5 日，甘肃省政府、兰州市政府联合召开冬季大气污染防治动员会。 甘肃省环境保护委员会、甘肃新闻工作者协会、陇原环保世纪行组织委员会开展表彰“陇原环保世纪行”好新闻暨第十二届甘肃“环境好新闻”，评选出“陇原环保世纪行”好新闻暨第十二届甘肃“环境好新闻”42 篇（组），进行表彰和奖励
1999 年	世界环境日主题：拯救地球就是拯救未来（Our Earth-Our Future-Just Save It） 由甘肃省人大环境资源委员会牵头，甘肃省委宣传部、甘肃省环保局等 14 个部门共同组织的“陇原环保世纪行”活动，配合全省环境资源执法情况的督察，全国环保执法检查和“一控双达标”落实情况，进行 4 次较大规模的宣传报道活动

续表

时 间	活动内容
2000 年	世界环境日主题：环境千年，行动起来（2000 The Environment Millennium–Time to Act） 6 月 5 日，世界环境日，省、市环保局与城关区环保局在兰州市东方红广场联合举办“六五”世界环境日纪念活动，以此来提高全社会的环境意识。甘肃省人大副主任杨作林、副省长韩修国、省政协副主席李宇鸿及市（区）政府、人大、政协有关领导莅临大会。甘肃省环保局局长赵伟民、兰州市人民政府马琦明副市长讲话，在纪念活动中，省、市、区环保局还围绕年度“六五”世界环境日主题“环境千年——行动起来”展出图版 15 块，散发宣传材料万余份，并解答群众对有关环保事宜的询问。省环保宣教中心与兰州市少年宫举办的《人与自然》画展，展出作品 80 余幅，使群众受到热爱自然、保护环境的熏陶和教育
2001 年	世界环境日主题：世间万物，生命之网（Connect with the World Wide Web of Life） 4 月 22 日，在甘肃工业大学组织开展甘肃省首届高校环保知识竞赛，在兰州地区的六所高校参加竞赛活动。 6 月 2 日，甘肃省环保局、共青团甘肃省委联合举办在兰州 15 所高校，沿黄河风情线，开展“保护母亲河，绿色文明陇上行”大型宣传活动，撰写并印发 10 万份宣传单。组织全省中小学生参加“支持北京申办奥运，百万青少年齐行动”环保公益广告设计比赛，评出 20 幅优秀作品。 6 月 5 日，甘肃省环保局、兰州市环保局、兰州市城关区政府在兰州国芳百盛广场联合召开“六五”世界环境日纪念大会，全省通过报纸、广播、电视编发环保新闻 1 000 余篇（条），环保宣传活动 600 次，宣传材料 10 余万份，宣传挂图 3 万幅，30 万人直接接受环保教育。 开展绿色学校评选表彰工作，有 6 所学校创建为绿色学校先进单位。 9 月，举办全省县级环保局局长岗位培训班，28 名学员参加培训。 10 月，举办甘肃省第一期企业环保处（科）长岗位培训班，25 名学员参加培训

续表

时 间	活动内容
2002 年	世界环境日主题：让地球充满生机（Give Earth a Chance） 5 月 15 日，共青团甘肃省委、省教育厅、省环保局、甘肃人民广播电台联合发起“全省百万中小学生环境监护周活动”。 6 月 2 日上午，在东方红广场举行省城环境保护宣传周暨创建绿色文明商场启动仪式。 6 月 3 日上午，以兰州实验小学为中心会场，通过省电台现场直播的形式，隆重举行全省中小学生环境保护宣誓仪式。 6 月 5 日上午，天水市人大组织召开“使地球充满生机——绿色旅游在天水”座谈会。下午，天水市政府在市政府礼堂举行环境形势专题报告会，特邀省环保局局长赵伟民做《环境形势·任务·对策》专题报告。 6 月 6 日上午甘肃省环保局与天水市、区环保局工作人员在天水市中心广场隆重举行“六五”世界环境日纪念活动
2003 年	世界环境日主题：水——20 亿人生于它！20 亿人生命之所系！（Water – Two Billion People are Dying for It!） 因“非典”缘故，全省未集中开展宣传活动。 1 月 1 日《环境导刊》创刊，在“六五”期间以 10 个整版的篇幅全面介绍甘肃省的环境状况以及全省各地的环境宣传活动。 7 月，甘肃省环境保护局、甘肃日报社联合在全省开展“甘肃环保三十年，互促共进奔小康”环境保护知识竞赛，评出优秀奖 100 名，鼓励奖 100 名，并在甘肃日报上公布。 全省通过报纸、广播、电视编发环保新闻 1 500 余篇（条），环保宣传活动 800 次，宣传材料 20 余万份，宣传挂图 3 万幅，50 万人直接接受环保教育

续表

时间	活动内容
2004 年	世界环境日主题：海洋存亡，匹夫有责（Wanted! Seas and Oceans-Dead or Alive?） 开展由省环保局、省质检局组织，监测单位共同参加的室内空气质量检测宣传周。“六五”世界环境日期间，在全省范围内集中开展一次公共场所室内环境空气质量检测周宣传活动。 6 月 3 日上午，甘肃省精神文明建设指导委员会与甘肃省环境保护委员会表彰“十佳环保企业”“十大环保杰出贡献奖”以及甘肃环保先进集体、先进个人。 6 月 5 日上午，甘肃省纪念“六五”世界环境日暨“保护千里黄河再行动”大会在临夏永靖县黄河边召开。 组织省内大、中、小学生积极开展甘肃省首届“经纬杯”珍惜爱护水资源征文比赛
2005 年	世界环境日主题：营造绿色城市，呵护地球家园！（Green Cities-Plan for the Planet） 中国主题：人人参与　创建绿色家园 6 月 4 日上午，在全省唯一的绿色社区——新港城开展“全国百名市长进绿色社区”活动。 甘肃省环保局在天水市设立主会场，召开纪念“六五”世界环境日暨“人人参与，创建绿色家园”动员大会。省文明委、省环委会、省环保局、天水市委、市人大、市政府、市政协的有关领导出席该次纪念大会。 举行“蓝天杯”人与环境摄影大赛总结表彰奖励大会

续表

时 间	活动内容
2006 年	世界环境日主题：莫使旱地变为沙漠（Deserts and Desertification-Don't Desert Drylands!） 中国主题：生态安全与环境友好型社会 甘肃省环保局在酒泉市设立主会场，召开酒泉市创建全国模范环保城市暨甘肃省纪念“六五”世界环境日宣传活动，活动围绕“生态安全与环境友好型社会”的主题，开展丰富多彩的宣传活动。 6 月 5 日上午，甘肃省环保局副局长张政民在酒泉市世纪会展中心做《创建环境友好型社会是落实科学发展观的重要保障》的报告。 6 月 9 日上午，在兰州市金城宾馆举办“甘肃省环境宣传教育图片巡回展暨大型环保有奖问卷调查活动”的启动仪式，该次活动共制作环境宣传教育图片展板 90 块，印制 100 万份“心系甘肃环保、人人共同参与”调查问卷
2007 年	世界环境日主题：冰川消融，后果堪忧（Melting Ice-a Hot Topic?） 中国主题：污染减排与环境友好型社会 甘肃省环保局主办，甘肃省环境宣传教育中心、甘肃省环境监测中心站、甘肃省环保产业协会、甘肃省环境科学学会等单位共同承办“甘肃省污染减排环保行”纪念“六五”世界环境日“倡导绿色生活 引领绿色消费”大型宣传活动。启动仪式在兰州举行。 在甘南州开展以“拒绝‘白色’污染，构建环境友好型新农村”为主题的环保宣传活动，省环保局领导、临潭县领导就保护黄河上游生态环境、拒绝“白色”污染，构建环境友好型新农村做专题报告。 甘肃省环境保护局、甘肃省摄影家协会共同主办“首届甘肃省环保摄影艺术展览”活动，历时 4 个月，在全省范围内共征集到作品 500 余幅，经认真评选，226 幅作品获得一、二、三等奖，并在全省部分城市巡回展览

续表

时 间	活动内容
2008年	世界环境日主题：促进低碳经济（Kick the Habit! Towards a Low Carbon Economy） 中国主题：绿色奥运与环境友好型社会 6月4日，甘肃省环保局在临夏州设立主会场，隆重举行“六五”世界环境日纪念大会。临夏县和积石山县环保局成立。活动会场，州、县环保局宣传咨询点向广大人民群众、干部职工、中小学生宣传环境保护知识，发放宣传资料和环保购物袋。 临夏州青年环保志愿者代表发起“迎绿色奥运，促环境友好型社会”的倡议，号召广大青年通过宣传绿色奥运和生态文明理念，倡导人人参与环境保护。 给临夏县中小学环保作文竞赛获奖的60名学生颁奖。 举办甘肃省环保系统抗震救灾图片展，图片展以“情系灾区、奉献爱心、环保行动、抗震救灾”为主题，共收集制作图片100余幅，直观再现灾区实况，重点展示省环保系统在灾害面前，临危不惧、上下同心、八方支援的精神风貌
2009年	世界环境日主题：地球需要你，团结起来应对气候变化（Your Planet Needs You-UNite to Combat Climate Change） 中国主题：减少污染——行动起来 6月5日，由省、市、区环保局联合在兰州市举办“污染减排再行动”暨纪念“六五”世界环境日大会。省环委会23家成员单位领导参加纪念活动。 6月10日，在兰州市城关区新港城国家级绿色社区开展“甘肃省百名环评师（工程师）环保科普宣传活动”启动仪式

续表

时 间	活动内容
2010 年	世界环境日主题：多个物种，一个星球，一个未来（Many Species-One Planet-One Future） 中国主题：低碳减排·绿色生活 4 月 17 日，由甘肃省委宣传部、省环保厅、省妇联、省文明办、省科协、团省委和教育厅七部委联合举办的“倡导绿色生活，培育低碳一族”主题宣传教育实践活动启动仪式在兰州东方红广场举行。活动以简明的方式宣传“低碳”理念，呼吁每个市民、每个家庭，从自己做起，从点滴做起，从现在做起，加入到“低碳一族”的绿色时尚行列中。活动为期 6 个月，于 9 月底结束。活动期间开展“我眼中的低碳一族”摄影竞赛、“甘肃环境保护进万家”大型宣传、青年环保志愿服务和“生态文明村”创建等 10 项重点内容。 6 月 4 日，由省、市、区环保部门联合在兰州市举办“甘肃环保进万家”暨纪念“六五”世界环境日大会。纪念大会上省环保厅为 10 所高校授予“甘肃环保进万家志愿者服务队”旗帜，来自高校的环保志愿者代表发出倡议：行动起来，从自己做起，从小事做起，携手保护我们的家园。 组织参加西北五省（区）环保系统举办首届摄影作品展。经过初评报送 40 幅作品参加，经过专家评比，共选出获奖作品 145 幅。甘肃省获一等奖 1 幅；二等奖 2 幅；三等奖 4 幅；优秀奖 13 幅。 6 月 11 日，由甘肃省委宣传部、省发改委、省环保厅、兰州市政府等 16 个部门主办的 2010 年甘肃省节能宣传周活动在主会场兰州市东方红广场正式启动。由数百人组成的统一穿着“节能攻坚全民行动”T 恤衫的志愿者自行车车队，从广场浩浩荡荡出发，进行节能减排的形象宣传，并向沿途市民分发宣传材料

第二节 “陇原环保世纪行”宣传

一、新闻宣传

从1987年起，甘肃省不断强化新闻工作者在环保宣传工作中的主体责任并调动其积极性。与甘肃省新闻工作者协会协作，连续22年开展“甘肃环境好新闻”评选活动。

1994年冬，由甘肃省委宣传部、省财政厅等单位共同发起“陇原世纪环保行”活动，通过活动宣传，以增强社会环保意识，提高环保社会参与度。1995年，由省人大常委会、省委宣传部、省广播电视厅、省环保局牵头进行“甘肃环保行”宣传活动。有9家新闻单位，24人（次）参加，分3次采访的全省14个地、州、市，80余家企事业单位，发稿量达95篇。宣传活动紧密结合全国及全省环境执法检查，充分发挥新闻舆论监督作用，教育广大干部、群众，提高全民环保意识。

1996年，在“陇原环保世纪行”宣传活动中，《甘肃日报》等10余家新闻单位参加，派出记者28人（次），分三次采访省内7个地、州、市，30余家企业单位。增强新闻宣传的力度和舆论监督作用。年内全省共开展环境保护宣传活动272项，各种宣传媒介环境专题节目数达991个。举办环保培训班13个，有108所中小学校开展环境教育。

1997年，“陇原环保世纪行”先后进行4次较大规模的宣传报道活动，有6家新闻单位设立环保专栏和专题，共发表各类新闻稿件282篇（条）。省环保局、省教委、省委宣传部共同下发《甘肃省关于〈全国环境宣传教育行动纲要〉的实施方案》，并已开始实施。开展环保先进企业评选活动，长庆油田马岭炼油厂等2家企业评为全国环保先进企业，国营长风机器厂等7家企业获选为省级环保先进企业。环境教育工作也有新的进展，在省委党校和部分地、州、市党校开设环保课程。

“十五”期间，“陇原环保世纪行”宣传重点侧重在生态文明建设和环境污染曝光、清洁生产推广方面。

“十一五”期间，不断加强环保宣传工作的深度和广度。坚持在《甘肃日报》、甘肃电视台、甘肃人民广播电台等省内主要媒体开辟环境保护专栏，播放环保公益广告，广泛宣传党和国家环保方针、政策、法律法规、普及环保知识，努力营造宣传环保的舆论氛围。积极参与“中华环保世纪行”活动，组合开展“陇原环保世纪行”新闻采访活动。借助媒体联动优势，公开曝光环境违法典型案件，深刻揭露环境违法行为产生的根源，对地方保护主义和不作为现象形成舆论压力，推动各级政府从根本上解决环境污染问题。省环保厅与《甘肃经济日报》联合创办《人与环境》专刊（周刊），专刊紧密结合全省环保工作重点和中心任务，坚持“把握重点、追踪热点、剖析难点、推崇亮点”的办刊原则。经过多年的努力，《人与环境》专刊已成为环境政策、法规、信息、新闻发布会的主要平台，充分发挥环保宣传主阵地和权威窗口的作用。从创刊到2010年，专刊已连续出版400多期，刊登各类新闻稿件5 000余篇。

2006年，甘肃省对全省性文艺新闻出版评奖项目进行整改。全省性文艺新闻出版评奖项目从54个减少到22个。“甘肃环境好新闻奖”在整改中予以保留，并与“甘肃新闻摄影作品奖”“甘肃科技新闻奖”等9个奖项作为专项新闻奖合并到甘肃新闻奖当中。据统计，此项工作开展22年间，共收到参评稿件两万多篇（条），评选出获奖作品千余个，有效调动新闻记者宣传环保的积极性和主动性，对促进环境问题解决发挥积极作用。

“十一五”以来，以宣传节能减排为重点，以宣传发展循环经济为突破口，紧密结合全省环保工作重点和中心任务，对甘肃省环境保护工作进行全面报道。为配合甘肃省“十一五”时期节能减排的重点，策划一批重点稿件，以全省循环经济示范单位为重点，深入采访，积极宣传清洁能源生产。选取省内有特色的重点城市，开展资源节约型社会调研，并撰写相关稿件；刊发《石军副省长在全省污染减排重点项目现场推进会上讲话》《国务院环保专项行动督察组来我省检查》等相关稿件。结合各市、州深入学习贯彻党的十七大精神，围绕贯彻落实科学发展观的进展情况进行宣传报道，刊发《2009年减排工作进展情况》《兰州污染减排工作进展顺利》等一批高质量稿件，加大对节能减排工作的宣传力度。配合省厅挂牌、中华人民共和国成立60周年、改革开放环保发展30年历程纪念活动，刊发大量稿件，描绘甘肃省环保发展的历程，并配发特写言论《升格与职能的强化——写在省环保厅挂牌之际》

《站在一个新历史起点环保工作任重而道远——省环境保护厅厅长就如何做好新形势下环保工作答记者问》等稿件。配合哥本哈根会议，采写稿件《气候变化导致穷人更穷我省成为气候变化最大受害者之一》《关注哥本哈根关注气候变化中的甘肃》，宣传低碳生活。2010 年“8·8”舟曲特大山洪泥石流灾害发生后，甘肃省环保厅宣教处和中国环境报甘肃记者站迅速反应，协调中国环境报开辟“舟曲专栏”，累计发表环保救灾动态新闻稿件百余篇。

2001—2010 年“陇原环保世纪行”主题：

2001 年　水土保持与生态文明

2002 年　聚焦祁连

2003 年　关注生命之水

2004 年　直击违法排污

2005 年　追踪水污染

2006 年　资源节约与可持续发展

2007 年　人与自然和谐

2008 年　节能减排与生态文明

2009 年　自然保护与生态文明

2010 年　聚焦渭河

二、社会动员与监督

由甘肃省环保厅最早发起组织的“陇原环保世纪行”活动自开展以来，受到全国人大环资委和中华环保世纪行组委会的高度重视。省环保局加强和省人大环资委、省政协人环委、省委宣传部、省政府法制办和省政府研究室等方面的联系，积极配合协调相关部门和单位，广泛开展“陇原环保世纪行”活动，褒扬典型，鞭策落后，充分发挥媒体的监督作用。大力宣传《环境保护法》《水污染防治法》《清洁生产促进法》。同时，集中力量曝光石羊河流域及红崖山水库水环境污染、玛曲草原生态恶化、文县碧口镇小硅铁环境污染等一批污染水环境、浪费水资源、破坏水源林、影响经济发展、危害群众健康的突出问题。在活动中坚持监督，讲求实效，坚持集团作战与小分队出击相结合、平时宣传与战役性报道相结合的采访形式，做到既造声势，又灵活深入，既有批评，也有表扬，对全省水资源保护和水环境治理中取得的成绩和存在的问题进行全方位的报道，形成一股强大的法律监督、舆论监督、群众监督的合力。特别是新华社《每日电讯》以《黄河首曲惊现百里黄沙》和《黄河首曲野生动物剧减》为题，向海外报道玛曲草原生态恶化的严重事实，引起海内外环保组织和人士的重视，拯救黄河首曲的环保行动得到国际社会的广泛关注，在更广范围展开。中央驻甘及省内各媒体的环保记者自发成立西风胡杨环保记者俱乐部。开展“人与自然”摄影作品展、渭水源头自然行、青城生态历史行等活动，并在网易开设西风胡杨博客，受到众多网友的关注。

2006年以来，甘肃省加大对全国大学生绿色营和甘肃高校各类环保组织的指导和支持。2006年3月21日，与中华环保联合会、兰州理工大学共同发起“关注大西北，呵护母亲河”活动。中华环保联合会副主席兼秘书长、原国家环保总局纪检组长曾晓东，中华环保联合会常务理事、原水利部副部长张春园，中华环保联合会副秘书长、原国家环保总局政策法规司副司长李恒远等领导参加该次活动。活动还倡议将每年的3月22日作为“黄河母亲节”，以此号召全国各族人民保护黄河母亲。活动邀请到甘肃、陕西、青海、宁夏、新疆、内蒙古六省（区）近40个大学生环保组织代表参加。指导、组织、协调省内7所高校的8个环保类社团，开展甘肃省环境文化节暨甘肃省高校“环保时装秀”巡展活动；组织6个高校社团和2个中学环保小组开展“拒绝使用一次性筷子”大型宣传活动；携手甘肃环保志愿团体“绿驼铃”开展“保护母亲河，共建绿色家园”露天公益演出和甘肃环保NGO研讨会等一系列活动。

2008年“5·12”汶川地震发生后，甘肃省环保厅举办甘肃省环保系统抗震救灾图片展，图片展以“情系灾区、奉献爱心、环保行动、抗震救灾”为主题，共收集制作图片100余幅，图片内容包括国家领导人视察甘肃省重灾区、甘肃省各地受灾情况及全省环保系统抗震救灾3个方面，直观再现灾区实况，重点展示甘肃省环保系统在灾害面前，临危不惧、上下同心、八方支援的精神风貌。

第三节　创新型环保宣传

2006年以来，甘肃省环境保护宣传教育部门紧紧围绕新形势下环境保护中心工作，结合甘肃地处西部经济较为落后的实际，科学谋划，合理配置资源，着眼于从不同阶层人员环境意识的提高入手，本着出实效、出成果的工作思路，深入浅出，把点面宣传与基础培训相结合，把传统式教育与网络、媒体宣传相结合，采取有力措施，有效地推动甘肃省环境保护宣传教育工作，公众的环境意识和环境法制观念逐步增强，公众参与机制正在逐步形成。

1. 探索“创绿”搭建平台

甘肃省从2004年开始启动全省14类绿色文明单位创建活动。“十一五”以来，绿色系列创建活动将环保工作与精神文明建设紧密结合，构建创绿工作体系，强化创绿意识。甘肃省文明委、省环保厅、教育厅、省民政厅等单位密切配合，对创绿先进单位不断探索和持续改进，发挥其表率作用，本着“绿色创建只有起点，没有终点”的思路，逐步探索建立绿色创建的长效监督机制。利用新闻媒体，对全省的绿色学校创建进行宣传报道。2008年甘肃省环保厅和省教育厅以“环境与可持续发展教育”为主题联合举办首届优秀环境教育教学方案征文评选活动。2010年甘肃省环保厅和省教育厅举办《关于渗透环境教育教学实践征文竞赛的通知》。年内，甘肃省文明委、省环委会联合表彰命名15家“绿色示范点”单位、58个绿色文明单位。全省有各类绿色学校（幼儿园）1 000余所，省级绿色社区27个，环境教育基地14所。

2. 建立基地，深化教育

结合甘肃省生态建设及环境保护工作的实际，省环保厅在甘肃武威民勤设立甘肃省民勤环境警示教育基地，在各级政府和有关部门的支持下，教育基地累计投入资金800余万元建成5个警示教育展厅。年内接待参观者5万余人。同时，天水市牛头河峡谷建设国家级环境教育基地也在积极筹建中，该基地建成之后，将形成以清水全国生态示范县为基础的综合性宣传教育基地。

3. 精心策划宣教活动突出生活化

甘肃省坚持开展以“六五”世界环境日为重点的大型宣传活动，带动经常性宣传工作。在活动的策划实施中充分体现“环保生活化、生活环保化”的理念。每年“六五”世界环境日期间，省级单位和各市（州）、县（区）围绕联合国环境规划署和国家环保部确定的主题，组织开展形式多样、丰富多彩的宣传活动。活动整体凸显出4个特点：突出主题，围绕污染减排、环境友好、生态文明、建设和谐社会等中心工作开展活动；引导舆论，积极联合新闻媒体开展宣传，省上和部分市（州）政府新闻办、环保局联合举行新闻发布会，发布环境状况及环境保护工作情况；广泛参与，政府、企业、学校、社区、村镇联动，充分体现“环保生活化、生活环保化”的宣传活动，使广大干部群众都能以合适和简便的方式了解并参与环保；创新载体，在利用传统媒介开展宣传的基础上充分利用互联网、手机短信等形式开展环保宣传。2006年“六五”环境日期间，甘肃省以“生态安全与环境友好型社会”为主题，与中华环保联合会、兰州理工大学共同发起“关注大西北，呵护母亲河”活动，并倡议将每年的3月22日作为“黄河母亲节”。并在兰州市举办“甘肃省环境宣传教育图片巡回展暨大型环保有奖问卷调查活动”，共制作环境宣传教育图片展板90块，印发100万份“心系甘肃环保，人人共同参与”调查问卷。

2007年，由《甘肃经济日报·人与环境》专刊部策划，甘肃省环保厅主办，省环境宣传教育中心、省环境监测中心站、省环保产业协会、省环境科学学会等单位共同承办“甘肃省污染减排环保行”启动仪式暨纪念“六五”世界环境日“倡导绿色生活引领绿色消费”大型宣传活动。切实将污染减排工作和污染减排宣传相结合，搭建政府、社会、企业与媒体的互动平台，推动全省污染减排任务的顺利完成。甘肃省环境保护厅、甘肃省摄影家协会共同主办“首届甘肃省环保摄影艺术展览”活动，历时4个月，在全省范围内共征集到作品500余幅，经认真评选，226幅作品获得一、二、三等奖，并参加全省部分城市的巡回展览。

2008年，甘肃省各市、州紧紧围绕“绿色奥运与环境友好型社会”的世界环境日主题，以报告会、座谈会、知识竞赛、专题讲座、图片展览等丰富多彩的形式开展宣传活动。借助大众传播媒介，在当地重要媒体上开辟“生态安全与环境友好型社会”的宣传栏目，揭示新问题，总结新经验，宣传新成绩。“六五”环境日期间在临夏州设立主会场，号召广大青年通过宣传绿色奥运和生态文明理念，为成功举办绿色奥运、共建环境友好型社会贡献力量。会后，省环保局执法检查组进行现场执法检查。张掖市环保局与河西学院等单位联合举办“人文地理绿色奥运生态文明”大学生环保主题教育实践活动。

2009年6月5日，由省、市、区环保局联合在兰州市举办“污染减排再行动”暨纪念“六五”世界环境日大会。省环委会23家成员单位领导参加纪念活动，甘肃省副省长石军做重要讲话，号召全省各级各部门和社会各界积极行动起来，扎实开展好“四大行动”：污染减排政府再行动，污染减排企业再行动，污染减排媒体再行动，污染减排公民再行动。要求每个公民要切实履行环境保护的权利和义务，牢固树立保护环境的良好风尚，自觉节约能源，减少生活垃圾，共同推动建立循环型社会。

2010年4月，由甘肃省委宣传部、省环保厅、省妇联、省文明办、省科协、团省委和教育厅七部委联合举办“倡导绿色生活，培育低碳一族”系列宣传活动，活动为期6个月。“六五”世界环境日，省、兰州市环保部门联合在兰州举办“甘肃环保进万家”大型纪念活动，省环保厅为10所在兰州高校授予“甘肃省环保进万家志愿者服务队”旗帜。制作展出污染减排环境保护展板30余幅、制作发放环保购物袋3万件。省、市、城关区环保部门，环保志愿者、企业等单位3 000余人参加大会。

各方互动、环境宣教常态化。注重充分发挥新闻媒体在环境宣传教育中的主阵地作用，加强与新闻媒体互动。2006年以来，坚持在《甘肃日报》、甘肃电视台、甘肃人民广播电台等省内主要媒体开辟环境保护专栏，播放环保公益广告，广泛宣传党和国家环保方针、政策、法律法规，普及环保知识，努力营造宣传环保的舆论氛围。积极参与“中华环保世纪行”活动，组合开展“陇原环保世纪行”新闻采访活动。借助媒体联动优势，公开曝光环境违法典型案件，深刻揭露环境违法行为产生的根源，对地方保护主义和不作为现象形成舆论压力，推动各级政府从根本上解决环境污染问题。省环保厅与《甘肃经济日报》联合创办《人与环境》专刊（周刊），专刊紧密结合全省环保工作重点和中心任务，坚持“把握重点、追踪热点、剖析难点、推崇亮点”的办刊原则。经过多年的努力，《人与环境》专刊成为环境政策、法规、信息、新闻发布会的主要平台，充分发挥环保宣传主阵地和权威窗口的作用。从创刊到2010年，专刊已连续出版400多期，刊登各类新闻稿件5 000余篇。

围绕主题环境宣教工作中心化。开展学习科学发展观实践活动以来，为推进学习实践活动的深入，更好地践行科学发展观，省环保厅加强宣传引导，通过编印简报、在《中国环境报》《甘肃经济日报·人与环境》及甘肃电视台等媒体上及时、深入、持久地宣传环保系统学习实践科学发展观的典型经验，广泛宣传学习实践科学发展观活动，营造舆论氛围。中国环境报刊登《学习实践相融合摸索方法和路子甘肃推动经济环保互促共进》的报道，《甘肃经济日报·人与环境》利用重要版面，对环保系统开展深入学习实践科学发展观的做法和收获进行报道。推出平凉、华亭《推进科学发展打造和谐家园》《抓机遇、解难题、惠民众》等 5 期专版。刊发《以学习实践活动活动为契机，创新环保机制》《省环保局把学习实践活动作为当前的头等大事》《抢抓机遇以环境保护优化经济发展》等 10 余篇稿件。此外，邀请甘肃电视台等媒体对省局学习实践活动情况进行及时报道。

2008 年“5·12”汶川地震发生后，省环保厅举办甘肃省环保系统抗震救灾图片展，图片展以“情系灾区、奉献爱心、环保行动、抗震救灾”为主题，共收集制作图片 100 余幅，图片内容包括国家领导人视察甘肃省重灾区、甘肃省各地受灾情况及全省环保系统抗震救灾 3 个方面，直观再现灾区实况，重点展示甘肃省环保系统在灾害面前，临危不惧、上下同心、八方支援的精神风貌。

第四节　媒体宣传

一、报刊

《生活环境报》于 1985 年 7 月 16 日经中共甘肃省委宣传部批准创刊，是甘肃省唯一一份面向全国公开发行的环境保护新闻舆论宣传报刊。由甘肃省环境保护局和兰州市环境保护局联办。1985 年 9 月 10 日试刊出版，同年 11 月 15 日第一期正式出版，截至 2000 年年底已出版 835 期，每期 3 万份。

编委会主任：吴仁铭（甘肃省环境保护局副局长）

常务副主任：李青惠（兰州市环境保护局副局长）

编委：康兴德、郗里、刘新宇

报社社长：康兴德

书记：张富元

1986年12月，经兰州市编委批准，《生活环境报》设办公室、编辑部和广告经营科，编制15人。1987年9月，在全省各地、州、市成立记者站。

《生活环境报》旨在宣传党和国家环境保护方面的方针政策，普及环境科学知识，传递污染防治知识，不断提高全省人民保护环境、美化生活的环境保护意识。

该报一版为要闻版，设“环境战线”“一事谈”“主管领导谈环保”等栏目；二版为环境科学普及版，设“环境漫笔”“科技漫步”“杂感”等栏目；三版为综合服务版，设“治理经验”“生活大观园”“他山石”等栏目；四版为环境副刊，设“百花园”“大千世界”“美的留影”“兰山闲话”等栏目。在办好报纸的同时，报社还编辑发行《环境保护手册》、散文、报告文学等。

《甘肃经济日报·环境导刊》（后改为《甘肃经济日报·人与环境》）于2003年1月正式创刊。是甘肃省唯一一份面向全国公开发行的环境保护新闻舆论宣传报刊，由甘肃省环境保护局和甘肃经济日报社联办。

《甘肃经济日报·环境导刊》编委会主任：石星光（甘肃省委宣传部副部长兼甘肃日报社社长）、赵伟民（甘肃省环境保护局局长）

《甘肃经济日报社·环境导刊》编辑部主任：马晓军、胡煜军、吴惠君

《甘肃经济日报·环境导刊》紧密结合全省环保工作重点和中心任务，坚持“把握重点、追踪热点、剖析难点、推崇亮点”的办刊原则。经过多年努力，《人与环境》专刊已成为环境政策、法规、信息、新闻发布会的主要平台，充分发挥环保宣传主阵地和权威窗口的作用。从创刊到2010年1月专刊已连续出版500多期，刊登各类新闻稿件8 000余篇。在办好报纸的同时，报社还编辑发行《环境保护宣传手册》《水从陇上走过》散文、报告文学等。

《环境监测与研究》1987年8月，为了进一步加强对环境科技期刊的管理，提高期刊质量，更好地发挥期刊为环境科研、监测、管理服务的作用，甘肃省环境保护局决定从1988年起，将《环境研究》与《环境监测》合刊，创办《环境监测与研究》季刊。

《环境监测与研究》为甘肃省环境科技情报网、甘肃省环境保护研究所、甘肃省环境监测中心站和甘肃省环境科学学会联合主办的中级综合性环保科

技刊物。国内统一刊号为CN62—1092LX，每期发行1 000份。

主编：吴仁铭

副主编：郝敬丹、邵义林、戴晓光、曾永再

该刊从甘肃省实际情况出发，立足甘肃、面向全国，认真宣传党和国家的环保方针、政策；报道环境保护科研、污染治理、环境监测和环境管理的研究报告、经验与专论；介绍国内外环境科技领域的新动态及环保知识等。在内容上体现学术性、指导性、知识性和实用性。

二、图书、简报

甘肃省环境保护图书出版发展缓慢，出版图书不多。1990年，中国环境科学出版社出版郦桂芬编著的《环境质量评价》；1992年，长城出版社出版国家环境保护局、中国环境科学学会编著的《人与环境》，其中（甘肃省卷）编委吴仁铭，编辑、摄影胡煜军；2007年、2009年，甘肃省环境保护厅内部资料出版法规处编著的《环境保护法律法规文件汇编》；2003年，甘肃省环境保护局编辑出版的首部《奋进中的甘肃环保》画册。

《甘肃环境保护》创办于1976年，为甘肃省环境保护局的内部刊物，不定期出版。本刊以反映全省环境建设和环境管理方面的新情况、新问题、新经验为主，并转载国家有关环境保护的方针政策和重要信息，适当介绍兄弟省、市、区推动环境保护事业的典型。加强对地、市、州、县和各部门环境保护工作的指导，鼓励先进、督促后进。

《甘肃可持续发展研究》作者张政民，2010年2月兰州大学出版社出版。中共甘肃省委书记陆浩题词：保护环境，科学发展。甘肃省人民政府省长徐守盛作《序》。《序》曰：

走经济建设与环境保护互促共进的生态文明之路是实现甘肃省可持续发展的核心。本书从分析甘肃特殊省情入手，在对甘肃特殊重要战略地位再认识的基础上，提出实施“双突破、双优化、双转化、双带动”的特色发展战略，把省委、省政府提出的“中心带动、两翼齐飞、组团发展、整体推进”的区域经济发展战略，在区域空间布局上具体化为“主轴联通、中心带动、圈区相济、组团起飞”的发展格局，颇有新意，也较清晰地凸显可持续发展的要义是发展，实质是既考虑当代人的发展，又考虑后代人发展的总要求。

尤其针对甘肃省“生态环境脆弱，如何加快发展?”“经济欠发达，如何改善环境?”的双重难题，以“严酷的自然环境不是污染了的环境”之命题出发，提出把甘肃省仍处在自然状态、人畜作业及生产环境、生产资料较为清洁的传统农业直接转化或嫁接为现代有机农业，进而打造“有机甘肃”的构想，很值得探索、试验和深入研究。甘肃要实现可持续发展，转变发展方式是关键。如何转变呢？作者从环保视野上，以解决甘肃省最迫切破解的发展约束为切入点，勾画“六个循环圈”的发展循环经济路径和模式。难能可贵的是，作者在研究中总是把全省发展和本职工作相结合、理论探求与实际工作相结合、总体设计与具体试验相结合，紧紧围绕“甘肃怎样才能实现可持续发展”这一主题，历时10余年，从发展战略、发展方式、环境安全、持续发展、生态文明、环境保障、文化建设等诸多方面进行思考并公开发表自己的见解。在推动甘肃省发展循环经济、建设生态文明等方面进行有益探索，对祁连山及黑河、石羊河，甘南重要生态功能区保护等方面进行专题研究，提出建设资源节约型、环境友好型社会的初步构想。这些探索和研究，对甘肃省实现又好又快的可持续发展很有借鉴、参考意义。其中，“有机甘肃”构想为学术界首次提出。

全书25.9万字。分发展战略、发展方式、环境安全、持续发展、生态文明、环境保障、文化建设7篇。

《西部大开发中的甘肃环境保护》马晓军主编，2003年6月由甘肃人民出版社出版。全书36.3万字，为环境保护论文集，收录全国人大常委、环资委主任曲格平，国家环保总局局长解振华，中共甘肃省委书记宋照肃，甘肃省环保局王新中、张政民、田炳申等领导、专家、学者有关西部大开发和甘肃环境保护等方面的研究论文58篇，较全面地研究了甘肃在西部大开发中的经济发展模式和环境保护问题。由甘肃人民政府省长陆浩题写书名，副省长杨志明作《序》。《序》曰：

崛起于西部的甘肃正在国家实施的西部大开发战略中，在环境保护和经济发展互促共进的新路上进行积极的探索。

互促共进要着眼于提升可持续发展能力。使甘肃“工业强省”的战略选择走上既要保持快速发展，又不以牺牲环境为代价，还能充分发挥人力资源优势的新型工业化道路。新型工业化新就新在信息化与工业化互动发展，信息化带动传统产业优化升级；新在能够增强可持续发展能力，环境保护与经济建设互促共进；新在资源在全球范围内优化配置；新在发展历程更短。今后10年，西部大开发将在环境保护和经济发展互促共进的根本性问题上取得突破性进展。

互促共进要体现于营造良好的投资环境。西部大开发以来，甘肃环保工作实现“一控双达标”的阶段性目标，成绩来之不易。甘肃作为西北老工业基地，从发展经济来讲，经营环境再好，如果生态环境和生存条件恶化，也往往使投资者望而却步，敬而远之，至少不会有长线投资计划，只有把宽松的西部开发的投资环境和日益改善的生态生存环境结合起来，才能使人流、物流、信息流不断涌入甘肃，形成“洼地”效应。

互促共进要谋求对突出问题的解决有新的突破。甘肃环境保护要在五个方面率先突破：一是兰州市大气污染防治要达到全国省会城市水平；二是黄河甘肃段水污染防治及沿黄企业污染物排放要达标；三是兰州、白银、金昌、张掖等工业城市二氧化硫控制区“三废”污染防治要达标；四是嘉峪关等城市争创国家级环保模范城市；五是加快黑河和黄河玛曲两个国家生态功能保护区建设。

互促共进要用改革创新来推动。要发挥市场机制作用，增加环保投入，加快发展环保事业。要充分利用西部开发的融资渠道，多方筹措环保资金，加大利用外资力度，最大限度地引进国外、省外资金，弥补我省环保投资不足的缺口；要紧紧围绕国家优先发展的重点领域，加快环保科技成果的转化和应用，建立环保工程技术研发中心，加快环保产业基地建设；通过制定有利于环保的经济政策，鼓励更多的社会资金投向环保产业，鼓励更多的各类企业进入环境污染治理的战场；积极引导企业参与ISO 14000环境管理体系认证、环境标志认证工作，开通国际商贸绿色通道。努力使环保产业成为环境保护和经济发展互促共进新路上的增长点。

三、影视

1. 影视宣传

1990年，甘肃省广泛利用广播、电视、报纸、电影下农村播放环保法律法规和科普知识。由省环保局投资拍摄的电视剧《并非意外》、环保电视小品《废水、废气、废渣、噪声》在中央电视台、甘肃电视台相继播出，收到较好的宣传效果。

2. 环境警示教育

2005年8月，省环保局在甘肃武威民勤设立甘肃省民勤环境警示教育基地，在各级政府和有关部门的支持下，教育基地累计投入资金800余万元，建成5个警示教育展厅。截至2010年年底，接待参观者5万余人。

2008年，天水市环保局在省环保局支持下建成牛头河峡谷国家级环境警示教育基地，形成以清水全国生态示范县为基础的综合性宣传教育基地。

第五节　环境教育基地与绿色文明单位创建

一、环境教育基地创建

“十五”期间，甘肃省积极响应国家环保总局、教育部、农业部、林业部、共青团中央关于环境教育基地创建活动。2003年以来，甘肃省环保厅先后分三批在全省范围内开展环境教育基地创建先进单位表彰工作。创建本着“宣教推动，社会参与，典型引路，持续提升”的原则，较好地推动全省的环境教育基地创建工作。甘肃省创建环境教育基地在国家环保总局的指导下，甘肃省分三批先后命名表彰19所环境教育基地。2004年，命名表彰临夏州和政县古生物化石博物馆为甘肃省首批示范环境教育基地。2005年，对武威市民勤县中渠乡青土湖保护区等6所环境警示教育基地进行命名表彰。2008年，对甘肃兴隆山国家自然保护区等12个省级环境教育基地创建先进单位进行表彰。各基地用直观、形象、各具特色的不同形式，很好地推动了全省环境教育工作的开展。“十一五”期间，结合甘肃省生态建设及环境保护工作的实际，在各级政府和有关部门的支持下，教育基地累计投入资金800余万元，建成5个警示教育展厅，累计接待参观者5万余人。同时，天水市牛头河峡谷建设国家级环境教育基地正在积极筹建中，该基地建成之后，将形成以清水全国生态示范县为基础的综合性宣传教育基地。

二、绿色文明单位创建

2002年以来，由甘肃省科技厅立项，甘肃省环保局完成《甘肃省生态（绿色）文明单位技术指标体系研究》，运用研究成果编制《甘肃省生态（绿色）文明单位考核评估验收办法》，指导各地开展创建“绿色社区”“绿色学校”“绿色村镇”“绿色机关”“绿色企业（矿山）”“绿色医院”“绿色商场”“绿色酒店”“绿色公交”“绿色列车”“绿色军营”“绿色家庭”等13类绿色文明单位系列创建活动。

2003年，甘肃省环保局编制全省开展生态（绿色）文明单位创建活动的规划，把创建活动纳入年度环保工作计划，年初签订工作责任书，年终考核评比，形成制度。2004年，省文明委和省环委会联合发出《关于开展生态（绿色）文明单位创建活动的通知》，编印绿色文明单位创建工作指南——《环境友好型社会理论与实践》，成立甘肃省生态（绿色）文明单位创建活动领导小组和办公室，领导小组由省文明委、省环委会组成，办公室设在省环保局，负责对全省创建生态（绿色）文明系列活动的部署、协调、指导、审核、验收等日常管理工作。各地也成立相应的机构。2006年，组织100名市（县）长进社区活动，总结交流推广经验，推动全省生态（绿色）文明社区创建活动深入发展。

为了培训骨干，整体推进，2002年以来，全省共举办各类培训班、研讨会、讲座20多场，培训骨干达5 000多人次。其中，在省电视台“周末沙龙”栏目举办专题节目3次。

2004年，甘肃省精神文明建设指导委员会办公室、甘肃省环境保护委员会办公室确定兰州军区68002部队为全省首个创建“绿色军营”示范点单位。全省首批创建“绿色单位”示范点为：西北师范大学附属中学、兰州市城关区幼儿园等5所“示范学校（幼儿园）”，兰州市公交公司77路、31路为“示范公交”，快速列车（兰州—玉门）T657次、T658次为“示范列车”，张掖市临泽县平川乡芦湾村、平凉市崇信县黄寨乡黄寨村、陇南市康县阳坝镇为“示范村（镇）”，以示范带动创建活动。嘉峪关市运用生态文明新理念，坚持把创建绿色文明城市和清洁生产结合起来，从2003年开始，编制和实施创建环保模范城市活动，2007年顺利通过国家环保总局验收，28项技术指标全面达到国家国家环保模范城市的要求。

为了强化宣传教育，营造良好氛围，通过每年组织开展的“科技周”“六五”世界环境日及中国环境文化艺术节等活动，以及甘肃省环保局网站、《甘肃经济日报·人与环境》等载体，及时报道，大力宣传生态文明、绿色文明知识，巩固和发展创建绿色文明单位成果。2004年以来，以高等院校、社区、街道、工厂、村镇为主体，以教授、专家、干部、学生、工人、农民、军人、离退休人员为骨干，自发组建环境科技服务志愿者协会组织13个，志愿者队伍人数发展到5 000多人。

2005年6月5日，省环保局在兰州举行全省环保科技服务志愿者协会组织首次授旗和行动计划启动仪式，共授发环保科技志愿者队旗13面，全面启动全省生态（绿色）文明单位创建活动环保科技志愿者行动计划。

各环保科技服务志愿者协会组织，结合本辖区、单位创建活动特点，从三个层面开展志愿者活动：深入社区、街头，广泛宣传开展生态（绿色）文明单位创建活动的意义，开展绿色生产、绿色消费知识咨询，广泛动员和发动全社会公众积极参与，推动机关、学校、社区、街道、军营、商场等单位“创绿”活动的开展；深入厂矿企业，举办清洁生产、循环经济等环保科技知识（技术）讲座，开展技术咨询和技术服务，深化企业“创绿”活动；深入村镇、田间地头，开展“环保科技下乡”“陇原环保世纪行”活动，宣传科学种植养殖、无公害农业、绿色农业知识与技术，消除白色污染，为发展无公害农业、绿色农业传经送宝、献策、献技、献艺，共建生态(绿色)文明。

甘肃省环保局结合生态文明建设，运用研究成果，制定和实施《关于开展全省食用农产品生产基地环境监测工作的意见》，为积极推进全省“菜篮子”蔬菜生产基地环境安全建设与“绿色”“无公害”“有机”食用农产品基地环境建设提供技术支撑。

“十一五”期间，甘肃省生态示范创建，以群众参与为主体，以整治村容村貌、环境卫生为突破口，因地制宜地突出重点，分步实施，示范带动，整体推进，有力地推动，全省农村生态环境的保护和改善，有效地促进了全省农村生态文明建设。在国家级生态乡镇和村创建方面，甘肃省有5个乡（镇）被环保部命名为“国家级生态乡镇”，6个村被环保部命名为“国家级生态村”。

2010年，按照环境保护部关于印发《国家级生态乡镇申报及管理规定（试行）》的通知和《国家级生态村创建标准（试行）》的通知中有关申报、公示等程序，上报环保部待批的“国家级生态乡镇”和“国家级生态村”共24个乡（镇）、村；在省级生态乡镇和村创建方面，依据国家相关法规，制定《甘肃省省级环境优美乡镇考核办法》和《甘肃省省级生态村考核验收管理办法》，下发《关于进一步抓好创建“全国环境优美乡镇”和“国家级生态村”工作》的通知，全省各市（州）环保部门上报“省级生态乡镇”和“省级生态村”共39个。甘肃省环境保护厅经过严格审查，在《甘肃环保网站》向社会公示并组织专家组评审后，确定命名9个乡（镇）为2010年“甘肃省生态乡镇”、13个村为2010年“甘肃省生态村”。

在生态建设示范点建设方面，平凉市申报“国家级生态示范区”通过环保部初审待命名；庆阳市政府组织开展申报“国家级生态市”创建活动，编制《庆阳市生态市建设规划（2009—2020）》，确定创建标准及污灌农田进行现场勘察，确定东大沟流域污灌农田6 688.45亩。启动白银市城郊重金属污染土壤治理修复工程，选择白银区四龙镇民勤村三社大土坝65亩弃耕地进行示范修复，使示范区土壤环境质量显著改善。张掖市选择甘州区三闸乡等污灌区开展土壤调查试点工作，提出土壤污染防治对策，实施民乐县基本农田建设项目、顺化乡土壤污染治理项目和张掖市五色建材公司土地复垦项目，有效治理复垦因工矿企业污染而废置的土地。酒泉市从建设项目审批、污染源治理、排污申报等方面着手，建章立制，确保土壤环境安全。金昌市从环保角度提出区域发展的意见、建议，明确产业发展和工业布局的环境要求，从源头上防范土壤污染环境问题的产生。陇南市对矿产资源进行集约式开采，严把环评审批，配套环保设施，减缓矿产资源开发造成的耕地污染。庆阳市油田开发占用大量耕地和基本农田，该市通过油田固废处置场项目，填埋工业固废，减少固废对土壤影响；加快井场标准化建设，分级分区对废弃泥浆进行“无害化”处理，减缓陇东油区开采油井严重排污的问题。

“十一五”期间，绿色系列创建活动将环保工作与精神文明建设紧密结合，构建创绿工作体系，强化“创绿”意识。2006年，探索“创绿”搭建平台。省文明委、省环保厅、教育厅、省民政厅等单位密切配合，对“创绿”先进单位不断探索和持续改进，发挥其表率作用，本着“绿色创建只有起点，没有终点”的思路，逐步探索建立绿色创建的长效监督机制。利用新闻媒体，对全省的绿色学校创建进行宣传报道。2008 年省环保厅和省教育厅以“环境与可持续发展教育”为主题联合举办首届优秀环境教育教学方案征文评选活动。2010 年，甘肃省环保厅和省教育厅举办《关于渗透环境教育教学实践征文竞赛的通知》。甘肃省文明委、省环委会联合表彰命名 15 家“绿色示范点”单位、58 家绿色文明单位。全省有各类绿色学校（幼儿园）1 000 余所（2010 年年底甘肃省有西北师大附中等 8 所国家级绿色学校）、省级绿色社区 27 个、环境教育基地 14 所。

第二章　国际交流与合作

第一节　国际交流

1992 年

4 月 10 日，根据《国家科委国际科技合作司“国科外字〔1992〕1229 号”出国任务通知书》的要求，省环保局同意局属单位中国环保产业协会甘肃分会秘书长郗里前往巴西参加国际环保科技展览。

5 月 12 日，为了学习国外先进环境科学技术、提高环境监测业务水平，甘肃省环境监测中心站张西萍工程师受邀参加由联合国环境规划署举办的第七届国际环境评价和管理学习班。

5 月 20 日—6 月 20 日，根据国家环保局《关于中美环保科技合作“儿童肺功能”项目派员出国的函》（环外合函字〔92〕031 号）和国家环保局《国家环保局出国赴港澳任务批件》（环外审字〔1992〕056 号）精神，省环保局田裘学赴美国参加该项目先导研究阶段的数据处理、分析报告编写及准备全面研究阶段工作计划。

9 月 4—6 日，受加拿大有关方面邀请，甘肃省环保局赵力德局长、自然保护处副处长牟维侃参加在加拿大哥伦比亚省温哥华召开的野生动物保护国际会议。

1993 年

2 月，省环境保护研究所高级工程师田裘学赴澳大利亚墨尔本参加第六届国际环境诱变剂学术交流。其论文《大气污染对人体健康的影响》及省监测中心站工程师张西萍的《工业废水对黄河水质诱变危害的研究》论文被中国环境诱变剂学会推荐为第六届国际环境诱变剂学术交流论文。

8 月，由曲格平陪同的联合国驻华首席代表贺尔康先生来兰州视察之后，建议省市派人赴美国匹兹堡市考察。匹兹堡市位于美国东部的宾夕法尼亚州。据贺尔康先生介绍，它的地理地形、工业结构与兰州市非常相似，也处在两山夹一谷中，是一个钢铁工业城市。20 年前大气污染当严重，后来经过治理，变成一个环境优美的城市。经贺尔康先生与匹兹堡大学联系，对方表示热情欢迎。12 月中旬，为了进一步解决兰州市大气污染防治问题，经与有关方面磋商，组团赴美进行考察学习。该团由主管环境保护的副省长担任团长，副团长由兰州市市长担任，成员由省、市环保局，省外事办，兰州铝厂，兰州炼油厂有关领导及专家组成，共计 8 人，历时 15 天。了解匹兹堡市大气污染防的技术、政策，学习城市环境保护综合治理的经验；考察了解美国铝冶炼净化技术、石油炼化和城市污水处理的设施与技术；了解美国环境保护的法规、政策和措施；商讨《蒙特利尔议定书》多边基金和环境保护方面资金与技术的合作问题，探求建立双边友好城市的途径。

10 月 19—27 日，根据国家计委《关于接待日本贸易振兴会环境保护访华团的通知》（计外事函〔1993〕99 号）要求，日本贸易振兴会环保访华团一行 12 人由国家计委有关领导陪同，就兰州市大气污染防治技术进行学术交流和现场技术指导。该次活动是日本政府对华绿色援助计划的内容之一。10 月 21—22 日在兰州大学逸夫宫举办学术报告会。代表团赴兰州钢厂、兰化、兰炼等企业进行现场技术指导。

1994 年

6 月下旬—7 月上旬，为加强环境管理、环境科研、环境监测人才的知识更新，提高工作能力，经国家环保局介绍和联系，选定美国硅谷技术与人才开发公司作为甘肃省环保人才培训单位。甘肃省环保局组织全省环保系统 27 人赴美国参加培训，以促进提高全省环保人员的管理和技术水平，历时3 周。属甘肃省环保部门首次组团赴国外培训。主要针对甘肃省发展与环保中存在的突出矛盾和问题，特别是光化学烟雾、煤烟型大气污染、酸雨、重金属、氟化物污染等方面的突出问题，探讨防治措施。同时，学习掌握美国当时的环保政策，即环境与发展的关系，市场经济下政府的环保管理形式、环保法规、标准、监督方法、能源结构及清洁工艺发展趋势，对工业、农业、交通污染的管理形式，生活污染控制技术路线等知识。

1995 年

全省环保系统先后派出 7 批 15 人（次），分别赴美国、日本、澳大利亚等 7 个国家和地区进行考察、培训、进修和学术交流，其中有 9 名环保人员参加国家外国专家局赴澳大利亚环保管理培训团，加强与国外同行的联系，为进一步合作交流开辟途径。

1996 年

7 月 15—28 日，甘肃省环保局邀请澳大利亚联邦科学与工业研究组织水资源处主任克里斯·巴勃博士、彼得·狄龙博士、维威廉姆逊先生和罗杰斯先生一行 4 人来甘肃进行考察访问。嘉峪关市地下污水处理、回收和再利用示范工程是甘肃省与澳大利亚国际合作的一个环境保护项目。根据项目进展的需要在甘期间访问团赴嘉峪关市进行实地考察，就该项目的立项及可行性研究等方面的问题与中方进行磋商。

年内，省环保系统派出多人（次）前往日本、美国进修、技术培训和考察，接待日本秋田环境考察团及澳大利亚专家等 6 批 23 人（次）。

1997 年

1 月下旬，受澳大利亚地下水研究中心主任克瑞斯·巴伯博士邀请，甘肃省环保局与嘉峪关市政府共同组团赴澳大利亚考察访问，历时 14 天。考察团由甘肃省环保局副局长吴仁铭任团长，嘉峪关市副市长、高级工程师林风鸣任副团长。考察的目的：嘉峪关市污水处理项目正处在申请立项阶段。该项目所采用的污水地下贮存和再利用技术是一项全新的技术，国内尚无先例。其中几项关键技术，如污水的地下贮存、地下曝气、污水的预处理等在澳大利亚已有成功范例。嘉峪关市项目立项后，拟引进澳大利亚的上述几项技术并在该项目中联合运用。在澳大利亚考察路线为佩思—阿德莱得—悉尼。其中在佩思访问地下水研究中心，参观其实验室和有关设施，讨论与嘉峪关市项目有关的各项技术问题。在阿德莱得实地考察污水的地下贮存和地下处理技术，讨论将该项技术引进嘉峪关市项目的可能性。在悉尼实地考察污水预处理技术和设备，并就有关技术问题进行讨论。

4 月中旬，根据韩国忠清南道知事沈大平先生的邀请和甘肃省省长孙英、秘书长程有清的批示，经甘肃省环保局党组会议研究，选派副局长赵伟民、副处长祁树梧前往韩国大田市出席“97 国际环境讨论会”。

5 月，组织技术交流及考察团前往澳大利亚，就引进澳资对嘉峪关市城市污水处理项目进行进一步的洽谈、考察；甘肃省环保局接待与组织德国、以色列专家 4 名与澳大利亚专家进行光催化有机废水的处理与城市垃圾的处理技术讲座。应韩国忠清南道政府的邀请，派代表出席在该地召开的国际性

"地方政府环境保护研讨会"。

10月6—15日，根据中澳两国有关协议，以澳大利亚地下水研究中心（CGS）主任克瑞斯·巴伯博士为首的5人代表团来兰访问，并举办第一期"中—澳地下水联合培训班"。在培训班结业以后，澳方代表团赴嘉峪关市做为期1天的访问，就嘉峪关市污水处理项目的可行性研究问题和该市有关部门进行讨论。

年内，甘肃省在与国际环境保护的合作、交流、项目洽谈和外资利用上继续深入开展工作。组织"甘肃省环境保护考察团"前往日本秋田进行考察和交流，为双方进一步在环境保护方面的交流与合作奠定良好的基础。

1998年

8月1—4日，依照国家环保总局安排，日本无偿援助合作项目《100个城市环境信息系统建设》项目调查团一行11人（日方9人，中方2人）来甘肃省进行项目前期调查和访问。访问期间，赴兰州、甘南、河西等地进行实地考察。

10月初—1999年1月，省环保局副局长赵伟民经省委组织部选派，参加国家行政学院第10期司、局级公务员任职培训班，根据该院培训计划和课程安排，随该院考察团赴法国进行培训考察。

1999年

9月22日—10月8日，为执行联合国开发计划署在中国的合作项目"可持续发展进程中女市长、女乡镇企业管理人员能力建设"（省厅为该项目执行单位之一）。经国家环保总局批准，省厅纪检组组长、妇女委员会主任孙淑英参加由中国环境科学学会组织的"妇女参与可持续发展环保考察及交流团"，赴德国、法国等国执行出访任务。

10月，应澳大利亚、新西兰两国有关部门的邀请，省环保局与甘肃海外交流协会联合组团，赴澳大利亚、新西兰进行环境保护方面的专题交流考察。主要考察澳大利亚、新西兰两国城市垃圾综合治理、城市环境综合整治及生态环境保护的经验和做法，并就上述内容与有关单位进行座谈交流，探讨合作的可能。

2000年

甘肃省是全国自然保护区数量较多、面积较大的省份之一，自然生态环境保护任务较重。为了学习、借鉴国外先进的管理经验，了解国外在自然保护区方面的法律、法规的制定和执行情况，探讨引进资金、进行自然生态环境保护合作的可能，为执行联合国开发计划署与中国签订的有关协议，经国家环境保护总局批准，3 月，甘肃省环保局田炳申局长参加“自然保护区考察访问”团，赴肯尼亚、德国执行出访任务。

5 月，省环保局邀请韩国汉城夏普株式会社派员来兰，与兰州电力修造厂等单位就烟气脱硫等环境污染防治工作进行技术洽谈和合作交流。

10 月 22—29 日，应外贸部邀请，加拿大国际开发署署长古德博士一行 6 人访华。代表团访华的目的是对今后双方开展合作的领域进行考察，促进中加在环保领域的合作。10 月 26—28 日，由国家有关部门工作人员陪同，代表团一行访问甘肃。在甘肃期间，代表团与甘肃省政府办公厅、省环保局、省外办、省外贸厅、省林业厅、省农牧厅、省水利厅进行座谈，并参观清洁生产企业。

2001 年

2 月，甘肃省环保局康玲赴北京参加妇女与环境国际研讨会。

4 月，应美国加利福尼亚州 Anaheim 国际销售部副总裁比尔·迪克森先生的邀请，省环保局组织“甘肃省环境保护及治理污染考察团”访问美国。赵伟民局长任团长，部分基层环保局负责人为成员，出访时间 15 天。参加在洛杉矶召开的“2001 年国际空气环保大会”；对美国的有关环境保护机构、科研单位、企业等进行访问和考察；与有关官员、专家进行座谈、交流；学习和借鉴美国环境保护的管理经验和先进的污染治理技术；探讨、研究治理技术项目合作和资金的引进渠道。

4 月 7—16 日，依照国家环保总局安排，日本政府考察团对张掖地区黑河流域进行考察，其中专家组人员于 4 月 5 日到达兰州，官方人员于 4 月 12 日到达兰州。考察的主要任务是中日黑河流域生态环境保护项目。此前已由科技部正式报送日本政府。日方此次考察，主要是加强对黑河流域生态环境状况的了解，进一步评估项目的可行性，为政府最终批准该项目提供依据。

2007 年

8 月，中瑞饮用水水源保护合作项目中方专家考察团一行前往瑞典，该项目旨在了解瑞典环境保护与水体保护的基本制度，学习和参考该国在饮用水水源地进行生态调查的方法以及事故预警和应急机制，以便更好地在中国开展饮用水水源管理模式、生态调查和事故预警及应急机制等方面的研究工作，并在中国典型地区进行饮用水水源管理模式、生态调查、事故预警和应急机制试点，建立技术规范。

2008年

甘肃省环保厅参加由中央组织部、环境保护部、甘肃电投组织的7个批次学习交流，共派7人。相关主题分别为：中意环保合作——城市大气污染控制专题研讨；美国、加拿大在新能源开发利用方面的先进经验；中意环境管理和可持续发展研讨；公共管理高级培训；JICA推进形成循环型社会进修（共两期）；环境产业技术考察与研修。

2010年

7月15日，根据中共中央党校培训部“2010年国际调研”计划安排，省环保厅副厅长武德凯赴日本参加为期10天的学习和考察。

8月，王汝滨代表省环保厅参加环保部组织的“城市环境管理学习交流团”，赴德国和捷克交流学习。

9月上旬，根据环保部对外经济合作领导小组下发的《关于请派员赴意大利参加国际环境公约培训的函》（环经便函〔2010〕62号），甘肃省环保厅曾长根前往意大利参加为期16天的“环境管理培训与可持续发展”项目环境公约履约专题第2期培训。

11月，甘肃省环境监测中心站连兵站长参加在意大利举办的第3期“环境管理与可持续发展”培训团培训。

“十一五”期间，甘肃省环境保护国际合作与交流工作取得长足的发展。5年中，甘肃省环境保护系统共派出环境管理、环境技术人员54人次，先后与美国、欧洲、日本、加拿大、韩国、巴西等国在环境立法、环境管理、环境制度建设以及环境技术人员培训方面进行交流、考察和访问。在环境立法、环境管理、环境制度建设的培训考察中相互交流、学习，取长补短，建立长期交流合作的渠道，增进双方在环境保护方面的合作友谊，学习和了解国外先进的环境管理经验和技术，开阔眼界，培养和锻炼环境管理队伍，提高甘肃省环境管理水平，为“十二五”全省环境保护工作奠定基础。

第二节　技术交流合作

1991 年

8 月 13—19 日，甘肃省环境监测中心站王生朴工程师受邀参加在美国旧金山召开的“第十届国际环境生物地球化学会议”，并进行学术交流。王生朴工程师的论文“甘肃省环境背景值特征及地域分布规律”被“第十届国际环境生物地球化学会议”选用。

8 月 24—28 日，省环境保护研究所雷虎兰工程师受邀参加在日本旭川召开的“人类活动和环境地理信息系统空间变化”国际学术会议，并进行学术交流。雷虎兰撰写的“有色金属冶炼基地环境变化及生态效应”被“人类活动和环境地理信息系统空间变化”国际学术会议选用。

12 月 9—14 日，为了促进我国环保产业的发展，推动中国环保产品走向世界，中国环境保护产业协会和香港飞杰有限公司在香港展览中心联合举办“中国环保技术设备展览会”。中国环保产业协会统一组团赴港办展。接国家环保局通知，分配给甘肃省环保产业协会赴港参展名额一名。经协会推荐、省局批准，选配协会秘书长郗里赴港参展。

1995 年

环境科技国际交流得到加强，日本中井敏博高级研究员、美国罗纳德·索赛教授受邀来兰州分别举办“超临界流体技术应用研究”“污水污泥在半干旱草原利用研究”的学术报告，与甘肃省环境科技人员进行广泛交流，并向有关环境科研院所进行咨询指导。同时，对甘肃省环境保护领域的深层次合作进行商谈，有力地促进甘肃省环境保护的科研步伐。

年内，环境科技国际交流更加广泛。加拿大博士乐晓春，德国专家梯曼，以色列专家莉莫兹卡与阿莱克期·莫兹卡、澳大利亚博士约翰萨拜因等先后来甘肃省举办各种环保技术讲座，与省环境科技人员进行技术交流与学术探讨。

1997 年

甘肃省在与国际环境保护组织的合作、交流、项目洽谈和外资利用上继续深入开展工作，组织“甘肃省环境保护考察团”前往日本秋田考察和交流，为双方进一步在环境保护方面的交流与合作奠定良好的基础。

5月，举办《水资源保护及再利用培训班》，聘请澳大利亚专家现场讲课，组织技术交流，后派考察团前往澳大利亚，就引进澳资对嘉峪关市城市污水处理项目进行进一步现场考察和洽谈。同月，应韩国忠清南道政府的邀请，派代表出席在该地召开的国际性“地方政府环境保护研讨会”。广泛邀请加拿大博士乐晓春，德国专家梯曼，以色列专家莉·莫兹卡、阿莱克期·莫算兹卡、澳大利亚博士约翰萨拜因等先后来甘肃举办各种环保技术讲座，与省内环境科技人员进行广泛的技术交流与学术探讨。

1998年

应邀组团出席“1998年德国杜塞尔多夫国际环境保护与废物管理博览会”，派员参加在美国、加拿大等国召开的国际环保会议和经贸活动；选派专业管理干部和科技人员前往日本、法国、肯尼亚等国研修。同时，接待“日本援助项目100个城市环境信息系统建设项目调查团”“日本协力事业团”等外国代表团的来访和外国新闻机构的采访。11月，邀请澳大利亚布鲁宾恩·史坦马克国际集团公司行政总裁来省，就自然生物处理法管理垃圾系统进行详细介绍，并进行项目洽谈。又与有关单位联合，邀请澳大利亚专家举办中澳水资源保护及再利用培训班。

2010年

甘肃省环保厅国际交流处积极与境外环保组织和机构联系，通过与相关企业合作，联合开展与境外的环境保护交流工作，介绍甘肃省环保工作和工业产业情况，引进国外环保先进技术和方法；兰石集团引进中国台湾东吴大学毛玉麟教授的“节能热力交换器”制造技术，并于当年组织实施。另外，甘肃经纬环境工程技术有限公司引进美国高浓度有机污水处理技术，该技术处于推广运行阶段。

4月8—15日，应台湾环境教育协会的邀请，甘肃省环保厅组织“甘肃省环境保护考察团”石军等一行8人赴台湾参加“两岸环境保护交流”活动，参加“两岸环境保护交流与参访，参观环境教育产业单位的生态与环境”。

4月17—28日，应台湾环境教育协会邀请，经国务院台办批准，甘肃省环保厅组织“甘肃省环境保护考察团”一行7人途经澳门、香港赴台开展两岸环境保护考察活动。参加“两岸环境保护交流与参访，参观环境教育产业单位的生态与环境”活动。

8 月，甘肃省环保厅国际处配合甘肃省工信委邀请中国台湾循环经济协会毛玉麟教授来兰州举办环保讲座，厅系统、各直属单位、相关企业及大专院校共 50 余人参加会议。年内，国际处配合甘肃省外办接待韩国驻中国大使馆参赞对甘肃环保产业的现场考察，葛建团副厅长拜见驻华大使参赞先生并介绍甘肃省环保情况，同时安排专人陪同参观有关环保企业。

10 月 25 日—11 月 4 日，为了深入了解不同的环境需求和相关问题，了解尖端的环保技术。应台北华美环境保护协会（CAEPA）的邀请，省环保厅组织“甘肃省循环经济（清洁生产）考察团”杨桦等一行 27 人，赴台参加“两岸环境保护产业—环境保护交流与参访，考察参观台湾环境保护产业单位清洁生产技术，引进有关技术、装备和产品，促进甘肃省循环经济的发展”活动。

附　录

表　彰

先进集体

中央部（局、委）级表彰

1991 年

平凉地区环境保护办公室被国家环境保护局、农业部、统计局授予“乡镇企业工业污染源调查先进单位”称号。

天水市环境监测站被国家环境保护局评为国家监测系统“优质实验室”。

1993 年

金昌市环境监理所被国家环境保护局评为“全国先进环境监理站”。

1994 年

金昌市环保局被评为“全国排污收费先进单位”。

金昌市环保局被人事部、国家环境保护局评为“全国环保系统先进单位”。

1997 年

甘肃省环境监测中心站被国家环境保护局评为“全国环保系统先进监测站”。

天水市环保局被全国乡镇污染源调查领导小组评为“全国乡镇污染源调查先进集体”。

1999 年

甘肃安西极旱荒漠国家级自然保护区管理局被国家环保总局、国家林业局、农业部、国土资源部评为“全国自然保护区管理先进集体”。

2000 年

兰州市环保局被国家环境保护总局评为“全国环境建设项目管理先进单位”，被国家环保总局等六部委评为“打击不法排污企业保障群众健康专项行动先进单位”。

兰州市城关区环境保护局获国家环境保护总局“全国环境保护系统先进集体”称号。

天水市环保局、天水市环境监测站被人事部、国家环境保护总局评为“全国环境保护系统先进集体”。

武威市环保局被国家环境保护系统精神文明建设指导委员会评为“全国环保系统精神文明建设先进集体”。

金昌市环保局被人事部、国家环境保护总局评为“全国环保系统先进单位”。

2001 年

兰州市环保局被国家环境保护总局评为“2001 年全国环保系统政务信息工作先进单位”“全国环保系统纪检监察工作成绩突出单位”“全国乡镇工业污染源调查先进集体”。

2002 年

甘肃省环境监测中心站被国家环境保护总局评为“九五”期间“全国先进环境监测站”。

甘肃省环保局被国家环境保护总局授予“西部地区生态环境现状调查先进集体”称号。

兰州市环境监察局被国家环境保护总局评为“全国环境监察先进集体”。

天水市环保局被国家环境保护总局、教育部评为第三批“全国绿色学校创建活动优秀组织单位”。

酒泉市环境监理站荣获国家环境保护总局授予的“全国环境监察先进集体”称号。

金昌市环保局被中央文明委评为“创建全国文明行业先进单位”。

金昌市环境监理所被国家环境保护总局评为“全国环境监察先进集体”“全国环境保护系统先进监测站”。

2005 年

兰州市环保局被国家环境保护总局评为“全国打击环境违法行为先进集体”，荣获中国地理信息系统协会“2005 年地理信息系统优秀评选银奖”。

2006 年

甘肃安西极旱荒漠国家级自然保护区管理局被国家环境保护总局、国家林业局、农业部、国土资源部、水利部、国家海洋局、中国科学院评为“全国自然保护区管理先进集体”。

甘肃省环境监测中心站组织编写的《甘肃省环境质量报告书（2001—2005 年度)》被原国家环境保护总局授予“十五”期间全国优秀环境质量报告书二等奖。

甘肃省环境监测中心站被人事部、国家环境保护总局评为“全国环境保护系统先进集体”。

兰州市环保局被教育部基础教育司、共青团中共青年部等联合举办的全国少年儿童“心中有祖国，心中有他人”教育活动组委会评为“先进集体”。

甘南州玛曲县环保局被人事部、国家环境保护总局授予“全国环境保护先进集体”荣誉称号。

金昌市环境监测站被中国环境监测总站评为“全国酸雨普查先进单位”。

2007 年

兰州市环境监测站《2001—2005 年度环境质量报告书》获“十五”期间全国优秀环境质量报告书二等奖。

天水市环保局被国家环境保护总局、教育部评为第四批“全国绿色学校创建活动优秀组织单位”。

2008 年

甘肃省环境监测中心站被环境保护部评为抗震救灾“先进基层党组织”。

陇南市环保局被环境保护部评为“抗震救灾先进集体”。

2009 年

甘肃省环境监测中心站（第一完成单位）参与的《甘肃省铁合金、电石行业污染减排监督监测评价指标体系及示范研究》被环境保护部授予环境保护科学技术奖三等奖。

酒泉市环保局荣获中央精神文明建设指导委员会办公室授予的“第四届全国精神文明建设工作先进单位”称号。

2010 年

甘肃省环境监察局被环境保护部评为“全国环境信访工作优秀集体”。

兰州市环境监测站被评为“2009 年度全国环境监测业务信息工作先进单位”。

兰州市环保局被环境保护部评为“全国环保政务信息工作先进单位”“全国环保系统档案管理工作先进集体”。

兰州市城关区环保局、西固区环保局被国务院第一次全国污染源普查领导小组办公室、环境保护部、国家统计局、农业部评为“第一次全国污染源普查先进集体”。

酒泉市肃州区环保局、玉门市环保局获得国务院第一次污染源普查领导小组办公室、环境保护部、国家统计局、农业部授予的“全国污染源普查先进单位”称号。

张掖市高台县环保局被国务院第一次全国污染源普查领导小组办公室、环境保护部、国家统计局、农业部授予“第一次全国污染源普查先进集体”荣誉称号。

甘南州环保局、合作市环保局、卓尼县环保局被国务院第一次全国污染源普查领导小组办公室、环境保护部、国家统计局、农业部授予“全国第一次污染源普查先进集体”荣誉称号。

定西市陇西县环保局被国务院第一次全国污染源普查领导小组办公室、环境保护部、统计局、农业部评为第一次全国污染源普查“先进集体”。

甘肃矿区环保局被国务院第一次全国污染源普查领导小组办公室、环境保护部、国家统计局、农业部评为“第一次全国污染源普查先进集体”。

省级表彰

1998 年

金昌市环保局党支部被中共甘肃省委评为“先进基层党组织”。

2000 年

武威市环保局被中共甘肃省委、甘肃省人民政府评为“省级文明单位”。

2001 年

金昌市环境保护系统被中共甘肃省委、甘肃省政府评为“文明行业”。

2002 年

嘉峪关市环保局荣获全省“文明单位”荣誉称号。

兰州市环保局被甘肃省政府评为“省爱卫会爱国卫生先进单位”。

2004 年

兰州市环保系统被中共甘肃省委、甘肃省政府授予“文明行业”称号。

酒泉市环保局荣获中共甘肃省委、甘肃省政府授予的“省级文明单位”称号。

2006 年

兰州市环保局被中共甘肃省委、甘肃省政府评为“2001—2005 年度全省法制宣传教育先进单位”。

甘肃省环境监测中心站被甘肃省委、省人民政府授予甘肃省级文明单位称号。

2007 年

甘肃省环境监测中心站参与的《1990—2007 年兰州冬季大气气溶胶水溶性无机离子变化规律研究》被甘肃省政府授予甘肃省科学技术进步奖三等奖。

甘肃省环境监测中心站参与的《甘肃省“菜篮子”蔬菜基地环境安全与污染防治技术研究》被甘肃省政府授予甘肃省科学技术进步奖三等奖。

2008 年

甘肃省环境监测中心站参与的《甘肃省环境质量变化趋势及污染物排放总量控制研究》被甘肃省政府授予甘肃省科学技术进步奖二等奖。

甘肃省环境监测中心站参与的《兰州市西固区域环境质量十年变化趋势的研究》被甘肃省政府授予甘肃省科学技术进步奖三等奖。

甘肃省环境监测中心站被甘肃省委评为抗震救灾“先进基层党组织”。

甘肃省环境监测中心站被甘肃省委、省人民政府评为甘肃省级文明行业标兵单位。

肃州区环保局荣获中共甘肃省委、甘肃省政府授予的“省级先进文明单位”。

2010 年

甘肃省环境监测中心站参与的《甘肃省铁合金、电石行业污染减排监督监测评价指标体系及示范研究》被甘肃省政府授予甘肃省科学技术进步奖三等奖。

先进个人

中央部（局、委）级表彰

1991 年

甘肃省环保局环境影响评价处韦春主持编写的《甘肃省一九八六——一九九〇年度环境质量报告书》被国家环保局评为“国家优秀环境质量报告书”。

甘肃省环境保护研究所雷虎兰参与的课题《灰钙土环境容量研究》被国家教委授予科技进步二等奖。

甘肃省环境保护研究所田裘学、周伶芝参与的课题《不同高度大气飘尘中有机污染物组成和生物效应对比试验》被国家环境保护总局授予科技进步三等奖。

1992 年

甘肃安西极旱荒漠国家级自然保护区管理局宁瑞栋被农业部评为全国农业环境保护先进工作者。

甘肃省环境保护研究所张凡、张崇德、高沛参与的课题《中国典型生态区破坏现状及保护恢复利用研究》被国家环境保护总局评为科技进步一等奖。

1993 年

甘肃省环境监测中心站敖运安获国务院特殊津贴。

1995 年

庆阳市环保局许占青荣获国家环境保护总局全国“打击环境违法行为先进个人”称号。

1996 年

兰州市环境监测站侯喜福在第三次全国环保工作会议上被评为“先进科技工作者 ”。

1997 年

甘肃省环境保护研究所张凡享受国务院特殊津贴。

甘肃省环境保护研究所雷虎兰享受国务院特殊津贴。

甘肃省环境保护研究所郦桂芬享受国务院特殊津贴。

兰州市环境监测站王率英被国家环境保护局评为“全国环境环境保护系统先进个人”。

天水市环保局杨旸、李凌被全国乡镇污染源调查领导小组评为“全国乡镇污染源调查先进个人”。

1998 年

兰州市环保局王得明、李淑霞被国家环境保护总局评为“全国乡镇工业污染源调查先进个人”。

1999 年

甘肃省环境宣传教育中心张兴林被国家环境保护总局、农业部、统计局(全国乡镇工业污染源调查办公室）评为“全国乡镇工业污染源调查先进个人”。

甘肃省环境保护研究所魏群享受国务院特殊津贴。

甘肃省环境监测中心站王生朴获国务院特殊津贴。

甘肃安西极旱荒漠国家级自然保护区管理局宁瑞栋被国家环境保护总局、国家林业局、农业部、国土资源部评为全国自然保护区管理先进个人。

酒泉市环保局杨旭东获得全国乡镇工业源调查工作领导小组授予的“全国乡镇工业源调查工作先进个人”荣誉称号。

金昌市环保局曹军被国家环保总局、农业部、国家统计局评为全国“乡镇工业污染源调查先进个人”。

甘南州环保局钟有富被国家环境保护总局授予“全国乡镇工业污染源调查先进个人”荣誉称号。

2000年

兰州市环保局余雄厚被人事部、国家环境保护总局评为“全国环保系统先进工作者”；柳培彪被国家环境保护总局评为“环境保护建设项目管理先进个人”。

天水市环保局李凌被国家环保总局评为“全国城市环境综合整治定量考核先进个人”。

张掖市环保局赵开智被中宣部、文化部、公安部等国家七部委授予“全国扫黄打非先进个人”荣誉称号。

金昌市环保局潘竞福被国家环境保护总局、农业部、科技部、团中央评为“全国秸秆综合利用先进个人”；潘竞福被国家环境保护总局评为全国“建设项目环境管理先进个人”。

甘肃矿区环保局张炳智荣获国家环境保护总局“环境保护杰出贡献者奖”。

2001年

兰州市环保局孙润田被国家环境保护总局办公厅评为“2001年全国环保系统政务信息工作优秀信息员”。

2002年

甘肃省环保局自然生态处张军被国家环境保护总局授予“西部地区生态环境现状调查优秀组织者”称号。

甘肃省环保局大气环境管理处冯国宁被国家环境保护总局授予“西部地区生态环境现状调查优秀技术人员”称号。

兰州市榆中县环保局赵成军家庭、郭秀花家庭被国家环境保护总局评为“全国环保系统五好文明家庭”。

天水市环保局吴方敏被国家环境保护总局评为“全国环境监察先进个人”；蒋蔚平被评为“全国环境保护系统监测工作先进个人”。

张掖市环保局刘麟被国家环境保护总局授予“全国先进环境监测站站长”称号。

金昌市环保局宋晰宇被国家环境保护总局评为“全国双达标工作先进个人”。

庆阳市环保局李润民获得国家环境保护总局“全国环境监察先进工作者”称号。

2003 年

兰州市环保局孙润田被国家环境保护总局办公厅评为“2003 年度全国环保系统优秀信息员”。

兰州市环保局房维和被教育部基础教育司、共青团少年部、全国妇联儿童工作部和中国儿童中心评为“全国‘心中有祖国，心中有他人’教育活动先进个人”。

甘南州环保局马德思被中国文化传媒出版社、华夏学术杂志社授予“中国当代优秀学术成果奖”。

2004 年

兰州市环境监测站张英俊在中国环境监测总站表彰国家水质自动监测站运行管理先进工作者中被评为“先进工作者 ”。

兰州市环保局王得明被团中央、全国绿化委、全国人大环资委、全国政协环资委、水利部、农业部、国家环保总局、国家林业局评为“保护‘母亲河’先进个人”。

兰州市环境监察局张虹被国家环境保护总局评为“全国打击环境违法行为先进个人”，安心巍被评为“全国排污申报核定工作先进个人”。

金昌市环保局潘竞福被共青团中央授予“星星火炬”奖章。

平凉市环保局李玉萍两次荣获国家环境保护总局环境监察局“全国排污申报核定工作先进个人”称号。

2005 年

甘肃省环境应急与事故调查中心张志宏被国家环境保护总局授予“全国打击环境违法行为先进个人”称号。

甘肃省环境应急与事故调查中心曹兴被国家环境保护总局授予“全国打击环境违法行为先进个人”称号。

甘肃省环境宣传教育中心张兴林被国家环境保护总局授予“全国打击环境违法行为先进个人”荣誉称号。

甘肃省环境宣传教育中心吴玉萍被国家环境保护总局和中国环境新闻记协授予全国杜邦杯环境好新闻三等奖。

兰州市环保局王得明被国家环境保护总局评为“全国打击环境违法行为先进个人”；兰州市环境监察局吴文勇被国家环保总局监察局评为“全国排污费征收工作先进个人”，王兰祥被评为“全国排污申报核定工作先进个人”。

兰州市环保局李淑霞家庭被全国“五好文明家庭”创建活动协调小组评为“第五届全国五好文明家庭”。

天水市秦州区环保局王金被国家环境保护总局评为“全国打击环境违法行为工作先进个人”；刘凯被评为“2004 年度全国排污申报核定工作先进个人”。

酒泉市环保局白彬获得国家环保总局授予的“全国打击环境违法行为先进个人”称号；沈强获得“全国 ‘一控双达标’工作先进个人”称号。

平凉市环保局崔剑勋被国家环境保护总局评为“全国打击环境违法行为先进个人”，同年，又被国家环境保护总局环境监察局评为“全国环境监察先进个人”。

平凉市环保局李玉萍两次荣获国家环境保护总局环境监察局“全国排污申报核定工作先进个人”称号。

庆阳市环保局王庆峰荣获国家环境保护总局“全国排污申报核定工作先进个人”称号。

定西市临洮县环保局樊甫龙被国家环境保护总局评为“全国打击环境违法行为先进个人”。

甘南州环保局准格吉两次荣获国家环境保护总局“全国排污申报登记先进工作者”荣誉称号。

2006 年

兰州市环保局房维和被教育部基础教育司、团中央少年部等联合举办的全国省少年儿童“心中有祖国、心中有他人”组委会评为“全国‘双有’主题教育活动先进个人”。

天水市麦积区环保局严晓东被国家环境保护总局评为“全国减排核定先进个人”。

张掖市环保局陈宁利被教育部、国家环境保护总局授予“全国绿色学校创建活动先进个人”称号；杜明晖被国家环境保护总局评为“全国排污费征收工作先进个人”。

金昌市环保局范志强被国家环境保护总局评为“全国排污费征收工作先进个人”；聂振军被评为“全国排污申报核定先进个人”；闫明山被中国环境报评为“优秀通讯员”。

金昌市环保局聂振军连续三年获国家环境保护总局授予的“全国环保专项行动先进个人”称号。平凉市环保局陈爱民被人事部、国家环境保护总局授予“全国环境保护系统先进工作者”荣誉称号；杨虹颖被国家环境保护总局评为“全国排污收费工作先进个人”。

陇南市成县环保局杨晓波被国家环境保护总局评为“2005年度全国排污费征收工作先进个人”。

2007年

省环境统计与数据管理中心牛秐被国家环境保护总局授予“‘十五’全国环境统计工作先进个人”称号。

兰州市环境监察局吴文勇被国家环境监察局评为“2006年度全国排污费征收工作先进个人”。

天水市环保局吴方敏被国家环境保护总局评为“全国绿色社区创建活动先进个人”；许南海被教育部评为第四批“全国绿色学校创建活动先进个人”。

张掖市山丹县环保局陈东星被国家环境保护总局评为“全国生态环境监察试点工作优秀个人”。

金昌市环保局聂振军获国家环境保护总局授予的“全国环保专项行动先进个人”称号。

平凉市环保局郭玲被国家环境保护总局评为“全国环境统计荣誉工作者”。

甘南州环保局包昌林被国家环境保护总局授予“全国排污申报收费先进个人”荣誉称号。

甘南州环保局准格吉两次荣获国家环保总局“全国排污申报登记先进工作者”荣誉称号。

2008 年

甘肃省环境监测中心站邵昶铭被环保部授予“全国环保系统抗震救灾先进个人”荣誉称号。

金昌市环保局聂振军连续三年获环境保护部授予“全国环保专项行动先进个人”称号。

金昌市环保局梁胜春被环境保护部评为“全国整治违法排污企业环保专项行动先进个人”。

陇南市环保局王学德被环境保护部授予“全国环保系统抗震救灾先进个人”荣誉称号。

甘肃矿区环保局马生福被环境保护部环境监察局评为“2017 年度全国排污费征收工作先进个人”。

2009 年

甘肃省环保厅环境影响评价处韦春主持编写的《甘肃省第一次全国污染源普查技术总报告》被国务院第一次全国污染源普查领导小组办公室授予“全国二等奖”。

省环境工程评估中心赵红主持编写的《甘肃省第一次全国污染源普查技术总结报告》被国务院第一次全国污染源普查领导小组授予优秀技术报告二等奖。

甘肃省环境监察局张旭被国务院第一次污染源普查领导小组办公室、环境保护部、国家统计局、农业部评为“第一次全国污染源普查先进个人”。

甘肃省环境信息中心祁国伟被环境保护部评为“全国信息化工作优秀个人”。

兰州市环境监察局张虹、师瑞荣登环境保护部“排污收费奉献者光荣榜”。

酒泉市环保局谢长江两次获得环境保护部授予“全国排污申报登记先进个人”称号。

张掖市环保局李玉英被中国环境报社评为“优秀通讯员”。

庆阳市环保局王庆峰、岳燕、付奕宁荣获环境保护部“全国第一次污染源普查先进个人”称号。

甘南州环保局包昌林荣登环境保护部“30 年排污收费光荣榜”，获荣誉勋章一枚。

2010 年

省环境工程评估中心赵红被国务院第一次全国污染源普查领导小组办公室、环境保护部、国家统计局授予“第一次全国污染源普查先进个人”。

甘肃省环境信息中心田云被国务院第一次全国污染源普查领导小组、环境保护部、国家统计局、农业部授予“先进个人”称号。

甘肃省环境信息中心祁国伟被国务院第一次全国污染源普查领导小组、环境保护部、国家统计局、农业部授予“先进个人”称号。

甘肃省环境宣传教育中心王鹏被国家环保总局、国家统计局、农业部评为“污染源普查先进个人”。

甘肃省环境统计与数据管理中心姜泳波被国务院第一次全国污染源普查领导小组、环境保护部、国家统计局、农业部授予“先进个人”称号。

甘肃省环境统计与数据管理中心牛耘被国务院第一次全国污染源普查领导小组、环境保护部、国家统计局、农业部授予“先进个人”称号。

兰州市环境监测站白林志、西固区环境监测站李民集、皋兰县环保局蒋素梅在第一次全国污染源普查工作中被国务院第一次全国污染源普查领导小组办公室、环境保护部、国家统计局、农业部评为“先进工作者”。

甘肃省环境应急与事故调查中心常沁春参与的课题《甘肃省铁合金、电石行业污染减排监督监测评价指标体系及示范研究》被环境保护部授予科学技术进步奖三等奖。

兰州市环保局胡玉英、西固区环保局丁霞被环境保护部评为“全国环保系统档案管理工作先进个人”。

天水市麦积区环保局文根平被国家统计局、农业部评为第一次“全国污染源普查先进个人”；天水市环保局刘凯被环境保护部评为“全国环境信访荣誉工作者”。

酒泉市环保局谢长江两次获得环境保护部授予的“全国排污申报登记先进个人”称号。

酒泉市环保局李兴、金塔县环保局甘学伟、玉门市环保局李彦军、瓜州县环保局邓银虎获得国务院第一次全国污染源普查领导小组办公室、环境保护部、国家统计局、农业部联合授予的“第一次全国污染源普查工作先进个人”称号。

张掖市环保局刘毅、陈景昭、胡静、克选、邓军德，临泽县环保局祁国厅，高台县环保局王建军，山丹县环保局王振兴，民乐县环保局郑生春、肃南县环境和林业保护局顾永生被国务院第一次全国污染源普查领导小组、环境保护部、国家统计局、农业部授予“第一次全国污染源普查工作先进个人”称号。

金昌市环保局宋晰宇、石国才、李田玲、薛莹、马勇被国务院第一次全国污染源普查领导小组、环境保护部、国家统计局、农业部评为“全国污染源普查先进个人”；曹军被环境保护部评为“全国环境信访工作荣誉工作者”。

庆阳市环保局杨漪被国务院全国第一次污染源普查领导小组办公室、环境保护部、农业部、国家统计局评为“污染源普查工作全国先进个人”；苏荣花获得环境保护部“环境信访荣誉工作者”称号。

定西市环境监察支队李惠文被环境保护部评为“2010年度全国排污费申报核定工作先进个人”。

陇南市环保局李世伟、张继东，西和县环保局李存生、李琼被国务院第一次全国污染源普查领导小组办公室、环境保护部、国家统计局、农业部授予“第一次全国污染源普查先进个人”称号。

甘南州环保局史程顺、卓尼县环保局刘世俊被环境保护部授予“第一次全国污染源普查先进个人”荣誉称号。

甘肃矿区环保局曾卫国被国务院第一次全国污染源普查领导小组办公室、环境保护部、国家统计局、农业部评为“第一次全国污染源普查先进个人”。

省级表彰

1992年

甘肃省环境保护研究所邱瑞骥参与的课题《黄河兰州段水中化学污染物及其诱变性鉴定和防治对策研究》被甘肃省人民政府授予甘肃省科技进步三等奖。

1993年

原甘肃省环境保护研究所乔世俊参与的课题《兰州市城区大气污染物排放标准的研究》被甘肃省人民政府授予甘肃省科技进步三等奖。

1994 年

兰州市环保局孙荣高荣获“甘肃省劳动模范”荣誉称号。

1996 年

原甘肃省环境保护研究所乔世俊参与的课题《兰州市蔬菜生产区农药污染现状污染规律及综合防治研究》被甘肃省人民政府授予甘肃省科技进步三等奖。

2003 年

甘肃省环境保护局李晓红、刘晓强、常沁春、姜泳波、牛耘、王汝滨、齐永强研究的课题《甘肃省沙尘暴尘源分析及地面监测技术研究》被甘肃省人民政府授予科技进步二等奖。

甘肃省环境保护局王新中、汪源、白书明、任秀英、葛宏英、苏永杰、宗凌研究的课题《迭部沟铀矿资源开发利用后辐射环境质量水平与治理措施研究》被甘肃省人民政府授予甘肃省自然科学三等奖。

定西市环保局汪爱平被中共甘肃省委评为全省优秀共产党员。

甘肃省环保局徐延文参与的课题《黄河干流水污染综合整治方案》被甘肃省人民政府授予甘肃省科技进步二等奖。

2004 年

甘肃省环境保护局王新中、白书明、苏永杰、宗凌、任秀英、葛宏英研究的课题《甘肃省核应急监测点位布设与监测技术研究》被甘肃省人民政府授予甘肃省自然科学三等奖。

甘肃省环境保护局乔世俊、赵爱平、徐小莲、刘纯亭、刘虎臣、张政民研究的课题《有机工业废水高级催化氧化技术应用研究》被甘肃省人民政府授予甘肃省自然科学二等奖。

甘肃省环境保护研究所乔世俊参与的课题《有机工业废水高级催化氧化技术研究》被甘肃省人民政府授予甘肃省科技进步二等奖。

甘肃省环境应急与事故调查中心常沁春参与的课题《甘肃省沙尘暴尘源分析及地面监测技术研究》被甘肃省政府授予甘肃省科技进步二等奖。

定西市环保局高嶙荣获“甘肃省优秀专家”称号。

2005 年

甘肃省环境应急与事故调查中心常沁春参与的课题《室内环境空气污染研究》被甘肃省政府授予甘肃省科技进步三等奖。

2006 年

兰州市环保局彭学兰被授予“甘肃省年度优秀专家”称号；兰州市环境监测站李磊被评为甘肃省第六批“优秀专家”。

原甘肃省环境保护研究所乔世俊被甘肃省人民政府评为甘肃省优秀专家。

2007 年

甘肃省环保局环境影响评价处韦春主持编写的《兰州市西固区域环境质量十年变化趋势的研究》被甘肃省人民政府授予“甘肃省科技进步三等奖”。

甘肃省环境监测中心站常毅编写的《甘肃省环境质量变化趋势及污染物排放总量控制研究》被肃省人民政府授予甘肃省科学技术进步三等奖。

2008 年

甘肃省环境监测中心站李晓红编写的《甘肃省“菜篮子”蔬菜基本环境安全与污染防治技术研究》被甘肃省人民政府授予甘肃省科学技术进步三等奖。

2010 年

甘肃省环保厅规划财务处连兵参与的项目《甘肃省铁合金、电石行业污染减排监督检测评价指标体系及示范研究》被甘肃省人民政府授予“甘肃省科学技术进步三等奖”。

甘肃省环境监察局张旭参与编写的《甘肃省污染源普查及主要污染物排放趋势研究》被甘肃省人民政府授予甘肃省科学技术进步奖二等奖。

甘肃省环境应急与事故调查中心常沁春（原甘肃省环境监测站）被中共甘肃省委授予“舟曲抢险救灾优秀共产党员”称号。

甘肃省环境保护条例（修正）

第一章　总　则

第一条　为保护和改善生活环境与生态环境，防治污染和其他公害，保障人体健康，促进经济和社会发展，根据《中华人民共和国环境保护法》和有关法律、法规，结合本省实际，制定本条例。

第二条　本省行政区域内的一切单位和个人，必须遵守本条例。

第三条　环境保护是中国的一项基本国策。一切单位和个人都有保护环境的义务，并有权对污染和破坏环境的单位和个人依法进行检举和控告。

第四条　各级人民政府制定的环境保护规划必须纳入国民经济和社会发展计划，使环境保护同经济建设和社会发展相协调。

第五条　环境保护工作必须坚持预防为主，防治结合，全面规划，合理布局，综合治理的方针，实行谁开发谁保护，谁污染谁治理，谁破坏谁恢复，谁利用谁补偿。

第六条　加强环境保护科学技术的研究和开发，推广无污染或者少污染、资源和能源消耗低、综合利用率高的先进工艺、技术和设备，发展环境保护产业，开展环境保护的国际合作和科技交流。

第七条　各级环境保护、文化、教育、司法行政、新闻出版、广播电视等部门，应当加强对环境保护的宣传教育和舆论监督，普及环境保护科学和环境保护法律知识，提高公民的环境保护意识。

第八条　对保护和改善环境作出显著成绩的单位和个人，由各级人民政府或者主管部门给予表彰奖励。

第二章　管理职责

第九条　各级人民政府对本行政区域的环境质量负责，加强对环境保护工作的领导，采取措施保护和改善环境。

第十条 县级以上人民政府环境保护行政主管部门，对本行政区域的环境保护工作实施统一监督管理；对有关部门的环境污染防治监督管理工作和自然资源保护利用监督管理工作进行监督检查。

乡（镇）人民政府、街道办事处应当有专（兼）职人员管理环境保护工作。

第十一条 县级以上人民政府环境保护行政主管部门的主要职责是：

（一）贯彻执行环境保护法律、法规、规章、环境标准，参与制定与环境保护有关的经济、技术、资源配置和产业政策，制定本行政区域的环境保护措施，并监督实施。省环境保护行政主管部门制订环境保护地方标准。

（二）制订本行政区域环境保护规划和计划、环境保护产业发展规划。管理环境统计和环境信息工作。

（三）监督管理环境污染和其他公害的防治，实施环境管理制度，按权限审批环境影响报告书（表）。

（四）统一监督管理本行政区域自然保护工作。省环境保护行政主管部门统筹全省的自然保护区区划、规划工作，向省人民政府提出新建省级自然保护区的评审意见，会同有关部门制定生态环境考核指标和考核办法。

（五）负责管理环境监测和环境监理工作，组织协调环境科学研究，开展环境保护宣传教育，推广环境保护新技术；协同有关部门对环境保护产品的质量实行监督。

（六）对本行政区域污染源排污情况进行现场监督检查，调查处理污染、破坏环境的行为和环境污染事故，调解环境污染纠纷。

第十二条 各级公安、交通、渔政部门，铁路、民航管理部门，军队环境保护部门，依照有关法律、法规、规章对环境污染防治实施监督管理。

县级以上人民政府的土地、矿产、林业、农业、水利、畜牧部门，依照有关法律、法规、规章对自然资源的保护和利用实施监督管理。

行业管理部门对本行业的环境保护工作实施监督检查。

第十三条 各级计划、经贸、财政、税务、金融、物价、科技、能源等部门按照国家有关规定，对企业开展废气、废水、废渣的综合利用和污染综合防治，优先给予支持和保证。

第三章　环境监督管理

第十四条　环境保护实行目标责任制。县级以上人民政府负责制定本行政区域环境保护目标，并将完成情况向同级人民代表大会及其常务委员会和上一级人民政府报告。

环境保护目标的完成情况，作为评定政府工作成绩的依据之一。

第十五条　省环境保护行政主管部门会同有关部门建立环境监测网络，实行统一的监测标准和环境监测资格审查制度，加强对全省环境监测工作的监督管理。

县级以上环境保护行政主管部门的环境监测机构的监测数据，是评价环境质量、排污收费、处理污染纠纷等的依据。

行业管理部门和企业事业单位的环境监测机构，经省环境保护行政主管部门环境监测资格考核合格，分别负责本部门和本单位的环境监测工作；受县级以上环境保护行政主管部门委托，其监测数据经委托部门核查认可后，也可作为评价环境质量、排污收费、处理污染纠纷等的依据。

对监测数据有争议时，由上一级环境保护行政主管部门进行仲裁。

第十六条　对造成环境严重污染的企业事业单位实行限期治理。

中央在甘肃的企业事业单位和省人民政府管辖的企业事业单位的限期治理，由省人民政府决定；省辖市、自治州人民政府、地区行政公署管辖的企业事业单位的限期治理，由省辖市、自治州人民政府、地区行政公署决定；县（市、区）和县（市、区）以下人民政府管辖的企业事业单位的限期治理，由县（市、区）人民政府决定。

企业事业单位超过标准排放污染物的单个污染源的限期治理，不影响该单位全面生产经营的，也可以由当地县级以上环境保护行政主管部门决定。

被限期治理的企业事业单位必须如期完成治理任务。环境保护行政主管部门负责检查验收，并向同级人民政府报告验收结果。

第十七条　县级以上人民政府应当组织有关部门推行污染集中控制和区域性综合防治。

第四章　保护和改善生态环境

第十八条　各级人民政府应当综合考虑当地的自然资源和生态环境状况，遵循生态规律制定经济发展政策，控制人口增长，合理开发利用自然资源，维护生态系统的稳定和良性循环，使经济发展与自然资源的增殖和储量相协调。

第十九条　各级人民政府要加强农业环境保护，防治土壤污染、土地沙漠化、盐渍化、贫瘠化，合理使用化肥、农药、农膜，增加使用有机肥，推广植物病虫害的综合防治技术，发展生态农业，实行农村环境综合整治。

第二十条　加强对森林资源的保护管理，合理利用森林资源。禁止乱砍滥伐森林，禁止乱批滥占林地和毁林开荒，防止森林火灾和病虫害，大力开展植树造林，提高森林覆盖率。

保护生物多样性，保护珍稀、濒危野生动植物。禁止任何单位和个人非法捕猎、毒杀、采伐、加工、收购、销售国家和本省保护的野生动植物及其产品。

合理使用草原，保护草原植被。防止过量放牧，防治草原病虫鼠害。禁止开垦和破坏草原，禁止在荒漠草原、半荒漠草原和沙化地区砍挖灌木、药材及其他固沙植物。

开采矿产资源应当节约用地。耕地、草原、林地因采矿受到破坏的，采矿单位和个人应采取复垦利用、植树种草等措施予以恢复，防止水土流失。

第二十一条　在风景名胜区、自然保护区和其他需要特别保护的区域内，不得建设污染环境的工业生产设施；建设其他设施，其污染物排放不得超过规定的排放标准。已经建成的设施，其污染物排放超过规定的排放标准的，应当限期治理，或者责令其停产、搬迁。

第二十二条　保护并合理开发利用水资源，维护河流的合理流量和湖泊、水库以及地下水体的合理水位，防止地面沉降，维护水体的自然净化能力，禁止围垦河流、湖泊。

禁止向水体排放、倾倒油类、酸液、碱液、剧毒废液以及废渣和其他废弃物。

第二十三条　加强饮用水水源保护，禁止在当地人民政府划定的饮用水水源保护区建设有污染的生产设施，禁止从事对饮用水水源有污染的活动。

第二十四条　利用工业废水、城市污水进行灌溉的，其水质应符合国家规定的农田灌溉水质标准，县级以上农业部门要定期监测用于灌溉的污水水质、土壤和农产品，采取措施防止土壤、地下水和农产品被污染。

第二十五条　开展城市环境综合整治，发展煤气、太阳能、风能、集中供热、热电联产，推广使用型煤，建设城市污水处理设施，加强城市道路、供水、园林、绿地、风景名胜区的建设和管理。

第五章　防治环境污染和其他公害

第二十六条　产生环境污染和其他公害的企业事业单位，必须建立健全环境保护管理制度，推行清洁生产，执行清洁生产的技术经济政策和评价标准，把消除污染、改善环境、节约资源和综合利用作为经营管理的重要内容，采取措施防治污染物对环境的污染和危害，实行工业污染的全过程控制。

第二十七条　各级人民政府应当加强对乡镇企业、城市集体企业、私营企业、个体经营者以及中外合资企业、中外合作企业、外商独资企业的环境保护管理，根据本地资源和环境状况，发展无污染和少污染的行业。严禁生产和经营产生剧毒污染物及放射性的产品。不准从事污染严重以及噪声、振动严重扰民的工业项目。已建成的，按照国家有关规定进行整顿、改造或者限期治理。

第二十八条　有关部门鉴定新技术、新产品时，应当会同同级环境保护行政主管部门评价新技术、新产品对环境的影响。对达不到环境标准的新技术不予推广，新产品不得生产。

第二十九条　对排放污染物的企业事业单位和个体经营者实行排污许可证制度。排污者必须依照国家有关规定，向当地县级以上环境保护行政主管部门申报登记，领取排污许可证。持证单位必须严格按照排污许可证的规定排放污染物，禁止无证排放。

排放污染物的种类、数量、浓度等发生重大改变时，排放污染物的单位应当按照有关规定重新申报。

第三十条 对环境有影响的建设项目，必须执行环境影响报告书（表）审批制度。

承担建设项目环境影响评价工作的单位，必须持有环境影响评价证书，按照证书中规定的范围进行环境影响评价工作，并对评价结果负责。

第三十一条 建设项目可行性研究阶段编制的环境影响报告书（表），必须遵守国家有关建设项目环境保护管理规定，经项目主管部门审查批准。

环境保护行政主管部门必须自接到环境影响报告书、环境影响报告表之日起，分别在2个月、1个月内予以批复。

建设项目的环境影响报告书（表）未经批准，计划、经贸部门不予办理可行性研究报告的审批手续，土地管理部门不予办理用地手续，银行不予贷款，工商行政管理部门不予办理营业执照。

第三十二条 建设项目在初步设计阶段，必须编制环境保护篇章。凡环境保护篇章未经环境保护行政主管部门审查同意的，有关部门不得批准初步设计。

第三十三条 建设项目必须坚持污染防治设施与主体工程同时设计、同时施工、同时投产使用。

改建、扩建和进行技术改造的项目，必须对原有的污染源同时进行治理。建设项目污染防治设施必须经过环境保护行政主管部门验收合格后，建设项目才能投产。

第三十四条 排放污染物的企业事业单位和个体经营者，应当按照规定缴纳排污费，并负责治理。

排污费由环境保护行政主管部门征收，地方财政专项管理，按国家规定用于污染的防治，任何单位和个人不得截留、挪作他用。

第三十五条 防治污染物的设施不得擅自停运、拆除或者闲置，确需停运、拆除或者闲置的，必须提前向环境保护行政主管部门申报。环境保护行政主管部门接到申报后，对于需要暂停运转的，应当在15日内予以批复；对于需要拆除或者闲置的，应当在1个月内予以批复。

第三十六条 各种工业炉窑、民用锅炉、机动车辆及其他排烟装置，必须采取有效措施使排放的污染物符合国家或者地方规定的标准。

第三十七条 凡是超标准排放工业噪声、建筑施工噪声、交通噪声和社会生活噪声，影响生活环境的单位和个人，应当采取有效措施进行治理。

各种产生噪声、振动的设备和机动车辆，应当安装消声、防振装置，或者采取其他有效措施，达到规定的标准。一时难以达到标准的，只能在规定的区域和时间内行驶或者作业；严重影响生活环境的，应当停业、关闭或者搬迁。

第三十八条 产生放射性废物和废放射源的，必须向省环境保护行政主管部门申报登记，由省放射环境监理机构集中管理和处置。

核设施产生的放射性废物，按照国家有关规定处置。

第三十九条 生产、储存、运输、销售使用有毒化学物品和含有放射性物质的物品，必须遵守国家有关规定，防止污染环境。

第四十条 有关部门和企业事业单位对固体废弃物应当逐步做到分类收集、综合利用和无害化处理。

第四十一条 禁止将产生严重污染的技术、设备转移给没有污染防治能力的单位和个人使用。

禁止没有污染防治能力的单位和个人接受和使用产生严重污染的技术和设备。

第四十二条 从国外、境外和省外引进技术、设备、产品，必须遵守国家和本省有关环境保护的规定。对产生污染而国内又不能防治的，应当同时引进相应的污染防治设施。

禁止将国外、境外和省外有毒有害废物转移到本省内处置。

第四十三条 排污单位因发生事故或者其他突然性事件，发生或者可能发生环境污染事故时，必须立即采取措施处理，及时通报可能受到污染危害的单位和个人，并向当地环境保护行政主管部门和有关部门报告，接受调查处理。

造成污染事故的单位，必须在事故发生的48小时内向当地环境保护行政主管部门和有关部门作出事故发生的时间、地点、类型和排放污染物的数量、经济损失和人员受害等情况的初步报告。事故查清后，应当作出事故原因、过程、危害、采取的措施、处理结果、遗留问题和防治措施等情况的书面报告，并附有关证明文件。

第六章　法律责任

第四十四条　违反本条例规定，有下列行为之一的，由环境保护行政主管部门或者其他环境监督管理部门根据不同情节给予处罚：

（一）拒绝环境保护行政主管部门、其他环境监督管理部门现场检查或者在被检查时弄虚作假的，给予警告或者处以三百元以上三千元以下罚款。

（二）拒报、谎报有关污染物排放申报事项的，给予警告或者处以三百元以上三千元以下罚款。

（三）不按规定缴纳排污费的，除追缴排污费，按日收取1‰的滞纳金外，可以并处一千元以上一万元以下罚款。

（四）未取得排污许可证排放污染物的，给予警告，责令限期办理排污许可证。排放的污染物未超过国家或者本省规定排放标准的，可以并处三百元以上五千元以下罚款；超过标准的，责令限期改正，并处以一万元以上十万元以下罚款。

（五）不按排污许可证的规定排放污染物的，责令限期改正，并处以五千元以上十万元以下罚款；情节严重的，吊销排污许可证。

（六）违反规定排放或者倾倒油类、酸液、碱液、剧毒废液、废渣和其他废弃物的，责令改正，并处以五千元以上十万元以下罚款。

（七）将产生严重污染的技术、设备转移给没有污染防治能力的单位和个人使用的，处以二千元以上二万元以下罚款。

（八）不具备污染防治能力，接受并使用产生严重污染的技术和设备的，责令改正或者采取污染防治措施；拒不改正又不采取污染防治措施的，责令停止使用或者生产，并处以五百元以上一万元以下罚款。

（九）引进不符合国家和本省环境保护规定的技术、设备的，责令采取污染防治措施，并处以一千元以上五万元以下罚款。

（十）违反规定，将国外或省外的固体废物转移到本省倾倒、堆放、处置的，按照《中华人民共和国固体废物污染环境防治法》有关规定予以处罚。

（十一）发生环境污染事故，不及时通报、报告或者不立即采取有效处理措施的，处以一千元以上一万元以下罚款。

第四十五条 因环境影响报告书（表）数据、结论的重大差错，造成环境严重污染的，由负责审批的环境保护行政主管部门，对评价单位处以评价经费一倍至五倍罚款，并可以吊销环境影响评价证书。

乙级评价证书，由省环境保护行政主管部门吊销；甲级评价证书，由省环境保护行政主管部门报请国务院环境保护行政主管部门吊销。

第四十六条 有下列行为之一的，对直接责任人员和有关主管人员，由其所在单位或者上级主管机关给予行政处分；造成重大损失，构成犯罪的，依法追究刑事责任：

（一）审批环境影响报告书（表）有重大失误或者越权审批的。

（二）未办理环境影响报告书（表）审批手续而擅自批准项目立项的。

（三）建设项目污染防治设施未经环境保护行政主管部门验收合格而发给营业执照的。

第四十七条 建设项目环境影响报告书（表）、环境保护设计篇章未经环境保护行政主管部门审批，擅自施工的，除责令停止施工、补办审批手续外，对建设单位处以一千元以上二万元以下罚款，对该单位法定代表人处以三百元以上三千元以下罚款。

第四十八条 污染防治设施没有建成，建设项目投入生产或者使用的，由审批该建设项目环境影响报告书的环境保护行政主管部门责令停止生产或者使用，可以并处五千元以上五万元以下罚款，对该单位法定代表人处以五百元以上五千元以下罚款。

污染防治设施没有达到国家有关建设项目环境保护管理规定的要求，建设项目投入生产或者使用的，由审批该建设项目环境影响报告书的环境保护行政主管部门责令停止生产或者使用，可以并处二千元以上二万元以下罚款。

法律、法规另有规定的，按规定执行。

第四十九条 未经环境保护行政主管部门同意，擅自停运、拆除或者闲置污染防治设施，使污染物排放超过规定排放标准的，由环境保护行政主管部门责令重新安装、使用，并处以五百元以上三万元以下罚款。

第五十条 对违反环境保护法律、法规和本条例规定，造成环境污染事故的企业事业单位，由环境保护行政主管部门或者其他环境监督管理部门处以一万元以上五万元以下罚款；造成重大经济损失的，按照直接损失的30%

罚款，但最高不得超过二十万元；对直接责任人员和有关主管人员由其所在单位或者上级主管机关给予行政处分；构成犯罪的，依法追究刑事责任。

第五十一条 对逾期未完成限期治理任务的企业事业单位，除依照国家规定加倍征收超标排污费外，可以根据所造成的危害处以一万元以上十万元以下罚款，或者责令停业、关闭。

罚款由环境保护行政主管部门决定。责令停业、关闭，由作出限期治理决定的人民政府决定；责令中央在甘肃的企业事业单位停业、关闭，报国务院批准。

第五十二条 违反环境保护法律、法规和本条例规定，造成土地、森林、草原、水、矿产、渔业、野生动植物等资源破坏的，由有关行政主管部门依照相应的法律、法规给予处罚。

第五十三条 一万元以下的罚款，由县级环境保护行政主管部门决定；五万元以下的罚款，由省辖市、自治州、地区环境保护行政主管部门决定；二十万元以下的罚款，由省环境保护行政主管部门决定。

超过罚款限额的，报上级环境保护行政主管部门批准。

第五十四条 当事人对行政处罚决定不服的，可以依照《中华人民共和国行政诉讼法》《行政复议条例》等法律、法规申请复议或者提起行政诉讼。逾期不申请复议，也不向人民法院起诉，又不履行处罚决定的，由作出处罚决定的机关申请人民法院强制执行。

第五十五条 造成环境污染危害的，有责任排除危害，并对直接受到损害的单位或者个人赔偿损失。

环境污染引起的赔偿责任和赔偿金额的纠纷，可以根据当事人的请求，由环境保护行政主管部门或者其他环境监督管理部门处理。当事人对处理决定不服的，可以向人民法院起诉。当事人也可以直接向人民法院起诉。

第五十六条 拒绝、阻挠、妨碍环境保护监督管理人员依法执行公务，违反治安管理的，由公安机关依照《中华人民共和国治安管理处罚条例》给予处罚。

第五十七条 环境保护监督管理人员滥用职权、玩忽职守、徇私舞弊的，由其所在单位或者上级主管机关给予行政处分；构成犯罪的，依法追究刑事责任。

第七章　附　则

第五十八条　本条例执行中的具体应用问题，由省环境保护行政主管部门负责解释。

第五十九条　本条例自公布之日起施行。

附：甘肃省人民代表大会常务委员会关于修改《甘肃省环境保护条例》的决定

（1997 年 9 月 29 日甘肃省第八届人民代表大会常务委员会第二十九次会议通过）

甘肃省第八届人民代表大会常务委员会第二十九次会议审议了省人民政府提出的关于《甘肃省环境保护条例修正案（草案）》的议案。会议根据《中华人民共和国行政处罚法》及有关环境保护法律、法规的规定，决定将《甘肃省环境保护条例》修改如下：

一、将第四十四条第（七）项修改为："将产生严重污染的技术、设备转移给没有污染防治能力的单位和个人使用的，处以二千元以上二万元以下罚款。"

二、将第四十四条第（十）项修改为："违反规定，将国外或省外的固体废物转移到本省倾倒、堆放、处置的，按照《中华人民共和国固体废物污染环境防治法》有关规定予以处罚。"

《甘肃省环境保护条例》根据本决定作相应的修正，重新公布。本决定自公布之日起施行。

甘肃省石油勘探开发生态环境保护条例

第一条 为加强石油勘探开发生态环境保护，促进油田生产与区域可持续发展，根据《中华人民共和国环境保护法》等有关法律法规，结合本省实际，制定本条例。

第二条 石油勘探开发环境保护工作，坚持保护优先、预防为主、防治结合和谁开发谁保护、谁受益谁补偿、谁破坏谁恢复、谁污染谁治理的原则。

第三条 县级以上人民政府对本区域油田生态环境质量负责，建立和落实油田生态环境保护工作责任制。

县级以上人民政府环境保护行政主管部门对本辖区油田生态环境保护工作实施统一监督管理，其他有关部门按照各自职责，对油田生态环境保护工作实施监督管理。

第四条 县级以上人民政府应当将本行政区域内石油勘探开发生态环境保护工作纳入国民经济和社会发展规划。

油田生产单位应当按照当地人民政府生态环境保护规划，制定生态环境保护方案，落实生态环境保护措施。

第五条 油田发展规划编制应当组织环境影响评价，编写有关环境影响的篇章或者说明。未进行区块环境影响评价的单位应当进行环境影响评价。

第六条 油田新建、改建、扩建项目应当进行环境影响评价，建设项目环境影响评价文件按国家规定报环境保护行政主管部门审批后，油田开发单位方可开工建设；未经批准的，国土资源、建设、林业、水利等部门不得办理有关手续。

第七条 油田建设项目的环境污染防治设施，必须与主体工程同时设计、同时施工、同时投产使用。

在钻井、油田生产环节完工后，由油田环保部门负责验收，未经验收或者验收不合格的，不得投入使用。所在地环境保护行政主管部门负责抽查监督。

第八条 油田生产单位应当于每年第一季度向当地市级环境保护行政主管部门报送本年度勘探、钻井、试油等作业计划和生态环境保护措施，并注明井号、井位。如有调整，应及时向当地市级以上环境保护行政主管部门进行调整登记。

第九条 市级人民政府环境保护行政主管部门应当组织油田生产单位、有关专业技术部门每五年编制一次油田生态环境质量评估报告。

第十条 油田所在地各级人民政府应当改善油田生产环境，支持油田生产、公安、工商、环境保护等部门应当依法查处盗窃原油和破坏输油管道及附属设施的行为，清理和取缔非法收油、售油场点。严禁非法采油、炼油、保障油田生态环境安全，依法维护油田开发秩序。

各级人民政府应当采取措施，防止管道人为破坏。发生管道破漏事件时，当地人民政府应当及时配合油田生产单位抢修和清理污油污物，并依法维持现场秩序。

第十一条 任何单位和个人不得向油田生产单位乱摊派、乱罚款；不得妨碍、干扰和阻挠油田生产单位的生产和生态治理恢复工作。

第十二条 油田生产单位应当按照规定向所在地县级以上环境保护行政主管部门申报污染物排放的种类、数量、浓度，提供有关污染防治的技术资料，取得排污许可证，按许可的排放总量和标准排放污染物。

超过排放总量和标准的，由市级以上人民政府责令限期治理。

第十三条 油田生产单位应当实行清洁生产，采用先进技术和设备，节约和综合利用资源，防止油田生产活动对生态环境造成污染和破坏。

第十四条 油田生产单位应当建设采出水处理设施，油水分离后产生的污水，经处理达标后应当回注采油层或者综合利用，不得污染地下水；需要外排的，应当排入市级以上环境保护行政主管部门指定的场所。

第十五条 油田生产单位必须严格执行技术操作规范。落地原油必须在完成试油、修井作业后5日内清除，井场油池存放的原油必须在10日内清除。

第十六条 油田生产单位应当制定环境污染突发性事件应急预案，建立环境污染与破坏事故登记报告制度。发生污染事故，应按规定时限报告县级以上人民政府环境保护行政主管部门，接受调查处理。

第十七条 油田生产单位应当加强油气集输管线和油气储存设备的巡查，定期进行检测、维修，采取有效的防腐、防裂等措施，防止渗漏、溢流事故发生。

油田生产单位发生井喷、管道破裂、穿孔等突发性事件，或者因盗窃事件致使原油泄漏的，应当采取应急措施，排除故障，防止污染扩大；落地污油污物应当在排除故障10日内予以清除，居民区内污油污物应当在2日内清除。

所在地人民政府应当按照国务院《石油天然气管道保护条例》和省人民政府有关规定支持配合油田抢修、排除故障。

第十八条 油田生产单位应当建设清洁井场，做到场地平整、清洁卫生，在井场四周设置符合规定的挡水墙、雨水出口和防洪渠道，在井场内设置防渗漏的油污回收池和排污池。

禁止掩埋作业中散落油和油水混合液。

第十九条 钻井应当采用清水或者低毒泥浆，提高泥浆循环利用水平。泥浆池应当采取防渗漏措施，钻井废水应当处理后回用或者达标排放。

试油过程中应当及时回收落地原油，含油污水应当集中处理后回用或者达标排放。

有毒泥浆、含油岩屑、污油或者油泥等污染物应当在市级以上环境保护行政主管部门指定的地点集中安全处置。

运输原油或者化学药剂应当采取封闭措施，防止泄漏，不得随意排放。

第二十条 天然气、油田伴生气及其他可燃性气体应当回收利用。不具备回收利用条件需要向大气排放的，应当经过充分燃烧或者采取其他污染防治措施。由于生产需要必须排放的，油田生产单位应当立即报告所在地县级环境保护行政主管部门。

第二十一条 油田生产单位应当对产生噪声的设备和装置采取消音、隔音、防震等有效措施。

禁止夜间在居民区、文教区、疗养区等控制区域从事产生环境噪声污染的作业。因抢修、抢险作业和生产工艺要求或者特殊需要必须连续作业的，应当向所在地县级环境保护行政主管部门报告，并且公告附近居民。

第二十二条 油田生产单位与施工单位在签订承包合同时，应当明确双方的环境保护责任和措施，并监督执行；责任不清造成污染后果的，由油田生产单位承担相应责任。

第二十三条 油田生产单位要加强对技术关闭井、报废井管理，限期安全封堵，所在地人民政府应当采取措施，禁止任何单位和个人非法开启。

对套管破损的油（水）井应当及时修复，不能修复的，应当彻底关闭。

中转站、联合站等生产设施应当在油田生产单位确认无使用价值后六个月内予以拆除，限期治理恢复。

第二十四条 县级以上人民政府应当根据国家水环境质量标准和有关规定，依照法定审批权限划定本区域饮用水水源保护区。

划定的水源保护区应当树立明显标志，采取保护措施，向社会公布，明确管护职责。

第二十五条 禁止在生活饮用水水源一级保护区内进行油田勘探开发。已开油井应当采取有效措施，防止污染，逐步关闭。

禁止在生活饮用水水源二级保护区内新建、扩建向水体排放污染物的油田开发建设项目。

禁止在地下水水源二级保护区设置废弃物堆放场。

第二十六条 依据具备资质的水质检测部门的报告，因油田生产活动对生活饮用水源水质造成影响的，油田生产单位应当建设生活饮用水的替代水源和供水设施；无条件建设替代水源和供水设施的，应当对受损失的单位和个人给予补偿。

第二十七条 油田生产应当依法取水，实行取水许可证制度。

油田生产用水禁止开采浅层可饮用地下水。

第二十八条 油田生产单位新建油区专用道路占用土地的，应当依法报批，并采取措施保护耕地、植被和石被；油田废弃道路，应当限期治理恢复；油田生产单位迁建的，应当对原有的生产、生活基地加以保护，并与当地县级以上人民政府协商，妥善解决。造成土地闲置荒芜的，按土地法规定处理。

第二十九条 自然保护区内禁止进行油田勘探开发生产活动；已经开发生产并造成损害的，应当采取补救措施，限期治理。

第三十条 建立油田开发生态补偿机制。具体办法由省人民政府制定。

第三十一条 违反本条例规定，有下列行为之一的，由县级以上环境保护行政主管部门处以二千元以上五万元以下罚款：（一）运输原油、化学药剂泄漏、溢流，造成污染的；（二）随意排放、倾倒含油岩屑、泥浆和其他有毒有害废弃物，或达标污水未排放到指定地点的。

第三十二条 违反本条例规定，有下列行为之一的，由县级以上环境保护行政主管部门责令改正，并处以一万元以上十万元以下罚款：(一）落地油和井场内油池存放的原油没有在规定时间内清除，或掩埋、焚烧落地油、油水混合液和其他废弃物的；(二）发生井喷、管道破裂或者穿孔等突发性事件，未采取应急措施或污油未在规定时间内清除的。

第三十三条 违反本条例规定，非法收购、储运原油及盗油、非法采油、炼油的，由县级以上人民政府组织公安、工商、质量技术监督、环保等有关部门依法予以取缔；由公安机关没收原料、非法采油炼油产品和生产、储运设备以及非法所得，并处以一万元以上五万元以下罚款；违反治安管理的，依照治安管理处罚法的规定处罚；构成犯罪的，依法追究刑事责任。

第三十四条 在居民区、文教区、疗养区等控制区域夜间进行产生噪声污染的作业的，由县级以上环境保护行政主管部门责令改正；逾期不改正的，可处以五千元以上五万元以下罚款。

第三十五条 环境保护行政主管部门和其他行政主管部门及其工作人员滥用职权、玩忽职守、徇私舞弊的，由其所在单位或上级主管机关给予行政处分；构成犯罪的，依法追究刑事责任。

第三十六条 违反本条例规定的其他行为，依照有关法律、法规的规定处理。

第三十七条 本条例自 2006 年 3 月 1 日起施行。

甘肃省安西极旱荒漠国家级自然保护区管理条例

(2008 年 5 月 29 日甘肃省第十一届人民代表大会常务委员会第三次会议通过　2008 年 5 月 29 日甘肃省人民代表大会常务委员会公告第 2 号公布　自 2008 年 8 月 1 日起施行)

第一条　为了加强甘肃安西极旱荒漠国家级自然保护区（以下简称保护区）的建设和管理，有效保护荒漠植被和珍稀、濒危野生动植物资源及生物多样性，根据《中华人民共和国环境保护法》和《中华人民共和国自然保护区条例》等有关法律、法规，结合保护区实际，制定本条例。

第二条　保护区属极旱荒漠生态系统类型，总面积 80 万公顷，分为南北两片：南片位于东经 95°50′49″至 96°48′34″，北纬 39°49′39″至 40°34′34″范围内；北片位于东经 94°43′35″至 95°47′52″，北纬 41°12′26″至 41°47′33″范围内。

第三条　凡进入保护区从事保护管理、科学研究、生产经营和旅游等活动的单位和个人，应当遵守本条例。

第四条　保护区的建设和管理应当坚持全面规划、科学管理、保护优先、合理利用、持续发展的原则，并妥善处理好与当地经济社会发展和居民生产生活的关系。

第五条　保护区所在地县级以上人民政府应当将保护区的发展列入本行政区域国民经济和社会发展规划，制定并组织实施有利于保护区保护和建设的经济、技术政策和措施。

第六条　省环境保护行政主管部门是保护区的主管部门。

保护区所在地县级以上人民政府农牧、林业、水利、文物、旅游等部门应当依照各自职责做好保护区的保护和管理工作。

第七条　保护区的管理工作由保护区管理机构具体负责，其主要职责是：（一）宣传贯彻国家和本省有关自然保护的法律、法规和方针政策；（二）组织实施保护区总体规划和发展计划，制定和实施各项管理制度；（三）组织或者协助有关部门开展科学研究，建立保护区荒漠生物物种储存基地，保障生物物种安全；（四）开展自然资源调查和环境监测，建立物种资源档案；（五）依法查处破坏保护区自然资源和设施的违法行为。

第八条 保护区管理机构应当会同保护区内的相关乡（镇）人民政府、村民委员会，成立联防联保组织，订立保护公约，划定责任区，共同做好保护区保护工作。

第九条 保护区划分为核心区、缓冲区和实验区，由保护区管理机构负责标明区界，竖立界标，并予以公告。

第十条 禁止任何单位和个人进入核心区。确因科学研究需要必须进入核心区从事观测、调查活动的，应当事先向保护区管理机构提交申请和活动计划。

保护区管理机构应当自接到申请之日起五个工作日内审核完毕，对符合条件的应当按照国家有关规定及时办理报批手续。

第十一条 禁止在缓冲区开展旅游和生产经营活动。确需从事非破坏性的科学研究、教学实习和标本采集活动的，应当报经保护区管理机构批准后方可进行。

第十二条 禁止在实验区建设污染环境、破坏资源或者景观的生产设施；建设其他项目，其污染物排放不得超过国家和本省规定的排放标准。已经建成的设施，其污染物排放超过国家和本省规定的排放标准的，应当限期治理；造成损害的，必须采取补救措施。

第十三条 单位和个人经批准可以在实验区投资建设风电、太阳能等项目。建设项目由保护区管理机构审核后，依法按基本建设程序办理。

第十四条 单位和个人在实验区从事科学研究、教学实习、标本采集、参观考察等活动，应当经保护区管理机构同意。

第十五条 在实验区开辟旅游景点和旅游线路、修建旅游道路和旅游设施，应当符合保护区发展规划并征得保护区管理机构的同意；旅游活动应当服从保护区管理机构的管理，在划定的旅游地点和线路内进行。

第十六条 保护区内榆林石窟、锁阳城等文物古迹的保护，依照有关文物保护方面的法律法规执行。

第十七条 经批准或者同意进入保护区从事科学研究、教学实习、标本采集、参观考察等活动的单位和个人，应当向保护区管理机构交纳管理费。进入缓冲区从事科学研究、教学实习、标本采集的，还应当提交相关活动成果的副本。

第十八条 禁止在核心区和缓冲区拍摄影视和开展大型实景演艺活动。在实验区内拍摄影视和开展大型实景演艺活动的，应当遵守有关自然保护区的法律法规，经有关行政主管部门批准后方可进行。拍摄和演出结束后，影视制作和演出单位应当及时拆除临时搭建的舞台、布景棚等构筑物，恢复生态环境，并由保护区管理机构组织有关部门验收。

第十九条 经批准的建设项目穿越或者占用实验区的，建设单位应当对保护区予以补偿。具体补偿办法由省人民政府制定。

补偿资金应当全额用于保护区的保护和建设。

第二十条 在保护区不得有下列行为：

（一）非法砍伐、采药、狩猎、放牧、开垦、烧荒、开矿、采石、挖沙等活动；

（二）机动车辆不按指定路线行驶；

（三）破坏水源、水生环境和生物资源；

（四）非法引进外来物种；

（五）排放污水、倾倒固体废弃物污染环境；

（六）擅自移动或者破坏保护区标志及其保护设施。

第二十一条 使用保护区土地，不得违反土地管理和环境保护等有关法律规定。

禁止任何单位和个人破坏、侵占、买卖或者以其他形式非法转让保护区的土地。

第二十二条 禁止在保护区猎杀、非法猎捕受保护的野生动物。保护区管理机构应当建立健全对保护区内病饿、受伤、被困、迷途的国家和省重点保护野生动物的救护机制。

第二十三条 保护区建设、保护和管理的资金来源：

（一）国家和地方政府的投入；

（二）引进的资金；

（三）国内外组织和个人的捐赠；

(四）其他收入。

第二十四条 实验区的居民可以在保护区管理机构和当地人民政府有关部门共同划定的区域内，从事种植、养殖等生产经营活动，优先承包保护区管理机构组织的劳务和管护任务。在划定的区域外，不得从事开荒、打井、定居等活动。

第二十五条 违反本条例规定有下列行为之一的单位和个人，由保护区管理机构责令其改正，并可视情节给予处罚；

（一）未经批准进入核心区的，处以300元以上5 000元以下的罚款；

（二）未经批准在缓冲区或者实验区进行科学研究、教学实习、标本采集活动的，处以100元以上5 000元以下的罚款；

（三）经批准进入缓冲区从事科学研究、教学实习、标本采集等活动不向保护区管理机构提交相关活动成果副本的，处以1 000元以上5 000元以下的罚款；

（四）在实验区建设有污染环境、破坏资源或者景观的生产设施的，应当限期恢复原状或者采取其他补救措施，并处以2 000元以上2万元以下的罚款；

（五）在保护区倾倒废弃物、超标排放污染物的，处以50元以上5 000元以下的罚款；

（六）擅自移动或者破坏保护区标志及其保护设施的，处以100元以上2000元以下的罚款。

第二十六条 未经批准擅自进入保护区拍摄影视和开展大型实景演艺活动的，由保护区管理机构或者相关主管部门依法予以制止，并处以1万元以下的罚款。对保护区的资源和生态环境造成破坏的，限期恢复原状或者采取其他补救措施，对保护区造成损失的应当予以赔偿。

第二十七条 违反本条例规定，擅自在保护区进行砍伐、采药、狩猎、放牧、开垦、烧荒、开矿、采石、挖沙等活动的，除可以依照有关法律、行政法规规定给予处罚的以外，由保护区管理机构没收违法所得，责令停止违法行为，限期恢复原状或者采取其他补救措施；对保护区造成破坏的，可处以300元以上1万元以下的罚款。

第二十八条 违反本条例规定，在保护区破坏水源、水生环境和生物资源，非法引进外来物种的，由相关行政主管部门依法予以处罚。

第二十九条 国家公务人员、保护区管理人员玩忽职守、滥用职权、徇私舞弊，造成保护区自然资源破坏的，由其所在单位或者上级主管部门给予行政处分。

第三十条 本条例自 2008 年 8 月 1 日起施行。

甘肃祁连山国家级自然保护区管理条例

2007年6月8日发布

甘肃省第九届人民代表大会常务委员会第二十七次会议决定对《甘肃祁连山国家级自然保护区管理条例》作如下修改：第三十一条修改为："违反本条例第二十三条规定的，按照《森林防火条例》的有关规定处罚。"本决定自公布之日起施行。《甘肃祁连山国家级自然保护区管理条例》根据本决定作相应的修改，重新公布。

第一条 为了加强甘肃祁连山国家级自然保护区（以下简称保护区）水源涵养林及其他自然资源的保护管理，保护自然环境，保持生物多样性，根据《中华人民共和国森林法》《中华人民共和国自然保护区条例》等有关法律、法规，结合保护区实际，制定本条例。

第二条 保护区位于东经97°25′~103°46′，北纬36°43′~39°36′范围内，其总面积为2 653 023公顷，属国家级森林和野生动物类型自然保护区。

第三条 凡在保护区内从事各种活动的单位和个人，必须遵守本条例。

第四条 保护区必须以管护为主，积极造林，封山育林，不断扩大森林面积，提高水源涵养能力，坚持实行统一规划，科学管理，依法监督，协调发展的原则。

第五条 省林业行政主管部门负责管理保护区。甘肃祁连山国家级自然保护区管理局（以下简称管理局）是省林业行政主管部门的派出机构，具体负责管理保护区内的自然资源和自然环境。甘肃祁连山国家级自然保护区保护站（以下简称保护站）负责对本辖区内自然资源和自然环境的管理，由管理局和所在地（市、山丹军马管理局）、县（市）林业行政主管部门双重领导，以地、县为主。

第六条 保护区所在地各级人民政府，应当加强对保护工作的领导，做好保护区的森林资源管护、森林防火、森林病虫害防治以及野生动植物保护等工作。保护区所在地各级林业行政主管部门，应当建立健全各级护林联防责任制，加强对保护区内自然资源和自然环境的管理。

第七条 保护区内的居民，应当遵守保护区的有关规定，在不破坏自然资源的前提下，可以从事正常的农牧业生产，也可以有偿承担地、县林业行政主管部门和管理局组织的劳务或者保护管理任务。

第八条 管理局的主要职责是：

（一）贯彻执行国家有关法律、法规和方针、政策，并监督、检查落实情况；

（二）编制保护区总体规划，会同当地人民政府制订发展计划以及各项管理制度，并组织、监督实施；

（三）负责专项投资和基建投资的管理和监督；

（四）调查自然资源，组织环境监测，建立资源档案；

（五）组织开展水源涵养林、野生动植物及生物多样性保护方面的科学研究，保护生态环境，拯救濒危物种；

（六）开展自然保护的宣传教育；

（七）对保护区业务人员进行培训和技术指导。

第九条 保护站的主要职责是：

（一）贯彻执行国家有关法律、法规和方针、政策；

（二）依法保护和管理森林、野生动植物、冰川等自然资源和自然环境；

（三）负责总体规划和计划的具体实施；

（四）进行自然保护的宣传教育，普及自然保护知识，教育区内居民和入区人员遵守保护自然资源和自然环境的法律、法规和规定，并对其活动进行检查指导；

（五）组织区内有关单位制定森林防火、防盗公约；

（六）植树造林，封山育林，扩大森林面积；

（七）制止违反本条例的行为，依法处理各类林政案件。

第十条 未经国务院批准，不得改变保护区的性质和范围。禁止在保护区内进行狩猎、垦荒、烧荒等活动。法律、法规另有规定的除外。

第十一条 保护区划分为核心区、实验区和经营区，由省林业行政主管部门竖立标志，并予以公告。任何单位和个人，不得擅自移动保护区的界标。

第十二条 核心区是指保存完好的天然状态的生态系统以及珍稀、濒危动植物的集中分布地。禁止任何单位和个人进入。区内现有居民由地方人民政府负责有计划地逐步迁出。因科学研究的需要，必须进入核心区从事科学观测、调查活动的，应当于三十日前向管理局提交申请和活动计划，并按程序报上级林业行政主管部门批准。

第十三条 实验区内经管理局批准，可以进行科学研究、教学实习、地质勘测、参观考察、旅游以及驯化培育珍稀、濒危野生动植物等活动，并按有关规定向保护站交纳资源保护管理费。

第十四条 经营区内在不破坏植被的前提下，可以有计划地开展多种经营活动，并实行轮封轮牧。轮封周期由县级人民政府决定。

第十五条 在保护区从事科学研究、教学实习等活动的单位和个人，必须将其活动成果的副本提交管理局和当地林业行政主管部门。

第十六条 在保护区内开展旅游活动必须坚持保护自然资源和自然环境的原则。旅游项目由地方人民政府规划征得管理局同意，并报省林业行政主管部门和有关部门批准。旅游活动应当在划定的旅游地点和路线内进行。进入保护区内旅游的单位和个人，应当服从所在地县（市）林业行政主管部门和保护站的管理。

第十七条 保护区林地属国家所有。确因需要，必须占用林地的，经管理局同意，依法办理审批手续，并按照国家和本省的有关规定，向县级林业行政主管部门和森林经营单位交纳林地、林木补偿费和森林植被恢复费。

第十八条 禁止毁林毁草垦荒。严禁在25度以上坡地开垦种植农作物；已开垦的，应当限期退耕还林还草。保护区所在地各级人民政府要在乔木林地、灌木林地、疏林地、未成林造林地、封山育林地的外围，划出不少于十五米的森林保护带，以利于水源涵养林的保护和发展。

第十九条 禁止采伐保护区各种林木。确因需要进行灾害木清理的，必须按程序上报，经省林业行政主管部门批准，由地、县（市）林业行政主管部门组织实施，管理局监督执行。

第二十条 因科学研究、驯养繁殖、展览等需要猎捕野生动物的，必须向管理局申报，按照国家有关规定办理。

第二十一条 禁止在保护区散放、野放从区外引种的野生动物。

第二十二条 在保护区内携运林木产品和珍稀野生动物及其副产品的，

必须经过省林业行政主管部门批准；携运林副产品的，由县级林业行政主管部门批准，并办理有关手续。

第二十三条 做好经常性的森林防火工作，禁止放火烧荒。每年十月一日至次年五月三十一日为保护区森林防火期。在此期间，严禁野外用火；确需用火的，必须经保护站批准。

第二十四条 建立保护区水源涵养林补偿制度。从祁连山水源涵养林受益地区征收的水资源费总额中提取3%；从保护区内进行科学研究、灾害木清理、旅游等收入中提取2%~5%，用于保护区水源涵养林的保护和发展，专款专用。具体使用管理办法由省人民政府制定。省人民政府和保护区所在地各级人民政府及其有关部门应当多方筹集资金，逐步加大对水源涵养林的投入。

第二十五条 根据国家有关规定，在管理局设立公安机构，行政上受管理局领导，业务上受省林业公安机关领导。负责协调区内各公安派出机构之间的关系。保护区所在地县（市）公安机关，应当在保护站建立健全公安派出机构，负责所辖林区内资源保卫和治安管理工作。

第二十六条 有下列事迹之一的单位和个人，由省林业行政主管部门、管理局、当地人民政府给予奖励：

（一）认真执行本条例，全面完成自然保护任务，成绩显著的；

（二）长期坚持在基层从事自然保护工作成绩优异的；

（三）在自然保护科学研究方面有重大贡献的；

（四）同破坏自然资源和自然环境的行为作坚决斗争，有功绩的。

第二十七条 违反本条例第十条、第十四条规定的，没收违法所得，责令停止违法行为，限期恢复原状或者采取其他补救措施；造成破坏的，处以300元以上10 000元以下的罚款。

第二十八条 违反本条例第十一条第二款、第十二条、第十三条、第十五条、第十六条第二款、第三款、第四款、第二十条规定的，责令其改正，并根据情节处以100元以上5 000元以下的罚款。

第二十九条 违反本条例第十七条、第十八条第一款、第十九条、第二十二条规定的，按照有关法律、法规的规定处罚。

第三十条 违反本条例第二十一条规定的，责令停止违法活动，限期改正；造成损失的，赔偿损失。

第三十一条 违反本条例第二十三条规定的，按照《森林防火条例》的有关规定处罚。

第三十二条 保护区管理机构违反本条例规定的，由主管部门对单位领导人和直接责任者，视其情节给予行政处分。保护区管理人员玩忽职守、滥用职权、徇私舞弊的，由其所在单位或者上级主管部门给予行政处罚。

第三十三条 对违反本条例的行政处罚，按照管理权限，由各级林业行政主管部门或者有关部门及其委托的组织依法决定。

第三十四条 当事人对行政处罚决定不服的，可以依法申请行政复议或者提起行政诉讼。当事人逾期不申请复议，也不向人民法院起诉，又不履行处罚决定的，由作出处罚决定的机关申请人民法院强制执行。

第三十五条 违反本条例规定，构成犯罪的，由司法机关依法追究刑事责任。

第三十六条 保护区范围以外的祁连山水源涵养林区的保护和管理，参照本条例执行。

第三十七条 本条例实施中的具体应用问题，由省林业行政主管部门负责解释。

第三十八条 本条例自公布之日起施行。

甘肃省地方史志编纂委员会文件

甘志委发〔2019〕14号

甘肃省地方史志编纂委员会关于《甘肃省志·环境保护志（1991—2010）》出版的批复

省生态环境厅：

你厅《关于提请对〈甘肃省志·环境保护志〉进行终审的报告》及志稿收悉。经省地方史志编纂委员会2019年2月25日主任会议终审，批准该志出版，公开发行。

此复。

甘肃省地方史志编纂委员会

2019年8月15日

甘肃省地方史志办公室　　2019年8月15日印

后 记

依法修志以真实完整地记载事业的发展，其必要性和深远意义不言而喻。《甘肃省志·环境保护志（1991—2010）》是根据甘肃省政府的部署安排，在甘肃省地方史志办的具体指导下，由甘肃省生态环境厅编纂完成的。今将编纂过程和相关事宜后记如下，一则表明该志编纂之不易，一则扬其优点、避其所短，以为后之有志于志书编纂工作者鉴。

《甘肃省志·环境保护志（1991—2010）》编纂工作开启于2017年6月。大致分为三个阶段：第一阶段，成立领导机构，制定工作方案。根据工作实际，成立了由厅主要负责人为主任的“《甘肃省志·环境保护志》编纂委员会”，下设编辑部，召开志书编纂工作会议，研究制定了工作方案，开展志书编纂的前期工作。第二阶段，熟悉编纂规范，收集基础资料。采取“先内后外、由近及远、先易后难”的方法，组织编纂人员按照志书编纂要求，制定了编写大纲，经史志办审核通过后，形成了志书基本架构，同时通过查阅文书档案、实地走访问询等方式同步收集整理相关资料。第三阶段，严格审核把关，整理形成书稿。对收集到的资料采取“去粗取精、去伪存真”的方法，按照志书框架体例分类进行整理，严格依照“以时系事、事有本末、直述其事、不加褒贬”的要求编写资料长编和“一读三审”的程序，稳步推进编纂工作，同时对初稿中存疑问题进一步核实确认，形成了送审稿。2018年8月，《甘肃省志·环境保护志》编纂委员会组织召开《甘肃省志·环境保护志》初审会议，原则通过初审；2018年11月9日，省地方史志办公室召开了复审会议，原则通过复审。

2019年2月25日，甘肃省副省长、省地方史志编纂委员会主任何伟主持召开省地方史志编纂委员会主任会议，省委办公厅副主任赵有宁，省人大常委会副秘书长、办公厅主任、省地方史志编纂委员会副主任马森，省政府办公厅主任、省地方史志编纂委员会副主任滕继国，省政府副秘书长、省地方史志编纂委员会副主任石培文，省政协办公厅副主任张麟，省地方史志编纂委员会副主任、省地方史志办公室主任张军利，省地方史志办公室副主任郝宗维、李振宇、张正龙，副巡视员石为怀出席会议。会议原则通过本志终审，要求按照终审意见修改完善，报省地方史志办公室审核。按照终审意见，重点对志书照片等内容进行认真调整和修改，于同年3月18日报送省地方史志办公室审核。2019年8月15日，甘肃省地方史志编纂委员会批复本志出版，公开发行。

《甘肃省志·环境保护志（1991—2010）》虽然内容丰富、资料翔实，但仓促完稿，瑕瑜互见，疏漏之处，在所难免。该志在编写过程中，得到甘肃省地方史志办的指导和大力帮助，编写过程中采用部分专业论文及专家研究成果。付梓之际，对诸位领导、作者和专家以及所有参与编纂工作的人员一并致谢！

《甘肃省志·环境保护志》编纂委员会

2019年8月